Friedrich der Große – Potsdamer Ausgabe

Frédéric le Grand – Édition de Potsdam

Philosophische Schriften

Œuvres philosophiques

Friedrich der Große – Potsdamer Ausgabe
Werke in 12 Bänden
Französisch / Deutsch

Herausgegeben von
Anne Baillot, Günther Lottes und Brunhilde Wehinger

VI

Philosophische Schriften
———
Œuvres philosophiques

Herausgegeben von Anne Baillot und Brunhilde Wehinger
Übersetzt von Brunhilde Wehinger

Akademie Verlag

Mitarbeit: Florian Dammaschke, Michael Knobloch und Richard Pfennig

Gedruckt mit freundlicher Unterstützung
der Stiftung Preußische Seehandlung

ISBN 978-3-05-004000-4

© Akademie Verlag GmbH, Berlin 2007

Das eingesetzte Papier ist alterungsbeständig nach DIN/ISO 9706.

Alle Rechte, insbesondere die der Übersetzung in andere Sprachen, vorbehalten.
Kein Teil dieses Buches darf ohne schriftliche Genehmigung des Verlages in irgendeiner
Form – durch Photokopie, Mikroverfilmung oder irgendein anderes Verfahren – reproduziert
oder in eine von Maschinen, insbesondere von Datenverarbeitungsmaschinen,
verwendbare Sprache übertragen oder übersetzt werden.

Gesamtgestaltung und Satz: Grafikstudio Scheffler, Berlin
Druck: Druckhaus »Thomas Müntzer« GmbH, Bad Langensalza
Bindung: Norbert Klotz, Jettingen-Scheppach

Printed in the Federal Republic of Germany

Inhalt

Vorwort der Herausgeber 7

Einleitung 9

Dissertation sur l'innocence des erreurs de l'esprit
Abhandlung über die Unschädlichkeit der Irrtümer des Geistes 19

L'Antimachiavel ou Réfutation du *Prince* de Machiavel
Der Antimachiavel oder: Widerlegung des *Fürsten* von Machiavelli 45

Dissertation sur les raisons d'établir ou d'abroger les lois
Abhandlung über die Gründe, Gesetze einzuführen oder abzuschaffen 261

Avant-propos de l'*Extrait du dictionnaire historique et critique de Bayle*
Vorwort zum *Auszug aus dem historisch-kritischen Wörterbuch von Bayle* 305

Essai sur l'amour-propre envisagé comme principe de morale
Versuch über die Eigenliebe, als Grundsatz der Moral betrachtet 315

Examen de l'*Essai sur les préjugés*
Prüfung des *Versuchs über die Vorurteile* 339

Examen critique du *Système de la nature*
Kritische Überprüfung des *Systems der Natur* 381

Anhang
    Anmerkungen 410
    Bibliographie 495
    Namenregister 511
    Ortsregister 522

Vorwort der Herausgeber

Am 24. Januar 2012 jährt sich der Geburtstag Friedrichs des Großen zum 300. Mal. Man muss angesichts der engen Verflechtung der deutschen Nationalgeschichte mit der Preußens kein Prophet sein, um vorauszusagen, dass der Streit um die Deutungshoheit über Friedrich und über Preußen erneut entbrennen wird, obwohl die historischen Rahmenbedingungen sich verändert und die Deutungsentwürfe des langen 19. Jahrhunderts überall in Europa ihre Anziehungskraft eingebüßt haben. In einer solchen Lage ist es hilfreich, sich der Quellengrundlage zu vergewissern, von der aus zu argumentieren ist. Diesem Zweck dient die *Potsdamer Ausgabe* der Werke Friedrichs des Großen. Es handelt sich dabei jedoch nicht um eine historisch-kritische Ausgabe im klassischen Sinn, sondern um eine Studien- und Leseausgabe, die die Schriften Friedrichs des Großen zugänglicher machen und in ihrem historischen Kontext situieren will. Die Zweisprachigkeit ist dabei zugleich Programm und Interpretation Friedrichs, der Frankreich als seine geistige Heimat begriff. Seine französischsprachigen Prosaschriften wurden unter Heranziehung muttersprachlicher Kompetenz in Schreibweise und Interpunktion in der für den Umgang mit Texten des 18. Jahrhunderts in Frankreich üblichen Weise modernisiert, jedoch ohne stilistische Eingriffe vorzunehmen. Die *Potsdamer Ausgabe* liefert darüber hinaus auch neue Übersetzungen, um den Text sprachlich von anachronistischen rezeptionsgeschichtlichen Einbindungen zu befreien. Sie bietet schließlich einen ausführlichen Kommentar, der sich nicht auf allfällige Wort- und Sacherklärungen beschränkt, sondern die Lese- und Denkhorizonte Friedrichs von bloßen Anspielungen über die weiteren geistesgeschichtlichen Horizonte bis zu den dichten Intertextualitäten offenzulegen versucht.

Wer Friedrich den Großen als Autor solchermaßen kontextualisiert, für den blättern die diversen Schichten der identitätsgeschichtlichen Patina, die sich in zweieinhalb Jahrhunderten auf die Figur gelegt hat, schnell ab, sei es, dass der Philosoph von Sanssouci den philosophischen Präzeptorenmantel des idealistischen 19. Jahrhunderts verliert, sei es, dass von Friedrich als deutschnationaler Identifikationsfigur nichts mehr übrig bleibt. Friedrich der Große erweist sich vielmehr als ein französischer Intellektueller *outre-Rhin*, als ein lebendiges Beispiel des französisch-deutschen Kulturtransfers im

Zeichen der kulturellen Hegemonie Frankreichs über Kontinentaleuropa, als ein über die deutschen Handlungs- und Denkzusammenhänge hinausstrebender europäischer Fürst. Friedrich wollte *philosophe* im Sinne des französischen 18. Jahrhunderts sein. Genau das ist er auch geworden. Und in dieser Rolle ist er unverwechselbar. Er war kein Gelehrter, er war ein *homme de lettres*, der sich auf vielfältige Weise an der Kommunikation der *République des lettres* beteiligte. Vor allem war er ein wissbegieriger, intensiver und kritischer Leser mit einem selbständigen Reflexionsvermögen und weit gespannten Interessen, ein typischer Vertreter des Lesepublikums, das im Jahrhundert der Aufklärung sein Haupt erhebt.

Friedrich scheute sich nicht, am Diskurs seiner Zeit mit kontroversen Beiträgen teilzunehmen. Kein anderer Fürst seiner Epoche und wenige vor und nach Friedrich haben sich gleichermaßen anerkannt in den Welten der Macht und des Geistes bewegt. Die Originalität Friedrichs des Großen als Aufklärer tritt dann hervor, wenn wir seine Aussagen in ihre Zeithorizonte einstellen und an dem Wissens- und Diskussionsstand messen, der zum jeweiligen Zeitpunkt erreicht war. Es bietet sich daher an, Friedrich gegen alle erinnerungspolitischen Vereinnahmungen zu seinem 300. Geburtstag seiner Zeit und der europäischen Aufklärung zurückzugeben.

Potsdam, im August 2007
Anne Baillot, Günther Lottes, Brunhilde Wehinger

Einleitung

Bereits als Sechzehnjähriger hatte Friedrich der Große einen Brief an seine Schwester Wilhelmine mit »Frédéric le philosophe« unterzeichnet.[1] Vielleicht war dabei die Erinnerung an seine Großmutter Sophie Charlotte, die an ihrem Hof mit Leibniz philosophierte und ihn bei der Gründung der Berliner Akademie der Wissenschaften unterstützt hatte, im Spiel; darüber hinaus ist sie die Adressatin der *Letters to Serena* (1704) aus der Feder des englischen Frühaufklärers John Toland, einer der Mitbegründer der Vorurteilskritik, die Ausgangspunkt und gemeinsame Programmatik der europäischen Aufklärung des 18. Jahrhunderts war.[2]

Das Interesse Friedrichs an der Philosophie stand von Anfang an im Zeichen der Kritik. Angesichts der Vorbehalte gegenüber der Philosophie während der Regierungszeit Friedrich Wilhelms I., die in Form der Verbannung des Leibniz-Schülers Christian Wolff aus Preußen skandalöse Formen angenommen hatten,[3] positionierte sich der junge Fürst als *philosophe*. Mit dieser Selbstbezeichnung beanspruchte er einen Schlüsselbegriff der französischen Aufklärung: *Philosophe* bezeichnet im frühen 18. Jahrhundert zwar auch den Freund der Weisheit oder den Schüler antiker Denker. Im Horizont der europäischen Frühaufklärung kristallisierte sich jedoch ein neuer intellektueller Typus heraus, dessen Selbstverständnis nicht länger das eines lateinkundigen Buchgelehrten war, der sich in seiner Einsamkeit metaphysischen Spekulationen widmet.[4] Der *philosophe* des 18. Jahrhunderts ist auf dem Buchmarkt präsent und will als Aufklärer wirken. Er versteht sich als kritischer Denker, bei dem die neue *façon de penser*[5] mit einem intellektuellen Stil einhergeht, der die Selbstbestimmung von Denken und Handeln einfordert. Voltaire verkörperte ihn am wirkungsvollsten.

Das Persönlichkeitsideal des *philosophe* ist mit der französischen Sprache und Denkart unmittelbar verknüpft. Im 18. Jahrhundert, als das intellektuelle Europa französisch sprach, entfaltete es seine grenzüberschreitende Wirkung.[6] Für Friedrich, der in einer Welt der Zweisprachigkeit lebte, war intellektueller Kosmopolitismus eine Selbstverständlichkeit.[7] Die Adelskultur des 18. Jahrhunderts war europäisch. Die Diplomatie, die im Kommunikationsprozess der Aufklärung auch die Funktion des Kulturtransfers wahrnahm, bediente sich ebenso der französischen Sprache wie die Aufklärungsbewegungen westeuropäischer Prägung.

Dem intellektuellen Anspruch Friedrichs mit seinem hohen aristokratischen Selbstverständnis musste das moderne Ideal des *philosophe* umso mehr entgegenkommen, als ihm die französische Sprache einen Freiraum für eigenständiges Denken bot und die Orientierung am Kulturmodell Frankreichs eine prestigereiche Alternative zur Kargheit des preußischen Hofes unter dem harten Regime Friedrich Wilhelms I.[8] Reizvoll für den jungen Fürsten war dabei, dass der Begriff des *philosophe* das ältere Kulturideal der aristokratisch-höfischen Welt, die Figur des »honnête homme«, des ehrenwerten Mannes, der über höfische Lebensart, Eleganz, Esprit, Bildung und ein verfeinertes Geschmacksurteil verfügt, aufgriff und es mit der Rolle des luziden Beobachters und Kritikers der eigenen Gesellschaft verknüpfte.[9]

Der *philosophe* formuliert seinen philosophischen Standpunkt zunächst gegen die großen metaphysischen Systementwürfe der Vergangenheit, als deren Vertreter Descartes, Spinoza oder Leibniz galten. Er begibt sich damit in Opposition zu den staatlichen und kirchlichen Institutionen und zugleich zu den Garanten des Ancien Régime, die das soziale Fundament der spekulativen Philosophie und ihres theologischen Weltbilds waren. Maßstab der Kritik ist die Vernunft. In ihrem Namen setzt sich der *philosophe* über Standesgrenzen ebenso hinweg wie über Staatsgrenzen.

Die französischsprachige Welt der Frühaufklärung, mit der sich Friedrich schon in seiner Jugend vertraut machen konnte, wurde ihm zum intellektuellen Bezugshorizont.[10] Die erstmals in diesem Kontext gewählte Selbstbezeichnung *philosophe* behielt er auch nach der Beilegung des Konflikts mit seinem Vater bei, sodann als königlicher Autor und Gastgeber der Tafelrunden: Als *Philosophe de Sans-Souci* bekräftigte er seinen Anspruch, aktiv an der modernen, in französischer Sprache kommunizierenden, europaweit vernetzten *République des lettres* teilzunehmen. Ernsthafte und planmäßige Studien der alten und neueren Geschichte, der Philosophie, Sprache, Literatur und Kunst hatte er in den 1730er Jahren unternommen, vor allem zwischen 1736 und 1740 auf Schloss Rheinsberg. Umgeben von einer modernen Hofgesellschaft, die ohne den Ballast der traditionellen höfischen Etikette auskam, bereitete er sich auf das Herrscheramt vor und teilte mit seinen Freunden – gleichgesinnten Vertretern der jungen intellektuell-künstlerischen Elite – seine Wissbegierde und eine Form der Geselligkeit, die er als junger König unter anderen Vorzeichen erneut anstrebte.[11] Denn der moderne *philosophe* liebt die Gesellschaft, er will sich nützlich machen, ist gesprächig und auf elegante Weise umgänglich.[12]

Im Austausch mit seinen Freunden erarbeitete Friedrich die Grundlagen seines philosophischen Denkens. Dabei spielte sein Bibliothekar Charles Étienne Jordan eine wichtige Vermittlerrolle. Von besonderem Interesse waren für Friedrich Jordans persön-

liche Beziehungen zu den tonangebenden französischen Schriftstellern und Wissenschaftlern, vor allem zu Voltaire.[13] Der Briefwechsel zwischen Friedrich und Voltaire setzte im August 1736 ein und sollte, mit Unterbrechungen, bis zu Voltaires Tod im Jahre 1778 andauern. Anfangs bewunderte der preußische Kronprinz den »großen Voltaire« vorbehaltlos als literarisch-philosophischen Lehrer und adoptierte ihn als intellektuelle Vaterfigur. 1739/40 vertraute er ihm die Redaktion und Herausgabe des *Antimachiavel* an und revanchierte sich mit einem Vorwort für eine Neuauflage der *Henriade*.[14] Unabhängig von allen Missstimmigkeiten blieb Voltaire für Friedrich zeitlebens der größte zeitgenössische Dichter-*philosophe*, dessen Stil er nacheiferte und dessen philosophischer Standpunkt mit seinem eigenen übereinstimmte.

Friedrich war ein großer Leser. Er las mit der Feder in der Hand, wie Exzerpte oder Unterstreichungen und Randbemerkungen in vielen seiner Bücher zeigen.[15] Lesen, Räsonieren, Schreiben – das war für ihn eine Form des individuellen Glücks.[16] Friedrichs intellektuelle Entdeckungen sind Gegenstand des philosophischen Gesprächs, das er im Briefwechsel mit Schriftstellern in französischer Sprache zu führen pflegte. Seinen Briefen an Voltaire oder d'Alembert sind die Spuren des Ringens um einen eigenen philosophischen Standpunkt eingeschrieben.[17] Aus heutiger Sicht stellt sich seine literarisch-philosophische Korrespondenz als ein Laboratorium dar, in dem experimentiert wird, Fragen erörtert und Antworten durchgespielt werden, die Friedrich auch in seinen Essays und Dichtungen beschäftigen. Der epistolarische Dialog zwischen Geist und Macht im Zeichen der Aufklärung sicherte ihm die Reputation eines brillanten Briefautors, der die Kunst der dialogischen Kommunikationsform souverän beherrschte. Sie verschaffte ihm eine wirkungsvolle Präsenz in einem weit gespannten Korrespondentennetzwerk der *philosophes*. Sein Briefwechsel ist der privilegierte Ort des *esprit*, jener geistreich pikanten, ebenso klaren wie reizvollen Sprachkunst des Französischen. Friedrich hielt die französische Sprache für das eloquente und effiziente Mittel des vernünftigen Denkens und überhaupt für die Sprache, die dank ihrer Klarheit den Gedankengang der Vernunft am besten abbilden könne. Er schloss sich diesbzüglich der seit Descartes in Frankreich vorherrschenden Sprachauffassung an.[18] Auch teilte er die Auffassung, dass Literatur im weitesten Sinn des Wortes eine biegsame und scharf geschliffene Waffe in den Auseinandersetzungen um die Durchsetzung der Modernisierungsprojekte der Aufklärung darstelle. Die literarische Schreibweise der französischen *philosophes*, die Friedrich bei Voltaire oder Montesquieu so bewunderte, war der Allgemeinheit zugänglich und vermochte es, die Grundlage einer fachübergreifenden Kommunikation zu bilden, weil sie nicht auf exklusivem Spezialwissen beruhte und die Pedanterie der Fachgelehrten vermied.[19]

Friedrichs Beschäftigung mit der Philosophie begann zwar zunächst mit dem Studium der in deutscher Sprache verfassten *Metaphysik* Christian Wolffs, die er auszugsweise ins Französische übersetzen ließ.[20] Doch sein Interesse an der spekulativen Philosophie Leibniz-Wolffscher Observanz war von kurzer Dauer. Er nahm vielmehr die Chance wahr, das neue Paradigma, das Voltaire in seinem Manifest der *Lumières*, den *Lettres philosophiques* (1734), und wenig später in den *Éléments de la philosophie de Newton* (1738) propagierte, im Dialog mit dem Autor zu erörtern und abzuwägen. Schließlich machte er sich die Sache der Newtonianer zu eigen, ernannte 1746 den prominenten Newtonianer Maupertuis zum Präsidenten der Berliner Akademie und setzte damit als Wissenschaftspolitiker ein unmissverständliches Zeichen.

In der *Abhandlung über die Unschuld der Irrtümer des Geistes* (1738) ist der Umgang mit konkurrierenden Diskursen Gegenstand der Reflexion, und zwar in der offenen Form eines philosophischen Dialogs. Friedrich, der über die in Frankreich mit Leidenschaft geführten Debatten um die Durchsetzung des Newtonianismus bestens informiert war, bezieht in diesem frühen Text Stellung zum neuen Philosophieverständnis, das auf den Erkenntnissen der modernen Naturwissenschaften beruht, die im 18. Jahrhundert noch Philosophie genannt wurden. Die literarische Form des Dialogs erlaubt es ihm, seinen zwischen Zustimmung und Skepsis changierenden Standpunkt auszuloten.

Friedrichs Ruf als *philosophe* begründete der *Antimachiavel* (1740), der weit über eine politische Streitschrift im strikten Sinn des Wortes hinausgeht. Der *Antimachiavel* ist ein Ergebnis seiner Studien während der Rheinsberger Zeit und vermittelt einen Reflexionsstand, der ganz auf der Höhe der zeitgenössischen intellektuellen Debatten anzusiedeln ist. Zugleich ist die Widerlegung des *Fürsten* von Machiavelli das Zeugnis einer lebhaften Streitkultur und Friedrichs Bekenntnis zu den Idealen der Aufklärung. Hier entwickelt er seine Vorstellung des aufgeklärten Herrschers. Mit spitzer Feder, aber auch mit leidenschaftlicher Güte, kämpft er für die Sache der *Lumières* und richtet seine Invektiven gegen die Vertreter des zeitgenössischen Machiavellismus. Den *Antimachiavel* hat er im Namen der Menschlichkeit, mit Abscheu vor politischer Tücke, Willkürherrschaft, Krieg und Eroberung niedergeschrieben. Die Leser, darunter die Fürsten seiner Zeit, sollten aufgeklärt werden. Das zeitgenössische Publikum las die *Widerlegung des Fürsten von Machiavelli* in der von Voltaire herausgegebenen Fassung als politisches Manifest des jungen Königs und Hoffnungsträgers der aufgeklärten Welt.[21]

Um sein Herrscherideal zu profilieren stellt Friedrich den Autor des *Principe* in seiner ganzen Schlechtigkeit bloß, zerfetzt ihn als Gegner der Humanität und widerlegt sein »gefährliches« Werk Kapitel für Kapitel, damit das »Gegengift gleich neben dem Gift«

seine Wirkung entfalte! Das positive Gegenbild zu Machiavellis *Principe* stellt für ihn Fénelons *Télémaque* dar. Gelegentlich stimmt Friedrich dem Florentiner Autor auch zu. Widersprüchlichkeiten dieser Art hält er als Essayist ohne Weiteres aus. Seine Kritiker griffen indes schnell zur Feder, um ihm diese nachzuweisen.[22]

Es sind die Digressionen, die dem Autor des *Antimachiavel* oft als Weitschweifigkeit zum Vorwurf gemacht wurden; doch gerade sie wirken der thematischen Einseitigkeit einer rein politischen Abhandlung entgegen. Die Bezugnahmen auf die Kultbücher der aufgeklärten Welt und auf Schlüsselereignisse der alten und neueren Geschichte, pointierte Anspielungen auf Reizwörter der öffentlichen Debatten, der spielerische Umgang mit dem Figurenrepertoire der französischen Literatur oder der antiken Mythologie vergegenwärtigen den intellektuellen Horizont, in dem Friedrichs philosophische Schriften insgesamt stehen. Diese Schreibweise beruht auf der Auseinandersetzung mit Autoren, die ihn faszinierten und die er auf vielfältige Weise im eigenen Text zu Wort kommen lässt – sei es explizit oder in Anspielungen, sei es in Form der Bewunderung und Zustimmung oder des Widerspruchs und der Kritik.

Die Lese- und Denkhorizonte Friedrichs des Großen, die wir in den Anmerkungen ansatzweise rekonstruiert haben, vermitteln auch eine Vorstellung von seiner Autorschaft. Friedrich denkt und schreibt dialogisch. Der Dialog ist dabei nicht nur eines seiner bevorzugten Stilmittel. Seine Denkweise selbst ist dialogisch. Der wiederholte Rückgriff auf die »Widerlegung« als Form, sei es im *Antimachiavel*, in der Kritik des *Versuchs über die Vorurteile* oder der Kritik des *Systems der Natur*, veranschaulicht die für Friedrichs Philosophie so charakteristischen Züge. Anreden an den Leser oder den widerlegten Autor, Beiseitesprechen wie im Theater, Siezen, Duzen, indignierte Ausrufe, Appelle an Autoren oder Helden der Vergangenheit – eine ganze Konstellation von Figuren redet mit, denkt mit, begleitet den Philosophen in seinem Gedankengang und schließt den Pakt zwischen Autor und Leser. Im *Antimachiavel* kommt diese Form der Dialogizität besonders gut zum Vorschein. Hier ist der intellektuelle Bezugshorizont am weitesten gespannt und der Disput mit dem widerlegten Autor entsprechend lebhaft.

Mit der *Abhandlung über die Gründe, Gesetze einzuführen oder abzuschaffen* (1749) beteiligte sich Friedrich an der rechtsphilosophischen Debatte und bestärkte damit seinen Ruf als Aufklärer in der Rolle des Gesetzgebers. Die Geschichte, aber auch die eigene Erfahrung liefern ihm die Argumente. Unverkennbar ist hier seine intellektuelle Nähe zu Montesquieu, den er zwar an keiner Stelle erwähnt, dessen Schriften er seit den 1730er Jahren jedoch intensiv rezipiert hat. Als Friedrich seinen Text über die Gesetze verfasste und veröffentlichen ließ, stand er in der Verantwortung als Gesetzgeber und wusste aus Erfahrung um die Dringlichkeit der Gesetzesreform.

Eine andere Form der aufklärerischen Intervention stellt sein Projekt dar, eine leserfreundliche Ausgabe einer der wichtigsten Quellen der französischen Aufklärung zu veröffentlichen: Pierre Bayles *Dictionnaire historique et critique* (1696). Friedrich war zeitlebens ein begeisterter Leser des *Historisch-kritischen Wörterbuchs*, das er als »Brevier des gesunden Menschenverstandes« bezeichnete. Für seine Auswahlausgabe des »kostbaren Monuments« der philosophiegeschichtlichen Aufklärung verfasste er ein Vorwort und setzte Pierre Bayle damit ein Denkmal. Bayles Œuvre war ihm stets eine Inspirationsquelle philosophischen Selbstdenkens. Er machte sich die Methode Bayles – einen moderaten Skeptizismus – zu eigen und erwies sich dabei als origineller Denker: Widerspruch selbst gegen die ersten Wahrheiten zu erheben, sich die Freiheit zu nehmen, jenseits tradierter Systemzwänge einen eigenen intellektuellen Weg einzuschlagen, sich unermüdlich auf die Suche nach der Wahrheit zu machen. Auch seine philosophiehistorischen Kenntnisse sind geprägt von einer intensiven Bayle-Lektüre. Auf den Skeptizismus und den Epikurismus bezieht er sich mit bewundernswerter Genauigkeit.[23]

Im *Versuch über die Eigenliebe, als Grundsatz der Moral betrachtet* (1770) erweist sich der königliche Autor wieder ganz und gar als *philosophe*, der das Ziel verfolgt, sich der Gesellschaft nützlich zu machen, zur Verbesserung der Sitten und somit zum irdischen Glück der Menschen beizutragen. Er räsoniert hier über eine Frage der praktischen Philosophie, die ihn immer wieder beschäftigte: Wie können die Philosophen als Erzieher des Menschengeschlechts die Eigenliebe – »diese mächtige Triebfeder« und »Wächterin unserer Selbsterhaltung« – für die Gesellschaft nützlich machen? Die Annahme, das menschliche Eigeninteresse ließe sich in eine gesellschaftliche Tugend umformen, beruht auf der positiven Anthropologie, die im 18. Jahrhundert die Idee von der Vervollkommnungsfähigkeit des Menschen entwickelte. Die französischen Aufklärer, auch Friedrich, erhoben Widerspruch gegen die negative Anthropologie des 17. Jahrhunderts wie sie beispielsweise La Rochefoucauld vertrat.[24]

Wenig später verfasste Friedrich seine Kritik des anonym erschienenen *Essai sur les préjugés*, die er unverzüglich drucken ließ. Der moderate Optimismus des Essays über die Eigenliebe ist in der *Prüfung des Versuchs über die Vorurteile* (1770) nicht mehr zu finden. Stattdessen ist die ihm eigene Verve wiederzuerkennen, mit der er drei Jahrzehnte zuvor im *Antimachiavel* gegen Vorurteil, Intoleranz und Willkürherrschaft argumentiert hatte. Doch 1770 galt es nicht länger, einen »verruchten Politiker« niederzuringen, sondern einem »fanatischen Philosophen« Paroli zu bieten, der es sich zum Anliegen gemacht hat, bei seinem Kampf gegen das Vorurteil die Politik ins Visier zu nehmen.[25] Friedrich fühlte sich als Herrscher so stark provoziert, dass er zur Feder griff, um den Generalangriff auf das Ancien Régime zu parieren und als Verteidiger der

Monarchie im Allgemeinen und Ludwigs XV. im Besonderen anzutreten. In seiner kurz darauf verfassten Widerlegung des *Systems der Natur* von d'Holbach, dem auch die Autorschaft des *Versuchs über die Vorurteile* zugeschrieben wird, verteidigt Friedrich seine Philosophie der Aufklärung gegen ihre Politisierung und Radikalisierung durch die französischen Materialisten.

Die Grundlage des französischen Textes der vorliegenden Ausgabe bilden, mit wenigen, von uns angemerkten Ausnahmen, die von J. D. E. Preuss herausgegebenen Werke Friedrichs des Großen, *Œuvres de Frédéric le Grand*.[26] Wie Preuss seine Textgrundlage den grammatischen und stilistischen Standards seiner Zeit angepasst hat[27], so haben wir den von ihm edierten französischen Text behutsam modernisiert. Die Wortstellung und die Schreibweise haben wir, abgesehen von wenigen Ausnahmen[28], unverändert von ihm übernommen. Die Interpunktion hingegen wurde modifiziert, damit die Sätze einem modernen Leser besser verständlich sind, u. a. durch das Neuformulieren von Semikola. So haben wir versucht, die Einzigartigkeit und Historizität des französischen Textes zu bewahren. Veraltete Ausdrücke wurden beibehalten; diese sind dem heutigen Leser entweder verständlich, oder sie werden in den Anmerkungen erläutert. Auch der stilistischen Eigenart Friedrichs haben wir im französischen Text und in der Übersetzung den ihr gebührenden Raum gelassen.[29]

Wir danken Florian Dammaschke, Michael Knobloch und Richard Pfennig für ihre Mitarbeit bei der Erstellung des Manuskripts, dem Ministerium für Wissenschaft, Forschung und Kultur des Landes Brandenburg für die Förderung des Editionsprojektes *Friedrich der Große – Potsdamer Ausgabe* und dem Direktor des Geheimen Staatsarchivs Preußischer Kulturbesitz (Berlin), Prof. Dr. Jürgen Kloosterhuis, für seinen unverzichtbaren Rat.

Anne Baillot, Brunhilde Wehinger

[1] Brief vom 26. Januar 1728 aus Dresden, wo sich der junge Kronprinz vom 12. Januar bis 11. Februar in Begleitung seines Vaters am Hof aufhielt; cf. *Friedrich der Große und Wilhelmine von Bayreuth. Jugendbriefe 1728–1740*, hg. v. G. B. Volz. Deutsch von Friedrich von Oppeln-Bronikowski, Leipzig 1924, Bd. 1, 63–65, erneut in: »...*solange wir zu zweit sind.*« *Friedrich der Große und Wilhelmine Markgräfin von Bayreuth in Briefen*, hg. v. K. Heckmann-Janz, S. Kretschmer, F. Prinz von Preußen, München 2003, 23-24.

[2] Friedrich besaß die Erstauflage der französischen Übersetzung der »Briefe an Serena« (der Name Serena steht für Sophie Charlotte): John Toland, *Lettres philosophiques sur l'origine des préjugés, du dogme de l'immortalité de l'âme* [...], traduction de l'anglois de Tolland, Londres 1768; cf. Bogdan Krieger, *Friedrich der Große und seine Bücher*, Berlin, Leipzig 1914, 133. Werner Schneiders, *Aufklärung und Vorurteilskritik. Studien zur Geschichte der Vorurteilstheorie*, Stuttgart 1983.

[3] Der Mathematiker und Frühaufklärer Christian Wolff musste 1723 aufgrund eines von pietistischer Seite gegen ihn erhobenen Atheismusvorwurfs seine Professur in Halle aufgeben und Preußen verlassen; cf. S. 422, Anm. 3 in diesem Band.

[4] »Ce n'est pas notre façon de penser sur des matières spéculatives qui peut influer sur le bonheur de la société, mais c'est notre manière d'agir«, heißt es in der *Dissertation sur l'innocence des erreurs de l'esprit*, cf. S. 40, Zeile 13–15 in diesem Band. Zur Geschichte des französischen Begriffs »Philosophe« cf. Hans Ulrich Gumbrecht, Rolf Reichardt, *Philosophe, Philosophie*, in: *Handbuch politisch-sozialer Grundbegriffe in Frankreich 1680-1820*, hg. v. R. Reichardt, E. Schmitt et al., Heft 3, 1985, 7–82.

[5] Zum Denkstil bzw. zur »Denkform« der französischen Aufklärung cf. Ernst Cassirer, *Die Philosophie der Aufklärung* [1932], Hamburg 1998, 1–47.

[6] Marc Fumaroli, *Quand l'Europe parlait français*, Paris 2001.

[7] Corina Petersilka, *Die Zweisprachigkeit Friedrichs des Großen. Ein linguistisches Porträt*, Tübingen 2005. Die französische Sprache war auch die Sprache des Berliner Hofes, wo die Prinzenerziehung hugenottischen Pädagogen anvertraut wurde; cf. Pierre-Paul Sagave, *Französische Prinzenerzieher am preußischen Hof (1694–1814)*, in: I. Mittenzwei (Hg.), *Hugenotten in Brandenburg-Preußen*, Berlin 1987, 279–312.

[8] Günther Lottes, *Im Banne Frankreichs. Zur Entstehung der französischen Kulturhegemonie und ihren Auswirkungen auf Preußen im 18. Jahrhundert*, in: I. D'Aprile, M. Disselkamp, C. Sedlarz (Hg.), *Tableau de Berlin*, Hannover-Laatzen 2005, 35–48.

[9] Martin Fontius, *Der Ort des »Roi philosophe« in der Aufklärung*, in: ders. (Hg.), *Friedrich II. und die europäische Aufklärung*, Berlin 1999, 9–27.

[10] Friedrichs geheime Jugendbibliothek, die sein Lehrer Jacques Égide Duhan de Jandun erworben hatte, umfasste 3775 Bände; sie war außerhalb der Berliner Schlosses, auf der Schlossfreiheit, untergebracht und wurde von Friedrich Wilhelm I. 1730 anlässlich des gescheiterten Fluchtversuchs Friedrichs versteigert; cf. Bogdan Krieger, *Friedrich der Große und seine Bücher* (wie Anm. 2), 6 f.

[11] Günther Lottes, *Versailles und Potsdam*, in: G. Lottes, I. D'Aprile (Hg.), *Hofkultur und aufgeklärte Öffentlichkeit: Potsdam im 18. Jahrhundert im europäischen Kontext*, Berlin 2006, 13–29.

¹² In Du Marsais' Essay *Le Philosophe* (1743) heißt es: »Notre philosophe ne se croit pas en exil dans ce monde; il ne croit point être en pays ennemi [...]: c'est un honnête homme qui veut plaire et se rendre utile« (»Unser Philosoph ist nicht der Meinung, dass er in dieser Welt im Exil lebe oder dass er sich in Feindesland befände [...]: er ist ein redlicher Mann, der gefallen und sich nützlich machen will«); in: *Le Philosophe*. Texts and Interpretation by Herbert Dieckmann, Saint Louis 1948, 44 (cf. S. 379, Anm. 1 in diesem Band).

¹³ Jens Häseler, *Ein Wanderer zwischen den Welten. Charles Étienne Jordan (1700-1745)*, Sigmaringen 1993.

¹⁴ Cf. in diesem Band S. 410 (Vorbemerkung die *Abhandlung über die Unschädlichkeit der Irrtümer des Geistes* betreffend); S. 419 (Vorbemerkung den *Antimachiavel* betreffend); S. 458, Anm. 3.

¹⁵ Bogdan Krieger, *Friedrich der Große und seine Bücher* (wie Anm. 2), 1–23.

¹⁶ Am 28. Mai 1742 schrieb Friedrich an seinen Freund, den italienischen Aufklärungsschriftsteller Francesco Algarotti: »Von allen Lebensformen ist, glaube ich, die des Studiums die glücklichste. Bücher, Tinte und Gedanken werden niemals treulos handeln, in welchem Zustand wir uns auch befinden. Sobald der Krieg zu Ende ist, werden Sie mich als *philosophe* wiedersehen, dem Studium mehr zugewandt als je zuvor«; cf. *Œuvres de Frédéric le Grand*, t. XIII, 46; zu Algarotti cf. S. 413 in diesem Band.

¹⁷ Christiane Mervaud, *Voltaire et Frédéric II: une dramaturgie des Lumières 1736–1778*, Oxford 1985; André Magnan, *Dossier Voltaire en Prusse (1750–1753)*, Oxford 1986; zum Briefwechsel zwischen Friedrich und d'Alembert cf. Brunhilde Wehinger, *Geist und Macht. Zum Briefwechsel zwischen d'Alembert und Friedrich II. von Preußen*, in: G. Berger, F. Sick (Hg.), *Französisch-deutscher Kulturtransfer im Ancien Régime*, Tübingen 2002, 241–261.

¹⁸ Zur sprachphilosophischen Auffassung bzw. zu dem im 18. Jahrhundert ungebrochen gültigen, von Voltaire vertretenen, von Friedrich übernommenen, vom europäischen Publikum erwarteten Konzept der *clarté de la langue française* und seinem Ort im philosophischen Denken des 18. Jahrhunderts cf. Jürgen Trabant, *Mithridates im Paradies. Kleine Geschichte des Sprachdenkens*, München 2003, 131–156.

¹⁹ Zur Entwicklungsgeschichte der Mitteilungsformen philosophischen Denkens im Zeitalter der Aufklärung cf. A. Baillot, C. Coulombeau (Hg.), *Die Formen der Philosophie in Deutschland und Frankreich/Les formes de la philosophie en Allemagne et en France 1750–1830*, Hannover-Laatzen 2007, 13–29.

²⁰ In Friedrichs Bibliothek befand sich Christian Wolffs, von Ulrich von Suhm übersetztes Lehrbuch *Metaphysik, oder Vernünftige Gedanken von Gott, der Welt und der Seele des Menschen, auch allen Dingen überhaupt*, 2 Bde., Frankfurt, Leipzig 1719/20; cf. Bogdan Krieger, *Friedrich der Große und seine Bücher* (wie Anm. 2), 133.

²¹ Zur zeitgenössischen Rezeption cf. Winfried Bahner, Helga Bergmann, *Introduction* zu Voltaire, *Anti-Machiavel*, in: *Œuvres complètes de Voltaire/Complete Works of Voltaire*, Oxford 1996, vol. 19, 53–67.

²² Nach der Thronbesteigung versuchte Friedrich die Veröffentlichung rückgängig zu machen. Am

27. Juni 1740 schrieb er an Voltaire: »Um Himmels willen, kaufen Sie die ganze Ausgabe des *Antimachiavell* auf«, in: *Voltaire – Friedrich der Große. Briefwechsel*, hg. u. übers. v. Hans Pleschinski, München 1995, 186. Und kaum war das Werk erschienen, plante Friedrich die Eroberung Schlesiens. Das ist der Hauptwiderspruch, den ihm seine Kritiker vorhielten.

[23] Bei der Zusammenstellung der Artikel für den *Auszug aus dem historisch-kritischen Wörterbuch von Bayle* hatten für Friedrich die philosophischen Artikel Vorrang; hierzu auch Stefan Lorenz, *Friedrich der Große und der Bellerophon der Philosophie. Bemerkungen zum »Roi Philosophe« und Pierre Bayle*, in: M. Fontius (Hg.), *Friedrich II. und die europäische Aufklärung* (wie Anm. 9), 73–85; Eckart Birnstiel, *Frédéric et le* Dictionnaire *de Bayle*, in: *Pierre Bayle, Citoyen du Monde. De l'enfant du Carla à l'auteur du Dictionnaire*, éd. H. Bost et P. de Robert, Paris 1999, 143–157. Zu Friedrichs Philosophie aus der Sicht der deutschen Philosophiegeschichtsschreibung des 19. Jahrhunderts cf. Eduard Zeller, *Friedrich der Große als Philosoph*, Berlin 1886.

[24] In Voltaires *Dictionnaire philosophique* (1764), Art. *Amour-propre*, heißt es lakonisch: »L'amour-propre est l'instrument de notre conservation« (»Die Eigenliebe ist das Instrument unserer Selbsterhaltung«); cf. Voltaire, *Dictionnaire philosophique*, éd. R. Naves et J. Benda, Paris 1967, 22.

[25] Zum *Essay über die Vorurteile* (1769) cf. Werner Krauss, *Über eine Kampfschrift der Aufklärung: der »Essai sur les préjugés«*, in: Werner Krauss, *Aufklärung I: Frankreich*, hg. v. W. Schröder, Berlin, Weimar 1991, 351-387.

[26] *Œuvres de Frédéric le Grand*, éd. par J. D. E. Preuss, 31 vol., Berlin 1846–1857.

[27] J. D. E. Preuss, *Œuvres de Frédéric le Grand*, t. I, XV–XVI (allgemein); den *Antimachiavel* betreffend, ebd., t. VIII, XV.

[28] Stillschweigend verbessert wurde z.B. im *Examen de l'Essai sur les préjugés* die Schreibweise des Ausdrucks »vanité des vanités« (S. 342, Zeile 11), bei Preuss: »vanités des vanités«, wahrscheinlich als Duplikat des Lateinischen »vanitas vanitatis« so geschrieben (cf. *Œuvres de Frédéric le Grand*, t. IX, 132). Die weiteren Eingriffe betreffen meist Akzente und Bindestriche (z. B. »très-fort« durch »très fort« ersetzt), sowie Namen (z. B. »Des Cartes« durch »Descartes« ersetzt).

[29] Nicht gemildert, weil dem Stil des Autors zugehörend, wurden Ausdrücke wie: »La fourberie et la scélératesse de Machiavel sont répandues dans cet ouvrage comme l'odeur empestée d'une voirie qui se communique à l'air d'alentour« (S. 64, Zeile 27–29); »il baise sa Maintenon« (S. 114, Zeile 30); »Ce n'est que de la crème fouettée« (S. 136, Zeile 3); »Mais l'indignation contre les horreurs que l'auteur a vomies contre lui« etc.(S. 354, Zeile 29).

Dissertation sur l'innocence des erreurs de l'esprit

Abhandlung über die Unschädlichkeit der Irrtümer des Geistes

Monsieur, je me crois obligé de vous rendre raison de mon loisir et de l'usage que je fais de mon temps. Vous connaissez le goût que j'ai pour la philosophie : c'est une passion chez moi, elle accompagne fidèlement tous mes pas. Quelques amis qui connaissent en moi ce goût dominant, soit pour s'y accommoder, soit qu'ils y trouvent plaisir eux-mêmes, m'entretiennent souvent sur des matières spéculatives de physique, de métaphysique ou de morale. Nos conversations sont d'ordinaire peu remarquables, parce qu'elles roulent sur des sujets connus ou qui sont au-dessous de l'œil éclairé des savants. La conversation que j'eus hier au soir avec Philante me parut plus digne d'attention ; elle portait sur un sujet qui intéresse et partage presque tout le genre humain. Je pensai d'abord à vous ; il me sembla que je vous devais cette conversation. Je montai incontinent dans ma chambre au retour de la promenade ; les idées toutes fraîches et l'esprit plein de notre discours, je le couchai par écrit le mieux qu'il me fut possible. Je vous prie, monsieur, de m'en dire votre sentiment, et si je suis assez heureux pour l'avoir rencontré, votre sincérité sera le salaire de mes peines ; je me trouverai richement récompensé si mon travail ne vous est pas désagréable.

Il faisait hier le plus beau temps du monde : le soleil brillait d'un feu plus beau qu'à l'ordinaire, le ciel était si serein qu'on n'apercevait aucun nuage à la plus grande distance. J'avais passé toute la matinée à l'étude et, pour me délasser du travail, je fis une partie de promenade avec Philante. Nous nous entretînmes assez longtemps du bonheur dont jouissent les hommes, et de l'insensibilité de la plupart, qui ne goûtent point les douceurs d'un beau soleil et d'un air pur et tranquille. De considérations en considérations, nous nous aperçûmes que notre discours avait infiniment allongé notre promenade, et qu'il était temps de rebrousser chemin pour arriver au logis avant l'obscurité. Philante, qui l'observa le premier, m'en fit la guerre ; je me défendis en lui disant que sa conversation me paraissait si agréable que je ne comptais pas les moments lorsque je me trouvais avec lui, et que j'avais cru qu'il serait assez temps de penser à notre retour lorsqu'on verrait baisser le soleil.

Mein Herr, ich fühle mich verpflichtet, Ihnen Rechenschaft über meine Muße abzulegen und darüber, wie ich meine Zeit verbringe. Sie kennen meine Neigung zur Philosophie: Sie ist bei mir eine Leidenschaft; treu begleitet sie mich auf all meinen Wegen. Einige Freunde kennen diese bei mir vorherrschende Neigung und unterhalten sich oft mit mir über spekulative Fragen der Physik, Metaphysik oder Moral, sei es, um sich meinem Geschmack anzupassen, sei es, weil sie selbst Vergnügen daran haben. Gewöhnlich sind unsere Unterhaltungen kaum der Rede wert; sie drehen sich um Themen, die bekannt oder der Aufmerksamkeit aufgeklärter Gelehrter nicht würdig sind. Die Unterhaltung, die ich gestern Abend mit Philante[1] hatte, schien mir indes mehr Beachtung zu verdienen. Sie bezog sich auf ein Thema, das fast die ganze Menschheit interessiert, und über das die Meinungen geteilt sind. Ich dachte sogleich an Sie. Ihnen, so schien es mir, war ich einen Bericht über diese Unterhaltung schuldig. Nach dem Spaziergang ging ich unverzüglich in mein Zimmer und brachte die noch frischen Ideen, die mir nach dem Gespräch im Kopf herumgingen, so gut ich konnte zu Papier. Ich bitte Sie, mein Herr, mir Ihre Meinung darüber zu sagen. Und sollte ich das Glück haben, mit Ihnen übereinzustimmen, so wird Ihre Aufrichtigkeit der Lohn meiner Mühe sein, und ich werde mich reichlich belohnt fühlen, wenn meine Arbeit Ihnen nicht missfällt.

Gestern war das schönste Wetter der Welt: Die Sonne strahlte heller als gewöhnlich, der Himmel war so heiter, dass man weit und breit keine einzige Wolke erblickte. Ich hatte den ganzen Vormittag studiert, und um mich von der Arbeit zu erholen, machte ich einen Spaziergang mit Philante. Wir unterhielten uns ziemlich lange über das Glück, das die Menschen genießen, und über die Gleichgültigkeit der meisten, die sich der sanften Schönheit des Sonnenscheins und der reinen, stillen Luft nicht erfreuen. Wir kamen von einer Betrachtung zur nächsten und merkten schließlich, dass das Gespräch unseren Spaziergang unendlich in die Länge gezogen hatte und dass es Zeit war heimzukehren, wenn wir vor Einbruch der Dunkelheit zu Hause ankommen wollten. Philante bemerkte es zuerst und meinte, es wäre meine Schuld. Ich verteidigte mich und sagte ihm, seine Unterhaltung wäre mir so angenehm erschienen, dass ich in seiner Gesellschaft die Minuten nicht gezählt und geglaubt hätte, es wäre früh genug, an unsere Rückkehr zu denken, wenn wir die Sonne sinken sähen.

– Comment! Baisser le soleil! reprit-il, êtes-vous copernicien? Et vous accommodez-vous aux façons populaires de s'exprimer et aux erreurs de Tycho Brahé?
– Tout doucement! lui repartis-je, vous allez bien vite. D'abord, il ne s'agissait point ici de philosophie dans une conversation familière, et si j'ai failli en péchant contre Copernic, ma faute doit m'être aussi facilement pardonnée qu'à Josué, qui fait arrêter le soleil dans sa course, et qui, étant divinement inspiré, devait bien être au fait des secrets de la nature. Josué parlait dans ce moment comme le peuple, et moi, je parle à un homme éclairé, qui m'entend également bien d'une ou d'autre manière. Mais puisque vous attaquez ici Tycho Brahé, souffrez que pour un moment je vous attaque à mon tour. Il paraît que votre zèle pour Copernic est bien animé: vous lancez d'abord des anathèmes contre tous ceux qui se trouvent d'un sentiment contraire au sien. Je veux croire qu'il a raison; mais cela est-il bien sûr? Quel garant en avez-vous? Est-ce que la nature, est-ce que son auteur, vous ont révélé quelque chose sur l'infaillibilité de Copernic? Quant à moi, je ne vois qu'un système, c'est-à-dire l'arrangement des visions de Copernic ajustées sur les opérations de la nature.
– Et moi, reprit Philante en s'échauffant, j'y vois la vérité.
– La vérité? Et qu'appelez-vous la vérité?
– C'est, dit-il, l'évidence réelle des êtres et des faits.
– Et connaître la vérité? continuai-je.
– C'est, me répondit-il, être parvenu à trouver un rapport exact entre les êtres qui existent réellement ou qui ont existé, avec nos idées; entre les faits passés ou présents, et les notions que nous en avons.
– Suivant cela, mon cher Philante, nous pouvons peu nous flatter de connaître des vérités, elles sont presque toutes douteuses, lui dis-je, et il n'y a, selon la définition que vous venez de me faire vous-même, que deux ou trois vérités tout au plus qui soient incontestables. Le rapport des sens, qui est ce que nous avons presque de plus sûr, n'est point exempt d'incertitudes. Nos yeux nous trompent lorsqu'ils nous peignent ronde de loin une tour que nous trouvons carrée en en approchant. Nous croyons quelquefois entendre des sons qui n'ont lieu que dans notre imagination, et qui ne consistent que dans une impression sourde faite sur nos oreilles. L'odorat n'est pas moins infidèle que les autres sens: il semble quelquefois qu'on sente des odeurs de fleurs dans des prairies ou dans des bois, qui n'y sont pas cependant. Et à présent que je vous parle, je m'aperçois, au sang qui coule de ma main, qu'un moucheron m'a piqué; la chaleur du discours m'a rendu insensible à cette douleur, l'attouchement m'a fait faux bond. Si

»Wie? Die Sonne sinken sehen?«, wiederholte er. »Sind Sie noch Kopernikaner? Sie richten sich nach den volkstümlichen Redeweisen und übernehmen auch noch die Irrtümer des Tycho Brahe?«[1]

»Nicht so stürmisch!«, antwortete ich. »Sie haben es recht eilig mit Ihren Schlussfolgerungen. In unserem vertraulichen Gespräch ging es doch gar nicht um Philosophie, und wenn ich gegen Kopernikus gesündigt habe, dann müsste mir mein Fehler ebenso leicht zu verzeihen sein wie Josua[2], der die Sonne stillstehen ließ und der über die Geheimnisse der Natur eigentlich Bescheid wissen musste, da er von Gott erleuchtet war. Josua sprach in jenem Augenblick wie das Volk; ich aber spreche mit einem aufgeklärten Mann, der mich, unabhängig davon wie ich mich ausdrücke, richtig versteht. Da Sie hier aber Tycho Brahe angreifen, so gestatten Sie mir einen Augenblick, dass ich Sie angreife. Ihr Eifer für Kopernikus scheint stark zu sein. Sie schleudern sofort den Bannstrahl gegen alle, die nicht seiner Meinung sind. Ich will gerne glauben, dass er Recht hat. Aber ist das wirklich sicher? Wer garantiert es Ihnen? Hat die Natur, hat ihr Schöpfer Ihnen etwas von der Unfehlbarkeit des Kopernikus offenbart? Was mich betrifft, so sehe ich nur ein System, das heißt die Zusammenstellung der Ansichten des Kopernikus, die den Naturerscheinungen angemessen sind.«

»Und ich«, erwiderte Philante, der sich ereiferte, »ich sehe die Wahrheit.«

»Die Wahrheit? Und was nennen Sie Wahrheit?«

»Die wirkliche Evidenz dessen, was ist und geschieht«, sagte er.

»Und die Wahrheit erkennen?« fragte ich weiter.

»Das heißt«, antwortete er mir, »eine genaue Beziehung zwischen dem herzustellen, was wirklich existiert oder was existiert hat, und unseren Ideen, sowie zwischen den vergangenen oder den gegenwärtigen Tatsachen und den Begriffen, die wir davon haben.«

»Demzufolge, lieber Philante«, sagte ich zu ihm, »dürfen wir uns kaum schmeicheln, Wahrheiten zu erkennen. Sie sind fast alle zweifelhaft, und nach der Definition, die Sie mir eben selbst gegeben haben, gibt es höchstens zwei oder drei unumstößliche Wahrheiten. Selbst das Zeugnis der Sinne, fast das Sicherste, was wir haben, ist nicht immer zuverlässig.[3] Unsere Augen täuschen uns, wenn sie uns in der Ferne einen Turm als rund erscheinen lassen, der sich aus der Nähe als viereckig herausstellt. Manchmal glauben wir Töne zu hören, die nur in unserer Einbildung erklingen und nur aus einem tonlosen Eindruck auf unsere Ohren bestehen. Der Geruchssinn ist ebenso unzuverlässig wie die anderen Sinne. Zuweilen glauben wir, in Wald und Flur den Duft von Blumen zu riechen, die es dort gar nicht gibt. Und in diesem Augenblick, in dem ich mit Ihnen rede, merke ich an dem Blutstropfen auf meiner Hand, dass mich eine Mücke gestochen hat. Die Lebhaftigkeit unseres Gesprächs hat mich gegen den Schmerz unemp-

donc ce que nous avons de moins douteux l'est si fort, comment pouvez-vous parler avec tant de certitude des matières abstraites de la philosophie?

– C'est, repartit Philante, qu'elles sont évidentes, et que le système de Copernic est confirmé par l'expérience : les révolutions des planètes y sont marquées avec une précision admirable, les éclipses y sont calculées avec une justesse merveilleuse ; enfin, ce système explique parfaitement l'énigme de la nature.

– Mais que diriez-vous, repartis-je, si je vous faisais voir un système très différent assurément du vôtre et qui, par un principe évidemment faux, explique les mêmes merveilles que celui de Copernic?

– Je vous attends aux erreurs des Malabares, reprit Philante.

– C'est justement de leur montagne que j'allais vous parler. Mais, erreur tant qu'il vous plaira, ce système, mon cher Philante, explique parfaitement bien les opérations astronomiques de la nature, et il est étonnant que, partant d'un point aussi absurde que l'est celui de supposer le soleil uniquement occupé à faire le tour d'une grande montagne qui se trouve dans le pays de ces barbares, ces astronomes aient pu si bien prédire les mêmes révolutions et les mêmes éclipses que votre Copernic : l'erreur des Malabares est grossière, celle de Copernic est peut-être moins sensible. Peut-être verra-t-on un jour quelque nouveau philosophe dogmatiser du haut de sa gloire et, tout bouffi d'arrogance de quelque découverte peu importante, et toujours suffisante pour servir de base à un nouveau système, traiter les coperniciens et les newtoniens comme un petit essaim de misérables qui ne méritent pas qu'on relève leurs erreurs.

– Il est vrai, dit Philante, que les nouveaux philosophes ont eu de tout temps le droit de triompher des anciens. Descartes foudroya les saints de l'école, et il fut foudroyé à son tour par Newton, et celui-ci n'attend qu'un successeur pour subir le même sort.

– Ne serait-ce point, repris-je, qu'il ne faut que de l'amour-propre pour faire un système? De cette haute idée de son mérite naît un sentiment d'infaillibilité, alors le philosophe forge son système. Il commence par croire aveuglément ce qu'il veut prouver ; il cherche des raisons pour y donner un air de vraisemblance, et de là une source intarissable d'erreurs. Il devrait tout au contraire commencer par remonter, au moyen de plusieurs observations, de conséquences en conséquences, et voir simplement à quoi

findlich gemacht; mein Tastsinn hat mich im Stich gelassen. Wenn also das, von dem wir annehmen, es sei das Zuverlässigste, so unzuverlässig ist, wie können Sie dann mit so viel Gewissheit von abstrakten Dingen der Philosophie reden?«

»Weil sie evident sind«, entgegnete Philante, »und weil das kopernikanische System durch die Erfahrung bestätigt wird. Die Umlaufbahnen der Planeten sind darin mit einer bewundernswerten Präzision bestimmt, die Finsternisse mit wunderbarer Genauigkeit berechnet; kurz, dieses System erklärt das Rätsel der Natur vollkommen.«

»Was würden Sie aber sagen,« wandte ich ein, »wenn ich Ihnen ein System darstellte, das sich von Ihrem System mit Sicherheit stark unterscheidet, das aber bei einer offensichtlich falschen Voraussetzung die gleichen Wunder erklärt wie das kopernikanische?«

»Ich nehme an, Sie meinen die Irrtümer der Malabaren[1]«, erwiderte Philante.

»So ist es, vom Berg der Malabaren wollte ich gerade reden. Wie viel Irrtum auch immer in jenem System stecken mag, mein lieber Philante, es erklärt doch vollkommen die astronomischen Naturerscheinungen, und es ist erstaunlich, dass jene Astronomen dieselben Umlaufbahnen und dieselben Finsternisse so genau vorhersagen konnten wie Ihr Kopernikus, obwohl sie von einer so absurden Voraussetzung ausgingen, wonach die Sonne ausschließlich damit beschäftigt ist, einen großen Berg im Land jener Barbaren zu umkreisen. Der Irrtum der Malabaren ist grob, der des Kopernikus fällt vielleicht weniger auf. Vielleicht erleben wir eines Tages, wie ein neuer Philosoph von der Höhe seines Ruhms herab ein neues Dogma aufstellt und in seinem Dünkel über irgendeine unwichtige Entdeckung, die aber immerhin als Grundlage eines neuen Systems dienen kann, die Kopernikaner und die Newtonianer wie einen Haufen Nichtswürdiger behandelt, die es nicht einmal verdienen, dass man ihnen ihre Irrtümer nachweist.«

»Es ist richtig«, sagte Philante, »die neuen Philosophen haben sich immer das Recht herausgenommen, über die alten zu triumphieren. Descartes zerschmetterte die Heiligen der Schulphilosophie und wurde seinerseits von Newton vom Sockel gestoßen, und Newton wartet nur auf einen Nachfolger, der ihm dasselbe Schicksal widerfahren lässt.«[2]

»Sollte es daran liegen«, erwiderte ich, »dass man nur ein wenig Eigenliebe braucht, um ein System aufzustellen? Der hohe Begriff von der eigenen Leistung erzeugt ein Gefühl der Unfehlbarkeit; also baut sich der Philosoph sein System. Er beginnt damit, blind an alles zu glauben, was er beweisen will. Dann sucht er nach Gründen, um seinem System den Anschein von Wahrscheinlichkeit zu geben, und daraus entspringt dann eine unerschöpfliche Quelle von Irrtümern. Er müsste gerade umgekehrt vorgehen und damit beginnen, auf der Grundlage einer gewissen Anzahl von Beobachtungen von Folgerung zu Folgerung zu schreiten und einfach mitanzusehen, wohin das führt

elles aboutiraient, et ce qui en résulterait. On en croirait moins, et on apprendrait savamment à douter, en suivant les pas timides de la circonspection.

– Il vous faudrait des anges pour philosopher, me dit vivement Philante, car où trouver un homme sans prévention et parfaitement impartial ?

– Ainsi, lui dis-je, l'erreur est notre partage.

– À Dieu ne plaise ! reprit mon ami, nous sommes faits pour la vérité.

– Je vous prouverai bien le contraire, si vous voulez vous donner la patience de m'écouter, lui dis-je ; et pour cet effet, comme nous voici proche de la maison, nous nous assiérons sur ces bancs, car je vous crois fatigué de la promenade.

Philante, qui n'est pas trop bon piéton, et qui avait plutôt marché par distraction et machinalement que de propos délibéré, fut charmé de s'asseoir. Nous nous plaçâmes tranquillement, et je repris à peu près ainsi :

– Je vous ai dit, Philante, que l'erreur était notre partage ; je dois vous le prouver. Cette erreur a plus d'une source. Il paraît que le Créateur ne nous a pas destinés pour posséder beaucoup de science et pour faire un grand chemin dans le pays des connaissances : il a placé les vérités dans des abîmes que nos faibles lumières ne sauraient approfondir, et il les a entourées d'une épaisse haie d'épines. La route de la vérité offre des précipices de tous côtés ; on ne sait quel sentier suivre pour éviter ces dangers, et si l'on est assez heureux pour les avoir franchis, on trouve sur son chemin un labyrinthe où le fil merveilleux d'Ariane n'est d'aucun usage, et d'où on ne peut jamais se tirer. Les uns courent après un fantôme imposteur qui les trompe par ses prestiges, et leur donne pour bonne monnaie ce qui est de faux aloi ; ils s'égarent, semblables à ces voyageurs qui suivent dans l'obscurité les feux follets dont la clarté les séduit. D'autres devinent ces vérités si secrètes ; ils croient arracher le voile de la nature, ils font des conjectures, et c'est un pays où il faut avouer que les philosophes ont fait de grandes conquêtes. Les vérités sont placées si loin de notre vue qu'elles deviennent douteuses, et prennent de leur éloignement même un air équivoque. Il n'en est presque aucune qui n'ait été combattue ; c'est qu'il n'en est aucune qui n'ait deux faces : prenez-la d'un côté, elle paraît incontestable ; prenez-la de l'autre, c'est la fausseté même. Rassemblez tout ce que votre raisonnement vous a fourni pour et contre, réfléchissez, délibérez, pesez bien, vous ne saurez à quoi vous déterminer, tant il est vrai qu'il n'y a que le nombre des vraisemblances qui donne du poids à l'opinion des hommes. Si quelque vraisemblance

und was sich daraus ergibt. Man würde dann nicht so leicht etwas glauben, und indem man den behutsamen Schritten der Besonnenheit folgt, würde man lernen, klugerweise zu zweifeln.«

»Sie müssten Engel als Philosophen haben«, entgegnete Philante lebhaft, »denn wo gibt es einen Menschen, der vollkommen unparteiisch und ohne Vorurteil ist?«

»Also«, sagte ich ihm, »ist der Irrtum unser Erbteil.«

»Gott bewahre!«, entgegnete mein Freund. »Wir sind für die Wahrheit geschaffen.«

»Ich will Ihnen gerne das Gegenteil beweisen, wenn Sie mich geduldig anhören wollen«, sagte ich. »Und da wir in der Nähe des Hauses sind, lassen Sie uns auf dieser Bank Platz nehmen, denn ich glaube, der Spaziergang hat Sie ermüdet.«

Philante ist nicht sehr gut zu Fuß, den Spaziergang hatte er eher aus Zerstreuung, fast automatisch gemacht und weniger, weil er es sich vorgenommen hätte; und so freute er sich, jetzt sitzen zu können. Wir nahmen in aller Ruhe Platz und ich fuhr ungefähr so fort:

»Ich sagte Ihnen, Philante, der Irrtum sei unser Erbteil; ich muss es Ihnen beweisen. Dieser Irrtum hat mehr als eine Quelle. Der Schöpfer scheint uns nicht dazu bestimmt zu haben, große Kenntnisse zu besitzen und im Reich des Wissens große Fortschritte zu machen. Er hat die Wahrheiten in Abgründen verborgen, die unsere schwache Einsicht nicht erforschen kann, und er hat sie mit einer dichten Dornenhecke umgeben. Der Weg der Wahrheit ist überall von Abgründen gesäumt und man weiß nicht, welchen Pfad man einschlagen soll, um diese Gefahren zu meiden. Hat man sie glücklicherweise überstanden, so gerät man unterwegs in ein Labyrinth, in dem der Wunderfaden Ariadnes nicht weiterhilft und aus dem man nie wieder herausfindet.[1] Die einen laufen einem trügerischen Phantom nach, das sie mit seinen Wunderwerken täuscht und ihnen für gutes Geld falsche Münze gibt; sie verirren sich gleich jenen Reisenden, die in der Dunkelheit Irrlichtern folgen, deren Helligkeit sie verführt. Andere erraten diese höchst geheimen Wahrheiten und glauben, der Natur den Schleier zu entreißen; sie stellen Mutmaßungen an, und man muss zugeben, dass die Philosophen in jenem Land große Eroberungen gemacht haben. Die Wahrheiten liegen so weit außerhalb unseres Gesichtskreises, dass sie zweifelhaft werden und gerade durch ihre Entfernung zweideutig erscheinen. Es gibt fast keine Wahrheit, die unbestritten wäre, denn es gibt keine, die nicht zwei Seiten hätte. Betrachten Sie die eine Seite, und die Wahrheit erscheint Ihnen als unumstößlich, betrachten Sie die andere Seite, dann ist es der Irrtum selbst. Fassen Sie alles zusammen, was Sie beim Nachdenken dafür oder dagegen ausfindig gemacht haben, überlegen Sie, erörtern und erwägen Sie es richtig und Sie werden nicht wissen, wofür Sie sich entscheiden sollen, denn es ist einzig und allein die Anzahl der Wahrscheinlichkeiten, die den Meinungen[2] der Menschen Gewicht verleiht. Entgeht ihnen

pour ou contre leur échappe, ils prennent le mauvais parti, et comme jamais l'imagination ne peut leur offrir avec une même force le pour et le contre, ils se détermineront toujours par faiblesse, et la vérité se dérobe à leurs yeux.

Je suppose qu'une ville est située dans une plaine, que cette ville est assez longue, et qu'elle ne contient qu'une rue ; je suppose encore qu'un voyageur qui n'a jamais entendu parler de cette ville s'y rend, et qu'il en voit toute la longueur : il jugera qu'elle est immense, parce qu'il ne la voit que d'un côté, et son jugement sera très faux, puisque nous avons vu qu'elle ne contenait qu'une rue. Il en est de même des vérités lorsque nous les considérons par parties et que nous faisons abstraction du tout. Nous jugerons bien de cette partie, mais nous nous tromperons considérablement sur la totalité. Pour arriver à la connaissance d'une vérité importante, il faut auparavant avoir fait une provision préliminaire de vérités simples qui conduisent ou qui servent d'échelons pour atteindre à la vérité composée qu'on cherche ; c'est encore ce qui nous manque. Je ne parle point des conjectures, je parle des vérités évidentes, certaines et irrévocables. À prendre les choses dans un sens philosophique, nous ne connaissons rien du tout ; nous nous doutons de certaines vérités, nous nous en formons une notion vague, et nous modifions par les organes de la voix de certains sons que nous appelons des termes scientifiques, dont le résonnement contente nos oreilles, que notre esprit croit comprendre et qui, bien pris, n'offrent à l'imagination que des idées confuses et embrouillées, de sorte que notre philosophie se réduit à l'habitude que nous nous faisons de nous servir d'expressions obscures, de termes que nous ne comprenons guère, et à une profonde méditation sur des effets dont les causes nous restent bien inconnues et bien cachées. L'amas pitoyable de ces rêveries est honoré du beau nom d'excellente philosophie, que l'auteur annonce avec l'arrogance d'un charlatan, comme la découverte la plus rare et la plus utile au genre humain. La curiosité vous pousse-t-elle à vous informer de cette découverte, vous croyez trouver des choses : quelle injustice de vous y attendre ! Non, cette découverte si rare, si précieuse, ne consiste que dans la composition d'un nouveau mot plus barbare qu'aucun de ceux qui ont jamais paru ; ce nouveau mot, selon notre charlatan, explique merveilleusement certaine vérité ignorée, et vous la montre plus brillante que le jour. Voyez, examinez, dépouillez son idée de l'appareil des termes qui la couvraient, il ne vous en reste rien : même obscurité, mêmes ténèbres. C'est une décoration qui disparaît, et qui détruit avec soi les prestiges de l'illusion.

eine der Wahrscheinlichkeiten, die dafür oder dagegen spricht, dann entscheiden sie sich für das Falsche; und da ihnen die Einbildungskraft niemals das Für oder das Wider mit gleicher Kraft veranschaulichen kann, wird ihre Entscheidung immer durch Schwäche bestimmt sein und die Wahrheit sich ihren Blicken entziehen.

Nehmen wir an, eine Stadt liegt in einer Ebene, ist ziemlich lang und besteht nur aus einer Straße. Nehmen wir weiter an, ein Reisender, der nie von dieser Stadt gehört hat, kommt dort an und sieht sie in ihrer ganzen Länge. Er wird sie für unglaublich groß halten, weil er sie nur von einer Seite sieht, und sein Urteil wird grundfalsch sein, denn wir haben gesehen, dass die Stadt nur aus einer Straße besteht.[1] Mit den Wahrheiten verhält es sich ebenso, wenn wir sie teilweise betrachten und daraus auf das Ganze schließen. Den einen oder den anderen Teil werden wir richtig beurteilen, aber wir werden uns über die Gesamtheit beträchtlich irren. Um zur Erkenntnis einer bedeutenden Wahrheit zu gelangen, muss man sich vorher einen Vorrat an einfachen Wahrheiten zugelegt haben, die uns leiten oder als Stufen zur Erlangung der von uns gesuchten zusammengesetzten Wahrheit dienen. Das fehlt uns jedoch. Ich rede nicht von Mutmaßungen, sondern von evidenten, sicheren, unwiderruflichen Wahrheiten. Philosophisch betrachtet, kennen wir gar nichts. Wir ahnen gewisse Wahrheiten, machen uns einen unklaren Begriff davon und bringen, entsprechend unserer Sprachwerkzeuge, gewisse Laute hervor, die wir als wissenschaftliche Termini bezeichnen. Deren Klang befriedigt unser Ohr, unser Geist glaubt sie zu verstehen. Aber genau genommen bieten sie unserer Einbildungskraft nur wirre und undeutliche Begriffe, so dass sich unsere Philosophie auf die Gewohnheit reduziert, dunkle, uns kaum verständliche Ausdrücke und Begriffe zu gebrauchen, und auf das tiefe Nachsinnen über Wirkungen, deren Ursachen uns völlig unbekannt und verborgen bleiben. Die erbärmliche Zusammenstellung dieser Träumereien wird dann mit dem schönen Namen ‚vortreffliche Philosophie' gewürdigt, die der Verfasser mit der Prahlerei eines Quacksalbers als die seltenste und dem Menschengeschlecht nützlichste Entdeckung anpreist. Die Neugierde treibt Sie an, diese Entdeckung genauer zu erkunden, und Sie glauben, etwas zu finden. Welch unberechtigte Erwartung! Nein! Diese so seltene, so kostbare Entdeckung besteht nur in der Erfindung eines neuen Wortes, das noch barbarischer ist als alle Ausdrucksweisen, die bislang in Umlauf waren. Dieses neue Wort, so will es unser Quacksalber, erklärt auf wunderbare Weise eine unbekannte Wahrheit und lässt sie Ihnen heller als das Licht des Tages erscheinen. Betrachten Sie seine Ideen genau, prüfen und befreien Sie sie von ihrem terminologischen Apparat, der sie umhüllt, und es bleibt nichts: Die gleiche Dunkelheit, die gleiche Finsternis wie zuvor. Es ist ein Zierrat, der verschwindet und gleichzeitig die Wunderwerke der Täuschung zugrunde richtet.

La véritable connaissance de la vérité doit être bien différente de celle que je viens de vous présenter. Il faudrait pouvoir indiquer toutes les causes ; il faudrait, en remontant jusqu'aux premiers principes, les connaître et en développer l'essence. C'est ce que Lucrèce sentait bien, et ce qui faisait dire à ce poète philosophe : *Felix, qui potuit rerum cognoscere causas!* Le nombre des premiers principes des êtres et les ressorts de la nature sont ou trop immenses ou trop petits pour être aperçus et connus des philosophes ; de là viennent ces disputes sur les atomes, sur la matière divisible à l'infini, sur le plein ou sur le vide, sur le mouvement, sur la manière dont le monde est gouverné : tout autant de questions très épineuses, et que nous ne résoudrons jamais. Il semble que l'homme s'appartienne ; il me paraît que je suis maître de ma personne, que je m'approfondis, que je me connais. Mais je m'ignore ; il n'est pas décidé encore si je suis une machine, un automate remué par les mains du Créateur, ou si je suis un être libre et indépendant de ce Créateur. Je sens que j'ai la faculté de me mouvoir, et je ne sais point ce que c'est que le mouvement, si c'est un accident ou si c'est une substance. Un docteur vient crier que c'est un accident, l'autre jure que c'est une substance ; ils se disputent, les courtisans en rient, les idoles de la terre les méprisent, et le peuple les ignore, eux et le sujet de leurs querelles. Ne vous paraît-il point que c'est mettre la raison hors de la sphère de son activité que de l'employer à des matières si incompréhensibles et si abstraites ? Il me semble que notre esprit n'est pas capable de ces vastes connaissances. Il en est de nous comme des hommes qui voguent le long des côtes : ils s'imaginent que c'est le continent qui se remue, et ne croient point se remuer eux-mêmes. Il en est pourtant tout autrement : le rivage est inébranlable, et ce sont eux qui sont poussés par le vent. Notre amour-propre nous séduit toujours ; nous donnons à toutes les choses que nous ne pouvons pas comprendre l'épithète d'obscures, et tout devient inintelligible, dès qu'il est hors de notre portée. C'est cependant la nature de notre esprit qui nous rend incapables de grandes connaissances.

Il y a des vérités éternelles, cela est incontestable. Mais pour bien comprendre ces vérités, pour en connaître jusqu'aux moindres raisons, il faudrait un million de fois plus de mémoire que n'en a l'homme ; il faudrait pouvoir se livrer entièrement à la connaissance d'une vérité ; il faudrait une vie de Mathusalem, et plus longue encore, une vie spéculative, fertile en expériences ; il faudrait, enfin, une attention dont nous ne sommes pas capables. Jugez, après cela, si l'intention du Créateur a été de nous rendre des gens bien habiles, car voilà les empêchements qui semblent émaner de sa volonté, et l'expérience nous fait connaître que nous avons peu de capacité, peu d'ap-

Die wirkliche Erkenntnis der Wahrheit muss ganz anders sein als die, die ich Ihnen eben vorgestellt habe. Man müsste alle Ursachen angeben können; man müsste bis zu den ersten Prinzipien zurückgehen, sie kennen und das Wesentliche daraus entwickeln. Lukrez[1] spürte es wohl, denn dieser Dichterphilosoph sagte: *Felix qui potuit rerum cognoscere causas.*[2] Die Anzahl der ersten Prinzipien der Lebewesen und die Triebfedern der Natur sind entweder zu gewaltig oder zu klein, als dass die Philosophen sie wahrnehmen und erkennen könnten. Daher kommen die Streitereien über die Atome, über die unendliche Teilbarkeit der Materie, über das Volle und das Leere, über die Bewegung und über die Art der Weltregierung.[3] Lauter dornenreiche Fragen, die wir nie lösen werden. Der Mensch scheint sich selbst zu gehören. Mir scheint, ich sei mein eigener Herr, ich erforsche und erkenne mich. Doch ich kenne mich nicht. Es ist noch nicht entschieden, ob ich eine Maschine bin oder ein Automat[4], den die Hand des Schöpfers bewegt, oder ein freies, von diesem Schöpfer unabhängiges Wesen. Ich fühle, dass ich die Fähigkeit habe, mich zu bewegen, und ich weiß nicht, was Bewegung ist, ob es ein Akzidens oder ob es eine Substanz ist. Ein Gelehrter schreit, es sei ein Akzidens, ein anderer schwört, es sei eine Substanz. Beide streiten, die Höflinge machen sich darüber lustig, die irdischen Götter verachten sie, und das Volk weiß nichts von ihnen und nichts vom Anlass ihrer Streitereien. Haben Sie nicht den Eindruck, dass man die Vernunft aus ihrem Wirkungskreis herausnimmt, wenn man sie mit so unverständlichen und abstrakten Gegenständen beschäftigt? Mir scheint, unser Verstand ist zu solch grenzenlosem Wissen nicht fähig. Wir gleichen jenen, die an der Küste entlangsegeln und sich einbilden, das Festland bewege sich. Sie glauben nicht, dass sie es sind, die sich bewegen. Und doch ist es genau umgekehrt: Unerschütterlich steht das Ufer fest, sie aber werden vom Wind getrieben. Stets verführt uns unsere Eigenliebe; alle Dinge, die wir nicht begreifen können, nennen wir dunkel, alles wird unverständlich, sobald es außerhalb unserer Reichweite liegt. Dabei ist es die Beschaffenheit unseres Geistes, die uns die Fähigkeit versagt, tiefgreifende Erkenntnisse zu erlangen.

Es gibt ewige Wahrheiten, das ist unbestreitbar. Um diese Wahrheiten aber zu verstehen, um sie bis in ihre kleinsten Ursachen zu erkennen, müsste das menschliche Gedächtnis millionenfach größer sein; man müsste sich ganz der Erkenntnis einer Wahrheit widmen können, so alt wie Methusalem, ja noch älter werden; man müsste ein Leben lang spekulieren, vielfältige Erfahrungen sammeln und letztlich eine Aufmerksamkeit erbringen, derer wir nicht fähig sind. Urteilen Sie nun, ob der Schöpfer die Absicht gehabt hat, uns wirklich zu klugen Leuten zu machen. Denn diese Hindernisse scheinen doch seinem Willen zu entspringen, und die Erfahrung lehrt uns, dass wir wenig Fassungsvermögen besitzen, wenig Beflissenheit aufbringen, dass unser Geist

plication, que notre génie n'est pas assez transcendant pour pénétrer les vérités, et que nous n'avons pas une mémoire assez vaste et assez sûre pour la charger de toutes les connaissances nécessaires à cette belle et pénible étude.

Il se trouve encore un autre obstacle qui nous empêche de parvenir à la connaissance de la vérité, dont les hommes ont embarrassé leur chemin, comme si ce chemin était trop aisé par lui-même. Cet obstacle consiste dans les préjugés de l'éducation. La plus grande partie des hommes est dans des principes évidemment faux : leur physique est très fautive, leur métaphysique ne vaut rien, leur morale consiste dans un intérêt sordide, dans un attachement sans bornes aux biens de la terre. Ce qui est chez eux une grande vertu, c'est une sage prévoyance qui les fait songer à l'avenir, et qui pourvoit de loin à la subsistance de leur famille. Vous jugez bien que la logique de ces sortes de gens est sortable au reste de leur philosophie, aussi est-elle pitoyable. L'art de raisonner, chez eux, consiste à parler seuls, à décider de tout, et à ne point souffrir de réplique. Ces petits législateurs de famille s'intriguent d'abord extrêmement des idées qu'ils veulent imprimer à leur progéniture ; père, mère, parents travaillent à éterniser leurs erreurs ; au sortir du berceau, on prend bien de la peine pour donner aux enfants une idée du moine bourru[1] et du loup-garou. Ces belles connaissances sont à l'ordinaire suivies d'autres qui les valent ; l'école y contribue de son côté ; il vous faut passer par les visions de Platon pour arriver à celles d'Aristote, et d'un saut on vous initie aux mystères des tourbillons. Vous sortez de l'école, la mémoire bien chargée de mots, l'esprit plein de superstitions et rempli de respect pour les anciennes billevesées. L'âge de la raison arrive : ou vous secouez le joug de l'erreur, ou vous renchérissez sur vos parents. Ont-ils été borgnes, vous devenez aveugle ; ont-ils cru de certaines choses parce qu'ils s'imaginaient de les croire, vous les croirez par opiniâtreté. Ensuite, l'exemple de tant d'hommes qui adhèrent à un sentiment vous entraîne ; leurs suffrages sont pour vous une autorité suffisante ; ils donnent du poids par leur nombre ; l'erreur populaire fait des prosélytes et triomphe. Enfin, ces erreurs invétérées deviennent formidables par la suite des temps. Figurez-vous un jeune arbrisseau dont le jet se ploie à l'effort des vents qui, dans la suite de sa durée, oppose sa tête altière aux nuées, et présente à la hache du bûcheron un tronc inébranlable. Comment ! dit-on, mon père a raisonné ainsi, et il y a soixante, il y a soixante-dix ans que je raisonne de même ; par quelle injustice prétendez-vous que je commence à présent à raisonner d'une autre manière !

nicht überlegen genug ist, um zu den Wahrheiten vorzudringen, und dass unser Gedächtnis nicht weit und zuverlässig genug ist, um alle Kenntnisse zu erfassen, die für dieses schöne und mühsame Studium notwendig sind.

Ein weiteres Hindernis hält uns davon ab, zur Erkenntnis der Wahrheit vorzudringen, und die Menschen haben es sich sogar selbst in den Weg gelegt, als wäre dieser Weg an sich nicht schon schwierig genug. Dieses Hindernis liegt in den Vorurteilen der Erziehung. Die überwiegende Mehrheit der Menschen hat offenbar falsche Grundsätze. Ihre Physik ist sehr mangelhaft, ihre Metaphysik taugt nichts, ihre Moral besteht in einem abscheulichen Eigennutz und in einer unbegrenzten Fixierung auf die irdischen Güter. Was bei ihnen eine große Tugend ist, erweist sich als eine kluge Vorsorge für die Zukunft, mit der sie vorausschauend den Unterhalt ihrer Familie sichern. Sie werden gewiss einsehen, dass die Logik dieser Art von Menschen zu ihrer sonstigen Philosophie passt und sie erbärmlich genug ist. Ihre Kunst zu räsonieren besteht darin, dass sie als Einzige reden, alles entscheiden und keinen Einwand dulden. Diese kleinen Familiengesetzgeber sind von Anfang an unglaublich darauf erpicht, ihren Sprösslingen die eigenen Ideen einzuprägen; Vater, Mutter, Verwandte, alle arbeiten daran, ihre Irrtümer zu verewigen; kaum verlässt das Kind die Wiege, ist man schon bemüht, ihm eine Vorstellung vom Knecht Ruprecht und vom Werwolf zu geben. Auf diese schönen Kenntnisse folgen dann gewöhnlich andere von gleichem Wert. Die Schule trägt ihren Teil dazu bei; dort werden Sie von den Visionen Platons zu denen des Aristoteles geführt und dann auf einmal in die Geheimnisse der Wirbel eingeweiht.[1] Sie verlassen die Schule, das Gedächtnis ist mit Worten mehr als belastet, der Geist voller abergläubischer Vorstellungen und voller Ehrfurcht vor den alten Hirngespinsten. Das Alter der Vernunft kommt. Entweder schütteln Sie das Joch des Irrtums ab oder Sie überbieten Ihre Eltern. Waren sie einäugig, so werden Sie blind; haben sie gewisse Dinge geglaubt, weil sie sich einbildeten, sie zu glauben, so werden Sie sie nun aus Starrsinn glauben. Dann liebäugeln Sie auch noch mit dem Beispiel der vielen Menschen, die auf ihrer Meinung beharren. Ihr Beifall ist eine Autorität, die Ihnen genügt; bei ihnen gibt nämlich die Anzahl den Ausschlag. Der im Volk verbreitete Irrtum macht Proselyten und feiert Triumphe. Und im Laufe der Zeit werden diese tief verwurzelten Irrtümer schließlich gewaltig. Stellen Sie sich einen jungen Baum vor, dessen dünner Stamm sich mit der Kraft der Winde biegt, der allmählich wächst, der den Wolken seinen stolzen Wipfel entgegenhält und schließlich der Axt des Holzfällers einen unerschütterlichen Stamm darbietet. ›Wie!‹, heißt es dann, ›so hat mein Vater gedacht und seit sechzig, siebzig Jahren denke ich ebenso. Welches Unrecht soll denn geschehen sein, dass ihr von mir verlangen könnt, ich solle jetzt anfangen, mein Denken zu ändern? Soll ich etwa wieder zum Schü-

Il me siérait bien de redevenir écolier et de m'engager comme apprenti sous votre direction ! Allez, allez, j'aime mieux ramper sur les pas de l'usage que de m'élever, nouvel Icare, avec vous dans les airs. Souvenez-vous de sa chute : c'est là le salaire des nouvelles opinions, et c'est là la peine qui vous attend. L'opiniâtreté se mêle souvent à la prévention, et une certaine barbarie qu'on appelle le faux zèle ne manque jamais d'étaler ses tyranniques maximes.

Voilà les effets qui suivent les préjugés de l'enfance ; ils prennent une plus profonde racine, à cause de la flexibilité du cerveau à cet âge tendre. Les premières impressions sont les plus vives, et tout ce que peut la force du raisonnement ne paraît que froid en comparaison.

Vous voyez, mon cher Philante, que l'erreur est le partage des humains. Vous comprendrez sans doute, après tout ce que je viens de vous détailler, qu'il faut être bien infatué de ses opinions pour se croire au-dessus de l'erreur, et qu'il faut être soi-même très ferme dans ses arçons pour oser entreprendre de désarçonner les autres.

— Je commence à voir à mon grand étonnement, répondit Philante, que la plupart des erreurs sont invincibles pour ceux qui en sont infectés. Je vous ai écouté avec plaisir et avec attention, et j'ai fort bien retenu, si je ne me trompe, les causes de l'erreur que vous m'avez indiquées. C'était, disiez-vous, l'éloignement où la vérité est de nos yeux, le petit nombre des connaissances, la faiblesse et l'insuffisance de notre esprit, et les préjugés de l'éducation.

— À merveille, Philante, vous avez une mémoire toute divine, et si Dieu et la nature daignaient former un mortel capable d'embrasser leurs sublimes vérités, ce serait assurément vous, qui unissez à cette mémoire vaste un esprit vif et un jugement solide.

— Trêve de compliments, reprit Philante ; j'aime mieux des raisonnements philosophiques que vos louanges. Il ne s'agit point ici de faire mon panégyrique, mais il s'agit de faire amende honorable au nom de l'orgueil de tous les savants, et de faire un humble aveu de notre ignorance.

— Je vous seconderai merveilleusement, Philante, lorsqu'il faudra mettre au jour notre profonde et crasse ignorance. J'en fais très volontiers l'aveu : je vais même jusqu'au pyrrhonisme, et je trouve qu'on fait bien de n'avoir qu'une foi équivoque pour ce que nous appelons les vérités d'expérience. Vous voilà en bon chemin, Philante. Le scepticisme ne vous convient point mal. Pyrrhon, au Lycée, n'aurait pas autrement parlé que vous.

ler werden und mich unter eurer Leitung als Lehrling verpflichten? Alles, was recht ist! Ich schleiche lieber auf den Spuren der Gewohnheit daher, als mich mit euch wie ein neuer Ikarus[1] in die Lüfte zu schwingen. Denkt an seinen Sturz; das ist der Lohn für neue Ansichten, das ist die Strafe, die euch erwartet!‹ Oft kommt zum Vorurteil noch Starrsinn hinzu, und immer stellt eine gewisse Barbarei, die man falschen Eifer nennt, unfehlbar ihre tyrannischen Grundsätze auf.

Das sind also die Wirkungen der Vorurteile der Kindheit; bei der Aufnahmefähigkeit des Gehirns in diesem zarten Alter schlagen sie umso tiefer Wurzeln. Die ersten Eindrücke sind die lebhaftesten, und alles, was die Urteilskraft bewirkt, erscheint im Vergleich dazu nur kalt.

Sie sehen, mein lieber Philante, der Irrtum ist das Erbteil der Menschheit. Nach allem, was ich Ihnen im Einzelnen dargestellt habe, werden Sie zweifellos verstehen, dass man von seinen Ansichten ziemlich eingenommen sein muss, um sich über den Irrtum erhaben zu glauben, und dass man selbst schon sehr fest im Sattel sitzen muss, um es zu wagen, andere aus dem Sattel zu heben.«

»Zu meinem großen Erstaunen«, antwortete Philante, »beginne ich einzusehen, dass die meisten Irrtümer bei denen, die darin befangen sind, unbesiegbar sind. Ich habe Ihnen aufmerksam und mit Vergnügen zugehört und, wenn ich nicht irre, habe ich mir die von Ihnen aufgezeigten Ursachen des Irrtums gut gemerkt. Es waren dies, wie Sie sagten, die große Entfernung der Wahrheit aus unserem Gesichtskreis, die kleine Anzahl der Kenntnisse, die Schwäche und Unzulänglichkeit unseres Geistes und die Vorurteile der Erziehung.«

»Wunderbar, Philante! Sie haben ein geradezu göttliches Gedächtnis. Gefiele es Gott und der Natur, einen Sterblichen zu formen, der in der Lage wäre, ihre erhabenen Wahrheiten zu erfassen, so wären gewiss Sie es, der ein so umfassendes Gedächtnis mit einem lebhaften Geist und einem sicheren Urteil vereinte.«

»Schluss mit den Komplimenten!« erwiderte Philante. »Mir sind philosophische Erwägungen lieber als Ihre Lobsprüche. Es kommt hier nicht darauf an, eine Lobrede auf mich zu halten, sondern für den Hochmut aller Gelehrten öffentlich Abbitte zu leisten und in aller Bescheidenheit unsere Unwissenheit zu bekennen.«

»Ich werde Ihnen auf wunderbare Weise beistehen, Philante, wenn es gilt, unsere tiefe und krasse Unwissenheit ans Tageslicht zu bringen. Ich lege sehr gern ein Bekenntnis ab. Ich gehe sogar bis zum Pyrrhonismus[2] und bin der Meinung, dass man gut daran tut, den sogenannten Erfahrungswahrheiten eher Zweifel als Glauben entgegenzubringen. Sie sind da auf einem guten Wege, Philante. Der Skeptizismus[3] steht Ihnen nicht schlecht. Pyrrhon hätte im Lykeion[4] nicht anders geredet als Sie. Ich muss Ihnen geste-

Je vous avoue, lui dis-je, que je suis un peu académicien ; je considère les choses de tous les côtés, je doute et je suis indéterminé : c'est l'unique moyen de se garantir de l'erreur. Ce scepticisme ne me fait pas marcher à pas de géant, à pas d'Homère, vers la vérité ; mais aussi me sauve-t-il des embûches des préjugés.

— Et pourquoi craignez-vous l'erreur, repartit Philante, vous qui en faites si bien l'apologie ?

— Hélas ! lui dis-je, il y a telle erreur dont la douceur est préférable à la vérité ; ces erreurs vous remplissent d'idées agréables, elles vous comblent de biens que vous n'avez point, et dont vous ne jouirez jamais, elles vous soutiennent dans vos adversités et, dans la mort même, près de perdre tous vos biens et votre vie, elles vous font encore voir, comme dans une perspective, des biens préférables à ceux que vous perdez, et des torrents de volupté dont les délices sont capables d'adoucir la mort même, et de la rendre aimable, s'il était possible. Je me rappelle, à ce propos, l'histoire qu'on m'a contée d'un fou ; peut-être vous dédommagera-t-elle de mon long et didactique raisonnement.

— Mon silence, me dit Philante, vous fait assez comprendre que je vous écoute avec plaisir, et que je suis curieux d'entendre votre histoire.

— Je vais vous contenter, Philante, à condition que vous ne vous repentirez point de m'avoir fait jaser.

Il y avait un fou aux Petites-Maisons de Paris, homme de très bonne naissance, qui mettait tous ses parents dans la dernière affliction par le dérangement de son cerveau. Il était sensé sur tout autre sujet, hors celui de sa béatitude : alors, ce n'était que compagnies de chérubins, de séraphins et d'archanges, il chantait tout le jour dans le concert de ces esprits immortels, il était honoré de visions béatifiques, le paradis était sa demeure, les anges étaient ses compagnons, et la manne céleste lui servait d'aliment. Cet heureux fou jouissait d'un bonheur parfait dans les Petites-Maisons, lorsqu'un médecin ou chirurgien vint pour son malheur faire la visite des fous. Ce médecin offrit à la famille de guérir le béat. Vous pouvez croire qu'on n'épargna aucune promesse pour l'engager à se surpasser, et à effectuer des prodiges, s'il le pouvait. Enfin, pour abréger, soit par des saignées, ou par d'autres remèdes, il réussit à remettre le fou dans son bon sens. Celui-ci, fort étonné de ne plus se trouver au ciel, mais dans un appartement assez approchant d'un cachot, et environné d'une compagnie qui n'avait rien

hen«, sagte ich, »dass ich ein Freund der Akademie[1] bin, ein wenig jedenfalls. Ich betrachte die Dinge von allen Seiten; ich zweifle und bin unentschieden. Es ist das einzige Mittel, sich vor dem Irrtum zu bewahren. Mit diesem Skeptizismus nähere ich mich zwar nicht mit Riesenschritten der Wahrheit, wie Homer sagt, aber er bewahrt mich vor den Hinterhalten der Vorurteile.«

»Und warum fürchten Sie den Irrtum,« entgegnete Philante, »da Sie ihn doch so gut verteidigen?«

»Ach!« sagte ich zu ihm, »manch ein Irrtum ist leider so süß, dass man ihn der Wahrheit vorziehen möchte; diese Art von Irrtümern erfüllen Sie mit angenehmen Vorstellungen, überhäufen Sie mit Gütern, die Sie nicht besitzen und die Sie niemals genießen werden. Im Unglück stehen sie Ihnen bei; selbst im Tod, wenn Sie schon dabei sind, alle Ihre Güter und das Leben selbst zu verlieren, eröffnen sie Ihnen noch die Aussicht auf Güter, die Sie jenen vorziehen, die Sie verlieren. Sie verheißen Ihnen Ströme von Seligkeiten, die so hold sind, dass sie Ihnen sogar den Tod versüßen und ihn angenehm machen, wenn das möglich wäre. Das erinnert mich an die Geschichte, die man mir von einem Geisteskranken erzählt hat; vielleicht entschädigt sie Sie für meine ausführliche, didaktische Erörterung.«

»Mein Schweigen«, sagte mir Philante, »zeigt Ihnen doch zur Genüge, dass ich Ihnen mit Vergnügen zuhöre und dass ich neugierig auf Ihre Geschichte bin.«

»Sie werden mit mir zufrieden sein, Philante, vorausgesetzt, Sie bereuen es nicht, mich zum Plaudern gebracht zu haben.

In einem Pariser Irrenhaus lebte einst ein Wahnsinniger von vornehmer Geburt, der alle seine Verwandten durch seine Geisteskrankheit in tiefste Betrübnis versetzte. Er dachte über alles vernünftig, nur nicht über seine Glückseligkeit, und so glaubte er sich in Gesellschaft von Cherubim, Seraphim und Erzengeln; er sang den ganzen Tag im Konzert dieser unsterblichen Geister und wurde mit beseligenden Visionen beehrt. Das Paradies war sein Aufenthalt, die Engel seine Gefährten, das himmlische Manna seine Speise. Dieser glückliche Wahnsinnige genoss im Irrenhaus ein vollkommenes Glück, bis eines Tages zu seinem Unglück ein Arzt oder Wundarzt das Irrenhaus besuchte. Dieser Arzt bot der Familie an, den Glückseligen zu heilen. Sie können sich vorstellen, dass ihm alles versprochen wurde, um ihn darin zu bestärken, sich selbst zu übertreffen und womöglich ein Wunder zu bewirken. Nun, um es kurz zu machen, es gelang ihm, sei es durch Aderlässe oder andere Heilmittel, dem Wahnsinnigen den gesunden Menschenverstand zurückzugeben. Dieser jedoch, tief erstaunt, sich nicht mehr im Himmel, sondern an einem Ort zu befinden, der dem Gefängnis sehr ähnlich sah, und von einer Gesellschaft umgeben, die nichts Engelhaftes an sich hatte, wurde jähzornig und fuhr

d'angélique, s'emporta extrêmement contre le médecin. J'étais bien dans le ciel, lui dit-il, ce n'était pas à vous de m'en faire sortir ; je voudrais que, pour votre peine, vous fussiez condamné à peupler réellement le pays des damnés dans les enfers.

Vous voyez par là, Philante, qu'il est d'heureuses erreurs ; il ne m'en coûtera rien de vous montrer qu'elles sont innocentes.

– Je le veux bien, dit Philante ; aussi bien nous soupons tard, et nous avons encore pour le moins trois heures à notre disposition.

– Il ne m'en faut pas tant, repris-je, pour ce que j'ai à vous dire ; je serai plus ménager de mon temps et de votre patience.

Vous êtes convenu, il y a un moment, que l'erreur était involontaire chez ceux qui en sont infectés ; ils croient tenir la vérité, et ils s'abusent. Ils sont excusables dans le fait, car, selon leur supposition, ils sont sûrs de la vérité ; ils y vont de bonne foi, ce sont les apparences qui leur en imposent, ils prennent l'ombre pour le corps. Considérez encore, je vous prie, que le motif de ceux qui tombent dans l'erreur est louable : ils cherchent la vérité, ils s'égarent dans le chemin, et s'ils ne la trouvent point, ce n'en était pas moins leur volonté : ils manquaient de guides ou, ce qui pis est, ils en avaient de mauvais. Ils cherchaient le chemin de la vérité, mais leurs forces n'étaient pas suffisantes pour y arriver. Pourrait-on condamner un homme qui se noierait en passant un fleuve extrêmement large qu'il n'aurait pas la force de franchir ? À moins que de n'avoir rien d'humain, on compatirait à sa triste destinée, on plaindrait un homme si plein de courage, capable d'un dessein aussi généreux et aussi hardi, de n'avoir point été assez secouru de la nature ; sa témérité paraîtrait digne d'un sort plus heureux, et ses cendres seraient arrosées de larmes. Tout homme qui pense doit faire des efforts pour connaître la vérité ; ces efforts sont dignes de nous, quand même ils surpasseraient notre capacité. C'est un assez grand malheur pour nous que ces vérités soient impénétrables. Il ne faut pas l'augmenter par notre mépris pour ceux qui font naufrage à la découverte de ce nouveau monde : ce sont des Argonautes généreux qui s'exposent pour le salut de leurs compatriotes, et c'est assurément un travail bien rude que celui d'errer dans les pays imaginaires. L'air de ces contrées nous est contraire, nous ne connaissons point le langage des habitants, et nous ne savons pas marcher à travers ces sables mouvants.

Croyez-moi, Philante, ayons du support pour l'erreur ; c'est un poison subtil qui se glisse dans nos cœurs sans que nous nous en apercevions. Moi qui vous parle, je ne suis pas sûr d'en être exempt. Ne donnons jamais dans le ridicule orgueil de ces savants

den Arzt an. ›Ich fühlte mich im Himmel wohl‹, hielt er ihm vor. ›Sie hatten kein Recht, mich herauszuholen. Ich wünschte, dass Sie zur Strafe dazu verdammt würden, leibhaftig das Land der Verdammten in der Hölle zu bevölkern.‹[1]

Sie sehen also, Philante, es gibt beglückende Irrtümer und es wird mir nicht schwer fallen, Ihnen zu beweisen, dass sie unschädlich sind.«

»Gerne«, sagte Philante, »und da wir spät zu Abend essen werden, haben wir noch mindestens drei Stunden vor uns.«

»So lange,« erwiderte ich, »brauche ich nicht für das, was ich Ihnen zu sagen habe; ich werde mit meiner Zeit und mit Ihrer Geduld sparsamer umgehen.

Sie haben vorhin zugestimmt, dass der Irrtum bei denen, die darin befangen sind, unfreiwillig sei; sie glauben, im Besitz der Wahrheit zu sein und sie täuschen sich. Sie sind in der Tat entschuldbar, denn sie nehmen an, sich der Wahrheit gewiss zu sein. Sie sind guten Glaubens, aber der Schein trügt sie; sie halten den Schatten für den Körper selbst. Bitte bedenken Sie auch, dass der Beweggrund derer, die dem Irrtum verfallen, löblich ist. Sie suchen die Wahrheit, sie verirren sich auf dem Weg, und wenn sie sie nicht finden, so hatten sie wenigstens den guten Willen. Sie hatten keine oder, was noch schlimmer ist, sie hatten schlechte Führer. Sie suchten den Weg der Wahrheit, aber ihre Kräfte reichten nicht aus, um ans Ziel zu gelangen. Würde man einen Menschen verurteilen, der beim Durchschwimmen eines sehr breiten Flusses ertrinkt, weil er nicht die Kraft hatte, das andere Ufer zu erreichen? Alle, außer den Unmenschen, würden Mitleid für sein trauriges Schicksal empfinden und einen so mutigen Menschen beklagen, der fähig war, sich etwas so Großartiges und so Kühnes vorzunehmen, aber von der Natur nicht genug unterstützt wurde. Seine Kühnheit würde, so scheint es, ein besseres Schicksal verdienen, und man würde seine Asche mit Tränen benetzen. Jeder denkende Mensch muss sich anstrengen, wenn er die Wahrheit erkennen will. Solche Anstrengungen sind unserer würdig, auch wenn sie unsere Kräfte übersteigen würden. Es ist schon ein großes Unglück für uns, dass diese Wahrheiten unergründlich sind. Wir dürfen es nicht noch dadurch verschlimmern, dass wir diejenigen verachten, die bei der Entdeckung dieser neuen Welt Schiffbruch erleiden. Es sind großmütige Argonauten, die sich für das Wohl ihrer Mitbürger Gefahren aussetzen; und es ist mit Sicherheit eine besonders harte Arbeit, in den imaginären Ländern umherzuirren. Das Klima in diesen Gegenden ist für uns ungünstig, wir kennen die Sprache der Einwohner nicht und wissen nicht, wie wir den Flugsand durchschreiten sollen.

Glauben Sie mir, Philante, wir sollten den Irrtum dulden; er ist ein feines Gift, das in unser Herz eindringt, ohne dass wir es bemerken. Ich, der ich mit Ihnen rede, bin nicht sicher, ob ich frei davon bin. Verfallen wir niemals in den lächerlichen Dünkel jener

infaillibles dont les paroles doivent passer pour autant d'oracles. Soyons pleins d'indulgence pour les erreurs les plus palpables, et ayons de la condescendance pour les opinions de ceux avec lesquels nous vivons en société. Pourquoi troublerions-nous la douceur des liens qui nous unissent, pour l'amour d'une opinion sur laquelle nous manquons nous-mêmes de conviction ? Ne nous érigeons point en chevaliers défenseurs d'une vérité inconnue, et laissons à l'imagination de chacun la liberté de composer le roman de ses idées. Les siècles des héros fabuleux, des miracles et des extravagances chevaleresques sont passés. Don Quichotte se fait encore admirer dans Michel de Cervantès ; mais les Pharamond, les Roland, les Amadis, les Gandalin s'attireraient la risée de toutes les personnes raisonnables, et les chevaliers qui voudraient marcher sur leurs traces auraient le même destin.

Remarquez encore que, pour extirper l'erreur de l'univers, il faudrait exterminer tout le genre humain. Croyez-moi, continuai-je, ce n'est pas notre façon de penser sur des matières spéculatives qui peut influer sur le bonheur de la société, mais c'est notre manière d'agir. Soyez partisan du système de Tycho Brahé ou de celui des Malabares, je vous le pardonnerai sans peine, pourvu que vous soyez humain. Mais, fussiez-vous le plus orthodoxe de tous les docteurs, si votre caractère est cruel, dur et barbare, je vous abhorrerai toujours.

– Je me conforme entièrement à vos sentiments, me dit Philante.

À ces mots, nous entendîmes non loin de nous un bruit sourd, tel que celui d'une personne qui marmotte quelques paroles injurieuses. Nous nous tournâmes, et nous fûmes tout surpris d'apercevoir à la clarté de la lune notre aumônier, qui n'était qu'à deux pas de nous, et qui vraisemblablement avait entendu la meilleure partie de notre discours.

– Ah ! Mon père, lui dis-je, d'où vient que nous vous rencontrons si tard ?

– C'est aujourd'hui samedi, reprit-il ; j'étais ici à composer mon prône pour demain, lorsque j'ai entendu à moitié quelques mots de votre discours, qui m'ont engagé à écouter le reste. Plût au ciel, pour le bien de mon âme, que je ne les eusse point entendus ! Vous avez excité ma juste colère, vous avez scandalisé mes saintes oreilles, les sacrés sanctuaires de nos vérités ineffables ; profanes, qui préférez – ô les mauvais chrétiens ! – l'humanité, la charité et l'humilité, à la puissance de la foi et à la sainteté de notre croyance. Allez, vous serez maudits et tourmentés dans les chaudières d'huile bouillante préparées pour les damnés, vos semblables.

– Eh ! De grâce, repartis-je, mon père, nous n'avons point touché des matières de religion ; nous n'avons parlé que de sujets de philosophie très indifférents et, à moins que

unfehlbaren Gelehrten, deren Worte als Orakelsprüche zu gelten haben. Seien wir nachsichtig gegen die handgreiflichsten Irrtümer und rücksichtsvoll gegen die Ansichten derer, mit denen wir in Gesellschaft leben. Warum sollten wir die zarten Bande, die uns vereinen, einer Meinung zuliebe zerreißen, von der wir selbst nicht ganz überzeugt sind? Spielen wir uns nicht als ritterliche Verteidiger einer unbekannten Wahrheit auf, und gestehen wir der Einbildungskraft eines jeden die Freiheit zu, aus seinen Ideen einen Roman zu machen. Die Zeiten der Märchenhelden, Wundertaten und ritterlichen Schwärmereien sind vorüber. Don Quichotte kann man noch bei Miguel de Cervantes bewundern; doch ein Pharamond, Roland, Amadis oder Gandalin[1] würden sich dem Gelächter aller Vernünftigen aussetzen, und die Ritter, die in ihre Fußstapfen träten, würde dasselbe Schicksal ereilen.

Beachten Sie ferner: Wollte man den Irrtum in der Welt zum Verschwinden bringen, müsste man das ganze Menschengeschlecht auslöschen. Glauben Sie mir«, fuhr ich fort, »für das Glück der Gesellschaft kommt es nicht darauf an, wie wir über spekulative Fragen denken, sondern wie wir handeln. Ob Sie nun Anhänger des Systems Tycho Brahes oder des Systems der Malabaren sind, ich verzeihe es Ihnen gern, wenn Sie nur menschlich sind. Wären Sie aber der orthodoxeste aller Doktoren und dabei von grausamem, hartem und barbarischem Charakter, würde ich Sie für immer verabscheuen.«

»Ich bin vollkommen Ihrer Meinung«, sagte mir Philante.

Bei diesen Worten hörten wir nicht weit von uns ein dumpfes Gemurmel, als ob jemand Beschimpfungen vor sich hinbrummte. Wir drehten uns um und erblickten im hellen Mondschein zu unserer großen Überraschung den Hauskaplan, der nur zwei Schritte von uns entfernt war und wahrscheinlich den größten Teil unseres Gesprächs gehört hatte.

»Mein Vater!«, sagte ich zu ihm, »wie kommt es, dass wir Sie hier so spät antreffen?«

»Heute ist Samstag«, entgegnete er. »Ich war gerade dabei, meine Predigt für morgen vorzubereiten, da hörte ich ein paar undeutliche Worte Ihrer Unterhaltung und das hat mich bewogen, mir den Rest anzuhören. Wollte Gott, ich hätte meinem Seelenheil zuliebe nichts gehört! Sie haben meinen gerechten Zorn erregt! Sie haben meine frommen Ohren beleidigt, das heilige Behältnis unserer unaussprechlichen Wahrheiten! Unheilige, die Ihr seid, schlechte Christen, wollt Ihr Menschlichkeit, Barmherzigkeit und Demut der Macht der Religion und der Heiligkeit unseres Glaubens vorziehen? Nur zu! Ihr werdet verdammt und in Kesseln voll siedendem Öl gemartert werden, wie es für die Verdammten, zu denen Ihr gehört, vorgesehen ist!«

»Ich bitte Sie, mein Vater!« erwiderte ich. »Wir haben keine religiösen Fragen angesprochen; wir sprachen nur über völlig gleichgültige Gegenstände der Philosophie, und

vous n'érigiez Tycho Brahé et Copernic en Pères de l'Église, je ne vois pas de quoi vous avez à vous plaindre.

– Allez, allez, nous dit-il, je vous prêcherai demain, et Dieu sait comme je vous enverrai galamment au diable.

Nous voulûmes lui répondre, mais il nous quitta brusquement, marmottant toujours quelques paroles que nous ne pûmes pas bien distinguer. Je crus que c'était quelque saint soupir ; mais Philante s'imaginait avoir entendu quelques imprécations rhétoriques tirées d'un des psaumes de David.

Nous nous retirâmes très mortifiés de l'aventure qui nous était arrivée, et fort embarrassés des mesures que nous devions prendre. Il me semblait que je n'avais rien dit qui dût choquer personne, et que ce que j'avais avancé à l'avantage de l'erreur était conforme à la droite raison, et par conséquent aux principes de notre très sainte religion, qui nous ordonne même de supporter mutuellement nos défauts, et de ne point scandaliser ou choquer les faibles. Je me sentais net à l'égard de mes sentiments, mais la seule chose qui me faisait craindre était la façon de penser des dévots. On connaît trop jusqu'où vont leurs emportements, et combien ils sont capables de prévenir contre l'innocence, lorsqu'ils se mêlent de répandre l'alarme contre ceux qu'ils ont pris en aversion. Philante me rassura de son mieux, et nous nous retirâmes après le souper, chacun de son côté, rêvant, je pense, au sujet de notre conversation et à la malencontreuse aventure du prêtre. Je montai incontinent dans ma chambre, et je passai la meilleure partie de la nuit à vous marquer ce que j'avais pu retenir de notre conversation.

falls Sie nicht Tycho Brahe oder Kopernikus zu Kirchenvätern machen wollen, sehe ich nicht, worüber Sie sich zu beklagen hätten.«

»Schon gut!« sagte er. »Ich halte euch morgen eine Predigt und Gott weiß, wie zuvorkommend ich euch dann zum Teufel jagen werde.«

Wir wollten ihm antworten, aber er verließ uns ganz plötzlich und brummte noch ein paar Worte, die wir nicht verstehen konnten. Ich glaubte, es wäre ein heiliger Seufzer, aber Philante meinte, er habe ein paar rhetorische Verwünschungen aus einem Psalm Davids[1] gehört.

Wir zogen uns zurück, völlig erschlagen von dem Abenteuer, das wir erlebt hatten, und sehr ratlos über die Maßregeln, die wir ergreifen sollten. Mir schien, nichts gesagt zu haben, was irgendwen hätte verletzen können. Und was ich zugunsten des Irrtums behauptet hatte, entsprach der redlichen Vernunft und folglich den Grundsätzen unserer allerheiligsten Religion, die uns sogar befiehlt, wechselseitig unsere Fehler zu ertragen und die Schwachen nicht zu reizen und nicht zu verletzen. Ich fühlte mich in meinen Ansichten rein; das Einzige, das ich jedoch fürchtete, war die Denkart der Frömmler. Man weiß ja, wie weit ihr Glaubenseifer geht und wie groß ihre Fähigkeiten sind, über die Unschuld schlecht zu reden, sobald sie sich vornehmen, diejenigen, die sie verabscheuen, in Verruf zu bringen. Philante beruhigte mich, so gut er konnte. Nach dem Essen zogen wir uns zurück, jeder für sich, und in Gedanken wahrscheinlich beim Thema unserer Unterhaltung und bei dem peinlichen Zwischenfall mit dem Priester. Ich ging unverzüglich in mein Zimmer und brachte den größten Teil der Nacht damit zu, Ihnen das zu schreiben, was ich von unserer Konversation behalten hatte.

L'Antimachiavel
ou Réfutation du *Prince* de Machiavel

Der Antimachiavel
oder: Widerlegung des *Fürsten*
von Machiavelli

Avant-propos

Le Prince de Machiavel est en fait de morale ce qu'est l'ouvrage de Benoît Spinoza en matière de foi : Spinoza sapa les fondements de la foi, et ne tendait pas moins qu'à renverser toute la religion ; Machiavel corrompit la politique, et entreprenait de détruire les préceptes de la saine morale. Les erreurs de l'un n'étaient que des erreurs de spéculation ; celles de l'autre regardaient la pratique. Cependant, il s'est trouvé que les théologiens ont sonné le tocsin et crié l'alarme contre Spinoza, qu'on a réfuté son ouvrage en forme, et qu'on a constaté la Divinité contre les attaques de cet impie, tandis que Machiavel n'a été que harcelé par quelques moralistes, et qu'il s'est soutenu, malgré eux et malgré sa pernicieuse morale, sur la chaire de la politique, jusqu'à nos jours.

J'ose prendre la défense de l'humanité contre un monstre qui veut la détruire, et j'ai hasardé mes réflexions sur cet ouvrage à la suite de chaque chapitre, afin que l'antidote se trouvât d'abord auprès du poison.

J'ai toujours regardé le *Prince* de Machiavel comme un des ouvrages les plus dangereux qui se soient répandus dans le monde. C'est un livre qui doit tomber naturellement entre les mains des princes et de ceux qui se sentent du goût pour la politique. Et comme il est très facile qu'un jeune homme ambitieux, et dont le cœur et le jugement ne sont pas assez formés pour distinguer le bon du mauvais, soit corrompu par des maximes qui flattent ses passions impétueuses, on doit regarder tout livre qui peut y contribuer comme absolument pernicieux, et contraire au bien des hommes.

S'il est mauvais de séduire l'innocence d'un particulier, qui n'influe que légèrement sur les affaires du monde, il l'est d'autant plus de pervertir les princes, qui doivent gouverner des peuples, administrer la justice et en donner l'exemple à leurs sujets, être, par leur bonté, par leur magnanimité et leur miséricorde, l'image vivante de la Divinité, et qui doivent moins être rois par leur grandeur et par leur puissance que par leurs qualités personnelles et leurs vertus.

Vorwort

Der Fürst von Machiavelli bedeutet auf dem Gebiet der Moral, was das Werk von Benedikt Spinoza im Bereich des Glaubens darstellt: Spinoza untergrub die Fundamente des Glaubens und versuchte nichts Geringeres, als die Religion insgesamt umzustürzen; Machiavelli verdarb die Politik und unternahm es, die Gebote der gesunden Moral zu vernichten. Die Irrtümer des Einen waren nur Irrtümer der Spekulation, die des Anderen betrafen die Praxis. Dennoch haben die Theologen gegen Spinoza Sturm geläutet und Alarm geschlagen, ist sein Werk in aller Form widerlegt und die Gottheit gegen die Angriffe dieses Ungläubigen bewiesen worden, während Machiavelli nur von einigen Moralisten zur Rede gestellt wurde und er sich ihnen zum Trotz und ungeachtet seiner verhängnisvollen Moral bis heute auf dem Lehrstuhl für Politik gehalten hat.[1]

Ich wage es, zur Verteidigung der Menschheit gegen ein Ungeheuer anzutreten, das sie zerstören will[2]; und ich habe mich erkühnt, meine Überlegungen zu seinem Buch Kapitel für Kapitel so darzulegen, dass sich das Gegengift gleich neben dem Gift befindet.

Ich habe Machiavellis *Fürsten* immer als eines der gefährlichsten Werke betrachtet, die in der Welt verbreitet sind. Es liegt in der Natur dieses Buches, dass es den Fürsten und den Liebhabern der Staatskunst in die Hände fallen muss. Und da es sehr leicht geschieht, dass ein ehrgeiziger junger Mann, dessen Herz und Verstand noch nicht reif genug sind, um Gut und Böse zu unterscheiden, durch Maximen verdorben wird, die seinen ungestümen Leidenschaften schmeicheln, muss man jedes Buch, das dazu beitragen kann, als ganz und gar schädlich und dem Wohl der Menschen abträglich betrachten.

Wenn es schon schlimm ist, die Unschuld eines einzelnen Menschen, der die Angelegenheiten der Welt nur wenig beeinflusst, zu verführen, dann ist es umso schlimmer, die Fürsten – die Völker regieren, für Gerechtigkeit sorgen und ihren Untertanen darin ein Vorbild sein sollen – zu verderben, Fürsten, die berufen sind, durch ihre Güte, Großmütigkeit und Barmherzigkeit sichtbare Abbilder der Gottheit zu sein und die weniger durch ihre Standeshoheit und ihre Macht als vielmehr durch ihre persönlichen Eigenschaften und ihre Tugenden zu Königen werden.

Les inondations des fleuves qui ravagent des contrées, le feu du tonnerre qui réduit des villes en cendres, le poison mortel et contagieux de la peste qui désole des provinces, ne sont pas aussi funestes au monde que la dangereuse morale et les passions effrénées des rois. Car comme, lorsqu'ils ont la volonté de faire du bien, ils en ont le pouvoir, ainsi, lorsqu'ils veulent le mal, il ne dépend que d'eux de l'exécuter. Et quelle situation déplorable que celle des peuples, lorsqu'ils doivent tout craindre de l'abus du pouvoir souverain, lorsque leurs biens sont en proie à l'avarice de leur prince, leur liberté à ses caprices, leur repos à son ambition, leur sûreté à sa perfidie, et leur vie à ses cruautés! C'est là le tableau d'un empire où règnerait un monstre politique tel que Machiavel prétend le former.

Mais quand même le venin de l'auteur ne se glisserait pas jusqu'au trône, je soutiens qu'un seul disciple de Machiavel et de César Borgia suffirait pour faire abhorrer un livre aussi abominable. Il y a eu des personnes du sentiment que Machiavel écrivait plutôt ce que les princes font que ce qu'ils doivent faire. Cette pensée a plu à cause qu'elle a quelque apparence de vérité. On s'est contenté d'une fausseté brillante, et on l'a répétée, puisqu'on l'avait dite une fois.

Qu'on me permette de prendre la cause des princes contre ceux qui veulent les calomnier, et que je sauve de l'accusation la plus affreuse ceux dont l'unique emploi doit être de travailler au bonheur des hommes.

Ceux qui ont prononcé cet arrêt contre les princes ont été séduits, sans doute, par les exemples de quelques mauvais princes que cite Machiavel, par l'histoire des petits princes d'Italie, ses contemporains, et par la vie de quelques tyrans qui ont pratiqué ces dangereux préceptes de politique. Je réponds à cela qu'en tout pays il y a d'honnêtes et de malhonnêtes gens, comme en toutes les familles on trouve des personnes bien faites, des bossus, des aveugles ou des boiteux; qu'ainsi, il y a eu et il y aura toujours des monstres parmi les princes, indignes de porter ce nom sacré. Je pourrais encore ajouter que, comme la séduction du trône est très puissante, il faut plus qu'une vertu commune pour y résister, et qu'ainsi il n'est point étonnant de trouver si peu de bons princes. Cependant, ceux qui jugent si légèrement doivent se souvenir que, parmi les Caligula et les Tibère, on compte des Titus, des Trajan et des Antonin; ainsi, qu'il y a une injustice criante, de leur côté, d'attribuer à tout un ordre ce qui ne convient qu'à quelques-uns de ses membres.

Überschwemmungen, die ganze Landstriche verwüsten, ein Blitz, der ganze Städte in Asche legt, das tödliche und ansteckende Gift der Pest, das die Provinzen entvölkert, all das ist für die Welt nicht so verhängnisvoll wie die gefährliche Moral und die zügellosen Leidenschaften bei den Königen. Denn wenn sie den Willen haben, Gutes zu tun, dann haben sie auch die Macht dazu, und wenn sie das Böse wollen, dann hängt es auch allein von ihnen ab, es zu tun. Wie beklagenswert ist doch die Lage der Völker, die alles vom Missbrauch der Herrschermacht zu fürchten haben, wenn ihr Hab und Gut zur Beute der Habgier ihres Fürsten wird, ihre Freiheit seinen Launen, ihre Ruhe seinem Ehrgeiz, ihre Sicherheit seiner Tücke und ihr Leben seiner Grausamkeit ausgeliefert ist! Das jedenfalls wäre die Beschreibung eines Reichs, in dem ein politisches Ungeheuer, wie Machiavelli es zu formen sich anmaßt, regieren würde.

Selbst wenn das Gift des Autors nicht bis zum Thron vordringen würde, behaupte ich, dass ein einziger Schüler Machiavellis und Cesare Borgias Anlass genug ist, ein derart abscheuliches Buch mit Entrüstung zurückzuweisen. Manche haben zwar gemeint, Machiavelli beschreibe eher das, was die Fürsten tun, als das, was sie tun sollen.[1] Dieser Gedanke fand Anklang, weil er richtig zu sein scheint. Man hat sich freilich mit einer glänzenden Fehleinschätzung zufrieden gegeben und sie wiederholt, weil sie einmal ausgesprochen war.

Es sei mir erlaubt, für die Fürsten und gegen ihre Verleumder das Wort zu ergreifen, um diejenigen vor der abscheulichsten Anklage in Schutz zu nehmen, deren einzige Aufgabe es ist, für das Glück der Menschheit zu arbeiten.

Diejenigen, die ein derartiges Urteil über die Fürsten gefällt haben, sind zweifellos durch das Beispiel schlechter Fürsten, von denen einige bei Machiavelli erwähnt werden, verleitet worden oder durch die Geschichte kleiner italienischer Fürsten zu Machiavellis Zeiten und das Leben einiger Tyrannen, die nach solchen bedenklichen Staatslehren gehandelt haben. Ich möchte indes daran erinnern, dass es in jedem Land anständige und unanständige Menschen gibt, so wie in jeder Familie neben den schön Gewachsenen auch Bucklige, Blinde oder Hinkende zu finden sind. Und so gab es zu jeder Zeit und wird es zu jeder Zeit unter den Fürsten Ungeheuer geben, die nicht würdig sind, diesen heiligen Namen zu tragen. Ich könnte noch hinzufügen, dass die Versuchung auf dem Thron außerordentlich groß ist, und dass es einer außergewöhnlichen Tugend bedarf, um ihr zu widerstehen. Kein Wunder also, dass es so wenige gute Fürsten gibt. Dennoch sollten sich alle, die so leichtfertig urteilen, daran erinnern, dass es neben Caligula und Tiberius auch Titus, Trajan und die Antonine gibt[2]; es wäre nämlich eine zum Himmel schreiende Ungerechtigkeit, einem ganzen Stand das zuzuschreiben, was nur für einige seiner Mitglieder zutrifft.

On ne devrait conserver dans l'histoire que les noms des bons princes, et laisser mourir ceux des autres, avec leur indolence ou avec leurs injustices. Les livres d'histoire se verraient à la vérité diminués de beaucoup, mais l'humanité y profiterait, et l'honneur de vivre dans la mémoire ne serait que la récompense de la vertu. Le livre de Machiavel n'infecterait plus les écoles de politique, on appendrait à mépriser la contradiction pitoyable dans laquelle il est toujours avec lui-même, et l'on verrait que la véritable politique des rois, fondée uniquement sur la justice et la bonté, est bien différente du système décousu, rempli d'horreurs et de trahisons, que Machiavel a eu l'impudence de présenter au public.

Chapitre 1

Lorsqu'on veut raisonner juste, dans le monde, il faut commencer par approfondir la nature du sujet dont on veut parler; il faut remonter jusqu'à l'origine des choses pour en connaître, autant que l'on peut, les premiers principes. Il est facile alors d'en déduire les progrès et toutes les conséquences qui peuvent s'ensuivre. Au lieu de marquer la différence des États qui ont des souverains, Machiavel aurait, ce me semble, mieux fait d'examiner l'origine des princes, d'où leur vient le pouvoir qu'ils ont, et de discuter les raisons qui ont pu engager des hommes libres à se donner des maîtres.

Peut-être qu'il n'aurait pas convenu, dans un livre où l'on se proposait de dogmatiser le crime et la tyrannie, de faire mention de ce qui devrait la détruire à jamais. Il y aurait eu mauvaise grâce à Machiavel de dire que les peuples, ayant trouvé nécessaire pour leur repos et leur conservation d'avoir des juges pour régler leurs différends, des protecteurs pour les maintenir contre leurs ennemis dans la possession de leurs biens, des souverains pour réunir tous leurs différents intérêts en un seul intérêt commun, avaient choisi, d'entre eux, ceux qu'ils avaient cru les plus sages, les plus équitables, les plus désintéressés, les plus humains, les plus vaillants, pour les gouverner et pour prendre sur soi le fardeau pénible de toutes leurs affaires.

C'est donc la justice, aurait-on dit, qui doit faire le principal objet d'un souverain ; c'est donc le bien des peuples qu'il gouverne qu'il doit préférer à tout autre intérêt ;

In der Geschichte sollte man nur die Namen der guten Fürsten aufbewahren und die der anderen mitsamt ihrer Trägheit und ihrem Unrecht dem Vergessen überlassen. Die Geschichtsbücher würden dann zwar um vieles schmaler werden, aber die Menschheit könnte nur gewinnen und die Ehre, im Gedächtnis weiter zu leben, wäre dann einzig und allein die Belohnung der Tugend. Machiavellis Buch würde nicht länger die Schulen der Politik vergiften, man würde lernen, den kläglichen Widerspruch, in dem er immer mit sich selber liegt, zu verachten, und erkennen, dass die wahre, nur auf Gerechtigkeit und Güte gegründete Staatskunst der Könige sich erheblich vom zusammenhanglosen System voller Grauen und Falschheit unterscheidet, das Machiavelli die Dreistigkeit besaß, der Öffentlichkeit vorzulegen.

1. Kapitel[1]

Wer in der Welt zu klarer Einsicht gelangen will, muss zuerst die Natur des Gegenstandes, über den er sprechen will, ergründen und auf den Ursprung der Dinge zurückgreifen, um die ersten Prinzipien, so gut es geht, zu erkennen. Dann ist es leicht, die Fortschritte und alle Konsequenzen, die sich daraus ergeben können, herzuleiten. Anstatt hervorzuheben, was die Staaten, in denen Fürsten regieren, unterscheidet, hätte Machiavelli, wie mir scheint, besser daran getan, den Ursprung der Fürsten zu untersuchen und zu fragen, woher die Macht kommt, über die sie verfügen, und die Gründe zu erörtern, die freie Menschen dazu bringen konnten, sich Herren zu geben.[2]

Es wäre vielleicht nicht angebracht gewesen, in einem Buch, in dem man es sich vornahm, das Verbrechen und die Tyrannei zum Dogma zu erheben, das zu erwähnen, was sie für immer hätte zerstören sollen. Und es würde Machiavelli übel angestanden haben, wenn er gesagt hätte, dass die Völker es um ihrer Ruhe und Selbsterhaltung willen für notwendig erachteten, Richter zu haben, die ihre Streitigkeiten schlichten, Beschützer, die ihren Besitz vor dem Zugriff ihrer Feinde sichern, und Herrscher, die all ihre verschiedenen Interessen zu einem einzigen gemeinsamen Interesse zusammenfügen, und dass sie aus ihren Reihen diejenigen auserkoren hatten, die sie für die Klügsten, Gerechtesten, Uneigennützigsten, Menschlichsten, Tapfersten hielten, um sie zu regieren und um die drückende Last all ihrer Angelegenheiten auf sich zu nehmen.

Die Gerechtigkeit, hätte man dann gesagt, muss also das wichtigste Anliegen eines Herrschers sein, das Wohl der von ihm regierten Völker muss er also jedem anderen

c'est donc leur bonheur et leur félicité qu'il doit augmenter, ou le leur procurer s'ils ne l'ont pas. Que deviennent alors ces idées d'intérêt, de grandeur, d'ambition, de despotisme ? Il se trouve que le souverain, bien loin d'être le maître absolu des peuples qui sont sous sa domination, n'en est lui-même que le premier domestique, et qu'il doit être l'instrument de leur félicité, comme ces peuples le sont de sa gloire. Machiavel sentait bien qu'un détail semblable l'aurait couvert de honte, et que cette recherche n'aurait fait que grossir le nombre de contradictions pitoyables qui se trouvent dans sa politique.

Les maximes de Machiavel sont aussi contraires à la bonne morale que le système de Descartes l'est à celui de Newton. L'intérêt fait tout chez Machiavel, comme les tourbillons font tout chez Descartes. La morale du politique est aussi dépravée que les idées du philosophe sont frivoles. Rien ne peut égaler l'effronterie avec laquelle ce politique abominable enseigne les crimes les plus affreux. Selon sa façon de penser, les actions les plus injustes et les plus atroces deviennent légitimes lorsqu'elles ont l'intérêt ou l'ambition pour but. Les sujets sont des esclaves dont la vie et la mort dépend sans restriction de la volonté du prince, à peu près comme les agneaux d'une bergerie, dont le lait et la laine est pour l'utilité de leur maître, qui les fait même égorger lorsqu'il le trouve à propos.

Comme je me suis proposé de réfuter ces principes erronés et pernicieux en détail, je me réserve d'en parler en son lieu et à mesure que la matière de chaque chapitre m'en fournira l'occasion.

Je dois cependant dire, en général, que ce que j'ai rapporté de l'origine des souverains rend l'action des usurpateurs plus atroce qu'elle ne le serait en ne considérant simplement que leur violence, puisqu'ils contreviennent entièrement à l'intention des peuples, qui se sont donné des souverains pour qu'ils les protègent, et qui ne se sont soumis qu'à cette condition ; au lieu qu'en obéissant à l'usurpateur, ils se sacrifient, eux et tous leurs biens, pour assouvir l'avarice et tous les caprices d'un tyran souvent très cruel et toujours détesté. Il n'y a donc que trois manières légitimes pour devenir maître d'un pays : ou par succession, ou par l'élection des peuples qui en ont le pouvoir, ou lorsque, par une guerre justement entreprise, on fait la conquête de quelque province sur l'ennemi.

Je prie le lecteur de ne point oublier ces remarques sur le premier chapitre de Machiavel, puisqu'elles sont comme un pivot sur lequel rouleront toutes mes réflexions suivantes.

Interesse vorziehen, ihr Glück, ihr Wohlergehen muss er mehren oder es ihnen verschaffen, wenn sie es vermissen. Was wird dann aber aus den Vorstellungen von Eigennutz, Größe, Ehrgeiz und Despotismus? Es läuft darauf hinaus, dass der Herrscher, weit davon entfernt, der unumschränkte Gebieter der Völker zu sein, die unter seiner Herrschaft stehen, selber nur deren erster Diener[1] ist und dass er das Werkzeug ihres Wohlergehens sein soll, wie jene Völker das Werkzeug seines Ruhmes sind. Machiavelli spürte wohl, dass ihm ein solches Detail Spott und Hohn eingebracht und eine entsprechende Untersuchung die Zahl der kläglichen Widersprüche, die sich in seiner Staatslehre befinden, nur noch vergrößert hätte.

Machiavellis Maximen stehen in einem ähnlichen Widerspruch zur guten Morallehre wie das System Descartes' zu dem von Newton. Bei Machiavelli bewirkt das Interesse alles, wie die Wirbel bei Descartes[2]. Die Moral des Politikers ist ebenso verderbt, wie die Ideen des Philosophen oberflächlich sind. Nichts kommt der Unverfrorenheit gleich, mit der dieser abscheuliche Staatslehrer die grausamsten Verbrechen lehrt. Es entspricht seiner Denkweise, dass die ungerechtesten und schrecklichsten Taten legitim werden, wenn ihr Zweck der Eigennutz oder der Ehrgeiz ist. Die Untertanen sind Sklaven, deren Leben und Tod uneingeschränkt vom Willen des Fürsten abhängen, fast so wie die Schafe einer Herde, deren Milch und deren Wolle dem Nutzen ihres Meisters dienen, der sie sogar schlachten lässt, wenn es ihm passt.

Da ich mir vorgenommen habe, diese irrigen und schädlichen Grundsätze Schritt für Schritt zu widerlegen, behalte ich es mir vor, an entsprechender Stelle und so darüber zu sprechen, wie es mir das Thema eines jeden Kapitels vorgibt.

Generell muss ich jedoch sagen, dass das, was ich über den Ursprung der Herrscher dargelegt habe, das Handeln der Usurpatoren noch furchtbarer macht, als wenn man nur ihre Gewalttätigkeit als solche im Blick hat, denn sie handeln vollständig gegen die Absicht der Völker, die sich Herrscher gegeben haben, damit diese ihnen Schutz bieten, und die sich ihnen nur unter dieser Bedingung unterworfen haben. Leisten sie stattdessen einem Usurpator Gehorsam, dann opfern sie sich mit all ihrem Hab und Gut, um die Gier und die Laune eines oft äußerst grausamen und immer verabscheuten Tyrannen zu befriedigen. Es gibt also nur drei legitime Wege, Herr eines Landes zu werden: durch Erbfolge, durch Wahl der Völker, die dazu berechtigt sind, oder wenn man durch einen rechtmäßig geführten Krieg dem Feind die eine oder andere Provinz abringt.[3]

Ich bitte den Leser, diese Anmerkungen zum ersten Kapitel Machiavellis nicht zu vergessen, denn sie sind gleichsam der Angelpunkt, um den sich alle meine folgenden Betrachtungen drehen werden.

Chapitre 2

Soit que l'on suppose plus de sagesse aux morts qu'aux vivants, soit que l'on aime ce qui a duré longtemps, puisque cela paraît rapprocher de l'éternité, ou soit aussi que l'on s'imagine que les choses qui sont parvenues jusqu'à nous n'auraient pas subsisté si longtemps, si elles n'avaient pas été trouvées bonnes dans tous les siècles : généralement, il est sûr qu'on a tant d'admiration pour l'Antiquité, qu'on se ferait conscience de blâmer ce qui vient d'elle, et de détruire ce que le temps n'a pas encore ruiné.

C'est ce qui est en partie la cause que des États héréditaires sont plus aisés à gouverner que les autres, pourvu que, comme le dit Machiavel, le souverain se garde de ne rien innover brusquement et tout d'un coup dans la forme usitée du gouvernement.

Les royaumes électifs ou les pays nouvellement conquis ne sont pas en haleine de respecter leurs souverains mais, dans ceux qui sont héréditaires, la fidélité et le respect passent comme une partie de l'héritage de père en fils, et l'on vénère dans le prince qui règne les vertus de tous ses aïeux. Les influences de la coutume sur l'esprit humain sont si puissantes qu'elles contribuent beaucoup à la tranquillité des pays héréditaires. Que ne peut pas la coutume sur l'esprit des hommes, puisqu'elle fait regretter à un Russe son pays natal, à un Lapon ses neiges et ses frimas, et qu'elle affectionne les peuples à la forme de gouvernement, bonne ou mauvaise, usitée dans leur pays ! Ou ils pensent, par un préjugé assez bizarre, que les lois de leurs pères, leur condition et la façon de vivre dans leur patrie doivent être telles qu'elles sont, que c'est même une règle à laquelle se devraient conformer leurs voisins pour ne point être insensés et ridicules ; ou ils craignent de changer une situation supportable pour un état tout à fait désespéré, et cette appréhension leur fait préférer le joug auquel ils sont accoutumés à un joug étranger et plus rude.

Il est, en un mot, sûr qu'un bon gouvernement monarchique est la meilleure de toutes les formes du gouvernement puisque, lorsque le prince est bon, il peut faire infiniment de bien à ses sujets, au lieu que dans une république, il faut le concours d'une infinité de volontés pour espérer quelque chose de louable. Il est donc certain que le véritable intérêt d'un prince est d'être bon, puisqu'il sera plus maître par l'amour de ses peuples que par la crainte qu'il peut leur imprimer, et que ses vertus joindront d'une manière indissoluble son intérêt à celui de ses peuples.

2. Kapitel[1]

Sei es, wir vermuten bei den Toten mehr Weisheit als bei den Lebenden, sei es, wir lieben, was schon seit langer Zeit besteht, da es uns der Ewigkeit näher zu bringen scheint, oder wir bilden uns ein, die Dinge, die uns überliefert wurden, hätten nicht so lange Bestand, wenn man sie nicht in allen Jahrhunderten für gut befunden hätte. Im Allgemeinen bringen wir dem Altertum sicherlich so viel Bewunderung entgegen, dass wir Gewissensbisse bekämen, wenn wir missbilligten, was uns von ihm überliefert wurde, oder zerstörten, was die Zeit noch nicht zugrunde gerichtet hat.

Darin liegt zum Teil der Grund dafür, dass erbliche Staaten leichter zu regieren sind als andere, vorausgesetzt, der Herrscher hütet sich, wie es bei Machiavelli heißt, die eingeführte Regierungsform unvermittelt und auf einen Schlag zu erneuern.

Wahlkönigreiche oder neu eroberte Länder haben nicht die Ausdauer, ihre Herrscher zu respektieren. In den erblichen Staaten gehen Treue und Ehrfurcht jedoch wie ein Teil des Erbes vom Vater auf den Sohn über, und man verehrt im regierenden Fürsten die Tugenden all seiner Vorfahren. Der Einfluss der Sitten und Gebräuche auf den menschlichen Geist ist so mächtig, dass er viel zur Ruhe der erblichen Staaten beiträgt. Was kann die Gewohnheit nicht alles im Denken der Menschen bewirken! Sie lässt einen Russen sein Geburtsland, einen Lappen seinen Schnee und seinen Raureif vermissen; sie macht die Völker der Regierungsform zugeneigt, die, ob gut oder schlecht, in ihrem Land üblich ist. Oder sie denken, weil sie sich ein ziemlich seltsames Vorurteil zu eigen machen, dass die Gesetze ihrer Väter, ihr Stand und die Lebensweise in ihrem Vaterland so sein müssten wie sie sind, und dass all dies sogar eine Vorschrift sei, die auch ihre Nachbarn befolgen sollten, um nicht töricht zu sein oder sich lächerlich zu machen. Oder sie fürchten, eine erträgliche Lage gegen einen vollkommen hoffnungslosen Zustand einzutauschen. Und diese Furcht bringt sie dazu, das Joch, an das sie sich gewöhnt haben, einem fremden und viel härteren vorzuziehen.

Kurz gesagt, eine gute monarchische Regierungsform ist die beste aller Regierungsformen, denn wenn der Fürst gut ist, kann er seinen Untertanen unendlich viel Gutes tun, während es in einer Republik des Wettstreits einer endlosen Vielfalt an Willensäußerungen bedarf, bis etwas Lobenswertes zu erwarten ist. Also besteht das wahre Interesse eines Fürsten darin, gut zu sein, denn er wird sich als Herr seiner Völker angesichts der Liebe, die sie ihm entgegenbringen, besser behaupten können als durch die Furcht, die er ihnen einflößen kann. Und seine Tugenden werden dann auch sein Interesse mit dem seiner Völker untrennbar verknüpfen.

Chapitre 3

Le quinzième siècle était comme l'enfance des arts. Laurent de Médicis les fit renaître en Italie par la protection qu'il leur accorda, mais ces arts et ces sciences étaient encore faibles du temps de Machiavel, et comme relevés d'une longue maladie. La philosophie et l'esprit géométrique n'avaient peu ou point fait de progrès, et l'on ne raisonnait pas aussi conséquemment que l'on fait de nos jours. Les savants même étaient séduits par les brillants dehors et par tout ce qui avait de l'éclat. Alors, on préférait la funeste gloire des conquérants, et ces actions grandes et frappantes qui imposent un certain respect par leur grandeur, à la douceur, à l'équité, à la clémence et à toutes les vertus. À présent, on préfère l'humanité à toutes les qualités d'un conquérant, et l'on n'a plus la démence d'encourager par des louanges des passions furieuses et cruelles qui causent le bouleversement du monde, et qui font périr un nombre innombrable d'hommes. On soumet tout à la justice, et l'on abhorre la valeur et la capacité militaire des conquérants, toutes les fois qu'elle est fatale au genre humain.

Machiavel pouvait donc dire, de son temps, qu'il est naturel à l'homme de souhaiter de faire des conquêtes, et qu'un conquérant ne saurait manquer d'acquérir de la gloire. Nous lui répondons aujourd'hui qu'il est naturel à l'homme de souhaiter la conservation de son bien et de l'agrandir par des voies légitimes, mais que l'envie n'est naturelle qu'à des âmes très mal nées, et que le désir de s'agrandir des dépouilles d'un autre ne se présentera pas si facilement dans l'idée d'un honnête homme, ni à ceux qui veulent être estimés dans le monde.

La politique de Machiavel ne peut être applicable qu'à un seul homme, à la déprédation de tout le genre humain. Car quelle confusion dans le monde, si beaucoup d'ambitieux voulaient s'ériger en conquérants, s'ils voulaient mutuellement s'emparer de leurs biens, si, envieux de tout ce qu'ils n'ont pas, ils ne pensaient qu'à tout envahir, à tout détruire, et à dépouiller un chacun de ce qu'il possède ! On ne verrait à la fin qu'un maître dans le monde, qui aurait recueilli la succession de tous les autres, et qui ne la conserverait qu'autant que l'ambition d'un nouveau venu voudrait le lui permettre.

3. Kapitel[1]

Das fünfzehnte Jahrhundert war gleichsam die Kindheit der Künste. Lorenzo de' Medici[2] brachte sie in Italien dank seiner Schirmherrschaft zu neuer Blüte. Doch zu Machiavellis Zeiten waren die Künste und Wissenschaften noch schwach ausgebildet und erweckten den Eindruck, als hätten sie soeben eine lange Krankheit überstanden. Die Philosophie oder der Geist der Geometrie[3] hatten noch wenig oder keine Fortschritte gemacht, auch war das Denken noch nicht so vernünftig und konsequent wie heutzutage. Selbst die Gelehrten ließen sich von den glanzvollen Äußerlichkeiten und allem, was Aufsehen erregte, verleiten. Damals gab man dem düsteren Ruhm der Eroberer und jenen spektakulären Taten, die durch ihre Größe einen gewissen Respekt abverlangen, den Vorzug vor der Milde, Ausgeglichenheit, Gnade und allen anderen Tugenden. Heute ziehen wir die Menschlichkeit allen Eigenschaften eines Eroberers vor. Man begeht nicht mehr die Torheit, die wilden und grausamen Leidenschaften, die den Umsturz der Welt verursachen und einer unsagbaren Anzahl von Menschen das Leben kosten, durch Lobreden zu ermutigen. Man unterwirft alles der Norm der Gerechtigkeit und verabscheut die Tapferkeit und die militärischen Leistungen der Eroberer, sobald sie dem Menschengeschlecht zum Verhängnis werden.

Machiavelli konnte zu seiner Zeit also noch sagen, es liege in der Natur des Menschen, Eroberungen machen zu wollen, und der Ruhm sei einem Eroberer stets gewiss. Wir entgegnen ihm heute, es liegt in der Natur des Menschen, den Wunsch zu hegen, sein Gut zu wahren und es auf rechtmäßige Weise zu mehren, während die Gier nur in der Natur niederträchtiger Seelen liegt. Auch wird das Verlangen, sich auf Kosten eines Anderen zu vergrößern, einem rechtschaffenen Mann nicht so schnell in den Sinn kommen, ebenso wenig all jenen, die Wert auf Anerkennung in der Welt legen.

Mit der politischen Lehre Machiavellis kann, auf Kosten der ganzen Menschheit, höchstens ein Einzelner etwas anfangen. Denn welch ein Drunter und Drüber gäbe es nicht in der Welt, wollten sich viele Ehrgeizige als Eroberer aufspielen und sich gegenseitig Hab und Gut entreißen! Und wenn sie, neidisch auf alles, was sie nicht haben, nur daran dächten, überall einzufallen, alles zu zerstören und jedem zu rauben, was er besitzt! Schließlich gäbe es nur noch einen einzigen Herren auf der Welt; er hätte die Erbschaft aller anderen angetreten, könnte sie aber nur solange wahren, wie es der Ehrgeiz des Erstbesten, der da käme, zuließe.

Je demande ce qui peut porter un homme à s'agrandir, et en vertu de quoi il peut former le dessein d'élever sa puissance sur la misère et sur la destruction d'autres hommes, et comment il peut croire qu'il se rendra illustre en ne faisant que des malheureux. Les nouvelles conquêtes d'un souverain ne rendent pas les États qu'il possédait déjà plus opulents ni plus riches, ses peuples n'en profitent point, et il s'abuse s'il s'imagine qu'il en deviendra plus heureux. Son ambition ne se bornera pas à cette seule conquête, et il en sera insatiable et, par conséquent, toujours peu satisfait de lui-même. Combien de grands princes ne font point, par leurs généraux, conquérir des provinces qui ne les voient jamais ! Ce sont alors des conquêtes imaginaires, et qui n'ont que peu de réalité pour les princes qui les ont fait faire. C'est rendre bien des gens malheureux pour contenter la fantaisie d'un seul homme qui, souvent, ne mériterait pas seulement d'être connu de l'univers.

Mais supposons que ce conquérant soumette tout le monde à sa domination. Ce monde bien soumis, pourrait-il le gouverner ? Quelque grand prince qu'il soit, il n'est qu'un être très borné, un atome, un misérable individu, qu'on ne saurait presque point apercevoir ramper sur ce globe. À peine pourra-t-il retenir le nom de ses provinces, et sa grandeur ne servira qu'à mettre en évidence sa véritable petitesse.

D'ailleurs, ce n'est point la grandeur du pays que le prince gouverne qui lui donne de la gloire, ce ne seront pas quelques lieues de plus de terrain qui le rendront illustre, sans quoi ceux qui possèdent le plus d'arpents de terre devraient être les plus estimés.

La valeur d'un conquérant, sa capacité, son expérience, et l'art de conduire les esprits, sont des qualités qu'on admirera séparément en lui ; mais il ne sera jamais qu'un ambitieux et un très méchant homme s'il s'en sert injustement. Il ne peut acquérir de la gloire que lorsqu'il emploie ses talents pour soutenir l'équité et lorsqu'il devient conquérant par nécessité, et non pas par tempérament. Il en est des héros comme des chirurgiens, qu'on estime lorsque, par leurs opérations barbares, ils sauvent les hommes d'un pressant danger, mais qu'on déteste si, par un exécrable abus de leur métier, ils font des opérations sans nécessité et simplement pour faire admirer leur adresse.

Les hommes ne doivent jamais penser à leur seul intérêt. Si tout le monde pensait de même, il n'y aurait plus de société, car au lieu d'abandonner des avantages parti-

Was kann einen Menschen, frage ich, dazu bringen, seinen Herrschaftsbereich zu vergrößern? Mit welchem Recht kann er sich vornehmen, seine Macht auf dem Elend und dem Verderben anderer Menschen zu errichten? Wie kann er glauben, berühmt zu werden, wenn er die Menschen nur unglücklich macht? Die neuen Eroberungen eines Herrschers machen die Staaten, die er bereits besitzt, nicht wohlhabender oder reicher, seine Völker haben keinen Gewinn davon, und er täuscht sich, wenn er sich einbildet, er werde dadurch glücklicher. Sein Ehrgeiz wird sich mit dieser einen Eroberung nicht begnügen, er wird ihn unersättlich machen, und folglich wird er mit sich selbst stets unzufrieden sein. Wie viele große Fürsten lassen nicht durch ihre Feldherren Provinzen erobern, die sie nie sehen! Solche Eroberungen bestehen gewissermaßen nur in der Einbildung, und sie haben für die Fürsten, die sie machen lassen, fast keinen Realitätsgehalt. Viele Menschen werden ins Unglück gestürzt, wenn es darum geht, die ausschweifenden Wünsche eines einzigen Menschen zu befriedigen, der es oft nicht einmal verdiente, dass die Welt seinen Namen kennt.

Aber nehmen wir an, dieser Eroberer unterwürfe die ganze Welt seiner Herrschaft. Würde er diese so tapfer eroberte Welt auch regieren können? So groß er als Fürst auch sein mag, er bleibt ein sehr eingeschränktes Wesen, ein Atom, ein erbärmliches Individuum, das fast unbemerkt auf diesem Globus herumkriecht. Kaum wird er sich die Namen seiner Provinzen merken können, und seine Größe wird nur dazu dienen, offenbar werden zu lassen, wie klein er wirklich ist.

Im Übrigen ist es nicht die Ausdehnung seines Herrschaftsbereiches, die den Ruhm eines Fürsten ausmacht, und nicht ein paar Meilen Landes mehr oder weniger machen ihn groß. Sonst müsste man ja denen die größte Hochachtung entgegenbringen, die die meisten Morgen Ackerland besitzen.

Die Tapferkeit eines Eroberers, seine Fähigkeit, seine Erfahrung und die Kunst, anderen den Weg zu weisen, sind Eigenschaften, die man auch unabhängig davon an ihm bewundern wird. Wenn er diese jedoch missbraucht, wird er immer als ein ehrgeiziger und besonders boshafter Mensch gelten. Ruhm kann er nur erlangen, wenn er seine Talente für die Aufrechterhaltung des Rechts einsetzt oder wenn er aus Notwendigkeit zum Eroberer wird, und nicht, weil sein Temperament ihn dazu anspornt. Mit den Helden ist es wie mit den Chirurgen, die man schätzt, wenn sie durch ihre barbarischen Eingriffe Menschenleben retten, aber verabscheut, sobald sie ihren Beruf auf schändliche Weise missbrauchen und Operationen durchführen, die nicht notwendig sind und nur Anlass zur Bewunderung ihrer Tüchtigkeit geben sollen.

Die Menschen dürfen niemals nur an ihr eigenes Interesse denken. Täten sie es, gäbe es keine Gesellschaft mehr; denn anstatt die Einzelnutzen dem Gemeinwohl unterzu-

culiers pour le bien commun, on sacrifierait le bien commun aux avantages personnels. Pourquoi ne point contribuer à cette harmonie charmante qui fait la douceur de la vie et le bonheur de la société, et n'être grand qu'à force d'obliger les autres et de les combler de biens ? On devrait toujours se souvenir de ne point faire aux autres ce qu'on ne voudrait pas qu'ils nous fissent ; ce serait le moyen de ne nous point emparer des richesses des autres, et de nous contenter de notre état.

L'erreur de Machiavel sur la gloire des conquérants pouvait être générale de son temps, mais sa méchanceté ne l'était pas assurément. Il n'y a rien de plus affreux que certains moyens qu'il propose pour conserver des conquêtes ; à les bien examiner, il n'y en aura pas un qui soit raisonnable ou juste. « On doit, dit ce monstre, éteindre la race des princes qui régnaient avant votre conquête. » Peut-on lire de pareils préceptes sans frémir d'horreur et d'indignation ? C'est fouler aux pieds tout ce qu'il y a de saint et de sacré dans le monde ; c'est renverser, de toutes les lois, celle que les hommes doivent le plus respecter ; c'est ouvrir à l'intérêt le chemin à toutes les violences et à tous les crimes ; c'est approuver le meurtre, la trahison, l'assassinat, et ce qu'il y a de plus détestable dans l'univers. Comment des magistrats ont-ils pu permettre à Machiavel de publier son abominable politique ? Et comment a-t-on pu souffrir dans le monde ce scélérat infâme qui renverse tout droit de possession et de sûreté, ce que les hommes ont de plus sacré, les lois de plus auguste, et l'humanité de plus inviolable ? Puisqu'un ambitieux se sera emparé violemment des États d'un prince, il aura le droit de le faire assassiner, empoisonner ! Mais ce même conquérant introduit, en agissant ainsi, une pratique dans le monde qui ne peut retourner qu'à sa propre confusion ; un autre, plus ambitieux et plus habile que lui, le punira du talion, lui envahira ses États, et le fera périr avec la même injustice qu'il fit périr son prédécesseur. Quels débordements de crimes, quelles cruautés, quelle barbarie, qui désoleraient l'humanité ! Une monarchie pareille serait comme un empire de loups, dont un tigre comme Machiavel mériterait d'être le législateur. S'il n'y avait que le crime dans le monde, il détruirait le genre humain ; il n'y a point de sûreté pour les hommes sans la vertu.

« Un prince doit établir sa résidence dans ses nouvelles conquêtes. » C'est la seconde maxime de Machiavel pour fortifier le conquérant dans ses nouveaux États. Ceci n'est point cruel, et paraît même assez bon à quelques égards. Mais l'on doit considérer que

ordnen, würde man das Gemeinwohl dem persönlichen Vorteil opfern. Warum sollte man nicht seinen Beitrag zu jener angenehmen Harmonie leisten, die den Charme des Lebens und das Glück der Gesellschaft ausmacht? Warum nicht Größe zeigen, indem man die Anderen verpflichtet und sie mit guten Taten überhäuft? Man sollte sich stets daran erinnern, anderen nicht das anzutun, was man von ihnen nicht erfahren will; dann käme nämlich keiner mehr auf die Idee, sich der Reichtümer anderer zu bemächtigen, und jeder wäre mit seiner Lage zufrieden.

Was den Ruhm der Eroberer angeht, mag Machiavellis Irrtum zu seiner Zeit allgemein verbreitet gewesen sein, aber seine Bosheit war es sicherlich nicht. Nichts ist abscheulicher als gewisse von ihm vorgeschlagene Mittel zur Erhaltung der Eroberungen. Bei genauer Betrachtung zeigt sich nämlich, dass kein einziges vernünftig oder gerecht ist. »Ihr müsst«, sagt dieses Ungeheuer, »das Geschlecht der Fürsten, die vor eurer Eroberung geherrscht haben, auslöschen.« Kann man solche Anweisungen ohne Entsetzen und Empörung lesen? Das bedeutet, alles, was auf Erden heilig ist, mit Füßen zu treten und von allen Gesetzen gerade das umzustürzen, das die Menschen am meisten beachten sollten; das bedeutet, dem Eigennutz den Weg zu jeder Art von Gewalttat und Verbrechen zu bahnen, Mord, Verrat, Totschlag und was es sonst noch an Abscheulichem auf der Welt gibt gutzuheißen. Wie konnten die Obrigkeiten Machiavelli nur die Veröffentlichung seiner widerwärtigen Staatslehre erlauben? Wie konnte man ertragen, dass dieser niederträchtige Verbrecher in der Welt verkehrt, dass er jedes Recht auf Besitz und Sicherheit und all das umstürzt, was den Menschen besonders heilig ist, nämlich die edelsten Gesetze, und die unantastbare Menschlichkeit mit Füßen tritt? Wenn ein Ehrgeiziger sich der Staaten eines Fürsten gewaltsam bemächtigt, dann hat er also das Recht, ihn ermorden, ihn vergiften zu lassen! Aber ein solcher Eroberer wird dadurch einen Brauch einführen, der ihm nur zum Verhängnis werden kann; denn ein anderer, noch ehrgeizigerer, noch geschickterer wird gegen ihn das Vergeltungsrecht ausüben, in seine Staaten einfallen und ihn unter gleichem Rechtsbruch umbringen wie er seinen Vorgänger. Welch ein Übermaß an Verbrechen, Grausamkeit, Barbarei! Es würde die Menschheit in Verzweiflung stürzen! Eine solche Monarchie wäre wie ein Reich von Wölfen, das einen Tiger wie Machiavelli als Gesetzgeber verdiente. Gäbe es nur noch Verbrechen in der Welt, das Menschengeschlecht würde zugrunde gerichtet. Für die Menschen gibt es ohne Tugend keine Sicherheit.[1]

»Der Fürst soll seine Residenz in seine neu eroberten Staaten verlegen«, so lautet die zweite Maxime Machiavellis zum Thema der Stärkung des Eroberers in seinen neuen Staaten. Das ist nicht grausam und der Gedanke scheint in gewisser Hinsicht sogar berechtigt zu sein. Man muss aber bedenken, dass die meisten Staaten der großen

la plupart des États des grands princes sont situés de manière qu'ils ne peuvent pas trop bien en abandonner le centre sans que tout l'État s'en ressente. Ils sont le premier principe d'activité dans ce corps, ainsi ils n'en peuvent quitter le centre sans que les extrémités ne languissent.

La troisième maxime du politique est « qu'il faut envoyer des colonies pour les établir dans les nouvelles conquêtes, qui serviront à en assurer la fidélité. » L'auteur s'appuie sur la pratique des Romains, et il croit triompher lorsqu'il trouve quelque part dans l'histoire des exemples d'injustices semblables à celles qu'il enseigne. Cette pratique des Romains était aussi injuste qu'ancienne. Par quel droit pouvaient-ils chasser de leurs maisons, de leurs terres et de leurs biens ceux qui les possédaient à juste titre ? La raison de Machiavel est que l'on peut le faire avec impunité, puisque ceux que vous dépossédez sont pauvres et incapables de se venger. Quel raisonnement ! Vous êtes puissant, ceux qui vous obéissent sont faibles ; ainsi vous pouvez les opprimer sans crainte. Il n'y a donc que la peur, selon Machiavel, qui puisse retenir les hommes du crime. Mais quel est donc ce droit par lequel un homme puisse s'arroger un pouvoir si absolu sur ses semblables que de disposer de leur vie, de leurs biens, et de les rendre misérables quand bon lui semble ? Le droit de conquête ne s'étend pas assurément jusque là. Les sociétés ne sont-elles formées que pour servir de victimes à la fureur d'un infâme, intéressé ou ambitieux ? Et ce monde n'est-il fait que pour assouvir la folie et la rage d'un tyran dénaturé ? Je ne pense pas qu'un homme raisonnable soutienne jamais une semblable cause, à moins qu'une ambition immodérée ne l'aveugle et n'obscurcisse en lui les lumières du bon sens et de l'humanité.

Il est très faux qu'un prince puisse faire le mal impunément. Car, quand même ses sujets ne l'en puniraient pas d'abord, quand même les foudres du ciel ne l'écraseraient pas à point nommé, sa réputation n'en sera pas moins déchirée du public, son nom sera cité parmi ceux qui font horreur à l'humanité, et l'abomination de ses sujets sera sa punition. Quelles maximes de politique : ne point faire le mal à demi, exterminer totalement un peuple ou du moins le réduire, après l'avoir maltraité, à la dure sujétion de ne pouvoir désormais plus vous être redoutable, étouffer jusqu'aux moindres étincelles de la liberté, pousser le despotisme jusque sur les biens, et la violence jusque sur la vie des souverains ! Non, il ne se peut rien de plus affreux. Ces maximes sont aussi

Fürsten eine solche Lage haben, dass der Fürst ihren Mittelpunkt eigentlich nicht verlassen kann, ohne dass dies Auswirkungen auf den ganzen Staat hätte. Die Fürsten sind die erste lebendige Kraft in einem solchen Staatskörper und sie können daher die Mitte nicht verlassen, ohne dass die äußersten Glieder darunter leiden.

Die dritte Maxime des Staatslehrers lautet: »In den neuen Eroberungen soll man Kolonien anlegen, denn damit wird man sich ihre Treue sichern.« Der Autor stützt sich hier auf die Vorgehensweise der Römer und glaubt triumphieren zu dürfen, sobald er in der Geschichte hin und wieder Beispiele für die Ungerechtigkeit vorfindet, die er lehrt. Doch jenes Vorgehen der Römer war nicht nur ungerecht, sondern auch alt.[1] Mit welchem Recht konnten sie denn die rechtmäßigen Besitzer aus ihren Häusern, von ihrem Grund und Boden, ihrem Hab und Gut vertreiben? Weil man es ungestraft tun kann, lautet Machiavellis Begründung, da diejenigen, die Sie berauben, arm sind und zu schwach, um sich zu rächen. Welch ein Gedankengang! Sie sind mächtig und diejenigen, die Ihnen gehorchen, sind schwach, also können Sie sie ohne weiteres unterdrücken. Es ist demnach allein die Angst, die aus der Sicht Machiavellis die Menschen vom Verbrechen abhalten könnte. Allein mit welchem Recht darf sich ein Mensch eine derart unbeschränkte Macht über seinesgleichen anmaßen, eine Macht, die es ihm erlaubt, über ihr Leben, ihr Hab und Gut zu verfügen und, wenn es ihm gefällt, sie ins Elend zu stürzen? So weit geht sicherlich auch das Eroberungsrecht nicht. Haben sich die Gesellschaften nur deshalb gebildet, um der wütenden Leidenschaft eines Niederträchtigen, Gewinnsüchtigen oder Ehrgeizigen als Opfer zu dienen? Und ist diese Welt nur dafür da, damit ein entarteter Tyrann seinen Wahnsinn und seine Wut austoben kann? Ich glaube nicht, dass ein vernünftiger Mensch jemals eine solche Ansicht vertreten wird, es sei denn, maßloser Ehrgeiz machte ihn blind und würde in ihm das helle Licht des gesunden Menschenverstandes und der Menschlichkeit verdunkeln.

Es ist grundfalsch zu behaupten, ein Fürst könne ungestraft Böses tun. Selbst wenn ihn seine Untertanen nicht sofort dafür strafen und die Blitze des Himmels ihn nicht zerschmettern würden, wenn das Maß voll ist – sein Ansehen in der Welt wird dahin sein und sein Name unter denen genannt werden, die als Schrecken der Menschheit gelten. Der Abscheu seiner Untertanen wird seine Strafe sein. Was sind das für politische Grundsätze: Böses nicht nur halb tun, ein Volk vollständig auslöschen oder es wenigstens solange misshandeln und anschließend unterjochen, bis es Ihnen niemals mehr gefährlich werden kann, die Freiheit bis auf das letzte Fünkchen ersticken, den Despotismus bis auf den Eingriff in das Eigentum, die Gewalttaten bis auf das Leben der Herrscher ausdehnen! Nein, etwas Abscheulicheres ist undenkbar. Diese Grundsätze sind eines vernünftigen Wesens ebenso unwürdig wie eines rechtschaffenen

indignes d'un être raisonnable que d'un homme de probité. Comme je me propose de réfuter cet article plus au long dans le cinquième chapitre, j'y renvoie le lecteur.

Examinons à présent si ces colonies pour l'établissement desquelles Machiavel fait commettre tant d'injustices à son prince, si ces colonies sont aussi utiles que l'auteur le dit. Ou vous envoyez dans le pays nouvellement conquis de puissantes colonies, ou vous y en envoyez de faibles. Si ces colonies sont fortes, vous dépeuplez votre État considérablement, et vous chassez un grand nombre de vos nouveaux sujets de vos conquêtes, ce qui affaiblit vos forces, puisque la plus grande puissance d'un prince consiste dans le grand nombre d'hommes qui lui obéissent. Si vous envoyez des colonies faibles dans ce pays conquis, elles vous en garantiront mal la sûreté, puisque ce petit nombre d'hommes ne peut être comparable à celui des habitants. Ainsi, vous aurez rendu malheureux ceux que vous chassez de leurs biens, sans en rien profiter.

On fait donc beaucoup mieux d'envoyer des troupes dans les pays que l'on vient de se soumettre, qui, moyennant la discipline et le bon ordre, ne pourront point fouler les peuples, ni être à charge aux villes où on les met en garnison. Je dois dire cependant pour ne point trahir la vérité que, du temps de Machiavel, les troupes étaient tout autre chose que ce qu'elles sont à présent. Les souverains n'entretenaient point de grandes armées; ces troupes n'étaient pour la plupart qu'un amas de bandits qui, pour l'ordinaire, ne vivaient que de violences et de rapines; on ne connaissait point alors ce que c'était que des casernes, et mille autres règlements qui mettent en temps de paix un frein à la licence et au dérèglement du soldat.

Dans des cas fâcheux, les moyens les plus doux, selon moi, me paraissent toujours les meilleurs.

«Un prince doit attirer à lui et protéger les petits princes ses voisins, semant la dissension parmi eux afin d'élever ou d'abaisser ceux qu'il veut.» C'est la quatrième maxime de Machiavel, et c'est la politique d'un homme qui croirait que l'univers n'est créé que pour lui. La fourberie et la scélératesse de Machiavel sont répandues dans cet ouvrage comme l'odeur empestée d'une voirie qui se communique à l'air d'alentour. Un honnête homme serait le médiateur de ces petits princes, il terminerait leurs différends à l'amiable et gagnerait leur confiance par sa probité et par les marques d'une impartialité entière dans leurs démêlés et d'un désintéressement parfait pour sa personne. Sa puissance le rendrait comme le père de ses voisins au lieu de leur oppresseur, et sa grandeur les protègerait au lieu de les abîmer.

Mannes. Da ich mir vorgenommen habe, diesen Punkt im fünften Kapitel ausführlicher zu widerlegen, verweise ich den Leser dahin.

Untersuchen wir für den Augenblick, ob diese Kolonien, wegen deren Einrichtung Machiavelli seinen Fürsten so viele Ungerechtigkeiten begehen lässt, so nützlich sind, wie der Autor behauptet. Entweder schicken Sie in das neu eroberte Land Kolonisten, die durch ihre Anzahl stark oder nur schwach sind. Im ersten Fall entvölkern Sie den eigenen Staat erheblich und verdrängen zugleich eine große Anzahl Ihrer neuen Untertanen aus den eroberten Ländern. Das schwächt die eigenen Kräfte, denn die höchste Macht eines Fürsten besteht in der großen Zahl der Menschen, die ihm Gehorsam leisten. Schicken Sie eine kleine Anzahl Kolonisten in das eroberte Land, werden sie Ihnen die Sicherheit kaum garantieren können, denn diese Handvoll Menschen kommt gegen die einheimische Bevölkerung nicht an. So machen Sie diejenigen unglücklich, die Sie von Haus und Hof verjagen, ohne dass Sie selbst Gewinn davon haben.

Es ist also weit besser, in die neu unterworfenen Gebiete Truppen zu schicken, die dank ihrer Disziplin und Ordnung die Völker nicht unterdrücken und auch den Städten, wo man ihnen die Standorte zuweist, nicht zur Last fallen können. Der Wahrheit zuliebe muss ich hier jedoch anmerken, dass die Truppen zur Zeit Machiavellis etwas ganz anderes waren als heutzutage: Die Herrscher unterhielten damals keine großen Armeen; ihre Truppen waren oft nichts anderes als Banditenhaufen, die gewöhnlich von Gewalttätigkeiten und Räubereien lebten. Man wusste noch nichts von Kasernen und Tausenden von Dienstvorschriften, die in Friedenszeiten die Ausschweifungen und die Sittenlosigkeit des Soldaten zügeln.

In problematischen Fällen scheinen meines Erachtens die mildesten Maßnahmen immer die besten zu sein.

»Ein Fürst soll unter seinen Nachbarn die kleinen Fürsten an sich ziehen, beschützen und Zwietracht zwischen ihnen säen, dann wird er nach Gutdünken die einen erheben oder die anderen erniedrigen können.« Das ist Machiavellis vierte Maxime und die Staatslehre eines Mannes, der glauben möchte, die Welt sei nur für ihn geschaffen. Machiavellis Schurkerei und seine Niedertracht erfüllen sein Werk, wie der Gestank eines Schindangers die Luft ringsum verpestet. Ein anständiger Mensch würde unter diesen kleinen Fürsten die Rolle des Vermittlers spielen, ihre Händel gütlich schlichten und dank seiner Redlichkeit, seiner ganzen Unparteilichkeit, die er bei ihren Zwistigkeiten an den Tag legte, sowie dank seiner vollkommenen Uneigennützigkeit ihr Vertrauen gewinnen. Seine Macht würde ihn gleichsam zum Vater seiner Nachbarn machen statt zu ihrem Unterdrücker, und seine Größe würde sie schützen und nicht ins Verderben stürzen.

Il est vrai, d'ailleurs, que des princes qui en ont voulu élever d'autres se sont abîmés eux-mêmes ; notre siècle en a fourni deux exemples. L'un est celui de Charles XII, qui éleva Stanislas sur le trône de Pologne, et l'autre est plus récent. Je conclus donc que l'usurpation ne méritera jamais de gloire, que les assassinats seront toujours abhorrés du genre humain, et que les princes qui commettent des injustices et des violences envers leurs nouveaux sujets s'aliéneront tous les esprits par cette conduite au lieu de les gagner. Il n'est pas possible de justifier le crime, et tous ceux qui en voudront faire l'apologie raisonneront aussi pitoyablement que Machiavel. On mérite bien de perdre la raison et de parler en insensé lorsqu'on entreprend de faire un aussi abominable usage de l'art de raisonner que de le tourner contre le bien de l'humanité. C'est se blesser d'une épée qui ne nous est donnée que pour nous défendre.

Je répète ce que j'ai dit dans le premier chapitre : les princes sont nés juges des peuples, c'est de la justice qu'ils tirent leur grandeur ; ils ne doivent donc jamais renier le fondement de leur puissance et l'origine de leur institution.

Chapitre 4

Pour bien juger du génie des nations, il n'y a qu'à les comparer les unes avec les autres. Machiavel fait dans ce chapitre un parallèle des Turcs et des Français, très différents de coutumes, de mœurs, et d'opinions. Il examine les raisons qui rendent la conquête de ce premier empire difficile à faire, mais aisée à conserver, de même qu'il remarque ce qui peut contribuer à faire subjuguer la France sans peine et ce qui, la remplissant de troubles continuels, menace sans cesse le repos du possesseur.

L'auteur n'envisage les choses que d'un point de vue : il ne s'arrête qu'à la constitution des gouvernements. Il paraît croire que la puissance de l'empire turc et persan n'était fondée que sur l'esclavage général de ces nations et sur l'élévation unique d'un seul homme qui en est le chef. Il est dans l'idée qu'un despotisme sans restriction, bien établi, est le moyen le plus sûr qu'a un prince pour régner sans trouble et pour résister vigoureusement à ses ennemis.

Du temps de Machiavel, on regardait en France les grands et les nobles comme de petits souverains qui partageaient en quelque manière la puissance du prince, ce qui

Freilich ist es wahr, dass Fürsten, die andere erheben wollten, sich oft selbst ins Verderben gestürzt haben. Davon liefert unser Jahrhundert zwei Beispiele: Das eine handelt von Karl XII., der Stanislaus auf den polnischen Thron erhob; das andere ist jüngeren Datums.¹ Daraus schließe ich, dass Usurpation niemals Ruhm verdienen und Meuchelmord vom Menschengeschlecht immer verabscheut werden wird. Fürsten, die gegen ihre neuen Untertanen Unrecht und Gewalttätigkeiten begehen, werden sich die Herzen der Menschen entfremden, statt sie zu gewinnen. Das Verbrechen zu rechtfertigen, ist unmöglich. Wer es verherrlichen will, wird so erbärmlich urteilen wie Machiavelli. Man verdient wirklich, den Verstand zu verlieren und mit seinem Gerede als unzurechnungsfähig dazustehen, wenn man es wagt, die Kunst des vernünftigen Denkens so furchtbar zu missbrauchen und es gegen das Wohl der Menschheit zu richten. Denn das heißt, sich mit einem Degen verwunden, der uns nur zu unserer Verteidigung gegeben wurde.

Ich wiederhole, was ich im ersten Kapitel gesagt habe: Die Fürsten sind zu Richtern der Völker geboren; ihre Größe gründet in der Pflege des Rechts; sie dürfen also niemals die Grundlage ihrer Macht und den Ursprung ihres Amtes verleugnen.

4. Kapitel²

Um den Geist der Nationen richtig beurteilen zu können, braucht man sie nur miteinander zu vergleichen.³ Machiavelli unternimmt in diesem Kapitel einen Vergleich zwischen den Türken und den Franzosen, die sich in Sitten, Gebräuchen und Meinungen außerordentlich unterscheiden. Er untersucht die Ursachen dafür, dass das Reich der Erstgenannten nur schwer zu erobern, aber leicht zu erhalten wäre. Desgleichen erläutert er, weshalb Frankreich mühelos zu unterwerfen wäre und dann aber den Besitzer durch fortwährende Unruhen im Land nicht zur Ruhe kommen ließe.

Der Autor betrachtet die Dinge nur von einem Gesichtspunkt aus und beschäftigt sich lediglich mit der Verfassung der Regierungen. Er glaubt, so scheint es, die Macht des türkischen und persischen Reiches beruhe nur auf der allgemeinen Versklavung dieser Nationen und der alleinigen Erhebung eines einzigen Mannes, der ihr Oberhaupt ist. Er ist der Meinung, ein uneingeschränkter, fest etablierter Despotismus sei das sicherste Mittel für einen Fürsten, um ungestört herrschen und seinen Feinden kraftvoll widerstehen zu können.

Zu Machiavellis Zeiten betrachtete man in Frankreich den Hochadel und die Edelleute noch als kleine Herrscher, die an der Macht des Fürsten gewissermaßen Anteil

donnait lieu aux divisions, ce qui fortifiait les partis, et ce qui fomentait de fréquentes révoltes. Je ne sais cependant point si le Grand Seigneur n'est pas exposé plutôt à être détrôné qu'un roi de France. La différence qu'il y a entre eux, c'est qu'un empereur turc est ordinairement étranglé par les janissaires, et que les rois de France qui ont péri ont eu coutume d'être assassinés par des moines. Mais Machiavel parle plutôt, en ce chapitre, de révolutions générales que de cas particuliers; il a deviné à la vérité quelques ressorts d'une machine très composée, mais il n'a parlé qu'en politique. Voyons ce qu'on pourrait y ajouter en philosophe.

La différence des climats, des aliments et de l'éducation des hommes établit une différence totale entre leur façon de vivre et de penser; de là vient qu'un sauvage d'Amérique agit d'une manière tout opposée à celle d'un Chinois lettré, que le tempérament d'un Anglais, Sénèque profond mais hypocondre, est tout différent du courage et de l'orgueil stupide et ridicule d'un Espagnol, et qu'un Français se trouve avoir aussi peu de ressemblance avec un Hollandais que la vivacité d'un singe en a avec le flegme d'une tortue.

On a remarqué de tout temps que le génie des peuples orientaux était un esprit de constance pour leurs pratiques et leurs anciennes coutumes, dont ils ne se départent jamais. Leur religion, différente de celle des Européens, les oblige encore en quelque façon à ne point favoriser l'entreprise de ceux qu'ils appellent les infidèles, au préjudice de leurs maîtres, et d'éviter avec soin tout ce qui pourrait porter atteinte à leur religion et bouleverser leurs gouvernements. Ainsi, la sensualité de leur religion, et l'ignorance qui en partie les attache si inviolablement à leurs coutumes, assure le trône de leurs maîtres contre l'ambition des conquérants, et leur façon de penser, plus que leur gouvernement, contribue à la perpétuité de leur puissante monarchie.

Le génie de la nation française, tout différent de celui des Musulmans, est tout à fait, ou du moins en partie, cause des fréquentes révolutions de cet empire. La légèreté et l'inconstance a fait de tout temps le caractère de cette aimable nation : les Français sont inquiets, libertins et très enclins à s'ennuyer de tout ce qui ne leur paraît pas nouveau; leur amour pour le changement s'est manifesté jusque dans les choses les plus graves. Il paraît que ces cardinaux haïs et estimés des Français qui, successivement, ont gouverné cet empire, ont profité des maximes de Machiavel pour rabais-

hatten. Das führte zu Spaltungen, stärkte die Parteien und gab häufig Anlass zu Revolten. Ich weiß freilich nicht, ob der Großsultan nicht eher Gefahr läuft, vom Thron gestoßen zu werden, als ein König von Frankreich. Der Unterschied zwischen beiden besteht darin, dass ein türkischer Kaiser gewöhnlich von Janitscharen erwürgt wird, während die Könige von Frankreich, die umgekommen sind, gewohntermaßen von Mönchen ermordet wurden.[1] Doch Machiavelli spricht in diesem Kapitel eher von Umwälzungen im Allgemeinen als von Einzelfällen und macht in der Tat einige Triebfedern einer sehr komplexen Maschine ausfindig. Er hat jedoch nur als Mann der Politik gesprochen. Sehen wir, was man als Philosoph hinzufügen könnte.

Die Verschiedenheit des Klimas, der Nahrung und Erziehung der Menschen verursacht eine gänzliche Verschiedenheit in ihrem Lebensstil und in ihrer Denkweise.[2] Das bewirkt, dass ein Wilder aus Amerika ganz anders handelt als ein gelehrter Chinese, dass das Temperament eines Engländers, tiefsinnig wie Seneca, aber hypochondrisch, sich gründlich vom Mut und dem lächerlich dummen Stolz eines Spaniers unterscheidet, und dass sich zwischen einem Franzosen und einem Holländer so wenig Ähnlichkeiten auffinden lassen wie zwischen der Lebhaftigkeit eines Affen und dem Phlegma einer Schildkröte.

Von jeher wurde bemerkt, dass der Geist der orientalischen Völker durch Beharrlichkeit in der Bewahrung ihrer Sitten und alten Gebräuche, die sie niemals aufgeben, gekennzeichnet ist. Ihre Religion, die sich von der der Europäer unterscheidet, verpflichtet sie darüber hinaus, niemals eine Unternehmung von sogenannten Ungläubigen zum Nachteil ihrer Herren zu begünstigen und sorgfältig alles zu vermeiden, was ihrer Religion schaden und ihre Regierung umstürzen könnte. Auf diese Weise sichert die Sinnlichkeit ihrer Religion und die Unwissenheit, die sie zum Teil so unverrückbar an ihren Sitten und Gebräuchen festhalten lässt, den Thron ihrer Herren gegen den Ehrgeiz der Eroberer; und ihre Denkweise trägt mehr als ihre Regierungsform zur Dauer ihrer mächtigen Monarchie bei.

Der Geist der französischen Nation[3], der sich vom Geist der Muslime völlig unterscheidet, ist immer gänzlich oder wenigstens zum Teil Ursache der häufigen Umwälzungen in diesem Königreich. Leichtsinn und Unbeständigkeit haben den Charakter dieser liebenswürdigen Nation von jeher ausgemacht: Die Franzosen sind unruhig, sie sind Freigeister und sie langweilen sich schnell, wenn ihnen etwas nicht mehr als Neuheit gilt; ihre Liebe zur Veränderung hat sich sogar in den ernstesten Dingen geäußert. Wie es scheint, machten sich jene von den Franzosen gehassten und zugleich geachteten Kardinäle, die nacheinander die Regierung dieses Königreichs geleitet haben, die Grundsätze Machiavellis bei der Unterwerfung der großen Herren zu eigen; anderer-

ser les grands, et de la connaissance du génie de la nation pour détourner ces orages fréquents dont la légèreté des sujets menaçait sans cesse le trône des souverains.

La politique du cardinal de Richelieu n'avait pour but que d'abaisser les grands pour élever la puissance du Roi et pour la faire servir de base au despotisme. Il y réussit si bien qu'en ce moment il ne reste plus de vestiges en France de la puissance des seigneurs et des nobles, et de ce pouvoir dont les rois prétendaient que les grands abusaient quelquefois.

Le cardinal Mazarin marcha sur les traces de Richelieu; il essuya beaucoup d'oppositions, mais il réussit, et dépouilla de plus le parlement de ses anciennes prérogatives, de sorte que ce corps respectable n'a plus, de nos jours, que l'ombre de son ancienne autorité : c'est un fantôme à qui il arrive encore quelquefois de s'imaginer qu'il pourrait bien être un corps, mais qu'on fait ordinairement repentir de ses erreurs.

La même politique qui porta ces deux grands hommes à l'établissement d'un despotisme absolu en France, leur enseigna l'adresse d'amuser la légèreté et l'inconstance de la nation pour la rendre moins dangereuse. Mille occupations frivoles, la bagatelle et le plaisir, donnèrent le change au génie des Français, de sorte que ces mêmes hommes qui auraient révolté sous César, qui auraient appelé les étrangers à leur secours du temps des Valois, qui se seraient ligués contre Henri IV, qui auraient cabalé sous la minorité, ces mêmes Français, dis-je, ne sont occupés de nos jours qu'à suivre le torrent de la mode, à changer très soigneusement de goûts, à mépriser aujourd'hui ce qu'ils ont admiré hier, à mettre l'inconstance et la légèreté en tout ce qui dépend d'eux, à changer de maîtresses, de lieux d'amusements, de sentiments et de folie. Ceci n'est pas tout, car de puissantes armées et un très grand nombre de forteresses assurent à jamais la possession de ce royaume à ses souverains, et ils n'ont à présent rien à redouter des guerres intestines, aussi bien que des conquêtes que leurs voisins pourraient faire sur eux.

Il est à croire que le ministère français, après s'être si bien trouvé de quelques maximes de Machiavel, ne restera pas en si beau chemin, et qu'il ne manquera point de mettre en pratique toutes les leçons de ce politique. On n'a pas lieu de douter du succès, vu la sagesse et l'habileté du ministre qui est à présent au timon des affaires. Mais finissons, comme disait le curé de Colignac, de peur de dire des sottises.

seits waren ihnen die Kenntnisse vom Geiste der Nation beim Abwehren der häufigen Stürme nützlich, die dem Thron der Herrscher durch den Leichtsinn der Untertanen unaufhörlich drohten.

Die Politik des Kardinals Richelieu[1] verfolgte nur das Ziel, die großen Herren zu erniedrigen, um die Macht des Königs zu erhöhen und zur Grundlage des Despotismus zu machen. Das gelang ihm so vortrefflich, dass es gegenwärtig in Frankreich keine Spuren mehr von der einstigen Macht des Adels und jenen Standesvorrechten gibt, die nach Ansicht der Könige vom Hochadel des Öfteren missbraucht wurden.

Kardinal Mazarin[2] trat in die Fußstapfen Richelieus. Er traf auf großen Widerstand, drang aber durch und raubte dem Parlement[3] überdies seine alten Vorrechte, so dass diese ehrwürdige Körperschaft derzeit nur noch ein Schatten einer traditionsreichen Autorität und zu einem Phantom geworden ist, das sich zuweilen noch einbildet, es könnte sehr wohl eine Körperschaft sein, das man gewöhnlich aber dazu bringt, seinen Irrtum zu bereuen.

Die gleiche Politik, die diese beiden großen Staatsmänner zur Errichtung eines unbeschränkten Despotismus in Frankreich führte, lehrte sie auch die Kunst, den Leichtsinn und die Unbeständigkeit der Nation auf angenehme Weise zu beschäftigen, mit dem Ziel, ihre Gefährlichkeit zu mindern. Tausend Nichtigkeiten, Tändeleien und Vergnügungen lenkten den Geist der Franzosen von wichtigeren Dingen ab, und siehe da: Dieselben Menschen, die sich gegen Caesar erhoben, unter den Valois Fremde zu ihrer Hilfe ins Land gerufen, sich gegen Heinrich IV. verbündet und während der Minderjährigkeitsregierung Verschwörungen[4] angezettelt hätten, eben diese Franzosen, sage ich, sind in unseren Tagen nur damit beschäftigt, der neuesten Mode hinterherzulaufen, mit äußerster Sorgfalt die Geschmacksrichtung zu ändern, heute zu verachten, was sie gestern bewunderten, Wankelmut und Leichtsinn in allem, was sie betrifft, an den Tag zu legen, und die Geliebte, den Aufenthaltsort, die Vergnügungen, die Gefühle und die Torheiten zu wechseln. Dies ist nicht alles, denn mächtige Armeen und zahlreiche Festungen sichern seinen Herrschern auf immer den Besitz dieses Königreichs, sie haben jetzt nichts mehr zu befürchten, weder von Bürgerkriegen, noch von eventuellen Eroberungen ihrer Nachbarn.

Es ist anzunehmen, dass die französische Regierung, nachdem sie mit einigen Maximen Machiavellis so gut gefahren ist, auf diesem schönen Wege nicht stehen bleiben und es nicht versäumen wird, alle Lehren dieses Politikers in die Tat umzusetzen. Am Erfolg braucht man nicht zu zweifeln, angesichts der Klugheit und Geschicklichkeit des Ministers, der zur Zeit am Ruder ist.[5] Doch hören wir lieber auf, damit wir, wie der Pfarrer von Colignac[6] zu sagen pflegte, keine Dummheiten von uns geben.

Chapitre 5

L'homme est un animal raisonnable, à deux pieds et sans plumes : voilà ce que l'école a décidé de notre être. Cette définition peut être juste par rapport à quelques individus, mais elle est très fausse à l'égard du grand nombre, puisque peu de personnes sont raisonnables et que, lors même qu'elles le sont sur un sujet, il y en a une infinité d'autres sur lesquels c'est tout le contraire. L'homme est un animal, pourrait-on dire, qui conçoit et qui combine des idées ; c'est ce qui convient généralement à tout le genre, et ce qui peut rapprocher le sage de l'insensé, l'homme qui pense bien d'avec celui qui pense mal, l'ami de l'humanité d'avec celui qui en est le persécuteur, le respectable archevêque de Cambrai de l'infâme politique de Florence.

Si jamais Machiavel a renoncé à la raison, si jamais il a pensé d'une manière indigne de son être, c'est dans ce chapitre. Il y propose trois moyens pour conserver un État libre et républicain dont un prince aura fait la conquête.

Le premier est sans sûreté pour le prince ; le second n'est d'usage que pour un furieux ; et le troisième, moins mauvais que les deux autres, n'est pas sans obstacles.

Pourquoi conquérir cette république, pourquoi mettre tout le genre humain aux fers, pourquoi réduire à l'esclavage des hommes libres ? Pour manifester votre injustice et votre méchanceté à toute la terre, et pour détourner à votre intérêt un pouvoir qui devait faire le bonheur des citoyens : abominables maximes qui ne manqueraient pas de détruire l'univers, si elles faisaient beaucoup de sectateurs. Tout le monde voit assez combien Machiavel pèche contre la bonne morale : voyons à présent comme il pèche contre le bon sens et la prudence.

« On doit rendre un État libre nouvellement conquis tributaire, en y établissant en autorité un petit nombre de gens qui vous le conservent. » C'est la première maxime du politique, par laquelle un prince ne trouverait jamais aucune sûreté, car il n'est pas apparent qu'une république retenue simplement par le frein de quelque peu de personnes attachées au nouveau souverain lui resterait fidèle. Elle doit naturellement préférer sa liberté à l'esclavage, et se soustraire à la puissance de celui qui l'a rendue tributaire. La révolution ne tarderait donc d'arriver que jusqu'à ce que la première occasion favorable s'en présentât.

5. Kapitel[1]

Der Mensch ist ein vernünftiges, ungefiedertes, zweibeiniges Lebewesen; so jedenfalls hat die Schulphilosophie unsere Art bestimmt.[2] Diese Definition mag bei manchen Individuen zutreffend sein, für die große Mehrheit aber ist sie grundfalsch, denn nur wenige Menschen sind vernünftig, und selbst wenn sie es in einem Falle sind, so gibt es zahllose andere Fälle, bei denen genau das Gegenteil richtig ist. Vielleicht könnte man sagen: Der Mensch ist ein Lebewesen, das Ideen entwickelt und kombiniert.[3] Das gilt generell für die gesamte Gattung und verbindet den Weisen mit dem Toren, den Menschen, der gute Gedanken hat, mit dem, der Schlechtes denkt, den Freund der Menschheit mit dem, der sie verfolgt, den ehrwürdigen Erzbischof von Cambrai[4] mit dem niederträchtigen Politiker aus Florenz.

Hat Machiavelli jemals auf die Vernunft verzichtet und etwas gedacht, was seiner unwürdig war, dann in diesem Kapitel. Hier schlägt er dem Fürsten drei Mittel vor, wie ein eroberter, freier und republikanischer Staat zu behaupten sei.

Das erste Mittel bietet dem Fürsten gar keine Sicherheit, auf das zweite könnte höchstens ein Irrsinniger verfallen, und das dritte, nicht ganz so schlecht wie die beiden anderen, ist auch nicht ohne Schwierigkeiten.

Warum sollte diese Republik überhaupt erobert, warum das ganze Menschengeschlecht in Ketten gelegt und freie Menschen in die Sklaverei getrieben werden? Nur um der ganzen Welt Ihre Ungerechtigkeit und Bosheit vorzuführen, nur um eine Macht, die für das Glück der Bürger da sein sollte, Ihrem Eigennutz zu unterwerfen? Was für abscheuliche Grundsätze! Sie könnten die ganze Welt zerstören, wenn sie viele Parteigänger fänden. Ein jeder kann mit ansehen, wie Machiavelli gegen die guten Sitten verstößt; sehen wir jetzt, wie er sich am gesunden Menschenverstand und an der Klugheit versündigt.

»Man muss sich einen neu eroberten freien Staat untertan machen, indem man eine kleine Anzahl von Leuten als Obrigkeit einsetzt, die ihn Euch behaupten.« So lautet die erste Maxime des Staatslehrers, mit der ein Fürst niemals irgendeine Sicherheit hätte, denn es ist nicht ersichtlich, wie eine Republik, die nur von wenigen, dem neuen Herrscher verpflichteten Personen im Zaume gehalten wird, ihm treu bliebe. Naturgemäß muss sie die Freiheit der Sklaverei vorziehen und dazu neigen, sich der Macht des Fürsten, der sie sich untertan gemacht hat, zu entziehen; der Aufruhr würde dann nicht länger als bis zur erstbesten Gelegenheit auf sich warten lassen.

« Il n'est point de moyen bien assuré pour conserver un État libre qu'on aura conquis, que de le détruire. » C'est le moyen le plus sûr pour ne point craindre de révolte. Un Anglais eut la démence de se tuer, il y a quelques années, à Londres ; on trouva un billet sur sa table, où il justifiait son étrange action, et où il marquait qu'il s'était ôté la vie pour ne jamais devenir malade. Je ne sais si le remède n'était pas pire que le mal. Je ne parle point d'humanité avec un monstre comme Machiavel, ce serait profaner le nom trop respectable d'une vertu qui fait le bien des hommes. Sans tous les secours de la religion et de la morale, on peut confondre Machiavel par lui-même, par cet intérêt, l'âme de son livre, ce dieu de la politique et du crime, le seul dieu qu'il adore.

Vous dites, Machiavel, qu'un prince doit détruire un pays libre nouvellement conquis pour le posséder plus sûrement, mais répondez-moi : à quelle fin a-t-il entrepris cette conquête ? Vous me direz que c'est pour augmenter sa puissance et pour se rendre plus formidable. C'est ce que je voulais entendre pour vous prouver qu'en suivant vos maximes, il fait tout le contraire, car il se ruine en faisant cette conquête, et il ruine ensuite l'unique pays qui pouvait le dédommager de ses pertes. Vous m'avouerez qu'un pays dévasté, saccagé, dépourvu d'habitants, de monde, de villes et, en un mot, de tout ce qui constitue un État, ne saurait rendre un prince formidable et puissant par sa possession. Je crois qu'un monarque qui posséderait les vastes déserts de la Libye et du Barca ne serait guère redoutable, et qu'un million de panthères, de lions et de crocodiles ne vaut pas un million de sujets, des villes riches, des ports navigables remplis de vaisseaux, des citoyens industrieux, des troupes, et tout ce que produit un pays bien peuplé. Tout le monde convient que la force d'un État ne consiste point dans l'étendue de ses bornes, mais dans le nombre de ses habitants. Comparez la Hollande avec la Russie. Voyez quelques îles marécageuses et stériles qui s'élèvent du sein de l'océan, une petite république qui n'a que quarante-huit lieues de long sur quarante de large, mais ce petit corps est tout nerf, un peuple immense l'habite, et ce peuple industrieux est très puissant et très riche : il a secoué le joug de la domination espagnole, qui était alors la monarchie la plus formidable de l'Europe. Le commerce de cette république s'étend jusqu'aux extrémités du monde, elle figure

»Es gibt kein zuverlässigeres Mittel, einen freien Staat, den man erobert hat, zu behaupten, als ihn zu zerstören.« Dies ist das sicherste Mittel, keinen Aufruhr befürchten zu müssen. Vor einigen Jahren beging ein Engländer in London die Torheit, sich umzubringen. Auf seinem Tisch fand man einen Zettel, auf dem er seine seltsame Tat damit rechtfertigte, er habe sich das Leben genommen, um niemals krank zu werden.[1] Ich weiß nicht, ob das Heilmittel nicht schlimmer war als das Leiden. Mit einem Ungeheuer wie Machiavelli rede ich nicht über Menschlichkeit; denn das hieße, den ehrwürdigen Namen einer Tugend, die das Wohlergehen der Menschen bewirkt, zu entweihen. Ohne die Religion oder die Moral zu bemühen, kann man Machiavelli mit seinen eigenen Argumenten widerlegen, nämlich mit jenem Eigennutz, der die Seele seines Buches ist, der Abgott seiner Politik und des Verbrechens, der einzige Gott, den er anbetet.

Sie sagen, Machiavelli, ein Fürst müsse ein freies Land, das er erobert hat, zerstören, um es desto sicherer zu besitzen? Aber antworten Sie mir: Zu welchem Ende hat er diese Eroberung unternommen? Sie werden sagen: Um seine Macht zu vergrößern und noch mehr Furcht einflößen zu können. Das wollte ich hören, um Ihnen zu beweisen, dass er, sobald er Ihre Grundsätze befolgt, genau das Gegenteil erreicht; denn bei dieser Eroberung richtet er sich zugrunde und zerstört dann das einzige Land, das ihn für seine Verluste entschädigen könnte. Sie werden doch zugeben, dass ein verwüstetes und ausgeplündertes Land, das seiner Einwohner, des gesellschaftlichen Lebens, der Städte, mit einem Wort: alles dessen, was einen Staat ausmacht, verlustig gegangen ist, einen Fürsten, der es besitzt, weder gefürchteter noch mächtiger machen kann. Ich glaube, ein Monarch, der die weiten Wüsten von Libyen und Barka[2] besäße, wäre kaum zu fürchten, und eine Million Panther, Löwen oder Krokodile ist nichts gegen eine Million Untertanen, gegen reiche Städte, gegen schiffbare und mit Schiffen angefüllte Häfen, fleißige Bürger, Truppen, und all das, was ein gut bevölkertes Land hervorbringt. Alle sind sich einig, dass die Macht eines Staates nicht in der Ausdehnung seiner Grenzen besteht, sondern in der Zahl seiner Einwohner. Man vergleiche Holland mit Russland.[3] Dort findet man einige sumpfige und unfruchtbare Inseln, die sich mitten aus dem Ozean erheben, eine kleine Republik, deren Gebiet nur achtundvierzig Meilen in der Länge und vierzig in der Breite misst. Aber dieser kleine Staatskörper ist ganz Nerv, überaus dicht besiedelt, und dieses fleißige Volk ausgesprochen mächtig und sehr reich; es hat das Joch der spanischen Herrschaft, die einst die gefürchtetste Monarchie Europas war, abgeschüttelt. Der Handel dieser Republik erstreckt sich bis in die entlegensten Winkel der Welt; ihre Stellung ist gleich hinter jener der Könige; in Kriegszeiten kann diese Republik eine Armee von

immédiatement après les rois, elle peut entretenir en temps de guerre une armée de cent mille combattants, sans compter une flotte nombreuse et bien entretenue.

Jetez, d'un autre côté, les yeux sur la Russie : c'est un pays immense qui se présente à votre vue, c'est un monde semblable à l'univers lorsqu'il fut tiré du chaos. Ce pays est limitrophe, d'un côté, de la Grande-Tartarie et des Indes, d'un autre, de la Mer Noire et de la Hongrie et, du côté de l'Europe, ses frontières s'étendent jusqu'à la Pologne, la Lituanie et la Courlande ; la Suède le borne du côté du nord. La Russie peut avoir trois cent milles d'Allemagne de large sur trois cent milles de longueur ; le pays est fertile en blés et fournit toutes les denrées nécessaires à la vie, principalement aux environs de Moscou et vers la Petite-Tartarie. Cependant, avec tous ces avantages, il ne contient tout au plus que quinze millions d'habitants. Cette nation, autrefois barbare, et qui commence à présent à figurer en Europe, n'est guère plus puissante que la Hollande en troupes de mer et de terre, et lui est beaucoup inférieure en richesses et en ressources.

La force donc d'un État ne consiste point dans l'étendue d'un pays, ni dans la possession d'une vaste solitude ou d'un immense désert, mais dans la richesse des habitants et dans leur nombre. L'intérêt d'un prince est donc de peupler un pays, de le rendre florissant, et non de le dévaster et de le détruire. Si la méchanceté de Machiavel fait horreur, ses raisonnements font pitié, et il aurait mieux fait d'apprendre à bien raisonner que d'enseigner sa politique monstrueuse.

« Un prince doit établir sa résidence dans une république nouvellement conquise. » C'est la troisième maxime de l'auteur. Elle est plus modérée que les autres, mais j'ai fait voir dans le troisième chapitre les difficultés qui peuvent s'y opposer.

Il me semble qu'un prince qui aurait conquis une république après avoir eu des raisons justes de lui faire la guerre devrait se contenter de l'avoir punie, et lui rendre ensuite sa liberté. Peu de personnes penseront ainsi ; pour ceux qui auraient d'autres sentiments, ils pourraient s'en conserver la possession en établissant de fortes garnisons dans les principales places de leur nouvelle conquête et en laissant, d'ailleurs, jouir le peuple de toute sa liberté.

Insensés que nous sommes ! Nous voulons tout conquérir, comme si nous avions le temps de tout posséder, et comme si le terme de notre durée n'avait aucune fin. Notre temps passe trop vite, et souvent, lorsqu'on ne croit travailler que pour soi-même, on ne travaille que pour des successeurs indignes ou ingrats.

hunderttausend Mann unterhalten, ihre starke und gut ausgerüstete Flotte nicht mitgerechnet.

Man werfe nun andererseits einen Blick auf Russland: Hier zeigt sich uns ein unermessliches Land, eine Welt, die dem Universum gleicht, als es sich aus dem Chaos löste. Dieses Land grenzt auf der einen Seite an die Große Tatarei und an Indien, auf der anderen an das Schwarze Meer und an Ungarn, auf der europäischen Seite reichen seine Grenzen bis nach Polen, Litauen und Kurland; im Norden grenzt es an Schweden. Russland kann gut dreihundert deutsche Meilen in der Breite und dreihundert in der Länge haben; das Land ist reich an Getreide und bringt, insbesondere in der Umgebung von Moskau und in der Kleinen Tatarei, alle lebensnotwendigen Nahrungsmittel hervor. Bei all diesen Vorzügen zählt es jedoch höchstens fünfzehn Millionen Einwohner. Diese einst barbarische Nation, die jetzt in Europa eine Rolle zu spielen beginnt, ist hinsichtlich seiner Truppen zu Wasser und zu Lande kaum mächtiger als Holland und ihm an Reichtümern und Hilfsquellen weit unterlegen.[1]

Die Stärke eines Staates besteht also nicht in der Ausdehnung seiner Grenzen, nicht im Besitz einer weiten Einöde oder einer unermesslichen Wüste, sondern im Reichtum seiner Bewohner und in ihrer Anzahl. Darum liegt es im Interesse eines Fürsten, sein Land zu bevölkern und es zur Blüte zu bringen, nicht aber es zu verwüsten und zu zerstören. Empfindet man angesichts der Bosheit Machiavellis Entsetzen, so können einem seine Gedanken leid tun. Er hätte besser daran getan, vernünftig denken zu lernen, als seine ungeheuerliche Staatskunst zu lehren.

»Ein Fürst soll seine Residenz in eine neu eroberte Republik verlegen.« So lautet die dritte Maxime des Autors. Sie ist gemäßigter als die anderen; aber im dritten Kapitel habe ich gezeigt, welche Schwierigkeiten sich dabei ergeben können.

Meines Erachtens sollte sich ein Fürst, der eine Republik erobert und gerechte Gründe gehabt hätte, Krieg gegen sie zu führen, damit begnügen, sie bestraft zu haben, und ihr dann ihre Freiheit zurückzugeben. Freilich würden nur wenige so denken. Wer eine andere Meinung vertritt, könnte sich seinen Besitz dadurch sichern, dass er an den wichtigsten Plätzen seiner neuen Eroberung starke Garnisonen einrichtet und im Übrigen das Volk seine ganze Freiheit genießen lässt.

Wie töricht wir sind! Wir wollen alles erobern, als hätten wir die Zeit, alles zu besitzen, als hätte die Dauer unseres Daseins kein Ende. Unsere Zeit vergeht zu schnell, und oft glaubt man, für sich selbst zu arbeiten, und arbeitet doch nur für unwürdige oder undankbare Nachfolger.

Chapitre 6

Si les hommes étaient sans passions, Machiavel serait pardonnable de leur en vouloir donner : ce serait un nouveau Prométhée qui ravirait le feu céleste pour animer des automates insensibles et incapables d'opérer le bien du genre humain. Les choses n'en sont point là effectivement, car aucun homme n'est sans passions. Lorsqu'elles sont modérées, elles contribuent toutes au bonheur de la société, mais lorsqu'on leur lâche le frein, elles deviennent dès lors nuisibles, et souvent très pernicieuses.

De tous les sentiments qui tyrannisent notre âme, il n'en est aucun de plus funeste pour ceux qui en sentent l'impulsion, de plus contraire à l'humanité et de plus fatal au repos du monde qu'une ambition déréglée, qu'un désir excessif de fausse gloire.

Un particulier qui a le malheur d'être né avec des dispositions semblables est plus misérable encore que fou. Il est insensible pour le présent, et il n'existe que dans les temps futurs ; son imagination le nourrit sans cesse d'idées vagues pour l'avenir. Et comme sa funeste passion n'a point de bornes, rien dans le monde ne peut le satisfaire, et l'absinthe de l'ambition mêle toujours son amertume à la douceur de ses plaisirs.

Un prince ambitieux est aussi malheureux pour le moins qu'un particulier, car sa folie, étant proportionnée à sa grandeur, n'en est que plus vague, plus indocile et plus insatiable. Si les honneurs, si la grandeur, servent d'aliments à la passion des particuliers, des provinces et des royaumes nourrissent l'ambition des monarques ; et comme il est plus facile d'obtenir des charges et des emplois que de conquérir des royaumes, les particuliers peuvent encore plutôt se satisfaire que les princes.

Combien ne voit-on pas dans le monde de ces esprits inquiets et remuants dont l'impétuosité et le désir de s'agrandir voudraient bouleverser la terre, et où l'amour d'une fausse et vaine gloire n'a poussé que de trop profondes racines ! Ce sont des brandons qu'on devrait éteindre avec soin, et qu'on devrait bien se garder de secouer, de crainte d'un incendie. Les maximes de Machiavel leur sont d'autant plus dangereuses qu'elles flattent leurs passions, et qu'elles leur font naître des idées qu'ils n'auraient peut-être point puisées de leur fonds sans son secours.

Machiavel leur propose les exemples de Moïse, de Cyrus, de Romulus, de Thésée et de Hiéron. On pourrait grossir facilement ce catalogue par ceux de quelques

6. Kapitel[1]

Hätten die Menschen keine Leidenschaften, wäre es Machiavelli zu verzeihen, wollte er ihnen welche geben, wie ein zweiter Prometheus, der das himmlische Feuer raubt, um gefühllose Automaten[2] zu beleben, die nicht fähig sind, etwas zum Wohle des Menschengeschlechts beizutragen. In Wirklichkeit verhält es sich jedoch ganz anders, denn kein Mensch ist ohne Leidenschaften. Solange sie in ihren Grenzen bleiben, tragen alle zum Glück der Gesellschaft bei; lässt man ihnen aber freien Lauf, werden sie schädlich und oft sogar äußerst zerstörerisch.

Von allen Regungen, die unsere Seele tyrannisieren, ist keine für jene, die ihren Antrieb fühlen, verhängnisvoller, keine der Menschlichkeit entgegengesetzter und der Ruhe der Welt schädlicher als unbändiger Ehrgeiz und maßlose Begierde nach falschem Ruhm.

Hat ein Privatmann das Unglück, mit solchen Neigungen geboren zu sein, dann ist er weniger ein Narr als vielmehr ein armer Teufel. Er hat kein Gespür für die Gegenwart und existiert nur in der Zukunft; seine Einbildungskraft liefert ihm ohne Unterlass unklare Zukunftsvorstellungen. Da seine verhängnisvolle Leidenschaft keine Grenzen kennt, kann ihn nichts auf der Welt zufrieden stellen, und stets würzt der Ehrgeiz all seine Freuden mit bitterem Wermut.

Ein ehrsüchtiger Fürst ist aber wenigstens so unglücklich wie ein Privatmann, denn sein Wahn wird, da er mit seiner Größe im Verhältnis steht, nur noch unbestimmter, unbelehrbarer, unersättlicher. Leben die Leidenschaften der Privatpersonen von Glanz und Ehren, so nähren Provinzen und Königreiche den Ehrgeiz der Monarchen; und da es leichter ist, Ämter und Stellen zu erhalten als Königreiche zu erobern, können die Privatpersonen ihre Leidenschaften eher befriedigen als die Fürsten.

Wie viele jener unruhigen und unsteten Geister trifft man nicht in unserer Welt, deren ungestümer Wunsch, sich zu vergrößern, die ganze Erde umwälzen möchte, und bei denen die Liebe zu einem falschen und eitlen Ruhm nur allzu tiefe Wurzeln geschlagen hat! Das sind Brandfackeln, die sorgfältig gelöscht werden sollten und die man aus Furcht vor einer Feuersbrunst keinesfalls anfachen sollte. Die Grundsätze Machiavellis sind für sie umso gefährlicher, als sie ihren Leidenschaften schmeicheln und sie auf Gedanken bringen, die sie vielleicht ohne seine Hilfe nicht aus dem eigenen Inneren geschöpft hätten.

Machiavelli stellt ihnen die Beispiele eines Moses, Cyrus, Romulus, Theseus und Hieron vor.[3] Man könnte diese Liste leicht noch um die Namen einiger Sektengrün-

auteurs de sectes, comme de Mahomet, de Guillaume Penn, et que MM. les jésuites du Paraguay me permettent de leur offrir ici une petite place qui ne peut que leur être glorieuse, les mettant au nombre des héros.

La mauvaise foi avec laquelle l'auteur use de ces exemples mérite d'être relevée ; il est bon de découvrir toutes les finesses et toutes les ruses de cet infâme séducteur.

Un homme de probité ne doit point présenter les objets sous un point de vue simplement, mais il en doit montrer toutes les faces, afin que rien ne puisse déguiser la vérité au lecteur, quand même cette vérité se trouverait contraire à ses principes. Machiavel ne fait voir, au contraire, l'ambition qu'en son beau jour : c'est un visage fardé qu'il ne fait paraître que le soir, à la bougie, et qu'il dérobe soigneusement aux rayons du soleil. Il ne parle que des ambitieux qui ont été secondés de la fortune, mais il garde un profond silence sur ceux qui ont été les victimes de leurs passions, à peu près comme les couvents de vierges qui, lorsqu'ils enrôlent de jeunes filles, leur font goûter par avance toutes les douceurs du ciel, sans leur parler de l'amertume et de la gêne qu'ils leur préparent en ce monde. Cela s'appelle en imposer au monde, c'est vouloir tromper le public, et l'on ne saurait disconvenir que Machiavel joue en ce chapitre le misérable rôle de charlatan du crime.

Pourquoi, en parlant du conducteur, du prince, du législateur des Juifs, du libérateur des Grecs, du conquérant des Mèdes, du fondateur de Rome, de qui les succès répondirent à leur desseins, Machiavel n'y ajoute-t-il point l'exemple de quelques chefs de parti malheureux pour montrer que, si l'ambition fait parvenir quelques hommes, elle en perd le plus grand nombre ? On pourrait ainsi opposer à la fortune de Moïse le malheur de ces premiers peuples goths qui ravagèrent l'empire romain ; au succès de Romulus, l'infortune de Masaniello, boucher de Naples qui s'éleva à la royauté par sa hardiesse, mais qui fut la victime de son crime ; à l'ambition couronnée de Hiéron, l'ambition punie de Wallenstein ; on placerait auprès du trône sanglant de Cromwell, meurtrier de son roi, le trône renversé du superbe Guise, qui fut assassiné à Blois. Ainsi l'antidote, suivant le poison de si près, préviendrait ses dangereux effets ; ce serait la lance d'Achille, qui fait le mal et le guérit.

Il me semble, d'ailleurs, que Machiavel place assez inconsidérément Moïse avec Romulus, Cyrus et Thésée. Ou Moïse était inspiré, ou il ne l'était point. S'il ne l'était

der wie Mohammed und William Penn erweitern.¹ Und die Herren Jesuiten in Paraguay² mögen mir erlauben, ihnen hier einen kleinen Platz anzubieten, der für sie nur ehrenvoll sein kann, stellt er sie doch in eine Reihe mit den Helden.

Die Unredlichkeit, mit der der Autor diese Beispiele behandelt, verdient eine Anmerkung; es ist gut, alle Schliche und Listen dieses niederträchtigen Verführers aufzudecken.

Ein redlicher Mensch darf die Dinge nicht ausschließlich unter einem einzigen Gesichtspunkt darstellen; er muss alle Seiten aufzeigen, damit dem Leser die Wahrheit durch nichts verschleiert werde, selbst wenn diese Wahrheit den Grundsätzen des Verfassers widerspräche. Machiavelli hingegen zeigt den Ehrgeiz nur von seiner guten Seite, wie ein geschminktes Gesicht, das er nur am Abend bei Kerzenlicht sehen lässt und das er sorgfältig vor den Sonnenstrahlen verbirgt. Er spricht nur von den Ehrgeizigen, die das Glück auf ihrer Seite hatten, hüllt sich aber in tiefes Schweigen im Hinblick auf alle, die Opfer ihrer Leidenschaft geworden sind, ungefähr so, wie es in den Nonnenklöstern üblich ist, wo man die jungen Mädchen bei ihrer Aufnahme alle Süßigkeiten des Himmels im Voraus kosten lässt, ihnen aber nichts von der bitteren Pein sagt, die man auf dieser Welt für sie bereithält. Das heißt, die Gesellschaft hinters Licht führen und das Publikum täuschen wollen. Man wird nicht leugnen können, dass Machiavelli in diesem Kapitel die elende Rolle eines Marktschreiers des Verbrechens spielt.

Wenn Machiavelli vom Führer, Fürsten und Gesetzgeber der Juden spricht, vom Befreier der Griechen, vom Eroberer der Meder, vom Gründer Roms, deren Vorhaben mit Erfolg gekrönt wurden, warum fügt er dann nicht auch das Beispiel einiger glückloser Anführer hinzu, um zu zeigen, dass der Ehrgeiz zwar einige wenige emporkommen lässt, die Mehrzahl aber ins Verderben stürzt? So könnte man dem Glück Moses' das Unglück jener ersten gotischen Völker gegenüberstellen, die das Römische Reich verheerten, dem Erfolg von Romulus den Misserfolg des Masaniellos³, des neapolitanischen Schlächters, den seine Verwegenheit bis zur Königswürde emporhob und der dann aber das Opfer seines Verbrechens wurde, dem gekrönten Ehrgeiz des Hieron den bestraften Ehrgeiz Wallensteins; und neben den blutigen Thron Cromwells, der seinen König ermordete, könnte man die Entthronung des stolzen Guisen, der in Blois ermordet wurde, setzen.⁴ So käme das Gegengift, unmittelbar nach dem Gift verabreicht, der gefährlichen Wirkung des Gifts zuvor, wie die Lanze des Achilles, die verwundet, aber auch heilt.⁵

Ich habe im Übrigen den Eindruck, Machiavelli stellt recht unüberlegt Moses neben Romulus, Cyrus und Theseus. Entweder war Moses inspiriert oder er war es nicht.

point, on ne peut regarder Moïse que comme un archiscélérat, un fourbe, un imposteur qui se servait de Dieu comme les poètes des dieux de machines, qui font le dénouement de la pièce lorsque l'auteur est embarrassé. Moïse était, d'ailleurs, si peu habile qu'il conduisit le peuple juif pendant quarante années par un chemin qu'ils auraient très commodément fait en six semaines ; il avait très peu profité des lumières des Égyptiens et il était, en ce sens-là, beaucoup inférieur à Romulus, et à Thésée, et à ces héros. Si Moïse était inspiré de Dieu, on ne peut le regarder que comme l'organe aveugle de la toute-puissance divine, et le conducteur des Juifs était bien inférieur au fondateur de l'empire romain, au monarque persan, et aux héros grecs qui faisaient par leur propre valeur et par leurs propres forces de plus grandes actions que l'autre n'en faisait avec l'assistance immédiate de Dieu.

J'avoue, en général, et sans prévention, qu'il faut beaucoup de génie, de courage, d'adresse, et de conduite, pour égaler les hommes dont nous venons de parler, mais je ne sais point si l'épithète de vertueux leur convient. La valeur et l'adresse se trouvent également chez les voleurs de grand chemin et chez les héros. La différence qu'il y a entre eux, c'est que le conquérant est un voleur illustre qui frappe par la grandeur de ses actions et qui se fait respecter par sa puissance, et que le voleur ordinaire est un faquin obscur qu'on méprise d'autant plus qu'il est abject. L'un reçoit des lauriers pour prix de ses violences, l'autre est puni du dernier supplice. Nous ne jugeons jamais des choses par leur juste valeur, une infinité de nuages nous éblouissent, nous admirons dans les uns ce que nous blâmons dans les autres, et pourvu qu'un scélérat soit illustre, il peut compter sur les suffrages de la plupart des hommes.

Quoiqu'il soit vrai, toutes les fois que l'on voudra introduire des nouveautés dans le monde, qu'il se présentera mille obstacles pour les empêcher, et qu'un prophète à la tête d'une armée fera plus de prosélytes que s'il ne combattait qu'avec des arguments *in barbara* ou *in ferio* (marque de cela que la religion chrétienne, ne se soutenant que par les arguments, fut faible et opprimée, et qu'elle ne s'étendit en Europe qu'après avoir répandu beaucoup de sang), il n'en est pas moins vrai que l'on a vu donner cours à des opinions et à des nouveautés avec peu de peine. Que de religions, que de sectes ont été introduites avec une facilité infinie ! Il n'y a rien de plus propre que le fanatisme pour accréditer des nouveautés, et il me semble que Machiavel a parlé d'un ton trop décisif sur cette matière.

War er es nicht, so kann man ihn nur als einen Erzschurken, Gauner und Betrüger betrachten, der sich Gottes bediente wie ein Dichter des Deus ex machina[1], der den Knoten lösen muss, wenn der Autor keinen Ausweg weiß. Moses war im Übrigen so ungeschickt, dass er vierzig Jahre lang das jüdische Volk auf einem Wege herumführte, den es sehr bequem in sechs Wochen hätte zurücklegen können. Aus den Einsichten der Ägypter hatte er sehr wenig Nutzen gezogen und stand diesbezüglich weit unter Romulus, Theseus und den anderen Helden. War Moses aber von Gott erleuchtet, so kann man ihn eben nur als das blinde Werkzeug der göttlichen Allmacht betrachten; dann blieb der Führer der Juden aber weit hinter dem Gründer des römischen Reiches, weit hinter dem persischen König und den griechischen Helden zurück, die durch Tapferkeit und eigene Kraft Größeres vollbrachten als jener mit dem unmittelbaren Beistand Gottes.

Man braucht viel Verstand, Mut und Geschick im Führungsstil, um es den genannten Männern gleichzutun, das gebe ich im Allgemeinen und ohne Vorurteile gerne zu. Ich weiß jedoch nicht, ob man sie als tugendhaft bezeichnen kann. Tapferkeit und Geschicklichkeit finden sich bei Straßenräubern ebenso wie bei Helden; der Unterschied ist nur, dass der Eroberer ein berühmter Räuber ist, der durch die Größe seiner Taten Eindruck macht und sich durch seine Macht Respekt verschafft, der gewöhnliche Dieb hingegen nur ein namenloser Spitzbube, den man umso mehr verachtet, je verworfener er ist. Der eine erhält als Belohnung für seine Gewalttaten Lorbeeren, der andere endet am Galgen. So beurteilen wir die Dinge niemals nach ihrem wirklichen Wert, eine Unendlichkeit an Wolken nimmt uns die Sicht, wir bewundern bei den Einen, was wir bei den Anderen tadeln. Ein Übeltäter braucht nur berühmt zu sein, und schon kann er auf den Beifall der meisten Menschen zählen.

Es ist zwar richtig, dass sich bei jeder Neuerung, die man in der Welt einführen will, immer wieder tausend Hindernisse in den Weg stellen werden, und dass darum ein Prophet an der Spitze eines Heeres mehr Jünger gewinnen wird, als wenn er nur mit Argumenten *in barbara* oder *in ferio* kämpft[2] (man bedenke: Die christliche Religion war schwach und unterdrückt, solange sie sich nur auf ihre Lehre stützte, und sie breitete sich in Europa erst aus, als man ihretwegen viel Blut vergossen hatte). Ebenso richtig aber ist, dass Lehren und Neuerungen manchmal fast mühelos ihren Weg finden. Wie viele Religionen, wie viele Sekten sind mit unendlicher Leichtigkeit eingeführt worden! Nichts verschafft dem Neuen so leicht Glaubwürdigkeit als der Fanatismus, und mir scheint, als hätte Machiavelli über diesen Gegenstand sehr vorschnell geurteilt.

Il me reste à faire quelques réflexions sur l'exemple d'Hiéron de Syracuse, que Machiavel propose à ceux qui s'élèveront par le secours de leurs amis et de leurs troupes.

Hiéron se défit de ses amis et de ses soldats, qui l'avaient aidé à l'exécution de ses desseins ; il lia de nouvelles amitiés, et il leva d'autres troupes. Je soutiens, en dépit de Machiavel et des ingrats, que la politique de Hiéron était très mauvaise, et qu'il y a beaucoup plus de prudence à se fier à des troupes dont on a expérimenté la valeur et à des amis dont on a éprouvé la fidélité, qu'à des inconnus desquels l'on n'est point assuré. Je laisse au lecteur à pousser ce raisonnement plus loin ; tous ceux qui abhorrent l'ingratitude, et qui sont assez heureux pour connaître l'amitié, ne resteront point à sec sur cette matière.

Je dois cependant avertir le lecteur de faire attention aux sens différents que Machiavel assigne aux mots. Qu'on ne s'y trompe pas lorsqu'il dit : « Sans l'occasion, la vertu s'anéantit », cela signifie chez ce scélérat que, sans des circonstances favorables, les fourbes et les téméraires ne sauraient faire usage de leurs talents. C'est le chiffre du crime qui peut uniquement expliquer les obscurités de ce méprisable auteur.

Il me semble, en général, pour conclure ce chapitre, que les seules occasions où un particulier peut sans crime songer à sa fortune, c'est lorsqu'il est né dans un royaume électif, ou lorsqu'un peuple opprimé le choisit pour son libérateur. Le comble de la gloire serait de rendre la liberté à un peuple après l'avoir sauvé. Mais ne peignons point les hommes d'après les héros de Corneille ; contentons-nous de ceux de Racine, et encore est-ce beaucoup.

Chapitre 7

Il est bien difficile à un auteur de cacher le fond de son caractère ; il parle trop, il s'explique sur tant de sujets qu'il lui échappe toujours quelques traits d'imprudence et qui peignent tacitement ses mœurs.

Comparez le prince de M. de Fénelon avec celui de Machiavel : vous verrez dans l'un le caractère d'un honnête homme, de la bonté, de la justice, de l'équité, toutes les vertus, en un mot, poussées à un degré éminent. Il semble que ce soit de ces intel-

Ich werde nur noch einige Überlegungen zum Beispiel des Hieron von Syrakus hinzufügen, das Machiavelli jenen anbietet, die sich mithilfe ihrer Freunde und ihrer Truppen erheben wollen.

Hieron trennte sich von seinen Freunden und Soldaten, die ihm bei der Ausführung seiner Pläne geholfen hatten; er schloss neue Freundschaften und hob neue Truppen aus. Machiavelli und allen Undankbaren zum Trotz behaupte ich, dass Hierons Politik eine sehr schlechte Politik war, und dass es weitaus klüger ist, den Truppen, deren Tapferkeit man erprobt, und den Freunden, deren Treue man bereits erfahren hat, zu vertrauen als Unbekannten, deren man niemals sicher sein kann. Ich überlasse es dem Leser, diesen Gedankengang weiter auszuführen; all jene, die die Undankbarkeit verabscheuen und das Glück der Freundschaft kennen, werden sich das Übrige leicht denken können.

Indessen muss ich den Leser darauf aufmerksam machen, in welcher Doppeldeutigkeit Machiavelli seine Wörter gebraucht. Man lasse sich nicht täuschen, wenn er sagt: »Ohne Gelegenheit ist die Tugend nichts.« Bei diesem Schurken bedeutet das: Ohne günstige Umstände können Gauner und Abenteurer ihre Talente nicht zeigen. Dies ist die Chiffre des Verbrechens, die allein die Dunkelheiten dieses verächtlichen Autors entschlüsseln kann.

Ich habe, um dieses Kapitel abzuschließen, ganz allgemein gesprochen, den Eindruck, dass sich die einzige Gelegenheit, bei der ein Privatmann ohne Verbrechen nach seinem Glück streben kann, dann ergibt, wenn er in einem Wahlkönigreich geboren ist, oder wenn ein unterdrücktes Volk ihn zu seinem Befreier erwählt. Der Höhepunkt des Ruhmes wäre es, einem Volk die Freiheit zu schenken, nachdem man es gerettet hat. Aber zeichnen wir die Menschen nicht nach den Helden Corneilles; begnügen wir uns mit denen Racines, denn auch das ist schon viel.[1]

7. Kapitel[2]

Ein Schriftsteller hat es recht schwer, seinen wahren Charakter zu verbergen. Er redet zu viel, er spricht über alle möglichen Themen, so dass ihm immer wieder das eine oder andere unvorsichtige Wort entwischt und er uns stillschweigend Aufschluss über seine Sitten gibt.

Vergleichen Sie den Fürsten des Herrn von Fénelon[3] mit dem Machiavellis und Sie sehen im ersten den Charakter eines rechtschaffenen Mannes, Güte, Gerechtigkeit, Billigkeit, mit einem Wort, alle Tugenden auf den höchsten Grad erhoben. Er scheint

ligences pures dont on dit que la sagesse est préposée pour veiller au gouvernement du monde. Vous verrez dans l'autre la scélératesse, la fourberie, la perfidie, la trahison et tous les crimes : c'est un monstre, en un mot, que l'enfer même aurait peine à produire. Mais s'il semble que notre nature se rapproche de celle des anges en lisant le *Télémaque* de M. de Fénelon, il paraît qu'elle s'approche des démons de l'enfer lorsqu'on lit le *Prince* de Machiavel. César Borgia, ou le duc de Valentinois, est le modèle sur lequel l'auteur forme son prince, et qu'il a l'impudence de proposer pour exemple à ceux qui s'élèvent dans le monde par le secours de leurs amis ou de leurs armes. Il est donc très nécessaire de connaître quel était César Borgia, afin de se former une idée du héros et de l'auteur qui le célèbre.

Il n'y a aucun crime que César Borgia n'ait commis, aucune méchanceté dont il n'ait donné l'exemple, aucune sorte d'attentats dont il n'ait été coupable. Il fit assassiner son frère et son rival de gloire dans le monde et d'amour chez sa sœur ; il fit massacrer les Suisses du pape par vengeance contre quelques Suisses qui avaient offensé sa mère ; il dépouilla une infinité de cardinaux et d'hommes riches pour assouvir sa cupidité ; il envahit la Romagne au duc d'Urbin, son possesseur, et fit mettre à mort le cruel d'Orco, son sous-tyran ; il commit une affreuse trahison à Sinigaglia, contre quelques princes dont il croyait la vie contraire à ses intérêts ; il fit noyer une dame vénitienne dont il avait abusé. Mais que de cruautés ne se commirent point par ses ordres, et qui pourrait compter tout le nombre de ses crimes ! Tel était l'homme que Machiavel préfère à tous les grands génies de son temps et aux héros de l'Antiquité, et dont il trouve la vie et les actions dignes de servir d'exemples à ceux qu'élève la fortune.

J'ose prendre le parti de l'humanité contre celui qui veut la détruire, et je dois combattre Machiavel dans un plus grand détail, afin que ceux qui pensent comme lui ne trouvent plus de subterfuges, et qu'il ne reste aucun retranchement à leur méchanceté.

César Borgia fonda le dessein de sa grandeur sur la dissension des princes d'Italie ; il résolut de les brouiller les uns avec les autres afin de profiter de leurs dépouilles. C'est une complication de crimes affreux. Borgia ne trouvait rien d'injuste lorsque son ambition lui parlait ; une chute après soi entraînait une autre chute. Pour usurper sur les biens de mes voisins, il faut les affaiblir, et pour les affaiblir, il faut les brouiller : telle est la logique des scélérats.

zu jenen reinen Geistern zu gehören, deren Weisheit, so sagt man, die Regierung der Welt anvertraut ist. Bei Machiavellis Fürsten sehen Sie Bosheit, Betrug, Treulosigkeit, Verrat und alle anderen Verbrechen; kurz gesagt, ein Ungeheuer, das sogar die Hölle nur mit Mühe hervorbrächte. Und so wie sich unsere Natur gleichsam den Engeln annähert, wenn wir Herrn von Fénelons *Telemach* lesen, so scheint es, dass sie den Dämonen der Unterwelt nicht fern ist, wenn wir Machiavellis *Fürsten* lesen. Cesare Borgia, oder der Herzog Valentino, ist das Modell, nach dem der Autor seinen Fürsten bildet und den er die Unverschämtheit besitzt, all jenen als Vorbild darzustellen, die sich in der Welt mithilfe ihrer Freunde oder ihrer Waffen erheben. Wir müssen uns also unbedingt mit diesem Cesare Borgia auseinandersetzen, damit wir uns über den Helden und den Autor, der ihn verherrlicht, eine Vorstellung machen können.[1]

Es gibt kein Verbrechen, das Cesare Borgia nicht begangen, keine Gemeinheit, für die er nicht das Beispiel gegeben, keinen Frevel, dessen er sich nicht schuldig gemacht hätte. Er ließ seinen Bruder, der sein Rivale um den Ruhm in der Welt und um die Liebe seiner Schwester war, ermorden; er ließ die Schweizergarde des Papstes niedermetzeln, um sich an einigen Schweizern, die seine Mutter beleidigt hatten, zu rächen. Zahllose Kardinäle, zahllose Reiche ließ er ausplündern, um seine Habgier zu sättigen. Er entriss die Romagna dem Herzog von Urbino, ihrem rechtmäßigen Besitzer, und ließ seinen eigenen Unter-Tyrannen, den grausamen d'Orco[2], umbringen. In Senigallia[3] beging er abscheulichen Verrat gegen mehrere Fürsten, deren Leben, wie er meinte, seinen Interessen im Wege standen; er ließ eine venezianische Dame, die er vergewaltigt hatte, ertränken. Wie viele Grausamkeiten geschahen nicht auf seinen Befehl! Wer könnte die ganze Fülle seiner Verbrechen zählen? Das war der Mann, den Machiavelli allen großen Geistern seiner Zeit und den Helden des Altertums vorzieht. Sein Leben und seine Taten findet er würdig, denen zum Exempel zu dienen, die das Glück emporhebt.

Ich wage es, die Partei der Menschlichkeit gegen den zu ergreifen, der sie zerstören will, und ich muss Machiavelli bis ins kleinste Detail bekämpfen, damit alle, die denken wie er, keine Ausflüchte mehr finden, hinter denen sie immer noch ihre Bosheit verschanzen könnten.

Cesare Borgia gründete den Plan seiner Größe auf die Zwietracht der italienischen Fürsten; er beschloss, sie untereinander zu entzweien, um sich an dem, was dabei abfiel, zu bereichern. Das führte zu einer Anhäufung furchtbarer Verbrechen. Für Borgia gab es kein Unrecht, wenn sein Ehrgeiz zu ihm sprach, und so zog ein Sturz den anderen nach sich. Um die Güter meiner Nachbarn an mich zu reißen, muss ich sie schwächen, und um sie zu schwächen, muss ich sie entzweien, das ist die Logik der Schurken.

Borgia voulait s'assurer d'un appui ; il fallut donc qu'Alexandre VI accordât dispense de mariage à Louis XII pour qu'il lui prêtât son secours. C'est ainsi que les ecclésiastiques se jouent souvent du monde, et qu'ils ne pensent qu'à leur intérêt lorsqu'ils paraissent le plus attachés à celui des cieux. Si le mariage de Louis XII était de nature à être rompu, le pape l'aurait dû rompre sans que la politique y eût eu part ; si ce mariage n'était pas de nature à être rompu, rien n'aurait dû y déterminer le chef de l'église et le vicaire de Jésus-Christ.

Il fallait que Borgia se fît des créatures ; aussi corrompit-il la faction des Urbins par des présents et par ses libéralités. Le corrupteur est en quelque façon aussi criminel que le corrompu, puisqu'il joue le rôle de tentateur et que, sans cette tentation, l'autre ne pourrait pas succomber. Mais ne cherchons point des crimes à Borgia, et passons-lui ses corruptions, ne fût-ce que parce qu'elles ont du moins quelque ressemblance avec les bienfaits, à cette différence près que le corrupteur est généreux pour lui-même, et que l'homme bienfaisant ne l'est que pour les autres. Borgia voulait se défaire de quelques princes de la maison d'Urbin, de Vitellozzo, d'Oliverotto da Fermo, etc., et Machiavel dit qu'il eut la prudence de les faire venir à Sinigaglia, où il les fit périr par trahison.

Abuser de la bonne foi des hommes, dissimuler sa méchanceté, user de ruses infâmes, trahir, se parjurer, assassiner : voilà ce que le docteur de la scélératesse appelle prudence. Je ne parle point avec lui de religion ni de morale, mais simplement de l'intérêt ; il me suffira pour le confondre. Je demande s'il y a de la prudence aux hommes de montrer comme on peut manquer de foi et comme on peut se parjurer. Si vous renversez la bonne foi et le serment, quels seront les garants que vous aurez de la fidélité des hommes ? Si vous renversez les serments, par quoi voulez-vous obliger les sujets et les peuples de respecter votre domination ? Si vous anéantissez la bonne foi, comment pourrez-vous avoir confiance envers qui que ce soit, et comment pourrez-vous faire fond sur les promesses qu'on vous fait ? Donnez-vous des exemples de trahison, il se trouvera toujours des traîtres qui vous imiteront. Donnez-vous des exemples de perfidie, combien de perfides ne vous rendront pas la pareille ! Enseignez-vous l'assassinat, craignez qu'un de vos disciples ne fasse son coup d'essai sur votre propre personne, et qu'ainsi il ne vous reste l'avantage que d'avoir la prééminence dans le crime, et l'honneur d'en avoir enseigné le chemin à des monstres aussi dénaturés que vous-même. C'est ainsi que les vices se confondent et qu'ils couvrent d'infamie ceux

Borgia wollte sich einen Beistand sichern; also musste Alexander VI. Ludwig XII. die Erlaubnis zur Ehescheidung erteilen, damit dieser ihm Hilfe leiste.[1] Auf diese Weise hintergehen die Kleriker oftmals die Welt und denken dabei nur an ihren eigenen Vorteil, während sie den Anschein erwecken, dem himmlischen Interesse am meisten verpflichtet zu sein. War die Ehe Ludwigs XII. so beschaffen, dass sie aufgelöst werden konnte, hätte der Papst sie auflösen müssen, ohne Rücksicht auf die Politik; war sie aber nicht von der Art, hätte nichts das Oberhaupt der Kirche und den Stellvertreter Christi dazu bewegen dürfen, sie aufzulösen.

Borgia musste sich Kreaturen schaffen. Darum bestach er die Partei der Urbini mit Geschenken und Zuwendungen. Doch wer andere besticht, ist in gewisser Weise ebenso kriminell wie der Bestochene, weil er die Rolle des Versuchers spielt und der andere dieser Versuchung nur deshalb erliegen könnte. Aber suchen wir nicht länger nach Verbrechen bei Borgia, übergehen wir seine Bestechungen, und sei es nur, weil sie wenigstens noch einige Ähnlichkeit mit Wohltaten haben, allerdings mit dem Unterschied, dass derjenige, der besticht, nur zu sich großzügig ist, während der Wohltäter es nur gegenüber den Anderen ist. Borgia wollte einige Fürsten aus den Häusern Urbino, den Vitellozzo, Oliverotto da Fermo und mehrere andere aus dem Weg schaffen; dazu sagt Machiavelli, er sei so klug gewesen, sie nach Senigallia kommen zu lassen, wo er Verrat beging und sie umbringen ließ.[2]

Das Vertrauen der Menschen missbrauchen, die eigene Niedertracht verschleiern, sich gemeiner Listen bedienen, Verrat üben, Meineid begehen, morden: Für all das hat der Doktor der Schurkerei den Namen: Klugheit. Doch ich spreche mit ihm nicht über Religion oder Moral, sondern einfach nur über das Interesse, und das wird genügen, ihn zu widerlegen. Ich frage, ist es klug, den Menschen zu zeigen, wie man betrügen, wie man Meineid begehen kann? Wenn Sie die Redlichkeit und den Eid missachten, welche Garantien bleiben Ihnen dann für die Treue anderer Menschen? Wenn Sie den Eid missachten, wie wollen Sie dann Untertanen und Völker verpflichten, Ihre Herrschaft zu achten? Wenn Sie die Redlichkeit abschaffen, wie können Sie dann irgendeinem Menschen trauen, wie auf die Versprechen bauen, die man Ihnen gibt? Sobald Sie mit dem Beispiel des Verrats vorangehen, wird es immer Verräter geben, die es Ihnen nachmachen. Gehen Sie mit dem Beispiel der Treulosigkeit voran, wie viele Treulose werden es Ihnen dann heimzahlen! Lehren Sie den Meuchelmord, müssen Sie fürchten, dass einer Ihrer Schüler sein Probestück an Ihnen vollzieht, und so bleibt Ihnen nur noch der Vorteil, beim Verbrechen der Erste und Beste gewesen zu sein, und die Ehre, diesen Ungeheuern, die ebenso missraten sind wie Sie selbst, den Weg gewiesen zu haben. So kommen die Laster zu Fall und bedecken diejenigen, die

qui s'y adonnent en leur devenant préjudiciables et dangereux. Jamais un prince n'aura le monopole du crime ; ainsi, il ne trouvera jamais d'impunité pour sa scélératesse. Le crime est comme un rocher dont une partie se détache, qui brise tout ce qu'il rencontre en son chemin et qui enfin, par son poids, se fracasse lui-même. Quelle abominable erreur, quel égarement de raison peut faire goûter à Machiavel des maximes aussi contraires à l'humanité qu'elles sont détestables et dépravées ?

Borgia établit le cruel d'Orco gouverneur de la Romagne pour réprimer les désordres, les vols et les assassinats qui s'y commettaient. Quelle pitoyable contradiction ! Borgia devait rougir de punir en d'autres les vices qu'il tolérait en lui-même. Le plus violent des usurpateurs, le plus faux des parjures, le plus cruel des assassins et des empoisonneurs pouvait-il condamner à mort des filous et des scélérats qui copiaient le caractère de leur nouveau maître en miniature et selon leur petite capacité ?

Ce roi de Pologne dont la mort vient de causer tant de troubles en Europe agissait bien plus conséquemment et plus noblement envers ses sujets saxons. Les lois de Saxe condamnaient tout paillard à avoir la tête tranchée. Je n'approfondis point l'origine de cette loi barbare, qui paraît plus convenable à la jalousie italienne qu'à la patience allemande. Un malheureux transgresseur de cette loi, à qui l'amour avait fait affronter l'usage et le supplice, ce qui n'est pas peu, passa condamnation. Auguste devait signer l'arrêt de mort, mais Auguste était sensible à l'amour et à l'humanité : il donna sa grâce au criminel, et il abrogea une loi qui le condamnait tacitement lui-même toutes les fois qu'il avait de ces sortes d'arrêts à signer. Depuis ce temps, la galanterie obtint privilège d'impunité en Saxe.

La conduite de ce roi était d'un homme sensible et humain ; celle de César Borgia était d'un scélérat et d'un tyran. L'un, en père de ses peuples, avait de l'indulgence pour ces faiblesses qu'il savait être inséparables de l'humanité ; l'autre, toujours rigoureux, toujours féroce, persécutait ceux de ses sujets dont il appréhendait que les vices fussent semblables aux siens propres. L'un pouvait soutenir la vue de ses faiblesses, et l'autre n'osait voir ses crimes. Borgia fait mettre en pièces le cruel d'Orco, qui avait si parfaitement rempli ses intentions, afin de se rendre agréable au peuple en punissant l'organe de sa barbarie et de sa cruauté. Le poids de la tyrannie ne s'appesantit jamais davantage que lorsque le tyran veut revêtir les dehors de l'innocence, et que l'oppres-

sich ihnen ergeben, mit Schmach, indem sie ihnen zum Nachteil und zur Gefahr werden. Ein Fürst wird niemals das Monopol auf das Verbrechen haben und seine Niedertracht deshalb niemals ungestraft bleiben. Das Verbrechen gleicht einem Felsen, von dem sich ein Teil löst und der auf seinem Weg alles, was er antrifft, zerschmettert, um schließlich durch sein eigenes Gewicht zu zerschellen. Welch abscheulicher Irrtum, welche Verwirrung des Verstandes können Machiavelli an diesen ebenso abscheulichen wie lasterhaften Lehren, die der Menschlichkeit widerstreben, gefallen?

Borgia setzte den grausamen d'Orco als Statthalter der Romagna ein, um Unordnung, Raub und Mord, die dort verübt wurden, zu unterdrücken. Welch erbärmlicher Widerspruch! Borgia musste erröten, als er andere für Verbrechen bestrafte, die er an sich selbst duldete. Der Gewalttätigste unter den Usurpatoren, der Falscheste unter den Meineidigen, der Grausamste unter den Mördern und Giftmischern – wie konnte er Spitzbuben und Verbrecher, die mit ihren geringen Fähigkeiten den Charakter ihres neuen Herrn im Kleinen nachahmten, zum Tode verurteilen?

Der König von Polen[1], dessen Tod vor kurzem so viel Unruhe in Europa zur Folge hatte, handelte gegenüber seinen sächsischen Untertanen viel konsequenter und viel edelmütiger. Die sächsischen Gesetze bestraften jeden Ehebrecher mit dem Tode durch Enthauptung. Ich will hier die Frage nach dem Ursprung dieses barbarischen Gesetzes, das eher zur italienischen Eifersucht als zur deutschen Langmut zu passen scheint, nicht vertiefen. Ein Unglücklicher, der gegen die Sitte und trotz der Strafe aus Liebe dieses Gesetz übertreten hatte, was nicht wenig ist, wurde verurteilt. August sollte das Todesurteil unterzeichnen, doch August war empfänglich für Liebe und für Menschlichkeit: Er begnadigte den Verbrecher und hob ein Gesetz auf, das ihn selbst jedes Mal, so oft er solche Urteile unterzeichnen musste, stillschweigend verurteilte. Seitdem genoss die Galanterie in Sachsen das Vorrecht der Straflosigkeit.

Das Verhalten dieses Königs war das eines mitfühlenden und menschlich gesinnten Fürsten. Cesare Borgia verhielt sich dagegen wie ein ruchloser Tyrann. Der Eine übte als Vater seiner Völker Nachsicht gegenüber jenen Schwächen, die, wie er wusste, von der menschlichen Natur nicht zu trennen sind; der Andere, immer hart, immer grausam, verfolgte diejenigen unter seinen Untertanen, von denen er befürchten musste, dass ihre Laster seinen eigenen ähnlich waren. Der Eine konnte den Anblick seiner Schwächen ertragen, der Andere wagte es nicht, seinen Verbrechen ins Gesicht zu sehen. Borgia lässt den grausamen d'Orco, der seine Vorgaben so vollkommen befolgt hatte, in Stücke hauen, um sich mit der Bestrafung des Werkzeugs seiner Barbarei und seiner Grausamkeit beim Volk beliebt zu machen. Die Last der Tyrannei ist niemals drückender als dann, wenn der Tyrann sich den Anschein der

sion se fait à l'ombre des lois. Le tyran ne veut pas même laisser au peuple la faible consolation de connaître ses injustices ; pour disculper ses cruautés, il faut que d'autres en soient coupables et que d'autres en portent la peine. Il me semble voir un assassin qui, croyant abuser le public et se faire absoudre, jetterait aux flammes l'instrument de sa fureur. C'est à quoi se peuvent attendre les ministres indignes qui sont les instruments du crime des princes : quand même ils sont récompensés dans le besoin, ils servent tôt ou tard de sacrifice à leurs maîtres, ce qui est en même temps une belle leçon pour ceux qui se confient légèrement à des fourbes comme César Borgia, et pour ceux qui se livrent, sans réserve et sans égard à la vertu, au service de leurs souverains. Ainsi, le crime porte toujours sa punition avec soi.

Borgia, poussant la prévoyance jusqu'après la mort du pape son père, commençait par exterminer tous ceux qu'il avait dépouillés de leurs biens afin que le nouveau pape ne s'en pût servir contre lui. Voyez la cascade du crime : pour fournir aux dépenses, il faut avoir des biens ; pour en avoir, il faut en dépouiller les possesseurs, et pour en jouir avec sûreté, il faut les exterminer. Le comte de Horn, exécuté en Grève, n'aurait pas dit mieux. Il en est des mauvaises actions comme d'une horde de cerfs[1] : lorsqu'un d'eux a franchi les toiles, les autres le suivent tous. Qu'on se garde donc bien contre les premiers pas.

Borgia, pour empoisonner quelques cardinaux, les prie à souper chez son père. Le pape et lui prennent par mégarde de ce breuvage : Alexandre VI en meurt, Borgia en réchappe, digne salaire d'empoisonneurs et d'assassins.

Voila la prudence, la sagesse, l'habileté et les vertus que Machiavel ne saurait se lasser de louer. Le fameux évêque de Meaux, le célèbre évêque de Nîmes, l'éloquent panégyriste de Trajan, n'auraient pas mieux dit pour leur héros que Machiavel pour César Borgia. Si l'éloge qu'il en fait n'était qu'une ode ou une figure de rhétorique, on admirerait sa subtilité en méprisant son choix. Mais c'est tout le contraire : c'est un traité de politique qui doit passer à la postérité la plus reculée, c'est un ouvrage très sérieux dans lequel Machiavel est si impudent que d'accorder des louanges au monstre le plus abominable que l'enfer ait vomi sur la terre. C'est s'exposer de sang-froid à la haine du genre humain et à l'horreur des honnêtes gens.

Unschuld geben will und die Unterdrückung im Schutze der Gesetze geschieht. Der Tyrann gönnt dem Volk nicht einmal den schwachen Trost, dass er sein Unrecht einsehe. Um die eigenen Grausamkeiten zu entschuldigen, müssen andere beschuldigt, andere dafür bestraft werden. Ich habe den Eindruck, einen Mörder vor mir zu sehen, der das Werkzeug seiner Raserei in die Flammen wirft und glaubt, so die Öffentlichkeit hinters Licht führen zu können und von ihr freigesprochen zu werden. Die unwürdigen Helfershelfer, die dem Verbrechen der Fürsten als Werkzeug dienen, müssen sich darauf gefasst machen, dass sie, selbst wenn sie belohnt werden, solange man sie braucht, früher oder später ihren Herren als Opfer dienen werden. Das ist zugleich eine schöne Lehre für alle, die leichtfertig einem Schurken wie Cesare Borgia trauen, aber auch für alle, die sich rückhaltlos und ohne an die Tugend zu denken, in den Dienst ihrer Herrscher begeben. So birgt das Verbrechen immer seine Strafe in sich.

Borgias Voraussicht erstreckte sich bis weit über den Tod des Papstes, seines Vaters, hinaus. Er machte sich daran, alle umzubringen, denen er die Güter geraubt hatte, damit der neue Papst sich ihrer nicht gegen ihn bedienen könne. Und so kommt ein Verbrechen zum anderen: Um seine Aufwendungen bestreiten zu können, bedarf es großer Güter; um diese zu bekommen, muss man ihre Besitzer ausrauben, und um den Raub in Sicherheit zu genießen, muss man sie umbringen. Graf Horn[1] hätte, als er auf dem Grève-Platz[2] hingerichtet wurde, dazu noch manches sagen können. Mit den Untaten ist es wie mit einem Rudel von Hirschen: Sobald einer durch die Lappen geht, folgen alle anderen nach. Hütet euch also vor dem ersten Schritt.

Um etliche Kardinäle zu vergiften, bittet Borgia sie bei seinem Vater zu Tisch. Aus Versehen trinken der Papst und er selbst das Gebräu: Alexander VI. stirbt, Borgia kommt davon – ein würdiger Lohn für Giftmischer und Meuchelmörder.

So also wäre die Klugheit, die Weisheit, die Geschicklichkeit und so wären die Tugenden beschaffen, die Machiavelli nicht genug loben kann. Der berühmte Bischof von Meaux, der gefeierte Bischof von Nîmes, der eloquente Lobredner Trajans[3], sie alle hätten nichts Besseres über ihre Helden sagen können als Machiavelli über Cesare Borgia. Wäre die Lobrede, die er verfertigte, nur eine Ode oder eine rhetorische Figur, würde man seine subtile Kunst bewundern und seine Themenwahl missbilligen. Aber nein, es ist eine Abhandlung über die Staatskunst, die der fernsten Nachwelt überliefert werden soll; es ist ein sehr ernsthaftes Werk, in dem Machiavelli schamlos das abscheulichste Ungeheuer, das die Hölle je auf die Erde gespien hat, mit Lob verherrlicht. Das heißt, sich kaltblütig dem Hass des Menschengeschlechts und dem Abscheu der Redlichen auszusetzen.

César Borgia aurait été parfait, selon Machiavel, s'il n'avait pas souscrit à l'élévation du cardinal de Saint-Pierre aux liens au pontificat, « puisque », dit-il, « chez les grands hommes, les bienfaits présents n'effacent jamais les injures passées. » Je ne conçois point le grand homme à la définition qu'en fait l'auteur. Tous ceux qui pensent bien renonceraient à jamais au titre de grand, si on ne pouvait le mériter que par un esprit vindicatif, par l'ingratitude ou par la perfidie.

Les peines et les soins de César Borgia pour son agrandissement et son ambition furent mal récompensés car il perdit, après la mort du pape, la Romagne et tous ses biens. Il se réfugia chez le roi de Navarre en Espagne, où il périt par une de ces trahisons dont il avait tant fait d'usage pendant le cours de sa vie.

Ainsi s'évanouirent tant de desseins ambitieux et tant de projets prudemment conçus et secrètement cachés ; ainsi tant de combats, de meurtres, de cruautés, de parjures et de perfidies devinrent inutiles ; tant de dangers personnels, tant de situations fâcheuses, tant de cas embarrassants dont Borgia se tira avec bonheur, ne servirent de rien à sa fortune, et rendirent sa chute plus grande et plus remarquable. Telle est l'ambition : ce fantôme promet des biens qu'il n'est pas en état de donner, et qu'il ne possède pas lui-même. L'homme ambitieux est comme un second Tantale qui, dans le fleuve même où il nage, ne peut et ne pourra jamais se désaltérer.

Est-ce la gloire que cherche un ambitieux ? Cela est faux, car la fausse gloire est celle après laquelle on court, et la véritable même n'est qu'une once de fumée. Les grands hommes de nos jours se perdent parmi le nombre innombrable de ceux qui ont fait des actions grandes et héroïques, comme les eaux de ces petites rivières qu'on aperçoit tant qu'elles roulent dans leur lit, mais que l'on perd de vue lorsqu'à leur embouchure elles vont se confondre parmi les flots d'un immense océan.

Est-ce donc le bonheur que cherchent les ambitieux ? Ils le trouveront encore moins que la gloire : leur chemin est semé d'épines et de ronces, et ils ne rencontrent que des soins, des chagrins et des travaux sans nombres. Le véritable bonheur est aussi peu naturellement attaché à la fortune que le corps d'Hector l'était au char d'Achille. Il n'y a de bonheur pour l'homme que dans l'homme même, et ce n'est que la sagesse qui lui fait découvrir ce trésor.

Cesare Borgia wäre Machiavelli zufolge vollkommen gewesen, hätte er nicht der Papstwahl des Kardinals von San Piero ad Vincula[1] zugestimmt, »denn«, so sagt er, »bei großen Männern löschen die neuen Wohltaten niemals alte Kränkungen aus«. Mein Begriff von großen Männern stimmt mit dem Machiavellis keineswegs überein. Alle, die vernünftig denken, würden für immer auf die Auszeichnung »groß« verzichten, wenn man sie nur durch Rachsucht, Undank oder Falschheit verdienen könnte.

Die Mühen und Sorgen Cesare Borgias um die Vergrößerung seiner Macht und um seinen Ehrgeiz wurden schlecht belohnt, denn nach dem Tode des Papstes verlor er die Romagna und all seine Güter. Er floh zum König von Navarra[2] nach Spanien, wo er durch eine jener Verrätereien umkam, wie er sie sein Leben lang selbst ausgeübt hatte.

So stürzte eine Fülle ehrgeiziger Pläne, klug erdachter und geheim gehaltener Vorhaben in sich zusammen; so wurde eine Vielzahl von Kämpfen, Morden, Grausamkeiten, Meineiden und Treulosigkeiten gegenstandslos. All die persönlichen Gefahren, ungünstigen Situationen und Verlegenheiten, denen Borgia immer wieder mit Glück entkommen war, nutzten seinem Geschick nichts mehr, sie ließen seinen Fall nur noch gewaltiger und aufsehenerregender erscheinen. So ist die Ehrsucht: ein Hirngespinst, das Güter verspricht, die zu geben es nicht in der Lage ist und die es selbst nicht besitzt. Der Ehrsüchtige ist wie ein zweiter Tantalus[3], der mitten im Fluss, in dem er schwimmt, seinen Durst nicht löschen kann und ihn niemals löschen wird.

Ist es der Ruhm, nach dem der Ehrgeizige strebt? Keineswegs, denn es ist falscher Ruhm, hinter dem wir herlaufen, und selbst der wahre Ruhm ist nur ein Wölkchen Rauch. Die großen Männer unserer Zeit verlieren sich in der unendlichen Menge derer, die große und heldenhafte Taten vollbracht haben, wie das Wasser jener kleinen Flüsse, das man sieht, solange es in seinem Bett fließt, das man aber aus den Augen verliert, sobald es sich an der Mündung unter die Fluten eines unermesslichen Weltmeeres mischt.

Dann ist es also das Glück, nach dem die Ehrgeizigen suchen? Sie werden es noch weniger finden als den Ruhm: Ihr Weg ist mit Stacheln und Dornen besät, sie treffen nur auf Sorgen, Kummer und Arbeit ohne Zahl. Das wahre Glück gehört von Natur aus so wenig zum menschlichen Schicksal wie der Körper Hektors an den Wagen des Achilles[4]. Glück findet der Mensch nur in sich selbst, und nur die Weisheit lässt ihn diesen Schatz entdecken.

Chapitre 8

On regarde en Europe les *Philippiques* de M. de La Grange comme un des libelles diffamatoires les plus forts qui se soient composés, et l'on n'a pas tort. Cependant, ce que j'ai à dire contre Machiavel est plus vif que ce qu'a dit M. de La Grange, car son ouvrage n'était proprement qu'une calomnie contre le régent de la France, et ce que j'ai à reprocher à Machiavel sont des vérités. Je me sers de ses propres paroles pour le confondre. Que pourrais-je dire de lui de plus atroce, sinon qu'il a donné des règles de politique pour ceux que leurs crimes élèvent à la grandeur suprême ? C'est le titre de ce chapitre.

Si Machiavel enseignait le crime dans un séminaire de scélérats, s'il dogmatisait la perfidie dans une université de traîtres, il ne serait pas étonnant qu'il traitât des matières de cette nature. Mais il parle à tous les hommes, car un auteur qui se fait imprimer se communique à tout l'univers ; et il s'adresse principalement à ceux d'entre les humains qui doivent être les plus vertueux, puisqu'ils sont destinés à gouverner les autres. Qu'y a-t-il donc de plus infâme, de plus insolent, que de leur enseigner la trahison, la perfidie, le meurtre et tous les crimes ? Il serait plutôt à souhaiter pour le bien de l'univers que des exemples pareils à ceux d'Agathoclès et d'Oliverotto da Fermo, que Machiavel se fait un plaisir de citer, ne se rencontrassent jamais, ou du moins que l'on pût en effacer le souvenir à perpétuité de la mémoire des hommes.

Rien n'est plus séduisant que le mauvais exemple. La vie d'un Agathoclès ou d'un Oliverotto da Fermo sont capables de développer, en un homme que son instinct porte à la scélératesse, ce germe dangereux qu'il renferme en soi sans le bien connaître. Combien de jeunes gens qui se sont gâté l'esprit par la lecture des romans, qui ne voyaient et ne pensaient plus que comme Gandalin ou Médor ! Il y a quelque chose d'épidémique dans la façon de penser, s'il m'est permis de m'exprimer ainsi, qui se communique d'un esprit à l'autre. Cet homme extraordinaire, ce roi aventurier digne de l'ancienne chevalerie, ce héros vagabond dont toutes les vertus poussées à un certain excès dégénéraient en vices, Charles XII en un mot, portait depuis sa plus tendre enfance la vie d'Alexandre le Grand sur soi, et bien des personnes qui ont connu particulièrement cet Alexandre du Nord assurent que c'était Quinte-Curce qui rava-

8. Kapitel[1]

Die *Philippiken* des Herrn von La Grange[2] gelten in Europa als eine der schonungslosesten Schmähschriften, die jemals verfasst wurden, und nicht zu Unrecht. Doch ist das, was ich gegen Machiavelli einzuwenden habe, heftiger als alles, was Herr von La Grange je gesagt hat, denn sein Werk war eigentlich nur eine Verleumdung des Regenten von Frankreich.[3] Was ich Machiavelli entgegenzuhalten habe, sind Wahrheiten. Um ihn zu widerlegen, bediene ich mich seiner eigenen Worte. Was könnte ich Ungeheuerlicheres über ihn sagen, als dass er politische Regeln aufgestellt hat für Leute, die durch ihre Verbrechen zur Herrschaft gelangen? So lautet die Überschrift des vorliegenden Kapitels.

Wenn Machiavelli in einem Seminar für Schurken Vorträge über das Verbrechen hielte und an einer Universität der Verräter das Dogma der Treulosigkeit lehrte, dann wäre die Behandlung solcher Gegenstände kaum verwunderlich. Er spricht jedoch zu allen Menschen, denn ein Schriftsteller, der sein Werk drucken lässt, teilt sich der ganzen Welt mit. Und er wendet sich sogar vorzugsweise an diejenigen unter den Menschen, die besonders tugendhaft sein sollten, weil sie dazu bestimmt sind, über andere zu herrschen. Kann etwas niederträchtiger, kann etwas schamloser sein, als gerade ihnen Lehren zu erteilen über Verrat, Treulosigkeit, Meuchelmord und alle anderen Verbrechen? Zum Besten der Menschheit wäre vielmehr zu wünschen, dass Beispiele wie die des Agathokles[4] und des Oliverotto da Fermo[5], die Machiavelli mit Vergnügen zitiert, niemals in Erscheinung treten würden, oder dass man wenigstens ihr Andenken für immer aus dem Gedächtnis der Menschen tilgen könnte.

Nichts wirkt verführerischer als das schlechte Beispiel. Die Lebensbeschreibung eines Agathokles oder die eines Oliverotto da Fermo sind geeignet, bei einem Menschen, der instinktiv zum Bösen neigt, diesen gefährlichen Keim, den er, ohne es selbst recht zu wissen, in sich birgt, zu entwickeln. Wie viele junge Leute haben sich nicht beim Lesen von Romanen den Kopf verdrehen lassen, so dass sie nur noch sahen und dachten wie Gandalin und Medor?[6] In der Gedankenwelt gibt es etwas Ansteckendes, wenn ich mich so ausdrücken darf, das sich von Kopf zu Kopf überträgt. So hatte Karl XII., dieser außergewöhnliche Mensch, dieser der alten Ritterwelt so würdige Abenteurerkönig, dieser vagabundierende Held, bei dem alle Tugenden maßlos übertrieben waren und deshalb in Laster umschlugen, von zartester Kindheit an die Lebensbeschreibung Alexanders des Großen bei sich; und viele, die diesen Alexander des Nordens näher kannten, versichern, dass eigentlich Quintus Curtius Polen verwüstet

gea la Pologne, que Stanislas devint roi d'après Porus, et que la bataille d'Arbèles occasionna la défaite de Poltawa.

Me serait-il permis de descendre d'un aussi grand exemple à de moindres ? Il me semble que, lorsqu'il s'agit de l'histoire de l'esprit humain, les différences des conditions et des états disparaissant, les rois ne sont que des hommes en philosophie, et tous les hommes sont égaux ; il ne s'agit que des impressions ou des modifications, en général, qu'ont produites de certaines causes extérieures sur l'esprit humain.

Toute l'Angleterre sait ce qui arriva à Londres il y a quelques années : on y représenta une assez mauvaise comédie sous le titre de *Cartouche*. Le sujet de cette pièce était l'imitation de quelques tours de souplesse et de filouterie de ce célèbre voleur : il se trouva que beaucoup de personnes s'aperçurent, au sortir de ces représentations, de la perte de leurs bagues, de leurs tabatières ou de leur montres, et Cartouche fit si promptement des disciples qu'ils pratiquaient ses leçons dans le parterre même, ce qui obligea la police d'interdire la trop dangereuse représentation de cette comédie. Ceci prouve assez, ce me semble, qu'on ne saurait trop user de circonspection et de prudence en produisant des exemples, et combien il est pernicieux d'en citer de mauvais.

La première réflexion de Machiavel sur Agathoclès et sur Fermo roule sur les raisons qui les soutinrent dans leurs États malgré leurs cruautés. L'auteur l'attribue à ce qu'ils avaient commis ces cruautés à propos ; or, être prudemment barbare et exercer la tyrannie conséquemment signifie, selon ce politique abominable, exécuter à la fois et tout d'un coup toutes les violences et tous les crimes que l'on juge utiles à ses intérêts.

Faites assassiner ceux qui vous sont suspects, ceux dont vous vous méfiez, et ceux qui se déclarent vos ennemis, mais ne faites point traîner votre vengeance. Machiavel approuve des actions semblables aux Vêpres siciliennes, à l'affreux massacre de la Saint-Barthélemy, où des cruautés se commirent qui font rougir l'humanité. Ce monstre dénaturé ne compte pour rien l'horreur de ces crimes, pourvu qu'on les commette d'une manière qui en impose au peuple et qui effraye au moment où ils sont récents. Et il en donne pour raison que les idées s'en évanouissent plus facilement chez le public que de ces cruautés successives et continuées des princes, par lesquelles ils propagent toute leur vie le souvenir de leur férocité et de leur barbarie, comme s'il n'était pas également mauvais et abominable de faire périr mille personnes en un jour, ou de les faire assassiner par intervalles. La barbarie déterminée et prompte des pre-

habe, dass Stanislaus nach dem Vorbild von Porus König geworden sei und dass die Schlacht von Arbela die Niederlage von Poltawa veranlasst habe.[1]

Darf ich mich wohl nach einem so großen Beispiel auch mit geringeren befassen? Ich bin der Meinung, in der Geschichte des menschlichen Geistes sind, philosophisch betrachtet, und abgesehen von den Unterschieden der Stände und der Lebensart, die Könige auch nur Menschen, und alle Menschen sind gleich. Denn es handelt sich hier nur um allgemeine Eindrücke oder Veränderungen, die durch gewisse äußere Ursachen am menschlichen Geist hervorgerufen wurden.

Ganz England weiß, was vor einigen Jahren in London geschah: Man führte eine ziemlich schlechte Komödie mit dem Titel *Cartouche*[2] auf. In diesem Stück ging es um die Darstellung gewisser Spitzbübereien und listiger Streiche des berühmten Diebes. Nach der Vorstellung bemerkten viele Leute, dass ihnen Ringe, Tabaksdosen oder Uhren fehlten. Cartouche hatte so schnell Schüler gewonnen, dass diese seine Lehren sogleich im Parterre des Theaters in die Tat umsetzten, was die Polizei veranlasste, die allzu gefährliche Aufführung dieser Komödie zu verbieten. Meiner Meinung nach beweist dies zur Genüge, wie schädlich es ist, schlechte Beispiele zu zitieren, und dass man bei ihrer Darstellung nie genug Umsicht und Klugheit walten lassen kann.

Machiavellis erste Überlegung zu Agathokles und da Fermo fragt nach den Ursachen dafür, dass sich beide trotz ihrer Grausamkeiten in ihren Staaten halten konnten. Der Autor schreibt es dem Umstand zu, dass sie ihre Grausamkeiten zum rechten Zeitpunkt verübt hätten. Also Barbarei umsichtig und die Tyrannei konsequent auszuüben, bedeutet bei diesem abscheulichen Staatslehrer, alle Gewalttaten und alle Verbrechen, die man für seine Interessen als nützlich erachtet, auf einmal und auf einen Schlag zu begehen.

Lassen Sie ermorden, wer Ihnen verdächtig erscheint, die, denen Sie misstrauen, und die, die Ihnen offen ihre Feindschaft erklären, aber schieben Sie ihre Rache nicht auf! Machiavelli billigt dergleichen Taten wie die Sizilianische Vesper oder das abscheuliche Blutbad der Bartholomäusnacht[3], wo Grausamkeiten geschahen, über die die Menschheit erröten muss. Dem abartigen Ungeheuer bedeutet die Abscheulichkeit dieser Verbrechen nichts, wenn sie nur auf die Art begangen werden, dass sie beim Volk Eindruck machen und vom ersten Augenblick an Schrecken erregen. Und er begründet es damit, dass die Vorstellungen davon beim Publikum leichter verblassen als die von den nach und nach begangenen und fortgesetzten Grausamkeiten der Fürsten, durch die sie ihr ganzes Leben lang das Andenken an ihre Rohheit und Barbarei aufrechterhalten, als wäre es nicht ebenso schlecht und abscheulich, tausend Personen an einem Tag umzubringen oder sie in längeren Zeiträumen ermorden zu las-

miers imprime plus de frayeur et de crainte; la méchanceté plus lente, plus réfléchie, des seconds inspire plus d'aversion et d'horreur. La vie de l'empereur Auguste aurait dû être citée par Machiavel. Cet empereur qui monta sur le trône tout dégouttant encore du sang de ses citoyens, et souillé par la perfidie de ses proscriptions, mais qui, par les conseils de Mécène et d'Agrippa, fit succéder la douceur à tant de cruautés, et dont on dit qu'il aurait dû ou ne jamais naître, ou ne jamais mourir. Peut-être que Machiavel a eu quelque regret de ce qu'Auguste avait mieux fini qu'il n'avait commencé, et que, par là même, il l'a trouvé indigne d'être placé parmi ses grands hommes.

Mais quelle abominable politique n'est pas celle de cet auteur! L'intérêt d'un seul particulier bouleversera le monde, et son ambition aura le choix des méchancetés, et le déterminera au bien comme aux crimes: affreuse prudence des monstres qui ne connaissent qu'eux et n'aiment qu'eux dans l'univers, et qui enfreignent tous les devoirs de la justice et de l'humanité pour suivre le torrent furieux de leurs caprices et de leurs débordements!

Ce n'est pas tout que de confondre l'affreuse morale de Machiavel, il faut encore le convaincre de fausseté et de mauvaise foi.

Il est premièrement faux, comme le rapporte Machiavel, qu'Agathoclès ait joui en paix du fruit de ses crimes: il a été presque toujours en guerre contre les Carthaginois; il fut même obligé d'abandonner son armée en Afrique, qui massacra ses enfants après son départ, et il mourut lui-même d'un breuvage empoisonné que son petit-fils lui fit prendre. Oliverotto da Fermo périt par la perfidie de Borgia, digne salaire de ses crimes; et comme ce fut une année après son élévation, sa chute paraît si accélérée qu'elle semble avoir prévenu par sa punition ce que lui préparait la haine publique.

L'exemple d'Oliverotto da Fermo ne devait donc point être cité par l'auteur puisqu'il ne prouve rien. Machiavel voudrait que le crime fût heureux, et il se flatte par là d'avoir quelque bonne raison de l'accréditer, ou du moins un argument passable à produire.

Mais supposons que le crime puisse se commettre avec sécurité, et qu'un tyran puisse exercer impunément sa scélératesse: quand même il ne craindra point une mort tragique, il sera également malheureux de se voir l'opprobre du genre humain. Il ne pourra point étouffer ce témoignage intérieur de sa conscience qui dépose

sen! Die entschlossene, rasch zuschlagende Barbarei der Ersteren verbreitet mehr Furcht und Schrecken; die Gemeinheit der Zweiten, die langsamer und berechnender vorgeht, flößt mehr Abscheu und Entsetzen ein. Machiavelli hätte das Leben des Kaisers Augustus erwähnen müssen. Dieser Herrscher bestieg, noch triefend vom Blut seiner Bürger, noch beschmutzt von der Niedertracht seiner Proskriptionen, den Thron, doch dann, nach dem Rat von Maecenas und Agrippa, ließ er nach so vielen Grausamkeiten eine Zeit der Milde folgen, so dass es von ihm heißt, er hätte entweder niemals geboren werden oder niemals sterben sollen. Vielleicht bedauerte Machiavelli gewissermaßen, dass Augustus besser endete, als er begonnen hatte, und er fand es aus diesem Grund unwürdig, Augustus einen Platz unter seinen großen Männern einzuräumen.[1]

Wie abscheulich ist doch die Staatslehre dieses Autors! Der Eigennutz eines Einzigen stürzt die Welt um, sein Ehrgeiz hat freie Auswahl unter den Übeltaten und bewegt ihn zum Guten oder zum Verbrechen. Wie schrecklich ist doch die Klugheit der Ungeheuer, die auf der ganzen Welt nur sich selbst kennen und lieben, die alle Pflichten der Gerechtigkeit und der Menschlichkeit mit Füßen treten, um wütend ihren Launen und ihrer Zügellosigkeit freien Lauf zu lassen!

Es reicht nicht, Machiavellis abscheuliche Moral aufzudecken und zu widerlegen; seine Entstellungen und seine Unredlichkeiten müssen ebenfalls nachgewiesen werden.

Falsch ist zunächst, dass Agathokles, wie Machiavelli darlegt, die Früchte seiner Verbrechen in Frieden genossen habe: Er war fast immer mit den Karthagern in Kriege verwickelt, er wurde sogar gezwungen, seine Armee in Afrika zu verlassen, die nach seiner Abreise seine Kinder ermordete, und er selbst starb an einem Gifttrank, den sein Enkel ihm verabreichte. Oliverotto da Fermo kam durch den Verrat des Borgia um: der gerechte Lohn seiner Verbrechen! Da dies ein Jahr nach seiner Erhebung geschah, scheint sein derart beschleunigter Fall der Strafe zuvorgekommen zu sein, die ihm der öffentliche Hass zugedacht hatte.

Das Beispiel des Oliverotto da Fermo hätte der Autor nicht anführen dürfen, denn es beweist nichts. Machiavelli hätte gern, dass das Verbrechen vom Glück begünstigt werde, und er schmeichelt sich, hierin einen guten Grund oder wenigstens ein erträgliches Argument zur Empfehlung des Verbrechens vortragen zu können.

Aber nehmen wir an, das Verbrechen ließe sich in Sicherheit begehen und ein Tyrann könnte seine Niedertracht ungestraft ausüben: Selbst wenn er nicht vor einem tragischen Tod zittert, wird er doch unglücklich genug sein, denn er müsste sich als Schande des Menschengeschlechts betrachten. Er wird das innere Zeugnis seines

contre lui, il ne pourra point imposer silence à cette voix puissante qui se fait entendre sur les trônes des rois comme sur les tribunaux des tyrans ; il ne pourra point éviter cette funeste mélancolie qui, frappant son imagination, lui fera voir, sorties de leurs tombeaux, ces mânes sanglantes que sa cruauté y avait fait descendre, et qui ne lui paraîtront ainsi forcer les lois de la nature que pour lui servir de bourreaux en ce monde, et venger après leur mort leur fin malheureuse et tragique.

Qu'on lise la vie d'un Denys, d'un Tibère, d'un Néron, d'un Louis XI, d'un Ivan Vassiliévitch, et l'on verra que ces monstres, également insensés et furieux, finirent de la manière du monde la plus funeste et la plus malheureuse.

L'homme cruel est d'un tempérament misanthrope et atrabilaire ; si, dès son jeune âge, il ne combat pas cette malheureuse disposition de son corps, il ne saurait manquer de devenir aussi furieux qu'insensé. Quand même donc il n'y aurait point de justice sur la terre, et point de Divinité aux cieux, il faudrait d'autant plus que les hommes fussent vertueux, puisque la vertu les unit et leur est absolument nécessaire pour leur conservation, et que le crime ne peut que les rendre infortunés et les détruire.

Machiavel manque de sentiments, de bonne foi, et de raison. J'ai développé sa mauvaise morale et son infidélité dans ses citations d'exemples. Je le convaincrai à présent de contradictions grossières et manifestes. Que le plus intrépide commentateur, que le plus subtile interprète concilie ici Machiavel avec lui-même. Il dit dans ce chapitre qu'« Agathoclès soutint sa grandeur avec un courage héroïque ; cependant, on ne peut pas donner le nom de vertus aux assassinats et aux trahisons qu'il a commis. » Et, dans le chapitre septième, il dit de César Borgia « qu'il attendit l'occasion de se défaire des Ursins, et qu'il s'en servit prudemment » *Ibid.* : « Si l'on examine, en général, toutes les actions de Borgia, il est difficile de le blâmer. » *Ibid.* : « Il ne pouvait se conduire autrement qu'il n'a fait. » Me serait-il permis de demander à l'auteur en quoi Agathoclès diffère de César Borgia ? Je ne vois en eux que mêmes crimes et même méchanceté. Si on faisait le parallèle, on ne serait embarrassé que de décider lequel des deux fut le plus scélérat.

La vérité oblige cependant Machiavel de faire de temps en temps des aveux où il paraît faire amende honorable à la vertu. La force de l'évidence l'oblige de dire qu'« un prince doit se conduire d'une manière toujours uniforme, afin qu'en des temps malheureux, il ne se voie point obligé de relâcher quelque chose pour faire plaisir à ses

Gewissens, das gegen ihn auftritt, nicht unterdrücken und die mächtige Stimme, die sich auf dem Thron der Könige wie auf dem Richterstuhl der Tyrannen Gehör verschafft, nicht zum Schweigen bringen können. Er wird der unheilvollen Melancholie nicht entkommen, die seine Einbildungskraft zerrüttet und ihm zeigt, wie jene blutigen Manen[1] ihren Gräbern entsteigen, die durch seine Grausamkeit dort hinabgeschickt wurden und die, wie es ihm scheint, die Naturgesetze brechen, um schon hier auf Erden zu seinen Henkern zu werden und nach ihrem Tod ihr unglückliches und tragisches Ende zu rächen.

Man lese die Lebensbeschreibung eines Dionysios, eines Tiberius, eines Nero, eines Ludwig XI., eines Iwan Wassiljewitschs, und man wird sehen, dass diese ebenso unvernünftigen wie rasenden Ungeheuer den düstersten und unglücklichsten Tod fanden[2].

Der Grausame ist von menschenfeindlichem und schwarzgalligem Temperament[3]; bekämpft er nicht von Jugend an diese unglückliche körperliche Beschaffenheit, wird er es nicht verhindern können, ebenso rasend wie schwachsinnig zu werden. Selbst wenn es keine Gerechtigkeit auf Erden und keine Gottheit im Himmel gäbe, müssten die Menschen umso tugendhafter sein, weil die Tugend sie eint und für ihre Selbsterhaltung absolut unerlässlich ist, während das Verbrechen ihnen nur Unheil und Verderben bringen kann.

Machiavelli mangelt es an Gefühlen, Redlichkeit und Vernunft. Ich habe seine schlechte Moral und seine Unredlichkeit an den von ihm zitierten Beispielen aufgezeigt. Jetzt werde ich ihm seine groben und offensichtlichen Widersprüche nachweisen. Möge der unerschrockenste Kommentator, möge der scharfsinnigste Interpret Machiavelli mit Machiavelli versöhnen. Im vorliegenden Kapitel sagt er: »Agathokles behauptete seine Herrschaft mit dem Mut eines Helden, man darf indes seinen Mordtaten und seinen Verrätereien nicht den Namen der Tugend geben.« Im siebten Kapitel sagt er von Cesare Borgia, er habe »die Gelegenheit, sich der Orsini zu entledigen, abgewartet und sie mit Umsicht wahrgenommen«. Ebenda: »Wenn man im Großen und Ganzen alle Taten Borgias beleuchtet, ist es schwer, ihn zu tadeln.« Ebenda: »Er konnte nicht anders vorgehen, als er es tat.« Ist es mir gestattet, den Autor zu fragen, worin sich Agathokles von Cesare Borgia unterscheidet? Ich sehe bei beiden nur die gleichen Verbrechen und die gleiche Gemeinheit. Würde man sie miteinander vergleichen, käme man nur in Verlegenheit zu entscheiden, wer von beiden der größere Übeltäter war.

Die Wahrheit zwingt Machiavelli dennoch von Zeit zu Zeit zu Geständnissen, in denen er der Tugend die Ehre zu erweisen scheint. Die Kraft der Evidenz veranlasst ihn zu sagen: »Ein Fürst soll sich in seinem Verhalten immer gleich bleiben, damit er sich in schlimmen Zeiten nicht zur Freude seiner Untertanen zu Zugeständnissen

sujets car, en ce cas, sa douceur extorquée serait sans mérite, et ses peuples ne lui en sauraient aucun gré. » Ainsi, Machiavel, la cruauté et l'art de se faire craindre ne sont donc point les uniques ressorts de la politique comme vous paraissiez l'insinuer, et vous convenez vous-même que l'art de gagner les cœurs est le fondement le plus solide de la sûreté d'un prince et de la fidélité de ses sujets. Je n'en demande pas davantage; cet aveu de la bouche de mon ennemi doit me suffire. C'est peu se respecter soi-même et le public que de produire et de publier un ouvrage informe, sans liaison, sans ordre, et rempli de contradictions. Le *Prince* de Machiavel, en faisant même abstraction de sa pernicieuse morale, ne peut mériter que du mépris à l'auteur, ce n'est proprement qu'un rêve où toutes sortes d'idées s'entre-heurtent et s'entre-choquent, ce sont des accès de rage d'un insensé qui a quelque fois des intervalles de bon sens.

Telle est la récompense de la scélératesse, que ceux qui suivent le crime au préjudice de la vertu, s'ils échappent même à la rigueur des lois, perdent comme Machiavel le jugement et la raison.

Chapitre 9

Il n'y a point de sentiment plus inséparable de notre être que celui de la liberté. Depuis l'homme le plus policé jusqu'au plus barbare, tous en sont pénétrés également, car comme nous naissons sans chaînes, nous prétendons vivre sans contrainte, et comme nous ne voulons dépendre que de nous-mêmes, nous ne voulons point nous assujettir aux caprices des autres. C'est cet esprit d'indépendance et de fierté qui a produit tant de grands hommes dans le monde, et qui a donné lieu à ces sortes de gouvernements qu'on appelle républicains, qui, par l'appui de sages lois, soutiennent la liberté des citoyens contre tout ce qui peut l'opprimer, et qui établissent une espèce d'égalité entre les membres d'une république, ce qui les rapproche beaucoup de l'état naturel.

Machiavel donne en ce chapitre de bonnes et d'excellentes maximes de politique à ceux qui s'élèvent à la puissance suprême par l'assistance des chefs d'une république ou du peuple, ce qui me fournira deux réflexions, l'une pour la politique et l'autre pour la morale.

gezwungen sehe; denn in diesem Falle würde seiner erpressten Milde kein Verdienst zukommen, und seine Völker würden ihm keinen Dank wissen.« Die Grausamkeit und die Kunst, andere in Schrecken zu versetzen, sind also nicht die einzigen Antriebe der Politik, wie Sie, Machiavelli, es uns einreden wollen. Sie müssen doch selbst zugeben, dass die Kunst, die Herzen zu gewinnen, die zuverlässigste Grundlage für die Sicherheit eines Fürsten und die Treue seiner Untertanen darstellt. Mehr verlange ich nicht. Dieses Geständnis aus dem Mund meines Feindes muss mir genügen. Es zeugt von geringer Achtung vor sich selbst und vor dem Publikum, ein Werk ohne Form, ohne Zusammenhang, ohne Ordnung und voller Widersprüche zu verfassen und zu veröffentlichen. Selbst wenn man vom verderblichen moralischen Aspekt des Buches absieht, kann Machiavellis *Fürst* seinem Verfasser nur Verachtung einbringen; es ist eigentlich nur ein Traum, in dem allerhand Ideen aufeinander prallen und sich gegenseitig erschüttern, es sind nur Tobsuchtsanfälle eines Wahnsinnigen, bei dem manchmal der gesunde Menschenverstand zum Vorschein kommt.

So belohnt die Ruchlosigkeit diejenigen, die sich zum Schaden der Tugend auf die Seite des Verbrechens schlagen; selbst wenn sie der Strenge des Gesetzes entkommen, verlieren sie, wie Machiavelli, die Urteilskraft und den Verstand.

9. Kapitel[1]

Kein Gefühl ist so untrennbar mit unserem Wesen verbunden wie das der Freiheit. Vom zivilisiertesten bis hin zum barbarischsten Menschen sind alle auf gleiche Weise davon durchdrungen. Da wir ohne Ketten geboren werden, verlangen wir, ohne Zwang zu leben, und da wir nur von uns selbst abhängig sein wollen, wollen wir uns auch nicht den Launen anderer unterwerfen. Dieser Geist der Unabhängigkeit und des Stolzes hat der Welt viele große Männer geschenkt und jene Regierungsformen hervorgebracht, die man republikanisch nennt. Auf der Grundlage weiser Gesetze erhalten sie die Freiheit der Bürger gegen jegliche Unterdrückung und errichten eine Art von Gleichheit unter den Mitgliedern einer Republik, wodurch sie dem Naturzustand äußerst nahe kommen.

Im vorliegenden Kapitel erteilt Machiavelli denen gute und ausgezeichnete politische Lehren, die durch den Beistand der Oberhäupter einer Republik oder des Volkes zur höchsten Macht gelangen. Das veranlasst mich zu zwei Überlegungen; die eine betrifft die Politik, die andere die Moral.

Quoique les maximes de l'auteur soient très convenables à ceux qui s'élèveront par la faveur de leurs concitoyens, il me semble néanmoins que les exemples de ces sortes d'élévations sont très rares dans l'histoire. L'esprit républicain, jaloux à l'excès de sa liberté, prend ombrage de tout ce qui peut lui donner des entraves, et se révolte contre la seule idée d'un maître. On connaît dans l'Europe des peuples qui ont secoué le joug de leurs tyrans pour jouir d'une heureuse indépendance, mais on n'en connaît point qui, de libres qu'ils étaient, se sont assujettis à un esclavage volontaire.

Plusieurs républiques sont retombées, par la suite des temps, sous le despotisme; il paraît même que ce soit un malheur inévitable qui les attend toutes, et ce n'est qu'un effet de ces vicissitudes et de ces changements qu'éprouvent toutes les choses de ce monde. Car comment une république résisterait-elle éternellement à toutes les causes qui minent sa liberté ? Comment pourrait-elle contenir toujours l'ambition des grands qu'elle nourrit dans son sein, cette ambition qui renaît sans cesse et qui ne meurt jamais ? Comment pourra-t-elle, à la longue, veiller sur les séductions et les sourdes pratiques de ses voisins, et sur la corruption de ses membres, tant que l'intérêt est tout-puissant chez les hommes ? Comment peut-elle espérer de sortir toujours heureusement des guerres qu'elle aura à soutenir ? Comment pourra-t-elle prévenir ces conjonctures fâcheuses pour la liberté, ces moments critiques et décisifs, et ces hasards qui favorisent les téméraires et les audacieux ? Si ses troupes sont commandées par des chefs lâches et timides, elle deviendra la proie de ses ennemis, et si elles ont à leur tête des hommes vaillants et hardis, ils ne seront pas moins entreprenants en temps de paix qu'en temps de guerre; le défaut de leur constitution les fera donc périr tôt ou tard.

Mais si les guerres civiles sont funestes à un État monarchique, elles le sont d'autant plus à un État libre. C'est une maladie qui leur est mortelle : à leur faveur, les Sylla conservèrent la dictature à Rome, les César se rendirent les maîtres par les armes qu'on leur avait mises en les mains, et les Cromwell vinrent à bout d'escalader le trône.

Les républiques se sont presque toutes élevées de l'abîme de la tyrannie au comble de la liberté, et elles sont presque toutes retombées de cette liberté dans l'esclavage. Ces mêmes Athéniens qui, du temps de Démosthène, outrageaient Philippe de Macédoine, rampèrent devant Alexandre; ces mêmes Romains, qui abhorraient la royauté après l'expulsion des rois, souffrirent patiemment, après la révolution de quelques siècles, toutes les cruautés de leurs empereurs. Et ces mêmes Anglais qui

Selbst wenn die Lehren des Autors für diejenigen sehr genau zutreffen, die dank der Gunst ihrer Mitbürger aufsteigen, so scheint es in der Geschichte doch nur wenige Beispiele eines solchen Aufstiegs zu geben. Der republikanische Geist, der höchst eifersüchtig über seine Freiheit wacht, schöpft Verdacht gegen alles, was ihm Fesseln anlegen könnte, und revoltiert gegen die bloße Vorstellung von einem Herren. In Europa kennt man etliche Völker, die das Joch ihrer Tyrannen abgeschüttelt haben, um eine glückliche Unabhängigkeit zu genießen, aber man kennt keine, die frei waren und sich freiwillig der Sklaverei unterwarfen.

Mehrere Republiken sind im Laufe der Zeiten wieder in den Despotismus zurückgefallen; das scheint sogar ein unvermeidliches Unglück zu sein, das ihnen allen bevorsteht; doch es ist nur eine Auswirkung der Schicksalsschläge und der Wechselfälle, die es in allen Dingen dieser Welt zu erleiden gilt. Denn wie sollte eine Republik auf ewig den Kräften Widerstand leisten, die ihre Freiheit untergraben? Wie könnte sie für immer dem Ehrgeiz der Großen Einhalt gebieten, der in ihrer Mitte gedeiht, jenem Ehrgeiz, der immer neu entsteht und niemals ausstirbt? Wie könnte sie auf Dauer die Versuchungen, die geheimen Machenschaften ihrer Nachbarn und die Korruption ihrer Bürger überwachen, solange der Eigennutz unter den Menschen allmächtig ist? Wie kann sie hoffen, stets glücklich aus den Kriegen hervorzugehen, die sie zu führen hat? Wie kann sie den Umständen, die ihre Freiheit bedrohen, vorbeugen, wie diesen kritischen und entscheidenden Augenblicken und Zufällen, welche die Tollkühnen und die Wagemutigen begünstigen? Wenn feige und ängstliche Heerführer die Befehlsgewalt über ihre Truppen ausüben, wird die Republik zur Beute ihrer Feinde; wenn sie tapfere und kühne Männer an ihrer Spitze haben, werden diese in Friedenszeiten nicht weniger unternehmungsfreudig sein als im Krieg. Die Unzulänglichkeiten ihrer Verfassung werden also jede Republik früher oder später zugrunde richten.

Sind aber Bürgerkriege schon für die Monarchien verhängnisvoll, dann sind sie es erst recht für einen freien Staat. Es ist eine Krankheit, die für ihn lebensgefährlich ist: Dank der Bürgerkriege konnte ein Sulla[1] die Diktatur in Rom halten, ein Caesar machte sich mithilfe der Waffen, die man ihm anvertraut hatte, zum Herren, und einem Cromwell gelang es, mit ihrer Hilfe die Stufen zum Thron hinaufzusteigen.

Fast alle Republiken haben sich vom Abgrund der Tyrannei zum Gipfel der Freiheit erhoben, und fast alle sind von dieser Freiheit wieder in die Sklaverei hinabgestürzt. Dieselben Athener, die zu Zeiten des Demosthenes Philipp von Mazedonien[2] beschimpften, krochen vor Alexander; dieselben Römer, die nach der Vertreibung der Könige das Königtum verabscheuten, erlitten nach den Umwälzungen, die mehrere Jahrhunderte andauerten, geduldig alle Grausamkeiten ihrer Kaiser. Und dieselben

mirent à mort Charles Ier, puisqu'il empiétait sur leurs droits, plièrent la roideur de leur courage sous la puissance altière de leur protecteur. Ce ne sont donc point ces républiques qui se sont donné des maîtres par leur choix, mais des hommes entreprenants qui, aidés de quelques conjonctures favorables, les ont soumises contre leur volonté et par force.

De même que les hommes naissent, vivent un temps et meurent par maladies ou par l'âge, de même les républiques se forment, fleurissent quelques siècles, et périssent enfin par l'audace d'un citoyen ou par les armes de leurs ennemis. Tout a son période, tous les empires et les plus grandes monarchies même n'ont qu'un temps, et il n'est rien dans l'univers qui ne soit assujetti aux lois du changement et de la destruction. Le despotisme porte le coup mortel à la liberté, et il termine tôt ou tard le sort d'une république. Les unes se soutiennent plus longtemps que les autres, selon la force de leur tempérament; elles reculent autant qu'il dépend d'elles le moment fatal de leur ruine, et se servent de tous les remèdes qu'indique la sagesse pour prolonger leur destinée. Mais il faut céder enfin aux lois éternelles et immuables de la nature, et il faut qu'elles périssent lorsque la chaîne des événements entraîne leur perte.

Ce n'est pas d'ailleurs à des hommes qui savent ce que c'est d'être heureux, et qui veulent l'être, qu'on doit proposer de renoncer à la liberté.

On ne persuadera jamais à un républicain, à Caton ou à Lyttelton, que le gouvernement monarchique est la meilleure forme de gouvernement lorsqu'un roi a l'intention de remplir son devoir, puisque sa volonté et sa puissance rendent sa bonté efficace. J'en conviens, vous dira-t-il; mais où trouver ce phénix des princes? C'est l'homme de Platon, c'est la Vénus de Médicis qu'un sculpteur habile forma de l'assemblage de quarante beautés différentes, et qui n'exista jamais qu'en marbre. Nous savons ce que comporte l'humanité, et qu'il est peu de vertus qui résistent à la puissance illimitée de satisfaire ses désirs et aux séductions du trône. Votre monarchie métaphysique serait un paradis sur la terre s'il en existait une; mais le despotisme, comme il est réellement, change du plus au moins ce monde en véritable enfer.

Ma seconde réflexion regarde la morale de Machiavel. Je ne saurais m'empêcher de lui reprocher que l'intérêt, selon lui, est le nerf de toutes les actions, tant bonnes que mauvaises. Il est vrai, selon l'opinion commune, que l'intérêt entre pour beaucoup dans un système despotique[1], la justice et la probité pour rien; mais on devrait exter-

Engländer, die Karl I. wegen seiner Eingriffe in ihre Rechte zum Tode verdammten, gaben unter der Herrschaft ihres hochfahrenden Protektors ihre mutige Unbeugsamkeit auf. Es ist also keineswegs so, dass sich diese Republiken nach eigener Wahl Herren gegeben haben, sondern es waren tatkräftige Männer, die die Gunst der Stunde nutzten und sich die Republiken gegen deren Willen mit Gewalt unterwarfen.

Wie die Menschen geboren werden, eine Zeit lang leben und dann an Krankheit oder aufgrund ihres hohen Alters sterben, ebenso entstehen Republiken, blühen einige Jahrhunderte lang und gehen schließlich durch die Kühnheit eines Bürgers oder durch die Waffen ihrer Feinde zugrunde. Alles hat seine Zeit, alle Reiche und selbst die größten Monarchien haben nur eine bestimmte Dauer, und es gibt nichts auf dieser Welt, das nicht den Gesetzen des Wandels und des Zerfalls unterworfen wäre.[1] Der Despotismus versetzt der Freiheit den Todesstoß und beendet früher oder später das Geschick einer Republik. Die Einen behaupten sich entsprechend ihrer Lebenskraft länger als die Anderen; sie schieben den entscheidenden Augenblick ihres Zerfalls, soweit es in ihrer Macht steht, hinaus und verlängern ihr Schicksal mit allen Mitteln, die ihnen die Weisheit rät; aber letztlich müssen auch sie den ewigen, unabänderlichen Gesetzen der Natur weichen und zugrunde gehen, sobald die Verkettung der Ereignisse ihren Untergang mit sich bringt.

Den Menschen, die wissen, was glücklich sein heißt, und die es sein wollen, darf man im Übrigen nicht vorschlagen, auf ihre Freiheit zu verzichten.

Niemals wird man einen Republikaner, einen Cato oder einen Lyttelton[2] davon überzeugen können, dass die Monarchie die beste Staatsform sei, vorausgesetzt, ein König hat die Absicht, seine Pflicht zu erfüllen, denn sein Wille und seine Macht bringen seine Güte zur Wirkung. Zugegeben, wird er sagen, doch wo findet man diesen Phönix unter den Fürsten? Das ist ja wie Platons Idealmensch[3] oder die Venus der Medici[4], die ein geschickter Bildhauer nach der Zusammenschau von vierzig verschiedenen Schönheiten formte und die in Wirklichkeit nie existierte als eben in Marmor. Wir wissen doch, was die Menschheit verträgt und dass es wenige Tugenden gibt, die dem mächtigen Drang nach Erfüllung unserer Wünsche und den Verführungen des Thrones widerstehen. Ihre metaphysische Monarchie, gäbe es eine, wäre das Paradies auf Erden; doch der Despotismus, wie er wirklich ist, macht aus dieser Welt mehr oder weniger eine wahre Hölle.

Meine zweite Überlegung betrifft Machiavellis Morallehre. Ich kann ihm den Vorwurf nicht ersparen, dass der Eigennutz für ihn der Antrieb für alle guten und schlechten Taten darstellt. Nach landläufiger Meinung trifft es zu, dass der Eigennutz in einem despotischen System eine wichtige Rolle spielt, Gerechtigkeit und Redlichkeit

miner à jamais l'affreuse politique qui ne se plie point sur les maximes d'une morale saine et épurée. Machiavel veut que tout se fasse dans le monde par intérêt, comme les Jésuites veulent sauver les hommes uniquement par la crainte du diable, à l'exclusion de l'amour de Dieu. La vertu devrait être l'unique motif de nos actions, car qui dit la vertu dit la raison : ce sont des choses inséparables, et qui le seront toujours lorsqu'on voudra agir conséquemment. Soyons donc raisonnables, puisque ce n'est qu'un peu de raison qui nous distingue des bêtes, et que ce n'est que la bonté qui nous rapproche de cet être infiniment bon dont nous tenons tous notre existence.

Chapitre 10

Depuis le temps où Machiavel écrivait son *Prince politique*, le monde est si fort changé qu'il n'est presque plus reconnaissable. Les arts et les sciences, qui commençaient alors à renaître de leurs cendres, se ressentaient encore de la barbarie où l'établissement du christianisme, les fréquentes invasions des Goths en Italie et une suite de guerres cruelles et sanglantes les avaient plongés. À présent, les nations ont presque toutes troqué leurs anciennes coutumes contre de nouvelles, des princes faibles sont devenus puissants, les arts se sont perfectionnés, et la face de l'Europe est entièrement différente de ce qu'elle était au siècle de Machiavel.

Si un philosophe de ces temps reculés revenait au monde, il se trouverait très idiot et très ignorant ; il n'entendrait pas même jusqu'au jargon de la nouvelle philosophie ; il trouverait des cieux et une terre nouvelle. Au lieu de cette inaction, au lieu de cette quiétude qu'il supposait à notre globe, il verrait le monde et tous les astres asservis aux lois du mouvement projectile et de l'attraction qui, dans des ellipses différentes, tournent autour du soleil, qui lui-même a un mouvement spiral sur son axe. À la place des grands mots bizarres dont l'orgueilleuse emphase enveloppait de son obscurité le non-sens de ses pensées et qui cachaient sa superbe ignorance, on lui apprendrait à connaître la vérité et l'évidence simplement et clairement. Et pour son misérable roman de physique, on lui donnerait des expériences admirables, certaines et étonnantes.

Si quelque habile capitaine de Louis XII reparaissait de nos jours, il serait entièrement désorienté : il verrait qu'on fait la guerre avec des armées innombrables, que l'on

hingegen keine. Doch sollte man endlich diese abscheuliche Politik, die sich nicht an die Grundsätze einer gesunden und lauteren Moral hält, für immer aus der Welt schaffen. Ginge es nach Machiavelli, geschähe alles in der Welt nur aus Eigennutz, so wie die Jesuiten die Menschen allein durch die Furcht vor dem Teufel retten wollen und dabei die Liebe zu Gott ausschließen. Die Tugend sollte der einzige Beweggrund unserer Handlungen sein, denn wer Tugend sagt, sagt Vernunft: Beide sind untrennbar miteinander verknüpft, und sie werden es auch als Voraussetzung folgerichtigen Handelns immer bleiben. Seien wir also vernünftig, denn es ist das bisschen Vernunft, das uns von den Tieren unterscheidet, und nur die Güte bringt uns jenem unendlich gütigen Wesen näher, dem unser aller Dasein obliegt.

10. Kapitel[1]

Seit der Zeit, in der Machiavelli seinen politischen *Fürsten* schrieb, hat sich die Welt so stark verändert, dass sie kaum wiederzuerkennen ist. Die Künste und die Wissenschaften, die damals aus ihrer Asche wiederzuerstehen begannen, waren noch geprägt von der Barbarei, in die sie die Einführung des Christentums, die häufigen Einfälle der Goten in Italien und eine Folge grausamer und blutiger Kriege versenkt hatten. Heutzutage haben fast alle Nationen ihre alten Bräuche gegen neue eingetauscht, schwache Fürsten sind mächtig geworden, die Künste haben Fortschritte gemacht, und Europa zeigt im Vergleich mit den Zuständen im Jahrhundert Machiavellis ein völlig verändertes Gesicht.

Käme ein Philosoph aus jenen fernen Zeiten heute wieder auf die Welt, müsste er sich sehr dumm und sehr unwissend vorkommen, sogar die Fachsprache der neuen Philosophie wäre ihm unverständlich, Himmel und Erde kämen ihm neu vor. An Stelle der Untätigkeit und der Ruhe, die er auf unserem Globus vermuten würde, sähe er die Welt und alle Gestirne, die in verschiedenen Ellipsen um die Sonne kreisen, die sich selbst in einer Spiralbewegung um ihre eigene Achse dreht, den Gesetzen der Bewegung und der Anziehung unterworfen. An Stelle der seltsamen Redensarten, deren dünkelhafte Emphase den Unsinn ihrer Gedanken mit Undurchsichtigkeit umhüllte und ihre erhabene Ignoranz verbarg, würde man ihn die Wahrheit und die Evidenz einfach und klar einsehen lehren. Seinen erbärmlichen Roman über die Physik würde man durch bewundernswerte, zuverlässige und erstaunliche Experimente ersetzen.[2]

Käme heutzutage einer der tüchtigen Feldherren Ludwigs XII. wieder auf die Welt, fände auch er sich in keiner Weise zurecht: Er würde sehen, dass man mit unzählba-

ne peut souvent pas même faire subsister en campagne à cause de leur nombre, mais que les princes entretiennent pendant la paix comme dans la guerre, au lieu que de son temps, pour frapper les grands coups et pour exécuter les grandes entreprises, une poignée de monde suffisait, qui était congédiée dès lors que la guerre était finie. Au lieu de ces vêtements de fer, de ces lances, de ces mousquets dont il connaissait l'usage, il trouverait des habits d'ordonnance, des fusils et des baïonnettes, des méthodes nouvelles pour faire la guerre, une infinité d'inventions meurtrières pour l'attaque et la défense des places, et l'art de faire subsister des troupes, tout aussi nécessaire à présent que le pouvait être autrefois celui de battre l'ennemi.

Mais que ne dirait pas Machiavel lui-même s'il pouvait voir la nouvelle forme du corps politique de l'Europe! Tant de grands princes qui figurent à présent dans le monde, qui n'y étaient pour rien alors, la puissance des rois solidement établie, la manière de négocier des souverains, ces espions privilégiés entretenus mutuellement dans toutes les cours, et cette balance qu'établit en Europe l'alliance de quelques princes considérables pour s'opposer aux ambitieux, qui subsiste par sagesse, qui entretient l'égalité, et qui n'a pour but que le repos du monde!

Toutes ces choses ont produit un changement si général et si universel qu'elles rendent la plupart des maximes de Machiavel inapplicables à notre politique moderne, et d'aucun usage. C'est ce que fait voir principalement ce chapitre. Je dois en rapporter quelques exemples.

Machiavel suppose qu'« un prince dont le pays est étendu, qui avec cela a beaucoup d'argent et de troupes, peut se soutenir par ses propres forces sans l'assistance d'aucun allié, contre les attaques de ses ennemis. »

C'est ce que j'ose très modestement contredire. Je dis même plus, et j'avance qu'un prince, quelque redouté qu'il soit, ne saurait lui seul résister à des ennemis puissants, et qu'il lui faut nécessairement le secours de quelque allié. Si le plus grand, le plus formidable, le plus puissant prince de l'Europe, si Louis XIV fut sur le point de succomber dans la guerre de la succession d'Espagne et que, faute d'alliances, il ne put presque plus résister à la ligue redoutable d'une infinité de rois et de princes qui pensa l'accabler, à plus forte raison tout souverain qui lui est inférieur ne peut-il, sans hasarder beaucoup, demeurer isolé et sans avoir de bonnes et de fortes alliances.

ren Armeen, deren Verpflegung allein im Felde bei ihrer großen Zahl oftmals nicht gesichert ist, Krieg führt, und dass die Fürsten diese Armeen aber in Friedenszeiten wie im Kriege unterhalten, während zu seiner Zeit noch eine Handvoll Soldaten, die nach Kriegsende wieder entlassen wurden, ausreichte, wenn man zum entscheidenden Schlag ausholen und große Unternehmungen bewerkstelligen wollte. An Stelle der eisernen Rüstungen, der Lanzen und Musketen, deren Handhabung er kannte, würde er Uniformen, Gewehre und Bajonette vorfinden, neue Methoden der Kriegsführung, zahllose mörderische Erfindungen für Angriff und Verteidigung fester Plätze sowie die Kunst, Truppen zu verpflegen, die heute so notwendig ist, wie es früher diejenige sein mochte, den Feind zu schlagen.

Was aber würde Machiavelli selbst nicht alles sagen, könnte er die Neugestaltung der politischen Machtverhältnisse in Europa sehen? So viele große Fürsten, die jetzt in der Welt eine Rolle spielen und früher dort keinerlei Bedeutung hatten, die feste Verankerung der königlichen Macht, die Art, wie Herrscher miteinander verhandeln, die bevollmächtigten Spione, die man an allen Höfen wechselseitig unterhält, jenes Gleichgewicht, das in Europa auf dem Bündnis beruht, das einige bedeutende Fürsten gegen die Ehrgeizigen geschlossen haben, ein Bündnis, das der Weisheit zu verdanken ist, das die Gleichheit aufrechterhält und nur das eine Ziel verfolgt: die Ruhe in der Welt!

All diese Dinge haben einen so allgemeinen und umfassenden Wandel hervorgerufen, dass die meisten Lehrsätze Machiavellis für unsere moderne Politik unbrauchbar geworden sind und sich nicht mehr anwenden lassen. Das vor allem macht das vorliegende Kapitel deutlich. Ich darf einige Beispiele anführen.

Machiavelli nimmt an, »dass ein Fürst mit einem ausgedehnten Land, der dadurch über viel Geld und zahlreiche Truppen verfügt, sich aus eigener Kraft und ohne die Unterstützung irgendeines Verbündeten gegen die Angriffe seiner Feinde behaupten kann«.

Dem wage ich in aller Bescheidenheit zu widersprechen. Ich gehe sogar einen Schritt weiter und behaupte, dass ein noch so gefürchteter Fürst starken Gegnern allein nicht widerstehen kann und er unbedingt auf die Hilfe eines Verbündeten zurückgreifen muss. Wenn sogar der größte, der am meisten gefürchtete, der mächtigste Fürst Europas, wenn Ludwig XIV. im Spanischen Erbfolgekrieg[1] beinahe unterlag und aus Mangel an Bündnissen der furchtbaren Liga zahlloser Könige und Fürsten, die ihn erdrücken wollten, kaum noch Widerstand zu leisten vermochte, so muss doch wohl jeder andere Herrscher, der ihm unterlegen ist, noch mehr darauf bedacht sein, nicht isoliert und nicht ohne verlässliche und mächtige Bündnisse zu bleiben, wenn er nicht alles aufs Spiel setzen will.

On dit, et cela se répète sans beaucoup de réflexion, que les traités sont inutiles puisqu'on n'en remplit presque jamais tous les points, et qu'on est moins scrupuleux là-dessus dans notre siècle qu'en tout autre. Je réponds à ceux qui pensent ainsi que je ne doute nullement qu'ils ne trouvent des exemples anciens, et même très récents, de princes qui n'ont point rempli exactement leurs engagements, mais cependant, qu'il est toujours très avantageux de faire des traités, que les alliés que vous vous faites seront, si ce n'est autre chose, autant d'ennemis que vous aurez de moins, et que, s'ils ne vous sont d'aucun secours, vous les réduisez toujours certainement à observer une exacte neutralité.

Machiavel parle ensuite des *principini*, de ces souverains en miniature qui, n'ayant que de petits États, ne peuvent point mettre d'armée en campagne, et l'auteur appuie beaucoup sur ce qu'ils doivent fortifier leur capitale, afin de s'y enfermer avec leurs troupes en cas de guerre.

Les princes dont parle Machiavel ne sont proprement que des hermaphrodites de souverains et de particuliers; ils ne jouent le rôle de grands seigneurs qu'avec leurs domestiques. Ce qu'on pourrait leur conseiller de meilleur serait, ce me semble, de diminuer en quelque chose l'opinion infinie qu'ils ont de leur grandeur, de la vénération extrême qu'ils ont pour leur ancienne et illustre race, et du zèle inviolable qu'ils ont pour leurs armoiries. Les personnes sensées disent qu'ils feraient mieux de ne figurer dans le monde que comme des particuliers qui sont bien à leur aise, de quitter une bonne fois les échasses sur lesquelles leur orgueil les monte, de n'entretenir tout au plus qu'une garde suffisante pour chasser les voleurs de leurs châteaux, en cas qu'il y en eut d'assez affamés pour y chercher subsistance, et de raser les remparts, les murailles et tout ce qui peut donner l'air d'une place forte à leur résidence.

En voici les raisons. La plupart des petits princes, et nommément ceux d'Allemagne, se ruinent par la dépense, excessive à proportion de leurs revenus, que leur fait faire l'ivresse de leur vaine grandeur. Ils s'abîment pour soutenir l'honneur de leur maison, et ils prennent par vanité le chemin de la misère et de l'hôpital. Il n'y a pas jusqu'au cadet du cadet d'une ligne apanagée qui ne s'imagine d'être quelque chose de semblable à Louis XIV: il bâtit son Versailles, il baise sa Maintenon, et il entretient ses armées.

Il y a actuellement un certain prince d'Allemagne apanagé d'une grande maison qui, par un raffinement de grandeur, entretient exactement à son service tous les corps de troupes qui composent la maison du Roi, mais cela si fort en diminutif qu'il

Man sagt zwar, und es wird, ohne viel darüber nachzudenken, oft wiederholt, Verträge seien unnötig, weil sie fast nie in allen Punkten erfüllt werden und man in unserem Jahrhundert diesbezüglich noch weniger gewissenhaft sei als in jedem anderen. Denen, die so denken, antworte ich: Zweifellos findet man in alter und sogar in neuester Zeit Beispiele von Fürsten, die ihren Verpflichtungen nicht ernsthaft genug nachgekommen sind, es ist jedoch immer vorteilhaft, Verträge zu schließen; denn die Verbündeten, die Sie gewonnen haben, bedeuten, wenn schon nicht mehr, dann doch entsprechend weniger Feinde. Selbst wenn sie Ihnen keinerlei Hilfe leisten, können Sie sie stets dazu bringen, strenge Neutralität zu wahren.

Machiavelli spricht dann von den *principini*, jenen Miniatursouveränen, die, weil sie nur kleine Staaten besitzen, keine Armeen ins Feld schicken können. Der Autor betont nachdrücklich, dass sie ihre Hauptstadt befestigen sollen, damit sie sich in Kriegszeiten dort mit ihren Truppen verschanzen können.

Diese von Machiavelli hier erwähnten Fürsten sind eigentlich nur Zwitterwesen aus Herrscher und Privatperson; nur gegenüber ihrem Dienstpersonal spielen sie die Rolle großer Herren. Das Beste, das man ihnen raten könnte, wäre, wie mir scheint, die grenzenlose Meinung, die sie von ihrer Größe haben, die ungeheure Verehrung für ihr altes und berühmtes Geschlecht sowie den unüberwindlichen Eifer, den sie gegenüber ihren Wappen an den Tag legen, etwas zu verringern. Vernünftige Leute sagen, solche Fürsten täten besser daran, in der Welt nur als Privatpersonen aufzutreten, die wohlhabend sind, und ein für allemal von ihren Stelzen, auf denen ihr Dünkel sie einherschreiten lässt, herabzusteigen, allerhöchstens eine Wache zu unterhalten, die ausreicht, um die Diebe von ihren Schlössern zu jagen, wenn es denn derer, die Hunger leiden, so viele gibt, dass sie dort nach Nahrung suchen. Schutzwälle, Mauern und alles, was ihrer Residenz das Aussehen einer Festung verleiht, sollten sie schleifen lassen.

Die Gründe sind folgende: Die meisten kleinen Fürsten, namentlich die in Deutschland, ruinieren sich durch den im Verhältnis zu ihren Einkünften übertriebenen Aufwand, wozu der Taumel ihrer eitlen Größe sie verleitet. Um die Ehre ihres Hauses zu erhalten, richten sie sich zugrunde; aus Eitelkeit gehen sie den Weg, der sie ins Elend und ins Armenhaus führt. Noch der jüngste Sohn eines nachgeborenen Prinzen aus apanagiertem Hause bildet sich ein, so etwas wie ein kleiner Ludwig XIV. zu sein: Er baut sein Versailles, geht mit seiner Maintenon[1] ins Bett und hält sich eine Armee.

Es gibt in unseren Tagen tatsächlich einen apanagierten Fürsten aus großem Hause in Deutschland[2], der sein Streben nach Größe so raffiniert hat, dass er sich zu seinen Diensten exakt all jene Truppengattungen hält, die den Hofstaat des Königs ausma-

faut un microscope pour apercevoir chacun de ces corps en particulier ; son armée serait peut-être assez forte pour représenter une bataille sur le théâtre de Vérone, mais passé cela, ne lui en demandez pas davantage.

J'ai dit, en second lieu, que les petits princes faisaient mal de fortifier leur résidence, et la raison en est toute simple : ils ne sont pas dans le cas de pouvoir être assiégés par leurs semblables, puisque des voisins plus puissants qu'eux se mêlent d'abord de leurs démêlés, et leur offrent une médiation qu'il ne dépend pas d'eux de refuser. Ainsi, au lieu de sang répandu, deux coups de plume terminent leurs petites querelles.

À quoi leur serviraient donc leurs forteresses ? Quand même elles seraient en état de soutenir un siège de la longueur de celui de Troie contre leurs petits ennemis, elles n'en soutiendraient pas un comme celui de Jéricho devant les armées d'un roi ou d'un monarque puissant. Si, d'ailleurs, de grandes guerres se font dans leur voisinage, il ne dépend pas d'eux de rester neutres, ou ils sont totalement ruinés ; et s'ils embrassent le parti d'une des puissances belliqueuses, leur capitale devient la place de guerre de ce prince.

Victor-Amédée, infiniment supérieur par sa puissance à l'ordre des princes desquels nous venons de parler, éprouva dans toutes les guerres d'Italie un sort très fâcheux pour ses forteresses. Turin éprouva même comme un flux et reflux de domination tantôt française et tantôt impériale.

L'avantage des villes ouvertes est qu'en temps de guerre, personne ne s'en embarrasse, qu'on les regarde comme inutiles et qu'ainsi on en laisse tranquillement la possession à ceux à qui elles appartiennent.

L'idée que Machiavel nous donne des villes impériales d'Allemagne est toute différente de ce qu'elles sont à présent ; un pétard suffirait, et au défaut de celui-là, un mandement de l'Empereur, pour le rendre maître de ces villes. Elles sont toutes mal fortifiées, la plupart avec d'anciennes murailles flanquées en quelques endroits par de grosses tours, et entourées par des fossés que des terres écroulées ont presque entièrement refermés. Elles ont peu de troupes, et celles qu'elles entretiennent sont mal disciplinées ; leurs officiers sont ou le rebut de l'Allemagne, ou de vieilles gens qui ne sont plus en état de servir. Quelques-unes de ces villes impériales ont une assez bonne artillerie, mais cela ne suffirait point pour s'opposer à l'Empereur qui a coutume de leur faire sentir assez souvent leur infériorité.

chen, aber alles so sehr im Kleinen, dass es eins Mikroskops bedarf, um jede Gattung einzeln wahrnehmen zu können, seine Armee würde vielleicht ausreichen, um im Theater von Verona eine Schlacht aufzuführen; doch abgesehen davon dürfen Sie nicht viel mehr von ihr erwarten.

Zweitens habe ich gesagt, die kleinen Fürsten machten einen Fehler, wenn sie ihre Residenz befestigten, und der Grund dafür ist ganz einfach: Sie kommen gar nicht in die Lage, von ihresgleichen belagert zu werden, da Nachbarn, die mächtiger sind als sie, sich sogleich in ihre Streitigkeiten einmischen und ihnen eine Vermittlung anbieten, die abzulehnen nicht in ihrer Macht steht. So werden ihre kleinen Fehden nicht durch Blutvergießen, sondern durch zwei Federstriche beendet.

Wozu sollten ihnen also ihre Festungen dienen? Selbst wenn sie so beschaffen wären, dass sie eine Belagerung durch ihre kleinen Feinde, die so lange dauern würde wie die von Troja, aushielten, wären sie einer Belagerung wie der von Jericho durch die Armee eines Königs oder sonst eines mächtigen Herrschers doch nicht gewachsen. Falls darüber hinaus in ihrer Nachbarschaft große Kriege stattfinden, steht es nicht in ihrer Macht, neutral zu bleiben, oder sie gehen vollkommen unter, und wenn sie sich auf die Seite einer der kriegführenden Mächte schlagen, wird ihre Hauptstadt zum Kriegsschauplatz des betreffenden Fürsten.

Viktor Amadeus[1], der aufgrund seiner Macht den eben erwähnten kleinen Fürsten unendlich überlegen war, machte mit seinen Festungen in allen Kriegen Italiens sehr traurige Erfahrungen. Turin musste gar in schnellem Wechsel bald die Herrschaft der Franzosen, bald die des Kaisers über sich ergehen lassen.

Der Vorteil einer offenen Stadt ist der, dass sich in Kriegszeiten kein Mensch um sie kümmert, dass man sie für nutzlos hält und so ihren Besitz in aller Ruhe jenen belässt, denen sie gehört.

Das Bild, das Machiavelli uns von den deutschen Reichsstädten[2] vermittelt, unterscheidet sich gänzlich von ihrem gegenwärtigen Zustand. Mit einer Petarde oder auch nur einer einzigen Aufforderung wäre der Kaiser Herr einer solchen Stadt. Die Reichsstädte sind insgesamt schlecht befestigt, die meisten mit alten Mauern, die an einigen Stellen mit dicken Türmen flankiert und mit Gräben umgeben sind, die abgerutschtes Erdreich fast völlig zugeschüttet hat. Die Anzahl ihrer Truppen ist gering, und die wenigen, die sie unterhalten, haben keine Disziplin; ihre Offiziere sind entweder der Abschaum Deutschlands oder alte Leute, die nicht mehr diensttauglich sind. Einige dieser Reichsstädte besitzen eine ziemlich gute Artillerie, die jedoch nicht ausreichen würde, sich dem Kaiser zu widersetzen, der es sich zur Gewohnheit gemacht hat, sie öfter einmal ihre Schwäche fühlen zu lassen.

En un mot, faire la guerre, livrer des batailles, attaquer ou défendre des forteresses, est uniquement l'affaire des grands princes, et ceux qui veulent les imiter sans en avoir la puissance donnent dans le ridicule de Domitien, qui contrefaisait le bruit du tonnerre, et pensait persuader par là au peuple romain qu'il était Jupiter.

Chapitre 11

J'ai toujours trouvé fort étrange que ceux qui se disent les successeurs des apôtres, j'entends de quelques gueux prêcheurs d'humilité et de repentance, possédassent de grands biens, raffinassent sur le luxe, et remplissent des postes plus propres à satisfaire la vanité du siècle et l'ostentation des grands qu'à occuper des hommes qui doivent méditer sur le néant de la vie humaine et sur l'œuvre de leur salut. On trouve cependant que le clergé de l'Église romaine est puissamment riche, que des évêques occupent le rang de princes souverains, et que la puissance temporelle et spirituelle du premier évêque des chrétiens le rend en quelque façon l'arbitre des rois et la quatrième personne de la Divinité.

Les ecclésiastiques ou les théologiens distinguent plus scrupuleusement que tout autre les attributs de l'âme de ceux du corps; mais c'est sur le sujet de leur ambition qu'on devrait rétorquer leurs arguments. Vous, pourrait-on leur dire, dont la vocation renferme les devoirs de votre ministère au spirituel, comment l'avez-vous si grossièrement confondu avec le temporel? Vous qui employez si subtilement le *distinguo* lorsqu'il s'agit de l'esprit, que vous ne connaissez point, et de la matière, que vous connaissez très peu, d'où vient que vous rejetez ces distinctions lorsqu'il s'agit de vos intérêts? C'est que ces messieurs s'embarrassent peu du jargon inintelligible qu'ils parlent, et beaucoup des gros revenus qu'ils tirent. C'est que leur façon de raisonner doit être conforme à l'orthodoxie, comme leur façon d'agir aux passions dont ils sont animés, et que les objets palpables de la nature l'emportent autant sur l'intellectuel que le bonheur réel de cette vie sur le bonheur idéal de l'autre monde.

Cette puissance étonnante des ecclésiastiques fait le sujet de ce chapitre, de même que tout ce qui regarde leur gouvernement temporel.

Mit einem Wort: Krieg führen, Schlachten liefern, Festungen angreifen oder verteidigen ist einzig und allein die Sache großer Fürsten. Wer sie nachahmen will, ohne die Macht dazu zu haben, setzt sich der Lächerlichkeit aus wie Domitian[1], der den Lärm des Donners nachahmte und das römische Volk glauben machen wollte, er sei Jupiter.

11. Kapitel[2]

Ich fand es immer höchst sonderbar, dass Leute, die sich die Nachfolger der Apostel nennen – darunter verstehe ich die Nachfolger einer Handvoll Bettler und Prediger der Demut und Buße –, große Güter besaßen, sich raffinierten Luxus leisteten und Ämter bekleideten, die weit mehr der weltlichen Eitelkeit und Prunksucht der Großen angestanden hätten, als Männern, deren Aufgabe es ist, über die Nichtigkeit des menschlichen Lebens und über ihr Seelenheil nachzudenken. Man stellt hingegen fest, dass die Geistlichkeit der römischen Kirche ungeheuer reich ist, dass Bischöfe den Rang souveräner Fürsten genießen und dass die weltliche und geistliche Macht des ersten Bischofs der Christenheit ihn in gewisser Weise zum Schiedsrichter über Könige und zur vierten Person der Gottheit macht.

Die Geistlichen oder die Theologen unterscheiden sehr viel gewissenhafter als alle anderen zwischen dem, was der Seele, und dem, was dem Körper gebührt; doch ist ihr Ehrgeiz das Thema, bei dem man sie mit ihren eigenen Argumenten schlagen muss. Ihre Berufung zum priesterlichen Amt verpflichtet Sie, könnte man ihnen vorhalten, zu einem spirituellen Amt. Wie aber konnten Sie es so grob mit einem weltlichen verwechseln? Wie kommt es, dass Sie so scharfsinnig zu unterscheiden wissen, wenn es um den Geist geht, den Sie nicht kennen, und um die Materie, die Sie kaum kennen? Wie kommt es, dass Sie diese Unterscheidungen aber zurückweisen, sobald es um Ihre Interessen geht? Das kommt daher, weil diese Herren sich wenig über den unverständlichen Jargon, den sie benutzen, aber umso mehr über die Größe der ihnen zustehenden Einkünfte Gedanken machen! Das kommt daher, weil sie nach Art der Orthodoxie denken, aber auch in Übereinstimmung mit den Leidenschaften, von denen sie angetrieben werden, handeln müssen! Und weil die greifbaren Dinge der Natur in dem Maße die Oberhand über das Intellektuelle gewinnen wie das wirkliche Glück in diesem Leben über das ideale Glück in der Welt des Jenseits!

Diese erstaunliche Macht der Geistlichkeiten ist das Thema des vorliegenden Kapitels sowie alles, was ihre weltliche Herrschaft anbelangt.

Machiavel trouve que les princes ecclésiastiques sont fort heureux, puisqu'ils n'ont à craindre ni la mutinerie de leurs sujets, ni l'ambition de leurs voisins : le nom respectable et imposant de la Divinité les met à l'abri de tout ce qui pourrait s'opposer à leur intérêt et à leur grandeur. Les princes qui les attaqueraient craignent le sort des Titans, et les peuples qui leur désobéiraient redoutent le destin des sacrilèges. La pieuse politique de cette espèce de souverains s'applique à persuader au monde ce que Despréaux exprime si bien dans ce vers :

Qui n'aime pas Cotin n'aime Dieu ni le Roi.

Ce qu'il y a d'étrange, c'est que ces princes trouvent assez de dupes dont la crédulité se repose sur leur bonne foi, et qui adhèrent sans autre examen à ce que les ecclésiastiques jugent à propos de leur faire croire.

Il est certain, cependant, qu'aucun pays ne fourmille plus de mendiants que ceux des prêtres ; c'est là qu'on peut voir un tableau touchant de toutes les misères humaines : non pas de ces pauvres que la libéralité et les aumônes des souverains y attirent, de ces insectes qui s'attachent aux riches et qui rampent à la suite de l'opulence, mais de ces gueux faméliques que la charité de leurs évêques prive du nécessaire pour prévenir la corruption et les abus que le peuple a coutume de faire de la superfluité.

Ce sont sans doute les lois de Sparte, où l'argent était défendu, sur lesquelles se fondent les principes de ces gouvernements ecclésiastiques, à la différence près que les prélats se réservent l'usage des biens dont ils dépouillent très dévotement leurs sujets. Heureux, disent-ils, sont les pauvres, car ils hériteront du royaume des cieux ! Et comme ils veulent que tout le monde se sauve, ils ont soin de rendre tout le monde indigent. Ô piété ecclésiastique, jusqu'où ne s'étend point votre sage prévoyance !

Rien ne devrait être plus édifiant que l'histoire des chefs de l'Église, ou des vicaires de Jésus-Christ. On se persuade d'y trouver les exemples de mœurs irréprochables et saintes. Cependant, c'est tout le contraire : ce ne sont que des obscénités, des abominations et des sources de scandales, et l'on ne saurait lire la vie des papes sans détester leur cruauté et leur perfidie.

Machiavelli ist der Meinung, dass die Kirchenfürsten besonders glücklich sind, weil sie weder die Aufsässigkeit ihrer Untertanen noch den Ehrgeiz ihrer Nachbarn zu fürchten haben. Der ehrwürdige und mächtige Name Gottes bietet ihnen Schutz vor allem, was sich ihrem Interesse und ihrer Größe widersetzen könnte; die Fürsten, die sie angreifen möchten, fürchten das Schicksal der Titanen[1], und die Völker, die ihnen den Gehorsam verweigern möchten, den Fluch des Gottesfrevels. Die fromme Politik dieser Art von Herrschern besteht darin, der Welt einzuschärfen, was Despréaux so gut in folgendem Vers ausdrückt:

Wer Cotin nicht liebt, liebt weder Gott noch den König.[2]

Das Seltsame daran ist, dass diese Fürsten genug Dumme finden, die sich in leichtgläubigem Vertrauen auf ihre Redlichkeit ohne weitere Prüfung an das halten, was die Kleriker für richtig erachten, ihnen glauben zu machen.

Indessen wimmelt es gewiss in keinem Land so sehr von Bettlern wie in den Ländern, die den Priestern gehören und wo man ein erschütterndes Bild allen menschlichen Elends erblicken kann. Es sind aber nicht etwa jene Armen, die von der Freigebigkeit und den Almosen der Herrscher angelockt werden, also jene Insekten, die sich an die Reichen klammern und dem Überfluss hinterherkriechen, sondern es sind arme Teufel von Hungerleidern, denen die Barmherzigkeit ihrer Bischöfe das Lebensnotwendige vorenthält, um der Bestechlichkeit und dem Missbrauch, den das Volk gewöhnlich mit dem Überfluss treibt, vorzubeugen.

Die Grundsätze dieser geistlichen Regierungen beruhen zweifellos auf den Gesetzen Spartas, wo das Geld verboten war, jedoch mit dem Unterschied, dass die Prälaten den Gebrauch der Güter, die sie scheinheilig ihren Untertanen wegnehmen, sich selber vorbehalten. »Selig sind die Armen«, sagen sie sich, »denn ihrer ist das Himmelreich!« Und da sie nun gerne wollen, dass alle Welt selig werde, so bemühen sie sich auch, alle Welt arm zu machen. Oh Frömmigkeit der Kirchenleute! Wie weit erstreckt sich doch eure weise Fürsorge!

Nichts sollte erbaulicher sein als die Geschichte der Oberhäupter der Kirche oder der Stellvertreter Jesu Christi. Man stellt sich darauf ein, dort Beispiele untadeliger und heiliger Sitten zu finden. Doch zeigt sich gerade das Gegenteil: Hier gibt es nur Unzucht, Schandtaten und Quellen für Ärgernisse, und man wird die Lebensgeschichte der Päpste nicht ohne Abscheu vor ihrer Grausamkeit und ihrer Falschheit lesen können.

On y voit en gros leur ambition à augmenter leur puissance temporelle et leur grandeur, leur avarice sordide à faire passer de grands biens, sous des prétextes injustes et malhonnêtes, dans leurs familles, pour enrichir leurs neveux, leurs maîtresses, ou leurs bâtards.

Ceux qui réfléchissent peu trouvent singulier que les peuples souffrent avec tant de docilité et de patience l'oppression de cette espèce de souverains, qu'ils n'ouvrent point les yeux sur les vices et les excès des ecclésiastiques qui les dégradent, et qu'ils endurent d'un front tondu ce qu'ils ne souffriraient point d'un front couronné de laurier. Ce phénomène paraît moins étrange à ceux qui connaissent le pouvoir de la superstition sur les idiots, et du fanatisme sur l'esprit humain. Ils savent que la religion est une ancienne machine qui ne s'usera jamais, dont on s'est servi de tout temps pour s'assurer de la fidélité des peuples et pour mettre un frein à l'indocilité de la raison humaine ; ils savent que l'erreur peut aveugler les hommes les plus pénétrants, et qu'il n'y a rien de plus triomphant que la politique de ceux qui mettent le ciel et l'enfer, Dieu et les démons, en œuvre pour parvenir à leurs desseins. Tant il est vrai que la vraie religion même, cette source la plus pure de tous nos biens, devient souvent, par un trop déplorable abus, l'origine et le principe de tous nos maux.

L'auteur remarque très judicieusement ce qui contribua le plus à l'élévation du Saint-Siège. Il en attribue la raison principale à l'habile conduite d'Alexandre VI, de ce pontife qui poussait sa cruauté et son ambition à un excès énorme, et qui ne connaissait de justice que la perfidie. On ne saurait donc confondre sans une espèce de blasphème l'édifice de l'ambition de ce pontife avec l'ouvrage de la Divinité. Le ciel ne pouvait donc point avoir de part immédiate à l'élévation de cette grandeur temporelle, et ce n'est que l'ouvrage d'un homme très méchant et très dépravé. On ne saurait ainsi mieux faire que de distinguer toujours soigneusement dans les ecclésiastiques, quelque rang qu'ils occupent, le maquignon de la parole de Dieu en tant qu'ils annoncent les ordres divins, de l'homme corrompu en tant qu'ils ne pensent qu'à satisfaire leurs passions.

L'éloge de Léon X fait la conclusion de ce chapitre, mais cet éloge n'a guère de poids, puisque Machiavel était le contemporain de ce pape. Toute louange d'un sujet à l'égard de son maître, ou d'un auteur à un prince, paraît, quoi qu'on en dise, s'ap-

Im Großen und Ganzen sieht man da, wie ihr Ehrgeiz darauf bedacht war, ihre weltliche Macht und Größe zu steigern, wie ihre schmutzige Habgier keinen anderen Zweck hatte, als sich unter rechtswidrigen und unanständigen Vorwänden große Güter für ihre Familien zu sichern, um ihre Neffen, ihre Mätressen oder ihre Bastarde zu bereichern.

Wer nicht weiter darüber nachdenkt, wird es sonderbar finden, dass die Völker die Unterdrückung durch diese Art von Herrschern mit so viel Hingabe und Geduld ertragen, dass ihnen nicht die Augen aufgehen angesichts der entwürdigenden Laster und Ausschweifungen der Geistlichen, und dass sie von einem geschorenen Haupt Dinge hinnehmen, die sie von einem mit Lorbeeren gekrönten niemals ertragen würden. Wer freilich die Macht des Aberglaubens über die Einfältigen und die Macht des Fanatismus über den menschlichen Geist kennt, dem erscheint dieses Phänomen weniger befremdlich. Er weiß, dass die Religion eine alte Maschine ist, die sich nie abnutzen wird und derer man sich zu allen Zeiten bedient hat, um sich der Treue der Völker zu versichern und die widerspenstige menschliche Vernunft zu zügeln. Er weiß, dass der Irrtum die scharfsichtigsten Menschen verblenden kann und dass immer die triumphieren werden, die mit Himmel und Hölle, mit Gott und dem Teufel Politik machen, um ihre Ziele zu erreichen. Es ist eine Tatsache, dass selbst die wahre Religion, die reinste Quelle unseres Wohlergehens, durch einen nicht genug zu beklagenden Missbrauch zum Ursprung und zum Grund all unserer Leiden wird.

Sehr einsichtsvoll bemerkt der Autor, was am meisten zur Erhöhung des Heiligen Stuhls beigetragen hat. Er sieht den wichtigsten Grund im geschickten Verhalten Alexanders VI., jenes Pontifex, dessen Grausamkeit und Ehrgeiz jedes Maß überstieg und der kein anderes Recht kannte als seine Hinterlist. Es käme also einer Art Gotteslästerung gleich, würde man das Gebäude des Ehrgeizes, das dieser Pontifex errichtet hat, mit dem Werk der Gottheit verwechseln. Der Himmel konnte also unmittelbar gar keinen Anteil an der Erhöhung dieser weltlichen Größe haben. Es ist ausschließlich das Werk eines der schlechtesten und abscheulichsten Menschen. So tut man immer gut daran, bei Klerikern, welchen Rang auch immer sie bekleiden mögen, stets sorgfältig zu unterscheiden zwischen dem Vermittler von Gottes Wort, der göttliche Weisungen verkündet, und dem verderbten Menschen, der daran denkt, seine Leidenschaften zu befriedigen.

Die Lobrede auf Leo X. beschließt das vorliegende Kapitel; sie hat aber kaum Gewicht, denn Machiavelli war Zeitgenosse dieses Papstes.[1] Jedes Lob eines Untertanen für seinen Herrn oder eines Schriftstellers für seinen Fürsten gerät, was auch immer man dagegen einwenden mag, in große Nähe zur Schmeichelei. Was wir auch

procher beaucoup de la flatterie. Notre sort, tant que nous sommes, ne doit être décidé que par la postérité, qui juge sans passions et sans intérêt. Machiavel devait moins tomber dans le défaut de la flatterie que tout autre, car il n'était pas juge compétent du vrai mérite, ne connaissant pas même ce que c'est que la vertu, et je ne sais s'il aurait été plus avantageux d'être loué ou d'être blâmé par lui. J'abandonne cette question au lecteur ; c'est à lui d'en juger.

Chapitre 12

Tout est varié dans l'univers. La fécondité de la nature se plaît à se manifester par des productions qui, dans un même genre, sont cependant différentes les unes des autres. Cela se voit non seulement dans les plantes, dans les animaux, dans les paysages, dans les traits, le coloris, la figure, et la constitution des hommes, mais cette opération de la nature est si universelle, si générale, qu'elle s'étend jusqu'au tempérament des empires et des monarchies, s'il m'est permis de m'exprimer ainsi. J'entends, en général, par le tempérament d'un empire son étendue, le nombre des peuples qui l'habitent, sa situation à l'égard de ses voisins et de son commerce, ses coutumes, ses lois, son fort, son faible, ses richesses, et ses ressources.

Cette différence de gouvernement est très sensible et elle est infinie lorsqu'on veut descendre jusque dans les détails. De même que les médecins ne possèdent aucun secret, aucune panacée pour guérir toutes les maladies, ni aucun remède qui convienne à toutes les complexions, de même les politiques les plus experts et les plus habiles ne sauraient-ils prescrire des règles générales de politique dont l'application soit à l'usage de toutes les formes de gouvernement et de chaque pays en particulier.

Cette réflexion me conduit naturellement à examiner le sentiment de Machiavel sur les troupes étrangères et mercenaires. L'auteur en rejette entièrement l'usage, s'appuyant sur des exemples par lesquels il prétend prouver que ces troupes ont été plus préjudiciables aux États qui s'en sont servis qu'elles ne leur ont été de quelque secours.

Il est sûr, et l'expérience a fait voir, en général, que les meilleures troupes d'un État quelconque sont les nationales. On pourrait appuyer ce sentiment par les exemples de la valeureuse résistance de Léonidas aux Thermopyles, par l'infériorité que les Lacédémoniens eurent sous les autres Grecs lorsque c'étaient leurs esclaves qui combattaient pour eux, et par les progrès étonnants de l'Empire romain lorsque ses

sein mögen, unser Schicksal darf nur die Nachwelt bewerten, die ohne Leidenschaft und ohne Eigennutz urteilt. Machiavelli hätte weniger als jeder andere den Fehler der Schmeichelei begehen dürfen, denn er war kein kompetenter Richter über wahres Verdienst, weiß er doch nicht einmal, was Tugend ist. Ob es besser gewesen wäre, von ihm gelobt oder von ihm getadelt zu werden, weiß ich nicht. Diese Frage überlasse ich dem Leser; er möge darüber befinden.

12. Kapitel[1]

Alle Dinge in der Welt sind vielgestaltig. Die Fruchtbarkeit der Natur gefällt sich darin, sogar in ein und derselben Gattung die verschiedensten Spielarten hervorzubringen. Das gilt nicht nur für die Pflanzen, Tiere, Landschaften, die Gesichtszüge, Hautfarbe, Gestalt und Körperbeschaffenheit der Menschen; diese schöpferische Tätigkeit der Natur ist vielmehr so umfassend, so allgemein, dass sie sich, wenn ich mich so ausdrücken darf, bis zu den Temperamenten der Reiche und Monarchien erstreckt. Ich verstehe unter dem Temperament eines Reiches im Allgemeinen seine Ausdehnung, die Bevölkerungszahl, seine Lage im Hinblick auf Nachbarn und Handel, seine Sitten und Gebräuche, seine Gesetze, seine Stärken und Schwächen, seine Reichtümer und Hilfsquellen.

Dass Regierungsformen so unterschiedlich sind, ist sehr auffallend und, wenn man sich bis in die Einzelheiten damit befassen will, sogar unendlich. So wie die Ärzte kein Geheimmittel, kein Allheilmittel, um alle Krankheiten zu heilen, und keine Arznei besitzen, die für jedes Naturell passt, so können auch die erfahrensten und geschicktesten Politiker keine allgemeinen Regeln der Staatskunst aufstellen, die eine Anwendung auf alle Regierungsformen und auf jedes Land mit seinen jeweiligen Besonderheiten zuließen.

Diese Überlegung veranlasst mich natürlich, Machiavellis Ansicht über fremde Söldnertruppen zu überprüfen. Der Autor verwirft ihre Verwendung gänzlich und stützt sich dabei auf Beispiele, mit denen er beweisen will, dass diese Truppen für die Staaten, die sich ihrer bedienten, eher nachteilig als hilfreich gewesen seien.

Es ist sicher, und die Erfahrung hat es allgemein bestätigt, dass die besten Truppen eines Staates die einheimischen sind. Diese Ansicht könnte man durch Beispiele des heldenhaften Widerstandes des Leonidas bei den Thermopylen[2] belegen, aber auch durch Beispiele der Unterlegenheit der Lakedämonier[3] gegenüber den anderen Griechen, wenn ihre Sklaven an ihrer Stelle kämpften, oder durch das Beispiel der erstaun-

légions n'étaient composées que de citoyens de Rome. Ce furent les nations, et non pas les étrangers, qui soumirent le monde entier à la domination de cette superbe et fière république. Cette maxime de Machiavel peut donc convenir à tous les peuples assez riches d'habitants pour qu'ils puissent fournir un nombre suffisant de soldats pour leur défense. Je suis persuadé, comme l'auteur, qu'un empire est mal servi par des mercenaires, et que la fidélité et le courage de soldats possessionnés dans le pays les surpasse de beaucoup. Il est principalement dangereux de laisser languir dans l'inaction et de laisser efféminer ses sujets par la mollesse, dans les temps que les fatigues de la guerre et les combats aguerrissent ses voisins.

On a remarqué plus d'une fois que les États qui sortaient des guerres civiles ont été infiniment supérieurs à leurs ennemis, puisque tout est soldat dans une guerre civile, que le mérite s'y distingue indépendamment de la faveur, et que les hommes sont des animaux de coutume, chez qui l'habitude décide de tout.

Cependant, il y a des cas qui semblent demander exemption de cette règle. Si des royaumes ou des empires ne produisent pas une aussi grande multitude d'hommes qu'il en faut pour les armées et qu'en consume la guerre, la nécessité oblige de recourir aux mercenaires comme à l'unique moyen de suppléer au défaut de l'État.

On trouve alors des expédients qui lèvent la plupart des difficultés, et ce que Machiavel trouve de vicieux dans cette espèce de milice. On la mêle soigneusement avec les nationaux pour les empêcher de faire bande à part, pour les habituer au même ordre, à la même discipline, et à la même fidélité, et l'on porte sa principale attention sur ce que le nombre d'étrangers n'excède point le nombre des nationaux.

Il y a un roi du Nord dont l'armée est composée de cette sorte de mixtes, et qui n'en est pas moins puissant et formidable. La plupart des troupes européennes sont composées de nationaux et de mercenaires ; ceux qui cultivent les terres, ceux qui habitent les villes, moyennant une certaine taxe qu'ils payent pour l'entretien des troupes qui doivent les défendre, ne vont plus à la guerre. Les soldats ne sont composés que de la plus vile partie du peuple, de fainéants qui aiment mieux l'oisiveté que le travail, de débauchés qui cherchent la licence et l'impunité dans les troupes, de ceux qui manquent de docilité et d'obéissance envers leurs parents, de jeunes écervelés qui s'enrôlent par libertinage et qui, ne servant que par légèreté, ont aussi peu d'inclina-

lichen Fortschritte des römischen Reiches, als seine Legionen ausschließlich aus römischen Bürgern bestanden. Sie waren es, und nicht die Fremden, die den gesamten Erdkreis der Herrschaft dieser großartigen und stolzen Republik unterwarfen. Machiavellis Lehrsatz trifft demnach wohl für alle Völker zu, die so bevölkerungsreich sind, dass sie eine hinlänglich starke Anzahl Soldaten zu ihrer Verteidigung aufstellen können. Wie der Autor bin ich davon überzeugt, dass einem Reich mit Söldnern schlecht gedient ist, dass die Treue und der Mut der Soldaten mit Besitz im Land den Söldnern bei weitem überlegen sind. Vor allem ist es gefährlich, seine Untertanen in Untätigkeit ermatten und durch Üppigkeit verweichlichen zu lassen in Zeiten, in denen Kriegsstrapazen und Gefechte die Nachbarn kriegerisch machen.

Es ist schon mehrfach bemerkt worden, dass Staaten, die gerade einen Bürgerkrieg hinter sich gebracht hatten, ihren Feinden unendlich überlegen waren, denn in einem Bürgerkrieg ist jeder Soldat; hier werden Verdienste ganz unabhängig von Gunst ausgezeichnet; und da der Mensch ein Gewohnheitstier ist, kommt es bei allem auf die Gewohnheit an.[1]

Es gibt jedoch Fälle, die eine Ausnahme von dieser Regel zu fordern scheinen. Wenn Königreiche oder Kaiserreiche nicht die große Anzahl an Männern bereitstellen können, die für die Armeen gebraucht werden und die der Krieg verschlingt, bleibt notgedrungen nichts anderes übrig, als auf Söldner zurückzugreifen, da dies das einzige Mittel ist, den Mangel im Staat auszugleichen.

Man findet dann auch Auswege, um den meisten Schwierigkeiten und dem, was bei dieser Art von Miliz aus der Sicht Machiavellis fehlerhaft ist, beizukommen. Man mischt sie sorgfältig unter die Einheimischen, um sie daran zu hindern, sich abzusondern und zusammenzuschließen, und um alle an die gleiche Ordnung, Disziplin und Treue zu gewöhnen; ferner richtet man sein Hauptaugenmerk darauf, dass die Zahl der Fremden die der Landeskinder nicht überschreitet.

Die Armee eines Königs im Norden[2] setzt sich aus solchen gemischten Truppen zusammen und ist darum nicht minder schlagkräftig und gefürchtet. Die meisten europäischen Truppen bestehen aus Landeskindern und Söldnern; diejenigen, die das Land bebauen, und die Einwohner der Städte zahlen eine bestimmte Abgabe zum Unterhalt der Truppen, die sie verteidigen müssen; sie selbst ziehen nicht mehr in den Krieg. Die Soldaten setzen sich ja nur aus dem verächtlichsten Teil des Volkes zusammen, es sind Faulenzer, die den Müßiggang der Arbeit vorziehen, Wüstlinge, die in der Armee Ausgelassenheit und Straflosigkeit suchen, junge Leute, denen es an Fügsamkeit und Gehorsam gegenüber ihren Eltern mangelt und die sich aus Lust an der Libertinage[3] anwerben lassen und, da sie nur aus Leichtsinn dienen, ebenso wenig

tion et d'attachement pour leur maître que les étrangers. Que ces troupes sont différentes de ces Romains qui conquirent le monde ! Ces désertions, si fréquentes de nos jours dans toutes les armées, étaient quelque chose d'inconnu chez les Romains : ces hommes qui combattaient pour leurs familles, pour leurs pénates, pour la bourgeoisie romaine et pour tout ce qu'ils avaient de plus cher dans cette vie, ne pensaient pas à trahir tant d'intérêts à la fois par une lâche désertion.

Ce qui fait la sûreté des grands princes de l'Europe, c'est que leurs troupes sont à peu près toutes semblables, et qu'ils n'ont, de ce côté-là, aucun avantage les uns sur les autres. Il n'y a que les troupes suédoises qui soient bourgeois, paysans et soldats en même temps, mais lorsqu'ils vont à la guerre, personne ne reste dans l'intérieur du pays pour labourer la terre ; ainsi, leur puissance n'est aucunement formidable, puisqu'ils ne peuvent rien à la durée sans se ruiner eux-mêmes plus que leurs ennemis.

Voilà pour les mercenaires. Quant à la manière dont un grand prince doit faire la guerre, je me range entièrement du sentiment de Machiavel. Effectivement, qu'est-ce qui ne doit point engager un grand prince à prendre sur lui la conduite de ses troupes et à présider dans son armée comme dans sa résidence ! Son intérêt, son devoir, sa gloire, tout l'y engage. Comme il est chef de la justice distributive, il est également le protecteur et le défenseur de ses peuples, et il doit regarder la défense de ses sujets comme un des objets les plus importants de son ministère, et qu'il ne doit, par cette raison, confier qu'à lui-même. Son intérêt semble requérir nécessairement qu'il se trouve en personne à son armée, puisque tous les ordres émanent de sa personne, et qu'alors le conseil et l'exécution se suivent avec une rapidité extrême. La présence auguste du prince met fin, d'ailleurs, à la mésintelligence des généraux, si funeste aux armées et si préjudiciable aux intérêts du maître ; elle met plus d'ordre pour ce qui regarde les magasins, les munitions et les provisions de guerre, sans lesquelles un César à la tête de cent mille combattants ne fera jamais rien de grand ni d'héroïque. Et comme c'est le prince qui fait livrer les batailles, il semble que ce serait aussi à lui d'en diriger l'exécution et de communiquer par sa présence l'esprit de valeur et d'assurance à ses troupes ; c'est à lui de montrer comme la victoire est inséparable de ses desseins, et comme la fortune est enchaînée par sa prudence, et leur donner un illus-

Zuneigung und Anhänglichkeit gegenüber ihrem Herrn haben wie die Fremden. Welch ein Unterschied zwischen diesen Truppen und jenen Römern, die die Welt eroberten! Die Desertion, die heutzutage in allen Armeen so oft vorkommt, war bei den Römern völlig unbekannt, denn sie kämpften für ihre Familie, für ihre Penaten[1], für die römische Bürgerschaft und für alles, was ihnen in diesem Leben am teuersten war; und sie dachten nicht daran, durch feige Fahnenflucht so viele Interessen auf einmal zu verraten.

Die Sicherheit der großen Fürsten Europas besteht darin, dass ihre Truppen ungefähr alle gleich stark sind und dass keiner in dieser Hinsicht gegenüber den anderen im Vorteil ist. Nur in den schwedischen Truppen sind alle gleichzeitig Bürger, Bauern und Soldaten, doch wenn sie in den Krieg ziehen, bleibt niemand im Landesinneren zurück, um die Felder zu bestellen; ihre Stärke muss man also keineswegs fürchten, denn auf Dauer vermögen sie nichts, ohne sich selber mehr zu ruinieren als ihre Feinde.

Soviel zu den Söldnern. Was die Art und Weise betrifft, wie ein großer Fürst Krieg führen soll, schließe ich mich ganz der Ansicht Machiavellis an. Verpflichtet nicht tatsächlich alles einen großen Fürsten, die Führung seiner Truppen selbst zu übernehmen und in seiner Armee wie in seiner Residenz anwesend zu sein? Sein Interesse, seine Pflicht, sein Ruhm, alles verlangt es von ihm. Wie er das Oberhaupt der austeilenden Gerechtigkeit[2] ist, so ist er auch der Beschützer und Verteidiger seiner Völker. Er muss die Verteidigung seiner Untertanen als eine der wichtigsten Aufgaben seines Amtes betrachten, die er aus diesem Grund keinem anderen als sich selbst anvertrauen darf. Sein eigenes Interesse scheint seine persönliche Anwesenheit in der Armee unbedingt zu erfordern, da alle Befehle von ihm ausgehen und auf diese Weise Beratung und Ausführung mit äußerster Geschwindigkeit aufeinander folgen. Außerdem macht die ehrfurchtgebietende Anwesenheit des Fürsten den Misshelligkeiten unter den Generälen, die für die Armeen verhängnisvoll und für die Interessen des Landesherrn nachteilig sind, ein Ende. Sie bringt größere Ordnung in alles, was das Magazinwesen, die Munition und die Kriegsprovisionen angeht, ohne die selbst ein Caesar an der Spitze von hunderttausend Soldaten niemals etwas Großes und Heldenhaftes ausrichten wird. Und da der Fürst entscheidet, ob Schlachten geliefert werden, ist es wohl auch seine Sache, ihre Durchführung zu leiten und durch seine Gegenwart den Truppen den Geist der Tapferkeit zu vermitteln und ihnen Sicherheit zu geben. Es liegt an ihm zu zeigen, wie der Sieg unaufhörlich seine Pläne bestätigt, wie er das Glück durch seine Klugheit an sich fesselt. Er soll seinen Truppen ein leuchtendes Beispiel sein und ihnen zeigen, wie man Risiken, Gefahren

tre exemple comme il faut mépriser les périls, les dangers et la mort même, lorsque c'est le devoir, l'honneur, et une réputation immortelle qui le demandent.

Quelle gloire n'est point attachée à l'habileté, la sagesse et la valeur d'un prince, lorsqu'il garantit ses États de l'incursion des ennemis, qu'il triomphe par son courage et sa dextérité des entreprises violentes de ses adversaires et qu'il soutient par sa fermeté, par sa prudence et par ses vertus militaires les droits qu'on veut lui contester par injustice et par usurpation !

Toutes ces raisons réunies doivent, ce me semble, obliger les princes à se charger eux-mêmes de la conduite de leurs troupes et à partager avec leurs sujets tous les périls et les dangers où ils les exposent.

Mais, dira-t-on, tout le monde n'est pas né soldat, et beaucoup de princes n'ont ni l'esprit ni l'expérience nécessaires pour commander une armée. Cela est vrai, je l'avoue ; cependant, cette objection ne doit pas m'embarrasser beaucoup, car il se trouve toujours des généraux entendus dans une armée, et le prince n'a qu'à suivre leurs conseils, la guerre s'en fera toujours mieux que lorsque le général est sous la tutelle du ministère qui, n'étant point à l'armée, est hors de portée de juger des choses, et qui met souvent le plus habile général hors d'état de donner des marques de sa capacité.

Je finirai ce chapitre après avoir relevé une phrase de Machiavel qui m'a paru très singulière. « Les Vénitiens, » dit-il, « se défiant du duc de Carmagnole qui commandait leurs troupes, furent obligés de le faire sortir de ce monde. »

Je n'entends point, je l'avoue, ce que c'est que d'être obligé de faire sortir quelqu'un de ce monde, à moins que ce ne soit le trahir, l'empoisonner, l'assassiner, en un mot, le faire mettre à mort. C'est ainsi que ce docteur de la scélératesse croit rendre les actions les plus noires et les plus coupables innocentes en adoucissant les termes.

Les Grecs avaient coutume de se servir de périphrases lorsqu'ils parlaient de la mort, puisqu'ils ne pouvaient pas soutenir sans une secrète horreur tout ce que le trépas a d'épouvantable, et Machiavel périphrase les crimes, puisque son cœur, révolté contre son esprit, ne saurait digérer toute crue l'exécrable morale qu'il enseigne.

Quelle triste situation, lorsqu'on rougit de se montrer à d'autres tel que l'on est, et lorsque l'on fuit le moment de s'examiner soi-même !

und selbst dem Tode trotzt, sobald Pflicht, Ehre und ein unsterblicher Nachruhm es gebieten.

Welch ein Ruhm für einen Fürsten, der mit Geschick, Klugheit und Tapferkeit seine Staaten vor dem Überfall durch Feinde schützt, durch Kühnheit und Gewandtheit über gewalttätige Anschläge seiner Gegner triumphiert und mit Festigkeit, Besonnenheit und militärischen Tugenden die Rechte behauptet, die man ihm durch Ungerechtigkeit und Usurpation streitig machen will!

Alle diese Gründe zusammengenommen, scheint mir, müssen die Fürsten dazu verpflichten, die Führung ihrer Truppen selbst zu übernehmen und alle Not und alle Gefahren, denen sie ihre Untertanen aussetzen, mit ihnen zu teilen.

Aber nicht jeder, so wird man sagen, ist ein geborener Soldat, und viele Fürsten haben weder das Talent noch die Erfahrung, die zum Kommandieren einer Armee erforderlich sind. Das ist zugegebenermaßen richtig; aber dieser Einwand bringt mich nicht allzu sehr in Verlegenheit, denn in einer Armee finden sich immer einsichtsvolle Generäle, und der Fürst muss nur ihre Ratschläge befolgen. Der Krieg wird dann immer noch besser geführt werden, als wenn der General unter der Vormundschaft des Ministeriums steht, das, da es nicht bei der Armee ist, auch den Stand der Dinge nicht beurteilen kann und oft den geschicktesten General daran hindert, seine Fähigkeiten unter Beweis zu stellen.

Ich werde dieses Kapitel beenden, nachdem ich noch einen Satz Machiavellis hervorgehoben habe, der mir sehr sonderbar vorgekommen ist. »Die Venezianer«, sagt er, »misstrauten dem Herzog von Carmagnola, der ihre Truppen kommandierte, und sahen sich gezwungen, ihn aus der Welt zu schaffen«.[1]

Offen gestanden, das verstehe ich nicht; was heißt: sich gezwungen sehen, jemanden aus der Welt zu schaffen? Es müsste wohl heißen, jemanden verraten, vergiften, ermorden, kurz: ihn umzubringen. So glaubt dieser Doktor des Verbrechertums, den finstersten Straftaten dadurch den Anschein von Unschuld zu geben, indem er sie sprachlich abmildert.

Die Griechen pflegten sich der Umschreibungen zu bedienen, wenn sie vom Tod sprachen, weil sie alles, was das Hinscheiden an Schrecklichem an sich hat, nur mit einem geheimen Schauder ertragen konnten. Machiavelli umschreibt die Verbrechen, da sich sein Herz gegen seinen Verstand auflehnt und die abscheuliche Moral, die er lehrt, nicht ganz so roh verdauen kann.

Traurig genug, wenn man darüber errötet, dass man sich anderen so zeigt, wie man wirklich ist, und den Augenblick scheut, in dem man sich der Selbstprüfung unterziehen muss!

Chapitre 13

De tous les philosophes de l'Antiquité, les plus sages, les plus judicieux, les plus modestes étaient sans contredit ceux de la nouvelle Académie. Circonspects dans leurs décisions, ils ne se précipitaient jamais de nier ou d'affirmer une chose, et ils ne laissaient entraîner leurs suffrages ni par l'erreur de la présomption, ni par la fougue de leur tempérament.

Il aurait été à souhaiter que Machiavel eût profité de la modération de ces philosophes et qu'il ne se fût pas abandonné aux saillies impétueuses de son imagination, qui l'ont si souvent égaré du chemin de la raison et du bon sens.

Machiavel pousse l'hyperbole à un point extrême en soutenant qu'un prince prudent aimerait mieux périr avec ses propres troupes que de vaincre avec des secours étrangers. Il n'est pas possible de pousser l'extravagance plus loin, et je soutiens que, depuis que le monde est monde, il ne s'est pas dit de plus grande absurdité, si ce n'est que le *Prince* de Machiavel est un bon livre.

Une proposition aussi hasardée que l'est celle de l'auteur ne peut lui attirer que du blâme; elle est aussi peu conforme à la politique qu'à l'expérience : quel est le souverain qui ne préférerait pas la conservation de ses États à leur ruine, indépendamment des moyens et des personnes à qui il en pourrait être redevable?

Je pense qu'un homme en danger de se noyer ne prêterait pas l'oreille aux discours de ceux qui lui diraient qu'il serait indigne de lui de devoir la vie à d'autres qu'à lui-même, et qu'ainsi il devrait plutôt périr que d'embrasser la corde ou le bâton que d'autres lui tendent pour le sauver. L'expérience nous fait voir que le premier soin des hommes est celui de leur conservation, et le second, celui de leur bien-être, ce qui détruit entièrement le paralogisme emphatique de l'auteur.

En approfondissant cette maxime de Machiavel, on trouve que ce n'est qu'une jalousie travestie que cet infâme corrupteur s'efforce d'inspirer aux princes; c'est cependant la jalousie des princes envers leurs généraux, ou envers des auxiliaires qui venaient à leur secours et qu'ils ne voulaient pas attendre, crainte de partager leur gloire qui, de tout temps, fut très préjudiciable à leurs intérêts. Une infinité de batailles ont été perdues par cette raison, et de petites jalousies ont souvent plus fait de tort aux princes que le nombre supérieur et les avantages de leurs ennemis.

13. Kapitel[1]

Unter allen Philosophen des Altertums waren zweifellos die weisesten, bescheidensten und maßvollsten die der Neuen Akademie[2]. Behutsam in ihren Entscheidungen, überstürzten sie sich niemals, etwas zu verneinen oder zu bestätigen, und in ihrem Urteil ließen sie sich weder durch den Irrtum der Voreingenommenheit noch durch das Ungestüm ihres Temperaments hinreißen.

Es wäre zu wünschen gewesen, dass Machiavelli von der Mäßigung dieser Philosophen etwas gelernt hätte, statt sich den ungestümen Einfällen seiner Einbildungskraft zu überlassen, die ihn so oft vom Weg der Vernunft und des gesunden Menschenverstandes abbrachten.

Den Gipfel der Übertreibung erreicht Machiavelli, wenn er behauptet, ein kluger Fürst würde lieber mit seinen eigenen Truppen untergehen als mit fremder Hilfe siegen. Die Überspanntheit noch weiter zu treiben, ist unmöglich, und ich behaupte: Seit die Welt ist, was sie ist, wurde kein größerer Unsinn gesagt, abgesehen von dem Satz, Machiavellis *Fürst* ist ein gutes Buch.

Eine derart gewagte Behauptung kann dem Autor nur Tadel einbringen; sie stimmt weder mit der Politik noch mit der Erfahrung überein: Welcher Fürst würde nicht die Erhaltung seiner Staaten ihrem Untergang vorziehen, unabhängig davon, welchen Mitteln und Personen er sich dabei verpflichten könnte?

Ich denke, ein Ertrinkender würde wohl kein Ohr haben für lange Reden, es sei seiner unwürdig, sein Leben anderen als sich selbst zu verdanken, und er müsse deshalb lieber untergehen als den Strick oder den Stock zu ergreifen, den man ihm zu seiner Rettung reicht. Die Erfahrung lehrt uns, dass die erste Sorge der Menschen ihrer Selbsterhaltung gilt und die zweite ihrem Wohlbefinden, was den großartig klingenden Trugschluss des Autors völlig über den Haufen wirft.

Beschäftigt man sich mit diesem Lehrsatz Machiavellis genauer, entdeckt man, dass es nur eine verschleierte Eifersucht ist, die der niederträchtige Verführer den Fürsten einzuflößen bemüht ist. Es war jedoch zu allen Zeiten die Eifersucht, die den Interessen der Fürsten geschadet hat: Eifersucht auf ihre Generäle oder auf Verbündete, die ihnen zu Hilfe eilten und deren Eintreffen sie nicht abwarten wollten, aus Furcht, mit ihnen den Ruhm teilen zu müssen. Unzählige Schlachten sind aus diesem Grund verloren gegangen, und kleine Eifersüchteleien haben den Fürsten oftmals mehr Schaden zugefügt als die überlegene Zahl und sonstige Vorteile ihrer Feinde.

L'envie est un des vices les plus nuisibles à la société, et il est de toute une autre conséquence lorsqu'il se trouve chez les princes que chez les particuliers. Un État où gouverne un prince envieux de ses sujets ne fournira que des citoyens timides au lieu d'hommes habiles et capables de faire de grandes actions. Les princes envieux étouffent comme dans leur germe ces génies que le ciel paraît avoir formés pour d'illustres entreprises ; de là la décadence des empires, et enfin leur chute totale. L'empire d'Orient devait autant sa perte à la jalousie que les empereurs témoignaient des heureux succès de leurs généraux, qu'à la pédanterie religieuse des derniers princes qui y régnèrent. Au lieu de récompenser les habiles généraux, on les punissait de leurs succès, et les capitaines peu expérimentés accéléraient la ruine de l'État. Cet empire ne pouvait donc manquer de périr.

Le premier sentiment qu'un prince doit avoir est l'amour de la patrie, et l'unique volonté qui lui convienne est d'opérer quelque chose d'utile et de grand pour le bien de l'État. C'est à quoi il doit sacrifier son amour-propre et toutes ses passions, et profiter de tous les avis, de tous les secours et de tous les grands hommes qu'il trouve, en un mot, de tout ce qui est capable de contribuer à l'exécution de ses bonnes intentions pour le bonheur de ses sujets.

Les puissances qui peuvent se passer de troupes mixtes ou d'auxiliaires font bien de les exclure de leurs armées ; mais comme peu de princes d'Europe sont dans une pareille situation, je crois qu'ils ne risquent rien avec les auxiliaires, tant que le nombre des nationaux leur est supérieur.

Machiavel n'écrivait que pour de petits princes. Son ouvrage n'est composé que de *concetti* politiques ; il n'y a presque pas un endroit où l'auteur n'ait l'expérience contre lui. Je pourrais alléguer une infinité d'exemples d'armées composées d'auxiliaires qui ont été heureuses, et de princes qui se sont bien trouvés de leurs services.

Ces guerres de Brabant, du Rhin et d'Italie, où l'Empereur, réuni avec l'Empire, l'Angleterre, et la Hollande, gagnait des batailles sur les Français, les chassait d'Allemagne et d'Italie, et les matait en Flandres, ces guerres ne se firent qu'avec des auxiliaires. L'entreprise par laquelle trois rois du Nord dépouillèrent Charles XII d'une partie de ses États d'Allemagne s'exécuta pareillement avec des troupes de différents maîtres réunis par des alliances ; et dans la guerre de l'année 1734, que la France commença sous le prétexte de soutenir les droits de ce roi de Pologne toujours élu et toujours détrôné, les Français joints aux Savoyards firent la conquête du Milanais et de la plus grande partie de la Lombardie.

Neid ist eines der schädlichsten Laster für die Gesellschaft, und bei Fürsten hat er noch ganz andere Folgen als bei Privatleuten. Ein Staat, der von einem Fürsten regiert wird, der auf seine Untertanen neidisch ist, wird nur zaghafte Bürger hervorbringen statt tüchtige Leute, die zu großen Taten fähig wären. Neidische Fürsten ersticken jene großen Begabungen gleichsam im Keime, die der Himmel für glänzende Unternehmungen geschaffen zu haben scheint; damit hängt der Untergang der Reiche und schließlich ihr völliger Sturz zusammen. Der Fall des oströmischen Reichs hängt ebenso mit der Eifersucht der Kaiser auf die glücklichen Erfolge ihrer Generäle zusammen wie mit der religiösen Engstirnigkeit der letzten Fürsten, die es regierten. Anstatt die tüchtigen Generäle zu belohnen, strafte man sie für ihre Erfolge, und die wenig erfahrenen Feldherren beschleunigten dann den Niedergang des Staates. Dieses Reich musste also untergehen.[1]

Das wichtigste Gefühl, das ein Fürst empfinden sollte, ist die Vaterlandsliebe, und der einzige ihm angemessene Wille ist der, etwas Nützliches und Großes für das Wohl des Staates zu bewirken. Diesem Ziel sollte er seine Eigenliebe und all seine Leidenschaften zum Opfer bringen, jeden Ratschlag, jeden Beistand annehmen, alle großen Männer, die er nur findet, heranziehen, mit einem Wort: alles sich zunutze machen, was dazu beitragen kann, die Verwirklichung seiner guten Absichten im Hinblick auf das Glück seiner Untertanen zu befördern.

Die Mächte, die ohne gemischte Truppen oder ohne Hilfstruppen auskommen, tun gut daran, sie aus ihren Armeen auszuschließen; da es aber nur wenige europäische Fürsten gibt, die sich das erlauben können, riskieren sie mit Hilfstruppen, meiner Meinung nach, nichts, solange die Anzahl der einheimischen Soldaten größer ist.

Machiavelli schrieb nur für kleine Fürsten, und sein Werk besteht nur aus politischen concetti.[2] An kaum einer Stelle hat der Autor nicht die Erfahrung gegen sich. Ich könnte eine Unmenge an Beispielen von erfolgreichen Armeen anführen, die aus Hilfstruppen bestanden, und von Fürsten, denen es mit ihren Diensten gut ergangen ist.

Die Kriege in Brabant, am Rhein und in Italien, als der Kaiser im Bund mit dem Reich, mit England und Holland die Franzosen besiegte, sie aus Deutschland und Italien verjagte und sie in Flandern mattsetzte, diese Kriege wurden nur mit Hilfstruppen geführt.[3] Die Unternehmung, in der drei nordische Könige[4] Karl XII. einen Teil seiner Staaten in Deutschland entrissen, wurde gleichermaßen mit Truppen verschiedener Herrscher, die durch Allianzen miteinander verbunden waren, durchgeführt. Und im Krieg des Jahres 1734[5], den Frankreich unter dem Vorwand begann, die Ansprüche des immer wieder gewählten und immer wieder abgesetzten Königs von Polen[6] zu unterstützen, eroberten die Franzosen im Bund mit den Savoyarden Mailand sowie den größten Teil der Lombardei.

Que reste-t-il à Machiavel après tant d'exemples, et à quoi se réduit l'allégorie, toute ingénieuse qu'elle est, des armes de Saül, que David refusa à cause de leur pesanteur lorsqu'il devait combattre Goliath? Ce n'est que de la crème fouettée. J'avoue que les auxiliaires incommodent quelquefois les princes; mais je demande si l'on ne s'incommode pas volontiers, lorsqu'on y gagne des villes et des provinces.

À l'occasion de ces auxiliaires, Machiavel jette son venin sur les Suisses qui sont au service de France. Je dois dire un petit mot sur le sujet de ces braves troupes, car il est indubitable que les Français ont gagné plus d'une bataille par leur secours, qu'ils ont rendu des services signalés à cet empire, et que si la France congédiait les Suisses et les Allemands qui servent dans son infanterie, ses armées seraient beaucoup moins redoutables qu'elles ne le sont à présent.

Voici pour les erreurs de jugement, voyons à présent celles de morale. Les mauvais exemples que Machiavel propose aux princes sont de ces méchancetés qu'on ne saurait lui passer. Il allègue en ce chapitre Hiéron de Syracuse qui, considérant que ses troupes étaient également dangereuses à garder ou à congédier, les fit toutes tailler en pièces. Des faits pareils révoltent lorsqu'on les trouve dans l'histoire, mais on se sent indigné de les voir rapportés dans un livre qui doit être pour l'instruction des princes.

La cruauté et la barbarie sont souvent fatales aux particuliers, ainsi ils en ont horreur pour la plupart. Mais les princes, que la providence a placés si loin des destinées vulgaires, en ont d'autant moins d'aversion qu'ils ne les ont pas à craindre. Ce serait donc à tous ceux qui doivent gouverner les hommes que l'on devrait inculquer le plus d'éloignement pour tous les abus qu'ils peuvent faire d'une puissance illimitée.

Ce même Machiavel qui dit dans ce chapitre qu'« il n'y a rien de si fragile que le crédit et la réputation de ceux qui en ont lorsqu'elle n'est pas fondée sur leur propre vertu », éprouve aujourd'hui que la fragilité de sa réputation s'est évanouie et que, si son esprit le fit estimer pendant sa vie, sa méchanceté le fait détester après sa mort. Tant il est vrai que l'on ne peut éblouir que pour un temps les yeux du public: ce public, bon appréciateur de réputation, quand même il fait grâce en un temps, il ne le fait pas toujours, et il juge aussi sévèrement les hommes après leur mort, quelque rang qu'ils aient occupé que, dit-on, étaient jugés les anciens rois d'Égypte après leur mort.

Was kann Machiavelli nach so vielen Beispielen noch vorbringen, und was wird aus dem geistreichen Gleichnis von Sauls Waffen, die David zurückwies, als er gegen Goliath[1] kämpfen musste, weil sie ihm zu schwer waren? Das ist alles nur Schlagrahm. Zugegeben, manchmal können die Hilfstruppen den Fürsten lästig werden. Dennoch frage ich: Nimmt man das nicht gerne in Kauf, wenn man Städte und Provinzen dabei gewinnt?

In Zusammenhang mit diesen Hilfstruppen verspritzt Machiavelli sein Gift gegen die Schweizer, die in französischen Diensten stehen. Ich muss für diese tüchtigen Truppen doch ein Wort einlegen, denn es ist unstreitig, dass die Franzosen mit ihrer Hilfe mehr als eine Schlacht gewonnen und die Schweizer diesem Königreich ausgezeichnete Dienste geleistet haben, und dass, wenn Frankreich die Schweizer und die Deutschen, die in seiner Infanterie dienen, entließe, seine Armeen gleich viel weniger gefürchtet wären, als sie es jetzt sind.

Soviel zu den Irrtümern des Verstandes, nun zu denen der Moral. Die schlechten Beispiele, die Machiavelli den Fürsten anbietet, gehören zu den Bosheiten, die man ihm nicht durchgehen lassen darf. Er führt im vorliegenden Kapitel Hieron von Syrakus an, der meinte, es sei gleichermaßen gefährlich, seine Truppen zu behalten oder zu entlassen, und sie deshalb niedermetzeln ließ. Solche Begebenheiten empören uns, wenn wir in der Geschichte darauf stoßen; aber wir sind entrüstet, wenn wir sie in einem Buch dargestellt finden, das der Unterweisung der Fürsten dienen soll.

Grausamkeit und Barbarei stürzen Privatpersonen ins Verderben und werden darum meistens von ihnen verabscheut. Die Fürsten aber, die die Vorsehung so weit über die Schicksale der gewöhnlichen Menschen hinaus gestellt hat, empfinden weniger Abneigung dagegen, weil sie dieselben nicht zu fürchten haben. Also müsste man allen, die über die Menschen herrschen sollen, den äußersten Widerwillen gegen jeden Missbrauch einer uneingeschränkten Macht einprägen.

Derselbe Machiavelli, der im vorliegenden Kapitel sagt: »Nichts ist so zerbrechlich wie die Glaubwürdigkeit und das Ansehen derer, die sie besitzen, wenn sie nicht auf der eigenen Tugend beruhen«, muss heute erfahren, dass sein Ansehen, das sehr zerbrechlich war, dahin ist. Mochte ihm sein Geist zu Lebzeiten Achtung verschafft haben, so macht ihn seine Bosheit nach seinem Tode verhasst. Die Öffentlichkeit lässt sich eben nur eine Zeit lang etwas vormachen, und sie weiß die Reputation durchaus zu schätzen. Doch selbst wenn sie eine Zeit lang Gnade vor Recht ergehen lässt, tut sie dies nicht immer und beurteilt dann die Menschen nach ihrem Tode, welchen Rang sie auch bekleidet haben, mit derselben Strenge wie, so sagt man, die alten Könige Ägyptens nach ihrem Tode beurteilt wurden.[2]

Il n'y a donc qu'un moyen sûr et infaillible de conserver une bonne réputation dans le monde, c'est d'être effectivement tel qu'on veut le paraître aux yeux du public.

Chapitre 14

Il y a une espèce de pédanterie commune à tous les métiers, qui ne vient que de l'excès et de l'intempérance de ceux qui s'y livrent. Elle fait extravaguer, et donne du ridicule à ceux qui en sont affectés.

On regarde avec des yeux d'indulgence ces portefaix de la république des lettres qui s'enterrent dans la docte poussière de l'Antiquité pour le progrès des sciences, qui, du fond de ces ténèbres, répandent pour ainsi dire leur lumière sur le genre humain, et qui vivent avec les morts et les auteurs de l'Antiquité qu'ils connaissent beaucoup, pour l'utilité des vivants et des gens de leur siècle qu'ils connaissent très peu.

Cette pédanterie, qu'on excuse en quelque manière chez les savants du premier ordre, en ce que leur profession les empêche de se répandre dans le siècle et parmi un monde qui pourrait les civiliser, cette pédanterie est entièrement insupportable chez des hommes de guerre, et cela par la raison des contraires.

Un soldat est pédant lorsqu'il s'attache trop à la minutie, ou lorsqu'il est fanfaron et qu'il donne dans le donquichottisme. Ces défauts le rendent autant ridicule en sa profession que la poudre du cabinet et les manières du pays latin peuvent le rendre un savant.

L'enthousiasme de Machiavel expose son prince à ce ridicule : il exagère si fort la matière qu'il veut que son prince ne soit uniquement que soldat ; il en fait un Don Quichotte complet, qui n'a l'imagination remplie que de champs de bataille, de retranchements, de la manière d'investir des places, de faire des lignes, des attaques, des postes et des fortifications. Je m'étonne que l'auteur ne se soit point avisé de le nourrir de soupes en avant-faces, de pâtés en bombes, et de tartes en ouvrage à corne, et qu'il ne lui ait fait attaquer des moulins à vent, des brebis, et des autruches, comme l'aimable extravagant de Michel de Cervantès.

Tels sont les travers dans lesquels on donne lorsqu'on s'éloigne de ce sage milieu qui est à l'égard de la morale ce qu'est le centre de gravité en fait de mécanique.

Es gibt also nur ein zuverlässiges und untrügliches Mittel, sich einen guten Ruf in der Welt zu sichern: wirklich so zu sein, wie man in den Augen der Öffentlichkeit erscheinen will.

14. Kapitel[1]

Jede Berufsart hat ihre eigene Pedanterie; sie entspringt der übereifrigen und einseitigen Hingabe an sie und führt zu Übertreibungen, die alle der Lächerlichkeit preisgibt, die davon angesteckt sind.

Nicht ohne Nachsicht betrachtet man die Kärrner der Gelehrtenrepublik, die sich im Dienste des wissenschaftlichen Fortschritts in den gelehrten Staub des Altertums eingraben, die aus dieser Finsternis heraus sozusagen ihr Licht über das Menschengeschlecht leuchten lassen, die ihr Leben mit den Toten und den Autoren des Altertums zubringen, die sie sehr gut kennen, zum Nutzen der Lebenden, der Menschen ihres Jahrhunderts, die sie herzlich wenig kennen.

Diese Pedanterie, die man sich bei Gelehrten ersten Ranges gewissermaßen gefallen lässt, weil ihre Tätigkeit sie hindert, sich in ihrer Zeit und unter Menschen umzutun, die ihnen etwas Weltläufigkeit vermitteln könnten, diese Pedanterie ist ganz unerträglich bei Kriegsleuten, und zwar aus dem entgegengesetzten Grund.

Ein Soldat wird zum Pedanten, wenn er sich zu sehr auf Kleinlichkeiten einlässt oder ein Prahlhans ist und in Donquichotterie verfällt. Diese Fehler machen ihn in seinem Beruf ebenso lächerlich wie den Gelehrten die verstaubte Studierstube und die Manieren aus dem Land der Lateiner.

Machiavelli setzt mit seinem Enthusiasmus den Fürsten dieser Lächerlichkeit aus: Er übertreibt das Ganze so sehr, dass er fordert, sein Fürst soll ganz und gar nur Soldat sein; er macht einen richtigen Don Quichotte aus ihm, der nichts anderes im Kopf hat als Schlachtfelder, Verschanzungen, Belagerungen von festen Plätzen, Schlachtordnungen, Angriffe, Stellungen und Befestigungen. Ich wundere mich, dass der Autor nicht auf die Idee kommt, ihn mit Suppen in Gestalt von Außengräben, Pasteten aus Bomben und Torten in Form von Bastionen zu füttern, dass er ihn nicht gegen Windmühlen, Schafherden und Strauße kämpfen lässt wie der liebenswürdige Phantast des Miguel de Cervantes.[2]

Solche Verkehrtheiten ergeben sich, sobald man vom klugen Mittelweg abkommt, der in moralischer Hinsicht das Gleiche bedeutet wie das Gravitationszentrum in der Mechanik.

Un prince ne remplit que la moitié de sa vocation s'il ne s'applique qu'au métier de la guerre. Il est évidemment faux qu'il ne doit être que soldat, et l'on peut se souvenir de ce que j'ai dit sur l'origine des princes au premier chapitre de cet ouvrage. Ils sont juges d'institution, et s'ils sont généraux, ce n'en est qu'un accessoire. Machiavel est comme les dieux d'Homère, que l'on dépeignait forts, robustes et puissants, mais jamais justes et équitables. Cet auteur ignore jusqu'au catéchisme de la justice ; il ne connaît que l'intérêt et la violence.

L'auteur ne présente que de petites idées ; son génie rétréci n'embrasse que des sujets propres pour la politique des petits princes. Rien de plus pitoyable que les raisons dont il se sert pour recommander la chasse aux princes : il est dans l'opinion que les princes apprendront par ce moyen à connaître les situations et les passages de leur pays.

Si un roi de France, si un Empereur prétendait acquérir de cette manière la connaissance de ses États, il leur faudrait autant de temps dans le cours de leur chasse qu'en emploie l'univers dans la grande révolution de l'année solaire.

Qu'on me permette d'entrer en un plus grand détail sur cette matière. Ce sera comme une espèce de digression à l'occasion de la chasse, et puisque ce plaisir est la passion presque générale des nobles, des grands seigneurs, et des rois, il me semble qu'elle mérite quelque discussion.

La plupart des rois et des princes passent du moins les trois quarts de leur vie à courir les bois, à poursuivre les animaux et à les tuer. Si cet ouvrage tombe entre leurs mains, quoique je n'aie pas assez d'amour-propre pour présumer qu'ils veuillent sacrifier à cette lecture un temps qu'ils emploient, d'ailleurs, si utilement pour le bien du genre humain, je les prie de souffrir que l'amour de la vérité qui me conduit fasse l'apologie de mes sentiments en cas qu'ils se trouvent contraires aux leurs. Je ne compose point un éloge flatteur, ma plume n'est point vénale ; mon dessein est, en écrivant cet ouvrage, de me satisfaire, en disant avec toute la liberté possible les vérités dont je suis convaincu, ou les choses qui me paraissent raisonnables. S'il se trouve, après tout, un lecteur d'un goût assez dépravé pour ne point aimer la vérité, ou pour ne point vouloir que l'on combatte sa façon de penser, il n'a qu'à jeter mon livre, personne assurément ne l'obligera de le lire.

Je reviens à mon sujet. La chasse est un de ces plaisirs sensuels qui agitent beaucoup le corps et qui ne disent rien à l'esprit ; c'est un exercice et une adresse meurtrière qui

Ein Fürst erfüllt nur die Hälfte seiner Berufung, wenn er sich bloß dem Kriegswesen widmet. Es ist geradezu falsch, dass er nichts anderes als Soldat sein soll. Man mag sich an meine Ausführungen zum Ursprung der Fürsten im ersten Kapitel dieses Buches erinnern. Die Fürsten sind ihrem Amt nach Richter, und wenn sie Feldherren sind, dann ist das nur eine Zusatzrolle. Machiavelli gleicht den Göttern Homers, die als stark, handfest und mächtig, doch nie als gerecht und billig geschildert wurden. Er kennt nicht einmal den Katechismus der Gerechtigkeit, sondern nur Eigennutz und Gewalt.

Der Autor stellt nur kleine Ideen vor; sein beschränktes Vorstellungsvermögen erfasst nur Gegenstände, die sich auf die Politik kleiner Fürsten beziehen. Nichts ist erbärmlicher als die Gründe, derer er sich bedient, um den Fürsten die Jagd zu empfehlen: Er ist der Meinung, sie könnten auf diese Weise die Lage und die Straßen ihrer Länder kennen lernen!

Wollte aber ein König von Frankreich oder ein Kaiser sich auf diese Weise Kenntnis von seinen Staaten erwerben, würde er für seine Jagd ebenso viel Zeit benötigen wie das Universum für den großen Umlauf eines Sonnenjahres.

Man gestatte mir hier eine etwas genauere Untersuchung dieses Gegenstandes als eine Art Exkurs zum Thema Jagd[1]. Denn das Vergnügen an der Jagd ist die Leidenschaft fast des gesamten Adels, des Hochadels und der Könige; sie scheint mir der Rede wert zu sein.

Die Mehrzahl der Könige und Fürsten bringt mindestens drei Viertel ihrer Lebenszeit damit zu, die Wälder zu durchstreifen, das Wild zu hetzen und zu erlegen. Sollte dieses Buch in ihre Hände fallen, obwohl ich nicht eingebildet genug bin, ihnen zuzumuten, der Lektüre meines Buches ihre Zeit zu opfern, die sie im Übrigen nutzbringender dem Wohle des Menschengeschlechts widmen, bitte ich sie, mir zugute halten zu wollen, dass mich die Wahrheitsliebe veranlasst, meine Meinung vorzutragen, selbst wenn sie im Gegensatz zu ihrer eigenen steht. Ich schreibe keine schmeichlerische Lobrede, meine Feder ist nicht käuflich und meine Absicht bei diesem Werk besteht allein darin, mir selbst Befriedigung zu verschaffen, indem ich mit größtmöglicher Freiheit die Wahrheiten, von denen ich überzeugt bin, oder die Dinge, die mir vernünftig erscheinen, ausspreche. Sollte es nach alldem einen Leser geben, der einen derart verderbten Geschmack hat, dass er die Wahrheit nicht liebt oder es nicht erträgt, dass man seine Denkweise widerlegt, dann soll er mein Buch in die Ecke werfen, zum Lesen wird ihn gewiss niemand zwingen.

Ich komme auf mein Thema zurück. Die Jagd ist eines jener sinnlichen Vergnügen, die den Körper stark erschüttern, dem Geist aber nichts bieten. Sie ist eine körperli-

se met en usage aux dépens des animaux sauvages ; c'est une dissipation continuelle, un plaisir tumultueux qui remplit le vide de l'âme et qui la rend incapable, en ce temps, de toute autre réflexion ; c'est un désir vif et ardent de poursuivre quelque bête fauve, et une satisfaction cruelle et sanguinaire de la tuer ; en un mot, c'est un amusement qui rend le corps robuste et dispos, et qui laisse l'esprit en friche et sans culture.

Les chasseurs me reprocheront, sans doute, que je prends les choses sur un ton trop sérieux, que je fais le critique grave et sévère, et que je suis dans le cas des prêtres qui, ayant le privilège de parler seuls dans les chaires, ont la facilité de prouver tout ce que bon leur semble sans appréhender d'opposition.

Je ne me prévaudrai point de ces avantages, et j'alléguerai de bonne foi les raisons spécieuses qu'allèguent les amateurs de la chasse. Ils me diraient d'abord que la chasse est le plaisir le plus noble et le plus ancien des hommes, que des patriarches, et même beaucoup de grands hommes, ont été chasseurs, et qu'en chassant, les hommes continuent à exercer ce même pouvoir sur les bêtes que Dieu daigna donner lui-même à Adam. Je conviens que la chasse peut être aussi ancienne, s'ils veulent, que le monde ; cela prouve qu'on a chassé dès longtemps ; mais pour cela, ce qui est vieux n'en est pas meilleur. De grands hommes ont aimé la chasse, je l'avoue ; ils ont eu leurs défauts comme leurs faiblesses : imitons ce qu'ils ont eu de grand, et ne copions point leurs minuties.

Les patriarches ont chassé, c'est une vérité ; j'avoue encore qu'ils ont épousé leurs sœurs, que la polygamie était en usage de leur temps. Mais ces bons patriarches et nos chers ancêtres se ressentaient beaucoup des siècles barbares dans lesquels ils vivaient ; ils étaient très grossiers et très ignorants ; c'étaient des gens oisifs qui, ne sachant point s'occuper, et pour tuer le temps qui leur paraissait toujours trop long, promenaient leur ennui à la chasse. Ils perdaient dans les bois, à la poursuite des bêtes, les moments qu'ils n'avaient ni la capacité ni l'esprit de passer en compagnie de personnes raisonnables.

Je demande si ce sont des exemples à imiter, si la grossièreté doit instruire la politesse, ou si ce n'est pas plutôt aux siècles éclairés à servir de modèle aux autres.

Qu'Adam ait reçu l'empire sur les bêtes ou non, c'est ce que je ne recherche pas ; mais je sais bien que nous sommes plus cruels et plus rapaces que les bêtes mêmes, et

che Übung und eine Geschicklichkeit im Ermorden der wilden Tiere; es ist eine fortgesetzte Zerstreuung, ein lärmendes Vergnügen, das die Leere unserer Seele ausfüllt und sie gleichzeitig für jeden anderen Gedanken unempfänglich macht. Es ist ein heftiges, ein brennendes Verlangen, irgendein wildes Tier zu verfolgen, und eine grausame und blutrünstige Befriedigung, es zu töten. Mit einem Wort: Es ist ein Zeitvertreib, der den Körper robust und munter macht, den Geist aber roh und ungebildet lässt.

Die Jäger werden mir zweifellos vorwerfen, dass ich die Dinge zu ernst nehme, dass ich den gravitätischen und strengen Kritiker spiele und dass ich in der Lage der Priester sei, die das Vorrecht genießen, auf ihren Kanzeln als Einzige zu sprechen, und es daher nicht schwer haben, ohne Furcht vor Widerspruch alles, was ihnen beliebt, zu beweisen.

Diesen Vorteil will ich aber nicht nutzen, sondern redlich die Scheingründe, die die Liebhaber der Jagd anführen, hier zur Sprache bringen. Sie werden mir zunächst sagen, die Jagd sei das vornehmste und älteste Vergnügen der Menschen, Patriarchen und selbst viele große Männer seien Jäger gewesen; und beim Jagen übten die Menschen noch immer jene Macht über die Tiere aus, die Gott Adam gnädigst verliehen hat. Ich gebe zu, dass die Jagd so alt sein mag wie die Welt; das heißt, dass man seit langer Zeit zur Jagd geht; aber was alt ist, ist darum nicht besser. Zugegeben, große Männer haben die Jagd geliebt; sie hatten ihre Fehler und Schwächen. Lasst uns daher nachahmen, was sie Großes an sich hatten, und befolgen wir nicht das Kleinliche an ihnen.

Die Patriarchen haben gejagt, wohl wahr. Ich gestehe auch, dass sie ihre Schwestern geheiratet haben und dass zu ihrer Zeit die Polygamie üblich war. Aber diese guten Patriarchen und unsere lieben Vorfahren offenbaren noch deutlich die barbarischen Jahrhunderte, in denen sie lebten. Sie waren sehr grobschlächtig und äußerst ungebildet; es waren müßige Leute, die sich nicht zu beschäftigen wussten, und um die Zeit totzuschlagen, die ihnen immer zu lang war, nahmen sie ihre Langeweile mit auf die Jagd. Sie vergeudeten in den Wäldern, bei der Wildhatz ihre Zeit, da sie weder die Fähigkeit noch Verstand genug hatten, sie in Gesellschaft vernünftiger Menschen zu verbringen.

Ich frage, sind dies Beispiele zur Nachahmung? Soll Grobschlächtigkeit die gebildete Höflichkeit belehren? Oder sollen nicht vielmehr aufgeklärte Jahrhunderte den anderen als Vorbild dienen?

Ob Adam die Herrschaft über die Tiere erhielt oder nicht, will ich nicht erforschen; aber ich weiß wohl, dass wir grausamer und wilder sind als die Tiere selbst, und dass

que nous usons très tyranniquement de ce prétendu empire. Si quelque chose devait nous donner de l'avantage sur les animaux, c'est assurément notre raison, et ceux, pour l'ordinaire, qui font profession de la chasse, n'ont leur cervelle meublée que de chevaux, de chiens, et de toute sorte d'animaux. Ils sont, pour l'ordinaire, grossiers, et ils contractent la très dangereuse habitude de se livrer sans réserve à l'enthousiasme de leur passion, et il est à craindre qu'ils deviennent aussi inhumains envers les hommes qu'ils le sont à l'égard des bêtes, ou que du moins la cruelle coutume de faire souffrir avec indifférence ne les rende moins compatissants au malheur de leurs semblables. Est-ce là ce plaisir dont on nous vante tant la noblesse ? Est-ce là cette occupation si digne d'un être pensant ?

On m'objectera peut-être que la chasse est salutaire pour la santé, que l'expérience a fait voir que ceux qui chassent deviennent vieux, que c'est un plaisir innocent et qui convient aux grands seigneurs puisqu'il étale leur magnificence, puisqu'il dissipe leurs chagrins et qu'en temps de paix, il leur présente les images de la guerre, et qu'un prince apprend, en chassant, les situations du terrain, les passages et, en un mot, tout ce qui regarde un pays.

Si vous me disiez que la chasse est une passion, je vous plaindrais de l'avoir préalablement à une autre, je vous excuserais même en quelque manière, et je me bornerais simplement à vous conseiller de modérer une passion que vous ne sauriez détruire. Si vous me disiez que la chasse est un plaisir, je répondrais que vous feriez bien d'en user sans excès, car à Dieu ne plaise que je condamne aucun plaisir ! Je voudrais plutôt ouvrir, au contraire, toutes les portes de l'âme par lesquelles le plaisir peut venir à l'homme. Mais lorsque vous me dites que la chasse est très utile et très bonne pour cent raisons que vous suggère l'illusion de votre amour-propre et le langage trompeur des passions, je vous réponds que je ne me paye point de vos raisons frivoles, que c'est un fard que vous appliquez sur un vilain visage pour en cacher la difformité, et que ne pouvant pas prouver, vous voulez du moins éblouir. À quoi peut servir à la société la longue vie d'un homme oisif et fainéant ? Souvenons-nous de ces vers :

Et ne mesurons point au nombre des années
La course des héros.

wir diese angebliche Herrschaft auf sehr tyrannische Art ausüben.[1] Sollte uns etwas über die Tiere erheben, dann ist das sicherlich unsere Vernunft; gewöhnlich ist aber bei denen, die sich zur Jagd bekennen, das Gehirn mit nichts als Pferden, Hunden und allerlei Tieren angefüllt. Gewöhnlich sind es ungeschliffene Leute, welche die gefährliche Gewohnheit haben, ihrer schwärmerischen Leidenschaft rückhaltlos zu erliegen; und es steht zu befürchten, dass sie so barbarisch gegenüber den Menschen werden, wie sie es gegenüber den Tieren sind, oder dass zumindest die grausame Gewohnheit, gleichgültig Leid zuzufügen, in ihnen auch das Mitgefühl mit dem Unglück ihrer Mitmenschen abstumpft. Ist das also das Vergnügen, das man uns so sehr als ein adliges anpreist? Ist eine solche Beschäftigung eines denkenden Wesens würdig?

Man wird mir vielleicht entgegnen, die Jagd sei der Gesundheit zuträglich, und die Erfahrung habe gezeigt, dass die Jäger alt werden, dass die Jagd ein unschuldiges Vergnügen und für große Herren wie geschaffen sei, weil sie dabei ihre Pracht entfalten können, dass sie ihre Sorgen zerstreue und ihnen in Friedenszeiten Bilder des Krieges biete, und der Fürst auf der Jagd Bodenbeschaffenheit, Wege, kurz und gut: sein Land in jeder Hinsicht kennen lerne.

Wenn Sie mir sagen, die Jagd sei eine Leidenschaft, so kann ich Sie nur beklagen, keine bessere zu haben. In gewisser Weise würde ich Sie sogar entschuldigen und mich einfach damit begnügen, Ihnen zu raten, eine Leidenschaft, die Sie nicht unterdrücken können, zu mäßigen. Wenn Sie mir sagen, die Jagd sei ein Vergnügen, so würde ich Ihnen antworten, Sie können es gerne genießen, doch ohne Übertreibung. Gott behüte mich, ein Vergnügen zu verdammen! Im Gegenteil! Ich würde viel lieber alle Pforten der Seele öffnen, durch die das Vergnügen beim Menschen Einzug halten kann. Doch wenn Sie mir sagen, die Jagd sei sehr nützlich und besonders gut und hundert Gründe dafür angeben, die Ihnen die Illusionen der Eigenliebe und die trügerische Sprache der Leidenschaften suggerieren, dann antworte ich Ihnen, mit solch windigen Gründen speist man mich nicht ab. Es verhält sich damit nämlich wie mit der Schminke, die Sie einem garstigen Gesicht auflegen, um seine Missgestalt zu verbergen; und weil Sie uns nicht überzeugen können, wollen Sie uns wenigstens blenden. Und was hat die Gesellschaft davon, wenn ein Müßiggänger und Nichtstuer lange lebt? Erinnern wir uns an die Verse:

Ein Heldenleben misst man nach der Zahl
Der Jahre nicht![2]

Il ne s'agit point qu'un homme traîne jusqu'à l'âge de Mathusalem le fil indolent et inutile de ses jours, mais plus il aura réfléchi, mais plus il aura fait d'actions belles et utiles, et plus il aura vécu.

D'ailleurs, la chasse est, de tous les amusements, celui qui convient le moins aux princes. Ils peuvent manifester leur magnificence d'une manière beaucoup plus utile pour leurs sujets, et s'il se trouvait que l'abondance du gibier ruinât les gens de la campagne, le soin de détruire ces animaux pourrait très bien se commettre aux chasseurs. Les princes ne devraient proprement être occupés que du soin de s'instruire afin d'acquérir d'autant plus de connaissances, et de pouvoir d'autant plus combiner d'idées. Leur profession est de penser bien et juste ; c'est à quoi ils devraient tous exercer leur esprit, mais comme les hommes dépendent beaucoup des habitudes qu'ils contractent et que leurs occupations influent infiniment sur leur façon de penser, il paraîtrait naturel qu'ils préférassent la compagnie de gens sensés, qui leur donnent de la douceur, à celle des bêtes, qui ne peuvent que les rendre farouches et sauvages. Car quels avantages n'ont point ceux qui ont monté leur esprit sur le ton de la réflexion, sur ceux qui assujettissent leur raison sous l'empire des sens ! La modération, cette vertu si nécessaire aux princes, ne se trouve point chez les chasseurs, et cela serait suffisant pour rendre la chasse odieuse.

Je dois ajouter encore, pour répondre à toutes les objections qu'on pourrait me faire, et pour retourner à Machiavel, qu'il n'est point nécessaire d'être chasseur pour être grand capitaine ; que Gustave-Adolphe, milord Marlborough, et le prince Eugène, à qui on ne disputera pas la qualité d'hommes illustres et d'habiles officiers, n'ont point été chasseurs tous ensemble, et qu'on peut faire, en se promenant, des réflexions plus judicieuses et plus solides sur les différentes situations, relativement à l'art de la guerre, que lorsque des perdrix, des chiens couchants, des cerfs, une meute de toutes sortes d'animaux, etc., et l'ardeur de la chasse vous distraient. Un grand prince qui a fait la seconde campagne en Hongrie avec les impériaux a risqué d'être fait prisonnier des Turcs pour s'être égaré à la chasse. On devrait même défendre la chasse dans les armées, car elle a causé beaucoup de désordre dans les marches : que d'officiers, au lieu de s'attacher à leur troupe, ont négligé leur devoir et se sont écartés de côtés et d'autres ! Des détachements ont même risqué d'être surpris et taillés en pièces par l'ennemi pour des raisons semblables.

Es geht nicht darum, dass ein Mensch den Faden fauler, wertloser Tage bis zum Alter Methusalems hinspinnt; nein, je mehr er seine Vernunft gebrauchte, je mehr große und nützliche Taten er vollbracht haben wird, umso mehr wird er gelebt haben.

Die Jagd ist von allen Vergnügungen im Übrigen die, welche sich für die Fürsten am wenigsten schickt. Ihre Pracht können sie auf andere, für ihre Untertanen viel nützlichere Weise entfalten; und sollte der Wildbestand so stark zunehmen, dass die Bauern darunter leiden, könnte man die Jäger sehr wohl damit beauftragen, diese Tiere abzuschießen. Die Fürsten sollten sich eigentlich nur damit befassen zu lernen, damit sie sich mehr Kenntnisse erwerben und umso besser in der Lage sind, Ideen zu kombinieren. Ihr Beruf ist es, klar und richtig zu denken, und dafür sollten sie ihren Geist schulen. Da die Menschen aber stark von Gewohnheiten abhängig sind, die sie annehmen, und da ihre Denkweise unendlich von ihren Beschäftigungen beeinflusst wird, sollte es ganz natürlich sein, dass sie die Gesellschaft vernünftiger Menschen, die ihnen Milde und Anmut vermitteln, jener der Tiere vorziehen, die sie nur grausam und wild werden lassen können. Wie groß ist doch der Vorteil derer, die ihren Geist auf die bewusste Denktätigkeit eingestellt haben, gegenüber allen, die ihren Verstand der Herrschaft der Sinne unterwerfen! Die Mäßigung, diese den Fürsten so unverzichtbare Tugend, findet man bei den Jägern nicht, und das allein würde genügen, um die Jagd zu hassen.

Um auch allen anderen Einwänden, die man mir machen könnte, zu begegnen und um auf Machiavelli zurückzukommen, muss ich anmerken, dass es nicht nötig ist, ein Jäger zu sein, um ein großer Feldherr zu werden. Gustav Adolf, Lord Marlborough, Prinz Eugen[1], denen niemand den Ruf, große Männer und geschickte Feldherren zu sein, streitig machen wird, sind allesamt keine Jäger gewesen. Man kann auf einem Spazierritt viel besser kluge und zuverlässige Beobachtungen über unterschiedliche Situationen in Zusammenhang mit der Kriegskunst anstellen, als wenn man von Rebhühnern, Wachtelhunden, Hirschen, der ganzen Meute von allerlei Tieren und durch das wilde Toben der Jagd abgelenkt wird. Ein großer Fürst, der mit den Kaiserlichen den zweiten Feldzug in Ungarn mitgemacht hat, lief Gefahr, den Türken als Gefangener in die Hände zu fallen, weil er sich auf der Jagd verirrt hatte.[2] Bei der Armee sollte das Jagen sogar verboten sein, denn es hat schon zu viel Unordnung auf den Märschen verursacht. Wie viele Offiziere haben ihre Pflicht vernachlässigt und sich, anstatt bei der Truppe zu bleiben, in alle Richtungen von ihrem Posten entfernt! Ganze Abteilungen gerieten aus ähnlichen Gründen sogar in Gefahr, vom Feind überrascht und aufgerieben zu werden.

Je conclus donc qu'il est pardonnable aux princes d'aller à la chasse, pourvu que ce ne soit que rarement et pour les distraire de leurs occupations sérieuses et quelquefois chagrinantes.

La chasse est proprement, pour ceux qui en font profession, l'instrument de leur intérêt, mais les hommes raisonnables sont dans le monde pour penser et pour agir, et leur vie est trop brève pour qu'ils puissent prodiguer si mal à propos des moments qui leur sont si précieux.

J'ai dit plus haut que le premier devoir d'un prince était l'administration de la justice ; j'ajoute ici que le second, et celui qui le suit immédiatement, est la protection et la défense de ses États.

Les souverains sont obligés d'entretenir l'ordre et la discipline dans les troupes ; ils doivent même s'appliquer sérieusement au métier de la guerre, afin qu'ils sachent commander des armées, qu'ils puissent soutenir les fatigues, prendre des camps, faire naître partout l'abondance des vivres, faire de sages et bonnes dispositions, prendre des résolutions promptes et justes, trouver en eux-mêmes des expédients et des ressources dans des cas embarrassants, profiter de la bonne comme de la mauvaise fortune, et ne manquer jamais de conseil ni de prudence.

C'est à la vérité beaucoup exiger de l'humanité ; on peut cependant se le promettre plutôt d'un prince qui tourne son attention à fortifier son esprit que de ceux qui ne pensent que matériellement et selon les impulsions plus ou moins grossières des sens. Il en est, en un mot, de l'esprit comme du corps : si vous l'exercez à la danse, il prendra de l'air, il deviendra souple et adroit ; si vous le négligez, il se courbe, il perd sa grâce, il deviendra lourd et pesant et, avec le temps, incapable d'aucun exercice.

Chapitre 15

Les peintres et les historiens ont cela de commun entre eux que les premiers peignent les traits et les coloris des hommes, et les autres leurs caractères, leurs actions et l'histoire de l'esprit humain, pour le transmettre à la postérité la plus reculée. Il y a des peintres dont le pinceau, conduit par la main des Grâces, corrige les négligences de la belle nature, supplée aux défauts de l'âge, et radoucit la difformité de ses originaux. Les langues éloquentes des Bossuet et des Fléchier ont plus d'une fois donné de ces

Ich komme also zu dem Schluss, dass es verzeihlich ist, wenn Fürsten auf die Jagd gehen, vorausgesetzt, sie tun es nur selten und zur Erholung von ihren ernsten und zuweilen sorgenvollen Tätigkeiten.

Eigentlich ist die Jagd für diejenigen, die sie zum Beruf machen, das Instrument ihres Eigennutzes. Vernünftige Menschen sind jedoch zum Denken und zum Handeln auf der Welt, und ihr Leben ist zu kurz, als dass sie seine kostbaren Augenblicke so sträflich vergeuden dürften.

Weiter oben habe ich gesagt, die erste Pflicht des Fürsten sei die Rechtspflege; und die zweite, so füge ich hinzu, die gleich hinter jener kommt, besteht im Schutz und in der Verteidigung seiner Staaten.

Die Herrscher sind verpflichtet, Ordnung und Disziplin in den Truppen aufrechtzuerhalten; sie müssen sich sogar ernsthaft dem Kriegshandwerk widmen, damit sie lernen, Armeen zu befehligen, Strapazen zu ertragen, Lager anzulegen, überall für reichlich Verpflegung zu sorgen, kluge und gute Dispositionen, schnelle und richtige Entschlüsse zu treffen, in schwierigen Fällen eigenständig die Hilfsmittel und Lösungsmöglichkeiten zu finden, aus Glück und Unglück Gewinn zu schlagen und es niemals an Rat und Klugheit fehlen zu lassen.

Das heißt in der Tat, viel von der Menschheit zu verlangen! Man kann es sich eher von einem Fürsten versprechen, der sich der Entwicklung seiner geistigen Fähigkeiten widmet, als von Leuten, die nur ans Materielle denken und sich nur nach den mehr oder weniger groben Antrieben der Sinne richten. Mit einem Wort, es verhält sich mit den geistigen Fähigkeiten nicht anders als mit den körperlichen: Bilden Sie Ihren Körper im Tanzen[1] aus, gewinnt er an Haltung, wird geschmeidig und bleibt aufrecht; vernachlässigen Sie ihn, wird er krumm, verliert seine Anmut, wird schwerfällig und unbeholfen und mit der Zeit unfähig zu jeder körperlichen Übung.

15. Kapitel[2]

Maler und Geschichtsschreiber haben eines gemeinsam: Sie halten das Bild des Menschen für die fernste Nachwelt fest; dabei malen die Erstgenannten die Züge und Farben der Menschen und die Anderen stellen ihre Charaktere und Taten sowie die Geschichte des menschlichen Geistes dar[3]. Es gibt Maler, deren Pinsel, von der Hand der Grazien geführt, die Nachlässigkeiten der schönen Natur verbessert, den Alterserscheinungen abhilft und alles, was die Urbilder entstellt, liebevoll abschwächt. Die beredten Darstellungen eines Bossuet oder Fléchier haben mehr als einmal Gnade vor

coups de grâce ; elles ont redressé les défauts de l'humanité, et ceux qui n'étaient que de grands hommes, elles en ont fait autant de héros. Il y a au contraire des peintres qui n'attrapent qu'en laid. Leur coloris salit les lys et les roses du plus beau teint ; ils donnent je ne sais quoi de disgracieux aux contours et aux traits les plus réguliers, de sorte qu'on méconnaîtrait dans leurs copies la Vénus grecque et le petit Amour, chefs-d'œuvre de Praxitèle. L'esprit de parti fait tomber les écrivains dans le même défaut. Le père Daniel, dans son *Histoire de France*, défigure entièrement les événements qui regardent les religionnaires, et quelques auteurs protestants, aussi peu modérés et aussi peu sages que ce révérend père, ont eu la lâcheté de préférer les mensonges que leur suggéraient leurs passions au témoignage impartial qu'ils devaient à la vérité, sans considérer que le premier devoir d'un historien est de rapporter fidèlement les faits sans les travestir et les changer. Des peintres, différents encore des deux ordres que je viens de marquer, ont mêlé l'histoire à la fiction pour représenter des monstres plus hideux que l'enfer n'en saurait enfanter. Leurs pinceaux semblaient presque n'avoir de capacité que pour attraper les figures de diables ; leur toile a été empreinte de ce que l'imagination la plus féconde et la plus funeste en même temps a pu créer de sombre et de farouche au sujet des damnés et des monstres d'enfer. Ce que les Callot, ce que les Pierre Testa sont en ce genre de peinture, Machiavel l'est en ce genre d'auteurs. Il représente l'univers comme un enfer, et tous les hommes comme des démons. On dirait que ce politique misanthrope et hypocondre a voulu calomnier tout le genre humain par haine pour l'espèce entière, ou qu'il ait pris à tâche d'anéantir la vertu, peut-être pour rendre tous les habitants de ce continent ses semblables.

Machiavel, parlant de la vertu, s'expose au ridicule de ceux qui raisonnent sur ce qu'ils n'entendent point, et il donne de plus dans l'excès qu'il condamne en d'autres, car si quelques auteurs ont fait le monde trop bon, il le représente d'une méchanceté outrée. En partant d'un principe posé en son ivresse, il n'en peut découler que de fausses conséquences ; il est aussi impossible de raisonner juste sans que le premier principe soit véritable, qu'il est impossible de faire un cercle sans un centre commun.

La morale politique de l'auteur se réduit à n'avoir de vices que ceux qui se trouvent profitables à l'intérêt, en sacrifiant les autres à l'ambition, et à se conformer à la scélératesse du monde pour éviter une perte qui, autrement, serait infaillible.

Recht ergehen lassen, allzu menschliche Fehler zurechtgerückt und aus Persönlichkeiten, die nur große Männer waren, Helden gemacht. Dann gibt es im Gegenteil Maler, die nur das Hässliche einfangen. Ihre Farben beschmutzen das Lilienweiß und Rosenrot des schönsten Gesichtes; sie verleihen den gleichmäßigsten Konturen und Zügen etwas Unwürdiges, so dass in ihren Kopien einer griechischen Venus oder eines Amorknaben niemand die Meisterwerke eines Praxiteles[1] erkennen würde. Der Parteigeist lässt die Schriftsteller den gleichen Fehler begehen. So stellt Pater Daniel in seiner *Geschichte Frankreichs*[2] die Ereignisse, die sich auf die Calvinisten beziehen, falsch dar, und einige protestantische Autoren, ebenso unbeherrscht und unklug wie jener würdige Pater, waren feige genug, die Lügen, die ihnen ihre Leidenschaften einflüsterten, dem unparteiischen Zeugnis, das sie der Wahrheit schuldeten, vorzuziehen, und keine Rücksicht auf die oberste Pflicht des Historikers zu nehmen, die Tatsachen wahrheitsgetreu, ohne Verdrehung oder Verfälschung darzustellen. Im Unterschied zu den beiden erwähnten Gruppen hat der eine oder andere Maler Geschichte und Fiktion vermischt, um Ungeheuer darzustellen, die hässlicher sind als alles, was die Hölle hervorbringen würde. Ihre Pinsel schienen nahezu unfähig, etwas anderes als Teufelsgesichter festzuhalten; ihnen wurde die Leinwand zum Abbild all dessen, was die fruchtbarste und zugleich finsterste Einbildungskraft an dunklen und wilden Bildern von Verdammten und höllischen Ungeheuern erschaffen konnte. Was ein Callot oder ein Pietro Testa[3] für diese Art Malerei sind, das ist Machiavelli unter den Schriftstellern. Er stellt die Welt als Hölle dar und alle Menschen als Dämonen. Man möchte meinen, dieser menschenfeindliche und hypochondrische Staatslehrer habe das ganze Menschengeschlecht aus Hass auf die gesamte Gattung verleumden wollen; oder er habe sich vorgenommen, die Tugend zu zerstören, vielleicht damit alle Bewohner dieses Erdteils wie er würden.

Wenn Machiavelli über die Tugend spricht, setzt er sich der Gefahr der Lächerlichkeit aus wie einer, der von Dingen redet, die er nicht versteht. Darüber hinaus verfällt er in Übertreibungen, die er an anderen verdammt. Haben einige Schriftsteller ein allzu schönes Bild von der Welt entworfen, so stellt er sie im Zeichen einer übertriebenen Niederträchtigkeit dar. Aus dem Prinzip, das er in seinem Rausch aufgestellt hat, können sich nur falsche Schlussfolgerungen ergeben; denn es ist nicht möglich, richtig zu denken ohne vorauszusetzen, dass das erste Prinzip wahr sei, wie es nicht möglich ist, einen Kreis ohne festen Mittelpunkt zu schlagen.

Die politische Moral unseres Autors beschränkt sich darauf, keine anderen Laster zu haben als die, welche dem Eigeninteresse von Vorteil sind, und alle anderen dem Ehrgeiz zu opfern, sowie darauf, sich der Verruchtheit der Welt anzupassen, um dem Verderben zu entkommen, das sonst unvermeidlich wäre.

L'intérêt est le mot de l'énigme de ce système politique ; c'est le tourbillon de Descartes, c'est la gravitation de Newton. Selon Machiavel, l'intérêt est l'âme de ce monde, tout doit s'y plier, jusqu'aux passions mêmes. C'est cependant pécher grièvement contre la connaissance du monde que de supposer que les hommes puissent se donner ou abolir leurs passions. Le mécanisme du corps humain démontre que notre gaîté, notre tristesse, notre douceur, notre colère, notre amour, notre indifférence, notre sobriété ou notre intempérance, en un mot, toutes nos passions ne dépendent que de l'arrangement de certains organes de notre corps, de la construction plus ou moins déliée de quelques petites fibres et de quelques membranes, de l'épaisseur ou de la fluidité de notre sang, de la facilité ou de l'embarras de sa circulation, de la force de notre cœur, de la nature de notre bile, de la grandeur de notre estomac, etc. Or, je demande si toutes ces parties de notre corps seront assez dociles pour se conformer aux lois de notre intérêt, et s'il n'est pas plus raisonnable de présumer qu'elles n'en feront rien. Machiavel trouverait, d'ailleurs, beaucoup d'hérétiques qui préféreraient le dieu d'Épicure au dieu de César.

L'unique raison légitime qui puisse engager un être raisonnable à lutter contre les passions qui le flattent, c'est le propre bien qu'il en retire, et l'avantage de la société. Les passions avilissent notre nature lorsque nous nous y abandonnons, et elles ruinent notre corps si nous leur lâchons le frein : il faut les modérer sans les détruire, et les tourner toutes au bien de la société en les faisant simplement changer d'objet. Et quand même nous ne remporterions pas sur elles des batailles rangées, le moindre avantage doit nous suffire à l'envisager comme un commencement de l'empire que nous exerçons sur nous-mêmes.

Je dois encore faire remarquer au lecteur une contradiction très grossière où Machiavel tombe en ce chapitre. Il a dit dans le commencement qu'« il y a si loin de ce que l'on fait à ce qu'on devrait faire, que tout homme qui règlera sa conduite sur l'idée du devoir des hommes, et non pas sur ce qu'ils sont en effet, ne manquera pas de périr. » L'auteur avait peut-être oublié la façon dont il s'exprime dans son sixième chapitre ; il dit : « Comme il est impossible d'arriver parfaitement jusqu'au modèle qu'on s'est proposé, il faut qu'un homme sage ne s'en propose jamais que de très grand, afin que, s'il n'a pas la force de les imiter en tout, il puisse au moins en donner la teinture à ses actions. » Machiavel est à plaindre de l'infidélité de sa mémoire,

Interesse ist das Schlüsselwort dieses politischen Lehrgebäudes wie der Wirbel bei Descartes und die Schwerkraft bei Newton.[1] Bei Machiavelli ist das Interesse die Seele dieser Welt, alles muss sich ihm beugen, sogar die Leidenschaften. Es zeugt jedoch von einem gravierenden Mangel an Weltkenntnis, davon auszugehen, dass die Menschen sich ihre Leidenschaften geben oder nehmen können. Der Mechanismus des menschlichen Körpers beweist, dass unsere Freude, unsere Traurigkeit, unsere Sanftmut, unser Zorn, unsere Liebe, unsere Gleichgültigkeit, unsere Nüchternheit oder Maßlosigkeit, mit einem Wort, alle unsere Leidenschaften lediglich von der Beschaffenheit bestimmter Organe unseres Körpers abhängen, von der mehr oder weniger feinen Anlage einiger kleiner Fibern und Membranen, von der Dick- oder Leichtflüssigkeit unseres Blutes und der Leichtigkeit oder Trägheit seiner Zirkulation, der Stärke unseres Herzens, der Beschaffenheit unserer Galle, der Größe unseres Magens und dergleichen mehr. Nun frage ich aber: Sind alle diese Teile unseres Körpers gelehrig genug, um sich den Gesetzen unseres Eigennutzes anzupassen? Oder ist es nicht vernünftiger, davon auszugehen, dass sie es nicht sind? Machiavelli würde jedenfalls viele Häretiker finden, die den Gott Epikurs dem Caesars vorziehen.[2]

Für ein vernünftiges Wesen gibt es nur einen berechtigten Grund, gegen Leidenschaften zu kämpfen, die ihm schmeicheln: das eigene Wohlergehen und der Vorteil, der sich für die Gesellschaft daraus ergibt. Die Leidenschaften erniedrigen unser Wesen, wenn wir uns ihnen ausliefern, und sie zerstören unseren Körper, wenn wir die Zügel schleifen lassen. Es gilt sie zu mäßigen, ohne sie zu zerstören, und insgesamt auf das Wohl der Gesellschaft auszurichten, indem man ihnen einfach einen anderen Gegenstand zuweist. Wenn wir sie in den entscheidenden Schlachten auch nicht besiegen, soll uns der geringste Vorteil über sie genügen, dies als den Beginn der Herrschaft, die wir über uns selbst ausüben, zu betrachten.

Ich muss dem Leser diesbezüglich noch einen besonders groben Widerspruch Machiavellis aufzeigen. Zu Beginn des vorliegenden Kapitels sagt er: »Das, was man tut, ist von dem, was man tun sollte, so weit entfernt, dass jeder Mensch, der seine Verhaltensweise nach der Vorstellung ausrichtet, die er sich von der Pflicht der Menschen macht, und nicht nach dem, was sie in Wirklichkeit sind, unweigerlich zugrunde gehen wird.« Der Autor hatte vielleicht vergessen, was er im sechsten Kapitel gesagt hat; dort heißt es: »Da es unmöglich ist, sein Vorbild vollkommen zu erreichen, sollte sich ein kluger Mensch immer nur ganz Großes vornehmen, damit er, falls ihm die Kraft zur vollständigen Nachahmung fehlt, seinen Taten zumindest einen gewissen Abglanz von Größe geben kann.« Angesichts der Unzuverlässigkeit seines Gedächtnisses wäre Machiavelli eigentlich zu bedauern, wenn nicht der Mangel an Zusammen-

s'il ne l'est plus encore du peu de connexion et de suite qu'ont ses idées et ses raisonnements.

Machiavel pousse encore plus loin ses erreurs et les maximes de son abominable et fausse sagesse. Il avance qu'il n'est pas possible d'être tout à fait bon dans un monde aussi scélérat et corrompu que l'est le genre humain, sans que l'on périsse. On a dit que si les triangles faisaient un Dieu, il aurait trois côtés : ce monde si méchant et si corrompu se ressent de même de la création de Machiavel.

Un honnête homme peut avoir l'esprit transcendant ; il peut être circonspect, et prudent, sans que cela déroge à sa candeur ; sa prévoyance et sa pénétration suffisent pour lui faire connaître les desseins de ses ennemis, et sa sagesse féconde en expédients peut toujours lui faire éviter les pièges que leur malice lui tend.

Mais qu'est-ce que n'être pas tout à fait bon parmi des scélérats ? Ce n'est autre chose qu'être scélérat soi-même. Un homme qui commence à n'être plus tout à fait bon finit, pour l'ordinaire, par être très méchant, et il aura le sort du Danube qui, en courant le monde, n'en devient pas meilleur : il commence par être suisse et il finit par être tartare.

On apprend, je l'avoue, des choses toutes nouvelles et toutes singulières dans Machiavel. J'étais assez stupide et assez grossier pour ignorer, jusqu'à la lecture du *Prince politique*, qu'il y avait des cas où il était permis à un honnête homme de devenir scélérat ; j'avais ignoré, dans ma simplicité, que c'était aux Catilina, aux Cartouche, aux Mir-Weis à servir de modèles au monde, et je me persuadais, avec la plupart des personnes, que c'était à la vertu à donner l'exemple et aux vices à le recevoir.

Faudra-t-il disputer, faudra-t-il argumenter pour démontrer les avantages de la vertu sur le vice, de la bienfaisance sur l'envie de nuire, et de la générosité sur la trahison ? Je pense que tout homme raisonnable connaît assez ses intérêts pour sentir lequel est le plus profitable des deux, et pour abhorrer un homme qui ne met point cette question en doute, qui ne balance point, mais qui décide pour le crime.

hang und Folgerichtigkeit seiner Gedanken und Schlussfolgerungen noch bedauerlicher wäre.

Seine Denkfehler und die Maximen seiner abscheulichen und falschen Weisheit treibt er gar auf die Spitze und behauptet, es sei unmöglich, in einer dermaßen verbrecherischen und verkommenen Gesellschaft, wie sie das Menschengeschlecht nun einmal geschaffen habe, ganz und gar gut zu sein, ohne dabei zugrunde zu gehen. Es heißt, wenn Dreiecke sich einen Gott machten, müsste er drei Seiten haben.[1] In diesem Sinne ist diese schlechte und korrupte Welt eine echte Schöpfung Machiavellis.

Ein redlicher Mann kann einen überlegenen Geist haben, er kann umsichtig und klug sein, ohne dass seine Arglosigkeit in Mitleidenschaft gezogen wird. Seine scharfsinnige Voraussicht genügt ihm, um die Pläne seiner Feinde zu kennen; seine Weisheit, die nie um einen Rat verlegen ist, wird ihm stets Mittel und Wege zeigen, wie er die Fallen, die ihm ihre Bosheit stellt, vermeiden kann.

Doch was heißt, unter Schurken nicht vollkommen gut zu sein? Nichts anderes als selber ein Schurke zu sein! Wer anfängt, nicht mehr vollkommen gut sein zu wollen, endet gewöhnlich damit, ein ganz schlechter Mensch zu sein; und es wird ihm so ergehen wie der Donau, die auf ihrer Weltreise auch nicht besser wird: Er beginnt als Schweizer und endet als Tatar.

Man lernt, ich gestehe es, ganz neue und ganz besondere Dinge bei Machiavelli: Bevor ich den politischen *Fürsten* las, war ich dumm und ungebildet genug, nicht zu wissen, dass es in einigen Fälle einem ehrlichen Mann gestattet ist, Verbrecher zu werden. In meiner Naivität wusste ich nicht, dass Leute wie Catilina, Cartouche, Mir-Weis[2] der Welt zum Vorbild dienen, vielmehr war ich mit den meisten Menschen der Überzeugung, es komme der Tugend zu, das Vorbild abzugeben, und dem Laster, sich danach zu richten.

Muss man darüber streiten und Argumente beibringen, um zu beweisen, dass die Tugend den Vorrang vor dem Laster hat, die Wohltätigkeit vor dem Wunsch zu schaden, die Großzügigkeit vor dem Verrat? Ich denke, jeder vernünftige Mensch kennt seine Interessen gut genug, um zu fühlen, aus welcher dieser beiden Alternativen eindeutig mehr Nutzen zu ziehen ist, und um einen Menschen zu verabscheuen, der bei dieser Frage weder den Zweifel noch das geringste Schwanken kennt und sich für das Verbrechen entscheidet.

Chapitre 16

Deux sculpteurs fameux, Phidias et Alcamène, firent chacun une statue de Minerve, dont les Athéniens voulurent choisir la plus belle pour être placée sur le haut d'une colonne. On les présenta toutes les deux au public, celle d'Alcamène remporta les suffrages. L'autre, disait-on, était trop grossièrement travaillée. Phidias, ne se décontenançant pas du jugement du vulgaire, en appela hardiment, et demanda que, comme les statues avaient été faites pour être placées sur une colonne, on les y élevât toutes les deux, pour décider alors de leur beauté. On éleva effectivement les deux statues, et ce fut alors qu'on trouva les règles de la proportion, de la perspective, et l'élégance du dessin bien mieux observées dans celle de Phidias que dans celle de son adversaire.

Phidias devait son succès à l'étude de l'optique et à l'étude des proportions : ce qui doit être placé sur une élévation doit être soumis à des règles différentes que ce qui doit être vu au niveau. Mais cette règle de proportion doit être aussi bien observée dans la politique que dans la sculpture. En politique, les différences des endroits font les différences des maximes : vouloir en appliquer une généralement, ce serait la rendre vicieuse. Ce qui serait admirable pour un grand royaume ne conviendrait point à un petit État ; ce qui servirait le plus à l'élévation de l'un contribuerait le plus à la chute de l'autre. Si l'on confondait des intérêts si différents, on tomberait dans d'étranges fautes, et l'on ne pourrait manquer de faire de fausses applications de principes qui, en eux-mêmes, seraient bons et salutaires. Le luxe qui naît de l'abondance, et qui fait circuler les richesses par toutes les veines d'un État, fait fleurir un grand royaume ; c'est lui qui entretient l'industrie, c'est lui qui multiplie les besoins des riches et des opulents pour les lier par ces mêmes besoins avec les pauvres et les indigents. Le luxe est, relativement à un grand empire, ce qu'est le mouvement de diastole et de systole impugné au cœur, par rapport au corps humain. C'est ce ressort qui envoie le sang par les grandes artères jusqu'aux extrémités de nos membres, et qui le fait circuler par les petites veines, qui le ramènent au cœur pour qu'il le distribue de nouveau dans les différentes parties dont notre corps est composé.

Si quelque politique malhabile s'avisait de bannir le luxe d'un grand État, cet État tomberait en langueur et s'affaiblirait considérablement. L'argent, devenu inutile, resterait dans les coffres des richards, le commerce languirait, les manufactures tom-

16. Kapitel[1]

Zwei berühmte Bildhauer, Phidias und Alkamenes, schufen jeder eine Statue der Minerva[2]; die schönste wollten die Athener auswählen, um sie auf eine Säule zu stellen. Beide Statuen wurden der Öffentlichkeit gezeigt: Die Statue Alkamenes' erhielt alle Stimmen. Die andere, so hieß es, sei zu grob gearbeitet. Ohne sich durch das Urteil des gemeinen Volkes aus der Fassung bringen zu lassen, legte Phidias kühn Berufung ein und verlangte, man solle die beiden Statuen so aufstellen, wie es vorgesehen sei, nämlich auf einer Säule, und dann entscheiden, welches die schönere sei. Beide Statuen wurden tatsächlich aufgestellt und siehe da, man war nun der Meinung, die Regeln der Proportionen, der Perspektive und der Feinheit der Formen seien von Phidias viel besser berücksichtigt worden als von seinem Gegenspieler.

Phidias verdankte seinen Erfolg dem Studium der Optik und der Proportionen: Was für einen hohen Standort bestimmt ist, muss anderen Regeln folgen als das, was in Augenhöhe gesehen werden soll. Dieses Gesetz der Proportionen muss in der Politik aber ebenso beachtet werden wie in der Bildhauerei. Im Bereich des Politischen bringen die Unterschiede der Gebiete auch Unterschiede in die Maximen; eine Regel überall anwenden zu wollen, hieße sie verfälschen. Was in einem großen Königreich bewundernswert wäre, wäre für einen kleinen Staat nicht angemessen; was den einen hoch erhebt, trägt zum tiefen Fall des anderen bei. Verwechselte man derart verschiedene Interessen, beginge man seltsame Fehler und könnte kaum verhindern, Grundsätze, die an sich gut und heilsam sind, falsch anzuwenden. Der Luxus, der durch Überfluss entsteht und die Reichtümer durch alle Adern des Staates zirkulieren lässt, bringt ein großes Königreich zum Blühen; er unterhält den Gewerbefleiß; er vervielfältigt die Bedürfnisse der Reichen und Wohlhabenden und verbindet sie durch eben diese Bedürfnisse mit den Armen und Bedürftigen. Der Luxus[3] bedeutet für ein großes Reich dasselbe, was Diastole und Systole für die Tätigkeit des Herzens und somit für den menschlichen Körper bedeuten: Das Blut wird durch die großen Schlagadern bis zu den äußersten Gliedmaßen getrieben, von dort fließt es durch die kleinen Venen, die es zum Herzen zurückführen, damit es erneut in allen Teilen unseres Körpers zirkuliere.

Wollte nun ein ungeschickter Staatsmann den Luxus aus einem großen Staat verbannen, verfiele dieser Staat in Siechtum und würde erheblich geschwächt. Das nicht benötigte Geld bliebe in den Truhen der Reichen, der Handel käme zum Erliegen, die Manufakturen verfielen mangels Absatz, die Industrie ginge zugrunde, doch die rei-

beraient faute de débit, l'industrie périrait, les familles riches le resteraient à perpétuité, et les indigents n'auraient aucune ressource pour se tirer de leur misère.

Le luxe, tout au contraire, ferait périr un petit État. Les particuliers se minent par leurs dépenses, et l'argent, sortant en plus grande abondance du pays qu'il n'y rentre à proportion, ferait tomber ce corps délicat en consomption, et il ne manquerait pas de mourir étique. C'est donc une règle indispensable à tout politique de ne jamais confondre les petits États avec les grands, et c'est en quoi Machiavel pèche grièvement en ce chapitre.

La première faute que je dois lui reprocher est qu'il prend le mot de libéralité dans un sens trop vague. Il y a une différence sensible entre un homme prodigue et un homme libéral. Le premier dépense tout son bien avec profusion, avec désordre et mal à propos ; c'est un excès condamnable, c'est une espèce de folie, c'est un défaut de jugement et, par conséquent, il n'est point du caractère d'un prince sage d'être prodigue. L'homme libéral, au contraire, est généreux ; il fait tout par raison, la recette est chez lui le baromètre de la dépense, et quoiqu'il soit bienfaisant avec économie, sa compassion pour les malheureux le pousse à s'incommoder et à se priver du superflu pour leur être secourable. Sa bonté n'a d'autres limites que ses forces. C'est là, je le soutiens, une des premières qualités d'un grand prince et de tous ceux qui sont nés pour secourir et pour soulager les misères des autres.

La seconde faute que je reproche à Machiavel, c'est une erreur de caractère. J'appelle une erreur de caractère l'ignorance qui lui fait attribuer à la libéralité les défauts de l'avarice. « Un prince, » dit-il, « pour soutenir sa réputation d'homme libéral, surchargera ses sujets, recherchera des moyens de confiscation, et sera obligé d'en venir à des voies indignes pour remplir ses coffres. » C'est là précisément le caractère d'un avare : ce fut Vespasien, et non pas Trajan, qui mit des impôts sur le peuple romain. L'avarice est une faim dévorante qui ne se rassasie jamais ; c'est un chancre qui ronge toujours à l'entour de lui et qui consume tout. Un homme avare désire les richesses ; il les envie à ceux qui les possèdent et, s'il peut, il se les approprie. Les hommes intéressés se laissent tenter par l'appât du gain, et les juges avares sont soupçonnés de corruption. Tel est le caractère de ce vice, qu'il éclipse les plus grandes vertus lorsqu'il se trouve réuni dans le même objet.

chen Familien blieben für immer reich und die Bedürftigen hätten keinerlei Antrieb, sich aus ihrem Elend zu befreien.

Ganz im Gegenteil würde der Luxus einen kleinen Staat ruinieren. Die Privatleute würden durch ihren Aufwand die Existenz aufs Spiel setzen, und da das Geld in größeren Mengen aus dem Land ginge, als es durch Einnahmen zurückkäme, verfiele dieser zarte Organismus in Schwindsucht und ginge unwiederbringlich an Auszehrung ein. Es ist daher eine unumgängliche Regel für jeden Staatsmann, niemals kleine Staaten mit großen zu verwechseln. Genau dagegen verstößt Machiavelli im vorliegenden Kapitel.

Der erste Fehler, den ich ihm vorwerfen muss, besteht darin, dass er den Begriff der Freigebigkeit in einem viel zu unbestimmten Sinne gebraucht. Es gibt einen spürbaren Unterschied zwischen einem verschwenderischen und einem freigebigen Menschen: Der Erste vergeudet sein Hab und Gut mit vollen Händen, ohne Sinn und Verstand und völlig unangebracht. Ein solcher Exzess ist zu verurteilen. Es ist eine Form des Wahnsinns, ein Mangel an Urteilskraft, und folglich entspricht es nicht dem Charakter eines weisen Fürsten, verschwenderisch zu sein. Der Freigebige hingegen ist großzügig. Ihn leitet in allem die Vernunft; bei ihm bildet die Einnahme den Gradmesser für die Ausgabe, und obwohl er bei aller Wohltätigkeit sparsam ist, veranlasst ihn sein Mitgefühl für die Unglücklichen, sich einzuschränken und auf das Überflüssige zu verzichten, damit er ihnen zu Hilfe kommen kann. Seine Güte findet nur in seinen Mitteln ihre Grenzen. Das ist, ich bestehe darauf, eine der wichtigsten Eigenschaften eines großen Fürsten und all jener, die geboren sind, anderen zu helfen und ihnen in ihrem Elend beizustehen.

Der zweite Fehler, den ich Machiavelli vorwerfe, ist ein charakterlicher Irrtum. Damit bezeichne ich die Ignoranz, mit welcher er der Freigebigkeit die Fehler des Geizes zuschreibt. »Um sich den Ruf der Freigebigkeit zu erhalten, wird ein Fürst«, so heißt es bei Machiavelli, »seine Untertanen mit Steuern überlasten; er wird nach Mitteln suchen, ihre Habe zu beschlagnahmen, und gezwungen sein, auf unwürdigen Wegen seine Truhe zu füllen.« Doch genau so verhält sich der Habgierige. Es war Vespasian und nicht Trajan, der dem römischen Volk Steuern auferlegte.[1] Habsucht ist gefräßig und unersättlich wie ein Krebsgeschwür, das immer weiter um sich greift und alles verzehrt. Der Habgierige begehrt die Reichtümer; er neidet sie jedem Besitzer, und wenn er kann, vereinnahmt er sie. Die Eigennützigen lassen sich durch den Köder des Gewinns in Versuchung führen, und habgierige Richter stehen im Verdacht der Bestechlichkeit. Es ist die Besonderheit dieses Lasters, die größten Tugenden zum Verschwinden zu bringen, sobald es zum Zuge kommt.

L'homme libéral est justement l'opposé de l'avare ; la bonté et la compassion servent de base à sa générosité. S'il fait du bien, c'est pour secourir des malheureux et pour contribuer à la félicité des personnes de mérite à qui la fortune n'est pas aussi favorable que la nature. Un prince de ce caractère, bien loin de presser les peuples et de dépenser pour ses plaisirs ce que ses sujets ont amassé par leur industrie, ne pense qu'à augmenter les ressources de leur opulence. Des actions injustes et mauvaises ne se font qu'à son insu, et son bon cœur l'excite à procurer à tous les peuples de sa domination tout le bonheur que l'état dans lequel ils sont peut comporter.

Voilà le sens qu'on attache pour l'ordinaire à la libéralité et à l'avarice. De petits princes dont le domaine est resserré, et qui se voient surchargés de famille, font bien de pousser l'économie jusqu'à un point que des personnes peu subtiles ne puissent la distinguer de l'avarice. Des souverains qui, pour avoir quelques États, ne sont pas des plus grands princes, sont obligés d'administrer leurs revenus avec ordre et de mesurer leurs libéralités selon leurs forces. Mais plus les princes sont puissants, et plus doivent-ils être libéraux.

Peut-être m'objectera-t-on l'exemple de François Ier, roi de France, dont les dépenses excessives furent en partie la cause de ses malheurs. Il est connu que les plaisirs de François Ier absorbaient les ressources de sa gloire. Mais il y a cependant deux choses à répondre à cette objection : la première est que, du temps de ce roi, la France n'était point comparable, par rapport à sa puissance, à ses revenus et à ses forces, à ce qu'elle est à présent ; et la seconde est que ce roi n'était pas libéral, mais prodigue.

Bien loin de vouloir condamner le bon ordre et l'économie d'un souverain, je suis le premier à l'en louer. Un prince, comme tuteur de ses sujets, a l'administration des deniers publics ; il en est responsable à ses sujets, et il faut, s'il est sage, qu'il assemble des fonds suffisants pour qu'en temps de guerre il puisse fournir aux dépenses nécessaires sans qu'il soit obligé d'imposer de nouvelles charges. Il faut de la prudence et de la circonspection dans l'administration des biens de l'État ; mais c'est toujours pour le bien de l'État qu'un prince est libéral et généreux. C'est par là qu'il encourage l'industrie, qu'il donne de la consistance à la gloire, et qu'il anime la vertu même.

Il ne me reste plus qu'à relever une erreur de morale dans laquelle Machiavel est tombé. « La libéralité », dit-il, « rend pauvre et par conséquent méprisable. » Quel pitoyable raisonnement, quelles fausses idées de ce qui est digne de louange ou de blâme ! Quoi ! Machiavel, les trésors d'un riche serviront d'équilibre à l'estime

Der Freigebige ist das genaue Gegenstück zum Geizigen; seine Großzügigkeit beruht auf Güte und Mitgefühl. Mit seiner Wohltätigkeit will er den Unglücklichen helfen und zum Glück verdienstvoller Menschen beitragen, mit denen es das Schicksal weniger gut meint als die Natur. Ein Fürst, der sich so verhält, ist weit davon entfernt, die Völker auszupressen und für seine Vergnügungen auszugeben, was seine Untertanen mit Fleiß erarbeitet haben. Vielmehr denkt er nur daran, die Quellen ihres Wohlstandes zu mehren. Unrecht und schlechte Taten geschehen nur ohne sein Wissen, sein gutes Herz ermuntert ihn, den Völkern seiner Herrschaft jegliches Glück zu verschaffen, das der Zustand, in dem sie sich befinden, jeweils zulässt.

Das ist die landläufige Bedeutung, die man den Begriffen Freigebigkeit und Geiz zuschreibt. Kleine Fürsten, deren Besitz begrenzt und deren Familie vergleichsweise groß ist, tun gut daran, die Sparsamkeit so weit zu treiben, dass oberflächliche Leute den Unterschied zum Geiz nicht erkennen können. Herrscher, die zwar über einige Staaten verfügen, aber deshalb noch keine großen Fürsten sind, sehen sich gezwungen, ihre Einkünfte ordentlich zu verwalten und ihre Freigebigkeit den vorhandenen Mitteln anzupassen. Doch je mächtiger die Fürsten sind, umso freigebiger sollten sie sein.

Vielleicht hält man mir das Beispiel Franz I. von Frankreich entgegen, dessen übermäßiger Aufwand zum Teil die Ursache seines Unglücks war.[1] Bekannt ist, dass die Vergnügungen dieses Königs die Mittel verschlangen, mit denen er sich hätte Ruhm erwerben können. Dagegen lässt sich allerdings zweierlei sagen: Erstens war Frankreich zu jener Zeit hinsichtlich seiner Machtstellung, seiner Einkünfte und Mittel mit dem heutigen Frankreich nicht zu vergleichen; zweitens war dieser König nicht freigebig, sondern verschwenderisch.

Weit entfernt, die gute Ordnung und Sparsamkeit eines Herrschers zu verurteilen, bin ich der Erste, der ihn dafür lobt. Der Fürst als Vormund seiner Untertanen hat für die Verwaltung der Staatsgelder zu sorgen; er ist gegenüber seinen Untertanen dafür verantwortlich und sollte, wenn er klug ist, ausreichende Mittel auf Vorrat ansammeln, um in Kriegszeiten die notwendigen Ausgaben bestreiten zu können, ohne gezwungen zu sein, seinen Untertanen neue Lasten aufzubürden. Die Verwaltung der Staatsgüter verlangt Klugheit und Umsicht; doch wird es immer zum Wohle des Staates sein, wenn ein Fürst freigebig und großzügig ist. Damit fördert er die Industrie, festigt seinen Ruhm und beflügelt sogar die Tugend.

Zum Schluss sei noch ein moralischer Irrtum Machiavellis angemerkt: »Freigebigkeit«, sagt er, »macht arm und somit verächtlich.« Welch ein erbärmlicher Gedankengang! Welch verkehrten Vorstellungen von dem, was Lob oder Tadel einträgt! Also, Machiavelli, die Schätze eines Reichen sollen in der öffentlichen Anerkennung alles

publique ! Un métal méprisable en soi-même, et qui n'a qu'un prix arbitraire, rendra celui qui le possède digne d'éloge ; ce n'est donc point l'homme, mais c'est le monceau d'or qu'on tient en honneur ! Conçoit-on qu'une pareille idée puisse entrer dans le cerveau d'une tête pensante ? On acquiert des richesses par industrie, par succession ou, ce qui est pis encore, par violence. Tous ces biens acquis sont hors de l'homme, il les possède, et il peut les perdre. Comment peut-on donc confondre des objets si différents en eux-mêmes que la vertu et une vile monnaie ? Le duc de Newcastle, Samuel Bernard, ou Pels[1], sont connus par leurs richesses, mais il y a une différence entre être connu ou être estimé. L'orgueilleux Crésus et ses trésors, l'avare Crassus et ses richesses ont frappé la vue du peuple par leur opulence comme des phénomènes singuliers, sans rien dire au cœur et sans être estimés. Le juste Aristide et le sage Philopœmen, le maréchal de Turenne et M. de Catinat, dignes des mœurs qu'on suppose aux premiers siècles, furent l'admiration de leurs contemporains et l'exemple des honnêtes gens de tous les âges, malgré leur frugalité et leur désintéressement.

Ce n'est donc point la puissance, la force ou la richesse, qui gagnent les cœurs des hommes, mais ce sont les qualités personnelles, la bonté et la vertu qui ont ce privilège. Ainsi, la pauvreté ni l'indigence ne sauraient avilir la vertu, aussi peu que des avantages extérieurs sauraient ennoblir ou réhabiliter le vice.

Le vulgaire et les indigents ont un certain respect pour la richesse, qui leur vient proprement faute de la connaître et, par ignorance ; les personnes riches, au contraire. Et ceux qui pensent juste ont un mépris souverain pour tout ce qui vient de la faveur de la fortune ou du hasard et, pour posséder les biens de ce monde, ils en connaissent mieux la vanité et le néant.

Il ne s'agit point d'éblouir le public pour surprendre, pour ainsi dire, son estime, mais il s'agit de la mériter.

andere aufwiegen? Ein an sich verächtliches Metall, dessen Wert nur willkürlich ist, soll seinen Besitzer lobenswert machen? Es ist also nicht der Mensch, sondern ein Haufen Gold, dem Ehre gebührt? Wer begreift, wie eine solche Vorstellung im Hirn eines denkenden Menschen Eingang finden kann? Man kommt zu Reichtum durch Fleiß, durch Erbschaft oder, was noch schlimmer ist, durch die Mittel der Gewalt. Alle diese erworbenen Güter bleiben außerhalb des Menschen; er besitzt sie und er kann sie verlieren. Wie kann man also Dinge verwechseln, die an sich so unterschiedlich sind wie die Tugend und ein elendes Stück Geld? Der Herzog von Newcastle, Samuel Bernard oder Pels sind durch ihre Reichtümer bekannt.[1] Doch welch ein Unterschied zwischen Bekanntsein und Geachtetsein! Der stolze Croesus mit seinen Schätzen, der habgierige Crassus mit seinen Reichtümern fesselten angesichts ihres opulenten Auftretens die Aufmerksamkeit des Volkes wie sonderbare Erscheinungen, ohne dem Herzen etwas zu sagen und ohne gewürdigt zu werden. Der gerechte Aristides und der weise Philopoimen, der Marschall von Turenne und der Herr von Catinat, untadelig in ihren Sitten, wie man sich die Männer früherer Zeiten vorstellt, wurden von ihren Zeitgenossen bewundert; sie sind das Vorbild der Ehrenmänner aller Zeiten, obwohl sie ein genügsames und vollkommen uneigennütziges Leben führten.[2]

Nicht Macht, Stärke oder Reichtum gewinnen also die Herzen der Menschen, sondern dieses Privileg bleibt den persönlichen Eigenschaften, der Güte und der Tugend, vorbehalten. So wenig freilich Armut oder Bedürftigkeit die Tugend herabwürdigen können, so wenig können äußerliche Vorteile das Laster adeln oder wieder zu Ehren bringen.

Das gemeine Volk und die Bedürftigen hegen eine gewisse Achtung vor dem Reichtum, weil sie ihn eigentlich nicht kennen und nichts von ihm wissen; reiche Menschen tun das Gegenteil und jene, die vernünftig denken, sind überlegen genug, alles zu verachten, was sie dem Glück oder dem Zufall verdanken. Weil sie die Güter dieser Welt besitzen, kennen sie um so besser deren Eitelkeit und Leere.

Es geht also nicht darum, die Öffentlichkeit zu blenden, um gleichsam durch Verblüffung Anerkennung zu erheischen, sondern es kommt darauf an, die Anerkennung zu verdienen.

Chapitre 17

Le dépôt le plus précieux qui soit confié entre les mains des princes, c'est la vie de leurs sujets. Leur charge leur donne le pouvoir de condamner à mort ou de pardonner aux coupables ; ils sont les arbitres suprêmes de la justice. Un mot de leur bouche fait marcher devant eux ces organes sinistres de la mort et de la destruction ; un mot de leur bouche fait voler au secours les agents de leurs grâces, ces ministres qui annoncent de bonnes nouvelles. Mais qu'un pouvoir aussi absolu demande de circonspection, de prudence et de sagesse pour n'en point abuser !

Les tyrans ne comptent pour rien la vie des hommes. L'élévation dans laquelle les a placés la fortune les empêche de compatir à des malheurs qu'ils ne connaissent point. Ils sont comme ceux qui ont la vue basse, et qui ne voient qu'à deux pas d'eux : ils ne voient qu'eux-mêmes, et n'aperçoivent point le reste des humains. Peut-être, si leurs sens étaient frappés par l'horreur des supplices infligés par leur ordre, par les cruautés qu'ils font commettre loin de leurs yeux, par tout ce qui devance et qui accompagne la mort d'un malheureux, que leurs cœurs ne seraient pas assez endurcis pour renier constamment l'humanité, et qu'ils ne seraient pas d'un sang-froid assez dénaturé pour ne point être attendris.

Les bons princes regardent ce pouvoir non limité sur la vie de leurs sujets comme le poids le plus pesant de leur couronne. Ils savent qu'ils sont hommes comme ceux sur lesquels ils doivent juger. Ils savent que des torts, des injustices, des injures peuvent se réparer dans le monde, mais qu'un arrêt de mort précipité est un mal irréparable. Ils ne se portent à la sévérité que pour éviter une rigueur plus fâcheuse qu'ils prévoient s'ils se conduisaient autrement, et ils ne prennent de ces résolutions funestes que dans des cas désespérés et pareils à ceux où un homme, se sentant un membre gangrené, malgré la tendresse qu'il a pour lui-même, se résoudrait à le laisser retrancher, pour garantir et pour sauver du moins par cette opération douloureuse le reste de son corps. Ce n'est donc pas sans la plus grande nécessité qu'un prince doit attenter à la vie de ses sujets ; c'est donc sur quoi il doit être le plus circonspect et le plus scrupuleux.

17. Kapitel[1]

Das kostbarste Pfand, das den Fürsten anvertraut ist, ist das Leben ihrer Untertanen. Ihr Amt ermächtigt sie, zum Tode zu verurteilen oder die Schuldigen zu begnadigen; sie sind die obersten Gerichtsherren. Ein Wort aus ihrem Munde lässt die finsteren Vollstrecker des Todes und der Zerstörung vor ihnen auftreten; ein Wort aus ihrem Munde lässt die Boten ihrer Gnade, die Retter in der Not und Überbringer guter Nachrichten herbeieilen. Wie viel Besonnenheit, Umsicht und Klugheit gehört doch zu einer so unbeschränkten Macht, wenn ihr Missbrauch vermieden werden soll!

Für Tyrannen zählt das Menschenleben nichts. Das Glück hat sie so hoch hinaufgetragen, dass sie kein Mitgefühl empfinden für das Unglück, das sie nicht kennen. Sie gleichen den Kurzsichtigen, die nur zwei Schritte weit sehen können. Sie sehen nur sich selbst und nehmen von der übrigen Menschheit nichts wahr. Wenn das Entsetzen der auf ihren Befehl hin verhängten Todesstrafen, die Grausamkeiten, die in ihrem Namen und ohne dass sie es sehen, begangen werden, wenn alles, was vor und während der Hinrichtung eines Unglücklichen geschieht, sie erschüttern würde, wäre ihr Herz vielleicht nicht so verhärtet, die Menschlichkeit immer wieder zu verleugnen, und sie wären vielleicht nicht von einer so verkommenen Kaltblütigkeit, um nicht doch gerührt zu sein.

Die guten Fürsten betrachten diese grenzenlose Macht über das Leben ihrer Untertanen als die bedrückendste Last ihrer Krone. Sie wissen, dass sie Menschen sind wie die, über die sie richten müssen; sie wissen, dass Unrecht, Ungerechtigkeit und Beleidigungen in dieser Welt wieder gutgemacht werden können, dass ein übereiltes Todesurteil aber ein Unglück ist, das man nicht ungeschehen machen kann. Sie entschließen sich nur zur Strenge, um eine noch schlimmere Härte zu vermeiden, die sie voraussehen, falls sie anders handeln würden. Sie fassen diese traurigen Entschlüsse nur in hoffnungslosen Fällen, ähnlich denen, wo ein Mensch, der eine brandige Wunde an einem seiner Gliedmaßen spürt, ungeachtet der Liebe, die er zu sich selbst hegt, wohl einwilligen würde, dass man ihm dieses Glied abnimmt, um durch diesen schmerzhaften Eingriff wenigstens seinen übrigen Körper zu sichern und zu retten. Also darf ein Fürst das Leben seiner Untertanen nur dann antasten, wenn dringendste Notwendigkeit es erfordert, und er muss sich dabei als äußerst umsichtig und in besonderer Weise als gewissenhaft erweisen.

Machiavel traite des choses aussi graves, aussi sérieuses, aussi importantes, en bagatelles. Chez lui, la vie des hommes n'est comptée pour rien, et l'intérêt, ce seul dieu qu'il adore, est compté pour tout. Il préfère la cruauté à la clémence, et il conseille à ceux qui sont nouvellement élevés à la souveraineté de mépriser plus que les autres la réputation d'être cruels.

Ce sont des bourreaux qui placent les héros de Machiavel sur le trône, et c'est la force et la violence qui les y maintiennent. César Borgia est le refuge de ce politique lorsqu'il cherche des exemples de cruauté, comme Télémaque l'est de M. de Fénelon lorsqu'il enseigne le chemin de la vertu.

Machiavel cite encore quelques vers que Virgile met dans la bouche de Didon. Mais cette citation est entièrement déplacée, car Virgile fait parler Didon comme M. de Voltaire fera parler Jocaste en son *Œdipe*. Le poète fait tenir à ces personnages un langage qui convient à leur caractère. Ce n'est donc point l'autorité de Didon, ce n'est donc point l'autorité de Jocaste qu'on doit emprunter dans un traité de politique. Il faut l'exemple des grands hommes et d'hommes vertueux.

Pour répondre en un mot à l'auteur, il me suffira d'une réflexion : c'est que les crimes ont une enchaînure si funeste qu'ils se suivent nécessairement dès qu'une fois les premiers sont commis. Ainsi, l'usurpation attire après soi le bannissement, la proscription, la confiscation et le meurtre. Je demande s'il n'y a pas une dureté affreuse, s'il n'y a pas une ambition exécrable d'aspirer à la souveraineté, lorsqu'on prévoit les crimes qu'il faut commettre pour s'y maintenir. Je demande s'il y a un intérêt personnel dans le monde qui doive faire résoudre un homme à faire périr des innocents qui s'opposent à son usurpation, et quel appât peut avoir une couronne souillée de sang. Ces réflexions feraient peut-être peu d'impression sur Machiavel, mais je me persuade que tout l'univers n'est pas aussi corrompu que lui.

Le politique recommande surtout la rigueur envers les troupes. Il oppose l'indulgence de Scipion à la sévérité d'Hannibal ; il préfère le Carthaginois au Romain, et conclut tout de suite que la cruauté est le mobile de l'ordre, de la discipline, et par conséquent des triomphes d'une armée. Machiavel n'en agit pas de bonne foi en cette occasion, car il choisit Scipion, le plus mou, le plus flasque de tous les généraux quant à la discipline, pour l'opposer à Hannibal. Pour favoriser la cruauté, l'éloquence du politique la met en contraste avec la faiblesse de ce Scipion dont il avoue lui-même que Caton l'appelait le corrupteur de la milice romaine, et il prétend fonder un juge-

Machiavelli behandelt derart wichtige, ernsthafte und bedeutsame Dinge als Bagatellen. Bei ihm zählt das Leben der Menschen nichts, das Interesse – der einzige Gott, den er anbetet – dafür alles. Er zieht die Grausamkeit der Milde vor und gibt denen, die ihre Herrschaft neu antreten, den Rat, sich weniger als andere Menschen etwas daraus zu machen, als grausam verschrien zu sein.

Henker sind es, die Machiavellis Helden auf den Thron setzen, und Macht und Gewalt sind die Mittel, mit denen sie sich dort behaupten. Wenn dieser Staatslehrer Beispiele der Grausamkeit sucht, flüchtet er sich zu Cesare Borgia, wie Herr von Fénelon auf Telemach verweist, wenn er den Weg der Tugend weisen will.

Machiavelli zitiert noch einige Verse, die Vergil Dido[1] in den Mund legt. Dieses Zitat ist jedoch völlig unangebracht, denn Vergil lässt Dido sprechen wie Herr von Voltaire Iokaste in seinem *Ödipus*.[2] Der Dichter gibt seinen Figuren eben eine Sprache, die mit ihrem Charakter übereinstimmt. Auf die Autorität einer Dido oder einer Iokaste sollte man sich in einer Abhandlung über Staatskunst nun wirklich nicht berufen. Hier gilt es, das Vorbild großer und tugendhafter Männer anzuführen.

Um dem Autor mit einem Wort zu erwidern, genügt mir eine Überlegung: Die Verbrechen treten in einer so verhängnisvollen Verkettung auf, dass zwangsläufig eines auf das andere folgt, sobald die ersten begangen werden. So zieht die Usurpation Verbannung, Ächtung, Beschlagnahmung und Mord nach sich. Ich frage: Zeugt es nicht von furchtbarer Härte, von abscheulichem Ehrgeiz, die Herrschaft anzustreben, wenn man die Verbrechen plant, die begangen werden müssen, um sich zu behaupten? Ich frage: Gibt es irgendein persönliches Interesse in der Welt, das einen Menschen dazu bringen könnte, Unschuldige umzubringen, die sich seiner unrechtmäßigen Machtergreifung widersetzen, und welchen Reiz kann eine blutbefleckte Krone haben? Solche Überlegungen würden Machiavelli vielleicht wenig beeindrucken; doch ich bin überzeugt, dass nicht das ganze Universum so verderbt ist wie er.

Unser Staatslehrer empfiehlt vor allem Härte gegenüber den Truppen. Er stellt die Nachsicht Scipios der Strenge Hannibals gegenüber; er zieht den Karthager dem Römer vor und folgert sogleich, Grausamkeit sei der Antrieb für Ordnung und Disziplin und demzufolge für die Triumphe einer Armee. In diesem Fall geht Machiavelli nicht redlich vor, denn er sucht sich Scipio aus, den weichsten und nachgiebigsten aller Generäle in disziplinarischen Dingen, um ihn Hannibal gegenüberzustellen. Um der Grausamkeit den Vorrang zu geben, stellt der beredte Politiker sie als Gegenstück zur Schwäche Scipios dar. Dabei gibt er selbst zu, dass Cato diesen als den Verderber der römischen Soldaten bezeichnete.[3] So behauptet er, sicher beurteilen zu können, was die Erfolge dieser beiden Generäle unterscheidet, um dann die Milde zu verun-

ment solide sur la différence des succès des deux généraux, pour ensuite décrier la clémence, qu'il confond à son ordinaire avec les vices où l'excès de la bonté fait tomber.

J'avoue que l'ordre d'une armée ne peut subsister sans sévérité, car comment contenir dans leur devoir des libertins, des débauchés, des scélérats, des poltrons, des téméraires, des animaux grossiers et mécaniques, si la peur des châtiments ne les arrête en partie ?

Tout ce que je demande sur ce sujet à Machiavel, c'est de la modération. Qu'il sache donc que, si la clémence d'un honnête homme le porte à la bonté, la sagesse ne le porte pas moins à la rigueur. Mais il en est de sa rigueur comme de celle d'un habile pilote : on ne lui voit couper le mât ni les cordages de son vaisseau que lorsqu'il y est forcé par le danger éminent où l'expose l'orage et la tempête.

Mais Machiavel ne s'est pas épuisé encore ! J'en suis à présent à son argument le plus captieux, le plus subtil et le plus éblouissant. Il dit qu'un prince trouve mieux son compte en se faisant craindre qu'en se faisant aimer, puisque la plupart du monde est porté à l'ingratitude, au changement, à la dissimulation, à la lâcheté, à l'avarice ; que l'amour est un lien d'obligation que la malice et la bassesse du genre humain ont rendu très fragile, au lieu que la crainte du châtiment assure bien plus fort du devoir des gens ; que les hommes sont maîtres de leur bienveillance, mais qu'ils ne le sont pas de leur crainte ; ainsi, qu'un prince prudent dépendra plutôt de lui que des autres.

Je réponds à tout ceci que je ne nie point qu'il n'y ait des hommes ingrats et dissimulés dans le monde ; je ne nie point que la crainte ne soit, dans quelques moments, très puissante. Mais j'avance que tout roi dont la politique n'aura pour but que de se faire craindre régnera sur des esclaves, qu'il ne pourra point s'attendre à de grandes actions de ses sujets, car tout ce qui s'est fait par crainte et par timidité en a toujours porté le caractère ; qu'un prince qui aura le don de se faire aimer régnera sur les cœurs, puisque ses sujets trouvent leur convenance à l'avoir pour maître ; et qu'il y a un grand nombre d'exemples, dans l'histoire, de grandes et de belles actions qui se sont faites par amour et par fidélité. Je dis encore que la mode des séditions et des révolutions paraît être entièrement finie de nos jours : on ne voit aucun royaume, excepté l'Angleterre, où le Roi ait le moindre sujet d'appréhender de ses peuples, et qu'encore, en Angleterre, le Roi n'a rien à craindre, si ce n'est lui qui soulève la tempête.

glimpfen, die er wie gewöhnlich mit den Lastern verwechselt, zu denen übertriebene Gutherzigkeit führen kann.

Zugegeben, Ordnung kann in einer Armee ohne Strenge nicht bestehen. Wie will man sonst Wüstlinge, Prasser, Verbrecher, Feiglinge, Draufgänger, grobschlächtige, tierische, ganz mechanische Menschen zu ihrer Pflicht anhalten, wenn nicht die Furcht vor Strafen sie noch teilweise bändigte?

Alles, was ich diesbezüglich von Machiavelli verlange, ist Mäßigung. Er sollte sich merken, dass, wenn die Milde einen rechtschaffenen Mann dazu bringt, gütig zu sein, Klugheit ihn um nichts weniger veranlassen kann, streng zu sein. Aber mit der Strenge wird er es halten wie der kundige Steuermann: Er wird die Masten und Taue seines Schiffes erst dann kappen, wenn ihn die unmittelbar drohende Gefahr, in die er durch Gewitter und Sturm gerät, dazu nötigt.

Machiavelli ist aber bei weitem noch nicht zu Ende. Ich komme jetzt zum verfänglichsten, spitzfindigsten und blendendsten seiner Argumente. Er sagt, ein Fürst erreiche mehr, wenn er dafür sorgt, dass er gefürchtet statt geliebt wird, da die Menschen in ihrer Mehrheit zu Undankbarkeit, Wankelmut, Verstellung, Feigheit und Habgier neigen; die Liebe sei ein verpflichtendes Band, das durch die Bosheit und Niederträchtigkeit des Menschengeschlechts äußerst zerbrechlich geworden sei, während die Furcht vor Strafe die Leute viel stärker an die Pflicht binde; Wohlwollen zu zeigen, stehe den Menschen frei, nicht aber, Furcht zu haben. Folglich werde ein kluger Fürst sich eher auf sich als auf andere verlassen.

Auf all das antworte ich, dass es in der Welt undankbare und heuchlerische Menschen gibt, und ich leugne auch nicht, dass Furcht zu bestimmten Zeiten sehr viel ausrichten kann. Doch ich vertrete die These, dass jeder König, der mit seiner Politik nur darauf abzielt, gefürchtet zu werden, über Sklaven herrschen wird und von seinen Untertanen keine großen Taten erwarten kann, denn alles, was aus Furcht und Ängstlichkeit je geschah, trug stets diesen Stempel an sich; dass hingegen ein Fürst, der die Gabe besitzt, sich beliebt zu machen, über die Herzen regieren wird, da seine Untertanen ihren eigenen Vorteil dabei finden, ihn zum Herren zu haben; und dass in der Geschichte eine große Zahl an Beispielen für große und schöne Taten zu finden ist, die aus Liebe und Treue vollbracht wurden. Ich füge noch hinzu, dass es mit der Mode der Empörungen und Revolutionen in unseren Tagen gänzlich vorbei zu sein scheint. In keinem einzigen Königreich, England ausgenommen, gibt es für den König den geringsten Grund, seine Völker zu fürchten; und selbst in England hat der König nichts zu befürchten, es sei denn, er selbst ruft den Sturm hervor.

Je conclus donc qu'un prince cruel s'expose plutôt à être trahi qu'un prince débonnaire, puisque la cruauté est insupportable, et qu'on est bientôt las de craindre, et que la bonté est toujours aimable, et qu'on ne se lasse point de l'aimer.

Il serait donc à souhaiter, pour le bonheur du monde, que les princes fussent bons sans être trop indulgents, afin que la bonté fût en eux toujours une vertu, et jamais une faiblesse.

Chapitre 18

Il est de la nature des choses que ce qui est foncièrement mauvais le restera toujours. Les Cicéron et les Démosthène épuiseraient en vain leur art pour en imposer sur ce sujet au monde : on louerait leur éloquence, et l'on blâmerait l'abus pitoyable qu'ils en font. Le but d'un orateur doit être de soutenir l'innocent contre l'oppresseur ou contre celui qui le calomnie, d'exposer les motifs qui doivent faire prendre aux hommes un parti ou une résolution préférablement à une autre, de montrer la grandeur et la beauté de la vertu avec ce que le vice a d'abject et de difforme. Mais on doit abhorrer l'éloquence lorsqu'on s'en sert à un usage tout opposé.

Machiavel, le plus méchant, le plus scélérat des hommes, emploie en ce chapitre tous les arguments que lui suggère sa fureur pour accréditer le crime. Mais il bronche, et il tombe si souvent dans cette infâme carrière que je n'aurai d'autre occupation que de marquer ses chutes. Le désordre, les faux raisonnements qui se rencontrent en ce chapitre sont sans nombre ; c'est peut-être celui de tout l'ouvrage où il règne en même temps plus de malice et plus de faiblesse. La logique en est aussi mauvaise que la morale en est dépravée. Ce sophiste des crimes ose assurer que les princes peuvent abuser le monde par leur dissimulation : c'est par où je dois commencer à le confondre.

On sait jusqu'à quel point le public est curieux ; c'est un animal qui voit tout, qui entend tout, et qui divulgue tout ce qu'il a vu et ce qu'il a entendu. Si la curiosité de ce public examine la conduite des particuliers, c'est pour divertir son oisiveté, mais lorsqu'il juge du caractère des princes, c'est pour son propre intérêt. Aussi les princes

Hieraus schließe ich also, dass sich ein grausamer Fürst eher der Gefahr aussetzt, verraten zu werden, als ein milder, da Grausamkeit unerträglich ist und man der Furcht bald überdrüssig wird, während Güte immer liebenswert bleibt und man nicht müde wird, sie zu lieben.

Daher wäre es für das Glück dieser Welt zu wünschen, dass die Fürsten, ohne allzu nachsichtig zu sein, stets Güte walten ließen, damit sie ihnen zur Tugend und nie zur Schwäche gereiche.

18. Kapitel[1]

Es liegt in der Natur der Dinge, dass etwas, das von Grund auf schlecht ist, immer schlecht bleiben wird. Selbst ein Cicero oder ein Demosthenes würde vergeblich seine Redekunst bemühen, wollte er der Welt diesbezüglich etwas vormachen. Die Beredsamkeit würde man zwar loben, den erbärmlichen Missbrauch, der damit getrieben wird, jedoch zurückweisen. Das Ziel eines Redners sollte es sein, den Unschuldigen gegen den Unterdrücker oder gegen den Verleumder in Schutz zu nehmen, die Motive zu erörtern, die es annehmbar machen, einen Entschluss zu fassen und jeweils die bessere Entscheidung zu treffen, aufzuzeigen, wie erhaben und schön die Tugend und wie verwerflich und hässlich das Laster ist. Doch die Redekunst, die dem Gegenteil von alldem dient, sollte man verabscheuen.

Machiavelli, der bösartigste und ruchloseste unter den Menschen, arbeitet im vorliegenden Kapitel mit allen Argumenten, die ihm seine Raserei eingibt, um das Verbrechen hoffähig zu machen. Doch er strauchelt und fällt auf seinem Weg der Ruchlosigkeit so oft, dass ich hier lediglich die Stellen anmerken muss, wo er verunglückt. Das Durcheinander und die Fehlschlüsse in diesem Kapitel sind nicht zu zählen; es ist vielleicht im ganzen Buch das Kapitel, in dem die Boshaftigkeit und die argumentative Schwäche zugleich ihren Höhepunkt erreichen. Das Denkvermögen ist so unzulänglich wie die Moral schlecht ist. Dieser Sophist des Verbrechens wagt es zu behaupten, die Fürsten könnten die Welt durch Verstellung hintergehen. Hier soll meine Widerlegung einsetzen.

Man weiß, wie neugierig das Publikum ist; es gleicht einem Tier, das alles sieht, alles hört und alles, was es gesehen und gehört hat, weiterverbreitet. Beschäftigt sich die Neugier dieses Publikums mit dem Verhalten von Privatpersonen, so ist dies müßiger Zeitvertreib; beurteilt die Öffentlichkeit aber den Charakter der Fürsten, so tut sie dies aus Eigennutz. Daher sind die Fürsten mehr als alle anderen Menschen den

sont-ils exposés, plus que tous les autres hommes, aux raisonnements et aux jugements du monde ; ils sont comme les astres, contre lesquels un peuple d'astronomes a braqué ses secteurs à lunettes et ses astrolabes. Les courtisans qui les observent de près font chaque jour leurs remarques ; un geste, un coup d'œil, un regard les trahit, et les peuples se rapprochent d'eux par des conjectures. En un mot, aussi peu que le soleil peut couvrir ses taches, la lune ses phases, Saturne ses anneaux, aussi peu les grands princes peuvent-ils cacher leurs vices et le fond de leur caractère aux yeux de tant d'observateurs.

Quand même le masque de la dissimulation couvrirait pour un temps la difformité naturelle d'un prince, il ne se pourrait pourtant point qu'il gardât ce masque continuellement, et qu'il ne le levât quelquefois, ne fût-ce que pour respirer, et une occasion seule peut suffire pour contenter les curieux.

L'artifice donc, et la dissimulation, habiteront en vain sur les lèvres de ce prince ; la ruse de ses discours et de ses actions lui sera inutile. On ne juge pas les hommes sur leurs paroles, ce serait le moyen de se tromper toujours, mais on compare leurs actions ensemble, et puis leurs actions et leurs discours, et c'est contre quoi la fausseté et la dissimulation ne pourront rien jamais.

On n'est bien que soi-même, et il faut avoir effectivement le caractère que l'on veut que le monde vous suppose, sans quoi celui qui pense abuser le public en est lui-même la dupe.

Sixte-Quint, Philippe II, Cromwell, passèrent dans le monde pour des hommes fins, rusés, hypocrites et entreprenants, mais jamais pour vertueux. Ainsi, il n'est pas possible de se travestir ; ainsi, un prince, quelque habile qu'il soit, ne peut, quand même il suivrait toutes les maximes de Machiavel, donner le caractère de la vertu qu'il n'a pas aux crimes qui lui sont propres.

Machiavel, ce corrupteur de la vertu, ne raisonne pas mieux sur les raisons qui doivent porter les princes à la fourbe et à l'hypocrisie. L'application ingénieuse et fausse de la fable du centaure ne conclut rien, car que ce centaure ait eu moitié la figure humaine et moitié celle d'un cheval, s'ensuit-il que les princes doivent être rusés et féroces ? Il faut avoir bien envie de dogmatiser le crime lorsqu'on emploie des arguments aussi faibles et qu'on les cherche de si loin.

Mais voici un raisonnement plus pitoyable que tout ce que nous avons vu. Le politique dit qu'un prince doit avoir les qualités du lion et du renard : du lion pour se

Betrachtungen und Beurteilungen der Welt ausgesetzt; sie sind gleichsam Gestirne, auf die ein Volk von Astronomen seine Sextanten und Astrolaben gerichtet hat. Die Höflinge, die sie aus nächster Nähe beobachten, machen täglich ihre Bemerkungen; eine Geste, ein Wimpernschlag, ein Blick verrät sie[1], und die Völker versuchen, ihnen bereits durch Vermutungen näher zu kommen. Mit einem Wort: Sowenig die Sonne ihre Flecken verdecken kann, der Mond seine Veränderungen, Saturn seine Ringe, sowenig können die großen Fürsten ihre Laster und den Kern ihres Charakters vor den Augen so vieler Beobachter verbergen.

Selbst wenn ein Fürst seine natürliche Missgestalt eine Zeit lang mit der Maske der Verstellung bedeckte, wäre es ihm unmöglich, diese Maske ununterbrochen zu tragen. Er müsste sie gelegentlich lüften, und sei es nur, um zu atmen. Solch ein Umstand allein kann schon ausreichen, um den Neugierigen Genüge zu tun.

List und Verstellung werden also vergeblich auf den Lippen dieses Fürsten wohnen; Verschlagenheit in seinem Reden und Handeln wird ihm nichts nutzen. Man beurteilt die Menschen nicht nach ihren Worten, auf diese Weise würde man sich stets täuschen; aber man vergleicht ihre Taten untereinander und dann ihre Taten mit ihren Worten. Dagegen werden Falschheit und Verstellung nie etwas ausrichten können.

Gut spielt man nur sein eigentliches Ich, denn man muss wirklich den Charakter besitzen, mit dem man in der Welt wahrgenommen werden will, sonst ist derjenige, der meint, die Öffentlichkeit zu hintergehen, selbst der Betrogene.

Sixtus V., Philipp II. und Cromwell galten in der Welt als schlaue, verschlagene, heuchlerische und unternehmende, nie aber als tugendhafte Männer.[2] Es ist also unmöglich, sich zu verstellen: So geschickt ein Fürst auch sein mag und so genau er sämtliche Maximen Machiavellis befolgt, nie wird es ihm gelingen, den Verbrechen, die ihm angelastet werden, den Anstrich einer Tugend zu verleihen, die er nicht besitzt.

Nicht besser äußert sich Machiavelli, der Verderber der Tugend, zu den Gründen, die die Fürsten zu Arglist und Heuchelei veranlassen können. Die Fabel vom Zentauren[3] auf witzige, aber falsche Weise anzuwenden, beweist nichts. Folgt denn aus der Tatsache, dass dieser Zentaur zur Hälfte die Gestalt des Menschen und zur Hälfte die des Pferdes hat, dass die Fürsten listig und grausam sein müssen? Man muss schon sehr darauf versessen sein, eine Lehre des Verbrechens aufstellen zu wollen, wenn man mit so schwächlichen und dazu noch so weithergeholten Argumenten arbeitet.

Nun aber zu einem Gedankengang, der erbärmlicher ist als alles, was wir bislang gesehen haben. Der Staatslehrer verlangt von einem Fürsten die Eigenschaften des Löwen und des Fuchses: des Löwen, um sich der Wölfe zu erwehren, des Fuchses

défaire des loups, du renard pour être rusé. Et il conclut : « Ce qui fait voir qu'un prince n'est pas obligé de garder sa parole. » Voilà une conclusion sans prémisses ; un écolier en seconde serait châtié à la rigueur par son régent s'il argumentait ainsi, et le docteur du crime n'a-t-il pas honte de bégayer ainsi ses leçons d'impiété ?

Si l'on voulait prêter la probité et le bon sens aux pensées embrouillées de Machiavel, voici à peu près comme on pourrait les tourner. Le monde est comme une partie de jeu où il se trouve des joueurs honnêtes, mais aussi des fourbes qui trichent ; pour qu'un prince, donc, qui doit jouer à cette partie, n'y soit pas trompé, il faut qu'il sache de quelle manière l'on triche au jeu, non pas pour qu'il pratique jamais de pareilles leçons, mais pour qu'il ne soit pas la dupe des autres.

Retournons aux chutes de notre politique. « Parce que tous les hommes, » dit-il, « sont des scélérats, et qu'ils vous manquent à tout moment de parole, vous n'êtes point obligé non plus de leur garder la vôtre. » Voici premièrement une contradiction en termes, car l'auteur dit, un moment après, que les hommes dissimulés trouveront toujours des hommes assez simples pour les abuser. Comment cela s'accorde-t-il ? Tous les hommes sont des scélérats, et vous trouverez des hommes assez simples pour les abuser ! Voilà pour la contradiction. Et quant au raisonnement, il ne vaut pas mieux, car il est très faux que le monde ne soit composé que de scélérats. Il faut être bien misanthrope pour ne point voir que, dans toute société, il y a beaucoup d'honnêtes gens, que le grand nombre des personnes n'est ni bon ni mauvais, et qu'il y a quelques coquins que la justice poursuit et qu'elle châtie sévèrement si elle les attrape. Mais si Machiavel n'avait pas supposé le monde scélérat, sur quoi aurait-il fondé son abominable maxime ? On voit que l'engagement dans lequel il était de dogmatiser la fourberie l'obligeait en honneur d'agir ainsi, et il a cru qu'il était permis d'abuser les hommes lorsqu'on leur enseigne à tromper. Quand même nous supposerions les hommes aussi méchants que le veut Machiavel, il ne s'ensuivrait pourtant point que nous devons les imiter. Que Cartouche vole, pille et assassine, j'en conclus que Cartouche est un malheureux coquin, et non pas que je dois régler ma conduite sur la sienne. S'il n'y avait plus d'honneur et de vertu dans le monde, dit un historien, ce serait chez les princes qu'on en devrait retrouver les traces. En un mot, aucune considération ne saurait être assez puissante pour engager un honnête homme à s'écarter de son devoir.

wegen dessen Schläue. Und er schlussfolgert: »Das lässt erkennen, dass ein Fürst nicht verpflichtet ist, sein Wort zu halten.« Das ist ein Schluss ohne Prämissen; würde ein Schüler auf dem Gymnasium in diesem Stil argumentieren, sein Lehrer würde ihn hart bestrafen – und der Doktor des Verbrechens schämt sich nicht, seine ruchlosen Lektionen so herunterzustottern?

Wollte man in Machiavellis wirre Gedanken etwas wie Redlichkeit und gesunden Menschenverstand bringen, könnte man sie ungefähr auf folgende Art wenden: Die Welt gleicht einer Spielpartie, an der ehrliche Spieler beteiligt sind, aber auch Spitzbuben, die mogeln. Damit also ein Fürst, der bei einer solchen Partie mitspielen muss, nicht betrogen wird, muss er wissen, wie beim Spiel gemogelt wird, aber nicht etwa, um solche Kenntnisse selbst anzuwenden, sondern, um nicht auf die anderen hereinzufallen.

Kehren wir zu den Entgleisungen unseres Staatslehrers zurück. »Weil alle Menschen«, sagt er, »Schurken sind und sie zu jeder Zeit ihr Wort brechen, ist man ihnen gegenüber auch nicht verpflichtet, das seine zu halten.« Darin liegt zum einen ein Widerspruch; denn unmittelbar anschließend sagt der Autor, Menschen, die sich verstellen, würden immer genug Einfältige finden, die sich betrügen lassen. Wie reimt sich das zusammen? Alle Menschen sind Schurken, und: Sie werden genug Einfältige finden, die sich betrügen lassen! Soviel zu seinem Widerspruch. Doch ist die Überlegung insgesamt nicht viel besser; denn dass die Welt nur aus Schurken besteht, ist grundfalsch. Man muss schon ein großer Menschenfeind sein, um nicht zu sehen, dass es in jeder Gesellschaft viele ehrbare Leute gibt sowie die große Zahl derer, die weder gut noch böse sind, und dass es eben auch einige Halunken gibt, hinter denen die Justiz her ist und die sie hart bestraft, wenn sie sie fasst. Hätte Machiavelli aber nicht vorausgesetzt, die Welt sei voller Schurken, worauf hätte er seine abscheuliche Maxime dann gründen sollen? Man sieht, dass er angesichts seiner Entschlossenheit, eine Lehre des Betrugs aufzustellen, es als eine Ehrensache betrachten musste, so vorzugehen. Und er hielt es für statthaft, die Menschen zu hintergehen, wenn man sie lehrt zu betrügen. Selbst wenn wir annehmen würden, die Menschen wären so böse, wie Machiavelli meint, würde daraus doch keineswegs folgen, dass wir sie nachahmen müssten. Cartouche mag stehlen, plündern, morden, ich schließe daraus, dass Cartouche ein elender Gauner ist, aber nicht, dass ich mein Verhalten nach dem seinigen ausrichten muss. Wenn es in unserer Welt keine Ehre und keine Tugend mehr gäbe, sagt ein Historiker[1], dann müsste man deren Spuren bei den Fürsten wiederfinden. Kurz gesagt, es gibt keine Betrachtungsweise, die einen redlichen Menschen dazu bringen könnte, der Pflicht auszuweichen.

Après que l'auteur a prouvé la nécessité du crime, il veut encourager ses disciples par la facilité de le commettre. « Ceux qui entendent bien l'art de dissimuler », dit-il, « trouveront toujours des hommes assez simples pour être dupés », ce qui se réduit à ceci : votre voisin est un sot, et vous avez de l'esprit, donc il faut que vous le dupiez, parce qu'il est un sot. Ce sont des syllogismes pour lesquels des écoliers de Machiavel ont été pendus et roués en Grève.

Le politique, non content d'avoir démontré, selon sa façon de raisonner, la facilité du crime, relève ensuite le bonheur de la perfidie. Mais ce qu'il y a de fâcheux, c'est que ce César Borgia, le plus grand scélérat, le plus grand traître, le plus perfide des hommes, que ce César Borgia, le héros de Machiavel, a été effectivement très malheureux. Machiavel se garde bien de parler de lui à cette occasion. Il lui fallait des exemples ; mais d'où les aurait-il pris, que du registre des procès criminels, ou de l'histoire des papes ? C'est pour ces derniers qu'il se détermine, et il assure qu'Alexandre VI, l'homme le plus faux, le plus impie de son temps, réussit toujours dans ses fourberies, puisqu'il connaissait parfaitement la faiblesse des hommes sur la crédulité.

J'ose assurer que ce n'était pas tant la crédulité des hommes que de certains événements et de certaines circonstances qui firent réussir les desseins de ce pape. Il y avait le contraste de l'ambition française et espagnole, la désunion et la haine des familles d'Italie, les passions et la faiblesse de Louis XII, et les sommes d'argent qu'extorquait Sa Sainteté et qui la rendirent très puissante, qui n'y contribuèrent pas moins.

La fourberie est même un défaut en style de politique, lorsqu'on la pousse trop loin. Je cite l'autorité d'un grand politique : c'est le cardinal Mazarin, qui disait de don Louis de Haro qu'il avait un grand défaut en politique, c'est qu'il était toujours fourbe. Ce même Mazarin, voulant employer M. de Fabert à une négociation scabreuse, le maréchal de Fabert lui dit : « Souffrez, monseigneur, que je refuse de tromper le duc de Savoie, d'autant plus qu'il n'y va que d'une bagatelle. On sait dans le monde que je suis honnête homme, réservez donc ma probité pour une occasion où il s'agira du salut de la France. »

Je ne parle point, en ce moment, de l'honnêteté ni de la vertu mais, ne considérant simplement que l'intérêt des princes, je dis que c'est une très mauvaise politique de

Nachdem der Autor die Notwendigkeit des Verbrechens nachgewiesen hat, möchte er seine Schüler mit der Leichtigkeit, mit der es begangen wird, dazu ermuntern. »Wer sich auf die Kunst der Verstellung versteht«, sagt er, »wird immer Menschen finden, die einfältig genug sind und die er hinters Licht führen kann.« Das heißt verkürzt soviel wie: Ihr Nachbar ist ein Dummkopf und Sie besitzen Geist, Sie müssen ihn also betrügen, weil er ein Dummkopf ist. Das sind Syllogismen[1], deretwegen manch ein Schüler Machiavellis auf dem Grève-Platz gehenkt und gerädert wurde.

Nicht zufrieden damit, auf seine Weise nachgewiesen zu haben, wie leicht es ist, ein Verbrechen zu begehen, hebt der Staatslehrer nun hervor, wie viel Glück man mit Treulosigkeit haben kann. Peinlich dabei ist nur, dass dieser Cesare Borgia, der größte Schurke, der größte Verräter, der Hinterlistigste unter den Menschen, dass dieser Cesare Borgia, der Held Machiavellis, in Wirklichkeit ein ganz unglücklicher Mensch war. Machiavelli hütet sich in diesem Zusammenhang sehr wohl, über ihn zu sprechen. Er brauchte Beispiele; woher aber sollte er diese nehmen, wenn nicht aus den Registern der Strafprozesse oder aus der Geschichte der Päpste? Er entscheidet sich für die Zweiten und versichert, dass Alexander VI., der hinterhältigste und gottloseste Mensch seiner Zeit, mit seinen Betrügereien immer Erfolg gehabt habe, da er die Schwäche der Menschen, was die Leichtgläubigkeit angeht, sehr genau kannte.

Ich behaupte hingegen, dass es nicht so sehr die Leichtgläubigkeit der Menschen als vielmehr gewisse Ereignisse und Umstände waren, die zum Gelingen der Pläne dieses Papstes beitrugen. Der Gegensatz zwischen den französischen und den spanischen Ansprüchen, der Zwist und der Hass unter den italienischen Familien, die Leidenschaften und die Schwäche Ludwigs XII. sowie die Summen, die seine Heiligkeit erpresste und die Alexander VI. sehr mächtig werden ließen, trugen nicht weniger dazu bei.

Sogar in der Politik ist Betrügerei ein Stilbruch, wenn man darin zu weit geht. Ich zitiere als Autorität einen großen Politiker, den Kardinal Mazarin, der von Don Luis de Haro sagte, dieser habe als Staatsmann einen großen Fehler, weil er immer auf Betrug aus sei. Als derselbe Mazarin einmal Marschall von Fabert mit einer heiklen Verhandlung betrauen wollte, sagte Herr von Fabert zu ihm: »Monseigneur, Gestatten Sie, dass ich es ablehne, den Herzog von Savoyen zu betrügen, umso mehr, als es sich dabei nur um eine Kleinigkeit handelt. Ich bin in der Welt als Ehrenmann bekannt, sparen Sie also meine Rechtschaffenheit für eine Gelegenheit auf, bei der es sich um das Wohl Frankreichs handelt.«[2]

Ich spreche im Augenblick weder von Redlichkeit noch von Tugend, sondern stelle, wenn ich einfach nur das Interesse der Fürsten betrachte, fest: Sie betreiben eine ganz

leur part d'être fourbes et de duper le monde : ils ne dupent qu'une fois, ce qui leur fait perdre la confiance de tous les princes.

Une certaine puissance, dans un manifeste, déclara positivement les raisons de sa conduite, et elle agit ensuite d'une manière qui était tout opposée à ce manifeste. J'avoue que des traits aussi frappants que ceux-là aliènent entièrement la confiance, car plus la contradiction se suit de près, et plus elle est grossière. L'Église romaine, pour éviter une contradiction pareille, a très sagement fixé à ceux qu'elle place au nombre des saints le noviciat de cent années après leur mort, moyennant quoi la mémoire de leurs défauts et de leurs extravagances périt avec eux. Les témoins de leur vie, et ceux qui pourraient déposer contre eux, ne subsistent plus, et rien ne s'oppose à l'idée de sainteté qu'on veut donner au public.

Mais qu'on me pardonne cette digression. J'avoue, d'ailleurs, qu'il y a des nécessités fâcheuses où un prince ne saurait s'empêcher de rompre ses traités et ses alliances. Il doit cependant le faire de bonne manière, en avertissant ses alliés à temps, et non sans que le salut de ses peuples et une très grande nécessité l'y obligent.

Ces contradictions si voisines, que je viens de reprocher il y a un moment à une certaine puissance, se trouvent en très grand nombre chez Machiavel. Il dit, dans un même paragraphe, premièrement : « Il est nécessaire de paraître pitoyable, fidèle, doux, religieux et droit, et il faut l'être en effet », et ensuite : « Il est impossible à un prince d'observer tout ce qui fait passer les hommes pour gens de bien ; ainsi, il doit prendre le parti de s'accommoder au vent et au caprice de la fortune et, s'il le peut, ne s'éloigner jamais du bien ; mais si la nécessité l'y oblige, il peut paraître quelquefois s'en écarter. » Ces pensées visent, il faut l'avouer, furieusement au galimatias. Un homme qui raisonne de cette manière ne se comprend pas lui-même, et ne mérite pas qu'on se donne la peine de deviner son énigme ou de débrouiller son chaos.

Je finirai ce chapitre par une seule réflexion. Qu'on remarque la fécondité dont les vices se propagent entre les mains de Machiavel. Il ne lui suffit pas qu'un prince ait le malheur d'être incrédule, il veut encore couronner son incrédulité de l'hypocrisie ; il pense que les peuples seront plus touchés de la préférence qu'un prince donne à Polignac sur Lucrèce que des mauvais traitements qu'ils souffriront de lui. Il y a des personnes qui sont de son sentiment ; pour moi, il me semble qu'on doit avoir

üble Politik, wenn sie ihrerseits betrügen und die Welt hinters Licht führen; einmal gelingt es ihnen, doch dann büßen sie das Vertrauen aller Fürsten ein.

Eine gewisse Macht[1] erklärte in einem Manifest eindeutig die Gründe ihres Vorgehens und handelte anschließend auf genau entgegengesetzte Weise. Zugegeben, solche Ungeheuerlichkeiten zerstören das Vertrauen völlig, denn je unmittelbarer der Widerspruch sich zeigt, um so krasser ist er. Die römische Kirche hat, um einem solchen Widerspruch zu entgehen, mit großer Weisheit für alle, die sie in den Kreis der Heiligen aufnimmt, ein Noviziat von hundert Jahren nach ihrem Tode festgelegt. Auf diese Weise schwindet die Erinnerung an ihre Fehler und Ausschweifungen mit ihnen dahin. Die Zeugen ihres Lebens, und die, die gegen sie aussagen könnten, existieren nicht mehr; und nichts steht mehr der Idee der Heiligkeit entgegen, die in der Öffentlichkeit verbreitet werden soll.

Doch man verzeihe mir diese Abschweifung. Ich gestehe übrigens, dass es bittere Notwendigkeiten gibt, in denen ein Fürst nicht umhin kann, seine Verträge zu brechen und seine Bündnisse zu lösen. Doch muss er dabei den Anstand wahren und seine Bündnispartner rechtzeitig benachrichtigen, vor allem aber dürfen nur das Wohl seiner Völker und die größte Notlage ihn dazu veranlassen.

Ähnliche Widersprüche wie die, die ich soeben einer gewissen Macht zum Vorwurf gemacht habe, finden sich bei Machiavelli in sehr großer Zahl. In ein und demselben Absatz sagt er zunächst: »Es ist notwendig, dass einer barmherzig, treu, mild, fromm und redlich erscheine, und man soll es auch tatsächlich sein«; dann folgt: »Ein Fürst kann unmöglich all das befolgen, was Anlass gibt, die Menschen für gut zu halten; er muss deshalb bereit sein, sich nach dem Wind und den Launen des Glücks zu drehen und solange es möglich ist, vom Guten nie abzulassen; sobald die Notwendigkeit ihn jedoch dazu zwingt, wird er gelegentlich den Eindruck erwecken, einen anderen Weg einzuschlagen.« Es ist nicht zu übersehen: Diese Art von Überlegungen sind nichts anderes als konfuses Zeug. Wer so räsoniert, versteht selbst nicht, was er sagt, und verdient es auch nicht, dass man sich die Mühe macht, seine Rätsel zu lösen oder Licht in sein Chaos zu bringen.

Ich will dieses Kapitel mit einer einzigen Überlegung beenden. Man sehe nur, mit welcher Ergiebigkeit sich die Laster in den Händen Machiavellis vermehren. Dass ein Fürst zu seinem Unglück ungläubig ist, genügt ihm nicht; er will den Unglauben des Fürsten noch mit Heuchelei krönen. Er ist der Meinung, ein Fürst könne die Völker stärker rühren, wenn er dem Kardinal Polignac[2] den Vorzug vor Lukrez gibt, als durch die schlechte Behandlung, die sie unter ihm erdulden müssen. Manche Leute sind mit ihm einer Meinung. Was mich betrifft, so scheint mir, dass man bei Irrtümern des

quelque indulgence pour des erreurs de spéculation, lorsqu'elles n'entraînent point la corruption du cœur à leur suite, et que le peuple aimera plus un prince incrédule, mais honnête homme et qui fait leur bonheur, qu'un orthodoxe scélérat et malfaisant. Ce ne sont pas les pensées des princes, mais ce sont leurs actions qui rendent les hommes heureux.

Chapitre 19

L'esprit de système a été de tout temps un écueil fatal pour la raison humaine. Il a donné le change à ceux qui ont cru saisir la vérité et qui se sont infatués de quelque idée ingénieuse dont ils ont fait la base de leurs opinions. Il les a préoccupés de préjugés qui seront toujours mortels à la recherche de la vérité, quels qu'ils soient, de sorte que les artisans de systèmes ont composé plutôt des romans qu'ils n'ont fait des démonstrations.

Les cieux planétaires des anciens, les tourbillons de Descartes et l'harmonie préétablie de Leibniz sont de ces erreurs d'esprit causées par l'esprit systématique. Ces philosophes ont prétendu faire la carte d'un pays qu'ils ne connaissaient point, et qu'ils ne s'étaient pas seulement donné la peine de reconnaître. Ils ont su le nom de quelques villes et de quelques rivières, et ils les ont situées selon qu'il a plu à leur imagination. Il est arrivé ensuite, chose assez humiliante pour ces pauvres géographes, que des curieux ont voyagé dans ces pays si bien décrits. Ces voyageurs ont eu deux guides, dont l'un s'appelle l'analogie, et l'autre, l'expérience, et ils ont trouvé, à leur grand étonnement, que ces villes, ces fleuves, ces situations et les distances des lieux étaient en tout différents de ce que les autres avaient débité.

La rage des systèmes n'a pas été la folie privilégiée des philosophes, elle l'est aussi devenue des politiques. Machiavel en est infecté plus que personne : il veut prouver qu'un prince doit être méchant et fourbe ; ce sont là les paroles sacramentales de son pitoyable système. Machiavel a toute la méchanceté des monstres que terrassa Hercule, mais il n'en a pas la force ; aussi ne faut-il pas avoir la massue d'Hercule pour l'abattre. Car qu'y a-t-il de plus simple, de plus naturel, et de plus convenable aux princes que la justice et la bonté ? Je ne pense pas qu'il soit nécessaire de s'épuiser en arguments pour le prouver ; tout le monde en est convaincu. Le politique doit donc perdre nécessairement en soutenant le contraire. Car s'il soutient qu'un prince

Denkens¹ Nachsicht üben sollte, solange sie nicht die Korruption der Herzen zur Folge haben, und dass das Volk einen ungläubigen Fürsten, der ein Ehrenmann ist und sich um das Glück aller sorgt, mehr liebt als einen ruchlosen und üblen Orthodoxen. Nicht die Gedanken der Fürsten, sondern ihre Taten machen die Menschen glücklich.

19. Kapitel²

Zu allen Zeiten war der Systemgeist³ eine gefährliche Klippe für die menschliche Vernunft. Er hat alle hinters Licht geführt, die glaubten, die Wahrheit zu erkennen, und dabei nur eine geistreiche Idee selbstgefällig zur Grundlage ihrer Meinungen machten. Er hat sie mit Vorurteilen überhäuft, die, in welcher Form auch immer, für die Erforschung der Wahrheit immer tödlich sind, so dass die Systematiker eher Romane schreiben, nicht aber Beweisführungen erbringen.

Der Planetenhimmel der Alten, die Wirbel bei Descartes und die prästabilierte Harmonie bei Leibniz⁴ sind solche durch den Systemgeist hervorgerufene Irrtümer des Geistes. Diese Philosophen gaben vor, die Karte eines Landes zu erstellen, das sie nicht kannten und das zu erkunden sie sich nicht einmal die Mühe machten. Sie wussten die Namen einiger Städte, einiger Flüsse, die sie an Stellen einzeichneten, die ihnen ihre Fantasie eingab. Danach ereignete sich etwas für diese armen Geographen recht Beschämendes: Neugierige reisten in jene so trefflich beschriebenen Länder, und diese Reisenden hatten zwei Führerinnen dabei, von denen die eine Analogie und die andere Erfahrung heißt.⁶ Zu ihrem großen Erstaunen entdeckten sie, dass die Städte und Flüsse an ganz anderen Stellen lagen und die Entfernungen der Orte mit den Angaben der Erstgenannten nicht übereinstimmten.

Die Systemwut war nicht der privilegierte Wahnsinn der Philosophen, sie wurde auch zur Torheit der politischen Analytiker. Mehr als alle anderen ist Machiavelli davon angesteckt. Er will beweisen, dass ein Fürst böse und betrügerisch sein muss; so lauten jedenfalls die Weiheworte seines erbärmlichen Systems. Machiavelli besitzt die ganze Bösartigkeit der von Herkules niedergeworfenen Ungeheuer, aber nicht ihre Stärke, und so bedarf es auch nicht der Keule des Herkules⁵, um ihn niederzuringen. Denn was ist einfacher, natürlicher und für die Fürsten selbst angemessener als Gerechtigkeit und Güte? Ich denke nicht, dass es nötig ist, mühsam die Argumente zusammenzutragen, um dies erschöpfend zu begründen: Alle Welt ist davon überzeugt. Der Staatslehrer, der das Gegenteil behauptet, hat also von vornherein verspielt.

affermi sur le trône doit être cruel, fourbe, traître, etc., il le fera méchant à pure perte, et s'il veut revêtir de tous ces vices un prince qui s'élève sur le trône pour affermir son usurpation, l'auteur donne des conseils qui soulèveront tous les souverains et toutes les républiques contre lui. Car comment un particulier peut-il s'élever à la souveraineté, si ce n'est en dépossédant un prince souverain de ses États, ou en usurpant l'autorité dans une république ? Ce n'est donc point assurément comme l'entendent les princes de l'Europe, et si Machiavel avait composé un recueil de fourberies à l'usage des voleurs de grand chemin, il n'aurait pas fait un ouvrage plus blâmable que celui-ci.

Je dois cependant rendre compte des faux raisonnements et des contradictions qui se trouvent dans ce chapitre. Machiavel prétend que ce qui rend un prince odieux, c'est lorsqu'il s'empare injustement du bien de ses sujets, et qu'il attente à la pudicité de leurs femmes. Il est sûr qu'un prince intéressé, injuste, violent et cruel ne pourra point manquer d'être haï et de se rendre odieux à ses peuples, mais il n'en est pas de même de la galanterie. Jules César, qu'on appelait à Rome le mari de toutes les femmes et la femme de tous les maris, Louis XIV, qui aimait beaucoup les femmes, Auguste Ier, roi de Pologne, qui les avait en commun avec ses sujets, ces princes ne furent point haïs à cause de leurs amours. Et si César fut assassiné, si la liberté romaine enfonça le poignard dans son flanc, ce fut parce que César était un usurpateur, et non pas à cause que César était galant.

On m'objectera peut-être l'expulsion des rois de Rome au sujet de l'attentat commis contre la pudicité de Lucrèce, pour soutenir le sentiment de Machiavel. Mais je réponds que non pas l'amour du jeune Tarquin pour Lucrèce, mais la manière violente de faire cet amour, donna lieu au soulèvement de Rome et que, comme cette violence réveillait dans la mémoire du peuple l'idée d'autres violences commises par les Tarquins, ils songèrent sérieusement à s'en venger.

Je ne dis point ceci pour excuser la galanterie des princes, elle peut être moralement mauvaise ; je ne me suis ici attaché à autre chose qu'à montrer qu'elle ne rendait point odieux les souverains. On regarde l'amour, dans les bons princes, comme une faiblesse, et de même que les gens d'esprit regardent le commentaire sur l'*Apocalypse* parmi les autres ouvrages de Newton.

Mais ce qui me paraît digne de quelque réflexion, c'est que ce docteur qui prêche

Denn behauptet er, ein Fürst, der seine Herrschaft gefestigt hat, müsse grausam, betrügerisch, verräterisch etc. sein, macht er ihn ohne den geringsten Nutzen zum Bösewicht; will er aber einen Fürsten, der sich gerade den Thron aneignet, mit all diesen Lastern ausstatten, um die usurpierte Macht zu sichern, dann erteilt ihm der Autor Ratschläge, die alle Herrscher und alle Republiken gegen diesen Fürsten aufbringen würden. Denn durch welche Mittel kann sich ein Privatmann zur Herrschaft erheben, es sei denn, er entreißt einem souveränen Fürsten seine Staaten oder er maßt sich die höchste Gewalt in einer Republik an? Damit aber sind die Fürsten in Europa sicherlich nicht einverstanden. Hätte Machiavelli eine Sammlung von Spitzbübereien zum Gebrauch für Straßenräuber zusammengestellt, würde ihm ein solches Werk auch nicht mehr Tadel einbringen als das vorliegende.

Ich muss jedoch noch einige falsche Gedankengänge und Widersprüche anmerken, die im vorliegenden Kapitel vorkommen. Machiavelli behauptet, ein Fürst mache sich verhasst, wenn er sich auf ungerechte Weise der Güter seiner Untertanen bemächtige und sich an der Keuschheit ihrer Frauen vergreife. Gewiss, ein eigennütziger, ungerechter, gewalttätiger und grausamer Fürst wird den Hass und die Verachtung seiner Völker unvermeidlich auf sich ziehen; doch hinsichtlich seiner Galanterie verhält es sich anders. Julius Caesar, den man in Rom den Mann aller Frauen und die Frau aller Männer nannte[1], Ludwig XIV., der das weibliche Geschlecht sehr liebte, König August II. von Polen, der die Frauen mit seinen Untertanen teilte – diese Fürsten wurden nicht wegen ihrer Liebschaften gehasst. Wenn Caesar ermordet wurde, wenn die römische Freiheit ihren Dolch in seine Brust stieß, dann geschah dies, weil Caesar ein Usurpator, und nicht, weil Caesar ein Liebhaber der Frauen war.

Vielleicht wird man mir zur Unterstützung von Machiavellis Ansicht entgegenhalten, dass die Könige doch wegen der Vergewaltigung Lucretias[2] aus Rom vertrieben wurden. Dann antworte ich, dass nicht die Liebe des jungen Tarquinius zu Lucretia, sondern seine Gewalttätigkeit bei dieser Liebe die Empörung in Rom veranlasste, und da diese Gewalttätigkeit beim Volk die Erinnerung an frühere von den Tarquiniern verübte Gewalttätigkeiten wachrief, dachten diese ernsthaft daran, sich zu rächen.

Nicht, um die Liebeshändel der Fürsten zu entschuldigen, sage ich das. Diese können moralisch verwerflich sein; es kommt mir hier nur darauf an, zu zeigen, dass sich die Herrscher dadurch nicht verhasst machten. Bei guten Fürsten lässt man die Liebe als eine Schwäche gelten, ungefähr so wie Leute von Geist unter den Werken Newtons seinen Kommentar zur *Apokalypse*.[3]

Doch eine Überlegung scheint mir die Tatsache wert zu sein, dass dieser Doktor, der den Fürsten Enthaltsamkeit in der Liebe predigt, Florentiner war. Sollte Machiavelli

aux princes l'abstinence des femmes était florentin. Outre les autres bonnes qualités que possédait Machiavel, aurait-il eu encore celle d'être jésuite ?

Venons-en à présent aux conseils qu'il donne aux princes pour qu'ils ne se rendent pas méprisables. Il veut qu'ils ne soient ni capricieux, ni changeants, ni lâches, ni efféminés, ni indéterminés, en quoi il a assurément raison. Mais il continue de leur conseiller de faire paraître beaucoup de grandeur, de gravité, de courage et de fermeté. Le courage est bon, mais pourquoi les princes doivent-ils se contenter de faire paraître ces vertus ? Pourquoi ne les doivent-ils pas plutôt posséder en effet ? Si les princes ne possèdent pas ces qualités effectivement, ils les feront toujours très mal paraître, et l'on sentira que l'acteur et le héros qu'il représente sont deux personnages.

Machiavel veut encore qu'un prince ne se doit point laisser gouverner, afin que l'on ne puisse pas présumer que quelqu'un ait assez d'ascendant sur son esprit pour le faire changer d'opinion. Il a raison en effet, mais je soutiens qu'il n'y a personne dans le monde qui ne se laisse gouverner, les uns plus, les autres moins. On dit qu'une fois, la ville d'Amsterdam fut gouvernée par un chat. Par un chat, dira-t-on, comment une ville peut-elle être gouvernée par un chat ? Suivez cette gradation de faveurs, et vous en jugerez. Le premier bourgmestre de la ville avait la première voix dans le conseil, et y était fort estimé. Ce premier bourgmestre avait une femme dont il suivait aveuglément les conseils ; une servante avait un ascendant absolu sur l'esprit de cette femme, et un chat sur l'esprit de la servante : c'était donc le chat qui gouvernait la ville.

Il y a cependant des occasions où il est même glorieux à un prince de changer de conduite, et il le doit même toutes les fois qu'il s'aperçoit de ses fautes. Si les princes étaient infaillibles comme le pape croit l'être, ils feraient bien d'avoir une fermeté stoïque sur leurs sentiments. Mais comme ils ont toutes les faiblesses de l'humanité, ils doivent penser sans cesse à se corriger et à perfectionner leur conduite. Qu'on se ressouvienne que la fermeté outrée et l'opiniâtreté de Charles XII pensèrent le perdre à Bender, et que ce fut cette fermeté inébranlable qui ruina plus ses affaires que la perte de quelques batailles.

Voici d'autres erreurs de Machiavel. Il dit qu'« un prince ne manquera jamais de bonnes alliances, tant qu'on pourra faire fond sur ses armées », et cela est faux, à moins que vous n'y ajoutiez : sur ses armées et sur sa parole, car l'armée dépend du

zu all den anderen guten Eigenschaften auch noch die besessen haben, Jesuit gewesen zu sein?

Kommen wir nun zu den Ratschlägen, die er den Fürsten erteilt, damit sie sich nicht verächtlich machen. Sie sollen nicht launisch und nicht wankelmütig, nicht feige, weibisch und unentschlossen sein; damit hat er ganz gewiss Recht. Aber er fährt mit seinen Ratschlägen fort und sagt, sie sollen immer den Anschein von Größe, Ernsthaftigkeit, Mut und Entschlossenheit erwecken. Mut, das ist richtig und gut; doch warum sollen die Fürsten sich mit dem Anschein dieser Tugenden begnügen? Warum sollen sie sie nicht tatsächlich besitzen? Wenn die Fürsten diese Eigenschaften in Wirklichkeit gar nicht besitzen, dann werden sie auch nur äußerst schlecht den Eindruck erwecken können, sie zu besitzen; und man wird merken, dass der Darsteller und der Held, den er spielt, zwei verschiedene Figuren sind.

Machiavelli verlangt auch, ein Fürst dürfe sich nicht leiten lassen, damit niemand auf den Gedanken komme, irgendwer besitze so viel Einfluss auf sein Denken, dass er ihn zu einem Wandel seiner Auffassung bringen könne. Damit hat er tatsächlich Recht; aber ich behaupte, es gibt niemanden auf der Welt, der sich nicht leiten ließe, der eine mehr, der andere weniger. Von der Stadt Amsterdam heißt es, sie sei einmal von einer Katze regiert worden. Von einer Katze? Wie kann eine Stadt von einer Katze regiert werden? Betrachten Sie folgende Abstufungen der Gunstbezeigungen und urteilen Sie selbst: Der erste Bürgermeister der Stadt besaß im Rat die ausschlaggebende Stimme und genoss dort hohes Ansehen. Dieser Bürgermeister hatte eine Frau, deren Ratschläge er blindlings befolgte; eine Dienerin übte absoluten Einfluss auf das Denken dieser Frau aus und eine Katze auf das der Dienerin. Und so kam es, dass die Katze die Stadt regierte.[1]

In einigen Situationen ist es sogar ehrenwert, wenn der Fürst sein Verhalten ändert; und er muss dies sogar tun, sobald er sich seiner Fehler bewusst wird. Wären die Fürsten unfehlbar, wie der Papst es zu sein glaubt, täten sie gut daran, mit stoischer Beharrlichkeit auf ihren Ansichten zu bestehen. Da sie aber sämtliche Fehler und Schwächen mit der Menschheit teilen, müssen sie ohne Unterlass darauf bedacht sein, sich zu bessern und sich in ihrem Verhalten zu vervollkommnen. Es sei nur daran erinnert, dass die übertriebene Beharrlichkeit und Halsstarrigkeit Karls XII. ihn in Bender[2] beinahe zugrunde richteten, und dass seine unerschütterliche Hartnäckigkeit ihm größeren Schaden zufügte als der Verlust mehrerer Schlachten.

Und hier weitere Irrtümer Machiavellis: Er sagt, dass es »einem Fürsten niemals an guten Bündnissen mangeln wird, solange er sich auf seine Armeen verlassen kann«. Das ist falsch, es sei denn, Sie fügten hinzu: auf seine Armeen und auf sein Wort. Denn

prince, et c'est de son honnêteté ou de sa malhonnêteté que dépendent l'accomplissement des alliances et les mouvements de cette armée.

Mais voici une contradiction en forme. Le politique veut qu'« un prince se fasse aimer de ses sujets, pour éviter les conspirations » et, dans le chapitre dix-sept, il dit qu'« un prince doit se faire craindre, puisqu'il peut compter sur une chose qui dépend de lui, et qu'il n'en est pas de même de l'amour des peuples. » Lequel des deux est le véritable sentiment de l'auteur ? Il parle le langage des oracles. On peut l'interpréter comme on le veut. Mais ce langage des oracles, soit dit en passant, est celui des fourbes.

Je dois dire, en général, à cette occasion, que les conjurations et les assassinats ne se commettent plus guère dans le monde. Les princes sont en sûreté de ce côté-là : ces crimes sont usés, ils sont sortis de mode, et les raisons qu'en allègue Machiavel sont très bonnes. Il n'y a tout au plus que le fanatisme de quelques religieux qui puisse leur faire commettre un crime aussi épouvantable, par dévotion ou par sainteté. Parmi les bonnes choses que Machiavel dit à l'occasion des conjurations, il y en a une très bonne, mais qui devient mauvaise dans sa bouche ; la voici : « Un conjurateur, » dit-il, « est troublé par l'appréhension des châtiments qui le menacent, et les rois sont soutenus par la majesté de l'empire et par l'autorité des lois. » Il me semble que l'auteur politique n'a pas bonne grâce à parler des lois, lui qui n'insinue que l'intérêt, la cruauté, le despotisme et l'usurpation. Machiavel fait comme les protestants : ils se servent des arguments des incrédules pour combattre la transsubstantiation des catholiques, et ils se servent des mêmes arguments dont les catholiques soutenaient la transsubstantiation pour combattre les incrédules. Quelle souplesse d'esprit !

Machiavel conseille donc aux princes de se faire aimer, et de ménager, pour cette raison, et de gagner également la bienveillance des grands et des peuples. Il a raison de leur conseiller de se décharger sur d'autres de ce qui pourrait leur attirer la haine d'un de ces deux états, et d'établir, pour cet effet, des magistrats juges entre les peuples et les grands. Il allègue le gouvernement de France pour modèle, et cet ami outré du despotisme et de l'usurpation d'autorité approuve la puissance que le parlement de France avait autrefois. Il me semble, à moi, que s'il y a un gouvernement dont on pourrait de nos jours proposer pour modèle la sagesse, c'est celui d'Angleterre : là, le

die Verantwortung für die Armee liegt in der Hand des Fürsten. Von seiner Redlichkeit oder seiner Unredlichkeit hängen die Bündnistreue und die Bewegungen dieser Armee ab.

Und dann noch eine Bemerkung zu einem förmlichen Widerspruch: Unser Politiker sagt, »ein Fürst bemüht sich darum, von seinen Untertanen geliebt zu werden, um Verschwörungen zu vermeiden«. Im siebzehnten Kapitel heißt es: »Ein Fürst muss darauf bedacht sein, Furcht zu erregen, weil er sich nur auf das verlassen kann, was in seiner Hand liegt. Auf die Liebe der Völker ist so gesehen nämlich kein Verlass.« Was ist nun aber tatsächlich die Meinung des Autors? Er spricht die Sprache der Orakel und man kann ihn auslegen, wie man will. Allerdings ist, nebenbei gesagt, diese Orakelsprache die Sprache der Betrüger.

Generell muss ich bei dieser Gelegenheit jedoch anmerken, dass Verschwörungen und Meuchelmorde in der Welt fast nicht mehr begangen werden. Die Fürsten sind diesbezüglich in Sicherheit; diese Verbrechen haben sich überlebt und sind nicht mehr in Mode; die Gründe, die Machiavelli dafür anführt, treffen durchaus zu. Höchstens der Fanatismus einiger Mönche könnte diese noch veranlassen, ein so abscheuliches Verbrechen zu begehen, sei es aus Frömmigkeit oder Heiligkeit. Unter den guten Bemerkungen, die Machiavelli in Zusammenhang mit den Verschwörungen macht, ist eine besonders gut; aus seinem Mund klingt sie aber böse, nämlich: »Einen Verschwörer beunruhigt die Furcht vor den drohenden Strafen, die Könige aber sind durch die Majestät des Reiches und die Autorität der Gesetze geschützt.« Mir scheint, unserem politischen Autor steht es nicht zu, von Gesetzen zu sprechen, da er nur Eigennutz, Grausamkeit, Despotismus und Usurpation lehrt. Machiavelli macht es wie die Protestanten: Sie bedienen sich der Argumente der Ungläubigen, um die katholische Transsubstantiationslehre[1] zu bekämpfen; um die Ungläubigen zu bekämpfen, bedienen sie sich aber derselben Argumente, mit denen die Katholiken die Transsubstantiation stützen. Das nennt man geistige Geschmeidigkeit!

Machiavelli rät also den Fürsten, sie sollen sich um Liebe bemühen und aus diesem Grund umsichtig vorgehen sowie sich gleichermaßen des Wohlwollens der Großen und der Völker versichern. Mit Recht gibt er ihnen den Rat, auf andere das abzuwälzen, was ihnen den Hass des einen oder des anderen dieser beiden Stände zuziehen könnte, und zu diesem Zweck Behörden zu schaffen, die als Richter zwischen den Völkern und den Großen stünden. Das Modell, das er anführt, ist die Regierung von Frankreich; und dieser große Freund des Despotismus und der Usurpation höchster Gewalt billigt die Macht, die das Parlement[2] in Frankreich einst hatte. Ich bin jedoch der Meinung, wenn heutzutage eine Regierungsform wegen ihrer klugen Einrich-

Parlement est l'arbitre du peuple et du Roi, et le Roi a tout le pouvoir de faire du bien, mais il n'en a point pour faire le mal.

Machiavel répond ensuite aux objections qu'il croit qu'on pourrait lui faire sur ce qu'il a avancé du caractère des princes, et il entre dans une grande discussion sur la vie des empereurs romains, depuis Marc-Aurèle jusqu'aux deux Gordiens. Suivons-le pour examiner son raisonnement. Le politique attribue la cause de ces changements fréquents à la vénalité de l'empire. Il est sûr que, depuis que la charge d'empereur fut vendue par les gardes prétoriennes, les empereurs n'étaient plus sûrs de leur vie. Les gens de guerre disposaient de cette charge, et celui qui en était revêtu périssait, s'il n'était le protecteur de leurs vexations et le ministre de leurs violences, de sorte que les bons empereurs étaient massacrés par les soldats, et les méchants par conspiration et par ordre du sénat. Ajoutons à cela que la facilité qu'il y avait alors à s'élever à l'empire contribua beaucoup à ces fréquents changements, et que c'était alors la mode à Rome de tuer les empereurs, comme ce l'est encore de nos jours en quelques pays de l'Amérique que les fils étouffent leurs pères lorsqu'ils sont surchargés d'années. Tel est le pouvoir de la coutume sur les hommes, qu'elle fait passer au-dessus des sentiments de la nature même, lorsqu'il s'agit de lui obéir. Voici une réflexion sur la vie de Pertinax, qui répond mal aux préceptes que l'auteur donne au commencement de ce chapitre. Il dit qu'« un souverain qui veut absolument conserver sa couronne est quelquefois obligé de s'éloigner des termes de la justice et de la bonté. » Je crois avoir fait voir qu'en ces temps malheureux, la bonté ni les crimes des empereurs ne les sauvaient des assassinats. Commode, successeur de Marc-Aurèle, en tout indigne de son prédécesseur, et se rendant le mépris du peuple et des soldats, fut mis à mort. Je me réserve de parler, à la fin du chapitre, de Sévère. Je passe donc à Caracalla, qui ne put se soutenir à cause de sa cruauté, et qui prodigua aux soldats les sommes que son père avait amassées, pour faire oublier le meurtre de son frère Géta, qu'il avait commis. Je passe sous silence Macrin et Héliogabale, mis à mort tous les deux, et indignes d'aucune attention de la postérité. Alexandre, leur successeur, avait de bonnes qualités. Machiavel croit qu'il perdit la vie pour être efféminé, mais il la perdit en effet pour avoir voulu rétablir la discipline parmi les soldats, que la lâcheté

tung als Modell dienen könnte, dann die englische.¹ Dort übernimmt nämlich das
Parlament die Rolle des Schiedsrichters zwischen dem Volk und dem König, und der
König hat jede Vollmacht zum Guten, doch er hat keine, um Schaden zu stiften.

Anschließend befasst sich Machiavelli mit den Einwänden, die, so glaubt er, gegen
seine Charakterisierung der Fürsten vorgebracht werden könnten; und er lässt sich auf
eine ausführliche Diskussion über das Leben der römischen Kaiser von Marc Aurel bis
zu den beiden Gordiane ein.² Wir wollen ihm in seinem Gedankengang folgen und
diesen überprüfen. Der politische Analytiker macht den Grund für die häufigen
Machtwechsel in der Käuflichkeit des Kaiserreichs ausfindig. Fest steht, dass seit der
Zeit, da die Kaiserwürde von den Prätorianerwachen zum Kauf angeboten wurde, die
Kaiser ihres Lebens nicht mehr sicher waren. Die Soldaten verfügten über die Kaiserwürde und jeder, dem sie übertragen wurde, musste zugrunde gehen, wenn er sich
nicht zum Schirmherren ihrer Bedrückungen und zum Werkzeug ihrer Gewalttaten
machte. So wurden dann die guten Kaiser von Soldaten ermordet und die schlechten
auf dem Wege der Verschwörung und auf Anordnung des Senats umgebracht. Fügen
wir hinzu, dass die Leichtigkeit, mit der man damals auf den Thron gelangte, erheblich zu den häufigen Wechseln beitrug, und dass es zu jener Zeit in Rom üblich war,
die Kaiser umzubringen, so wie es heute noch in einigen Ländern Amerikas Brauch
ist, dass Söhne ihre Väter ersticken, wenn ihnen das hohe Alter zur Last wird. Das ist
die Macht, die Sitten und Bräuche über die Menschen ausüben; dieser Macht gelingt
es sogar, die natürlichen Gefühle zu unterdrücken, wenn es darum geht, dass ihr
gehorcht wird. Folgende Überlegung zum Leben des Pertinax³ stimmt mit den Lehren, die unser Autor am Anfang des vorliegenden Kapitels erteilt, nur schlecht überein: »Will ein Herrscher unbedingt seine Krone behaupten, so ist er manchmal genötigt, von den Zielen der Gerechtigkeit und der Güte abzuweichen.« Ich glaube gezeigt
zu haben, wie in jenen unglücklichen Zeiten weder die Güte der Kaiser noch ihre Verbrechen sie vor Meuchelmördern schützen konnten. Commodus⁴, der in jeder Hinsicht unwürdige Nachfolger des Marc Aurel, zog sich die Verachtung des Volkes und
der Soldaten zu und wurde ermordet. Über Severus spreche ich nachher, am Schluss
des Kapitels. Nun also zu Caracalla⁵, der sich wegen seiner Grausamkeit nicht halten
konnte und der die von seinem Vater angehäuften Summen an die Soldaten vergeu-
dete, damit der von ihm verübte Mord an seinem Bruder Geta in Vergessenheit gerate.
Stillschweigend übergehe ich Macrinus und Heliogabalus, die beide getötet wurden
und der Beachtung durch die Nachwelt unwürdig sind. Alexander, ihr Nachfolger,
besaß gute Eigenschaften.⁶ Machiavelli meint, er habe sein Leben verloren, weil er ver-
weichlicht war, tatsächlich verlor er es aber, weil er die Disziplin in der Armee, die

de ses prédécesseurs avait entièrement négligée. Lors donc que ces troupes effrénées entendirent qu'on voulait leur parler d'ordre, elles se défirent du prince. Maximin suivit Alexandre ; il était grand guerrier, mais il ne conserva pas le trône. Machiavel l'attribue à ce qu'il était de basse naissance et très cruel ; il a raison quant à la cruauté, mais il se trompe beaucoup quant à la basse naissance. On suppose ordinairement qu'il faut un mérite personnel et supérieur en un homme qui se pousse sans appui, et qui se tient lui-même lieu d'ancêtres, et on l'estime d'autant plus qu'il ne tire son lustre que de sa vertu, et il arrive souvent qu'on méprise des personnes de naissance, lorsqu'elles n'ont rien de grand en elles, ni rien qui réponde à l'idée de noblesse.

Revenons à présent à Sévère, dont Machiavel dit qu'« il était un lion féroce et un renard rusé. » Sévère avait de grandes qualités. Sa fausseté et sa perfidie ne peuvent être approuvées que de Machiavel ; il aurait, d'ailleurs, été grand prince, s'il avait été bon. Qu'on remarque, à cette occasion, que Sévère fut gouverné par Plautien, son favori, comme Tibère le fut par Séjan, et que ces deux princes ne furent méprisés ni l'un ni l'autre. Comme il arrive très souvent à l'auteur politique de faire de faux raisonnements, cela lui arrive encore à l'occasion de Sévère, car il dit que la réputation de cet empereur « effaçait la grandeur de ses extorsions, et le mettait à couvert de la haine publique. » Il me semble que ce sont les extorsions et les injustices présentes qui effacent la grandeur d'une réputation présente. C'est au lecteur d'en juger. Si Sévère se soutint sur le trône, il en fut redevable en quelque manière à l'empereur Hadrien, qui établit la discipline militaire, et si les empereurs qui suivirent Sévère ne purent se conserver, le relâchement de la discipline par Sévère en fut cause. Sévère commit encore une grande faute en politique : c'est que, par ses proscriptions, beaucoup de soldats de l'armée de Pescenius Niger se retirèrent chez les Parthes, et leur enseignèrent l'art de la guerre, ce qui, ensuite, porta un grand préjudice à l'empire. Un prince prudent doit non seulement penser à son règne, mais doit prévoir pour les règnes suivants les suites funestes de ses fautes présentes.

durch die Feigheit seiner Vorgänger gründlich vernachlässigt worden war, wieder herstellen wollte. Als dann die zügellosen Truppen hörten, dass man ihnen mit Ordnung kommen wollte, entledigten sie sich des Fürsten. Auf Alexander folgte Maximinus[1], ein bedeutender Krieger, der sich auf dem Thron jedoch nicht behaupten konnte. Machiavelli führt es auf seine niedere Herkunft sowie auf seine große Grausamkeit zurück; was die Grausamkeit betrifft, so hat er Recht, doch er täuscht sich hinsichtlich der niederen Herkunft. Gewöhnlich geht man von einem überragenden persönlichen Verdienst aus, wenn ein Mann sich aus eigener Kraft emporschwingt und statt seiner Vorfahren nur seinen Eigenwert in die Waagschale wirft. Man achtet ihn umso mehr, wenn er seinen Glanz allein seiner Tüchtigkeit verdankt; und es kommt oft vor, dass Menschen von hoher Geburt verachtet werden, wenn sie nichts Großes an sich haben und wenn sie der Vorstellung, die man sich von ihrer Vornehmheit macht, nicht gerecht werden.

Nun also zu Severus[2], von dem es bei Machiavelli heißt, er sei »ein kühner Löwe und zugleich ein schlauer Fuchs« gewesen. Severus besaß große Qualitäten. Nur Machiavelli kann jedoch seine Falschheit und seine Treulosigkeit billigen. Im Übrigen wäre Severus ein großer Fürst gewesen, wäre er gut gewesen. Bei dieser Gelegenheit sei daran erinnert, dass er von seinem Günstling Plautinus beherrscht wurde wie Tiberius von Sejan, und dass man keinen der beiden Fürsten verachtet hat.[3] Wie so oft bei unserem politischen Schriftsteller liegt auch bei seinen Überlegungen zu Severus ein falscher Gedankengang vor, denn er schreibt, das Ansehen dieses Kaisers »machte seine gewaltigen Erpressungen vergessen und schützte ihn vor dem Hass der Öffentlichkeit«. Mir scheint, dass es vielmehr die vor den Augen der Öffentlichkeit begangenen Erpressungen und Ungerechtigkeiten sind, die die bereits erworbene Größe eines Namens vergessen machen. Mag der Leser darüber entscheiden. Wenn Severus sich auf dem Thron behauptete, dann verdankte er dies in gewisser Weise dem Kaiser Hadrian[4], der die militärische Disziplin einführte. Wenn die Kaiser, die Severus nachfolgten, sich nicht halten konnten, dann war Severus mit seiner Vernachlässigung der Disziplin daran schuld. Severus beging außerdem einen großen politischen Fehler: Seine Proskriptionen führten dazu, dass viele Soldaten aus der Armee des Pescennius Niger[5] zu den Parthern überliefen und ihnen die Kunst der Kriegsführung beibrachten, was sich im Folgenden für das Reich als großer Nachteil erweisen sollte. Ein kluger Fürst darf nicht nur seine eigene Regierungszeit vor Augen haben, er muss auch daran denken, welche schlimmen Folgen seine in der Gegenwart begangenen Fehler für die kommenden Regierungen haben werden.

On ne doit donc pas oublier que Machiavel se trompe beaucoup lorsqu'il croit que, du temps de Sévère, il suffisait de ménager les soldats pour se soutenir, car l'histoire de ces empereurs le contredit. Dans les temps où nous vivons, il faut qu'un prince traite également bien tous les ordres de ceux à qui il a à commander, sans faire des différences qui causent des jalousies funestes à ses intérêts.

Le modèle de Sévère, proposé par Machiavel à ceux qui s'élèveront à l'empire, est donc tout aussi mauvais que celui de Marc-Aurèle leur peut être avantageux. Mais comment peut-on proposer ensemble Sévère, César Borgia et Marc-Aurèle pour modèles ? C'est vouloir réunir la sagesse et la vertu la plus pure avec la plus affreuse scélératesse.

Je ne puis finir ce chapitre sans faire encore une remarque : c'est que César Borgia, malgré sa cruauté et sa perfidie, fit une fin très malheureuse, et que Marc-Aurèle, ce philosophe couronné, toujours bon, toujours vertueux, n'éprouva jusqu'à sa mort aucun revers de fortune.

Chapitre 20

Le paganisme représentait Janus avec deux visages, ce qui signifiait la connaissance parfaite qu'il avait du passé et de l'avenir. L'image de ce dieu, prise en un sens allégorique, peut très bien s'appliquer aux princes. Ils doivent, comme Janus, voir derrière eux dans l'histoire de tous ces siècles qui se sont écoulés, et qui leur fournissent des leçons salutaires de conduite et de devoir ; ils doivent, comme Janus, voir en avant par leur pénétration et par cet esprit de force et de jugement qui combine tous les rapports, et qui lit dans les conjonctures présentes celles qui doivent les suivre.

L'étude du passé est nécessaire aux princes, puisqu'elle leur fournit les exemples d'hommes illustres et vertueux ; c'est donc l'école de la sagesse. L'étude de l'avenir leur est utile, puisqu'elle leur fait prévoir les malheurs qu'ils ont à craindre et les coups de fortune qu'ils ont à parer ; c'est donc l'école de la prudence. Deux vertus qui sont aussi nécessaires aux princes que la boussole et le compas, qui conduisent les gens de mer, le sont aux pilotes.

Man sollte also nicht vergessen, dass Machiavelli einem großen Irrtum unterliegt, wenn er meint, es habe zu Zeiten des Severus genügt, die Soldaten mit Vorsicht zu behandeln, um sich an der Macht zu halten. Denn die Geschichte dieser Kaiser widerspricht ihm. Heutzutage muss ein Fürst alle Stände, die er zu befehligen hat, gleich gut behandeln und er darf keine Unterschiede machen, sonst gibt es Neid, der für seine Interessen schlimme Folgen haben könnte.

Severus als Vorbild, das Machiavelli allen vorschlägt, die sich an die Regierung des Kaiserreichs emporschwingen wollen, ist genauso ungeeignet, wie das des Marc Aurel für sie vorteilhaft wäre. Doch wie kann man nur darauf kommen, Severus, Cesare Borgia und Marc Aurel nebeneinander als Vorbilder anzubieten? Letztlich heißt das nichts anderes, als die Weisheit und die reinste Tugend mit der abscheulichsten Ruchlosigkeit zu vereinen.

Ich kann dieses Kapitel nicht beenden, ohne anzumerken, dass Cesare Borgia bei all seiner Grausamkeit und Tücke ein höchst jämmerliches Ende fand, während Marc Aurel, der gekrönte Philosoph, der immer gütig, immer tugendhaft war, bis zu seinem Tod keine Ungunst des Schicksals erfuhr.

20. Kapitel[1]

Das Heidentum stellte Janus[2] mit zwei Gesichtern dar, um sein vollkommenes Wissen um Vergangenheit und Zukunft anzudeuten. Im übertragenen Sinne ließe sich das Bild dieses Gottes auch auf die Fürsten anwenden. Wie Janus müssen sie zurückschauen auf die Geschichte all der vergangenen Jahrhunderte, die ihnen heilsame Lehren für ihr Verhalten und die Erfüllung ihrer Pflicht vermitteln kann; wie Janus müssen sie vorwärts schauen und mit ihrem Scharfsinn und jener Geistes- und Urteilskraft alle Zusammenhänge aufeinander beziehen sowie in der gegenwärtigen Weltlage schon die folgenden Konstellationen zu lesen verstehen.

Das Studium der Vergangenheit ist für die Fürsten in besonderem Maße unerlässlich, weil es ihnen die Vorbilder großer und tugendhafter Männer vermittelt; es ist also die Schule der Weisheit.[3] Das Studium der Zukunft ist ihnen nützlich, weil sie lernen, die Missgeschicke, die zu befürchten sind, und die Schicksalsschläge, die es zu parieren gilt, ins Auge zu fassen; es ist also die Schule der Klugheit. Diese beiden Tugenden sind für die Fürsten unbedingt erforderlich, so wie Magnetnadel und Kompass, die Wegweiser auf dem Meer, für die Seefahrer unentbehrlich sind.

La connaissance de l'histoire est encore utile en ce qu'elle sert à multiplier le nombre d'idées qu'on a de soi-même ; elle enrichit l'esprit, et fournit comme un tableau de toutes les vicissitudes de la fortune, et des exemples salutaires de ressources et d'expédients.

La pénétration dans l'avenir est bonne, puisqu'elle nous fait en quelque manière déchiffrer les mystères du destin, et en envisageant tout ce qui pourrait nous arriver, nous nous préparons à tout ce que nous pourrions faire de plus sensé à l'arrivée de l'événement.

Machiavel propose en ce chapitre cinq questions aux princes, tant à ceux qui auront fait de nouvelles conquêtes qu'à ceux dont la politique ne demande qu'à s'affirmer dans leurs possessions. Voyons ce que la prudence pourra conseiller de meilleur, en combinant le passé avec le futur, et en se déterminant toujours par la raison et par la justice.

Voici la première question : si un prince doit désarmer des peuples conquis, ou non. Je réponds que la manière de faire la guerre a beaucoup changé depuis Machiavel. Ce sont les armées des princes, plus ou moins fortes, qui défendent leurs pays. On mépriserait beaucoup une troupe de paysans armés, et il n'arrive encore que dans des sièges que la bourgeoisie prend les armes. Mais les assiégeants ne souffrent pas, d'ordinaire, que les bourgeois fassent le service de soldats, et, pour les en empêcher, on les menace du bombardement et des boulets rouges. Il paraît, d'ailleurs, que c'est de la prudence de désarmer, pour les premiers temps, les bourgeois d'une ville prise, principalement si l'on a quelque chose à craindre de leur part. Les Romains, qui avaient conquis la Grande-Bretagne, et qui ne pouvaient la retenir en paix, à cause de l'humeur turbulente et belliqueuse de ces peuples, prirent le parti de les efféminer, afin de modérer en eux cet instinct belliqueux et farouche, ce qui réussit comme on le désirait à Rome. Les Corses sont une poignée d'hommes aussi braves et aussi délibérés que ces Anglais ; on ne les domptera point par le courage, si ce n'est par la bonté. Je crois que, pour maintenir la souveraineté de cette île, il serait d'une nécessité indispensable de désarmer les habitants et de les amollir. Je dis, en passant, et à l'occasion des Corses, que l'on peut voir par leur exemple que de courage et de vertu ne donne point aux hommes l'amour de la liberté, et qu'il est dangereux et injuste de l'opprimer.

Darüber hinaus ist die Kenntnis der Geschichte nützlich, weil sie die Möglichkeit bietet, die Vorstellungen, die man von seiner eigenen Rolle hat, zu erweitern. Sie bereichert das Denken, sie veranschaulicht wie in einem Gemälde die Wechselfälle des Schicksals und liefert wertvolle Beispiele dafür, wie man Hilfsmittel und Auswege findet.

Eindringliches Nachdenken über die Zukunft ist von Vorteil, weil es uns gewissermaßen beim Entziffern der Geheimnisse des Schicksals hilft. Und wenn wir das, was uns zustoßen könnte, im Auge behalten, können wir uns auf alles, was beim Eintreffen eines künftigen Ereignisses mit größter Klugheit zu tun sein wird, vorbereiten.

Machiavelli legt im vorliegenden Kapitel den Fürsten fünf Fragen vor, und zwar sowohl denen, die neue Eroberungen machen wollen, als auch denen, die bei ihrer Regierungsarbeit nur die Sicherung ihres Besitzes gewährleisten müssen. Sehen wir, welchen Rat die Klugheit am besten erteilen kann, wenn man das Vergangene und das Zukünftige zugleich im Blick hat und sich dabei immer an Vernunft und Gerechtigkeit orientiert.

Die erste Frage lautet: Soll ein Fürst die von ihm eroberten Völker entwaffnen oder nicht?

Darauf antworte ich, dass sich seit Machiavelli die Kriegführung um Vieles verändert hat. Heute sind es die mehr oder weniger starken Truppen der Fürsten, die ihnen ihr Land verteidigen. Eine Truppe bewaffneter Bauern würde man geradezu verachten, und die Bürgerschaft greift nur noch bei Belagerungen zu den Waffen. Doch gewöhnlich dulden es die Belagerer nicht, dass die Bürger Soldatendienst tun, und um sie daran zu hindern, bedroht man sie mit Beschießung und glühenden Kugeln. Es scheint auch sonst ein Gebot der Klugheit zu sein, die Bürger einer eroberten Stadt, wenigstens für die erste Zeit, zu entwaffnen, zumal, wenn man von ihnen etwas zu befürchten hat. Als die Römer Großbritannien erobert hatten und das Land, wegen der aufrührerischen und kriegerischen Gemütsart der dortigen Völker, nicht in Frieden erhalten konnten, entschlossen sie sich, diese zu verweichlichen, um ihren streitbaren und wilden Sinn zu bändigen; und es gelang auch so, wie man es sich in Rom wünschte. Die Korsen sind eine Handvoll Menschen, tapfer und entschlossen wie die Engländer; bändigen wird man sie nicht, es sei denn mit Güte, keinesfalls aber mit Mut. Will man auf dieser Insel die Herrschaft behaupten, dann ist es meiner Meinung nach unbedingt erforderlich, die Einwohner zu entwaffnen und ihre Sitten zu mildern. Nebenbei und da gerade von den Korsen die Rede ist, sei erwähnt, dass ihr Beispiel zeigt, welchen Mut, welche Tugend die Freiheitsliebe doch den Menschen gibt und wie gefährlich und ungerecht es ist, diese zu unterdrücken.[1]

La seconde question du politique roule sur la confiance qu'un prince doit avoir préférablement, après s'être rendu maître d'un nouvel État, ou en ceux de ses nouveaux sujets qui lui ont aidé à s'en rendre le maître, ou en ceux qui, étant fidèles à leur prince légitime, lui ont été le plus contraires.

Lorsqu'on prend une ville par intelligence et par la trahison de quelques citoyens, il y aurait beaucoup d'imprudence de se fier au traître. Cette mauvaise action qu'il a faite en votre faveur, il est toujours prêt de la faire pour un autre, et c'est l'occasion qui en décide. Au contraire, ceux qui marquent de la fidélité pour leurs souverains légitimes donnent des exemples de constance sur lesquels on peut compter, et l'on doit présumer qu'ils feront pour leurs nouveaux maîtres ce qu'ils ont fait pour ceux que la nécessité les a forcés d'abandonner. La prudence veut cependant qu'on ne se confie pas légèrement, ni sans avoir pris de bonnes précautions.

Mais supposons pour un moment que des peuples opprimés et forcés à secouer le joug de leurs tyrans appelassent un autre prince pour les gouverner, sans qu'il ait intrigué. Je crois que ce prince doit répondre en tout à la confiance qu'on lui témoigne et que, s'il en manquait en cette occasion envers ceux qui lui ont confié ce qu'ils avaient de plus précieux, ce serait le trait le plus indigne d'une ingratitude qui ne manquerait pas de flétrir sa mémoire. Guillaume, prince d'Orange, conserva jusqu'à la fin de sa vie son amitié et sa confiance à ceux qui lui avaient mis entre les mains les rênes du gouvernement d'Angleterre, et ceux qui lui étaient opposés abandonnèrent leur patrie, et suivirent le roi Jacques.

Dans les royaumes électifs, où la plupart des élections se font par brigues, et où le trône est vénal, quoi qu'on en dise, je crois que le nouveau souverain trouvera la facilité, après son élévation, d'acheter ceux qui lui ont été opposés, comme il s'est rendu favorables ceux qui l'ont élu. La Pologne nous en fournit des exemples : on y trafique si grossièrement du trône qu'il semble que cet achat se fasse aux marchés publics, et la libéralité d'un roi de Pologne écarte de son chemin toute opposition. Il est le maître de gagner les grandes familles par des palatinats, des starosties et d'autres charges qu'il confère. Mais comme les Polonais ont, sur le sujet des bienfaits, la mémoire très courte, il faut revenir souvent à la charge. En un mot, la république de Pologne est

Die zweite Frage des Staatslehrers behandelt das Vertrauen: Wem soll ein Fürst, nachdem er Herr eines neuen Staates geworden ist, unter seinen neuen Untertanen mehr Vertrauen schenken, denen, die ihm zu seiner Eroberung verholfen haben, oder jenen, die ihrem rechtmäßigen Fürsten treu geblieben sind und dem Erboberer den heftigsten Widerstand entgegengesetzt haben?

Wenn man eine Stadt durch Einverständnis mit einigen Bürgern oder aber durch Verrat in seine Gewalt gebracht hat, wäre es äußerst unklug, sich auf den Verräter zu verlassen. Diese üble Tat, die der Verräter zu Ihren Gunsten vollbracht hat, wird er jeder Zeit auch für einen anderen zu wiederholen bereit sein, es kommt nur auf die Gelegenheit an. Im Gegenteil stehen diejenigen, die ihren legitimen Herrschern treu geblieben sind, beispielhaft für Zuverlässigkeit, mit der man rechnen kann und die zu der Annahme berechtigt, sie dürften auch für ihre neuen Herren leisten, was sie für die alten geleistet haben, die sie, der Not gehorchend, verließen. Doch auch hier ist es klug, nicht leichtsinnig zu vertrauen, jedenfalls nicht, ohne entsprechende Vorsichtsmaßregeln getroffen zu haben.

Aber setzen wir einmal den Fall, unterdrückte Völker, die sich gezwungen sähen, das Joch ihrer Tyrannen abzuwerfen, riefen einen anderen Fürsten herbei, damit er ihre Regierung übernähme, ohne dass dieser in irgendeiner Weise intrigiert hätte. Dann muss dieser Fürst, meine ich, das ihm entgegengebrachte Vertrauen in vollem Maße erwidern. Enttäuschte er in einem solchen Fall die Erwartungen derer, die ihm das anvertraut haben, was ihnen am Kostbarsten war, dann wäre das ein so würdeloses Stück von Undankbarkeit, dass es seinem Andenken unfehlbar schaden würde. Wilhelm, Prinz von Oranien[1], bewahrte bis an sein Lebensende denen, die seinen Händen die Zügel der englischen Regierung anvertraut hatten, seine Freundschaft und sein Vertrauen; seine Gegner aber verließen ihr Vaterland und schlossen sich dem König Jakob an.

In Wahlkönigtümern, wo die meisten Wahlen durch Machenschaften zustande kommen und wo der Thron, was man auch sagen mag, käuflich ist, da, glaube ich, wird der neue Herrscher mit Leichtigkeit Mittel finden, nach seiner Thronbesteigung seine Gegner in gleicher Weise zu kaufen, wie er vorher seine Wähler für sich gewinnen konnte. Hierzu liefert uns Polen die Beispiele: Dort handelt man so plump mit dem Thron, dass es scheinen mag, dieser Handel geschehe in aller Öffentlichkeit auf dem Marktplatz.[2] Die Freigebigkeit eines polnischen Königs räumt ihm jede Gegnerschaft aus dem Weg; er ist in der Lage, die großen Familien durch Woiwodschaften, Starosteien und andere Ämter, die er ihnen verschafft, für sich zu gewinnen. Da aber die Polen für Wohltaten ein kurzes Gedächtnis haben, muss man immer wieder nach-

comme le tonneau des Danaïdes : le roi le plus généreux répandra vainement ses bienfaits sur eux, il ne les remplira jamais. Cependant, comme un roi de Pologne a beaucoup de grâces à faire, il peut se ménager des ressources fréquentes, en ne faisant ses libéralités que dans les occasions où il a besoin des familles qu'il enrichit.

La troisième question de Machiavel regarde proprement la sûreté d'un prince dans un royaume héréditaire : s'il vaut mieux qu'il entretienne l'union ou l'animosité parmi ses sujets.

Cette question pouvait peut-être avoir lieu du temps des ancêtres de Machiavel, à Florence, mais à présent, je ne pense pas qu'aucun politique l'adoptât toute crue et sans la mitiger. Je n'aurais qu'à citer le bel apologue si connu de Ménénius Agrippa, par lequel il réunit le peuple romain. Les républiques, cependant, doivent en quelque façon entretenir de la jalousie entre leurs membres, car s'ils s'unissent tous, la forme de leur gouvernement change en monarchie. Cela ne doit point se communiquer aux particuliers, auxquels la désunion est préjudiciable, mais seulement à ceux qui pourraient, en s'unissant le plus facilement, ravir l'autorité suprême.

Il y a des princes qui croient la désunion de leurs ministres nécessaire pour leur intérêt ; ils pensent être moins trompés par des hommes qu'une haine mutuelle tient d'autant plus en garde sur leur conduite. Mais si ces haines produisent cet effet d'un côté, elles en produisent aussi, d'un autre, qui sont très préjudiciables aux intérêts de ces mêmes princes, car au lieu que ces ministres devraient y contribuer également, il arrive que, par des vues de se nuire, ils contrecarrent leurs avis et leurs plans les plus convenables pour le bien de l'État, et qu'ils confondent dans leurs querelles particulières l'avantage du prince et le salut des peuples.

Rien ne contribue donc plus à la force d'une monarchie que l'union intime et inséparable de tous ses membres, et ce doit être le but d'un prince sage de l'établir.

Ce que je viens de répondre à la troisième question de Machiavel peut en quelque sorte servir de solution à son quatrième problème. Examinons cependant, et jugeons en deux mots si un prince doit fomenter des factions contre lui-même, ou s'il doit gagner l'amitié de ses sujets.

C'est forger des monstres pour les combattre que de se faire des ennemis pour les vaincre. Il est plus naturel, plus raisonnable, plus humain de se faire des amis. Heu-

helfen; kurz, die polnische Republik gleicht dem Fass der Danaiden[1]: Vergeblich wird
der großzügigste König seine Wohltaten über sie ergießen, ihre Erwartungen wird er
nie erfüllen können. Da ein König von Polen aber viele Gnaden austeilen muss, kann
er mit seinen vielfachen Hilfsquellen sparsam umgehen, wenn er nur bei solchen Gelegenheiten freigebig ist, wo er die Familien, die er mit Reichtum segnet, wirklich
braucht.

Die dritte Frage Machiavellis betrifft eigentlich die Sicherheit eines Fürsten in
einem Erbreich: Ist es für ihn besser, Eintracht unter seinen Untertanen zu fördern
oder Zwietracht?

Diese Frage war vielleicht zur Zeit der Vorfahren Machiavellis in Florenz angebracht; doch heutzutage würde sie wohl, wie ich glaube, kein Staatslehrer so unverblümt und ohne sie abzumildern, zulassen wollen. Ich bräuchte nur die schöne und
allseits bekannte Fabel zitieren, mit der Menenius Agrippa die Eintracht unter dem
römischen Volk wieder herstellte.[2] Die Republiken müssen freilich in gewisser Weise
versuchen, die Eifersucht unter ihren Bürgern zu erhalten, denn bei völligem Einvernehmen verwandelt sich ihre Regierungsform in eine Monarchie. Das sollte sich aber
keinesfalls unter den Privatpersonen herumsprechen, für die Zwietracht von Nachteil
ist, sondern nur unter denen, die durch leicht erzieltes Einvernehmen in die Lage
kommen könnten, sich der höchsten Gewalt zu bemächtigen.

Manche Fürsten glauben, die Uneinigkeit unter ihren Ministern sei für ihr Eigeninteresse notwendig. Sie glauben, dass sie von Leuten weniger betrogen werden, die ein
wechselseitiger Hass nötigt, auf der Hut zu sein. Bringt aber dieser Hass einerseits eine
solche Wirkung hervor, so ergeben sich daraus andererseits auch große Nachteile für
die Interessen dieser Fürsten. Denn statt ihrerseits zum Vorteil des Fürsten beizutragen,
durchkreuzen diese Minister aus Schadenfreude immer wieder die Absichten und
Pläne, die dem Wohl des Staates in besonderem Maße förderlich sind, und ziehen den
Vorteil des Fürsten und das Wohl der Völker in ihre privaten Streitereien hinein.

Nichts trägt also mehr zur Stärke einer Monarchie bei als die innige und unzertrennliche Einheit all ihrer Teile; diese herzustellen, muss daher das Ziel eines weisen Fürsten sein.

Meine Antwort auf die dritte Frage Machiavellis kann gewissermaßen auch als
Lösung seines vierten Problems gelten. Doch wir wollen es kurz untersuchen und in
zwei Worten darüber befinden: Darf ein Fürst Parteibildungen, die sich gegen ihn
richten, begünstigen, oder soll er sich die Freundschaft seiner Untertanen erwerben?

Es heißt Ungeheuer in die Welt setzen, nur um sie zu bekämpfen, wenn man sich
Feinde macht, nur um sie zu besiegen. Es ist natürlicher, vernünftiger, menschlicher,

reux sont les princes qui connaissent les douceurs de l'amitié! Plus heureux sont ceux qui méritent l'amour et l'affection de leurs peuples!

Nous voici à la dernière question de Machiavel, savoir si un prince doit avoir des forteresses et des citadelles, ou s'il doit les raser.

Je crois avoir dit mon sentiment dans le chapitre dixième pour ce qui regarde les petits princes; venons à présent à ce qui intéresse la conduite des rois.

Dans les temps de Machiavel, le monde était une fermentation générale. L'esprit de sédition et de révolte régnait partout, et l'on ne voyait que des villes rebelles, des peuples qui remuaient, et des sujets de trouble et de guerre pour les souverains et pour leurs États. Ces révolutions fréquentes et continuelles obligèrent les princes de bâtir des citadelles sur les hauteurs des villes, pour contenir, par ce moyen, l'esprit inquiet des habitants, et pour les accoutumer à la constance.

Depuis ce siècle barbare, soit que les hommes se soient lassés de s'entre-détruire et de répandre leur sang, ou soit qu'ils soient devenus plus raisonnables, on n'entend plus tant parler de séditions et de révoltes, et l'on dirait que cet esprit d'inquiétude, après avoir assez travaillé, s'est mis à présent dans une assiette tranquille, de sorte que l'on n'a plus besoin de citadelles pour répondre de la fidélité des villes et du pays. Il n'en est pas de même cependant de ces citadelles et de ces fortifications pour se garantir des ennemis et pour assurer davantage le repos de l'État.

Les armées et les forteresses sont d'une utilité égale pour les princes, car s'ils peuvent opposer leurs armées à leurs ennemis, ils peuvent sauver cette armée sous le canon de leurs forteresses en cas de bataille perdue, et le siège que l'ennemi entreprend de cette forteresse leur donne le temps de se refaire et de ramasser de nouvelles forces, qu'ils peuvent encore, s'ils les amassent à temps, employer pour faire lever le siège à l'ennemi.

Les dernières guerres de Brabant, entre l'Empereur et la France, n'avançaient presque point, à cause de la multitude des places fortes, et des batailles de cent mille hommes remportées sur cent mille hommes n'étaient suivies que par la prise d'une ou de deux villes. La campagne d'après, l'adversaire, ayant eu le temps de réparer ses pertes, reparaissait de nouveau, et l'on remettait en dispute ce que l'on avait décidé l'année d'auparavant. Dans des pays où il y a beaucoup de places fortes, des armées

sich Freunde zu machen. Glücklich die Fürsten, die die Wonnen der Freundschaft kennen! Noch glücklicher jene, die die Liebe und die Zuneigung ihrer Völker verdienen!

Wir kommen nun zur letzten Frage Machiavellis, nämlich der: Muss ein Fürst Festungen und Zitadellen unterhalten oder soll er sie schleifen?

Ich glaube, im zehnten Kapitel meine Meinung zu dieser Frage, insofern sie die kleinen Fürsten betrifft, gesagt zu haben. Erörtern wir jetzt, wie Könige damit umgehen sollten.

Zu Machiavellis Zeiten war die Welt in einem Zustand der allgemeinen Gärung. Überall herrschte der Geist der Empörung und der Revolte, ringsum nur rebellische Städte, aufgewühlte Völker und nur Anlass zu Streit und Krieg, für die Herrscher wie für ihre Staaten. Diese häufigen, immer wiederkehrenden Staatserschütterungen nötigten die Fürsten, auf den Anhöhen der Städte Zitadellen zu bauen, um auf diese Weise den unruhigen Geist der Einwohner im Zaum zu halten und sie an Beständigkeit zu gewöhnen.

Seit jenem barbarischen Jahrhundert hört man nicht mehr viel von Empörung und Revolten, sei es, dass die Menschen der wechselseitigen Zerstörung und des Blutvergießens überdrüssig, sei es, dass sie vernünftiger geworden sind; man möchte meinen, jener Geist der Unruhe sei lange genug am Werk gewesen und habe sich inzwischen beruhigt. Jedenfalls bedarf es heutzutage keiner Zitadellen mehr, um der Treue der Städte und des Landes versichert zu sein. Anders verhält es sich jedoch mit den Zitadellen und Festungen, durch die man sich vor Feinden schützen und die Sicherheit und Ruhe des Staates gewährleisten will.

Armeen und Festungen sind für die Fürsten von gleichem Nutzen, denn sie können dem Feind ihre Armee entgegenstellen und, im Falle einer verlorenen Schlacht, dieselbe Armee unter den Kanonen ihrer Festungen retten. Belagert der Feind diese Festung, dann gewinnen sie Zeit, um sich zu erholen und neue Kräfte zu sammeln, die, wenn sie rechtzeitig zusammenkommen, den Feind zur Aufhebung der Belagerung zwingen können.

Die letzten Kriege in Brabant[1] zwischen dem Kaiser und Frankreich rückten wegen der Vielzahl der festen Plätze fast nicht von der Stelle; Schlachten, in denen hunderttausend Mann gegen hunderttausend Mann kämpften, hatten keine anderen Folgen als die Einnahme von ein oder zwei Städten. Im nächsten Feldzug trat dann der Gegner, der inzwischen Zeit hatte, seine Verluste zu ersetzen, wieder von neuem an, und man machte das wieder zum Streitpunkt, was im Vorjahr schon einmal entschieden worden war. In Ländern mit vielen Festungen werden Armeen, die zwei Meilen Land

qui couvrent deux milles de terre feront la guerre trente années, et gagneront, si elles sont heureuses, pour prix de vingt batailles, dix milles de terrain.

Dans des pays ouverts, le sort d'un combat ou de deux campagnes décide de la fortune du vainqueur, et lui soumet des royaumes entiers. Alexandre, César, Charles XII, devaient leur gloire à ce qu'ils trouvèrent peu de places fortifiées dans les pays qu'ils conquirent. Le vainqueur de l'Inde ne fit que deux sièges en ses glorieuses campagnes ; l'arbitre de la Pologne n'en fit jamais davantage. Eugène, Villars, Marlborough, Luxembourg, étaient bien d'autres capitaines que Charles et qu'Alexandre, mais les forteresses émoussèrent en quelque manière le brillant de leurs succès qui, lorsqu'on en juge solidement, sont préférables à ceux d'Alexandre et de Charles. Les Français connaissent bien l'utilité des forteresses car, depuis le Brabant jusqu'au Dauphiné, c'est comme une double chaîne de places fortes : la frontière de la France, du côté de l'Allemagne, est comme une gueule ouverte de lion, qui présente deux rangées de dents menaçantes et redoutables, et qui a l'air de vouloir tout engloutir.

Cela suffit pour faire voir le grand usage des villes fortifiées.

Chapitre 21

Il y a de la différence entre faire du bruit dans le monde et entre acquérir de la gloire. Le vulgaire, qui est mauvais appréciateur de réputations, se laisse aisément séduire par l'apparence de ce qui est grand et merveilleux, et il lui arrive de confondre les bonnes actions avec les actions extraordinaires, la richesse avec le mérite, ce qui a de l'éclat avec ce qui a de la solidité. Les gens éclairés et les sages jugent tout différemment. C'est une rude épreuve que de passer par leur creuset : ils dissèquent la vie des grands hommes comme les anatomistes leurs cadavres. Ils examinent si leur intention fut honnête, s'ils furent justes, s'ils firent plus de mal que de bien aux hommes, si leur courage était soumis à leur sagesse, ou si c'était une fougue de tempérament ; ils jugent des effets par leurs causes, et non pas des causes par leurs effets ; ils ne sont point éblouis par des vices brillants, et ne trouvent digne de gloire que le mérite et la vertu.

Ce que Machiavel trouve grand et digne de réputation est ce faux éclat qui peut surprendre le jugement du vulgaire. Il compose dans l'esprit du peuple, et du peuple le

einnehmen, dreißig Jahre lang Krieg führen, und wenn sie Glück haben, werden sie als Lohn für zwanzig Schlachten zehn Meilen Land gewinnen.

In offenen Ländern entscheidet der Ausgang eines Kampfes oder zweier Feldzüge über das Glück des Siegers und unterwirft ihm ganze Königreiche. Alexander, Caesar, Karl XII. verdankten ihren Ruhm dem Umstand, dass sie in den Ländern, die sie eroberten, nur wenige befestigte Plätze vorfanden. Der Eroberer Indiens unternahm nur zwei Belagerungen auf seinen glorreichen Feldzügen[1]; auch der Herr über das Schicksal Polens unternahm nicht mehr.[2] Prinz Eugen, Villars, Marlborough, Luxemburg[3] waren gewiss andere Feldherren als Karl und Alexander, aber die Festungen trübten in gewisser Weise den Glanz ihrer Erfolge, die, bei ernsthafter Betrachtung, den Erfolgen Alexanders und Karls vorzuziehen sind. Den Wert von Festungen kennen die Franzosen sehr genau, denn von Brabant bis ins Dauphiné zieht sich quasi eine doppelte Kette von Festungen durchs Land: Frankreichs Grenze an der deutschen Seite gleicht dem offenen Rachen eines Löwen, der zwei Reihen schrecklich drohender Zähne zeigt und aussieht, als wolle er alles verschlingen.

Das soll genügen, um den großen Nutzen befestigter Städte ersichtlich zu machen.

21. Kapitel[4]

In der Welt Lärm machen und Aufsehen erregen ist etwas anderes als sich Ruhm erwerben. Das gemeine Volk, das Ruf und Ansehen nur schlecht beurteilen kann, lässt sich durch den äußeren Schein des Großen und Wunderbaren leicht verführen, und so kommt es vor, dass es gute Taten mit außergewöhnlichen, Reichtum mit persönlichem Verdienst, blendenden Glanz mit Gediegenheit verwechselt. Ganz anders urteilen die aufgeklärten Menschen und die Weisen; vor ihnen zu bestehen, erweist sich als eine harte Probe. Sie sezieren das Leben der großen Männer wie ein Anatom eine Leiche und untersuchen, ob ihre Absichten redlich waren, ob sie gerecht handelten, ob sie den Menschen mehr Böses als Gutes zufügten, ob sie ihren Mut ihrer Klugheit unterordneten oder ob er Ausdruck ihres ungestümen Temperaments war. Sie beurteilen die Wirkungen nach ihren Ursachen, nicht aber die Ursachen nach ihren Wirkungen. Der Glanz des Lasters blendet sie nicht, und aus ihrer Sicht gebührt Ruhm allein dem Verdienst und der Tugend.

Was Machiavelli für groß und des Ansehens würdig hält, ist jener falsche Glanz, der das Urteil der einfachen Leute so leicht beeindrucken kann. Er schreibt im Geiste des Volkes, und zwar des niedersten, des gemeinsten Volkes. Es wird ihm aber ebenso

plus vil et le plus abject, mais il lui sera aussi impossible qu'à Molière de réunir cette manière de penser triviale avec la noblesse et le goût des honnêtes gens. Ceux qui savent admirer le *Misanthrope* mépriseront d'autant plus le *Scapin*.

Ce chapitre de Machiavel contient du bon et du mauvais. Je relèverai premièrement les fautes de Machiavel, je confirmerai ce qu'il dit de bon et de louable, et je hasarderai ensuite mon sentiment sur quelques sujets qui appartiennent naturellement à cette matière.

L'auteur propose la conduite de Ferdinand d'Aragon et de Bernard de Milan pour modèle à ceux qui veulent se distinguer par de grandes entreprises et par des actions rares et extraordinaires. Machiavel cherche ce merveilleux dans la hardiesse des entreprises et dans la rapidité de l'exécution. C'est grand, j'en conviens, mais ce n'est louable qu'à proportion que l'entreprise du conquérant est juste. « Toi qui te vantes d'exterminer les voleurs, » disaient les ambassadeurs scythes à Alexandre, « tu es toi-même le plus grand voleur de la terre, car tu as pillé et saccagé toutes les nations que tu as vaincues. Si tu es un dieu, tu dois faire le bien des mortels, et non pas leur ravir ce qu'ils ont; si tu es un homme, songe toujours à ce que tu es. »

Ferdinand d'Aragon ne se contentait pas de faire simplement la guerre, mais il se servait de la religion comme d'un voile pour couvrir ses desseins. Si ce roi était religieux, il commettait une profanation énorme, en faisant servir la cause de Dieu de prétexte à ses fureurs; s'il était incrédule, il agissait en imposteur, en fourbe, en ce qu'il détournait, par son hypocrisie, la crédulité des peuples au profit de son ambition.

Il est bien dangereux pour un prince d'enseigner à ses sujets qu'il est juste de combattre pour des arguments: c'est rendre le clergé d'une manière indirecte maître de la guerre et de la paix, arbitre du souverain et des peuples. L'empire d'Occident dut en partie sa perte aux querelles de religion, et l'on a vu en France, sous le règne des derniers Valois, les funestes suites de l'esprit de fanatisme et de faux zèle. La politique d'un souverain veut, ce me semble, qu'il ne touche point à la foi de ses peuples, et qu'il ramène, autant qu'il dépend de lui, le clergé de ses États et ses sujets à l'esprit de douceur et de tolérance. Cette politique s'accorde non seulement avec l'esprit de l'Évangile, qui ne prêche que la paix, l'humilité et la charité envers ses frères, mais elle est aussi très conforme aux intérêts des princes, puisqu'en déracinant le faux zèle et le

unmöglich sein wie Molière, mit dieser gewöhnlichen Denkweise den vornehmen Geschmack der guten Gesellschaft zu treffen; wer den *Menschenfeind* zu schätzen weiß, wird den *Scapin* umso mehr verachten.¹

Das vorliegende Kapitel enthält Gutes und Schlechtes. Ich werde zunächst die Fehler des Autors hervorheben. Ich werde bestätigen, was er an Gutem und Löblichem sagt; anschließend will ich es wagen, meine Meinung zu einigen Dingen zu äußern, die ihrem Wesen nach zu diesem Thema gehören.

Der Autor hält denen, die sich durch große Unternehmungen und durch seltene und außerordentliche Taten auszeichnen wollen, zur Orientierung das Auftreten Ferdinands von Aragon und Bernhards von Mailand vor Augen.² Machiavelli sucht das Wunderbare daran in der Kühnheit der Unternehmungen und in der Schnelligkeit der Durchführung. Darin liegt, ich gebe es zu, etwas Großes; doch lobenswert ist es nur in dem Maße, in dem die Unternehmung des Eroberers gerecht ist. »Du, der du dich rühmst, die Räuber auszurotten«, sagten die skythischen Gesandten zu Alexander, »du bist selbst der größte Räuber auf Erden, denn du hast alle Nationen, die du besiegt hast, ausgeraubt und geplündert. Bist du ein Gott, so musst du den Sterblichen Gutes tun und nicht ihnen das entreißen, was sie besitzen; bist du ein Mensch, so bedenke immer, was du bist.«³

Ferdinand von Aragon begnügte sich nicht damit, einfach Krieg zu führen, sondern bediente sich der Religion als eines Schleiers, um damit seine Pläne zu verhüllen. War dieser König fromm, so beging er eine ungeheuerliche Profanierung, indem er sich der Sache Gottes als Vorwand für seine wilden Leidenschaften bediente; war er ungläubig, so handelte er als Betrüger und Schurke, indem er die Gutgläubigkeit der Völker durch seine Heuchelei zugunsten seines Ehrgeizes missbrauchte.

Für einen Fürsten ist es gefährlich, seinen Untertanen beizubringen, es sei gerecht, für religiöse Überzeugungen Krieg zu führen, denn das hieße, den Klerus mittelbar zum Herrn über Krieg und Frieden, zum Schiedsrichter über Herrscher und Völker zu machen. Solche Glaubenskämpfe waren zum Teil Schuld am Untergang des weströmischen Reiches⁴. Auch in Frankreich hat man während der Herrschaft der letzten Valois die schlimmen Folgen fanatischer Einstellungen und falschen Glaubenseifers gesehen. Wie mir scheint, verlangt die Politik von einem Herrscher, dass er den Glauben seiner Völker nicht antaste und, soweit es in seiner Macht steht, beim Klerus in seinen Staaten und bei seinen Untertanen den Geist der Milde und der Toleranz stärke. Eine solche Politik lässt sich nicht allein mit dem Geist des Evangeliums vereinbaren, das nur Frieden, Demut und Nächstenliebe predigt, sie stimmt auch hervorragend mit den Interessen der Fürsten überein, weil sie den falschen Glaubensei-

fanatisme de leurs États, ils éloignent la pierre d'achoppement la plus dangereuse de leur chemin, et l'écueil qu'ils avaient le plus à craindre, car la fidélité et la bonne volonté du vulgaire ne tiennent pas contre la fureur de la religion et contre l'enthousiasme du fanatisme, qui ouvre les cieux même aux assassins pour prix de leurs crimes, et leur promet la palme du martyre pour récompense de leurs supplices.

Un souverain ne saurait donc assez marquer de mépris pour les disputes frivoles des prêtres, qui ne sont proprement que des disputes de mots, et il ne saurait porter assez d'attention pour étouffer soigneusement la superstition, et les fureurs religieuses qu'elle entraîne après soi.

Machiavel allègue, en second lieu, l'exemple de Bernard de Milan, pour insinuer aux princes qu'ils doivent récompenser et punir d'une manière éclatante, afin que toutes leurs actions aient un caractère de grandeur imprimé en elles. Les princes généreux ne manqueront point de réputation, principalement lorsque leur libéralité est une suite de leur grandeur d'âme, et non de leur amour-propre.

La bonté de leurs cœurs peut les rendre plus grands que toutes les autres vertus. Cicéron disait à César : « Vous n'avez rien de plus grand dans votre fortune que le pouvoir de sauver tant de citoyens, ni de plus digne de votre bonté que la volonté de le faire. » Il faudrait donc que les peines qu'un prince inflige fussent toujours au-dessous de l'offense, et que les récompenses qu'il donne fussent toujours au-dessus du service.

Mais voici une contradiction : le docteur de la politique veut, en ce chapitre-ci, que les princes tiennent leurs alliances, et dans le dix-huitième chapitre, il les dégageait formellement de leur parole. Il fait comme ces diseurs de bonne aventure qui disent blanc aux uns et noir aux autres.

Si Machiavel raisonne mal sur tout ce que nous venons de dire, il parle bien sur la prudence que les princes doivent avoir de ne point s'engager légèrement avec d'autres princes plus puissants qu'eux qui, au lieu de les secourir, pourraient les abîmer.

C'est ce que savait un grand prince d'Allemagne, également estimé de ses amis et de ses ennemis. Les Suédois entrèrent dans ses États lorsqu'il en était éloigné avec toutes ses troupes pour secourir l'Empereur au Bas-Rhin dans la guerre qu'il soutenait contre la France. Les ministres de ce prince lui conseillèrent, à la nouvelle de cette irruption soudaine, d'appeler le tsar de Russie à son secours. Mais ce prince, plus pénétrant qu'eux, leur répondit que les Moscovites étaient comme des ours qu'il ne

fer und den Fanatismus in ihren Staaten ausrottet. Damit räumen sie den gefährlichsten Stein des Anstoßes aus ihrem Wege und umgehen die bedrohlichste Klippe. Denn Treue und guter Wille des gemeinen Volkes halten dem wilden Eifer der Religion ebenso wenig stand wie dem schwärmerischen Fanatismus, der sogar Verbrechern als Preis für ihre Übeltaten die Pforten des Himmels öffnet und ihnen als Belohnung für ihren Tod durch Henkershand die Palme des Märtyrers verspricht.

So kann ein Herrscher gar nicht genug Verachtung für die eitlen Zänkereien der Priester zum Ausdruck bringen, die eigentlich nur ein Streit um Worte sind; und er kann auch gar nicht genug darauf achten, den Aberglauben und die damit einhergehenden Ausbrüche religiöser Leidenschaft sorgfältig zu ersticken.

An zweiter Stelle führt Machiavelli Bernhard von Mailand als Beispiel an, um den Fürsten einzureden, sie müssten ihre Belohnungen und Bestrafungen aufsehenerregend ins Werk setzen, damit alles, was sie tun, den Stempel der Größe an sich trüge. Den edelmütigen Fürsten wird es an Ansehen nicht fehlen, vor allem dann nicht, wenn ihre Freigebigkeit Ausdruck ihrer Seelengröße und nicht ihrer Eigenliebe ist.

Ihre Herzensgüte kann sie mehr als alle anderen Tugenden groß machen. Cicero sagte zu Caesar: »Das Größte, was Euch Euer Schicksal verlieh, ist die Macht, so viele Bürger zu retten. Nichts ist Eurer Güte würdiger als der Wille, es zu tun.«[1] Es müsste also so sein, dass die Strafen, die ein Fürst verhängt, immer kleiner sind als die Beleidigung und die von ihm erteilten Belohnungen immer größer als der erwiesene Dienst.

Hier gibt es aber einen Widerspruch: Unser Doktor der Politik fordert im vorliegenden Kapitel, dass die Fürsten ihren Bündnissen treu bleiben, und im achtzehnten Kapitel gestattete er ihnen ausdrücklich, nicht zu ihrem Wort zu stehen. Er verhält sich wie ein Wahrsager: Dem Einen sagt er weiß, dem Anderen schwarz.

So falsch Machiavelli bei allem, was wir soeben besprochen haben, urteilt, so sagt er doch Richtiges in Bezug auf die Vorsicht, die die Fürsten walten lassen müssen, um sich nicht leichtfertig mit anderen Fürsten, die stärker sind als sie selbst, einzulassen und die sie, statt ihnen zu helfen, in den Abgrund stürzen könnten.

Das wusste auch ein großer deutscher Fürst[2], der von seinen Freunden wie von seinen Feinden gleichermaßen geachtet wurde. Als er mit allen seinen Truppen außer Landes war, um den Kaiser im Krieg, den dieser am Niederrhein gegen Frankreich führte, zu unterstützen, fielen die Schweden in seine Staaten ein. Beim Eintreffen der Nachricht über diesen überraschenden Einfall rieten ihm seine Minister, den russischen Zaren zu Hilfe zu rufen. Dieser Fürst war jedoch scharfsichtiger als sie und erwiderte ihnen, die Moskowiter seien wie Bären, die man nicht losketten dürfe, weil zu

fallait point déchaîner, de crainte de ne pouvoir remettre leurs chaînes, si une fois ils en étaient quittes. Il prit généreusement sur lui les soins de sa vengeance, et il n'eut pas lieu de s'en repentir.

Si je vivais dans le siècle futur, j'allongerais assurément cet article par quelques réflexions qui pourraient y convenir. Mais ce n'est point à moi à juger de la conduite des princes modernes, et, dans le monde, il faut savoir parler et se taire à propos.

La matière de la neutralité est aussi bien traitée par Machiavel que celle des engagements des princes. L'expérience a démontré depuis longtemps qu'un prince neutre expose son pays aux injures des deux parties belligérantes, que ses États deviennent le théâtre de la guerre, et qu'il perd toujours par la neutralité, sans que jamais il ait rien de solide à y gagner.

Il y a deux manières par lesquelles un souverain peut s'agrandir : l'une est celle de la conquête, lorsqu'un prince guerrier recule par la force de ses armes les limites de sa domination ; l'autre est celle de l'activité, lorsqu'un prince laborieux fait fleurir dans ses États tous les arts et toutes les sciences qui les rendent plus puissants[1] et plus policés.

Tout ce livre n'est rempli que de raisonnements sur cette première manière de s'agrandir. Disons quelque chose de la seconde, plus innocente, plus juste et tout aussi utile que la première.

Les arts les plus nécessaires à la vie sont l'agriculture, le commerce et les manufactures. Les sciences qui font le plus d'honneur à l'esprit humain sont : la géométrie, la philosophie, l'astronomie, l'éloquence, la poésie, et tout ce qu'on entend sous le nom de beaux-arts.

Comme tous les pays sont très différents, il y en a où le fort consiste dans l'agriculture, d'autres dans les vendanges, d'autres dans les manufactures, et d'autres dans le commerce ; ces arts se trouvent même prospérer ensemble dans quelques pays.

Les souverains qui choisiront cette manière douce et aimable de se rendre plus puissants seront obligés d'étudier principalement la constitution de leur pays, afin de savoir lesquels de ces arts seront les plus propres à y réussir, et par conséquent lesquels ils doivent le plus encourager. Les Français et les Espagnols se sont aperçus que le commerce leur manquait, et ils ont médité, par cette raison, sur le moyen de ruiner celui des Anglais. Si la France y réussit, la perte du commerce de l'Angleterre augmentera sa puissance plus considérablement que la conquête de vingt villes et d'un mil-

fürchten sei, dass sie, einmal von ihren Ketten befreit, nur schwer wieder anzuketten seien. Edelmütig nahm er die Mühen der Vergeltung auf sich, und er bereute es nicht.

Lebte ich noch im kommenden Jahrhundert, würde ich diesen Abschnitt sicherlich um einige Überlegungen verlängern, die dann angebracht sein könnten. Es ist aber nicht meine Sache, das Verhalten moderner Fürsten zu beurteilen.[1] Man muss in dieser Welt zur rechten Zeit zu reden und zur rechten Zeit zu schweigen wissen.

Das Thema der Neutralität hat Machiavelli gleich gut wie das der Verpflichtungen der Fürsten, Bündnisse einzugehen, abgehandelt. Die Erfahrung hat seit langem gezeigt, dass ein Fürst, der sich neutral verhält, sein Land den Beleidigungen der beiden kriegführenden Parteien aussetzt, dass seine Staaten zum Kriegsschauplatz werden und er durch Neutralität immer Verluste erleidet, keinesfalls aber etwas Dauerhaftes dabei gewinnt.

Ein Herrscher verfügt über zwei Möglichkeiten, seine Macht zu vergrößern: zum einen durch Eroberung, wenn nämlich ein kriegerischer Fürst mit Waffengewalt die Grenzen seines Herrschaftsbereichs erweitert. Die zweite besteht in der Tätigkeit, und zwar wenn ein fleißiger Fürst in seinen Staaten alle Künste und Wissenschaften zur Blüte bringt, die sie dann mächtiger und zivilisierter werden lassen.[2]

Insgesamt ist Machiavellis Buch nur mit Überlegungen zur ersten Art, seine Macht zu vergrößern, angefüllt; sagen wir also etwas zur zweiten, die unschuldiger und gerechter ist und dabei ebenso nützlich wie die erste.

Die für das Leben notwendigsten Künste sind die Landwirtschaft, der Handel und die Manufakturen. Die Wissenschaften, die dem menschlichen Geiste die meiste Ehre machen, sind Mathematik, Philosophie, Astronomie, Beredsamkeit, Dichtkunst und alles, was man unter der Bezeichnung »schöne Künste« versteht.

Da alle Länder sehr unterschiedlich sind, gibt es solche, deren Stärke im Ackerbau liegt, bei anderen liegt sie im Weinbau, bei wieder anderen in den Manufakturen oder im Handel; in manchen Ländern gedeihen diese Fertigkeiten sogar gleichzeitig nebeneinander.

Herrscher, die sich für diese sanfte und liebenswerte Art der Machterweiterung entscheiden, werden vor allem die Beschaffenheit ihres Landes erforschen müssen, um zu erfahren, welche dieser Kunstfertigkeiten am ehesten zum Erfolg führen werden und welche sie demzufolge am stärksten fördern sollten. Die Franzosen und die Spanier haben eingesehen, dass es bei ihnen am Handel fehlte; aus diesem Grunde haben sie über Mittel und Wege nachgedacht, den Handel der Engländer zu untergraben. Sollte das gelingen, dann wird der Niedergang des englischen Handels die Macht Frankreichs in beträchtlicherem Maße steigern, als dies durch die Eroberung von zwanzig

lier de villages ne l'aurait pu faire, et l'Angleterre et la Hollande, ces deux pays les plus beaux et les plus riches du monde, dépériront insensiblement, comme un malade qui meurt étique ou de consomption.

Les pays dont les blés et les vignes font les richesses ont deux choses à observer : l'une est de défricher soigneusement toutes les terres, afin de mettre jusqu'au moindre terrain à profit ; l'autre est de raffiner sur un plus grand, un plus vaste débit, sur les moyens de transporter ces marchandises à meilleurs frais, et de pouvoir les vendre à meilleur marché.

Quant aux manufactures de toutes espèces, c'est peut-être ce qu'il y a de plus utile et de plus profitable à un État puisque, par elles, on suffit aux besoins et au luxe des habitants, et que les voisins sont même obligés de payer tribut à votre industrie. Elles empêchent, d'un côté, que l'argent sorte du pays, et elles en font rentrer de l'autre.

Je me suis toujours persuadé que le défaut de manufactures avait causé en partie ces prodigieuses émigrations des pays du Nord, de ces Goths, de ces Vandales qui inondèrent si souvent les pays méridionaux. Dans ces temps reculés, on ne connaissait d'arts en Suède, en Danemark, et dans la plus grande partie de l'Allemagne, que l'agriculture : les terres labourables étaient partagées entre un certain nombre de propriétaires qui les cultivaient, et qu'elles pouvaient nourrir.

Mais comme la race humaine a de tout temps été très féconde dans ces pays froids, il arrivait qu'il y avait deux fois plus d'habitants dans un pays qu'il n'en pouvait subsister par le labourage, et ces cadets de bonne maison s'attroupaient alors et faisaient les chevaliers d'industrie par nécessité, ravageaient d'autres pays, et en dépossédaient les maîtres. Aussi voit-on, dans l'histoire de l'empire d'Orient et d'Occident, que ces barbares ne demandaient, pour l'ordinaire, que des champs pour cultiver, afin de fournir à leur subsistance. Les pays du Nord ne sont pas moins peuplés qu'ils l'étaient alors, mais comme le luxe a très sagement multiplié nos besoins, il a donné lieu à des manufactures et à tous ces arts qui font subsister des peuples entiers qui, autrement, seraient obligés de chercher leur subsistance ailleurs.

Ces manières, donc, de faire prospérer un État, sont comme des talents confiés à la sagesse du souverain, qu'il doit mettre à usure et faire valoir. La marque la plus sûre d'un pays qui, sous un gouvernement sage, est heureux, abondant et riche, c'est lorsque les beaux-arts et les sciences naissent en son sein : ce sont des fleurs qui vien-

Städten und tausend Dörfern zu erreichen gewesen wäre; und England und Holland, diese beiden schönsten und reichsten Länder der Welt, werden dann ganz allmählich zugrunde gehen wie ein Kranker, der an Schwindsucht oder Auszehrung stirbt.

Die Länder, deren Reichtum im Getreide- und im Weinanbau liegt, haben zweierlei zu beachten: Erstens sollten sie alles Land sorgfältig urbar machen, um noch aus dem kleinsten Stück Nutzen zu ziehen; zweitens sollten sie darauf bedacht sein, ihren Absatz zu vergrößern und zu erweitern und, über preiswerte Transportmittel nachdenken und darüber, wie man seine Waren günstiger verkaufen kann.

Was die Manufakturen jeder Art betrifft, so verschaffen diese einem Staat vielleicht den größten Nutzen und Gewinn, denn durch sie befriedigt man die Bedürfnisse und den Luxus der Einwohner, und sogar die Nachbarn sehen sich genötigt, eurem Gewerbefleiß ihren Tribut zu entrichten. So wird einerseits verhindert, dass das Geld außer Landes geht, andererseits ist dafür gesorgt, dass Geld hereinfließt.

Ich war immer davon überzeugt, dass der Mangel an Gewerbe zum Teil die ungeheuren Auswanderungen aus den Ländern des Nordens verursacht hat, etwa die der Goten und Vandalen, die die Mittelmeerländer so häufig überfluteten. In jenen fernen Zeiten kannte man in Schweden, Dänemark und im größten Teil Deutschlands keine anderen Kunstfertigkeiten als den Ackerbau. Das Ackerland war auf eine bestimmte Anzahl von Eigentümern verteilt, die es bebauten und sich davon ernähren konnten.

Da das Menschengeschlecht aber zu allen Zeiten in jenen kalten Gegenden besonders fruchtbar gewesen ist, kam es vor, dass es in einem Land doppelt so viele Einwohner gab, wie der Ackerbau ernähren konnte. Da taten sich dann die jüngeren Söhne aus gutem Hause zusammen und wurden aus Not zu Glücksrittern, verwüsteten andere Länder und entrissen sie ihren Herren. Der Geschichte des oströmischen und des weströmischen Reiches kann man entnehmen, dass diese Barbaren in der Regel nichts anderes verlangten als Felder, die sie bebauen wollten, um ihren Lebensunterhalt zu bestreiten. Die nördlichen Länder haben jetzt nicht weniger Einwohner als damals; da aber der Luxus unsere Bedürfnisse wohlweislich vervielfacht hat, sind Manufakturen entstanden und all jene Kunstfertigkeiten, von denen ganze Völker leben können, die sonst ihren Lebensunterhalt anderswo hätten suchen müssen.[1]

Diese Maßnahmen also, die einen Staat zur Blüte bringen, sind gleichsam die Pfunde, die man der Weisheit des Herrschers anvertraut; mit ihnen soll er wuchern und sie nutzbringend anlegen. Das sicherste Zeichen dafür, dass ein Land unter einer weisen Regierung Glück, Überfluss und Reichtum genießt, besteht darin, dass in seiner Mitte die schönen Künste und die Wissenschaften erblühen; sie sind wie Blumen,

nent dans un terrain gras et sous un ciel heureux, mais que la sécheresse ou le souffle impétueux des aquilons fait mourir.

Rien n'illustre plus un règne que les arts qui fleurissent sous son abri. Le siècle de Périclès est aussi fameux par Phidias, Praxitèle, et tant d'autres grands hommes qui vivaient à Athènes, que par les batailles que ces mêmes Athéniens remportèrent alors. Celui d'Auguste est plus connu par Cicéron, Ovide, Horace et Virgile que par les proscriptions de ce cruel empereur qui doit, après tout, une grande partie de sa réputation à la lyre d'Horace. Celui de Louis le Grand est plus célèbre par les Corneille, les Racine, les Molière, les Boileau, les Descartes, les Coypel, les Le Brun, les Ramondon, que par ce passage du Rhin tant exagéré, par ce siège de Mons où Louis se trouva en personne, et par la bataille de Turin, que M. de Marsin fit perdre au duc d'Orléans par ordre du cabinet.

Les rois honorent l'humanité lorsqu'ils distinguent et récompensent ceux qui lui font le plus d'honneur. Et qui serait-ce, si ce ne sont de ces esprits supérieurs qui s'emploient à perfectionner nos connaissances, qui se dévouent au culte de la vérité, et qui négligent ce qu'ils ont de matériel pour rendre plus accompli en eux l'art de la pensée? De même que des sages éclairent l'univers, ils mériteraient d'en être les législateurs.

Heureux sont les souverains qui cultivent eux-mêmes ces sciences, qui pensent avec Cicéron, ce consul romain, libérateur de sa patrie et père de l'éloquence : « Les lettres forment la jeunesse, et font les charmes de l'âge avancé. La prospérité en est plus brillante, l'adversité en reçoit des consolations et, dans nos maisons, dans celles des autres, dans les voyages, dans la solitude, en tout temps, en tous lieux, elles font la douceur de notre vie. »

Laurent de Médicis, le plus grand homme de sa nation, était le pacificateur de l'Italie et le restaurateur des sciences. Sa probité lui concilia la confiance générale de tous les princes, et Marc-Aurèle, un des plus grands empereurs de Rome, était non moins heureux guerrier que sage philosophe, et joignait la pratique la plus sévère de la morale à la profession qu'il en faisait. Finissons par ses paroles : « Un roi que la justice conduit a l'univers pour son temple, et les gens de bien en sont les prêtres et les sacrificateurs. »

die auf fettem Boden und unter einem glücklichen Himmel gedeihen, die aber bei Trockenheit oder bei einem ungestümen Nordwind dahinwelken.

Nichts verleiht einer Regierung mehr Glanz als die Künste, die unter ihrem Schutz florieren. Das Jahrhundert des Perikles ist durch Phidias, Praxiteles und zahlreiche andere große Männer, die damals in Athen lebten, ebenso berühmt wie durch die Schlachten, die die Athener einst gewannen. Das Jahrhundert des Augustus kennt man besser durch Cicero, Ovid, Horaz und Vergil als durch die Proskriptionen dieses grausamen Kaisers, der schließlich einen großen Teil seines Ruhmes der Leier des Horaz verdankt. Das Zeitalter Ludwigs des Großen ist berühmter durch Corneille, Racine, Molière, Boileau, Descartes, Coypel, Le Brun und Ramondon[1] als durch jenen so übertrieben gepriesenen Rheinübergang[2], die Belagerung von Mons[3], an der Ludwig in Person teilgenommen hatte, und die Schlacht von Turin, in der Herr von Marsin den Herzog von Orléans durch Kabinettsorder um den Sieg brachte.[4]

Die Könige ehren die ganze Menschheit, wenn sie diejenigen auszeichnen und belohnen, die ihr am meisten Ehre machen; und wer wäre das sonst als jene überragenden Geister, die sich dafür einsetzen, unsere Kenntnisse zu vervollkommnen, die sich dem Kult der Wahrheit widmen und alles Irdische vernachlässigen, um die Kunst des Denkens zu immer höherer Vollendung zu steigern? Und da die Weisen die Welt aufklären, würden sie es verdienen, auch ihre Gesetzgeber zu sein.

Glücklich die Herrscher, die diese Wissenschaften selber betreiben und mit Cicero, dem römischen Konsul, Befreier seines Vaterlandes und Vater der Redekunst, denken: »Die Wissenschaften bilden die Jugend und verleihen dem reiferen Alter Anmut. Durch sie gedeiht alles strahlender, im Unglück spenden sie Trost, in unseren Häusern und in denen der Mitmenschen, auf Reisen, in der Einsamkeit, zu allen Zeiten und an jedem Ort machen sie unser Leben angenehm.«[5]

Lorenzo de' Medici, der bedeutendste Mann seiner Nation, war der Friedensstifter Italiens und der Erneuerer der Wissenschaften. Dank seiner Rechtschaffenheit gewann er das allgemeine Vertrauen aller Fürsten. Marc Aurel, einer der größten Kaiser Roms, war nicht weniger ein glücklicher Feldherr als ein weiser Philosoph und verband die Ausübung der strengsten Moral mit der Lehre, die er vertrat. Schließen wir mit seinen Worten: »Einem König, den die Gerechtigkeit leitet, ist die Welt ein Tempel und die guten Menschen walten darin als Priester und Opferdiener.«[6]

Chapitre 22

Il y a deux espèces de princes dans le monde, savoir ceux qui voient tout par leurs propres yeux et gouvernent leurs États eux-mêmes, et ceux qui se reposent sur la bonne foi de leurs ministres, et qui se laissent gouverner par ceux qui ont pris de l'ascendant sur leur esprit.

Les souverains de la première espèce sont comme l'âme de leurs États. Le poids de leur gouvernement pèse sur eux seuls, comme le monde sur le dos d'Atlas : ils règlent les affaires intérieures comme les étrangères ; toutes les ordonnances, toutes les lois, tous les édits émanent d'eux, et ils remplissent à la fois les postes de premier magistrat de la justice, de général des armées, d'intendant des finances, et en gros tout ce qui peut avoir relation avec la politique. Ils ont, à l'exemple de Dieu, qui se sert d'intelligences supérieures à l'homme pour opérer ses volontés, des esprits pénétrants et laborieux pour exécuter leurs desseins et pour remplir en détail ce qu'ils ont projeté en grand ; leurs ministres ne sont proprement que des outils dans les mains d'un sage et habile maître.

Les souverains du second ordre sont comme plongés, par un défaut de génie ou une indolence naturelle, dans une indifférence léthargique, et on rappelle à la vie des corps tombés en évanouissement par des odeurs fortes, spiritueuses et balsamiques. De même, il faut qu'un État tombé en défaillance par la faiblesse du souverain soit soutenu par la sagesse et la vivacité d'un ministre capable de suppléer aux défauts de son maître. Dans ce cas, le prince n'est que l'organe de son ministre, et il ne sert tout au plus qu'à représenter aux yeux du peuple le fantôme vain de la majesté royale, et sa personne est aussi inutile à l'État que celle du ministre lui est nécessaire. Chez les souverains de la première espèce, le bon choix des ministres peut faciliter leur travail, sans cependant influer beaucoup sur le bonheur du peuple ; chez ceux de la seconde espèce, le salut du peuple et le leur dépend du bon choix des ministres.

Il n'est pas aussi facile qu'on le pense à un souverain de bien approfondir le caractère de ceux qu'il veut employer dans les affaires, car les particuliers ont autant de facilité à se déguiser devant leurs maîtres que les princes trouvent d'obstacles pour dissimuler leur intérieur aux yeux du public.

22. Kapitel[1]

Es gibt zwei Arten von Fürsten in der Welt: solche, die alles mit eigenen Augen sehen und ihre Staaten selbstständig regieren; und solche, die auf die Ehrlichkeit ihrer Minister vertrauen und sich von denen, die Einfluss auf ihr Denken gewonnen haben, leiten lassen.

Die Herrscher der ersten Art sind gleichsam die Seele ihrer Staaten: Die Last ihrer Regierung ruht auf ihnen allein, wie die Welt auf den Schultern des Atlas; sie regeln die inneren und die äußeren Angelegenheiten; alle Verordnungen, alle Gesetze, alle Erlasse gehen von ihnen aus, sie füllen gleichzeitig das Amt des obersten Richters, das des obersten Feldherren und das des Oberschatzmeisters aus; kurzum, alles, was mit der Regierungspolitik zusammenhängt, geht durch ihre Hand. Nach dem Vorbild Gottes, der sich übermenschlicher Wesen bedient, um seinen Willen in die Tat umzusetzen, haben diese Herrscher scharfsinnige und arbeitsame Köpfe zur Seite, die ihre Pläne umsetzen und bis ins Kleinste ausführen, was sie in großen Zügen entworfen haben; ihre Minister sind eigentlich nur Werkzeuge in der Hand eines weisen und geschickten Meisters.

Die Herrscher der zweiten Art[2] sind aufgrund eines Mangels an Ingenium oder einer in ihrer Natur liegenden Trägheit wie in eine lethargische Gleichgültigkeit versunken. Wie man einen Ohnmächtigen durch starke ätherische und balsamische Gerüche wieder ins Leben zurückruft, genau so muss auch ein Staat, der infolge der Schwachheit seines Regenten kraftlos daniederliegt, durch die Klugheit und Tatkraft eines Ministers, der fähig ist, den Mängeln seines Herrn abzuhelfen, gestützt werden. In diesem Fall ist der Fürst nur das Werkzeug seines Ministers, und seine Bedeutung beschränkt sich höchstens darauf, dem Volk die leere Hülle der Königswürde vor Augen zu führen; für den Staat ist seine Person so entbehrlich wie die des Ministers für ihn unentbehrlich ist. Den Herrschern der ersten Art kann die richtige Wahl der Minister die Arbeit erleichtern, ohne das Glück des Volkes allzu sehr zu beeinträchtigen; bei den Fürsten der zweiten Art hängt das Wohl des Volkes und ihr eigenes hingegen von der richtigen Wahl der Minister ab.

Einem Herrscher fällt es nicht so leicht wie man denken würde, den Charakter derer, die er in die Staatsgeschäfte einbeziehen möchte, recht zu ergründen; denn so einfach es für Privatpersonen ist, sich vor ihren Herren zu verstellen, so schwer fällt es den Fürsten, ihr inneres Wesen vor den Augen des Publikums zu verbergen.

Il en est du caractère des gens de cour comme du visage des femmes fardées : à l'aide de l'artifice, la ressemblance est parfaitement observée. Les rois ne voient jamais les hommes tels qu'ils sont dans leur état naturel, mais tels qu'ils veulent paraître. Un homme qui se trouvera à la messe au moment de la consécration, un courtisan qui se trouvera à la cour dans la présence du prince, sera tout différent de ce qu'il est dans une société d'amis, et celui qu'on prenait pour un Caton à la cour est censé l'Anacréon de la ville. Le sage en public est fou dans sa maison, et tel qui fait tout haut le fastueux étalage de sa vertu, sentait tout bas le honteux démenti que lui donnait son cœur.

Ceci n'est qu'un tableau du déguisement ordinaire. Mais que n'est-ce point lorsque l'intérêt et l'ambition s'en mêlent, lorsqu'un poste vacant est convoité aussi avidement que le pouvait être Pénélope par sa nombreuse cour d'amants ! L'avarice du courtisan augmente ses assiduités pour le prince et ses attentions sur lui-même ; il emploie toutes les voies de séduction que son esprit peut lui suggérer pour se rendre agréable. Il flatte le prince, il entre dans ses goûts, il approuve ses passions : c'est un caméléon qui prend toutes les couleurs qu'il réfléchit.

Après tout, si Sixte-Quint a pu tromper soixante-dix cardinaux qui devaient le connaître, combien, à plus forte raison, n'est-il pas facile à un particulier de surprendre la pénétration du souverain qui a manqué d'occasions pour l'approfondir !

Un prince d'esprit peut juger sans peine du génie et de la capacité de ceux qui le servent. Mais il lui est presque impossible de bien juger de leur désintéressement et de leur fidélité puisque, ordinairement, la politique des ministres est de cacher surtout leurs pratiques et leurs mauvaises menées à celui qui est en droit de les en punir, s'il en était instruit.

On a vu souvent que des hommes paraissent vertueux, faute d'occasions pour se démentir, mais qu'ils ont renoncé à l'honnêteté dès que leur vertu a été mise à l'épreuve. On ne parla point mal à Rome des Tibère, des Néron, des Caligula, avant qu'ils parvinssent au trône. Peut-être que leur scélératesse serait restée brute, si elle n'avait été mise en œuvre par l'occasion qui, pour ainsi dire, développait le germe de leur méchanceté.

Mit dem Charakter der Höflinge verhält es sich wie mit dem Gesicht geschminkter Frauen: Mit viel Kunst erreichen sie es, genau so zu erscheinen, wie sie es beabsichtigen. Die Könige sehen die Menschen niemals so, wie sie von Natur aus sind, sondern so, wie sie erscheinen wollen. Ein Mensch bei der Messe im Augenblick der Wandlung, ein Höfling bei Hofe in Gegenwart des Fürsten, wird jedes Mal ein vollkommen anderer sein in einer Gesellschaft von Freunden; derjenige, den man am Hofe für einen Cato hielt, ist vermutlich ein Anakreon der Stadt.¹ Der Weise vor der Öffentlichkeit ist zu Hause ein Narr, und wer seine Tugend mit lauter Stimme und voller Prunk zur Schau stellt, vernimmt in seinem Inneren die leise Stimme eines Herzens, die ihn schmachvoll Lügen straft.

Doch hier handelt es sich nur um die Schilderung der Verstellung gewöhnlicher Art. Was aber geschieht, wenn Eigennutz und Ehrgeiz im Spiel sind, wenn ein Amt zu vergeben ist und man sich mit einer Gier darauf stürzt, so wie die zahlreiche Schar der Liebhaber auf Penelope!² Mit der Habgier des Höflings wächst seine Dienstbeflissenheit für den Fürsten und seine Achtsamkeit auf sich selbst; wenn es darum geht, sich angenehm zu machen, greift er zu allen Mitteln der Verführung, die sein Geist ihm eingibt. Er schmeichelt dem Fürsten, er macht sich seinen Geschmack zu Eigen und billigt seine Leidenschaften wie ein Chamäleon, das jede Farbe, die sich in ihm spiegelt, annimmt.

Wenn also Sixtus V.³ siebzig Kardinäle, die ihn hätten kennen müssen, zu täuschen vermochte, um wie vieles leichter fällt es dann nicht einem Privatmann, den Scharfblick des Herrschers zu täuschen, dem es an Gelegenheiten gefehlt hat, ihn zu durchschauen?

Ein einsichtsvoller Fürst kann sich mühelos ein Urteil über den Geist und die Fähigkeiten seiner Diener bilden. Es ist ihm aber nahezu unmöglich, ihre Uneigennützigkeit und ihre Treue richtig einzuschätzen, denn gewöhnlich besteht die Politik der Minister vor allem darin, ihre Ränke und Schliche vor dem zu verheimlichen, der, käme er dahinter, berechtigt wäre, sie zu bestrafen.

Man hat oft erlebt, dass Menschen den Eindruck erwecken, tugendhaft zu sein, nur weil sie keine Gelegenheit hatten, diesen Eindruck zu widerlegen, dass sie aber der Ehrlichkeit entsagten, sobald ihre Tugend auf die Probe gestellt wurde. Einem Tiberius, Nero oder Caligula sagte man in Rom nichts Schlechtes nach, ehe sie auf den Thron gelangt waren. Vielleicht wäre ihre Ruchlosigkeit sogar wirkungslos geblieben ohne die Gelegenheit, die sie zur Entfaltung gebracht hatte und die den Keim ihrer Niedertracht sozusagen erst aufgehen ließ.

Il se trouve des hommes qui joignent à beaucoup d'esprit, de souplesse et de talents l'âme la plus noire et la plus ingrate ; il s'en trouve d'autres qui possèdent toutes les qualités du cœur sans cet instinct vif et brillant qui caractérise le génie.

Les princes prudents ont ordinairement donné la préférence à ceux chez qui les qualités du cœur prévalaient, pour les employer dans l'intérieur de leur pays. Ils leur ont préféré, au contraire, ceux qui avaient plus de vivacité et de feu, pour s'en servir dans des négociations. Leurs raisons ont été sans doute que, puisqu'il ne s'agit que de maintenir l'ordre et la justice dans leurs États, il suffit de l'honnêteté et que, comme il est question de séduire les voisins par des arguments spécieux, d'employer la voie de l'intrigue et, souvent, de la corruption dans les missions étrangères, l'on sent bien que la probité n'y est pas tant requise que l'adresse et l'esprit.

Il me semble qu'un prince ne saurait assez récompenser la fidélité de ceux qui le servent avec zèle. Il y a un certain sentiment de justice en nous qui nous pousse à la reconnaissance et qu'il faut suivre. Mais, d'ailleurs, les intérêts des grands demandent absolument qu'ils récompensent avec autant de générosité qu'ils punissent avec clémence, car les ministres qui s'aperçoivent que leur vertu est l'instrument de leur fortune n'auront point assurément recours au crime, et ils préféreront naturellement les bienfaits de leur maître aux corruptions étrangères.

La voie de la justice et la sagesse du monde s'accordent donc parfaitement sur ce sujet, et il est aussi imprudent que dur de mettre, faute de récompense et de générosité, l'attachement des ministres à une dangereuse épreuve.

Il se trouve des princes qui donnent dans un défaut autant contraire que celui-ci à leurs véritables intérêts : ils changent de ministres avec une légèreté infinie, et ils punissent avec trop de rigueur les moindres irrégularités de leur conduite.

Les ministres qui travaillent immédiatement sous les yeux du prince, lorsqu'ils ont été quelque temps en poste, ne sauraient pas tout à fait lui déguiser leurs défauts. Plus le prince est pénétrant, et plus facilement il les saisit.

Les souverains qui ne sont pas philosophes s'impatientent bientôt ; ils se révoltent contre les faiblesses de ceux qui les servent, ils les disgracient, et les perdent.

Les princes qui raisonnent plus profondément connaissent mieux les hommes : ils savent qu'ils sont tous marqués au coin de l'humanité, qu'il n'y a rien de parfait en ce

Bei einigen Menschen verbindet sich eine Fülle von Geist, Weltgewandtheit und Talenten mit der schwärzesten und undankbarsten Seele; und anderen sind alle Vorzüge des Herzens eigen, ohne dass sie jenen lebhaften und glänzenden Instinkt besitzen, der das Genie auszeichnet.

Die klugen Fürsten haben, wenn es darum ging, Stellen im Landesinnern zu besetzen, gewöhnlich Männer bevorzugt, bei denen die Vorzüge des Herzens überwogen. Hingegen gaben sie den lebhafteren, den feurigen Köpfen den Vorzug, um sich ihrer bei den auswärtigen Verhandlungen zu bedienen; zweifellos aus folgendem Grund: Wenn es nur darum geht, Ordnung und Recht in ihren Staaten aufrechtzuerhalten, genügt die Rechtschaffenheit; wenn es darum geht, die Nachbarn mit Scheinargumenten zu verführen, Intrigen zu spinnen und, wie sooft bei auswärtigen Gesandtschaften, Bestechungen anzuwenden, dann sieht man wohl, dass Redlichkeit weniger erforderlich ist als Geschick, Witz und Verstand.

Ich meine, ein Fürst kann die Treue derer, die ihm mit Eifer dienen, nie genug belohnen. Ein gewisses Gefühl für Gerechtigkeit drängt uns, dankbar zu sein; man muss ihm nachgeben. Im Übrigen erfordern es die Interessen der Großen aber unbedingt, dass sie mit ebenso viel Großzügigkeit belohnen, wie sie mit Milde strafen; denn sobald die Minister erkennen, dass ihre Tugend das Mittel zu ihrem Glück ist, werden sie sich mit Sicherheit nicht dem Verbrechen zuwenden und natürlich die Wohltaten ihres eigenen Herrn den Bestechungsversuchen eines fremden vorziehen.

Die Wege der Gerechtigkeit und der Weltklugheit stimmen also in dieser Sache vollkommen überein, und es ist ebenso unklug wie hartherzig, die Zuneigung seiner Minister auf eine gefährliche Probe zu stellen, indem man ihnen die Belohnung verweigert und ihnen seine Großzügigkeit entzieht.

Einige Fürsten verfallen in einen anderen Fehler, der ihren wahren Interessen ebenso zuwiderläuft: Sie wechseln ihre Minister mit einer grenzenlosen Leichtfertigkeit aus und bestrafen die geringfügigsten Versehen in deren Verhalten mit übertriebener Härte.

Minister, die unmittelbar unter den Augen ihres Fürsten arbeiten, können, wenn sie eine Zeit lang im Amt bleiben, ihm ihre Fehler nicht ganz verheimlichen. Je scharfsichtiger der Fürst ist, umso leichter wird er sie erfassen.

Herrscher, die keine Philosophen sind, verlieren leicht die Geduld. Sie begehren gegen die Schwächen derer auf, die ihnen dienen, entziehen ihnen ihre Gnade und lassen sie fallen.

Fürsten, die gründlicher nachdenken, kennen die Menschen besser: Sie wissen, dass alle den Stempel des Menschlichen an sich tragen, dass es auf dieser Welt nichts Voll-

monde, que les grandes qualités sont, pour ainsi dire, mises en équilibre par de grands défauts, et que l'homme de génie doit tirer parti de tout. C'est pourquoi, à moins de prévarication, ils conservent leurs ministres avec leurs bonnes et leurs mauvaises qualités, et ils préfèrent ceux qu'ils ont approfondis aux nouveaux qu'ils pourraient avoir, à peu près comme d'habiles musiciens qui aiment mieux jouer d'instruments dont ils connaissent le fort et le faible que de ceux dont la bonté leur est inconnue.

Chapitre 23

Il n'y a pas un livre de morale, il n'y a pas un livre d'histoire, où la faiblesse des princes sur la flatterie ne soit rudement tancée. On veut que les rois aiment la vérité, on veut que leurs oreilles s'accoutument à l'entendre, et on a raison. Mais on veut encore, selon la coutume des hommes, des choses contradictoires. Comme l'amour-propre est le principe de nos vertus, et par conséquent du bonheur du monde, on veut que les princes en aient assez pour qu'il les rende susceptibles de la belle gloire, qu'il anime leurs grandes actions, et qu'en même temps ils soient assez indifférents sur eux-mêmes pour renoncer de leur gré au salaire de leurs travaux. Le même principe doit les pousser à mériter la louange et à la mépriser : c'est prétendre beaucoup de l'humanité. S'il y a cependant un motif qui puisse encourager les princes à combattre l'appât de la flatterie, c'est l'idée avantageuse qu'on a de leur mérite, et la supposition naturelle qu'ils doivent avoir sur eux-mêmes plus de pouvoir encore que sur les autres.

Les princes insensibles à leur réputation n'ont été que des indolents ou des voluptueux abandonnés à la mollesse. C'étaient des masses d'une matière vile et abjecte, animée par aucune vertu. Des tyrans très cruels ont aimé, il est vrai, la louange ; c'était en eux un raffinement de vanité ou, pour mieux dire, un vice de plus. Ils voulaient l'estime des hommes, mais ils négligeaient en même temps l'unique voie pour s'en rendre dignes.

Chez les princes vicieux, la flatterie est un poison mortel qui multiplie les semences de leur corruption ; chez les princes de mérite, la flatterie est comme une rouille qui s'attache à leur gloire, et qui en diminue l'éclat. Un homme d'esprit se révolte contre la flatterie grossière, il repousse l'adulateur qui, d'une main maladroite, lui donne de

kommenes gibt, dass die großen Eigenschaften sich sozusagen mit den großen Fehlern die Waage halten, und dass ein Mensch, der Geist besitzt, aus allem seinen Vorteil ziehen muss. Deshalb behalten sie, wenn keine Pflichtverletzung vorliegt, ihre Minister mit ihren guten und schlechten Eigenschaften und ziehen diejenigen, die sie bereits gründlich erprobt haben, den neuen, die sie haben könnten, vor, etwa so wie geübte Musiker lieber auf Instrumenten spielen, deren Stärke und Schwäche sie kennen, als auf neuen, deren Vorzüglichkeit ihnen unbekannt ist.

23. Kapitel[1]

Kein Werk über Fragen der Moral, kein Geschichtsbuch, in dem nicht die Schwäche der Fürsten für Schmeichelei auf das Strengste getadelt würde. Man verlangt von den Königen, dass sie die Wahrheit lieben, man verlangt, dass ihr Ohr sich an die Stimme der Wahrheit gewöhne; und man hat Recht. Man verlangt aber auch, wie es bei den Menschen Brauch ist, Dinge, die einander nahezu ausschließen. Da die Eigenliebe unserer Tugend zugrunde liegt und somit auch dem Glück der Welt, verlangt man von den Fürsten, sie sollen so viel davon besitzen, dass sie für edlen Ruhm empfänglich und zu großen Taten angeregt werden; und gleichzeitig verlangt man von ihnen so viel Selbstlosigkeit, dass sie freiwillig auf den Lohn ihrer Arbeit verzichten. Ein und derselbe Grundsatz soll die Fürsten anspornen, das Lob zu verdienen und es zu verachten. Das heißt von der Menschheit viel verlangen. Wenn es jedoch ein Motiv gibt, das die Fürsten ermuntern könnte, den Versuchungen der Schmeichelei zu widerstehen, dann ist es die vorteilhafte Vorstellung, die man sich von ihrem Verdienst macht, und die Annahme, dass die Fürsten naturgemäß verpflichtet seien, über sich selbst noch mehr Macht zu haben als über andere Menschen.

Fürsten, denen ihr Ruf gleichgültig ist, sind von jeher nur apathische Naturen gewesen oder Lüstlinge, versunken in Schlaffheit. Es waren träge Massen von niedrigem, verächtlichem Stoff, von keiner Tugend beseelt. Freilich haben auch sehr grausame Tyrannen das Lob geliebt; aber es war bei ihnen eine raffinierte Form von Eitelkeit oder, besser gesagt, ein Laster mehr. Sie wollten die Achtung der Menschen erlangen, verließen dabei aber den einzigen Weg, sich ihrer würdig zu erweisen.

Bei lasterhaften Fürsten ist die Schmeichelei ein tödliches Gift, das die Keime ihrer Verderbtheit noch vermehrt; bei verdienstvollen Fürsten ist die Schmeichelei wie ein Rost, der sich an ihren Ruhm setzt und dessen Glanz verdunkelt. Einen Mann von Geist empört die grobe Schmeichelei; er weist den Lobhudler ab, der ihm tölpelhaft

l'encensoir au travers du visage. Il faudrait une crédulité infinie sur la bonne opinion qu'on a de soi-même pour souffrir la louange outrée ; il faudrait même que cette crédulité fût superstitieuse. Cette sorte de louange est la moins à craindre pour les grands hommes, car ce n'est pas le langage de la conviction. Il est une autre sorte de flatterie ; elle est la sophiste des défauts et des vices. Sa rhétorique diminue et amoindrit tout ce que son objet a de mauvais et l'élève, par cette voie indirecte, à la perfection. C'est elle qui fournit des arguments aux passions, qui donne à la cruauté le caractère de la justice, qui donne une ressemblance si parfaite de la libéralité à la profusion qu'on s'y méprend, et qui couvre les débauches du voile de l'amusement et du plaisir. Elle amplifie même les vices étrangers, pour en ériger un trophée à ceux de son héros ; elle excuse tout, elle justifie tout. La plupart des hommes donnent dans cette flatterie qui justifie leurs goûts et leurs inclinations. Il faut avoir poussé d'une main hardie la sonde jusqu'au fond de ses plaies pour les bien connaître, et il faut avoir la fermeté de se dire qu'on a des défauts qu'il faut corriger, pour résister à la fois à l'avocat insinuant de ses passions et pour se combattre soi-même. Il se trouve cependant des princes d'une vertu assez mâle pour mépriser cette sorte de flatterie. Ils ont assez de pénétration pour apercevoir le serpent venimeux qui rampe sous les fleurs et, nés ennemis du mensonge, ils ne le souffrent pas même en ce qui peut plaire à leur amour-propre, et en ce qui caresse le plus leur vanité.

Mais s'ils haïssent le mensonge, ils aiment la vérité, et ils ne sauraient avoir une rigueur semblable pour ceux qui leur disent un bien d'eux-mêmes dont ils sont convaincus. La flatterie qui se fonde sur une base solide est la plus subtile de toutes ; il faut avoir le discernement très fin pour apercevoir la nuance qu'elle ajoute à la vérité. Elle ne fera point accompagner un roi à la tranchée par des poètes qui doivent être les historiens et les témoins de sa valeur ; elle ne composera point des prologues d'opéra remplis d'hyperboles, des préfaces fades et des épîtres rampantes ; elle n'étourdira point un héros du récit de ses propres victoires. Mais elle prendra l'air du sentiment, elle se ménagera délicatement des places, et elle aura les qualités de l'épigramme. Comment un grand homme, comment un héros, comment un prince spirituel peut-il se fâcher de s'entendre dire une vérité que la vivacité d'un ami qui la sen-

Weihrauch ins Gesicht streut. Man müsste schon einen unendlich hohen Glauben an sich selbst besitzen, um übertriebenes Lob zu ertragen; man müsste sogar abergläubisch sein. Diese Art des Lobes haben die großen Männer am wenigsten zu fürchten, da es nicht die Sprache der inneren Überzeugung ist. Es gibt noch eine andere Art der Schmeichelei, die sich sophistisch zum Fürsprecher der Fehler und Laster macht. Ihre Redekunst verkleinert und mildert alles, was an ihrer Zielscheibe schlecht ist, und auf diesem Umweg überhöht sie alles bis zur Vollkommenheit. Sie liefert den Leidenschaften Argumente, sie lässt die Grausamkeit als Gerechtigkeit erscheinen, sie verleiht der Verschwendung eine so vollkommene Ähnlichkeit mit der Freigebigkeit, dass man darüber irre wird, und sie bedeckt die Ausschweifungen mit dem Schleier des Vergnügens und des Zeitvertreibs. Sie vergrößert sogar das Laster anderer, um ihrem Helden daraus ein Ehrenmal zu errichten. Sie entschuldigt alles, rechtfertigt alles. Die meisten Menschen halten es mit dieser Art der Schmeichelei, die ihren Geschmack und ihre Neigungen rechtfertigt. Man muss mit beherzter Hand die Sonde tief in seine Wunden eingeführt haben, um sie wirklich erkennen zu können, und stark genug sein, um sich einzugestehen, dass man Fehler hat und sich bessern muss, um gleichzeitig dem schmeichlerischen Anwalt seiner Leidenschaften zu widerstehen und gegen sich selbst anzukämpfen. Einige Fürsten besitzen jedoch so viel an männlicher Tugend, dass sie diese Art der Schmeichelei verachten. Sie sind scharfsinnig genug, um die Giftschlange, die zwischen den Blumen umherschleicht, zu erblicken. Als geborene Feinde der Lüge ertragen sie diese Form der Schmeichelei auch dann nicht, wenn sie ihrer Eigenliebe angenehm ist und sie sich in ihrer Eitelkeit besonders gestreichelt fühlen.

Doch während sie die Lüge hassen, lieben sie die Wahrheit, und sie werden denen nicht böse sein, die ihnen etwas Gutes nachsagen, von dem sie selbst überzeugt sind. Die Schmeichelei, die sich an einen wahren Kern hält, ist die subtilste von allen; und es bedarf schon eines äußerst feinen Unterscheidungsvermögens, um erkennen zu können, wie die Wahrheit unmerklich abgeändert wird. Diese Schmeichelei wird einem König nicht Dichter als Geschichtsschreiber und Zeugen seiner Tapferkeit in die Laufgräben mitgeben. Sie wird sich auch hüten, Opernprologe voller Überschwänglichkeiten zu verfassen oder geschmacklose Vorreden und kriecherische Episteln.[1] Sie wird einen Helden nicht mit der Erzählung seiner eigenen Siege betäuben, sondern sie wird sich in die Sprache des Gefühls kleiden und sich auf feine Art Eintritt verschaffen und alle Vorzüge des Epigramms besitzen. Wie könnte ein großer Mann, ein Held, ein geistvoller Fürst es übel vermerken, wenn ihm eine Wahrheit gesagt wird, die einem Freund, der ein Gefühl dafür hat, im Überschwang entwischt?

tait bien a fait échapper? Ce serait un pédantisme de modestie que de s'en scandaliser, et l'esprit de la pensée sert de véhicule à la louange.

Les princes, qui ont été hommes avant de devenir rois, peuvent se ressouvenir de ce qu'ils ont été, et ne s'accoutument pas si facilement aux aliments de la flatterie. Ceux qui ont régné toute leur vie ont toujours été nourris d'encens comme les dieux, et ils mourraient d'inanition, s'ils manquaient de louange.

Il serait donc plus juste, ce me semble, de plaindre les rois que de les condamner. Ce sont les flatteurs, et plus qu'eux encore les calomniateurs, qui méritent la condamnation et la haine du public, de même que tous ceux qui sont assez ennemis des princes pour leur déguiser la vérité.

Chapitre 24

La fable de Cadmus, qui sema en terre les dents d'un serpent qu'il venait de dompter, et dont naquit un peuple de guerriers qui se détruisirent, convient parfaitement au sujet de ce chapitre. Cette fable ingénieuse est l'emblème de l'ambition, de la cruauté et de la perfidie des hommes qui, à la fin, leur est toujours funeste. Ce fut l'ambition illimitée des princes d'Italie, ce fut leur cruauté, qui les rendirent l'horreur du genre humain; ce furent les perfidies et les trahisons qu'ils commirent les uns envers les autres qui ruinèrent leurs affaires. Qu'on lise l'histoire d'Italie de la fin du quatorzième siècle jusqu'au commencement du quinzième: ce ne sont que cruautés, séditions, violences, ligues pour s'entre-détruire, usurpations, assassinats, en un mot, un assemblage énorme de crimes dont l'idée seule et la peinture inspire de l'horreur et de l'aversion.

Si, à l'exemple de Machiavel, on s'avisait de renverser la justice et l'humanité, on bouleverserait à coup sûr tout l'univers. Personne ne se contenterait des biens qu'il possède, tout le monde envierait ceux des autres, et comme rien ne pourrait les arrêter, ils se serviraient des moyens les plus affreux pour satisfaire leur cupidité. L'un engloutirait le bien de ses voisins, un autre viendrait après lui, qui le déposséderait à son tour. Il n'y aurait aucune sûreté pour personne, le droit du plus fort serait l'unique justice de la terre, et une pareille inondation de crimes réduirait dans peu ce conti-

Sich darüber zu ärgern, wäre pedantische Bescheidenheit; schließlich kommt es bei einem geistreich übermittelten Lob darauf an, wie es gemeint ist.

Fürsten, die Menschen waren, ehe sie Könige wurden, können sich daran erinnern, was sie vorher gewesen sind; sie gewöhnen sich nicht so leicht an die Kost der Schmeichelei. Die, die ihr Leben lang Herrscher waren, sind, wie die Götter, von jeher mit Weihrauch genährt worden; sie würden an Entkräftung sterben, sollten sie einmal ohne Lobsprüche auskommen müssen.

Es wäre also, wie mir scheint, gerechter, die Könige zu beklagen, als sie zu verdammen. Die Schmeichler, und mehr noch als diese, die Verleumder sind es, die die öffentliche Verdammung und den Hass des Publikums verdienen, so wie alle, die gegenüber den Fürsten feindselig genug sind, um ihnen die Wahrheit zu verheimlichen.

24. Kapitel[1]

Die Fabel von Kadmos[2], der die Zähne des von ihm erlegten Drachen aussäte, woraus ein Volk von Kriegern erwuchs, die sich gegenseitig umbrachten, passt ganz und gar zum Thema des vorliegenden Kapitels. Diese geistreiche Fabel ist ein Sinnbild für Ehrgeiz, Grausamkeit und Verrat unter den Menschen, die schließlich immer daran zugrunde gehen. Es war der grenzenlose Ehrgeiz der italienischen Fürsten und es war ihre Grausamkeit, die sie zum Schrecken des Menschengeschlechts machten. Es waren die Treulosigkeiten und die Verrätereien, die sie aneinander begingen, die ihre Angelegenheiten in den Ruin trieben. Man lese die Geschichte Italiens vom Ende des vierzehnten bis zum Anfang des fünfzehnten Jahrhunderts[3]: Da gibt es nur Grausamkeiten, Aufstände, Gewalttaten, Bündnisse zur wechselseitigen Zerstörung, Usurpation, Meuchelmorde; mit einem Wort, ein ungeheures Gemisch von Verbrechen; schon allein die Vorstellung und die Darstellung erregen Abscheu und Schrecken.

Wollte man, Machiavellis Beispiel folgend, die Gerechtigkeit und die Menschlichkeit zunichte machen, würde man damit zweifellos den Umsturz der ganzen Welt verschulden. Niemand würde sich mehr mit seinen Gütern begnügen, jeder würde dem anderen die seinigen neiden, und da nichts ihn zurückhielte, würde er sich der abscheulichsten Mittel bedienen, um seine Gier zu befriedigen. Kaum hätte der Eine den Besitz seiner Nachbarn verschlungen, käme schon der Nächste und würde ihm alles wieder entreißen. Es gäbe keine Sicherheit mehr, das Recht des Stärkeren wäre das einzige Gesetz auf Erden, und eine solche Überschwemmung von Verbrechen

nent dans une vaste et triste solitude. C'était donc l'iniquité et la barbarie des princes d'Italie qui firent qu'ils perdirent leurs États, ainsi que les faux principes de Machiavel perdront à coup sûr ceux qui auront la folie de les suivre.

Je ne déguise rien : la lâcheté de quelques-uns de ces princes d'Italie peut avoir également avec leur méchanceté concouru à leur perte. La faiblesse des rois de Naples, il est sûr, ruina leurs affaires. Mais qu'on me dise, d'ailleurs, en politique, tout ce que l'on voudra, argumentez, faites des systèmes, alléguez des exemples, employez toutes les subtilités des sophistes, vous serez obligé d'en revenir à la justice malgré vous, à moins que vous consentiez à vous brouiller avec le bon sens. Machiavel lui-même ne fait qu'un galimatias pitoyable lorsqu'il veut enseigner d'autres maximes, et quoi qu'il ait fait, il n'a pu plier la vérité à ses principes. Le commencement de ce chapitre est un endroit fâcheux pour ce politique ; sa méchanceté l'a engagé dans un dédale où son esprit cherche vainement le fil merveilleux d'Ariane pour l'en tirer.

Je demande humblement à Machiavel ce qu'il a prétendu dire par ces paroles : « Si l'on remarque en un souverain nouvellement élevé sur le trône, ce qui veut dire dans un usurpateur, de la prudence et du mérite, on s'attachera bien plus à lui qu'à ceux qui ne sont redevables de leur grandeur qu'à leur naissance. La raison de cela, c'est qu'on est bien plus touché du présent que par le passé, et quand on y trouve de quoi se satisfaire, on ne va pas plus loin. »

Machiavel suppose-t-il que, de deux hommes également valeureux et spirituels, le peuple préférera l'usurpateur au prince légitime ? Ou l'entend-il d'un souverain sans vertus, et d'un ravisseur vaillant et plein de capacité ? Il ne se peut point que la première supposition soit celle de l'auteur ; elle est opposée aux notions les plus ordinaires du bon sens. Ce serait un effet sans cause que la prédilection d'un peuple en faveur d'un homme qui commet une action violente pour se rendre leur maître et qui, d'ailleurs, n'aurait aucun mérite préférable à celui du souverain légitime. Machiavel, renforcé de tous les sorites des sophistes, et de l'âne de Buridan* même, si l'on veut, ne me donnera pas la solution de ce problème.

---

* Voyez Bayle, *Dictionnaire*.

würde diesen Erdteil innerhalb kurzer Zeit in eine ungeheure und traurige Einöde verwandeln. Ungerechtigkeit und Barbarei brachten also die italienischen Fürsten um ihre Staaten, so wie die falschen Grundsätze Machiavellis mit Sicherheit alle verderben müssten, die töricht genug wären, sie zu befolgen.

Ich verheimliche nichts: Auch die Feigheit des einen oder anderen unter diesen italienischen Fürsten kann, vereint mit ihrer Nichtswürdigkeit, zu ihrem Untergang beigetragen haben. Die Schwäche der Könige von Neapel[1] hat jedenfalls zu ihrem Untergang geführt. Abgesehen davon, können Sie mir in der Politik sagen, was Sie wollen, Sie können Argumente liefern, Systeme entwerfen, Beispiele anführen, alle sophistischen Spitzfindigkeiten zum Einsatz bringen: Sie werden auch gegen Ihren Willen auf die Gerechtigkeit zurückkommen müssen, es sei denn, Sie wollen bewusst in Widerspruch zum gesunden Menschenverstand geraten. Machiavelli selbst bringt nichts als erbärmliches Zeug zustande, wenn er andere Maximen vermitteln will, und was auch immer er unternommen hat, die Wahrheit vermochte er seinen Grundsätzen nicht zu unterwerfen. Der Anfang des vorliegenden Kapitels ist für unseren Politiker besonders unangenehm: Seine Boshaftigkeit hat ihn in ein Labyrinth geführt, in dem sein Geist vergeblich den wunderbaren Ariadnefaden sucht, um mit dessen Hilfe den Ausgang zu finden.

Ganz bescheiden frage ich Machiavelli, was er mit folgenden Worten eigentlich sagen wollte: »Wenn man an einem neuen Herrscher, der erst seit kurzem den Thron bestiegen hat, das heißt an einem Usurpator, Klugheit und Verdienst bemerkt, wird man sich ihm mehr verbunden fühlen als denen, die ihre Größe allein ihrer Geburt verdanken. Der Grund dafür besteht darin, dass man sich von der Gegenwart stärker beeindrucken lässt als von der Vergangenheit; und wenn man in der Gegenwart sein Genügen findet, sucht man nichts anderes.«

Nimmt Machiavelli an, wenn zwei Männer gleich tapfer und geistvoll sind, werde das Volk dem Usurpator den Vorzug vor dem rechtmäßigen Fürsten geben? Oder denkt er an einen Herrscher ohne Tugend und demgegenüber an einen anmaßenden Räuber, der mutig ist und viele Fähigkeiten besitzt? Die erste Annahme kann unmöglich die des Autors sein; sie widerspricht den einfachsten Begriffen des gesunden Menschenverstandes. Die Vorliebe eines Volkes für einen Menschen, der sich durch eine Gewalttat zu seinem Herren machen will und der im Übrigen nicht den geringsten persönlichen Vorzug vor dem rechtmäßigen Herrscher hat, wäre eine Wirkung ohne Ursache. Mag sich Machiavelli auch auf alle Kunststücke der Sophistik stützen, meinetwegen auch auf Buridans Esel*, dieses Problem wird er mir nicht lösen.

---

* Siehe Bayles *Wörterbuch*.[2]

Ce ne saurait être non plus la seconde supposition, car elle est aussi frivole que la première. Quelques qualités qu'on donne à un usurpateur, on m'avouera que l'action violente par laquelle il élève sa puissance est une injustice. Or, à quoi peut-on s'attendre d'un homme qui débute par le crime, si ce n'est à un gouvernement violent et tyrannique ? Il en est de même d'un homme qui se marierait, et qui serait métamorphosé en Actéon[1] par sa femme le jour même de ses noces : je ne pense pas qu'il augurerait bien de la fidélité de sa nouvelle épouse, après l'échantillon qu'elle lui aurait donné de son inconstance.

Machiavel prononce condamnation contre ses propres principes en ce chapitre, car il dit clairement que, sans l'amour des peuples, sans l'affection des grands, et sans une armée bien disciplinée, il est impossible à un prince de se soutenir sur le trône. La vérité semble le forcer de lui rendre cet hommage, à peu près comme les théologiens l'assurent des anges maudits, qui reconnaissent un Dieu, mais qui enragent.

Voici en quoi consiste la contradiction. Pour gagner l'affection des peuples et des grands, il faut avoir un fonds de probité et de vertu ; il faut que le prince soit humain et bienfaisant, et qu'avec ces qualités du cœur, on trouve en lui de la capacité pour s'acquitter des pénibles fonctions de sa charge avec sagesse, afin qu'on puisse avoir confiance en lui. Quel contraste de ces qualités avec celles que Machiavel donne à son prince ! Il faut être tel que je viens de le dire pour gagner les cœurs et non pas, comme Machiavel l'enseigne dans le cours de cet ouvrage, injuste, cruel, ambitieux, et uniquement occupé du soin de son agrandissement.

C'est ainsi qu'on peut voir démasqué ce politique que son siècle fit passer pour un grand homme, que beaucoup de ministres ont reconnu dangereux, mais qu'ils ont suivi, dont on a fait étudier les abominables maximes aux princes, à qui personne n'avait encore répondu en forme, et que beaucoup de politiques suivent encore, sans vouloir qu'on les en accuse.

Heureux serait celui qui pourrait détruire entièrement le machiavélisme dans le monde ! J'en ai fait voir l'inconséquence ; c'est à ceux qui gouvernent l'univers à donner des exemples de vertu aux yeux du monde. Je l'ose dire, ils sont obligés de guérir le public de la fausse idée dans laquelle il se trouve sur la politique, qui n'est proprement que le système de la sagesse des princes, mais que l'on soupçonne communément d'être le bréviaire de la fourberie et de l'injustice. C'est à eux de bannir les sub-

Auch die zweite Annahme trifft hier nicht zu, denn sie ist so unbegründet wie die erste. Welche Eigenschaften auch immer man einem Usurpator zubilligt, so wird man doch zugeben müssen, dass die gewalttätige Handlung, durch die er die Macht an sich reißt, eine Ungerechtigkeit ist. Was kann man von einem Mann, der sich mit einem Verbrechen einführt, anderes erwarten als eine Herrschaft der Gewalt und Tyrannei? Man denke an einen jungen Ehemann, dem seine Frau gleich am Hochzeitstag Hörner aufsetzt; ob er sich nach dem Pröbchen von der Treue seiner wankelmütigen Neuvermählten wohl allzu viel Gutes versprechen wird?

Machiavelli fällt im vorliegenden Kapitel das Urteil über seine eigenen Grundsätze, denn er sagt deutlich, ohne die Liebe der Völker, ohne die Zuneigung der Großen, ohne eine gut disziplinierte Armee sei es einem Fürsten unmöglich, sich auf dem Thron zu behaupten. Die Wahrheit scheint ihn gleichsam zu zwingen, ihr diese Huldigung darzubringen, ungefähr so, wie nach der Behauptung der Theologen, dass die gefallenen Engel einen Gott zwar erkennen, ihn aber lästern.

Der Widerspruch besteht also darin: Um die Zuneigung der Völker und der Großen zu gewinnen, bedarf es einer gewissen Rechtschaffenheit und Tugend; der Fürst muss menschlich und wohltätig sein und mit diesen Eigenschaften des Herzens die Fähigkeit vereinen, die mühsamen Pflichten seines Amtes mit Weisheit zu erfüllen, so dass man Vertrauen zu ihm haben kann. Welch ein Kontrast zu den Eigenschaften, die Machiavelli seinem Fürsten zuschreibt! Um die Herzen zu gewinnen, muss man die von mir erwähnten Eigenschaften besitzen, und man darf nicht so werden, wie es von Machiavelli im Laufe seines Werkes gelehrt wird: ungerecht, grausam, ehrgeizig und ausschließlich von der Sorge um seine Machterweiterung erfüllt.

Damit wäre dieser Staatskünstler also entlarvt, der in seinem Jahrhundert als großer Mann galt, den viele Minister in seiner Gefährlichkeit zwar erkannt haben, um ihm dann doch zu folgen, dessen abscheuliche Maximen man den Fürsten an die Hand gab, dem bislang noch niemand gebührend geantwortet hat, und an dem sich noch immer viele Staatsmänner orientieren, ohne dass man ihnen daraus einen Vorwurf machen darf.

Glücklich der, dem es gelänge, den Machiavellismus auf Erden von Grund auf zu zerstören! Ich habe seinen Mangel an Folgerichtigkeit aufgezeigt. Nun müssen die Gebieter dieser Erde der Welt das Vorbild an Tugendhaftigkeit geben. Ich wage die Behauptung, dass es ihre Pflicht ist, die Öffentlichkeit von der falschen Vorstellung zu heilen, die sie sich von der Staatskunst macht, die eigentlich nichts anderes als die Summe der fürstlichen Klugheit ist, obgleich man sie gewöhnlich für das Brevier des Betruges und des Unrechts hält. An den Fürsten liegt es, Spitzfindigkeiten und Hin-

tilités et la mauvaise foi des traités, et de rendre la vigueur à l'honnêteté et à la candeur qui, à dire vrai, ne se trouve plus entre les souverains. C'est à eux de montrer qu'ils sont aussi peu envieux des provinces de leurs voisins que jaloux de la conservation de leurs propres États. On respecte les souverains, c'est un devoir et même une nécessité, mais on les aimerait si, moins occupés d'augmenter leur domination, ils étaient plus attentifs à bien régner. L'un est un effet d'une imagination qui ne saurait se fixer ; l'autre est une marque d'un esprit juste, qui saisit le vrai, et qui préfère la solidité du devoir au brillant de la vanité. Le prince qui veut tout posséder est comme un estomac qui se surcharge goulûment de viandes, sans songer qu'il ne pourra pas les digérer. Le prince qui se borne à bien gouverner est comme un homme qui mange sobrement, et dont l'estomac digère bien.

Chapitre 25

La question sur la liberté de l'homme est un de ces problèmes qui pousse la raison des philosophes à bout, et qui a souvent tiré des anathèmes de la bouche sacrée des théologiens. Les partisans de la liberté disent que, si les hommes ne sont pas libres, Dieu agit en eux ; que c'est Dieu qui, par leur ministère, commet les meurtres, les vols et tous les crimes, ce qui pourtant est manifestement opposé à sa sainteté ; en second lieu, que si l'Être suprême est le père des vices et l'auteur des iniquités qui se commettent, on ne pourra plus punir les coupables, et il n'y aura ni crimes ni vertus dans le monde. Or, comme on ne saurait penser à ce dogme affreux sans en apercevoir toutes les contradictions, on ne saurait prendre de meilleur parti qu'en se déclarant pour la liberté de l'homme.

Les partisans de la nécessité absolue disent, au contraire, que Dieu serait pire qu'un ouvrier aveugle et qui travaille dans l'obscurité si, après avoir créé ce monde, il eût ignoré ce qui devait s'y faire. Un horloger, disent-ils, connaît l'action de la moindre roue d'une montre, puisqu'il sait le mouvement qu'il lui a imprimé, et à quelle destination il l'a faite ; et Dieu, cet être infiniment sage, serait le spectateur curieux et impuissant des actions des hommes ! Comment ce même Dieu, dont les ouvrages

terlist aus den Verträgen zu verbannen und der Rechtschaffenheit und Lauterkeit, die, um die Wahrheit zu sagen, bei den Fürsten nicht mehr zu finden sind, zu neuer Kraft zu verhelfen. An ihnen liegt es zu zeigen, dass sie keineswegs die Provinzen ihrer Nachbarn begehren, sondern eifersüchtig auf die Erhaltung ihrer eigenen Staaten bedacht sind. Man bringt den Herrschern Achtung entgegen: das ist eine Pflicht, sogar eine Notwendigkeit; man würde sie aber lieben, wenn sie, weniger mit der Vergrößerung ihres Besitzes beschäftigt, ihre ganze Aufmerksamkeit einer guten Regierung widmeten. Das eine ist die Wirkung einer Einbildungskraft, die sich nicht festlegen lassen will; das andere das Kennzeichen eines gerechten Sinnes, der das Wahre begreift und der der Zuverlässigkeit der Pflicht den Vorzug vor dem Glanz der Eitelkeit gibt. Der Fürst, der alles besitzen will, ist wie ein Magen, der sich gefräßig mit Fleisch überlädt, ohne zu bedenken, dass er es nicht verdauen kann. Der Fürst, der sich darauf beschränkt, gut zu regieren, ist wie ein Mann, der mäßig isst und dessen Magen gut verdaut.

25. Kapitel[1]

Die Frage der menschlichen Freiheit ist eines jener Probleme, die das Räsonnement der Philosophen in die Enge treiben, und die so oft den Bannfluch aus geweihtem Theologenmund auf sich gezogen haben. Die Verteidiger der Freiheit behaupten, wenn die Menschen nicht frei sind, wirkt Gott in ihnen; es ist folglich Gott, der mittelbar durch sie Mord, Diebstahl und alle Verbrechen begeht, was seiner Heiligkeit aber offenbar zuwiderläuft. Zweitens: Wenn das höchste Wesen der Vater der Laster und der Urheber der begangenen Ungerechtigkeiten ist, wird man die Schuldigen nicht mehr bestrafen können, und es wird dann auch in der Welt keine Verbrechen und keine Tugend mehr geben. Da man dieses schreckliche Dogma aber nicht zu Ende denken kann, ohne sich all seiner Widersprüche bewusst zu werden, bleibt keine andere Wahl, als sich für die menschliche Freiheit zu entscheiden.[2]

Die Anhänger der unbedingten Notwendigkeit sagen hingegen: Um Gott stünde es noch schlimmer als um einen blinden Handwerker, der sein Werk im Dunkeln schafft, wenn er nach der Erschaffung dieser Welt nicht gewusst hätte, was sich in ihr zutragen sollte. Ein Uhrmacher, sagen sie, kennt die Wirkung des kleinsten Rädchens einer Uhr, denn er weiß, welche Bewegung er ihm verliehen, zu welchem Zweck er es bestimmt hat. Und da sollte Gott, dieses Wesen von unendlicher Weisheit, nur der neugierige und ohnmächtige Zuschauer der menschlichen Handlungen sein? Und

portent tous un caractère d'ordre, et qui sont tous asservis à de certaines lois immuables et constantes, aurait-il laissé jouir l'homme seul de l'indépendance et de la liberté ? Ce ne serait plus la Providence qui gouvernerait le monde, mais le caprice des hommes. Puis donc qu'il faut opter, entre le Créateur et la créature, lequel des deux est automate, il est plus raisonnable de croire que c'est l'être en qui réside la faiblesse que l'être en qui réside la puissance. Ainsi, la raison et les passions sont comme des chaînes invisibles par lesquelles la main de la Providence conduit le genre humain, pour concourir aux événements que sa sagesse éternelle avait résolus qui devaient arriver dans le monde, et pour que chaque individu remplît la destinée.

C'est ainsi que, pour éviter Charybde, on s'approche trop de Scylla, et que les philosophes se poussent mutuellement dans l'abîme de l'absurdité, tandis que les théologiens ferraillent dans l'obscurité, et se damnent dévotement par charité et par zèle. Ces partis se font la guerre à peu près comme les Carthaginois et les Romains se la faisaient. Lorsqu'on appréhendait de voir les troupes romaines en Afrique, on portait le flambeau de la guerre en Italie ; et lorsque, à Rome, on voulut se défaire d'Hannibal, que l'on craignait, on envoya Scipion à la tête des légions assiéger Carthage. Les philosophes, les théologiens et la plupart des héros d'arguments ont le génie de la nation française : ils attaquent vigoureusement, mais ils sont perdus s'ils sont réduits à la guerre défensive. C'est ce qui fit dire à un bel esprit que Dieu était le père de toutes les sectes, puisqu'il leur avait donné à toutes des armes égales, de même qu'un bon côté et un revers. Cette question sur la liberté ou la prédestination des hommes est transportée par Machiavel de la métaphysique dans la politique. C'est cependant un terrain qui lui est tout étranger, et qui ne saurait la nourrir, car en politique, au lieu de raisonner si nous sommes libres ou si nous ne le sommes point, si la fortune et le hasard peuvent quelque chose ou s'ils ne peuvent rien, il ne faut proprement penser qu'à perfectionner sa pénétration, et à nourrir sa prudence.

La fortune et le hasard sont des mots vides de sens qui sont nés du cerveau des poètes et qui, selon toute apparence, doivent leur origine à la profonde ignorance dans laquelle croupissait le monde lorsqu'on donna des noms vagues aux effets dont les causes étaient inconnues.

Ce qu'on appelle vulgairement la fortune de César signifie proprement toutes les conjonctures qui ont favorisé les desseins de cet ambitieux. Ce que l'on entend par

derselbe Gott, dessen Werke alle ihre Ordnung in sich tragen und die insgesamt
bestimmten unwandelbaren und beständigen Gesetzen unterworfen sind, sollte allein
dem Menschen den Genuss von Unabhängigkeit und Freiheit zuerkannt haben?
Dann würde die Welt ja nicht mehr von der Vorsehung gelenkt werden, sondern vom
Eigensinn der Menschen. Da man sich aber zwischen dem Schöpfer und dem
Geschöpf entscheiden muss, um zu bestimmen, wer von beiden wie ein Automat
funktioniert, so ist es vernünftiger zu glauben, dass dies bei jenem Wesen, dem
Schwachheit innewohnt, zutrifft und nicht bei dem, das der Inbegriff der Macht ist.
So sind also Vernunft und Leidenschaften gleichsam unsichtbare Ketten, an denen die
Hand der Vorsehung das menschliche Geschlecht zu den Begebenheiten führt, die
ihre ewige Weisheit beschlossen hat, und die in der Welt geschehen müssen, damit
jedes Individuum seine Bestimmung erfüllt.

Auf diese Art gerät man, um Charybdis zu vermeiden, allzu sehr in die Nähe der
Skylla[1] und die Philosophen drängen sich gegenseitig an den Abgrund der Absurdität,
während die Theologen im Dunkeln fechten und einander aus Nächstenliebe und
Glaubenseifer in aller Frömmigkeit verdammen. Diese Parteien führen Krieg gegeneinander, wie es etwa die Karthager und die Römer taten. Als das Erscheinen der römischen Truppen in Afrika drohte, trug man die Brandfackel des Krieges nach Italien;
als man sich in Rom des gefürchteten Hannibals entledigen wollte, schickte man
Scipio an der Spitze der Legionen zur Belagerung nach Karthago. Die Philosophen,
die Theologen und die meisten Helden der Dialektik besitzen den Geist der französischen Nation: Im Angriff sind sie mutig, doch in einem Verteidigungskrieg sind sie
verloren. Das hat einen witzigen Kopf zu der Bemerkung veranlasst, Gott sei der Vater
aller Sekten, denn er habe allen gleiche Waffen sowie eine starke und eine schwache
Seite gegeben. Diese Frage über die Freiheit oder die Prädestination der Menschen
wird von Machiavelli aus der Metaphysik in die Politik übertragen. Das ist für sie
jedoch ein ganz fremdes Feld, auf dem sie nicht gedeihen kann; denn im Bereich des
Politischen geht es nicht darum, zu ergründen, ob wir frei sind oder nicht, ob Glück
und Zufall etwas vermögen oder nicht; hier kommt es eigentlich nur darauf an, seinen Scharfsinn zu vervollkommnen und seine Umsicht zu erweitern.

Glück und Zufall sind Wörter ohne Bedeutung, entstanden im Hirn der Dichter;
allem Anschein nach verdanken sie ihren Ursprung der tiefen Unwissenheit, in der die
Welt versunken war, als man den Wirkungen, deren Ursache man nicht kannte, unbe-
stimmte Namen gab.[2]

Was im Volksmund Caesars Glück heißt, sind genau genommen alle Umstände, die
die Pläne dieses ehrgeizigen Mannes begünstigt haben. Das sogenannte Missgeschick

l'infortune de Caton, ce sont les malheurs inopinés qui lui arrivèrent, ces contretemps où les effets suivirent si subitement les causes que sa prudence ne put ni les prévoir ni les contrecarrer.

Ce qu'on entend par le hasard ne saurait mieux s'expliquer que par le jeu des dés. Le hasard, dit-on, a fait que mes dés ont porté plutôt douze que sept. Pour décomposer ce phénomène physiquement, il faudrait avoir attention à bien des choses, comme sont la manière dont on a fait entrer les dés dans le cornet, les mouvements de la main plus ou moins forts, plus ou moins réitérés qui les font tourner dans le cornet, et qui impriment aux dés un mouvement plus vif ou plus lent lorsqu'on les chasse sur la table. Ce sont ces causes que je viens d'indiquer qui, prises ensemble, s'appellent le hasard. Un examen de cette nature, où il faut beaucoup de discussion, demande un esprit philosophique et attentif, mais comme ce n'est pas le fait de tout le monde que d'approfondir les matières, on aime mieux s'épargner cette peine. J'avoue qu'on en est quitte à meilleur marché lorsqu'on se contente d'un nom qui n'a aucune réalité ; de là vient que, de tous les dieux du paganisme, la fortune et le hasard sont les seuls qui nous sont restés. Cela n'est pas tant mauvais, car les imprudents rejettent tous la cause de leur malheur sur la contrariété de la fortune, autant que ceux qui parviennent dans le monde sans mérite éminent érigent l'aveugle destin en divinité dont la sagesse et la justice sont admirables.

Tant que nous ne serons que des hommes, c'est-à-dire des êtres très bornés, nous ne serons jamais tout à fait supérieurs à ce qu'on appelle les coups de la fortune. Nous devons ravir ce que nous pouvons, par la sagesse et la prudence, au hasard et à l'événement ; mais notre vue est trop courte pour tout apercevoir, et notre esprit trop étroit pour tout combiner. Quoique nous soyons faibles, à la vérité, ce n'est pas une raison pour négliger le peu de forces que nous avons. Tout au contraire, il faut en tirer le meilleur usage que l'on peut, et ne point dégrader notre être en nous mettant au niveau des brutes, puisque nous ne sommes pas des dieux. Effectivement, il ne faudrait pas moins aux hommes que la toute-science divine pour combiner une infinité de causes cachées, et pour connaître jusqu'au plus petit ressort des événements, afin de tirer, par leur moyen, de justes conjectures pour l'avenir.

Voici deux événements qui feront voir clairement qu'il est impossible à la sagesse humaine de tout prévoir. Le premier événement est celui de la surprise de Crémone par le prince Eugène, entreprise concertée avec toute la prudence imaginable, et exé-

Catos besteht in den unvermuteten Unfällen, die ihm widerfuhren, jenen Schicksalsschlägen, bei denen die Wirkungen so schnell auf ihre Ursachen folgten, dass seine Klugheit sie weder voraussehen noch abwenden konnte.[1]

Was man unter Zufall versteht, lässt sich am besten durch das Würfelspiel erläutern. Der Zufall, sagt man, wollte es, dass ich zwölf und nicht sieben gewürfelt habe. Wollte man dieses Phänomen physikalisch erklären, müsste man eine Fülle von Einzelheiten beachten: Auf welche Art hat man die Würfel in den Becher getan? Waren die Bewegungen der Hand, mit der man den Becher umgedreht hat, mehr oder weniger kräftig, mehr oder weniger häufig, so dass sich die Würfel schneller oder langsamer umdrehten, als sie über den Tisch rollten? Das sind die von mir erwähnten Ursachen, die, zusammengenommen, das ausmachen, was man Zufall nennt. Eine solche Untersuchung, bei der viel zur Diskussion steht, verlangt einen aufmerksamen, philosophischen Geist. Da eine solche Vertiefung aber nicht jedermanns Sache ist, erspart man sich lieber die Mühe. Ich gebe zu, dass man es einfacher haben kann, wenn man sich mit einem Namen begnügt, der eigentlich nichts bezeichnet. Und so kommt es, dass uns von der ganzen heidnischen Götterwelt allein Glück und Zufall geblieben sind. Das ist gar nicht so schlecht, denn die Leichtfertigen sehen die Ursache ihres Missgeschicks gerne in der Feindseligkeit des Glücks. Auf der anderen Seite erheben die, die ohne besonderes Verdienst in der Welt vorankommen, das blinde Schicksal zur Gottheit, deren Weisheit und Gerechtigkeit aller Bewunderung wert seien.

Solange wir nur Menschen sind, das heißt sehr eingeschränkte Wesen, werden wir niemals ganz über das erhaben sein, was man Schicksalsschläge nennt. Wir müssen mit Weisheit und Klugheit dem Zufall und der jeweiligen Begebenheit entreißen, was wir können. Doch unser Blickfeld ist zu klein, um alles wahrzunehmen, unser Denkvermögen zu beschränkt, um alle Zusammenhänge zu erfassen. Auch wenn wir in Wahrheit schwach sind, ist das kein Grund dafür, das bescheidene Maß an Kräften, über das wir verfügen, zu vernachlässigen. Ganz im Gegenteil: Wir sollten das Beste daraus machen, und wir dürfen unser Wesen, nur weil wir keine Götter sind, nicht auf das Niveau wilder Tiere herabsinken lassen. Tatsächlich benötigten die Menschen die göttliche Allwissenheit, wollten sie die unendliche Vielfalt verborgener Ursachen miteinander kombinieren und die Ereignisse bis in die kleinsten Zusammenhänge erkennen, um auf diesem Wege richtige Berechnungen für die Zukunft erstellen zu können.

Zwei Begebenheiten seien erwähnt, die deutlich machen, dass es der menschlichen Weisheit unmöglich ist, alles vorherzusehen. Die erste handelt von der Überrumpelung der Stadt Cremona durch Prinz Eugen. Diese Unternehmung wurde mit aller

cutée avec une valeur infinie. Voici comment ce dessein échoua : le prince s'introduisit dans la ville, vers le matin, par un canal à immondices que lui ouvrit un curé avec lequel il était en intelligence. Il se serait infailliblement rendu maître de la place, si deux choses qu'il ne pouvait imaginer ne fussent arrivées. Premièrement, un régiment suisse qui devait exercer le même matin se trouva sous les armes, et lui fit résistance jusqu'à ce que le reste de la garnison s'assemblât. En second lieu, le guide qui devait mener le prince de Vaudémont à une autre porte de la ville, dont ce prince devait s'emparer, manqua le chemin, ce qui fit que ce détachement arriva trop tard. Je crois que la prêtresse de Delphes, écumant de fureur sur son trépied sacré, n'aurait prévu ces accidents par aucun secret de son art.

Le second événement dont j'ai voulu parler est celui de la paix particulière que les Anglais firent avec la France vers la fin de la guerre de succession. Ni les ministres de l'empereur Joseph, ni les plus grands philosophes, ni les plus habiles politiques n'auraient pu soupçonner qu'une paire de gants changerait le destin de l'Europe. Cela arriva cependant au pied de la lettre, comme on pourra le voir.

Milady Marlborough exerçait la charge de grande maîtresse de la reine Anne à Londres, tandis que son époux faisait dans les campagnes de Brabant une double moisson de lauriers et de richesses. Cette duchesse soutenait par sa faveur le parti du héros, et le héros soutenait le crédit de son épouse par ses victoires. Le parti des torys, qui leur était opposé, et qui souhaitait la paix, ne pouvait rien tandis que cette duchesse était toute-puissante auprès de la Reine. Elle perdit cette faveur par une cause assez légère. La Reine avait commandé des gants auprès de sa gantière, et la duchesse en avait commandé en même temps. Son impatience de les avoir lui fit presser la gantière de la servir avant la Reine. Cependant, Anne voulut avoir ses gants ; une dame du palais, qui était ennemie de milady Marlborough, informa la Reine de tout ce qui s'était passé, et s'en prévalut avec tant de malignité que la Reine, dès ce moment, regarda la duchesse comme une favorite dont elle ne pouvait plus supporter l'insolence. La gantière acheva d'aigrir cette princesse par l'histoire des gants, qu'elle lui conta avec toute la noirceur possible. Ce levain, quoique léger, fut suffisant pour mettre toutes les humeurs en fermentation, et pour assaisonner tout ce qui doit accom-

erdenklichen Umsicht geplant und mit unendlicher Tapferkeit durchgeführt. Doch das Vorhaben scheiterte: Der Prinz verschaffte sich gegen Morgen Eingang in die Stadt, und zwar durch einen Abwasserkanal, den ihm ein Geistlicher, mit dem er sich verständigt hatte, öffnete. Unfehlbar hätte er sich zum Herrn der Stadt gemacht, wären nicht zwei Dinge, die er unmöglich vorhersehen konnte, dazwischen gekommen. Erstens stand ein Schweizerregiment, das am selben Morgen exerzieren sollte, unter Waffen und leistete ihm solange Widerstand, bis sich die ganze Garnison einfand. Zweitens verfehlte der Führer, der den Prinzen von Vaudémont an ein anderes Stadttor bringen sollte, das dieser einzunehmen hatte, den Weg; und so kam diese Abteilung zu spät an.[1] Ich glaube, selbst die auf ihrem heiligen Dreifuß vor Wut schäumende Priesterin von Delphi hätte mit allen Geheimnissen ihrer Kunst diese Zwischenfälle nicht voraussehen können.[2]

Die zweite Begebenheit, die ich erwähnen wollte, betrifft den Sonderfrieden, den die Engländer gegen Schluss des Spanischen Erbfolgekriegs mit Frankreich schlossen.[3] Weder die Minister Kaiser Josephs noch die größten Philosophen, noch die geschicktesten Staatsmänner hätten je vermuten können, dass ein Paar Handschuhe das Schicksal Europas verändern würde. Und doch geschah dies buchstäblich, wie man sehen wird.

Lady Marlborough übte in London das Amt einer Oberhofmeisterin der Königin Anna aus, während ihr Gemahl in den Feldzügen in Brabant sowohl Lorbeeren als auch Reichtümer erntete.[4] Die Herzogin unterstützte durch die Gunst, in der sie stand, die Partei des Helden, und der Held unterstützte durch seine Siege das Ansehen seiner Gemahlin. Ihre Gegenpartei, die Tories, die den Frieden wünschte, war solange diese Herzogin bei der Königin allmächtig war, völlig machtlos. Aufgrund eines nichtigen Anlasses verlor sie ihre Gunst. Die Königin hatte bei ihrer Handschuhmacherin Handschuhe bestellt und die Herzogin hatte dies zum selben Zeitpunkt ebenfalls getan. In ihrer Ungeduld drängte sie die Handschuhmacherin, sie vor der Königin zu bedienen. Unterdessen wollte auch Anna ihre Handschuhe haben; eine Palastdame, die mit Lady Marlbourogh verfeindet war, berichtete der Königin, was sich zugetragen hatte; sie stellte alles so böswillig dar, dass die Königin von diesem Augenblick an die Herzogin als eine Favoritin betrachtete, deren Anmaßung sie nicht mehr ertragen konnte. Die Handschuhmacherin erbitterte diese Fürstin vollends, indem sie ihr die Geschichte der Handschuhe in den schwärzesten Farben schilderte. So winzig dieser Keim auch war, er genügte, um gleichsam wie bei einem Sauerteig alles in Gärung zu bringen und alles, was zu einer regelrechten Ungnade gehört, wirken zu lassen. Die Tories und der Marschall von Tallard[5] an ihrer Spitze machten sich

pagner une disgrâce. Les torys, et le maréchal de Tallard à leur tête, se prévalurent de cette affaire, qui devint un coup de partie pour eux. La duchesse de Marlborough fut disgraciée peu de temps après, et avec elle tomba le parti des wighs et celui des alliés et de l'Empereur. Tel est le jeu des choses les plus graves du monde. La Providence se rit de la sagesse et des grandeurs humaines ; des causes frivoles et, quelquefois, ridicules, changent souvent la fortune des États et des monarchies entières. Dans cette occasion, de petites misères de femmes sauvèrent Louis XIV d'un pas dont sa sagesse, ses forces et sa puissance ne l'auraient peut-être pas pu tirer, et obligèrent les alliés à faire la paix malgré eux.

Ces sortes d'événements arrivent, mais j'avoue que c'est rarement, et que leur autorité n'est pas suffisante pour décréditer entièrement la prudence et la pénétration. Il en est comme des maladies, qui altèrent quelquefois la santé des hommes, mais qui ne les empêchent pas de jouir la plupart du temps des avantages d'un tempérament robuste.

Il faut donc nécessairement que ceux qui doivent gouverner le monde cultivent leur pénétration et leur prudence. Mais ce n'est pas tout, car s'ils veulent captiver la fortune, il faut qu'ils apprennent à plier leur tempérament sous les conjonctures, ce qui est très difficile.

Je ne parle, en général, que de deux sortes de tempéraments, celui d'une vivacité hardie, et celui d'une lenteur circonspecte, et comme ces causes morales ont une cause physique, il est presque impossible qu'un prince soit si fort maître de lui-même qu'il prenne toutes les couleurs comme un caméléon. Il y a des siècles qui favorisent la gloire des conquérants et de ces hommes hardis et entreprenants qui semblent nés pour agir et pour opérer des changements extraordinaires dans l'univers. Des révolutions, des guerres les favorisent, et principalement ces esprits de vertige et de défiance qui brouillent les souverains leur fournissent des occasions pour déployer leurs dangereux talents. En un mot, toutes les conjonctures qui sympathisent avec leur naturel turbulent et actif facilitent leurs succès.

Il y a d'autres temps où le monde, moins agité, ne paraît vouloir être régi que par la douceur, où il ne faut que de la prudence et de la circonspection. C'est une espèce de calme heureux dans la politique, qui succède ordinairement après l'orage ; c'est alors que les négociations sont plus efficaces que les batailles, et qu'il faut gagner par la plume ce que l'on ne saurait acquérir par l'épée.

Afin qu'un souverain pût profiter de toutes les conjonctures, il faudrait qu'il apprît à se conformer au temps, comme un habile pilote, qui déploie toutes ses voiles

diesen Vorfall zunutze, der zu einem wichtigen Zug in ihrem Spiel wurde. Die Herzogin von Marlborough fiel kurz darauf in Ungnade, und mit ihr hatte auch die Partei der Whigs ausgespielt wie die der Verbündeten und des Kaisers. So geht das Spiel der wichtigsten Dinge in der Welt. Die Vorsehung spottet der menschlichen Weisheit und Größe; belanglose und zuweilen lächerliche Ursachen verändern oft das Schicksal der Staaten und ganzer Monarchien. In diesem Falle wurde Ludwig XIV. durch kleinliche Streitereien unter Frauen aus einer Verlegenheit gerettet, aus der ihm seine Klugheit, seine Truppen und seine Macht vielleicht nicht hätten helfen können, und die Verbündeten wurden genötigt, gegen ihren Willen Frieden zu schließen.

Solche Begebenheiten geschehen, aber, wie ich gestehen muss, nur selten; und dieses Beispiel ist nicht gewichtig genug, um Klugheit und Scharfsinn gänzlich in Abrede zu stellen. Es verhält sich damit eher wie mit Krankheiten, die zuweilen die Gesundheit beeinträchtigen, die Menschen aber nicht davon abhalten, die meiste Zeit die Vorteile einer starken Konstitution zu genießen.

Wer die Welt regieren soll, muss also unbedingt seinen Scharfsinn und seine Klugheit ausbilden. Das ist aber noch nicht genug: Wer das Schicksal bändigen will, muss auch lernen, sich mit seinem Temperament auf die Umstände einzustellen; und das ist sehr schwer.

Ich habe hier generell nur zwei Arten von Temperamenten im Blick: das einer kühn zugreifenden Lebhaftigkeit und das einer sorgsam Umschau haltenden Bedächtigkeit. Und da diese moralischen Gegebenheiten eine physische Ursache haben, ist es einem Fürsten fast unmöglich, sich so stark zu beherrschen, dass er wie ein Chamäleon jede Farbe annehmen könnte. Es gibt Jahrhunderte, die den Ruhm von Eroberern und jenen verwegenen und unternehmenden Männern begünstigen, die geboren scheinen, um zu handeln und außerordentliche Veränderungen in der Welt hervorzubringen. Revolutionen, Kriege gereichen ihnen zum Vorteil; vor allem verschafft ihnen der schwindelerregende Geist des Misstrauens, der die Herrscher entzweit, die Gelegenheit zur Entfaltung ihrer gefährlichen Talente. Kurz, alle äußeren Umstände, die ihrem turbulenten und unternehmenden Wesen entgegenkommen, erleichtern ihren Erfolg.

Zu anderen Zeiten scheint die Welt weniger unruhig zu sein und allein mit Sanftmut regiert werden zu wollen; dann bedarf es nur der Klugheit und der Umsicht, dann herrscht in der Politik eine Art glücklicher Windstille, die gewöhnlich auf den Sturm folgt. In solchen Zeiten sind Verhandlungen wirksamer als Schlachten, und es gilt dann mit der Feder zu gewinnen, was mit dem Degen nicht erreicht werden kann.

Um aus allen Zeitumständen Nutzen zu ziehen, müsste ein Herrscher lernen, sich nach Zeit und Witterung zu richten, so wie ein geschickter Steuermann, der alle Segel

lorsque les vents lui sont favorables, mais qui va à la bouline, ou qui les cale même, lorsque la tempête l'y oblige, est uniquement occupé de conduire son vaisseau dans le port désiré, indépendamment des moyens pour y parvenir.

Si un général d'armée était circonspect et téméraire à propos, il serait presque indomptable. Il y aurait des occasions où il tirerait la guerre en longueur, comme lorsqu'il aurait affaire à un ennemi qui manquerait de ressources pour fournir aux frais d'une longue guerre, ou lorsque l'armée opposée aurait une disette de provisions et de fourrage. Fabius matait Hannibal par ses longueurs : ce Romain n'ignorait pas que le Carthaginois manquait d'argent et de recrues et que, sans combattre, il suffisait de voir tranquillement fondre cette armée pour la faire périr, pour ainsi dire, d'inanition. La politique d'Hannibal était, au contraire, de combattre ; sa puissance n'était qu'une force d'accident, dont il fallait tirer avec promptitude tout l'avantage possible, afin de lui donner de la solidité par la terreur qu'impriment les actions brillantes et héroïques, et par les ressources qu'on tire des conquêtes.

En l'an 1704, si l'électeur de Bavière et le maréchal de Tallard n'étaient point sortis de Bavière pour s'avancer jusqu'à Blenheim et Höchstädt, ils seraient restés les maîtres de toute la Souabe, car l'armée des alliés, ne pouvant subsister en Bavière faute de vivres, aurait été obligée de se retirer vers le Main, et de se séparer. Ce fut donc manque de circonspection, lorsqu'il en était temps, que l'Électeur confia au sort d'une bataille à jamais mémorable et glorieuse pour la nation allemande ce qu'il ne dépendait que de lui de conserver. Cette imprudence fut punie par la défaite totale des Français et des Bavarois, et par la perte de la Bavière et de tout ce pays qui est entre le Haut-Palatinat et le Rhin. La témérité est brillante, je l'avoue, elle frappe et elle éblouit, mais ce n'est qu'un beau dehors, elle est féconde en dangers. La prudence est moins vive, elle a moins d'éclat, mais elle marche d'un pas ferme et sans vaciller.

On ne parle point des téméraires qui ont péri ; on ne parle que de ceux qui ont été secondés de la fortune. Il en est ainsi que des rêves et des prophéties : entre mille qui ont été fausses et que l'on oublie, on ne se ressouvient que d'un petit nombre qui se sont trouvées vraies. Le monde devrait juger des événements par leurs causes, et non pas des causes par l'événement.

Je conclus donc qu'un peuple risque beaucoup avec un prince téméraire, que c'est un danger continuel qui le menace, et que le souverain circonspect, s'il n'est pas pro-

setzt, wenn die Winde günstig sind, aber beim Winde segelt oder die Segel einzieht, wenn der Sturm ihn dazu nötigt, allein damit beschäftigt ist, sein Schiff in den ersehnten Hafen zu steuern, unabhängig von Mitteln und Wegen, die es ihm ermöglichen.

Wäre ein Feldherr zugleich bedächtig und zur rechten Zeit kühn, so könnte man ihn fast nicht bezwingen. Er würde gegebenenfalls den Krieg in die Länge ziehen, sobald er es mit einem Feind zu tun hätte, dem es an Mitteln fehlte, einen langen, kostspieligen Krieg durchzuhalten, oder sobald in der Armee der Gegenseite Verpflegungsmangel und Futternot aufträten. Fabius[1] richtete Hannibal durch seine Verzögerungen zugrunde: Der Römer wusste sehr wohl, dass es dem Karthager an Geld und Rekruten mangelte und dass es genügte, kampflos und in aller Ruhe Hannibals Armee dahinschmelzen zu lassen und abzuwarten, bis sie gleichsam an Auszehrung starb. Hannibals Politik bestand hingegen im Kampf. Seine Macht war nur dem Zufall zu verdanken, und er musste mit Geistesgegenwart den größtmöglichen Vorteil daraus ziehen, um ihr durch den Schrecken, den glänzende und heldenhafte Taten verbreiten, und durch die Hilfsquellen, die man sich durch Eroberungen verschafft, Dauer und Bestand zu geben.

Hätten im Jahre 1704 der Kurfürst von Bayern und der Marschall von Tallard Bayern nicht verlassen, um bis Blindheim und Höchstädt vorzurücken, wären sie die Herren von ganz Schwaben geblieben, denn die Armee der Verbündeten konnte sich aus Mangel an Lebensmitteln in Bayern nicht halten und hätte sich bis zum Main zurückziehen und auflösen müssen. Es war also Mangel an Umsicht zur rechten Stunde, wenn der Kurfürst sein Schicksal, das zu erhalten allein in seiner Hand lag, dem Ausgang einer Schlacht anvertraute, einer Schlacht, die für immer denkwürdig und für die deutsche Nation glorreich bleiben wird. Zur Strafe für diese Unvorsichtigkeit wurden die Franzosen und Bayern gänzlich geschlagen, und sowohl Bayern als auch das gesamte Land zwischen der Oberpfalz und dem Rhein gingen verloren.[2] Verwegenheit hat etwas Bestechendes, zugegeben, sie beeindruckt und blendet; aber es ist nur eine schöne Außenseite, die viele Gefahren in sich birgt. Klugheit ist weniger lebhaft, weniger glänzend, aber sie geht festen Schrittes und ohne zu wanken ihren Weg.

Von den Wagemutigen, die untergingen, spricht man nicht, sondern nur von denen, die das Glück auf ihrer Seite hatten. Es ist wie bei Träumen und Prophezeiungen: Unter tausend, die falsch waren und die man vergaß, erinnert man sich nur an die kleine Anzahl, die in Erfüllung ging. Die Welt sollte die Begebenheiten nach dem beurteilen, was sie verursacht hat, nicht aber die Ursachen nach der Begebenheit.

Ich schließe daher, dass ein Volk mit einem kühnen Fürsten viel aufs Spiel setzt, dass ihm stets Gefahr droht, und dass aber ein umsichtiger Herrscher, mag er auch zu gro-

pre pour les grands exploits, semble né avec des talents plus capables que ceux du premier pour rendre les peuples heureux sous sa domination. Le fort des téméraires, ce sont les conquêtes; le fort des prudents, c'est de les conserver.

Pour que les uns et les autres soient grands hommes, il faut qu'ils viennent à propos au monde, sans quoi les talents leur sont plus pernicieux que profitables. Tout homme raisonnable, et principalement ceux que le ciel a destinés pour gouverner les autres, devraient se faire un plan de conduite aussi bien raisonné et lié qu'une démonstration géométrique. En suivant en tout un pareil système, ce serait le moyen d'agir conséquemment, et de ne jamais s'écarter de son but. On pourrait ramener par là toutes les conjonctures et tous les événements à l'acheminement de ses desseins; tout concourrait pour exécuter les projets que l'on aurait médités.

Mais qui sont ces princes desquels nous prétendons tant de rares talents? Ce ne sont que des hommes, et il sera vrai de dire que, selon leur nature, il leur est impossible de satisfaire à tous leurs devoirs. On trouverait plutôt le phénix des poètes et les unités des métaphysiciens que l'homme de Platon. Il est juste que les peuples se contentent des efforts que font les souverains pour parvenir à la perfection. Les plus accomplis d'entre eux seront ceux qui s'éloigneront plus que les autres du prince de Machiavel. Il n'est que juste que l'on supporte leurs défauts, lorsqu'ils sont contrebalancés par des qualités du cœur et par de bonnes intentions. Il faut nous souvenir sans cesse qu'il n'y a rien de parfait dans le monde, et que l'erreur et la faiblesse sont le partage de tous les hommes. Le pays le plus heureux est celui où une indulgence mutuelle du souverain et des sujets répand sur la société cette douceur aimable sans laquelle la vie est un poids qui devient à charge, et le monde une vallée d'amertumes au lieu d'un théâtre de plaisirs.

ßen Unternehmungen nicht geeignet sein, mit Talenten geboren zu sein scheint, die ihn besser dazu befähigen, die Völker unter seiner Herrschaft glücklich zu machen. Sind die Eroberungen die Stärke der Wagemutigen, so ist es die Stärke der Klugen, die Eroberungen zu erhalten.

Damit die Einen wie die Anderen große Männer werden, müssen beide im rechten Augenblick die Welt betreten, sonst bringen ihnen ihre Talente mehr Unheil als Glück. Alle vernünftigen Menschen, vorzüglich aber diejenigen, die der Himmel dazu bestimmt hat, die Anderen zu regieren, sollten sich einen Lebensplan zurechtlegen, der so gut durchdacht und schlüssig ist wie ein mathematischer Beweis. Und wer sich immer an ein solches System hielte, hätte eine Handhabe für konsequentes und zielgerichtetes Handeln. Man könnte dann allen Zeitumständen und Ereignissen das abgewinnen, was zur Verwirklichung seiner Pläne führt, und alles würde dazu beitragen, die Entwürfe zur Ausführung zu bringen.

Wer aber sind diese Fürsten, denen wir so viele seltene Talente abverlangen? Es sind nur Menschen, und mit Recht wird man sagen, dass es ihnen von Natur aus unmöglich ist, allen ihren Pflichten gerecht zu werden. Eher fände man den Phönix der Dichter oder die Monaden der Metaphysiker als den Menschen Platons.[1] Gerecht ist, dass die Völker sich mit dem Ringen der Fürsten nach Vollkommenheit begnügen. Die Vollkommensten unter ihnen werden jene sein, die sich am weitesten vom Fürsten Machiavellis entfernen. Und es ist nur recht und billig, dass man ihre Fehler erträgt, wenn sie durch Herzensgüte und gute Absichten ausgeglichen werden. Wir sollten uns stets daran erinnern, dass auf der Welt nichts vollkommen ist und dass Irrtum und Schwachheit das Erbteil aller Menschen sind. Am glücklichsten ist das Land, wo gegenseitige Nachsicht zwischen Herrscher und Untertanen jene liebenswerte Milde in der Gesellschaft verbreitet, ohne die das Leben zu einer drückenden Bürde und die Welt von einem Schauplatz der Freude zu einem Tal der Bitternis wird.

Chapitre 26
Des différentes sortes de négociations, et des raisons qu'on peut appeler justes de faire la guerre

Nous avons vu, dans cet ouvrage, la fausseté des raisonnements par lesquels Machiavel a prétendu nous donner le change en nous présentant des scélérats sous le masque de grands hommes.

J'ai fait mes efforts pour arracher au crime le voile de la vertu dont Machiavel l'avait enveloppé, et pour désabuser le monde de l'erreur où sont bien des personnes sur la politique des princes. J'ai osé dire aux rois que leur véritable sagesse consistait à surpasser leurs sujets en vertu afin qu'ils ne se vissent point obligés de condamner en d'autres ce qu'ils autorisent en leur personne ; qu'il ne suffisait point d'actions brillantes pour établir leur réputation, mais d'actions qui tendent au bonheur du genre humain ; que la bonté est préférable à l'ambition, et que les princes qui rendent leurs peuples heureux sont les seuls qui peuvent se flatter que leur gloire passera sans altération de siècle en siècle, jusqu'à la postérité la plus reculée.

J'ajouterai à ceci deux considérations. L'une regarde les négociations et l'autre les sujets d'entreprendre la guerre qu'on peut, avec fondement, appeler justes.

Les ministres des princes aux cours étrangères sont des espions privilégiés qui veillent sur la conduite des souverains chez lesquels ils sont envoyés. Ils doivent pénétrer leurs desseins, approfondir leurs démarches et prévoir leurs actions, afin d'en informer leurs maîtres à temps, et de les mettre en état de prévenir ce qui pourrait être contraire à leurs intérêts. L'objet principal de leur mission est de resserrer les liens d'amitié entre les souverains, mais au lieu d'être les artisans de la paix, ils sont souvent les organes de la guerre. Ils emploient la flatterie, la ruse et la séduction pour arracher les secrets de l'État aux ministres ; ils gagnent les faibles par leur adresse, les orgueilleux par leurs paroles, et les intéressés par leurs présents, et comme leur amour-propre va de pair avec leur devoir, ils se dévouent entièrement au service de leur maître.

C'est contre les artifices de ces espions, et contre leur façon de corrompre, que les princes doivent prendre de justes mesures. Un gouvernement sage les observera exac-

26. Kapitel
Über verschiedene Arten der Verhandlungen und die Gründe zum Kriegführen, die man gerecht nennen kann[1]

Wir haben im vorliegenden Werk gesehen, mit welchen falschen Schlussfolgerungen Machiavelli uns hinters Licht zu führen versucht, wenn er uns Bösewichter unter der Maske großer Männer vorstellt.

Ich habe mich bemüht, dem Verbrechen den Schleier der Tugend zu entreißen, mit dem Machiavelli es verhüllt hatte, und der Welt die Augen zu öffnen über den Irrtum, dem recht viele Menschen hinsichtlich der Politik der Fürsten verfallen sind. Ich habe es gewagt, den Königen zu sagen, dass die wahre Klugheit der Fürsten darin besteht, ihre Untertanen an Tugend zu übertreffen, damit sie sich nicht genötigt sehen, an anderen das zu verurteilen, was sie sich selbst genehmigen.[2] Ich habe gesagt, dass zur Begründung ihres Rufs glänzende Taten nicht ausreichen, sondern Taten erforderlich sind, die zum Glück des Menschengeschlechts beitragen, dass die Güte dem Ehrgeiz vorzuziehen ist und dass die Fürsten, die ihre Völker glücklich machen, die einzigen sind, die darauf stolz sein können, dass ihr Ruhm unverändert die Jahrhunderte bis in die fernste Nachwelt überdauern wird.

Ich will noch zwei Betrachtungen hinzufügen. Die eine betrifft die Verhandlungen, die andere die Anlässe zum Kriegführen, die man mit gutem Grund gerecht nennen kann.

Die Gesandten der Fürsten an fremden Höfen sind privilegierte Spione, die das Verhalten der Herrscher, zu denen sie geschickt werden, beobachten. Sie sollen deren Pläne ergründen, deren Schritte erkunden und deren Taten voraussehen, um ihre Gebieter rechtzeitig zu informieren und sie in die Lage zu versetzen, dem zuvorzukommen, was deren Interessen zuwiderlaufen könnte. Die Hauptaufgabe bei ihrer Mission besteht darin, die Freundschaftsbande zwischen den Herrschern fester zu knüpfen; statt aber Friedensstifter zu sein, sind sie oft Werkzeuge des Krieges. Sie bedienen sich der Schmeichelei, der List und der Verführung, um den Ministern die Staatsgeheimnisse zu entlocken. Sie gewinnen die Schwachen dank ihrer Geschicklichkeit, die Stolzen durch Worte und die Eigennützigen durch Geschenke; und da ihre Eigenliebe und ihre Pflicht Hand in Hand gehen, dienen sie ihrem Herrn mit ganzer Hingebung.

Gegen die Kunstgriffe dieser Spione und ihre Bestechungsversuche müssen die Fürsten geeignete Maßnahmen ergreifen. Eine kluge Regierung wird sie genau beob-

tement, et sera si attentif à toutes leurs démarches qu'il fera avorter leurs dangereuses intrigues, et qu'il dérobera aux yeux de ces lynx les secrets que la sagesse défend de laisser transpirer.

Mais si leurs intrigues sont dangereuses à l'ordinaire, elles le sont infiniment plus lorsque le sujet de la négociation devient plus important. C'est alors que les princes ont lieu d'examiner à la rigueur la conduite de leurs ministres, afin d'approfondir si quelque pluie de Danaé n'aurait point amolli l'austérité de leur vertu. Dans ces temps de crise où l'on traite d'alliances, il faut que la prudence des souverains soit plus vigilante encore qu'à l'ordinaire. Il est nécessaire qu'ils dissèquent avec attention la nature des choses qu'ils doivent promettre pour qu'ils puissent remplir leurs engagements. Un traité envisagé sous toutes ses faces, déduit avec toutes ses conséquences, paraîtra bien différent que lorsqu'on se contente de le considérer en gros. Ce qui paraissait un avantage réel n'est souvent que l'effet de l'artifice des voisins, et ce qu'on prenait pour la base solide de l'union des peuples ne se trouve, lorsqu'on l'examine de près, qu'un misérable palliatif qui tend à la ruine de l'État. Il faut ajouter à ces précautions le soin de bien éclaircir les termes d'un traité, et le grammairien pointilleux doit toujours précéder le politique habile afin que cette distinction frauduleuse de la parole et de l'esprit du traité ne puisse point avoir lieu.

Auguste disait qu'il fallait compter cent, lorsqu'on s'emporte, pour que la colère ne fît pas commettre d'action dont on eût lieu de se repentir. Les théologiens, se fondant peut-être sur l'empire de la religion sur le tempérament, recommandent en pareil cas l'usage de l'oraison dominicale. En politique, on devrait faire un recueil de toutes les fautes que les princes ont faites par précipitation, pour l'usage de ceux qui veulent faire des traités ou des alliances. Le temps qu'il leur faudrait pour le lire (car je le suppose au moins de la grosseur de Calmet) leur donnerait celui de faire des réflexions qui ne sauraient que leur être salutaires.

Les négociations ne se font pas toutes par des ministres accrédités ; on envoie souvent des personnes sans caractère dans des lieux tiers, où ils font des propositions avec d'autant plus de liberté qu'ils commettent moins la personne de leur maître. Les préliminaires de la dernière paix entre l'Empereur et la France furent conclus de cette

achten und jeden ihrer Schritte so aufmerksam verfolgen, dass die gefährlichen Intrigen zum Scheitern gebracht werden können und die Geheimnisse, deren Offenbarung die Klugheit verbietet, vor den Augen dieser Luchse verborgen bleiben.

Sind ihre Intrigen üblicherweise schon gefährlich, so sind sie es unendlich mehr, je wichtiger der Gegenstand einer Verhandlung wird. Dann aber müssen die Fürsten mit aller Strenge das Verhalten ihrer Minister überprüfen lassen, um in Erfahrung zu bringen, ob etwa ein Danaerregen[1] ihre Tugendstrenge aufgeweicht hat. In krisenhaften Zeiten, in denen man über Bündnisse verhandelt, müssen kluge Fürsten noch wachsamer sein als gewöhnlich. Dann ist es unabdingbar, die Beschaffenheit der Dinge, die sie zu versprechen genötigt sind, aufmerksam zu erwägen, damit sie ihre Verpflichtungen erfüllen können. Wird ein Vertrag von allen Seiten betrachtet und hinsichtlich all seiner Folgen genau untersucht, erscheint er ganz anders, als wenn man sich damit begnügt, ihn nur allgemein zur Kenntnis zu nehmen. Was zunächst als ein wirklicher Vorteil erschien, ist oft nichts anderes als die Wirkung der Kunstgriffe der Nachbarn; und was man als solide Grundlage der Union zwischen Völkern betrachtete, erweist sich bei näherer Untersuchung nur als ein armseliger Notbehelf, der zum Untergang des Staates führen kann. Zu diesen Vorsichtsmaßnahmen muss noch die sorgfältige Klärung der Begriffe eines Vertrages hinzukommen, und dabei muss der auf Punkt und Komma achtende Grammatiker immer den Vortritt vor dem geschickten Politiker haben, damit es nicht dazu kommt, dass Wort und Geist des Vertrages sich auf betrügerische Weise widersprechen.

Augustus sagte, man müsse auf Hundert zählen, wenn man sich erregt, damit man nicht im Zorn etwas unternimmt, das man anschließend bereuen müsste. Die Theologen, die sich wahrscheinlich auf die Herrschaft der Religion über das Temperament berufen, empfehlen in einem solchen Fall, ein Vaterunser zu beten. Im Bereich der Politik sollte man zum Gebrauch derer, die Verträge abschließen oder Bündnisse eingehen wollen, eine Sammlung all der Fehler zusammenstellen, die die Fürsten aus Übereilung begangen haben. Die Zeit, die sie dann für die Lektüre benötigten (ich gehe davon aus, dass eine solche Auflistung mindestens so umfangreich werden könnte wie das Werk von Calmet[2]), käme ihnen für Überlegungen zugute, die für sie nur heilsam wären.

Die Verhandlungen werden nicht immer von dazu akkreditierten Gesandten geführt; oft schickt man Personen ohne ein besonderes Amt an dritte Orte, wo sie mit umso größerer Freiheit Vorschläge machen, weil sie die Person ihres Herrn weniger ins Spiel bringen. Die Präliminarien zum letzten Friedensvertrag zwischen dem Kaiser und Frankreich wurden auf diese Art, ohne dass das Reich und die Seemächte etwas

manière, à l'insu de l'Empire et des puissances maritimes. Cet accommodement se fit chez un comte* dont les terres sont au bord du Rhin.

Victor-Amédée, le prince le plus habile et le plus artificieux de son temps, savait mieux que personne l'art de dissimuler ses desseins. L'univers fut abusé plus d'une fois par la finesse de ses ruses, entre autres lorsque le maréchal de Catinat, dans le froc d'un moine, et sous prétexte de travailler au salut de cette âme royale, retira ce prince du parti de l'Empereur, et en fit un prosélyte à la France. Cette négociation entre le roi et le général fut conduite avec tant de dextérité que l'alliance de la France et de la Sardaigne qui s'ensuivit parut aux yeux de l'Europe comme un phénomène de politique inopiné et extraordinaire.

Ce n'est point pour justifier la conduite de Victor-Amédée que j'ai proposé son exemple aux rois. Ma plume épargne aussi peu la fourberie des souverains que l'iniquité des sujets. Je n'ai prétendu louer en sa conduite que l'habileté et la discrétion qui, lorsqu'on s'en sert pour une fin honnête, sont des qualités absolument requises dans un souverain.

C'est une règle générale qu'il faut choisir les esprits les plus transcendants pour les employer à des négociations difficiles, qu'il faut non seulement des sujets rusés pour l'intrigue, souples pour s'insinuer, mais qui aient encore le coup d'œil assez fin pour lire sur la physionomie des autres les secrets de leurs cœurs, afin que rien n'échappe à leur pénétration, et que tout se découvre par la force de leur raisonnement.

Il ne faut point abuser de la ruse et de la finesse. Il en est comme des épiceries dont l'usage trop fréquent dans les ragoûts émousse le goût, et leur fait à la fin perdre ce piquant qu'un palais qui s'y accoutume ne sent plus. La probité, au contraire, est pour tous les temps ; elle est semblable à ces aliments simples et naturels qui conviennent bien à tous les tempéraments, et qui rendent le corps robuste sans l'échauffer. Un prince dont la candeur sera réputée se conciliera infailliblement la confiance de l'Europe ; il sera heureux sans fourberie, et puissant par sa seule vertu.

La paix et le bonheur d'un État sont comme un centre où tous les chemins de la politique doivent se réunir, et ce doit être le but de toutes les négociations. La tranquillité de l'Europe se fonde principalement sur le maintien de ce sage équilibre, par

---

* Le comte de Neuwied.

davon wussten, vereinbart. Dieses Abkommen wurde bei einem Grafen* geschlossen, dessen Besitzungen am Rhein liegen.[1]

Viktor Amadeus, der geschickteste und hinterhältigste Fürst seiner Zeit, beherrschte besser als jeder andere die Kunst, seine Absichten zu verschleiern. Mehr als einmal täuschte er die Welt durch seine schlauen Listen, unter anderem als der Marschall von Catinat in einer Mönchskutte und unter dem Vorwand, sich um das Heil dieser königlichen Seele zu bemühen, diesen Fürsten von der Partei des Kaisers abbrachte und aus ihm einen Anhänger Frankreichs machte. Diese Verhandlung zwischen dem König und dem General wurde mit soviel Fingerspitzengefühl geführt, dass das Bündnis zwischen Frankreich und Sardinien, das dabei zustande kam, in den Augen Europas als ein außergewöhnliches und unerhörtes politisches Phänomen erschien.[2]

Nicht um das Verhalten von Viktor Amadeus zu rechtfertigen, habe ich sein Beispiel den Königen vorgestellt. Meine Feder erspart weder den Herrschern die Darstellung ihrer Betrügereien noch den Untertanen ihre Ungerechtigkeit. Ich habe an seinem Verhalten nur das Geschick und die Verschwiegenheit loben wollen, die, wenn man sich ihrer redlich bedient, bei einem Herrscher als unbedingt erforderliche Eigenschaften gelten.

So gilt als allgemeine Regel, dass man die überlegensten Köpfe auswählen muss, um sie dann mit schwierigen Verhandlungen zu betrauen, dass es nicht nur beim Intrigieren schlauer Untergebener bedarf, die biegsam genug sind, um sich einzuschmeicheln, sondern auch solcher, die einen so scharfsichtigen Blick besitzen, dass sie im Gesicht der Menschen die Geheimnisse ihres Herzens lesen können, damit ihrer Erforschung nichts entgeht und dank der Kraft ihrer Beurteilung alles ans Licht kommt.

List und Finesse darf man aber nicht missbrauchen. Sie gleichen den Gewürzen, deren zu häufiger Gebrauch bei den Ragouts den Geschmack abstumpft und ihnen am Ende jenen Reiz nimmt, den ein daran gewöhnter Gaumen gar nicht mehr empfindet. Redlichkeit hingegen ist jederzeit angemessen, sie gleicht den einfachen und natürlichen Nahrungsmitteln, die allen Temperamenten zusagen und den Körper kräftigen, ohne ihn in Aufregung zu versetzen. Ein Fürst, dessen Aufrichtigkeit bekannt ist, wird unfehlbar das Vertrauen Europas gewinnen; er wird ohne Betrügerei glücklich sein und mächtig allein durch seine Tugend.

Frieden und Glück eines Staates sind gleichsam ein Mittelpunkt, in dem alle Wege der Politik zusammenlaufen sollten, und das muss auch das Ziel sämtlicher Verhandlungen sein. Die Ruhe Europas gründet sich hauptsächlich auf die Aufrechterhaltung

---

* Graf von Neuwied.

lequel la force supérieure d'une monarchie est contrebalancée par la puissance réunie de quelques autres souverains. Si cet équilibre venait à manquer, il serait à craindre qu'il n'arrivât une révolution universelle, et qu'une nouvelle monarchie ne s'établisse sur les débris des princes que leur désunion rendraient faibles.

La politique des princes de l'Europe semble donc exiger d'eux qu'ils ne négligent jamais les alliances et les traités par lesquels ils peuvent égaliser les forces des conquérants d'ambition, et ils doivent se méfier de ceux qui veulent semer parmi eux la désunion et la zizanie. Qu'on se souvienne de ce consul qui, pour montrer à son armée combien l'union était nécessaire, prit un cheval par la queue et fit d'inutiles efforts pour la lui arracher, mais lorsqu'il prit crin par crin en les séparant, il en vint facilement à bout. Cette leçon est aussi propre pour les souverains de nos jours que pour les légionnaires romains : il n'y a que leur réunion qui puisse les rendre formidables, et maintenir en Europe la paix et la tranquillité.

L'éloignement que témoignèrent les successeurs d'Alexandre pour se réunir contre les Romains était semblable à l'aversion qu'ont quelques personnes pour la saignée, dont l'omission peut les faire tomber dans une fièvre chaude, ou leur causer un vomissement de sang, après quoi les remèdes ne sont guère plus applicables.

Une prédilection marquée pour une nation, une aversion pour une autre, des préjugés de femme, des querelles particulières, des minuties, ne doivent jamais entrer dans les conseils de ceux qui gouvernent des peuples entiers. Il faut qu'ils visent au grand, et qu'ils sacrifient sans peine la bagatelle au principal.

Ainsi, un esprit impartial et débarrassé de préjugés est aussi nécessaire en politique qu'en justice : en politique, pour suivre sans cesse la sagesse ; en justice, pour ne jamais contrevenir à l'équité.

Le monde serait bien heureux s'il n'y avait d'autres moyens que celui de la négociation pour maintenir la justice et pour rétablir la paix et la bonne harmonie entre les nations. L'on emploierait les arguments au lieu d'armes, et l'on s'entre-disputerait au lieu de s'entr'égorger. Une fâcheuse nécessité oblige les princes d'avoir recours à une voie beaucoup plus cruelle, plus funeste et plus odieuse. Il y a des occasions où il faut défendre par les armes la liberté des peuples qu'on veut opprimer par injustice, où il faut obtenir par la violence ce que l'iniquité des hommes refuse à la douceur, et que les souverains, nés arbitres de leurs démêlés, ne sauraient les vider qu'en mesurant

jenes weisen Gleichgewichts, das darin besteht, dass die überlegene Macht einer
Monarchie durch die vereinigten Kräfte anderer Herrscher ausgeglichen wird. Ginge
dieses Gleichgewicht verloren, müsste man befürchten, dass es zu einer allgemeinen
Umwälzung kommt und dass eine neue Monarchie auf den Trümmern der durch ihre
Uneinigkeit geschwächten Fürstentümer errichtet wird.[1]

Die Politik der europäischen Fürsten scheint also von ihnen zu fordern, zu keiner Zeit
die Bündnisse und Verträge, durch die sie die Kräfte ehrgeiziger Eroberer ausgleichen
können, außer Acht zu lassen. Sie müssen denen misstrauen, die den Samen der Uneinigkeit und der Zwietracht unter ihnen ausstreuen wollen. Man erinnere sich jenes
Konsuls, der, um seiner Armee zu zeigen, wie notwendig Einigkeit sei, den Schweif eines
Pferdes ergriff und unnötige Anstrengungen machte, um ihm diesen auszureißen; als er
aber Haar für Haar einzeln herausriss, kam er leicht ans Ziel. Diese Lektion gilt für die
Herrscher unserer Tage genauso wie für die römischen Legionäre: Allein ihre Vereinigung kann sie groß und mächtig machen und in Europa Frieden und Ruhe erhalten.

Die Abneigung der Nachfolger Alexanders, sich gegen die Römer zu verbünden,
glich dem Widerwillen mancher Leute gegen den Aderlass; dabei kann ein Versäumnis heftiges Fieber hervorrufen oder Blutspeien verursachen, so dass dann andere Heilmittel kaum noch verabreicht werden können.

Eine ausgeprägte Vorliebe für eine Nation, eine Abneigung gegen eine andere, oder
weibliche Vorurteile, private Streitereien, Belanglosigkeiten, all das darf bei der Beratung derer, die ganze Völker regieren, niemals eine Rolle spielen. Sie müssen das Große
und Ganze im Auge haben und Bagatellen ohne weiteres dem Grundsätzlichen opfern.

So ist in der Politik wie auch in der Rechtsprechung ein unparteiischer und vorurteilsfreier Geist unbedingt erforderlich: in der Politik, um unaufhaltsam dem Gebot
der Klugheit zu folgen, in der Rechtsprechung, um niemals gegen das Gebot der
Gerechtigkeit zu verstoßen.

Die Welt wäre sehr glücklich, wenn die Verhandlung das einzige Mittel wäre, um
Gerechtigkeit walten zu lassen und Frieden und Eintracht unter den Nationen wiederherzustellen. Man würde dann Argumente statt Waffen gebrauchen und miteinander
diskutieren, anstatt einander an die Gurgel zu gehen. Eine traurige Notwendigkeit
zwingt die Fürsten, einen Weg einzuschlagen, der viel grausamer, verhängnisvoller und
hassenswerter ist: Es gibt Fälle, da muss man die Freiheit der Völker, die man ungerechterweise zu unterdrücken trachtet, mit Waffen verteidigt werden und Umstände, unter
denen man sich mit Gewalt das verschaffen muss, was die menschliche Ungerechtigkeit der Sanftmut verweigert. Und so können die Herrscher als geborene Schiedsrichter der Streitigkeiten unter den Völkern nur schlichten, indem sie ihre Kräfte messen

leurs forces, et en commettant leur cause au sort des batailles. C'est en des cas pareils que ce paradoxe devient véritable, qu'une bonne guerre donne et affermit une bonne paix.

C'est le sujet d'une guerre qui la rend juste ou injuste. Les passions et l'ambition des princes leur offusquent souvent les yeux, et leur peignent avec des couleurs avantageuses les actions les plus violentes. La guerre est une ressource dans l'extrémité; ainsi, il ne faut s'en servir qu'avec précaution et dans des cas désespérés, et bien examiner si l'on y est porté par une illusion d'orgueil, ou par une raison solide et indispensable.

Lorsque les hostilités des ennemis obligent les souverains à prendre de justes mesures pour se maintenir contre leurs violences, ils se trouvent dans la nécessité de repousser l'injure par l'injure, la force de leurs bras s'oppose à la cupidité de leurs voisins, et la valeur des troupes garantit la tranquillité de leurs sujets. Les guerres qu'ils sont obligés d'entreprendre en pareil cas sont défensives, et ce sont peut-être les plus justes et les plus naturelles de toutes, car c'est s'opposer à l'usurpateur et au perturbateur du repos public que de prendre les armes pour défendre les peuples qui sont confiés à la garde des souverains, et les rois remplissent un de leurs principaux devoirs en protégeant leurs sujets contre leurs ennemis.

Comme il n'y a point de tribunaux supérieurs aux rois, et nul magistrat qui ait le pouvoir de juger leurs différends, ils sont obligés de maintenir eux-mêmes les droits et les prétentions que d'autres veulent leur contester, et de plaider les armes à la main pour que les combats décident de la validité de leurs raisons. C'est donc pour maintenir l'équité dans le monde et pour éviter l'esclavage que ces sortes de guerres se font, ce qui en rend l'usage sacré, et d'une utilité indispensable.

Il y a des guerres de précaution que les princes font sagement d'entreprendre. Elles sont offensives, à la vérité, mais elles n'en sont pas moins justes. Lorsque la grandeur excessive d'une puissance semble prête à se déborder et menace d'engloutir l'univers, il est de la prudence de lui opposer des digues, et d'arrêter le cours orageux d'un torrent lorsqu'on en est le maître. On voit des nuages qui s'assemblent, un orage qui se forme, les éclairs qui l'annoncent, et le souverain que ce danger menace, ne pouvant tout seul conjurer la tempête, se réunira, s'il est sage, avec tous ceux que le même péril

und ihre Sache dem Glück auf dem Schlachtfeld anheim stellen. In solchen Fällen bewahrheitet sich das Paradox: Ein guter Krieg schafft und festigt einen guten Frieden.

Ein Krieg wird durch seinen Anlass zu einer gerechten oder zu einer ungerechten Sache. Die Leidenschaften und der Ehrgeiz trüben den Fürsten oft den Blick und malen ihnen die gewalttätigsten Unternehmungen in den für sie vorteilhaftesten Farben. Der Krieg ist der letzte Ausweg in der Not; deshalb soll man sich seiner nur mit Vorsicht und in hoffnungslosen Fällen bedienen und genau prüfen, ob man durch eine Illusion seines Hochmuts oder durch einen soliden und unumgänglichen Grund dazu bewogen wird.

Sobald die Feindseligkeiten der Gegner die Herrscher nötigen, wohl begründete Gegenmaßnahmen zu ergreifen, um sich gegen die Gewalttätigkeiten zur Wehr zu setzen, müssen sie Beleidigungen mit Beleidigungen abwehren, muss die Stärke ihres Armes den Begehrlichkeiten ihrer Nachbarn entgegengesetzt werden und die Tapferkeit ihrer Truppen die Ruhe ihrer Untertanen gewährleisten. Die Kriege, die sie in einem solchen Fall zu führen genötigt sind, sind Verteidigungskriege, und es sind vielleicht die gerechtesten und die natürlichsten von allen, denn das bedeutet, sich einem Usurpator oder einem Störer der öffentlichen Ruhe zu widersetzen, zu den Waffen zu greifen, um die Völker, die dem Schutz der Herrscher anvertraut sind, zu verteidigen. Die Könige erfüllen eine ihrer wichtigsten Pflichten, indem sie ihre Untertanen vor ihren Feinden schützen.

Da es für die Könige keinen obersten Gerichtshof gibt und kein Richter die Macht besitzt, über ihre Streitigkeiten ein Urteil zu fällen, sind sie gezwungen, die Rechte und Ansprüche, die andere ihnen streitig machen wollen, selbst zu behaupten und mit der Waffe in der Hand einen Rechtsstreit zu führen, damit der Kampf über die Stichhaltigkeit ihrer Rechtsgründe entscheidet. Solche Kriege werden also geführt, um den Rechtszustand in der Welt zu erhalten und die Versklavung zu verhindern; das heiligt ihre Anwendung und macht sie unerlässlich.

Es gibt Kriege aus Vorsicht, die zu unternehmen ein kluger Schachzug der Fürsten ist; in Wahrheit sind es Angriffskriege, die aber nicht weniger gerecht sind. Wenn die übermäßige Größe einer Macht den Eindruck erweckt, alsbald über die Ufer zu treten, und die ganze Welt zu überschwemmen droht, gebietet es die Klugheit, ihr Dämme entgegenzusetzen und den stürmischen Lauf eines Stroms aufzuhalten, solange man seiner noch Herr ist. Man sieht, wie Wolken sich zusammenziehen, sieht, wie ein Gewitter entsteht und Blitze sich ankündigen. Der Herrscher, dem diese Gefahr droht und der dieses Unwetter ganz allein nicht abwenden kann, wird sich, wenn er klug ist, mit all jenen vereinigen, bei denen gleiche Gefahr gleiche Interessen weckt. Wenn die

met dans les mêmes intérêts. Si les rois d'Égypte, d'Assyrie et de Macédoine se fussent ligués contre la puissance romaine, jamais elle n'aurait pu bouleverser ces grands empires. Une alliance sagement projetée et une guerre vivement entreprise auraient fait avorter ces desseins ambitieux dont l'accomplissement enchaîna l'univers. Il est de la prudence de préférer les moindres maux aux plus grands, ainsi que de choisir le parti le plus sûr à l'exclusion de celui qui est incertain. Il vaut donc mieux qu'un prince s'engage dans une guerre offensive lorsqu'il est maître d'opter entre la branche d'olive et la branche de laurier, que s'il attendait à des temps désespérés où une déclaration de guerre ne pourrait retarder que de quelques moments son esclavage et sa ruine. C'est une maxime certaine qu'il vaut mieux prévenir que d'être prévenu. Les grands hommes s'en sont toujours bien trouvés en faisant usage de leur force avant que leurs ennemis aient pris des arrangements capables de leur lier les mains et de détruire leur pouvoir.

Beaucoup de princes ont été engagés dans les guerres de leurs alliés par des traités en conséquence desquels ils ont été obligés de leur fournir un nombre de troupes auxiliaires. Comme les souverains ne sauraient se passer d'alliances, puisqu'il n'y en a aucun qui puisse se soutenir par ses propres forces, ils s'engagent à se donner un secours mutuel en cas de besoin, et de s'assister réciproquement par un nombre de soldats déterminés, ce qui contribue à leur sûreté et à leur conservation. L'événement décide lequel des alliés retire les fruits de l'alliance : une heureuse occasion favorise une des parties en un temps, une conjoncture favorable seconde l'autre partie contractante dans un temps différent. L'honnêteté et la sagesse du monde exigent donc également des princes qu'ils observent religieusement la foi des traités, et qu'ils les accomplissent même avec scrupule, d'autant plus que, par les alliances, ils rendent leur protection plus efficace à leurs peuples.

Toutes les guerres, donc, qui n'auront pour but que de repousser les usurpateurs, de maintenir des droits légitimes, de garantir la liberté de l'univers, et d'éviter les oppressions et les violences des ambitieux, seront conformes à la justice et à l'équité. Les souverains qui en entreprennent de pareilles n'ont point à se reprocher le sang répandu : la nécessité les fait agir et, dans de pareilles circonstances, la guerre est un moindre malheur que la paix.

Ce sujet me conduit naturellement à parler des princes qui, par un infâme négoce, trafiquent du sang de leurs peuples. Leur cour est comme un encan où leurs troupes sont vendues à ceux qui offrent le plus de subsides. L'institution du soldat est pour la

Könige von Ägypten, Syrien und Mazedonien sich gegen die Macht der Römer verbunden hätten, wären diese nie imstande gewesen, jene großen Reiche umzustürzen. Ein klug verabredetes Bündnis und ein mit Nachdruck geführter Krieg hätten die ehrgeizigen Pläne der Römer zum Scheitern gebracht, deren Erfüllung dann die Welt in Ketten legte. Die Vorsicht gebietet es, die geringeren Übel den größeren vorzuziehen wie auch die sicherste Seite zu wählen und diejenige, die ungewiss ist, auszuschließen. Ein Fürst tut also besser daran, solange er noch in der Lage ist, zwischen dem Ölzweig und dem Lorbeerkranz zu wählen, einen Angriffskrieg zu unternehmen statt auf hoffnungslose Zeiten zu warten, in denen eine Kriegserklärung seine Versklavung und seinen Untergang nur um wenige Augenblicke hinausschieben könnte. Eine verlässliche Maxime besagt, es sei besser, zuvorzukommen als zuvorgekommen zu werden. Den großen Männern ist es immer besser ergangen, wenn sie ihre Kräfte gebrauchten, ehe ihre Feinde Vorkehrungen trafen, die ihnen die Hände gebunden und ihre Macht zerstört hätten.

Viele Fürsten sind in die Kriege ihrer Verbündeten durch Verträge verwickelt worden, durch die sie sich verpflichtet hatten, eine gewisse Zahl an Hilfstruppen zu stellen. Da die Herrscher nicht ohne Bündnisse auskommen können – denn kein einziger kann sich aus eigener Kraft halten –, versprechen sie, sich im Bedarfsfall gegenseitig zu helfen und sich untereinander mit einer bestimmten Anzahl von Soldaten zu unterstützen, was zu ihrer Sicherheit und Erhaltung beiträgt. Das jeweilige Geschehen entscheidet, welcher von den Bündnispartnern die Früchte der Allianz genießt: Ein glücklicher Umstand begünstigt zu einer Zeit den einen, zu einem anderen Zeitpunkt hilft eine günstige Gelegenheit dem anderen Bündnispartner. Redlichkeit und Weltklugheit erfordern also gleichermaßen von den Fürsten, dass sie die Verträge treu und heilig halten und sie sogar mit Sorgfalt erfüllen; und das umso mehr, als die Bündnisse sie in die Lage versetzen, ihren Völkern wirksameren Schutz zu bieten.

Alle Kriege also, die nur das Ziel verfolgen, Usurpatoren abzuwehren, legitime Rechte zu behaupten, die Freiheit in der Welt zu garantieren, Unterdrückungen und Gewalttätigkeiten der Ehrgeizigen zu verhindern, werden stets mit Gerechtigkeit und Billigkeit zu vereinbaren sein. Die Herrscher, die solche Kriege führen, müssen sich das Blutvergießen nicht zum Vorwurf machen: Sie handeln aus Notwendigkeit. Und in solchen Fällen ist der Krieg ein geringeres Übel als der Frieden.

Dieses Thema bringt mich naheliegender Weise darauf, von den Fürsten zu sprechen, die mit dem Blut ihrer Völker auf niederträchtige Weise Handel treiben.[1] Ihr Hof ist gleichsam ein Auktionshaus, wo ihre Truppen an die verkauft werden, die am meisten Subsidien bieten. Das Militär ist eine Einrichtung zur Verteidigung des Vater-

défense de la patrie, et la lâcheté de ces princes en détourne l'usage par un abus criminel, et s'en sert pour assouvir leur avarice ou pour fournir à leurs dissipations. Quelle inhumanité! Quelle tyrannie! Ils sacrifient pour leur intérêt des hommes qu'ils devraient conserver pour leur gloire. Est-ce ainsi que les princes doivent se jouer de l'humanité?

Je me suis expliqué suffisamment dans le chapitre vingt et un sur les guerres de religion. J'ajouterai simplement qu'on doit les éviter, ou du moins prudemment changer l'état de la question puisque, par là, on diminue le venin, l'acharnement et la cruauté qui ont toujours été inséparables des querelles de partis et des guerres qui ont eu la religion pour prétexte.

On ne saurait d'ailleurs assez blâmer ceux qui se servent trop légèrement des termes de justice et d'équité et qui, par une impiété sacrilège, font de l'Être suprême l'égide ou le bouclier de leur abominable ambition.

Les soldats sont comme le corps d'un État dont le souverain est l'âme. S'il fait un mauvais usage de la valeur de ses troupes, s'il prodigue leur vie, il est dans le cas d'un homme qui, faute de jugement et de sagesse, ruine, par des débauches, la vigueur et la force de son tempérament, et qui perd par ses dissolutions les avantages qu'il tenait des mains de la nature.

La guerre est si féconde en malheurs, l'issue en est si peu certaine, et les suites en sont si ruineuses pour un pays, que les princes ne sauraient assez réfléchir avant que de s'y engager. Les violences que les troupes commettent dans un pays ennemi ne sont rien en comparaison des malheurs qui rejaillissent directement sur les États des princes qui entrent en guerre. C'est un acte si grave, et de si grande importance de l'entreprendre, qu'il est étonnant que tant de rois en ont pris si facilement la résolution.

Je me persuade que, si les monarques voyaient un tableau vrai et fidèle des misères qu'attire sur les peuples une seule déclaration de guerre, ils n'y seraient point insensibles. Leur imagination n'est pas assez vive pour leur représenter au naturel des maux qu'ils n'ont point connus, et desquels leur condition les met à l'abri.

Comment sentiraient-ils ces impôts qui accablent les peuples? La privation de la jeunesse du pays que les recrues emportent? Ces maladies contagieuses qui désolent les armées? L'horreur des batailles, et de ces sièges plus meurtriers encore? La désolation des blessés que le fer ennemi a privé de quelques-uns de leurs membres, uniques instruments de leur industrie et de leur subsistance? La douleur de ces orphelins qui ont perdu, par la mort de leur père, l'unique soutien de leur faiblesse, le seul protec-

landes. Die Verkommenheit jener Fürsten führt zu einem verbrecherischen Missbrauch, sie benutzen die Soldaten, um ihre Habgier zu befriedigen oder um ihren verschwenderischen Aufwand zu bestreiten. Welch eine Unmenschlichkeit! Welch eine Tyrannei! Für ihren Eigennutz opfern sie Menschen, die sie erhalten sollten zu ihrem Ruhm. Dürfen die Fürsten auf diese Weise mit der Menschheit verfahren?

Über die Religionskriege habe ich mich im einundzwanzigsten Kapitel ausführlich genug geäußert. Ich möchte hier nur hinzufügen, dass man sie vermeiden oder dass man zumindest klug genug sein soll, die Fragestellung zu verändern; dann kann man nämlich das Gift, die Erbitterung und die Grausamkeit mildern, die mit Parteienstreit und Kriegen, denen die Religion als Vorwand diente, stets untrennbar verbunden waren.

Man wird im Übrigen niemals müde werden, all jene zu tadeln, die sich leichtfertig die Begriffe Gerechtigkeit und Billigkeit anmaßen und äußerst frevelhaft ihren schrecklichen Ehrgeiz unter die Schirmherrschaft des Höchsten Wesens stellen.

Die Soldaten sind gleichsam der Körper eines Staates, dessen Seele der Herrscher ist. Wenn er die Tapferkeit seiner Truppen missbraucht, wenn er ihr Leben verschleudert, befindet er sich in der Lage eines Menschen, dem es an Urteilskraft und Klugheit fehlt, der die Kraft und Stärke seines Temperaments durch Ausschweifungen zerrüttet und der durch seine Sittenlosigkeit die Vorteile verspielt, die ihm die Natur verlieh.

Krieg ist voller Unheil, sein Ausgang sehr ungewiss, seine Folgen sind für das Land so ruinös, dass die Fürsten nicht lange genug nachdenken können, bevor sie in einen Krieg eintreten. Die Gewalttätigkeiten, die von den Truppen in einem befeindeten Land begangen werden, sind nichts im Vergleich zum Unheil, das unmittelbar in den Staaten der Fürsten entsteht, die in einen Krieg eintreten. Krieg zu führen ist eine ernsthafte Angelegenheit von so großer Bedeutung, dass man sich wundert, wie viele Könige sich so leichtfertig dafür entschieden haben.

Ich bin überzeugt, erblickten die Monarchen ein wahres und getreues Bild des Elends, in das die Völker durch eine einzige Kriegserklärung gestürzt werden, sie blieben nicht ungerührt. Doch ihre Einbildungskraft ist nicht lebhaft genug, um ihnen die Leiden, die sie nie gekannt haben und vor denen ihr Stand sie schützt, wahrheitsgetreu zu vergegenwärtigen.

Wie sollten sie sich die Steuerlast vorstellen, die die Völker drückt? Wie die Aushebungen, die einem Land die Jugend wegnehmen? Wie die ansteckenden Krankheiten, welche die Armeen zugrunde richten? Den Schrecken der Schlachten und der Belagerungen, die noch mörderischer sind? Die Verzweiflung der Verwundeten, die das feindliche Schwert ihrer Gliedmaßen beraubte und damit der einzigen Werkzeuge

teur qui, au prix de mille dangers, gagnait de quoi suffire à leurs besoins? Et la perte de tant d'hommes utiles à l'État, que la mort moissonne avant le temps? Aucun tyran, quelque cruel qu'il n'ait été, n'a commis autant de cruautés de sang-froid que la guerre n'en attire inévitablement après soi, et les princes, qui ne sont dans le monde que pour rendre les hommes heureux, devraient bien y penser avant que de les exposer, pour des causes frivoles et vaines, à tout ce que l'humanité a de plus à redouter.

Les souverains qui regardent leurs sujets comme leurs esclaves les hasardent sans pitié, et les voient périr sans regret, mais les princes qui considèrent les hommes comme leurs égaux, et qui à quelques égards envisagent le peuple comme leurs maîtres, sont économes de leur sang, et avares de leur vie.

Je prie les souverains, en finissant cet ouvrage, de ne se point offenser de la liberté avec laquelle je leur parle. Mon but est de rendre un hommage sincère à la vérité, et de ne flatter personne. La bonne opinion que j'ai des princes qui règnent à présent dans le monde me les fait juger dignes d'entendre la vérité. C'est aux Néron, aux César Borgia, à des monstres dénaturés, à des tyrans affreux, qu'on n'oserait la dire, de crainte de choquer trop directement leur scélératesse et leurs crimes. Grâces au ciel, nous ne comptons point de monstres semblables parmi les princes de l'Europe, et c'est faire leur plus bel éloge que de dire qu'on ose hardiment blâmer devant eux tous les crimes et les vices qui dégradent la royauté, et qui sont contraires aux sentiments d'humanité et de justice.

Fin du *Prince* de Machiavel.
Frédéric. À Berlin ce 1er février 1740.

ihres Fleißes und ihres Unterhalts? Den Schmerz der Waisen, die durch den Tod ihres Vaters die einzige Stütze ihrer Schwachheit, ihren einzigen Beschützer verloren haben, der zum Preis von tausend Gefahren erarbeitete, was sie zum Leben benötigten? Den Verlust so vieler für den Staat nützlicher Menschen, die der Tod vor der Zeit hinwegrafft? Kein Tyrann, wie grausam er auch gewesen sein mag, hat je so viele Grausamkeiten kaltblütig begehen können, wie der Krieg sie unvermeidlich mit sich bringt. Die Fürsten, die nur auf der Welt sind, um die Menschen glücklich zu machen, sollten an all das denken, ehe sie sie aus nichtigen und eitlen Gründen all dem aussetzen, was die Menschheit am meisten zu fürchten hat.

Die Herrscher, die ihre Untertanen als ihre Sklaven betrachten, setzen sie ohne Erbarmen der Gefahr aus und sehen sie ohne Bedauern zugrunde gehen. Die Fürsten aber, die die Menschen wie ihresgleichen und das Volk in gewisser Hinsicht als ihren Herrn ansehen, gehen mit dem Blut ihrer Untertanen sparsam und mit ihrem Leben zurückhaltend um.

Zum Schluss dieses Werkes bitte ich die Herrscher, nicht an der Freiheit, mit der ich zu ihnen spreche, Anstoß zu nehmen. Meine Absicht ist es, der Wahrheit mit der gebotenen Ernsthaftigkeit die Ehre zu erweisen und niemandem zu schmeicheln. Ich habe von den Fürsten, die gegenwärtig in der Welt regieren, eine so hohe Meinung, dass ich sie für würdig halte, die Wahrheit zu hören. Man würde es nicht wagen, einem Nero, einem Cesare Borgia, denaturierten Ungeheuern, furchtbaren Tyrannen die Wahrheit zu sagen aus Furcht, unverzüglich ihre Frevelhaftigkeit und ihre Verbrechen auf den Plan zu rufen. Dem Himmel sei Dank, dass wir unter den Fürsten Europas solche Ungeheuer nicht mehr vorfinden. Und das schönste Lob, das man ihnen aussprechen kann, besteht darin, dass man es wagen darf, vor ihnen kühn die Verbrechen und die Laster zu tadeln, die die Königswürde herabsetzen und die den Gefühlen der Menschlichkeit und der Gerechtigkeit zuwiderlaufen.

Ende des *Fürsten* von Machiavelli.
Friedrich. Berlin, den 1. Februar 1740.

Dissertation sur les raisons d'établir ou d'abroger les lois

Abhandlung über die Gründe, Gesetze einzuführen oder abzuschaffen

Ceux qui veulent acquérir une connaissance exacte de la manière dont il faut établir ou abroger les lois ne la peuvent puiser que dans l'histoire. Nous y voyons que toutes les nations ont eu des lois particulières, que ces lois ont été établies successivement, et qu'il a fallu toujours beaucoup de temps aux hommes pour parvenir à quelque chose de raisonnable. Nous y voyons que les législateurs dont les lois ont subsisté le plus longtemps ont été ceux qui ont eu pour but le bonheur public, et qui ont le mieux connu le génie du peuple dont ils réglaient le gouvernement.

Ce sont ces considérations qui nous obligent d'entrer ici en quelques détails sur l'histoire même des lois, et sur la manière dont elles se sont établies dans les pays les plus policés.

Il paraît probable que les pères de famille ont été les premiers législateurs : le besoin d'établir l'ordre dans leurs maisons les obligea sans doute à faire des lois domestiques. Depuis ces premiers temps, et lorsque les hommes commencèrent à se rassembler dans des villes, les lois de ces juridictions particulières se trouvèrent insuffisantes pour une société plus nombreuse.

La malice du cœur humain, qui semble engourdie dans la solitude, se ranime dans le grand monde, et si le commerce des hommes, qui assortit les caractères les plus ressemblants, fournit des compagnons aux gens vertueux, il donne également des complices aux scélérats.

Les désordres s'accrurent dans les villes, de nouveaux vices prirent naissance, et les pères de famille, comme les plus intéressés à les réprimer, convinrent, pour leur sûreté, de s'opposer à ce débordement. On publia donc des lois, et l'on créa des magistrats pour les faire observer. Tant est grande la dépravation du cœur humain que, pour vivre en paix et heureux, on fut obligé de l'y contraindre par la puissance des lois.

Les premières lois ne parèrent qu'aux grands inconvénients : les civiles réglaient le culte des dieux, le partage des terres, les contrats de mariage et les successions ; les lois criminelles n'étaient rigoureuses que pour les crimes dont on redoutait le plus les

Wer genaue Kenntnis über die Art und Weise, wie Gesetze einzuführen oder abzuschaffen sind, erlangen will, kann sie nur aus der Geschichte beziehen. Sie zeigt uns, dass alle Nationen besondere Gesetze hatten, dass diese Gesetze nach und nach eingeführt wurden und dass die Menschen stets viel Zeit brauchten, um etwas Vernünftiges zu erreichen. Wir sehen dort auch, dass die Gesetzgeber, deren Gesetze am längsten in Kraft waren, diejenigen waren, die sich das allgemeine Glück zum Ziel gesetzt hatten und die den Geist des Volkes, dessen Regierung sie regelten, am besten kannten.[1]

Diese Betrachtungen nötigen uns, hier ein paar Einzelheiten über die Geschichte der Gesetze selbst und die Art und Weise ihrer Einführung in den zivilisiertesten Ländern zu erörtern.

Wahrscheinlich waren die Familienväter die ersten Gesetzgeber: Das Bedürfnis, Ordnung in ihren Häusern einzuführen, bewog sie ohne Zweifel, Hausgesetze zu machen. Nach diesen frühen Zeiten und als die Menschen anfingen, sich gemeinsam in Städten anzusiedeln, erwiesen sich die aus diesen privaten Rechtsprechungen hervorgegangenen Gesetze als für eine zahlreichere Gesellschaft unzulänglich.

Die Tücke des menschlichen Herzens, die in der Einsamkeit vor sich hinzuschlummern scheint, wird in der großen Welt wieder lebendig. Wenn der Umgang mit Menschen, der die Charaktere zusammenbringt, die sich am meisten ähneln, den Tugendhaften Gefährten vermittelt, so stellt er auch den Verbrechern Helfershelfer zur Seite.

Die Unordnung in den Städten nahm zu, neue Laster entstanden, und die Familienväter, die an ihrer Unterbindung am meisten interessiert waren, kamen um ihrer Sicherheit willen überein, dieser Zügellosigkeit entgegenzutreten. Man erließ also Gesetze und setzte Richter ein, um sie überwachen zu lassen. Die Verderbtheit des menschlichen Herzens ist so groß, dass man, um in Frieden und glücklich leben zu können, genötigt war, sie durch die Macht der Gesetze in die Schranken zu weisen.

Die ersten Gesetze wehrten nur die größten Unzuträglichkeiten ab: Die bürgerlichen Gesetze regelten den Dienst der Götter, die Aufteilung des Bodens, die Eheverträge und die Erbfolgen; die Strafgesetze waren nur gegenüber Verbrechen streng,

effets. Et ensuite, à mesure qu'il survenait des inconvénients inattendus, de nouveaux désordres donnaient naissance à de nouvelles lois.

De l'union des villes se formèrent des républiques et, par la pente que toutes les choses humaines ont à la vicissitude, leur gouvernement changea souvent de forme. Lassé de la démocratie, le peuple passait à l'aristocratie, à laquelle il substituait même le gouvernement monarchique, ce qui arrivait en deux manières : ou lorsque le peuple mettait sa confiance dans la vertu éminente d'un de ses citoyens, ou lorsque, par artifice, quelque ambitieux usurpait le souverain pouvoir. Il est peu d'États qui n'aient pas essayé de ces différents gouvernements, mais tous eurent des lois différentes.

Osiris est le premier législateur dont l'histoire profane fasse mention. Il était roi d'Égypte, et il y établit ses lois. Les souverains même y étaient soumis. Ces lois, qui réglaient le gouvernement du royaume, s'étendaient sur la conduite des particuliers.

Les rois n'acquéraient l'amour de leur peuple qu'autant qu'ils s'y conformaient. Osiris* institua trente juges, dont le chef portait au cou la figure de la vérité pendue à une chaîne d'or ; c'était obtenir gain de cause que d'être touché par cette figure.

Osiris régla le culte des dieux, le partage des terres, la distinction des conditions ; il ne voulut point qu'il y eût prise de corps contre le débiteur ; toute séduction de rhétorique était bannie des plaidoyers. Les Égyptiens engageaient les cadavres de leurs pères, ils les déposaient chez leurs créanciers pour nantissement, et c'était une infamie que de ne les pas dégager avant leur mort. Ce législateur crut que ce n'était pas assez de punir les hommes pendant leur vie : il établit un tribunal qui les jugeait après leur mort, afin que la flétrissure attachée à leur condamnation servît d'aiguillon pour animer les vivants à la vertu.

Après les lois des Égyptiens, celles des Crétois sont les plus anciennes. Minos fut leur législateur ; il se disait fils de Jupiter, et assurait avoir reçu ces lois de son père afin de les rendre plus respectables.

Lycurgue, roi de Lacédémone, fit usage des lois de Minos, auxquelles il en ajouta quelques-unes d'Osiris, qu'il recueillit lui-même dans un voyage qu'il fit en Égypte.

---

* Quelques auteurs y ajoutent Isis.

deren Wirkungen man am meisten fürchtete. In der Folge wurden dann in dem Maße, wie unerwartete Unzuträglichkeiten und neue Unordnungen entstanden, neue Gesetze geschaffen.

Aus der Vereinigung der Städte gingen Republiken hervor, und aufgrund der Neigung zum Wechsel, die allen menschlichen Dingen eigen ist, veränderte sich oft die Form ihrer Regierungen. Der Demokratie überdrüssig, ging das Volk zur Aristokratie über, die es sogar durch die monarchische Regierungsform ersetzte. Letzteres vollzog sich auf zweierlei Weise: entweder so, dass das Volk sein Vertrauen in die hervorragende Tugend eines seiner Mitbürger setzte, oder dass irgendein Ehrgeiziger mit List die Herrschermacht widerrechtlich an sich riss. Nur wenige Staaten haben diese verschiedenen Regierungsformen nicht ausprobiert; aber unterschiedliche Gesetze hatten sie alle.

Osiris[1] ist der erste Gesetzgeber, den die Weltgeschichte erwähnt. Er war König von Ägypten und führte dort seine Gesetze ein; sogar die Herrscher waren ihnen unterworfen; diese Gesetze, die die Verwaltung des Königreichs regelten, erstreckten sich auch auf das Verhalten der Einzelnen.

Die Könige gewannen die Liebe ihres Volkes nur dann, wenn sie sich nach den Gesetzen richteten.[2] Osiris* setzte dreißig Richter ein; ihr Oberhaupt trug an einer goldenen Halskette die Figur der Wahrheit. Wer von dieser Figur berührt wurde, der hatte seine Sache gewonnen.

Osiris regelte den Götterdienst, die Aufteilung des Bodens und die Unterscheidung der Stände; ferner wollte er auf keinen Fall, dass der Schuldner in Haft genommen werde; und aus den Gerichten wurde jede Verführungskunst der Rhetorik verbannt. Die Ägypter verpfändeten die Leichname ihrer Väter, deponierten sie als Pfand bei ihren Gläubigern, und es galt als ehrlos, sie nicht auszulösen, bevor man starb. Dieser Gesetzgeber meinte, es sei nicht genug, die Menschen bei Lebzeiten zu bestrafen; so setzte er ein Gericht ein, das sie noch nach ihrem Tod verurteilte, damit die Schande, die ihrer Verurteilung anhaftete, den Lebenden als Ansporn diente und sie zur Tugend anhielt.

Nach den Gesetzen der Ägypter sind die der Kreter die ältesten. Minos war ihr Gesetzgeber; er gab sich als Sohn Jupiters aus und behauptete, er habe die Gesetze von seinem Vater empfangen, um ihnen mehr Ansehen zu verschaffen.[3]

Lykurg, der König von Lakedaimon, benutzte die Gesetze des Minos, denen er einige von Osiris hinzufügte, die er auf einer Reise durch Ägypten selbst gesammelt

---

* Einige Schriftsteller erwähnen hier auch Isis.

Il bannit de sa république l'or, l'argent, toute sorte de monnaies, et les arts superflus. Il partagea également les terres entre les citoyens.

Ce législateur, qui avait intention de former des guerriers, ne voulut point qu'aucune espèce de passion pût énerver leur courage. Il permit pour cet effet la communauté des femmes entre les citoyens, ce qui peuplait l'État sans attacher trop les particuliers aux liens doux et tendres du mariage. Tous les enfants étaient élevés aux frais du public. Lorsque les parents pouvaient prouver que leurs enfants étaient nés malsains, il leur était permis de les tuer. Lycurgue pensait qu'un homme qui n'était pas en état de porter les armes ne méritait pas la vie.

Il régla que les ilotes, espèce d'esclaves, cultiveraient les terres, et que les Spartiates ne s'occuperaient qu'aux exercices qui les rendaient propres à la guerre.

La jeunesse des deux sexes luttait; ils faisaient leurs exercices tout nus, en place publique.

Leurs repas étaient réglés où, sans distinction des états, tous les citoyens mangeaient ensemble.

Il était défendu aux étrangers de s'arrêter à Sparte, afin que leurs mœurs ne corrompissent pas celles que Lycurgue avait introduites.

On ne punissait que les voleurs maladroits. Lycurgue avait intention de former une république militaire, et il y réussit.

Dracon* fut à la vérité le premier législateur des Athéniens, mais ses lois étaient si rigoureuses qu'on disait qu'elles étaient écrites plutôt avec du sang qu'avec de l'encre.

Nous avons vu comme les lois s'établirent en Égypte et à Sparte; voyons maintenant comme elles furent réformées à Athènes.

Les désordres qui régnèrent dans l'Attique, et les suites funestes qu'ils présageaient, firent qu'on eut recours à un sage qui pouvait seul réformer tant d'abus. Les pauvres, qui souffraient à cause de leurs dettes des vexations cruelles de la part des riches, songèrent à se choisir un chef qui les délivrât de la tyrannie des créanciers.

Dans ces dissensions, Solon fut nommé archonte et arbitre souverain, du consentement de tout le monde. Les riches, dit Plutarque, l'agréèrent volontiers comme riche, et les pauvres comme homme de bien.

Solon déchargea les débiteurs, il accorda aux citoyens la liberté de tester.

---

* Dracon infligeait punition de mort contre les plus petites fautes; il alla jusqu'à faire le procès aux choses inanimées: une statue, par exemple, qui, en tombant, avait blessé quelqu'un, était bannie de la ville.

hatte.¹ Er verbannte aus seiner Republik Gold und Silber, jede Art von Münzen und die überflüssigen Künste. Das Land teilte er gleichmäßig unter den Bürgern auf.

Dieser Gesetzgeber verfolgte die Absicht, Krieger heranzubilden und wollte nicht, dass irgendeine Art von Leidenschaft ihren Mut beeinträchtigte. Deshalb gestattete er Frauengemeinschaft unter den Bürgern; so wurde der Staat bevölkert, ohne dass die Einzelnen allzu sehr an die süßen und zärtlichen Bande der Ehe gefesselt waren. Alle Kinder wurden auf Staatskosten erzogen. Wenn die Eltern nachweisen konnten, dass ihre Kinder von Geburt an kränklich waren, durften sie sie töten. Lykurg dachte, ein Mensch, der nicht fähig sei, Waffen zu tragen, verdiene das Leben nicht.

Er ordnete an, dass die Heloten², eine Art Sklaven, die Felder bestellten und die Spartaner sich nur mit Übungen beschäftigten, die sie für den Krieg befähigten.

Die Jugend beiderlei Geschlechts kämpfte miteinander; ihre Übungen machten sie ganz nackt auf dem öffentlichen Platz.

Ihre Mahlzeiten waren geregelt und ohne Unterschied des Standes aßen alle Bürger gemeinsam.

Den Fremden war es verboten, sich in Sparta aufzuhalten, damit ihre Sitten nicht die von Lykurg eingeführten verderben konnten.

Man bestrafte nur die ungeschickten Diebe. Lykurg hatte die Absicht, eine militärische Republik zu gründen, und es gelang ihm.

Drakon* war in der Tat der erste Gesetzgeber der Athener; seine Gesetze aber waren so streng, dass man sagte, sie seien eher mit Blut als mit Tinte geschrieben.³

Wir haben gesehen, wie die Gesetze in Ägypten und in Sparta eingeführt wurden; jetzt wollen wir sehen, wie sie in Athen umgestaltet wurden.

Die Unordnungen, die in Attika herrschten, und die schlimmen Folgen, die sie erahnen ließen, bewirkten, dass man Zuflucht zu einem Weisen nahm, der als Einziger so viele Missbräuche beheben konnte. Die Armen, die aufgrund ihrer Schulden grausame Schikanen durch die Reichen erdulden mussten, sannen darauf, ein Oberhaupt zu wählen, das sie von der Tyrannei ihrer Gläubiger befreien würde.

Bei diesen Zwistigkeiten wurde Solon einstimmig zum Archonten und zum obersten Schiedsrichter ernannt. Die Reichen, sagt Plutarch, hießen ihn als einen reichen und die Armen als einen rechtschaffenen Mann gern willkommen.⁴

Solon entlastete die Schuldner und gewährte den Bürgern die Freiheit, Testamente zu machen.

---

* Drakon belegte die geringsten Vergehen mit der Todesstrafe; er machte sogar leblosen Dingen den Prozess: So wurde zum Beispiel eine Statue, die beim Herunterfallen jemanden verletzt hatte, aus der Stadt verbannt.

Il permit aux femmes qui avaient des maris impuissants d'en choisir d'autres parmi leurs parents.

Ces lois imposaient des châtiments à l'oisiveté ; elles absolvaient ceux qui tuaient un adultère ; elles défendaient de confier la tutelle des enfants à leurs plus proches héritiers.

Ceux qui avaient crevé l'œil à un borgne étaient condamnés à perdre les deux yeux ; les débauchés n'osaient point parler dans les assemblées du peuple.

Solon ne fit aucune loi contre le parricide : ce crime lui paraissait inouï, il pensait que c'eût été l'enseigner plutôt que le défendre.

Il voulut que ses lois fussent déposées dans l'aréopage. Ce conseil fondé par Cécrops qui, au commencement, avait été composé de trente juges, s'augmenta jusqu'à cinq cents. L'aréopage tenait ses séances de nuit ; les avocats y plaidaient les causes simplement ; il leur était défendu d'exciter les passions.

Les lois d'Athènes passèrent ensuite à Rome, mais comme les lois de cet empire devinrent celles de tous les peuples qu'il conquit, il sera nécessaire de nous étendre davantage sur leur sujet.

Romulus fut le fondateur et le premier législateur de Rome ; voici le peu qui nous reste des lois de ce prince.

Il voulait que les rois eussent une autorité souveraine dans les affaires de justice et de religion, qu'on n'ajoutât point foi aux fables qu'on rapporte des dieux, qu'on eût d'eux des sentiments saints et religieux, en n'attribuant rien de déshonnête à des natures bienheureuses. Plutarque ajoute que c'est une impiété de croire que la Divinité prenne plaisir aux attraits d'une beauté mortelle. Ce roi si peu superstitieux ordonna cependant qu'on n'entreprît rien sans avoir préalablement consulté les augures.

Romulus plaça les patriciens dans le sénat, les plébéiens dans les tribus, et il ne comptait pour rien les esclaves dans sa république.

Les maris avaient le droit de punir de mort leurs femmes lorsqu'elles étaient convaincues d'adultère ou d'ivrognerie.

La puissance des pères sur leurs enfants n'avait point de bornes ; il leur était permis de les faire mourir lorsqu'ils naissaient monstrueux. On punissait les parricides de mort. Un patron qui fraudait son client était en abomination ; une belle-fille qui bat-

Den Frauen, die mit einem impotenten Man verheiratet waren, erlaubte er, unter ihren Verwandten einen anderen zu wählen.

Diese Gesetze bestraften den Müßiggang und sprachen jene frei, die einen Ehebrecher töteten; sie verboten es, die Vormundschaft für Kinder deren nächsten Erben anzuvertrauen.

Wer einem Einäugigen das Auge ausgestochen hatte, wurde dazu verurteilt, beide Augen zu verlieren. Wüstlinge wagten es nicht, in den Versammlungen des Volkes zu reden.

Solon machte kein einziges Gesetz gegen den Vatermord: Dieses Verbrechen erschien ihm als etwas Unerhörtes; er dachte, es zu verbieten hieße vielmehr, es zu lehren.

Er wollte, dass man seine Gesetze im Areopag[1] niederlegte. Diese von Kekrops gegründete Ratsversammlung hatte anfangs aus dreißig Richtern bestanden und wuchs dann auf fünfhundert Mitglieder an. Der Areopag hielt seine Sitzungen nachts ab. Die Advokaten führten dort ihre Prozesse ganz schlicht; es war ihnen verboten, die Leidenschaften zu erregen.

Die Gesetze Athens kamen dann nach Rom; da aber die Gesetze dieses Imperiums zu Gesetzen für alle Völker wurden, die es besiegte, müssen wir uns unbedingt ausführlicher damit befassen.

Romulus war der Gründer und der erste Gesetzgeber Roms; das Wenige, das wir von den Gesetzen dieses Fürsten noch kennen, ist Folgendes:[2]

Er wollte, dass die Könige in Sachen der Rechtsprechung und der Religion eine unbeschränkte Autorität besitzen sollten, dass man den Fabeln, die von den Göttern erzählt werden, keinen Glauben schenke, dass man für sie aber heilige und religiöse Gefühle aufbringe und man diesen glückseligen Wesen nichts Würdeloses zuschreibe. Plutarch fügt hinzu, es sei eine Gotteslästerung zu glauben, die Gottheit finde Gefallen an den Reizen einer sterblichen Schönheit. Dieser so wenig abergläubische König verfügte jedoch, dass nichts unternommen werde, ohne vorher die Auguren[3] zu befragen.

Romulus berief die Patrizier in den Senat und die Plebejer in die Tribus[4]; die Sklaven zählten in seiner Republik nicht.

Die Ehemänner hatten das Recht, ihre Frauen mit dem Tode zu bestrafen, wenn ihnen Ehebruch oder Trunksucht nachgewiesen werden konnte.

Der Gewalt der Väter über ihre Kinder waren keine Grenzen gesetzt; es war ihnen erlaubt, sie zu töten, wenn sie missgestaltet geboren wurden. Vatermörder wurden mit dem Tode bestraft. Ein Patron, der seinen Clienten[5] betrog, wurde verabscheut, eine

tait son père était abandonnée à la vengeance des dieux pénates. Romulus voulut que les murailles des villes fussent sacrées, et il tua son frère Rémus pour avoir transgressé cette loi en sautant par-dessus les murs de la ville qu'il élevait.

Ce prince établit des asiles; il y en avait entre autres auprès de la roche tarpéienne.

À ces lois de Romulus, Numa en ajouta de nouvelles: comme ce prince était fort pieux, et que sa religion était épurée, il défendit que personne ne donnât aux dieux la figure humaine ou celle de quelque bête. De là vint que, les cent soixante premières années depuis la fondation de Rome, il n'y eut point d'images dans les temples.

Tullus Hostilius, afin d'exciter le peuple à la multiplication de l'espèce, voulut que, lorsqu'une femme accoucherait de trois enfants à la fois, ils fussent nourris aux dépens du public jusqu'à l'âge de puberté.

Nous remarquons parmi les lois de Tarquin qu'il obligea chaque citoyen de donner au roi le dénombrement de tous ses biens, au risque d'être puni s'il y manquait; qu'il régla les dons que chacun devait faire aux temples; et qu'entre autres il permit que les esclaves mis en liberté pussent être reçus dans les tribus de la ville. Les lois de ce prince furent favorables aux débiteurs.

Telles sont les principales lois que les Romains reçurent de leurs rois. Sextus Papirius les recueillit toutes, et elles prirent de lui le nom de code papirien.

La plupart de ces lois, faites pour un État monarchique, furent abolies par l'expulsion des rois.

Valérius Publicola, collègue de Brutus dans le consulat, un des instruments de la liberté dont Rome jouissait, ce consul si favorable au peuple, publia de nouvelles lois, propres au genre de gouvernement qu'il venait d'établir.

Ces lois permettaient d'appeler au peuple des jugements des magistrats, et défendaient, sous peine de mort, d'accepter des charges sans son aveu. Publicola diminua les tailles, et autorisa le meurtre des citoyens qui aspiraient à la tyrannie.

Ce ne fut qu'après lui que s'établirent les usures; les grands de Rome les portèrent jusqu'au denier huit. Si le débiteur ne pouvait acquitter sa dette, il était traîné en prison et réduit à l'esclavage, lui et toute sa famille. La dureté de cette loi parut insupportable aux plébéiens, qui en étaient souvent les victimes; ils murmurèrent contre les consuls, le sénat se montra inflexible, et le peuple, irrité de plus en plus, se retira

Schwiegertochter, die ihren Schwiegervater schlug, überließ man der Rache der Penaten.[1] Romulus wollte, dass die Mauern der Städte heilig gehalten wurden; und er tötete seinen Bruder, weil Remus dieses Gesetz übertreten hatte, indem er über die Mauern der Stadt sprang, die Romulus errichten ließ.

Dieser Fürst gründete Freistätten; es gab unter anderem eine in der Nähe des Tarpejischen Felsens.[2]

Diesen Gesetzen des Romulus fügte Numa neue hinzu.[3] Da dieser Fürst sehr fromm und seine Religion einfach und rein war, verbot er die Darstellung der Götter in Gestalt von Menschen oder Tieren, deshalb gab es in den ersten hundertsechzig Jahren nach der Gründung Roms keine Bilder in den Tempeln.

Um das Volk zur Vermehrung des Menschgeschlechts zu ermuntern, befahl Tullus Hostilius: Wenn eine Frau von drei Kindern zugleich entbunden würde, sollten diese bis zur Pubertät auf Staatskosten ernährt werden.[4]

Unter den Gesetzen des Tarquinius heben wir hervor, dass er jeden Bürger verpflichtete, dem König ein Verzeichnis all seiner Güter vorzulegen, und zwar unter Androhung von Strafe, wenn er es unterließ, ferner dass er die Opfergaben, die jeder den Tempeln darbringen sollte, regelte, und dass er es unter anderem erlaubte, die freigelassenen Sklaven in die Tribus der Stadt aufzunehmen. Die Gesetze dieses Fürsten begünstigten die Schuldner.

Das sind die wichtigsten Gesetze, die die Römer von ihren Königen erhielten. Sextus Papirius fügte sie alle zusammen, und nach ihm erhielten sie den Namen Codex Papirianus.[5]

Die meisten dieser Gesetze, die für einen monarchischen Staat gemacht waren, wurden mit der Vertreibung der Könige abgeschafft.

Valerius Publicola, ein Amtskollege des Brutus im Konsulat, eines der Werkzeuge der Freiheit, deren sich Rom erfreute, erließ als ein dem Volk so gewogener Konsul neue Gesetze, die der Regierungsform angepasst waren, die er zuvor eingeführt hatte.[6]

Diese Gesetze erlaubten es dem Volk, gegen die Urteile der Richter Berufung einzulegen, und verboten bei Todesstrafe, Ämter ohne seine Einwilligung anzunehmen. Publicola verminderte die Steuern und autorisierte die Ermordung von Bürgern, die nach Tyrannei strebten.

Erst nach ihm kam der Wucherzins auf; die Großen von Rom trieben ihn bis zu 12 1/2 Prozent.[7] Wenn der Schuldner seine Schulden nicht begleichen konnte, wurde er ins Gefängnis geworfen und versklavt, er und seine ganze Familie. Die Härte dieses Gesetzes erschien den Plebejern, die oft seine Opfer waren, unerträglich; sie begehrten gegen die Konsuln auf, der Senat blieb unerbittlich, und das immer stärker aufge-

au Mont Sacré. De là, il traita d'égal avec les sénateurs, et il ne rentra à Rome qu'à condition qu'on abolît ses dettes, et que l'on créât des magistrats qui, par la charge de tribuns, seraient autorisés à soutenir ses droits. Ces tribuns réduisirent l'usure au denier seize, et enfin elle fut tout à fait abolie pour un temps.

Les deux ordres qui composaient la république romaine formaient sans cesse des desseins ambitieux pour s'élever les uns aux dépens des autres; de là naquirent les défiances et les jalousies. Quelques séditieux qui flattaient le peuple outraient ses prétentions, et quelques jeunes sénateurs, nés avec des passions vives et avec beaucoup d'orgueil, rendaient les résolutions du sénat souvent trop sévères.

La loi agraire, sur le partage des terres conquises, divisa plus d'une fois la république. Il en fut question l'année deux cent soixante-sept de la fondation. Ces dissensions, auxquelles le sénat faisait diversion par quelques guerres, mais qui se réveillaient toujours, continuèrent jusqu'en l'année trois cent.

Rome reconnut enfin la nécessité d'avoir recours à des lois qui pussent satisfaire les deux partis. On envoya à Athènes Sp. Postumius Albus, A. Manlius et P. Sulpicius Camérinus, pour y compiler les lois de Solon. Ces ambassadeurs, à leur retour, furent mis au nombre des décemvirs. Ils rédigèrent ces lois, qui furent approuvées du sénat par un arrêt, et du peuple par un plébiscite. On les fit graver sur dix tables de cuivre, et l'année d'après on y en ajouta encore deux autres, ce qui forma un corps de lois, si connu sous le nom de celui des Douze Tables.

Ces lois limitaient la puissance paternelle; elles infligeaient des punitions aux tuteurs qui fraudaient leurs pupilles; elles permettaient de léguer son bien à qui l'on voudrait. Les triumvirs ordonnèrent, depuis, que les testateurs seraient obligés de laisser le quart de leur bien à leurs héritiers, et c'est l'origine de ce que nous appelons la légitime*.

Les enfants posthumes nés dix mois après la mort de leurs pères étaient déclarés légitimes; l'empereur Hadrien étendit ce privilège jusqu'au onzième mois.

Le divorce, jusqu'alors inconnu des Romains, n'eut force de loi que par celle des Douze Tables. Il y avait des peines infligées contre les injures d'effet, de paroles et par écrit.

---

* Il n'y avait que deux sortes d'héritiers *ab intestat*: les enfants et les parents masculins.

brachte Volk zog sich auf den Heiligen Berg zurück.¹ Dort verhandelte es gleichberechtigt mit den Senatoren und kehrte nur unter der Bedingung nach Rom zurück, dass seine Schulden getilgt und Richter eingesetzt werden, die als Tribunen autorisiert waren, seine Rechte zu vertreten. Diese Tribunen senkten dann den Zins auf 6 ½ Prozent und schufen ihn schließlich für eine gewisse Zeit ganz ab.

Die beiden Stände, die die römische Republik bildeten, entwarfen unaufhörlich ehrgeizige Pläne, um sich jeweils auf Kosten des anderen zu erheben; das führte zu Misstrauen und Eifersucht. Einige Aufrührer, die dem Volk schmeichelten, trieben seine Forderungen in die Höhe, und einige junge, leidenschaftliche Senatoren, von hitzigem Gemüt und großem Stolz, trugen dazu bei, dass die Beschlüsse des Senats oft zu streng ausfielen.

Die Lex agraria über die Aufteilung der eroberten Länder schuf in der Republik mehr als einmal Uneinigkeit. Im Jahr 267 nach der Gründung Roms war die Rede davon. Diese Zwistigkeiten, von denen der Senat durch einige Kriege abzulenken versuchte, die aber immer aufs Neue entbrannten, dauerten bis zum Jahr 300.

Rom erkannte schließlich die Notwendigkeit, auf Gesetze zurückzugreifen, die beide Parteien zufrieden stellen könnten. Man schickte Spurius Postumius Albus, Aulus Manlius und Publius Sulpicius Camerinus nach Athen, um dort die Gesetze Solons zu sammeln.² Diese Gesandten wurden nach ihrer Rückkehr unter die Dezemvirn³ aufgenommen. Sie verfassten diese Gesetze, die dann vom Senat durch einen Erlass und vom Volk durch ein Plebiszit bestätigt wurden. Man ließ sie in zehn Kupfertafeln eingravieren, und im Jahr darauf fügte man noch zwei weitere hinzu; so entstand die unter dem Namen Korpus der Zwölf Tafeln allgemein bekannte Gesetzessammlung.⁴

Diese Gesetze setzten der väterlichen Gewalt Grenzen; sie verhängten Strafen über Vormünder, die ihre Mündel betrogen; sie erlaubten, dass man sein Vermögen jedem Beliebigen vermachte.⁵ Später ordneten die Triumvirn an, dass die Erblasser verpflichtet sein sollten, den vierten Teil ihres Vermögens ihren Erben zu hinterlassen; das ist der Ursprung des sogenannten Pflichtteils.*

Kinder, die innerhalb von zehn Monaten nach dem Tod ihres Vaters zur Welt kamen, wurden zu ehelichen Kindern erklärt; Kaiser Hadrian dehnte dieses Privileg bis auf den elften Monat aus.

Die den Römern bis dahin unbekannte Ehescheidung wurde erst durch das Zwölftafelgesetz geregelt. Es gab Strafen, die für tätliche, wörtliche und schriftliche Beleidigungen verhängt wurden.

---

* Es gab nur zwei Arten von Intestaterben: die Kinder und die männlichen Verwandten.⁶

L'intention seule du parricide était punie de mort.

Les citoyens étaient autorisés à tuer les voleurs armés ou qui entraient de nuit dans leur maison.

Tout faux témoin devait être précipité de la roche tarpéienne. En matières criminelles, l'accusateur avait deux jours, dans lesquels il formait l'accusation qu'il signifiait, et l'accusé avait trois jours pour y répondre*. S'il se trouvait que l'accusateur eût calomnié l'accusé, il était puni des mêmes peines que méritait le crime dont il l'avait chargé.

Voilà en substance ce que contenaient les lois des Douze Tables, dont Tacite dit qu'elles furent la fin des bonnes lois. L'Égypte, la Grèce, et tout ce qu'elle connaissait de plus parfait, y avaient contribué. Ces lois, si équitables et si justes, ne resserraient la liberté des citoyens que dans les cas où l'abus qu'ils en pouvaient faire aurait nui au repos des familles et à la sûreté de la république.

L'autorité du sénat, sans cesse en opposition avec celle du peuple, l'ambition outrée des grands, les prétentions des plébéiens qui s'accroissaient chaque jour, et beaucoup d'autres raisons qui sont proprement du ressort de l'histoire, causèrent de nouveau des orages violents. Les Gracchus et les Saturninus publièrent quelques lois séditieuses. Pendant les troubles des guerres civiles, on vit un nombre d'ordonnances que les événements faisaient paraître et disparaître. Sylla abolit les anciennes lois, et en établit de nouvelles, que Lépidus détruisit. La corruption des mœurs, qui augmentait avec ces dissensions domestiques, donna lieu à la multiplication des lois à l'infini. Pompée, élu pour réformer ces lois, en publia quelques-unes, qui périrent avec lui. Pendant vingt-cinq ans de guerres civiles et de troubles, il n'y eut ni droit, ni coutume, ni justice, et tout demeura dans cette confusion jusqu'au règne d'Auguste qui, sous son sixième consulat, rétablit les anciennes lois, et annula toutes celles qui avaient pris naissance pendant les désordres de la république.

L'empereur Justinien remédia enfin à la confusion que la multiplicité des lois apportait à la jurisprudence, et il ordonna à son chancelier Tribonien de composer un corps de droit parfait. Celui-ci le réduisit en trois volumes, qui nous sont restés, savoir : le Digeste, qui contient les opinions des plus célèbres jurisconsultes, le Code, qui ren-

---

* L'accusé comparaissait en suppliant devant le magistrat, avec ses parents et ses clients.

Allein die Absicht, einen Vatermord zu begehen, wurde mit dem Tode bestraft.

Die Bürger waren befugt, bewaffnete oder nachts in ihr Haus eindringende Diebe zu töten.

Jeder, der falsches Zeugnis ablegte, sollte vom Tarpejischen Felsen hinabgestürzt werden. In Kriminalsachen hatte der Kläger zwei Tage Zeit, um die Anklage zu formulieren und sie dem Gericht vorzulegen; der Angeklagte hatte drei, um sich zu verteidigen.* Stellte sich heraus, dass der Kläger den Beklagten verleumdet hatte, so erhielt er dieselbe Strafe, die für das Verbrechen vorgesehen war, das er dem anderen vorgeworfen hatte.

Das ist im Wesentlichen der Inhalt des Zwölftafelgesetzes, von dem Tacitus sagt, sie seien das Ideal der guten Gesetze gewesen. Ägypten, Griechenland, und dieses mit all seinen Vollkommenheiten, hatten dazu beigetragen. Diese so gerechten und billigen Gesetze schränkten die Freiheit der Bürger nur in den Fällen ein, in denen ein Missbrauch in ihrer Anwendung der Ruhe der Familien und der Sicherheit der Republik geschadet hätte.

Die Macht des Senats, die der des Volkes unaufhörlich entgegenstand, der übertriebene Ehrgeiz der Großen, die täglich wachsenden Ansprüche der Plebejer und viele andere Ursachen, die eigentlich in den Bereich der Geschichte gehören, führten aufs Neue heftige Stürme herbei. Die Gracchen und Saturninus erließen einige aufrührerische Gesetze.[1] Während der Bürgerkriegswirren kam es zu einer Anzahl von Verordnungen, die mit den Ereignissen entstanden und wieder verschwanden. Sulla hob die alten Gesetze auf und führte neue ein, die Lepidus wieder abschaffte. Der Verfall der Sitten, der mit diesen inneren Uneinigkeiten zunahm, führte zur unendlichen Vermehrung der Gesetze. Pompejus, der gewählt wurde, um diese Gesetze zu reformieren, erließ einige, die mit ihm untergingen. Während der fünfundzwanzig Jahre lang andauernden Bürgerkriege und Unruhen gab es weder Recht noch Brauch noch Gerechtigkeit. In diesem Durcheinander verharrte alles bis zur Regierung von Augustus, der unter seinem sechsten Konsulat die alten Gesetze wieder in Kraft setzte und alle aufhob, die während der Unruhen in der Republik entstanden waren.[2]

Kaiser Justinian half schließlich der Verwirrung ab, die durch die Vervielfachung der Gesetze in der Rechtsprechung entstanden war; er befahl seinem Kanzler Tribonian, einen mustergültigen Corpus juris auszuarbeiten. Dieser beschränkte ihn auf drei Bände, die uns erhalten geblieben sind, das heißt: die Digesten, die die Meinungen der berühmtesten Rechtsgelehrten enthalten, der Kodex, der die Verordnungen

---

* Der Angeklagte erschien als Supplikant mit seinen Verwandten und seinen Clienten vor dem Richter.

ferme les constitutions des empereurs, et les Instituts, qui forment un abrégé du droit romain.

Ces lois se sont trouvées si admirables qu'après la destruction de l'empire, elles ont été embrassées par les peuples les plus policés, qui en ont fait la base de leur jurisprudence.

Les Romains avaient apporté leurs lois dans les pays de leurs conquêtes. Les Gaules les reçurent lorsque Jules César, qui les subjugua, en fit une province de l'empire.

Pendant le cinquième siècle, après le démembrement de la monarchie romaine, les peuples du Nord inondèrent une partie de l'Europe. Ces différentes nations barbares introduisirent chez leurs ennemis vaincus leurs lois et leurs coutumes; les Gaules furent envahies par les Visigoths, les Bourguignons et les Francs.

Clovis crut faire grâce à ses nouveaux sujets en leur laissant l'option des lois du vainqueur ou de celles du vaincu. Il publia la loi salique et, sous les règnes de ses successeurs, on créa souvent de nouvelles lois. Gondebaud, roi de Bourgogne, fit une ordonnance par laquelle il défère le duel à ceux qui ne voudront pas s'en tenir au serment.

Anciennement, les seigneurs avaient le droit de juger souverainement et sans appel.

Sous le règne de Louis le Gros s'établit la justice supérieure et royale en France. Nous voyons, depuis, que Charles IX avait intention de réformer la justice et d'abréger les procédures; c'est ce qui paraît par l'ordonnance de Moulins. Il est à remarquer que des lois si sages furent publiées dans des temps de troubles; mais, dit le président Hénault, le chancelier de L'Hôpital veillait pour le salut de la patrie. Ce fut enfin Louis XIV qui fit rédiger toutes les lois depuis Clovis jusqu'à lui dans un corps qu'on appela de son nom : le code Louis

Les Bretons, que les Romains subjuguèrent de même que les Gaulois, reçurent également les lois de leurs conquérants.

Avant d'être assujettis, ces peuples étaient gouvernés par des druides, dont les maximes avaient force de lois.

Les pères de famille, chez ces peuples, avaient droit de vie et de mort sur leurs femmes et leurs enfants; tout commerce étranger leur était défendu; ils égorgeaient les prisonniers de guerre, et en faisaient un sacrifice aux dieux.

Les Romains maintinrent leur puissance et leurs lois chez ces insulaires jusqu'à l'empire d'Honorius, qui rendit aux Anglais leur liberté, l'an quatre cent dix, par un acte solennel.

der Kaiser umfasst, und die Institutionen, die einen Abriss des römischen Rechts darstellen.¹

Diese Gesetze erwiesen sich als so vortrefflich, dass sie nach der Zerstörung des Römischen Reichs von den zivilisiertesten Völkern übernommen wurden, die sie dann zur Grundlage ihrer Rechtsprechung machten.

Die Römer hatten ihre Gesetze in die von ihnen eroberten Länder mitgebracht. Gallien erhielt sie, als Julius Caesar es unterwarf und zu einer römischen Provinz machte.²

Im fünften Jahrhundert, als die römische Monarchie zerfiel, überfluteten die Völker des Nordens einen Teil Europas. Diese verschiedenen barbarischen Nationen führten bei den von ihnen besiegten Feinden ihre Gesetze und Gebräuche ein. Gallien wurde von den Westgoten, den Burgundern und den Franken überfallen.

Chlodwig glaubte, seinen neuen Untertanen eine Gnade zu erweisen, indem er sie zwischen den Gesetzen des Siegers und des Besiegten wählen ließ. Er erließ das Salische Gesetz³, und unter der Herrschaft seiner Nachfolger wurden oft weitere Gesetze geschaffen. Gundebald, der König von Burgund, erließ eine Verfügung, mit der er diejenigen, die sich nicht an den Eid halten wollten, zum Zweikampf forderte.⁴

Ursprünglich hatten die Lehnsherren das Recht, souverän zu richten; gegen ihr Urteil gab es keine Berufung.

Unter der Regierung Ludwigs des Dicken wurde in Frankreich als höchste Gerichtsbarkeit die der Könige eingeführt.⁵ Später sehen wir dann, dass Karl IX. bestrebt war, die Rechtsprechung zu reformieren und die Verfahren abzukürzen, was aus der Verordnung von Moulins ersichtlich wird. Es ist bemerkenswert, dass in unruhigen Zeiten so weise Gesetze erlassen wurden; allerdings, sagt Präsident Hénault, wachte der Kanzler de L'Hôpital über das Wohl des Vaterlandes. Ludwig XIV. war es schließlich, der alle Gesetze seit Chlodwig bis in seine eigene Zeit in einem Korpus zusammenfassen ließ, den man nach ihm den Codex Ludovicianus nannte.⁶

Die Briten, die wie die Gallier von den Römern unterjocht wurden, erhielten ebenfalls die Gesetze ihrer Eroberer.⁷

Diese Völker wurden vor ihrer Unterwerfung von Druiden regiert, deren Maximen Gesetzeskraft hatten.

Die Familienväter hatten bei diesen Völkern das Recht über Leben und Tod ihrer Frauen und Kinder; aller Verkehr nach außen war ihnen verboten; die Kriegsgefangenen wurden ermordet und den Göttern geopfert.

Die Römer behaupteten ihre Macht und ihre Gesetze bei diesen Inselbewohnern bis zur Herrschaft des Honorius, der den Engländern im Jahre 410 in einem feierlichen Akt ihre Freiheit zurückgab.⁸

Les Pictes*, alliés avec les Écossais, les attaquèrent ensuite ; les Bretons, faiblement secourus des Romains, et toujours battus par leurs ennemis, eurent recours aux Saxons. Ceux-ci subjuguèrent toute l'île après une guerre de cent cinquante ans et, de leurs auxiliaires, ils devinrent leurs maîtres.

Les Anglo-Saxons introduisirent dans la Grande-Bretagne leurs lois, les mêmes qui se pratiquaient anciennement en Allemagne. Ils partagèrent l'Angleterre en sept royaumes, qui se gouvernaient séparément ; ils avaient tous des assemblées** générales, composées des grands, du peuple et de l'ordre des paysans. La forme de ce gouvernement, qui était ensemble monarchique, aristocratique et démocratique, s'est conservée jusqu'à nos jours ; l'autorité se trouve encore partagée entre le roi, la chambre des seigneurs et celle des communes.

Alfred le Grand donna à l'Angleterre les premières lois réduites en corps. Quoiqu'elles fussent douces, ce prince fut inexorable envers les magistrats convaincus de corruption : l'histoire remarque qu'en une seule année, il fit pendre quarante-quatre juges qui avaient prévariqué.

Selon le code d'Alfred le Grand, tout Anglais accusé de quelque crime devait être jugé par ses pairs, et la nation conserve encore ce privilège.

L'Angleterre prit une nouvelle forme par la conquête qu'en fit Guillaume, duc de Normandie***. Ce conquérant érigea de nouvelles cours souveraines, dont celle de l'Échiquier subsiste encore ; ces tribunaux suivaient la personne du Roi. Il sépara la juridiction ecclésiastique de la civile, et de ses lois, qu'il fit publier en langue normande, la plus sévère était l'interdiction de la chasse, sous peine de mutilation ou de mort même.

Depuis Guillaume le Conquérant, les rois ses successeurs firent différentes chartres.

Henri Ier, dit Beauclerc, permit aux héritiers nobles de prendre possession des successions qui leur retombaient, sans rien payer au souverain ; il permit même à la noblesse de se marier sans le consentement du prince.

---

*   Les Pictes, peuples venus du Mecklembourg.
** Ces assemblées s'appelaient wittenagemot, ou conseil des sages, dont le gouvernement prit le nom d'heptarchique.
*** Couronné à Londres en 1066.

Die mit den Schotten verbündeten Pikten* griffen dann die Briten an; diese, von den Römern nur schwach unterstützt und von ihren Feinden stets geschlagen, suchten die Unterstützung durch die Sachsen. Letztere unterwarfen nach einem Krieg, der hundertfünfzig Jahre andauerte, die ganze Insel, und so wurden diejenigen, die die Briten zu Hilfe gerufen hatten, ihre Herren.

Die Angelsachsen führten in Großbritannien ihre Gesetze ein, es waren die gleichen, die vormals in Deutschland angewandt wurden. Sie teilten England in sieben getrennt regierte Königreiche ein; alle hatten ihre allgemeinen Versammlungen**, die sich aus Vertretern der Großen, des Volkes und des Bauernstandes zusammensetzten. Diese Regierungsform, die gleichzeitig monarchisch, aristokratisch und demokratisch war, hat sich bis auf unsere Tage erhalten; die Staatsgewalt ist noch immer zwischen König, Oberhaus und Unterhaus geteilt.

Alfred der Große gab England die ersten, zu einem Corpus zusammengefassten Gesetze. So mild diese Gesetze auch waren, dieser Fürst war unerbittlich gegenüber den Richtern, denen Bestechung nachgewiesen wurde; die Geschichte vermerkt, dass er in einem einzigen Jahr vierundvierzig Richter erhängen ließ, die pflichtwidrig gehandelt hatten.

Nach dem Gesetzbuch Alfreds des Großen musste jeder Engländer, der wegen eines Verbrechens angeklagt war, von seinesgleichen abgeurteilt werden, und dieses Privileg hat die Nation bis heute bewahrt.[1]

England nahm eine neue Gestalt an, als Wilhelm, der Herzog der Normandie***, das Land eroberte. Dieser Eroberer richtete neue oberste Gerichtshöfe ein, von denen das Schatzkammergericht noch heute besteht; diese Gerichtshöfe folgten der Person des Königs.[2] Er trennte die geistliche Gerichtsbarkeit von der weltlichen, und das strengste unter seinen Gesetzen, die er in normannischer Sprache bekannt machen ließ, war das Verbot der Wilderei unter Androhung der Verstümmelung oder sogar der Todesstrafe.

Seit Wilhelm dem Eroberer erließen die ihm nachfolgenden Könige verschiedene Chartas.

Heinrich I., genannt Beauclerc, gestattete den adligen Erben, die Güter, die ihnen zufielen, in Besitz zu nehmen, ohne dem Landesherren Abgaben zu zahlen; er erlaubte dem Adel sogar, ohne die Zustimmung des Fürsten zu heiraten.[3]

---

* Die Pikten, aus Mecklenburg gekommene Völkerschaften.
** Diese Versammlungen hießen Witenagemot oder Rat der Weisen; ihre Herrschaft nannte man Heptarchie.[4]
*** Er wurde 1066 in London gekrönt.

Nous voyons encore que le roi Étienne donna une chartre par laquelle il reconnaît tenir son pouvoir du peuple et du clergé, qui confirme les prérogatives de l'Église, et abolit les lois rigoureuses de Guillaume le Conquérant.

Ensuite, Jean Sans-Terre accorda à ses sujets la chartre dite « la grande chartre » ; elle consiste en soixante-deux articles.

Les articles principaux règlent la façon de relever les fiefs, le partage des veuves, en défendant de les contraindre à convoler en secondes noces ; elle les oblige sous caution à ne se point remarier sans la permission de leur seigneur suzerain. Ces lois établissent les cours de justice dans des lieux stables ; elles défendent au Parlement de lever des impôts sans le consentement des communes, à moins que ce ne soit pour racheter la personne du Roi, ou afin de faire son fils chevalier, ou pour doter sa fille. Elles ordonnent de n'emprisonner, de ne déposséder, ni de ne faire mourir personne sans que ses pairs l'aient jugé selon les lois du royaume ; et, de plus, le Roi s'engage à ne vendre ni refuser la justice à personne.

Les lois de Westminster, qu'Édouard Ier publia, n'étaient qu'un renouvellement de la grande chartre, excepté qu'il défendit l'acquisition des terres aux gens de main-morte, et qu'il bannit les Juifs du royaume.

Quoique l'Angleterre ait beaucoup de sages lois, c'est peut-être le pays de l'Europe où elles sont le moins en vigueur. Rapin Thoyras remarque très bien que, par un vice du gouvernement, le pouvoir du roi se trouve sans cesse en opposition avec celui du Parlement ; qu'ils s'observent mutuellement, soit pour conserver leur autorité, soit pour l'étendre, ce qui distrait et le roi et les représentants de la nation du soin qu'ils devraient employer au maintien de la justice. Et ce gouvernement turbulent et orageux change sans cesse ses lois par acte de Parlement, selon que les conjonctures et les événements l'y obligent ; d'où il s'ensuit que l'Angleterre est dans le cas d'avoir plus besoin de réforme dans sa jurisprudence qu'aucun autre royaume.

Il ne nous reste qu'à dire deux mots de l'Allemagne. Nous reçûmes les lois romaines lorsque ces peuples conquirent la Germanie, et nous les conservâmes, parce que les empereurs, abandonnant l'Italie, transportèrent chez nous le siège de leur empire. Cependant il n'est aucun cercle, aucune principauté, quelque petite qu'elle soit, qui n'ait un droit coutumier différent, et ces droits, par la longueur du temps, se sont acquis force de lois.

Wir sehen auch, dass König Stephan eine Charta erließ[1], in der er erklärt, er habe seine Macht vom Volk und vom Klerus, und in der er die Vorrechte der Kirche bestätigt und die strengen Gesetze Wilhelms des Eroberers aufhebt.

Danach gab Johann ohne Land seinen Untertanen die sogenannte Magna Charta, die aus 62 Artikeln besteht.[2]

Die wichtigsten Artikel regeln die Wiederbelehnung und den Witwenteil, wobei verboten wird, die Witwen zu zwingen, eine neue Ehe einzugehen. Die Charta verpflichtet die Witwen gegen Bürgschaft, sich keinesfalls ohne die Erlaubnis ihres Lehnsherrn wieder zu verheiraten. Und diese Gesetze weisen den Gerichtshöfen ständige Sitze zu; sie verbieten dem Parlament, ohne die Zustimmung der Commons[3] Steuern zu erheben, es sei denn, um die Person des Königs freizukaufen, seinen Sohn zum Ritter zu schlagen oder seine Tochter mit einer Mitgift auszustatten. Sie verordnen ferner, dass niemand eingekerkert, seiner Güter beraubt oder hingerichtet werden darf, ohne dass er nach den Gesetzen des Königreiches von seinesgleichen verurteilt wurde; darüber hinaus verpflichtet sich der König, niemandem die Rechtssprechung zu verkaufen oder zu verweigern.

Die Gesetze von Westminster, die Eduard I. erließ[4], waren nur eine Erneuerung der Magna Charta, außer dass er den Personen der Toten Hand[5] den Erwerb von Ländereien verbot und die Juden aus dem Königreich vertrieb.

Obwohl England viele weise Gesetze hat, ist es vielleicht in Europa das Land, wo sie am wenigsten befolgt werden. Wie Rapin Thoyras sehr richtig anmerkt, befindet sich die Macht des Königs aufgrund eines Fehlers in der Regierungsform immer wieder im Gegensatz zur Macht des Parlamentes; beide beobachten sich wechselseitig, sei es, um ihre Autorität zu erhalten, sei es, um sie zu erweitern, was den König und die Repräsentanten der Nation davon abhält, angemessen für die Ausübung der Rechtspflege zu sorgen. Auch merkt er an, dass diese unruhige und ungestüme Regierung unaufhörlich ihre Gesetze durch Parlamentsakte ändert, gerade so, wie die Umstände und Ereignisse es erfordern; daraus folgt, dass England mehr als irgendein anderes Königreich eine Reform seines Justizwesens nötig hat.

Es bleibt uns nur noch, zwei Worte über Deutschland zu sagen. Wir erhielten die römischen Gesetze, als die Römer Germanien eroberten, und behielten sie bei, weil die Kaiser Italien verließen und den Sitz ihres Reiches zu uns verlegten. Es gibt jedoch keinen Reichskreis, kein noch so kleines Fürstentum, das nicht ein jeweils anderes Gewohnheitsrecht hätte; und diese Rechte haben im Lauf der Zeit Gesetzeskraft erlangt.

Après avoir exposé la manière dont les lois se sont établies chez la plupart des peuples policés, nous remarquerons que, dans tous les pays où elles ont été introduites du consentement des citoyens, ce fut le besoin qui les y fit recevoir et que, dans les pays subjugués, c'étaient les lois des conquérants qui devenaient celles des conquis, mais qu'également partout elles ont été augmentées successivement. Si l'on est étonné de voir au premier coup d'œil que les peuples puissent être gouvernés par tant de lois différentes, on peut revenir de sa surprise en observant que, pour l'essentiel des lois, elles se trouvent à peu près les mêmes; j'entends celles qui, pour le maintien de la société, punissent les crimes.

Nous observons encore, en examinant la conduite des plus sages législateurs, que les lois doivent être adaptées au genre du gouvernement et au génie de la nation qui les doit recevoir, que les meilleurs législateurs ont eu pour but la félicité publique, et qu'en général toutes les lois qui sont les plus conformes à l'équité naturelle, à quelques exceptions près, sont les meilleures.

Comme Lycurgue trouva un peuple ambitieux, il lui donna des lois plus propres à faire des guerriers que des citoyens; et s'il bannit l'or de sa république, c'était parce que l'intérêt est, de tous les vices, celui qui est le plus opposé à la gloire.

Solon disait de lui-même qu'il n'avait pas donné aux Athéniens les lois les plus parfaites, mais les meilleures qu'ils fussent capables de recevoir. Ce législateur considéra non seulement le génie de ce peuple, mais aussi la situation d'Athènes, qui était aux bords de la mer. Par cette raison, il infligea des peines pour l'oisiveté, il encouragea l'industrie, et il ne défendit point l'or et l'argent, prévoyant que sa république ne pouvait devenir grande ni puissante que par un commerce florissant.

Il faut bien que les lois s'accordent avec les génies des nations, ou il ne faut point espérer qu'elles subsistent. Le peuple romain voulait la démocratie; tout ce qui pouvait altérer cette forme de gouvernement lui était odieux. De là vint qu'il y eut tant de séditions pour faire passer la loi agraire, le peuple se flattant que, par le partage des terres, il rétablirait une sorte d'égalité dans les fortunes des citoyens; de là vint qu'il y eut de fréquentes émeutes pour l'abolition des dettes, parce que les créanciers, qui étaient les grands, traitaient leurs débiteurs, qui étaient les plébéiens, avec inhumanité, et que rien ne rend plus odieuse la différence des conditions que la tyrannie que les riches exercent impunément sur les misérables.

Nachdem wir dargestellt haben, wie die Gesetze bei den meisten zivilisierten Völkern erlassen worden sind, stellen wir fest, dass in allen Ländern, wo sie mit Zustimmung der Bürger eingeführt wurden, das Bedürfnis nach diesen Gesetzen bewirkt hat, dass sie aufgenommen wurden und dass in den eroberten Ländern die Sieger den Besiegten ihre Gesetze gaben, dass sie aber nach und nach überall auf die gleiche Weise vermehrt wurden. Stellt man auf den ersten Blick verwundert fest, dass die Völker nach so vielen unterschiedlichen Gesetzen regiert werden können, so legt sich die Verwunderung, wenn man bei genauer Betrachtung bemerkt, dass die Gesetze im Wesentlichen fast überall die gleichen sind; ich meine die, welche zur Aufrechterhaltung der Gesellschaft die Verbrechen bestrafen.

Wenn wir das Vorgehen der weisesten Gesetzgeber untersuchen, bemerken wir ferner, dass die Gesetze der Regierungsform und dem Geist der Nation[1], die sie annehmen soll, angepasst sein müssen, dass die besten Gesetzgeber das Gemeinwohl anstrebten, und dass im Allgemeinen die besten Gesetze, bis auf gewisse Ausnahmen, diejenigen sind, die mit der natürlichen Billigkeit am meisten übereinstimmen.

Da Lykurg es mit einem ehrgeizigen Volk zu tun hatte, gab er ihm Gesetze, die eher dafür geeignet waren, es zu Kriegern als zu Bürgern zu erziehen; und wenn er das Gold aus seiner Republik verbannte, dann geschah es, weil die Gewinnsucht unter allen Lastern dasjenige ist, das dem Streben nach Ruhm und Ehre am stärksten entgegensteht.

Solon sagte von sich selbst, er habe den Athenern nicht die vollkommensten, sondern die besten Gesetze gegeben, die sie annehmen konnten.[2] Dieser Gesetzgeber berücksichtigte nicht nur den Geist dieses Volkes, sondern auch die Lage Athens an der Meeresküste. Aus diesem Grunde bestrafte er den Müßiggang, förderte den Gewerbefleiß und verbot weder Gold noch Silber, weil er voraussah, dass seine Republik nur groß und mächtig werden konnte, wenn der Handel florierte.

Die Gesetze müssen mit dem Geist der Nationen auf jeden Fall übereinstimmen, oder man darf nicht einmal hoffen, dass sie Bestand haben. Das römische Volk wollte die Demokratie, und alles, was diese Regierungsform hätte verändern können, war ihm verhasst. Das führte dazu, dass es so viele Aufstände gab, um die Lex agraria durchzusetzen. Das Volk hegte nämlich die Hoffnung, durch die Verteilung der Ländereien würde wieder eine Art von Gleichheit im Wohlstand der Bürger hergestellt werden. Das wiederum führte dazu, dass es häufig Meutereien wegen der Schuldentilgung gab, denn die Gläubiger, die römischen Patrizier, behandelten ihre Schuldner, die Plebejer, unmenschlich. Nichts aber macht den Standesunterschied verhasster als die Tyrannei, die die Reichen ungestraft gegenüber denjenigen ausüben, die im Elend leben.

On trouve trois sortes de lois dans tous les pays, à savoir : celles qui tiennent à la politique, et qui établissent le gouvernement ; celles qui tiennent aux mœurs, et qui punissent les criminels ; et enfin les lois civiles, qui règlent les successions, les tutelles, les usures et les contrats. Les législateurs qui établissent des lois dans des monarchies sont ordinairement eux-mêmes souverains. Si leurs lois sont douces et équitables, elles se soutiennent d'elles-mêmes, tous les particuliers y trouvent leur avantage. Si elles sont dures et tyranniques, elles seront bientôt abolies, parce qu'il faut les maintenir par la violence, et que le tyran est seul contre tout un peuple qui n'a de désir que de les supprimer.

Dans plusieurs républiques où des particuliers ont été législateurs, leurs lois n'ont réussi qu'autant qu'elles ont pu établir un juste équilibre entre le pouvoir du gouvernement et la liberté des citoyens.

Il n'est que les lois qui regardent les mœurs sur lesquelles les législateurs conviennent, en général, du même principe, excepté qu'ils se sont plus roidis contre un crime que contre un autre, et cela, sans doute, pour avoir connu les vices auxquels la nation avait le plus de penchant.

Comme les lois sont des digues qu'on oppose au débordement des vices, il faut qu'elles se fassent respecter par la terreur des peines. Mais il n'en est pas moins vrai que les législateurs qui ont le moins aggravé les châtiments sont au moins les plus humains, s'ils ne sont pas les plus rigides.

Les lois civiles sont celles qui diffèrent le plus entre elles : ceux qui les ont établies ont trouvé certains usages introduits généralement avant eux, qu'ils n'ont osé abolir sans choquer les préjugés de la nation. Ils ont respecté la coutume, qui les fait regarder comme bonnes, et ils ont adopté ces usages, quoiqu'ils ne soient pas équitables, purement en faveur de leur antiquité.

Quiconque s'est donné la peine d'examiner les lois avec un esprit philosophique en aura sans doute trouvé beaucoup qui d'abord paraissent contraires à l'équité naturelle, et qui cependant ne le sont pas. Je me contente de citer le droit de primogéniture. Il paraît que rien n'est plus juste que de partager la succession paternelle en portions égales entre tous les enfants. Cependant, l'expérience prouve que les plus puissants héritages, subdivisés en beaucoup de parties, réduisent avec le temps des familles opulentes à l'indigence ; ce qui a fait que des pères ont mieux aimé déshériter leurs cadets que de préparer à leur maison une décadence certaine. Et par la même

Man findet in allen Ländern drei Arten von Gesetzen: zunächst solche, die die Politik bestimmen und die Regierungsform festlegen, ferner solche, die sich auf die Sitten beziehen und die Verbrecher bestrafen, und schließlich die bürgerlichen Gesetze, die die Erbschaften, Vormundschaften, Zinsen und Verträge regeln. Die Gesetzgeber, die in den Monarchien die Gesetze erlassen, sind gewöhnlich selber Herrscher. Sind ihre Gesetze mild und gerecht, halten sie von selbst, da jeder Einzelne seinen Vorteil dabei findet; sind sie hart und tyrannisch, werden sie bald abgeschafft, weil man sie mit Gewalt aufrechterhalten muss, und weil der Tyrann allein einem ganzen Volk gegenübersteht, das nichts anderes wünscht, als sie zu beseitigen.

In mehreren Republiken, in denen einzelne Bürger Gesetzgeber waren, hielten sich ihre Gesetze nur dann, wenn sie einen gerechten Ausgleich zwischen der Macht der Regierung und der Freiheit der Bürger erreichen konnten.

Nur bei den Gesetzen, die sich auf die Sitten beziehen, sind sich die Gesetzgeber im Allgemeinen über den gleichen Grundsatz einig, mit der Ausnahme, dass sie gegen das eine oder das andere Verbrechen mehr oder weniger streng vorgehen, und das kann ohne Zweifel nur dann der Fall sein, wenn sie die Laster, zu denen die Nation am meisten neigt, erkannt haben.

Da die Gesetze gleichsam Dämme sind, die man dem Überborden des Lasters entgegensetzt, muss man ihnen Achtung durch Furcht vor Strafen verschaffen. Aber es trifft auch zu, dass die Gesetzgeber, die die Strafen am wenigsten verschärft haben, zumindest die menschlichsten, wenn auch nicht die strengsten sind.

Am meisten unterscheiden sich die bürgerlichen Gesetze voneinander. Diejenigen, die sie erließen, fanden gewisse, im Allgemeinen bereits vor ihnen eingeführte Bräuche vor, die abzuschaffen sie nicht wagten, um die Nation mit ihren Vorurteilen nicht zu verletzen. Sie hielten das Herkömmliche in Ehren, demzufolge man die Bräuche für gut befand, und übernahmen sie, obwohl sie unbillig waren, lediglich aufgrund ihres Alters.

Wer sich die Mühe gemacht hat, die Gesetze von einem philosophischen Standpunkt aus zu betrachten, wird zweifellos viele gefunden haben, die der natürlichen Billigkeit auf den ersten Blick zu widersprechen scheinen, obwohl es eigentlich nicht der Fall ist. Ich begnüge mich mit einem Beispiel: dem Recht der Erstgeburt. Nichts scheint gerechter zu sein, als die Hinterlassenschaft des Vaters gleichmäßig unter allen Kindern zu verteilen. Die Erfahrung zeigt jedoch, dass sogar die größten Erbschaften, wenn diese in viele Teile zerfallen, die reichsten Familien mit der Zeit in die Armut treiben. Das hat dazu geführt, dass Väter lieber ihre jüngeren Söhne enterbten, als ihren Familien den sicheren Untergang zu bereiten. Und aus demselben

raison, des lois qui paraissent gênantes et dures à quelques particuliers n'en sont pas moins sages, dès qu'elles tendent à l'avantage de la société entière. C'est un tout auquel un législateur éclairé sacrifiera constamment les parties.

Les lois qui regardent les débiteurs sont sans contredit celles qui exigent le plus de circonspection et de prudence de la part de ceux qui les publient. Si ces lois favorisent les créanciers, la condition des débiteurs devient trop dure; un malheureux hasard peut ruiner à jamais leur fortune. Si, au contraire, cette loi leur est avantageuse, elle altère la confiance publique, en infirmant des contrats qui sont fondés sur la bonne foi.

Ce juste milieu qui, en maintenant la validité des contrats, n'opprime pas les débiteurs insolvables, me paraît la pierre philosophale de la jurisprudence.

Nous ne nous étendrons pas davantage sur cet article: la nature de cet ouvrage ne nous permet point d'entrer dans un plus grand détail; nous nous bornons aux réflexions générales.

Un corps de lois parfaites serait le chef-d'œuvre de l'esprit humain dans ce qui regarde la politique du gouvernement. On y remarquerait une unité de dessein et des règles si exactes et si proportionnées qu'un État conduit par ces lois ressemblerait à une montre dont tous les ressorts ont été faits pour un même but. On y trouverait une connaissance profonde du cœur humain et du génie de la nation. Les châtiments seraient tempérés, de sorte qu'en maintenant les bonnes mœurs, ils ne seraient ni légers ni rigoureux. Des ordonnances claires et précises ne donneraient jamais lieu au litige; elles consisteraient dans un choix exquis de tout ce que les lois civiles ont eu de meilleur, et dans une application ingénieuse et simple de ces lois aux usages de la nation. Tout serait prévu, tout serait combiné, et rien ne serait sujet à des inconvénients. Mais les choses parfaites ne sont pas du ressort de l'humanité.

Les peuples auraient lieu d'être satisfaits si les législateurs se mettaient à leur égard dans les mêmes dispositions d'esprit où étaient ces pères de famille qui donnèrent les premières lois: ils aimaient leurs enfants, les maximes qu'ils leur prescrivaient n'avaient d'objet que le bonheur de leur famille.

Peu de lois sages rendent un peuple heureux; beaucoup de lois embarrassent la jurisprudence, par la raison qu'un bon médecin ne surcharge pas ses malades de remèdes. Le législateur habile ne surcharge pas le public de lois superflues; trop de

Grund sind Gesetze, die einigen Privatpersonen lästig und hart erscheinen, nicht weniger weise, sobald sie auf den Vorteil der ganzen Gesellschaft abzielen. Es handelt sich um ein Ganzes, dem ein aufgeklärter Gesetzgeber beharrlich die Teile opfern wird.

Die Schuldgesetzgebung erfordert unbestritten die meiste Behutsamkeit und Klugheit seitens der Gesetzgeber. Wenn diese Gesetze die Gläubiger begünstigen, wird die Lage der Schuldner zu hart; ein unglücklicher Zufall kann dann für immer ihr Schicksal besiegeln. Erweisen sich diese Gesetze hingegen für den Schuldner als vorteilhaft, so schaden sie dem Vertrauen der Öffentlichkeit und machen Verträge, die auf Redlichkeit beruhen, ungültig.

Das rechte Mittelmaß, das zwar die Gültigkeit der Verträge aufrechterhält, insolvente Schuldner aber nicht unter Druck setzt, scheint mir der Stein des Weisen in der Rechtssprechung zu sein.

Wir wollen uns über diesen Punkt nicht weiter äußern. Die Form dieser Abhandlung erlaubt es uns nicht, allzu sehr ins Detail zu gehen; wir beschränken uns auf allgemeine Betrachtungen.

Das Meisterwerk des menschlichen Geistes wäre im Bereich der Regierungskunst ein Korpus vollkommener Gesetze. Man müsste darin die Einheit des Plans und so genaue und aufeinander abgestimmte Regeln vorfinden, dass ein Staat, der nach diesen Gesetzen regiert würde, einem Uhrwerk gliche, in dem alle Triebfedern auf ein und dasselbe Ziel ausgerichtet sind. Man fände in ihm eine tiefe Kenntnis des menschlichen Herzens und des Geistes der Nation vor. Die Strafen wären maßvoll, und zwar so, dass sie die guten Sitten erhielten und dabei weder zu mild noch zu streng wären. Klare und genaue Anordnungen gäben niemals Anlass zu Streitfällen; sie bestünden in einer erlesenen Auswahl aus all dem, was die bürgerlichen Gesetze an Bestem aufzuweisen haben, sowie in einer klugen und einfachen Anwendung dieser Gesetze auf die Bräuche der Nation. Alles wäre vorausgesehen, alles aufeinander abgestimmt, und nichts würde zu Unzuträglichkeiten führen; doch das Vollkommene gehört nicht in die Sphäre der Menschheit.

Die Völker könnten schon zufrieden sein, wenn sich die Gesetzgeber ihnen gegenüber in die gleiche geistige Lage versetzten, in der sich jene Familienväter befanden, die die ersten Gesetze machten. Sie liebten ihre Kinder; und die Lehren, die sie ihnen erteilten, hatten als Ziel nur das Glück ihrer Familie.

Wenige weise Gesetze machen ein Volk glücklich; viele Gesetze verwirren die Rechtsprechung, und zwar aus demselben Grund, aus dem ein guter Arzt seine Kranken nicht mit Medikamenten überhäuft. Ein geschickter Gesetzgeber überlastet die

médecines se nuisent, et empêchent réciproquement leurs effets : trop de lois deviennent un dédale où les jurisconsultes et la justice s'égarent.

Chez les Romains, les lois se multiplièrent lorsque les révolutions étaient fréquentes. Tout ambitieux qui se voyait favorisé de la fortune se faisait législateur. Cette confusion dura, comme nous l'avons dit, jusqu'au temps d'Auguste, qui annula toutes ces ordonnances injustes, et remit les anciennes lois en vigueur.

En France, les lois devinrent plus nombreuses lorsque les Francs, en conquérant ce royaume, y introduisirent les leurs. Louis IX eut dessein de réunir toutes ces lois, et d'établir dans son empire, comme il le disait lui-même, une seule loi, un seul poids et une seule mesure.

Il est plusieurs lois auxquelles les hommes sont attachés, parce qu'ils sont, la plupart, des animaux de coutume. Quoiqu'on pût en substituer de meilleures à leur place, il serait peut-être dangereux d'y toucher ; la confusion que cette réforme mettrait dans la jurisprudence ferait peut-être plus de mal que les nouvelles lois ne produiraient de bien.

Cela n'empêche pas qu'il n'y ait des cas où la réforme semble absolument nécessaire : c'est lorsqu'il se trouve des lois contraires au bonheur public et à l'équité naturelle, lorsqu'elles sont énoncées en termes vagues et obscurs, et lors enfin qu'elles impliquent contradiction dans le sens ou dans les termes.

Entrons dans quelques éclaircissements sur cette matière.

Les lois d'Osiris sur le vol sont, par exemple, dans le cas de ces premières dont nous avons parlé : elles ordonnaient que ceux qui voudraient faire le métier de voleurs se fissent inscrire chez leur capitaine, et qu'on portât chez lui à l'instant tout ce qu'on déroberait. Ceux chez qui s'était fait le vol venaient chez le chef des voleurs revendiquer leurs biens, qu'on leur restituait, pourvu que le propriétaire donnât le quart de la valeur. Le législateur pensait que, par cet expédient, il fournissait aux citoyens un moyen de recouvrer ce qui leur appartenait, moyennant une légère redevance : c'était le moyen de faire des voleurs de tous les Égyptiens. Osiris n'y pensait pas sans doute en établissant cette loi, à moins qu'on ne veuille dire qu'il conniva au vol comme à un mal qu'il ne pouvait pas empêcher, de même que le gouvernement d'Amsterdam souffre les musicos, et celui de Rome les maisons de joie privilégiées.

Öffentlichkeit nicht mit überflüssigen Gesetzen. Zu viele Arzneien schaden einander und heben ihre Wirkung gegenseitig auf; zu viele Gesetze werden zu einem Labyrinth, in dem sich die Rechtsgelehrten und die Justiz verirren.

Bei den Römern vervielfältigten sich die Gesetze, wenn es zu häufigen Umstürzen kam. Jeder Ehrgeizige, der sich vom Glück begünstigt sah, machte sich zum Gesetzgeber. Dieses Durcheinander hielt, wie wir bereits gesagt haben, bis zur Zeit des Augustus an, der alle ungerechten Verordnungen aufhob und die alten Gesetze wieder in Kraft setzte.

In Frankreich wurden die Gesetze zahlreicher, als die Franken bei der Eroberung dieses Königreiches ihre Gesetze einführten. Ludwig IX. hatte die Absicht, alle diese Gesetze zusammenzufassen und in seinem Reich, wie er selbst sagte, ein Gesetz, ein Gewicht und ein Maß einzuführen.[1]

An manchen Gesetzen hängen die Menschen, weil sie Gewohnheitstiere sind, die meisten jedenfalls. Obwohl man bessere an ihre Stelle setzen könnte, wäre es vielleicht gefährlich, daran zu rühren. Die Verwirrung, die eine solche Reform in der Rechtsprechung hervorrufen würde, richtete vielleicht mehr Unheil an, als Gutes mit neuen Gesetzen bewirkt werden könnte.

Dennoch gibt es Fälle, wo eine Reform unbedingt notwendig erscheint: dann nämlich, wenn Gesetze dem allgemeinen Wohl und der natürlichen Billigkeit zuwiderlaufen, wenn sie in unklarer und unverständlicher Sprache abgefasst sind, und schließlich wenn sie in der Sache oder im Ausdruck Widersprüche enthalten.

Beginnen wir mit einigen Erläuterungen zu diesem Thema.

Die Gesetze des Osiris über den Diebstahl gehören beispielsweise zu den ersten der von uns erwähnten Kategorien[2]: Sie ordneten an, dass diejenigen, die das Handwerk eines Diebes ausüben wollten, sich bei ihrem Hauptmann einschreiben ließen und alles, was sie rauben würden, sofort bei ihm abliefern sollten. Diejenigen, die bestohlen worden waren, kamen dann zum Anführer der Diebesbande, um ihre Sachen zurückzufordern, die man ihnen auch zurückgab, wenn der Eigentümer ein Viertel des Wertes bezahlte. Der Gesetzgeber glaubte, durch diesen Notbehelf den Bürgern eine Möglichkeit zu eröffnen, das, was ihnen gehörte, gegen Bezahlung einer geringen Summe zurückzubekommen. Das war das beste Mittel, um aus allen Ägyptern Diebe zu machen. Daran dachte Osiris zweifellos nicht, als er dieses Gesetz erließ, es sei denn, man wollte sagen, er habe den Diebstahl stillschweigend als ein Übel angesehen, das er nicht verhindern konnte, so wie die Regierung von Amsterdam die Vergnügungslokale duldete und die von Rom die privilegierten Freudenhäuser.

Les bonnes mœurs et la sûreté publique demanderaient cependant qu'on abrogeât cette loi d'Osiris, si malheureusement on la trouvait établie.

Les Français ont pris le contre-pied des Égyptiens : ceux-là étaient trop doux, ceux-ci sont trop sévères. Les lois françaises sont d'une rigueur terrible : tous les voleurs domestiques sont punis de mort. Ils disent, pour se justifier, qu'en punissant sévèrement les coupeurs de bourses, ils détruisent la semence des brigands et des assassins.

L'équité naturelle veut qu'il y ait une proportion entre le crime et le châtiment : les vols compliqués méritent la mort ; ceux qui se commettent sans violence ont des côtés par lesquels on peut envisager avec compassion ceux qui en sont coupables.

Il y a l'infini entre le destin d'un riche et d'un misérable : l'un regorge de biens et nage dans le superflu ; l'autre, abandonné de la fortune, manque même du nécessaire. Qu'un malheureux dérobe, pour vivre, quelques pistoles, une montre d'or ou pareilles bagatelles à un homme que sa magnificence empêche de s'apercevoir de cette perte, faut-il que ce misérable soit dévoué à la mort ? L'humanité n'exige-t-elle pas qu'on adoucisse cette extrême rigueur ? Il paraît bien que les riches ont fait cette loi ; les pauvres ne seraient-ils pas en droit de dire : « Que n'a-t-on de la commisération de notre état déplorable ? Si vous étiez charitables, si vous étiez humains, vous nous secourriez dans nos misères, et nous ne vous volerions pas. Parlez : est-il juste que toutes les félicités de ce monde soient pour vous, et que toutes les infortunes nous accablent ? »

La jurisprudence prussienne a trouvé un tempérament entre le relâchement de celle d'Égypte et la sévérité de celle de France : les lois ne punissent point de mort le vol simple ; elles se contentent de condamner le coupable à certain temps de prison. Peut-être ferait-on mieux encore d'introduire la loi du talion qui s'observait chez les Juifs, par laquelle le voleur était obligé de restituer le double de ce qu'il avait dérobé, ou de se constituer l'esclave de celui dont il avait saisi le bien. Si l'on se contente de punir légèrement les petites fautes, on réserve les derniers supplices aux brigands, aux meurtriers, aux assassins, de sorte que la punition marche toujours de pair avec le crime.

Aucune loi ne révolte plus l'humanité que le droit de vie et de mort que les pères avaient sur leurs enfants à Sparte et à Rome. En Grèce, un père qui se trouvait trop

Die guten Sitten und die öffentliche Sicherheit würden es jedoch erfordern, dass man dieses Gesetz des Osiris abschaffte, sollte es unglücklicherweise irgendwo eingeführt worden sein.

Die Franzosen haben diesbezüglich das Gegenteil von dem getan, was die Ägypter taten: Waren diese zu milde, so sind jene zu streng. Die französischen Gesetze sind von furchtbarer Härte: Alle Hausdiebe werden mit dem Tode bestraft. Zur eigenen Rechtfertigung sagen sie, wenn man die Beutelschneider streng bestraft, rottet man Räuber und Mörder im Keim aus.[1]

Die natürliche Billigkeit verlangt ein rechtes Verhältnis zwischen dem Verbrechen und der Strafe: Schwere Diebstähle verdienen die Todesstrafe; Diebstähle, die ohne Anwendung von Gewalt begangen werden, weisen zuweilen Aspekte auf, die uns veranlassen können, Mitleid mit den Tätern zu haben.

Der Unterschied zwischen dem Schicksal eines Reichen und dem eines Elenden ist unendlich: Der eine strotzt von Gütern und schwimmt im Überfluss; der andere ist vom Glück verlassen und entbehrt sogar das Nötigste. Wenn ein Unglücklicher, um zu leben, einem Mann, der bei seinem Reichtum den Verlust gar nicht bemerkt, ein paar Goldstücke, eine goldene Uhr oder ähnliche Kleinigkeiten entwendet, muss dann dieser Elende dem Tode geweiht werden? Gebietet es nicht die Menschlichkeit, dass man diese äußerste Härte mildert? Offenbar waren es die Reichen, die dieses Gesetz gemacht haben. Wären die Armen nicht im Recht, wenn sie sagten: »Warum hat man kein Erbarmen mit unserem beklagenswerten Zustand? Wäret ihr barmherzig, wäret ihr menschlich, ihr würdet uns in unserem Elend helfen, und wir würden euch nicht bestehlen. Sagt selbst: Ist es gerecht, dass alles Glück dieser Welt für euch da ist und alles Unglück auf uns lastet?«

Die preußische Rechtsprechung hat einen Mittelweg zwischen der Nachsicht der ägyptischen und der Strenge der französischen gefunden: Die Gesetze bestrafen den einfachen Diebstahl nicht mit dem Tod; sie begnügen sich damit, den Schuldigen zu einer Gefängnisstrafe zu verurteilen. Vielleicht wäre es noch besser, das Vergeltungsrecht wieder einzuführen, das bei den Juden üblich war, und demzufolge der Dieb den doppelten Wert des Geraubten ersetzen oder sich bei dem, dessen Güter er gestohlen hatte, in Schuldhaft begeben musste.[2] Begnügt man sich damit, geringe Vergehen mit milden Strafen zu belegen, so bleibt die höchste Strafe für Räuber, Mörder und Totschläger; auf diese Weise stehen die Strafen immer im Verhältnis zum Verbrechen.

Gegen kein Gesetz empört sich die Menschlichkeit mehr als gegen das Recht, das die Väter in Sparta und Rom über Leben und Tod ihrer Kinder hatten. In Griechen-

pauvre pour fournir aux besoins d'une famille nombreuse faisait périr les enfants qui lui naissaient de trop ; à Sparte et à Rome, qu'un enfant vînt au monde mal conformé, cela autorisait suffisamment le père à lui ôter la vie. Nous sentons toute la barbarie de ces lois, à cause que ce ne sont pas les nôtres. Mais examinons un moment si nous n'en avons pas d'aussi injustes.

N'y a-t-il point quelque chose de bien dur dans la façon dont nous punissons les avortements ? À Dieu ne plaise que j'excuse l'action affreuse de ces Médées qui, cruelles à elles-mêmes et à la voix du sang, étouffent la race future, si j'ose m'exprimer ainsi, sans lui laisser le temps de voir le jour ! Mais que le lecteur se dépouille de tous les préjugés de la coutume, et qu'il daigne prêter quelque attention aux réflexions que je vais lui présenter.

Les lois n'attachent-elles pas un degré d'infamie aux couches clandestines ? Une fille née avec un tempérament trop tendre, trompée par les promesses d'un débauché, ne se trouve-t-elle pas, par les suites de sa crédulité, dans le cas d'opter entre la perte de son honneur ou celle du fruit malheureux qu'elle a conçu ? N'est-ce pas la faute des lois de la mettre dans une situation aussi violente ? Et la sévérité des juges ne prive-t-elle pas l'État de deux sujets à la fois, de l'avorton qui a péri, et de la mère, qui pourrait réparer abondamment cette perte par une propagation légitime ? On dit à cela qu'il y a des maisons d'enfants trouvés. Je sais qu'elles sauvent la vie à une infinité de bâtards ; mais ne vaudrait-il pas mieux trancher le mal par ses racines, et conserver tant de pauvres créatures qui périssent misérablement, en abolissant les flétrissures attachées aux suites d'un amour imprudent et volage ?

Mais rien de plus cruel que la question. Les Romains la donnaient à leurs esclaves, qu'ils regardaient comme une espèce de bétail domestique ; jamais aucun citoyen ne la recevait.

La question se donne en Allemagne aux malfaiteurs, après qu'ils sont convaincus, afin d'arracher de leur propre bouche l'aveu de leurs crimes. Elle se donne en France pour avérer le fait ou pour découvrir les complices. Autrefois, les Anglais avaient l'ordalie, ou l'épreuve par le feu* et par l'eau** ; ils ont à présent une espèce de question moins dure que l'ordinaire, mais qui revient à peu près à la même chose.

---

* L'ordalie par le feu : on mettait entre les mains de l'accusé un morceau de feu ardent ; s'il était assez heureux pour ne point se brûler, il était absous, sinon, on le punissait comme coupable.
** L'ordalie par l'eau : on liait le coupable et on le jetait dans l'eau ; s'il surnageait, il était absous.

land brachte ein Vater, der zu arm war, um für den Unterhalt einer kinderreichen Familie aufzukommen, die Überzahl seiner Kinder um; wenn in Sparta und in Rom ein Kind missgestaltet geboren wurde, war der Vater ohne weiteres berechtigt, ihm das Leben zu nehmen. Wir spüren die ganze Barbarei dieser Gesetze, weil sie den unseren fremd sind. Aber untersuchen wir noch einen Augenblick, ob es bei uns nicht ebenso ungerechte Gesetze gibt.

Liegt in der Art, wie wir Abtreibungen bestrafen, nicht etwas ausgesprochen Hartes? Gott verhüte, dass ich die schreckliche Tat jener Medeas[1] entschuldige, die, grausam gegen sich selbst und taub gegen die Stimme des Blutes, wenn ich mich so ausdrücken darf, das künftige Geschlecht auslöschen, noch ehe es das Licht der Welt erblicken durfte! Doch möge der Leser sich von allen hergebrachten Vorurteilen frei machen und den folgenden Überlegungen ein wenig Aufmerksamkeit schenken.

Schreiben die Gesetze jeder heimlichen Niederkunft nicht von vornherein eine gewisse Schande zu? Befindet sich ein Mädchen von allzu zärtlichem Temperament, das durch die Versprechen eines Wüstlings getäuscht wurde, infolge seiner Leichtgläubigkeit nicht in der Lage, sich zwischen dem Verlust seiner Ehre und dem seiner unseligen Leibesfrucht entscheiden zu müssen? Ist es nicht die Schuld der Gesetze, dass sie in eine so furchtbare Lage gerät? Und raubt nicht die Strenge der Richter dem Staat gleich zwei Untertanen: das umgebrachte Kind und die Mutter, die diesen Verlust durch legitime Nachkommenschaft reichlich wettmachen könnte? Hierauf erwidert man, es gäbe ja Findelhäuser. Ich weiß, sie retten einer Unzahl unehelicher Kinder das Leben; aber wäre es nicht besser, das Übel an der Wurzel zu fassen und so viele arme Geschöpfe, die im Elend umkommen, am Leben zu erhalten, indem man die Folgen einer unvorsichtigen und flatterhaften Liebe nicht länger als Schande betrachtet?[2]

Doch nichts ist grausamer als die Folter. Die Römer wendeten sie bei ihren Sklaven an, die sie als eine Art von Haustieren betrachteten, niemals aber bei einem Bürger.[3]

In Deutschland werden die bereits überführten Missetäter gefoltert, um ihrem eigenen Mund das Geständnis ihrer Verbrechen zu entreißen. In Frankreich geschieht es zur Feststellung einer Tat oder zur Entdeckung von Mittätern.[4] Die Engländer hatten in früheren Zeiten das Ordal[5] oder die Feuer-* und Wasserprobe**. Heutzutage haben

---

* Bei der Feuerprobe legte man dem Angeklagten ein Stück glühendes Eisen in die Hand; war er so glücklich, sich nicht zu verbrennen, wurde er freigesprochen, im anderen Fall als schuldig bestraft.
** Bei der Wasserprobe warf man den Angeklagten gebunden ins Wasser; schwamm er obenauf, wurde er freigesprochen.

Qu'on me le pardonne, si je me récrie contre la question. J'ose prendre le parti de l'humanité contre un usage honteux à des chrétiens et à des peuples policés et, j'ose ajouter, contre un usage aussi cruel qu'inutile.

Quintilien, le plus sage et le plus éloquent des rhéteurs, dit, en traitant de la question, que c'est une affaire de tempérament. Un scélérat vigoureux nie le fait; un innocent d'une complexion faible l'avoue. Un homme est accusé, il y a des indices, le juge est dans l'incertitude, il veut s'éclaircir, ce malheureux est mis à la question. S'il est innocent, quelle barbarie de lui faire souffrir le martyre! Si la force des tourments l'oblige à déposer contre lui-même, quelle inhumanité épouvantable que d'exposer aux plus violentes douleurs et de condamner à la mort un citoyen vertueux contre lequel il n'y a que des soupçons! Il vaudrait mieux pardonner à vingt coupables que de sacrifier un innocent. Si les lois se doivent établir pour le bien des peuples, faut-il qu'on en tolère de pareilles, qui mettent les juges dans le cas de commettre méthodiquement des actions criantes qui révoltent l'humanité?

Il y a huit ans que la question est abolie en Prusse. On est sûr de ne point confondre l'innocent et le coupable, et la justice ne s'en fait pas moins.

Examinons à présent les lois vagues et les procédures qui sont dans le cas d'être réformées.

Il avait une loi en Angleterre qui défendait la bigamie. Un homme fut accusé d'avoir cinq femmes, et comme la loi ne s'expliquait pas sur ce cas, et qu'on l'interprète littéralement, il fut mis hors de cour et de procès. Pour que cette loi fût claire, elle aurait dû porter: « Que quiconque prend plus d'une femme soit puni, etc. » Les lois vagues et littéralement interprétées en Angleterre ont donné lieu aux abus les plus ridicules*.

Des lois précises ne donnent point lieu à la chicane, elles doivent s'entendre selon le sens de la lettre. Lorsqu'elles sont vagues ou obscures, elles obligent de recourir à l'intention du législateur, et au lieu de juger des faits, on s'occupe à les définir.

---

* De Muralt: Un homme coupa le nez à son ennemi; on voulut le châtier d'avoir mutilé un citoyen, mais il soutint que ce qu'il avait coupé n'était point un membre, et le Parlement déclara par un arrêt qu'on regarderait le nez comme un membre.

sie eine Art von Folter, die weniger hart ist als die übliche, aber doch fast auf das Gleiche hinausläuft.

Man verzeihe mir, wenn ich mich laut und deutlich gegen die Folter ausspreche: Ich wage es, die Partei der Menschlichkeit gegen einen Brauch zu ergreifen, der für Christen und zivilisierte Völker eine Schande und, kühn füge ich hinzu, ebenso grausam wie nutzlos ist.

Quintilian, der weiseste und eloquenteste unter den Rhetoren, sagt von der Folter, es komme dabei auf die Veranlagung an.[1] Ein robuster Bösewicht leugnet die Tat; ein Unschuldiger, der schwächlich veranlagt ist, gesteht sie ein. Ein Mann wird angeklagt, es gibt Indizien, der Richter ist sich nicht sicher, er verlangt Klarheit, dann wird dieser Unglückliche gefoltert. Welche Barbarei, ihn ein solches Martyrium erleiden zu lassen, wenn er unschuldig ist! Zwingt ihn die Stärke der Qualen, gegen sich selbst auszusagen, wie entsetzlich ist dann die Unmenschlichkeit, einen tugendhaften Bürger auf bloßen Verdacht den heftigsten Schmerzen auszusetzen und ihn zum Tode zu verurteilen! Es wäre besser, zwanzig Schuldige zu begnadigen, als einen Unschuldigen zu opfern. Darf man, wenn die Gesetze zum Wohle der Völker erlassen werden sollen, solche Gesetze dulden, die die Richter in die Lage versetzen, systematisch Handlungen zu begehen, die zum Himmel schreien und die Menschheit empören?

In Preußen ist die Folter seit acht Jahren abgeschafft. Nun ist man sicher, dass man den Unschuldigen nicht mehr mit dem Schuldigen verwechselt. Und die Justiz geht um nichts weniger ihren Gang.[2]

Betrachten wir nun die ungenau formulierten Gesetze und die Gerichtsverfahren, die einer Reform bedürfen.

In England gab es ein Gesetz, das die Bigamie verbot: Ein Mann wurde angeklagt, er habe fünf Frauen; und da das Gesetz zu diesem Fall nichts Bestimmtes aussagte und man es buchstabengetreu auslegte, wurde das Verfahren eingestellt. Um klar und deutlich zu sein, hätte dieses Gesetz lauten müssen: »Wer mehr als eine Frau nimmt, soll bestraft werden, usw.« Die unklaren Gesetze in England und ihre buchstäbliche Auslegung haben zu den lächerlichsten Missbräuchen geführt.*

Genau formulierte Gesetze geben keine Gelegenheit zu Schikanen, sie müssen im wortwörtlichen Sinn verstanden werden. Sind sie indes ungenau oder dunkel, zwingen sie dazu, die Absicht des Gesetzgebers zu erfragen, und statt Tatsachen zu beurteilen, beschäftigt man sich damit, Gesetze zu erklären.

---

* So berichtet Muralt: Jemand schnitt seinem Feind die Nase ab; man wollte ihn dafür bestrafen, dass er einen Bürger verstümmelt hatte; er behauptete aber, was er abgeschnitten habe, sei kein Glied; nun setzte das Parlament fest, die Nase sei künftig als Glied zu betrachten.[3]

La chicane ne se nourrit, pour l'ordinaire, que de successions et de contrats; et par cette raison, les lois qui roulent sur ces articles ont besoin de la plus grande clarté. Si l'on s'occupe à vétiller sur les termes, en composant des ouvrages d'esprit frivoles, à combien plus forte raison les termes de la loi méritent-ils d'être pesés scrupuleusement?

Les juges ont deux pièges à craindre, ceux de la corruption et ceux de l'erreur. Leur conscience doit les garantir des premiers, et les législateurs, des seconds. Des lois claires, qui ne donnent pas lieu à des interprétations, y sont un premier remède, et la simplicité des plaidoyers, le second. On peut restreindre les discours des avocats à la narration du fait, fortifiée de quelques preuves, et terminée par un épilogue, ou courte récapitulation. Rien n'est plus fort dans la bouche d'un homme éloquent que l'art de manier les passions: l'avocat s'empare de l'esprit des juges, il les intéresse, il les émeut, il les entraîne, et le prestige du sentiment fait illusion sur le fond de la vérité. Lycurgue et Solon interdirent tous les deux cette sorte de persuasion aux avocats. Et si nous en rencontrons dans les *Philippiques* et dans les *Harangues sur la couronne* qui nous restent de Démosthène et d'Eschine, il faut observer qu'elles ne se prononcèrent pas devant l'aréopage, mais devant le peuple; que les *Philippiques* sont du genre délibératif; et que celles *sur la couronne* sont plutôt du genre démonstratif que du judiciaire.

Les Romains n'étaient pas aussi scrupuleux que les Grecs sur les harangues de leurs orateurs: il n'est point de plaidoyer de Cicéron qui ne soit plein de passion. J'en suis fâché pour cet orateur, mais nous voyons, dans sa harangue pour Cluentius, qu'il avait auparavant plaidé pour sa partie adverse. La cause de Cluentius ne paraît pas absolument bonne, mais l'art de l'orateur l'emporta. Le chef-d'œuvre de Cicéron est sans doute la péroraison de la harangue pour Fontéius: elle le fit absoudre, quoiqu'il paraisse coupable. Quel abus de l'éloquence que de se servir de son enchantement pour énerver les lois les plus sages!

La Prusse a suivi cet usage de la Grèce, et si les raffinements dangereux de l'éloquence sont bannis des plaidoyers, elle en est redevable à la sagesse du grand chancelier, dont la probité, les lumières et l'activité infatigable auraient fait honneur aux républiques grecque et romaine, dans les temps où elles étaient les plus fécondes en grands hommes.

Zu Schikanen kommt es gewöhnlich nur, wenn es um Erbschaften und um Verträge geht; aus diesem Grund müssen Gesetze, die diese Materie betreffen, von größter Klarheit sein. Wenn man sich schon beim Verfassen belangloser Geisteswerke damit beschäftigt, am Ausdruck zu feilen, um wie viel mehr verdient es nicht die Abfassung von Gesetzestexten, gewissenhaft erwogen zu werden?

Die Richter haben zweierlei Fallen zu fürchten: Korruption und Irrtum. Vor der ersten muss sie ihr Gewissen beschützen und vor der zweiten müssen die Gesetzgeber sie in Schutz nehmen. Klar formulierte Gesetze, die keinen Anlass zu verschiedenen Auslegungen geben, sind hier ein erstes Hilfsmittel, und die Einfachheit der Verteidigungsreden ist das zweite. Man kann die Rede der Verteidiger auf die Darstellung der Tatsachen beschränken, die durch einige Beweise unterstützt und dann mit einem Schlusswort oder einer kurzen Zusammenfassung abgeschlossen wird. Nichts erzielt eine größere Wirkung als der Vortrag eines beredten Mannes, der es versteht, die Leidenschaften zu erregen: Der Verteidiger zieht den Geist der Richter in seinen Bann, er gewinnt ihr Interesse, rührt und bewegt sie, und das Blendwerk des Mitgefühls täuscht über die Wahrheit hinweg. Sowohl Lykurg als auch Solon verboten den Anwälten diese Art der Überredung; und wenn wir ihr in den *Philippiken*[1] und in der Rede *Über die Krone*[2] begegnen, die uns von Demosthenes und Aechines überliefert sind, dann müssen wir bedenken, dass diese Reden nicht vor dem Areopag, sondern vor dem Volk gehalten wurden und dass die *Philippiken* der beratenden, die Rede *Über die Krone* aber eher der belehrenden Gattung als der forensischen Beredsamkeit angehören.

Die Römer pflegten mit den Ansprachen ihrer Redner nicht so gewissenhaft zu verfahren wie die Griechen. Es gibt keine Rede Ciceros, die nicht voller Leidenschaft wäre. Es tut mir leid um ihn, aber aus seiner Rede für Cluentius wird ersichtlich, dass er vorher die Gegenpartei verteidigt hatte. Um die Sache des Cluentius scheint es nicht völlig gut zu stehen; doch die Kunst des Redners hat sie gewonnen. Ciceros Meisterwerk ist zweifellos der Schluss seiner Rede für Fontejus: Dank dieses Schlusses wurde er freigesprochen, obwohl er schuldig zu sein schien.[3] Welch ein Missbrauch der Beredsamkeit, wenn man sich ihres Zaubers bedient, um die weisesten Gesetze zu entkräften!

In Preußen ist man dem Beispiel Griechenlands gefolgt; und wenn hier die gefährlichen Kunstgriffe der Beredsamkeit aus den Verteidigungsreden verbannt sind, so ist das der Weisheit des Großkanzlers[4] zu verdanken, dessen Redlichkeit, Einsicht und unermüdliche Tätigkeit den griechischen und römischen Republiken zu den Zeiten, da sie an großen Männern besonders reich waren, Ehre gemacht hätten.

Il est encore un article qui doit être compris sous l'obscurité des lois : c'est la procédure et le nombre d'instances que les plaideurs ont à parcourir avant que de terminer leurs procès. Que ce soient de mauvaises lois qui leur fassent injustice, que ce soient des plaidoyers artificieux qui obscurcissent leurs droits, ou que ce soient des longueurs qui, absorbant le fond même du litige, leur fassent perdre les avantages qui leur sont dus, tout cela revient au même. L'un est un mal plus grand que l'autre, mais tous les abus méritent réforme. Ce qui allonge les procès donne un avantage considérable aux riches sur les plaideurs qui sont pauvres : ils trouvent le moyen de traduire le procès d'une instance à l'autre, ils matent et ruinent leur partie, et ils restent à la fin les seuls dans la carrière.

Autrefois, dans ce pays, les procès duraient au delà d'un siècle. Lors même qu'une cause avait été décidée par cinq tribunaux, la partie adverse, au plus haut mépris de la justice, en appelait aux universités, et les professeurs en droit réformaient ces sentences à leur gré. Un plaideur jouait bien de malheur qui, dans cinq tribunaux et je ne sais combien d'universités, ne trouvait pas des âmes vénales et corruptibles. Ces usages ont été abolis, les procès sont jugés en dernier ressort dès la troisième instance, et le terme limité d'un an est prescrit aux juges, dans lequel ils doivent terminer les causes les plus litigieuses.

Il nous reste encore à dire quelques mots sur les lois qui impliquent contradiction, soit par les termes, soit par le sens même.

Lorsque, dans un État, les lois ne sont pas rassemblées en un seul corps, il faut qu'il y en ait qui se contredisent entre elles. Comme elles sont l'ouvrage de différents législateurs qui n'ont pas travaillé sur le même plan, elles manqueront de cette unité si essentielle et si nécessaire à toutes les choses importantes.

Quintilien traite de cette matière dans son livre de l'*Orateur*, et nous voyons, dans les oraisons de Cicéron, qu'il oppose souvent une loi à une autre. Nous trouvons de même dans l'histoire de France des édits tantôt en faveur et tantôt contre les Huguenots. Le besoin de rédiger ces sortes d'ordonnances est d'autant plus indispensable que rien n'est moins digne de la majesté des lois, qu'on suppose toujours établies avec sagesse, que d'y découvrir des contradictions ouvertes et manifestes.

L'édit contre les duels est très juste, très équitable, très bien fait, mais il n'amène point au but que les princes se sont proposé en le publiant. Des préjugés plus anciens

Es gibt noch einen weiteren Punkt hinsichtlich der Unverständlichkeit der Gesetze zu beachten: das Gerichtsverfahren und die zahlreichen Instanzen, die die Parteien durchlaufen müssen, bis ihr Prozess zu einem Ende kommt. Es kann sich dabei um schlechte Gesetze handeln, die ihnen Unrecht zufügen, um raffinierte Verteidigungsreden, die ihre Rechte verfälschen, oder um Längen und Abschweifungen, die vom Kern des Streitfalls ablenken und die Parteien um ihren rechtmäßigen Vorteil bringen. All das läuft auf dasselbe hinaus. Das eine Übel ist zwar größer als das andere, aber alle Missbräuche bedürfen der Reform. Ziehen sich die Prozesse in die Länge, so verschafft das den Reichen einen beträchtlichen Vorteil gegenüber den Armen: Jene finden Mittel und Wege, um den Prozess von einer Instanz in die nächste zu schleppen, ihren Gegner matt zu setzen und zugrunde zu richten. Und am Ende bleiben sie dann allein auf dem Kampfplatz zurück.

Früher dauerten die Prozesse hierzulande länger als ein Jahrhundert. Selbst dann, wenn eine Sache von fünf Gerichten entschieden worden war, appellierte die Gegenpartei, unter völliger Missachtung der Justiz, an die Universitäten, und die Juraprofessoren änderten die Urteile nach Gutdünken. Nun müsste aber ein Prozessierender schon sehr unglücklich gewesen sein, wenn er an fünf Gerichtshöfen und ich weiß nicht an wie vielen Universitäten keine käufliche und bestechliche Seele gefunden hätte. Diese Bräuche sind abgeschafft worden[1], die Prozesse werden in der dritten Instanz endgültig entschieden, und den Richtern ist vorgeschrieben, auch die strittigsten Fälle innerhalb eines Jahres abzuschließen.

Es bleibt uns noch, einige Worte über die Gesetze zu sagen, die entweder in der Formulierung oder in der Sache selbst Widersprüche in sich bergen.

Wenn in einem Staat die Gesetze nicht kodifiziert sind, muss es immer welche geben, die sich widersprechen. Da sie das Werk verschiedener Gesetzgeber sind, die nicht nach demselben Plan gearbeitet haben, wird ihnen die für alle wichtigen Dinge so wesentliche und notwendige Einheit fehlen.

Quintilian behandelt dieses Thema in seinem Buch über den *Redner*[2]; und in Ciceros Reden sehen wir, dass er oft ein Gesetz dem anderen gegenüberstellt. Ebenso finden wir in der französischen Geschichte Edikte, die bald für, bald gegen die Hugenotten sprechen.[3] Die Notwendigkeit, solche Verordnungen zusammenzufassen, ist umso dringlicher, als die Majestät der Gesetze, von denen man doch stets annimmt, sie seien mit Weisheit eingeführt worden, durch nichts mehr herabgewürdigt wird als durch offensichtliche und unübersehbare Widersprüche.

Das Edikt, das die Duelle verbietet[4], ist sehr gerecht, sehr billig und sehr gut abgefasst; aber es erfüllt nicht den Zweck, den die Fürsten im Auge hatten, als sie es

que cet édit l'emportent sur lui de haute lutte, et il semble que le public, rempli de fausses opinions, soit convenu tacitement de n'y point obéir. Un point d'honneur mal entendu, mais généralement reçu, brave le pouvoir des souverains, et ils ne peuvent maintenir cette loi en vigueur qu'avec une espèce de cruauté. Tout homme qui a le malheur d'être insulté par un brutal passe pour un lâche dans tout l'univers, s'il ne se venge de son affront en donnant la mort à celui qui en est l'auteur. Si cette affaire arrive à un homme de condition, on le regarde comme indigne des titres de noblesse qu'il porte; s'il est militaire, et qu'il ne termine point son différend, on le force de sortir avec ignominie du corps dans lequel il sert, et il ne trouve de l'emploi dans aucun service de l'Europe. Quel parti prendra donc un particulier, s'il se trouve engagé dans une affaire aussi épineuse ? Voudra-t-il se déshonorer en obéissant à la loi, ou ne risquera-t-il pas plutôt sa vie et sa fortune pour sauver sa réputation ?

Le point de la difficulté qui reste à résoudre serait de trouver un expédient qui, en conservant l'honneur aux particuliers, maintînt la loi dans toute sa vigueur.

La puissance des plus grands rois n'a rien pu contre cette mode barbare. Louis XIV, Frédéric Ier et Frédéric-Guillaume publièrent des édits rigoureux contre les duels; ces princes n'avancèrent rien, sinon que les duels changèrent de nom, et passèrent pour des rencontres, et que bien des nobles qui avaient été tués furent enterrés comme étant morts subitement.

Si tous les princes de l'Europe n'assemblent pas un congrès, et ne conviennent entre eux d'attacher un déshonneur à ceux qui, malgré leurs ordonnances, tentent de s'égorger dans ces combats singuliers, si, dis-je, ils ne conviennent pas de refuser tout asile à cette espèce de meurtriers, et de punir sévèrement ceux qui insulteront leurs pareils, soit en paroles, soit par écrit, ou par voies de fait, il n'y aura point de fin aux duels.

Qu'on ne m'accuse point d'avoir hérité des visions de l'abbé de Saint-Pierre : je ne vois rien d'impossible à ce que des particuliers soumettent leurs querelles à la décision des juges, de même qu'ils y soumettent les différends qui décident de leurs fortunes. Et par quelle raison les princes n'assembleraient-ils pas un congrès pour le bien de l'humanité, après en avoir fait tenir tant d'infructueux sur des sujets de moindre importance ? J'en reviens là, et j'ose assurer que c'est le seul moyen d'abolir en Europe

erließen: Vorurteile, die älter sind als dieses Edikt, setzen sich dreist darüber hinweg, und wie es scheint, ist die von falschen Auffassungen durchdrungene Öffentlichkeit stillschweigend übereingekommen, ihm nicht zu gehorchen. Ein falsch verstandener, aber allgemein verbreiteter Ehrbegriff widersetzt sich der Macht der Landesfürsten, die dieses geltende Gesetz nur mit einer gewissen Grausamkeit aufrechterhalten können. Wer immer das Unglück hat, von einem Rüpel beleidigt zu werden, gilt auf der ganzen Welt als Feigling, wenn er einen solchen Affront nicht rächt und den, der ihn verursacht hat, tötet. Stößt dergleichen einem Mann von Stande zu, so betrachtet man ihn als der Adelstitel, die er trägt, unwürdig; ist er vom Militär und bringt er seinen Streitfall nicht in Ordnung, wird er genötigt, das Corps, dem er dient, mit Schimpf und Schande zu verlassen. Er wird in ganz Europa zu keinem Dienst mehr zugelassen werden. Was soll also jemand, der in eine so heikle Angelegenheit verwickelt ist, tun? Soll er sich entehren, indem er dem Gesetz gehorcht? Oder soll er nicht lieber sein Leben und sein Glück aufs Spiel setzen, um seinen guten Ruf zu retten?

Die Schwierigkeit, die es zu lösen gilt, besteht eigentlich darin, ein Mittel zu finden, das die Ehre der Einzelperson bewahrt und das Gesetz in seiner Gültigkeit uneingeschränkt aufrechterhält.

Die Macht der größten Könige hat nichts gegen diese barbarische Mode ausrichten können. Ludwig XIV., Friedrich I. und Friedrich Wilhelm erließen strenge Edikte gegen die Duelle. Diese Fürsten bewirkten aber weiter nichts, als dass die Duelle einen anderen Namen bekamen und dann als Rencontres galten und dass sehr viele getötete Adlige begraben wurden, als seien sie ganz plötzlich verstorben.[1]

Wenn nicht alle Fürsten Europas einen Kongress einberufen und dabei nicht übereinkommen, diejenigen mit Schande zu belegen, die ungeachtet ihrer Verbote versuchen, sich in solchen Zweikämpfen umzubringen, wenn sie, sage ich, nicht übereinkommen, dieser Art von Mördern jedes Asyl zu verweigern und die, welche ihresgleichen in Wort, Schrift oder Tat beleidigen, hart zu bestrafen, werden die Duelle kein Ende nehmen.

Man beschuldige mich nicht, dass ich die Visionen des Abbé de Saint-Pierre[2] geerbt habe: Ich sehe nichts Unmögliches darin, dass Privatpersonen ihre Fehden ebenso der richterlichen Entscheidung unterstellen wie die Streitfälle, in denen es um ihr Glück geht. Und aus welchem Grund sollten die Fürsten nicht auch einmal einen Kongress zum Wohle der Menschheit einberufen, nachdem sie so viele ergebnislose zu Themen von geringerer Bedeutung abgehalten haben? Ich wiederhole es und behaupte, dass dies das einzige Mittel ist, in Europa diesen unangebrachten Ehrbegriff

ce point d'honneur mal placé, qui a coûté la vie à tant d'honnêtes gens dont la patrie pouvait s'attendre aux plus grands services.

Telles sont en abrégé les réflexions que les lois m'ont fournies ; je me suis borné à faire une esquisse au lieu d'un tableau, et je crains même de n'en avoir que trop dit.

Il me semble enfin que, chez des nations qui sortent à peine de la barbarie, il faut des législateurs sévères ; que, chez les peuples policés, dont les mœurs sont douces, il faut des législateurs humains.

S'imaginer que les hommes sont tous des démons, et s'acharner sur eux avec cruauté, c'est la vision d'un misanthrope farouche ; supposer que les hommes sont tous des anges, et leur abandonner la bride, c'est le rêve d'un capucin imbécile. Croire qu'ils ne sont ni tous bons ni tous mauvais, récompenser les bonnes actions au delà de leur prix, punir les mauvaises au-dessous de ce qu'elles méritent, avoir de l'indulgence pour leurs faiblesses et de l'humanité pour tous, c'est comme en doit agir un homme raisonnable.

abzuschaffen, der so vielen redlichen Leuten, von denen das Vaterland die größten Dienste erwarten konnte, das Leben gekostet hat.

Dies sind in Kürze die Überlegungen, zu denen die Gesetze mich veranlasst haben; ich habe mich darauf beschränkt, statt eines Gemäldes eine Skizze zu liefern, und befürchte sogar, schon zu viel gesagt zu haben.

Schließlich habe ich den Eindruck, dass bei Nationen, die kaum die Barbarei hinter sich gelassen haben, strenge Gesetzgeber nötig sind, und dass die zivilisierten Völker, die milde Sitten haben, menschliche Gesetzgeber brauchen.

Wer sich alle Menschen als Teufel vorstellt und sie mit Grausamkeit verfolgt, der hat die Sichtweise eines wilden Menschenfeindes; wer alle Menschen für Engel hält und ihnen die Zügel schießen lässt, der träumt wie ein einfältiger Kapuziner.[1] Wer aber glaubt, dass weder alle gut noch alle schlecht sind, und wer gute Taten über ihren Wert hinaus belohnt und böse milder bestraft als sie es verdienen, wer Nachsicht mit den menschlichen Schwächen hat und Menschlichkeit gegenüber allen übt, der handelt, wie ein vernünftiger Mensch handeln muss.

Avant-propos de l'*Extrait du dictionnaire historique et critique de Bayle*

Vorwort zum *Auszug aus dem historisch-kritischen Wörterbuch von Bayle*

On offre au public cet *Extrait du Dictionnaire de Bayle*, et l'on se flatte qu'il sera favorablement accueilli. On s'est attaché surtout à rassembler les articles philosophiques de ce *Dictionnaire*, dans lesquels M. Bayle a supérieurement réussi, et l'on ose avancer, nonobstant les préjugés de l'école et l'amour-propre des auteurs de ce siècle, qu'il a surpassé par la force de sa dialectique tout ce qu'ont produit en ce genre les anciens et les modernes. Que l'on compare ses ouvrages avec ceux qui nous restent de Cicéron sur la *Nature des dieux*, et avec les *Tusculanes*. On trouvera, à la vérité, dans l'orateur romain, le même fonds de scepticisme, plus d'éloquence, un style plus châtié et plus élégant. Mais en revanche, M. Bayle se distingue par un esprit géométrique, sans qu'il sût beaucoup de géométrie. Il est plus serré, plus pressant dans ses raisonnements ; il va droit au fait, et ne s'amuse point à escarmoucher, comme il arrive quelquefois à Cicéron dans les ouvrages que l'on vient de citer. Si nous comparons M. Bayle à ses contemporains, Descartes, Leibniz, quoique esprits créateurs, ou avec Malebranche, on le trouvera, nous osons le dire, supérieur à ces hommes célèbres, non pas pour avoir découvert des vérités nouvelles, mais pour ne s'être écarté jamais de la justesse et de l'exactitude du raisonnement, et pour avoir le mieux développé les conséquences des principes. Il a eu la prudence de ne jamais donner dans l'esprit systématique comme les autres. Descartes et Malebranche, nés avec une imagination vive et forte, adoptaient quelquefois les fictions spécieuses de leur esprit comme autant de vérités : l'un créa un monde qui n'était point le nôtre ; l'autre, s'égarant par trop de subtilités, confondait les créatures avec le Créateur, et faisait de l'homme un automate mû par la volonté suprême. Leibniz donna dans des écarts semblables, à moins qu'on ne veuille supposer qu'il inventa son système des monades et de l'harmonie préétablie en se jouant, et pour donner une matière à discuter et à débattre aux métaphysiciens. M. Bayle, avec un esprit aussi juste que sévère, a examiné tous les rêves des anciens et des modernes et, comme le Bellérophon de la fable, il a détruit la Chimère née du cer-

Der hier dem Publikum vorgelegte Auszug aus Bayles *Wörterbuch* wird hoffentlich günstig aufgenommen werden. Es wurde vor allem darauf geachtet, die philosophischen Artikel dieses *Wörterbuchs*, die Herrn Bayle in besonderem Maße gelungen sind, zusammenzustellen. Ungeachtet der Vorurteile der Schulphilosophie[1] und der Eigenliebe der Schriftsteller in unserem Jahrhundert wagen wir die Behauptung, dass er durch die Stärke seiner Dialektik alles übertroffen hat, was die Alten und Neueren in diesem Fach geleistet haben. Vergleicht man seine Werke mit den uns überlieferten Schriften Ciceros *Über das Wesen der Götter* und mit den *Tuskulanen*[2], so wird man bei dem römischen Redner sicherlich den gleichen Skeptizismus, mehr Beredsamkeit sowie einen ausgefeilteren und eleganteren Stil finden. Dafür zeichnet sich Herr Bayle aber durch einen mathematischen Geist aus, ohne dass er viel von Mathematik verstand. Er ist in seinem Räsonnement bündiger, schärfer, er geht geradewegs auf die Sache zu und hält sich nicht mit Scharmützeln auf, wie es Cicero in den genannten Werken bisweilen tut. Vergleicht man Herrn Bayle mit seinen Zeitgenossen Descartes und Leibniz, die freilich schöpferische Geister waren, oder mit Malebranche[3], dann erscheint er, und darauf bestehen wir, größer als jene berühmten Männer; nicht weil er neue Wahrheiten entdeckt hätte, sondern weil er nie vom richtigen und genauen Räsonnement abgewichen ist und die Folgerungen aus seinen Prinzipien am besten entwickelt hat. Er war so klug, sich niemals auf den Systemgeist[4] einzulassen wie die anderen. Descartes und Malebranche, denen eine lebhafte und starke Einbildungskraft eigen war, nahmen manchmal die trügerischen Fiktionen ihres Geistes für bare Wahrheiten. Der eine schuf eine Welt, die nicht die unsere war; der andere verlor sich in allzu vielen Subtilitäten, verwechselte die Geschöpfe mit dem Schöpfer und machte den Menschen zu einem Automaten, der durch den höchsten Willen in Bewegung gesetzt wird.[5] Leibniz geriet auf ähnliche Abwege, es sei denn, man möchte annehmen, er habe sein Monadensystem und die prästabilierte Harmonie erfunden, um den Metaphysikern einen Streich zu spielen und ihnen Stoff zum Disputieren und Streiten zu geben.[6] Herr Bayle hat mit seinem ebenso gerechten wie strengen Geist alle Träume der Alten und der Neueren geprüft und hat, wie Bellerophon[7] in der Fabel, die Chimäre vernichtet, die dem Gehirn der Philosophen entsprang. Nie vergaß er die

veau des philosophes. Il n'oubliait jamais ce sage précepte qu'Aristote inculquait à ses disciples: le doute est le commencement de la sagesse. Il ne disait point: «Je veux prouver telle chose, qu'elle soit vraie ou fausse.» On le voit toujours suivre docilement le chemin où le guident l'analyse et la synthèse.

Ce *Dictionnaire*, ce monument précieux de notre siècle, s'est trouvé jusqu'à présent enseveli dans les grandes bibliothèques. Son prix en avait interdit la possession aux gens de lettres et aux amateurs mal partagés des dons de la fortune. Nous tirons cette médaille de son sanctuaire, pour en faire une monnaie courante. Un anonyme qui a publié, il y a quelques années, l'*Esprit de Bayle*, paraît avoir eu en vue le dessein que nous exécutons aujourd'hui, avec la différence qu'il n'a pas réuni tous les articles philosophiques, et qu'il en a fait entrer quelques-uns d'historiques dans sa compilation. Dans le choix qu'on présente au public, on a exclu toutes les matières d'histoire, parce que M. Bayle s'est trompé sur quelques anecdotes et sur quelques faits, en les rapportant sur la foi de mauvais garants, et parce que ce n'est assurément pas dans les dictionnaires que l'on doit étudier l'histoire.

Le but principal qu'on se propose en publiant cet *Extrait*, c'est de rendre la dialectique admirable de M. Bayle plus commune. C'est le bréviaire du bon sens, c'est la lecture la plus utile que les personnes de tout rang et de tout état puissent faire, car l'application la plus importante de l'homme est de se former le jugement. On en appelle à tous ceux qui ont quelque connaissance du monde: ils se seront souvent aperçus de la frivolité et de l'insuffisance des raisons qui ont servi de motifs aux actions les plus importantes.

On n'est pas assez idiot pour imaginer qu'il suffise d'avoir lu Bayle pour raisonner juste. On distingue, comme il le faut, les dons que la nature accorde ou refuse aux hommes, de ce que l'art y peut perfectionner. Mais n'est-ce pas un grand avantage que de fournir des secours aux bons esprits, d'arrêter la curiosité intempérante de la jeunesse, et d'humilier la présomption de ces esprits orgueilleux prêts à se livrer à l'envie d'imaginer des systèmes? Quel lecteur ne se dit pas en soi-même, en lisant la réfutation du système de Zénon ou d'Épicure: Quoi! Les plus grands philosophes de l'Antiquité, les sectes les plus nombreuses ont été sujettes à des erreurs! Combien, à plus forte raison, dois-je être sujet à me tromper souvent! Quoi! Un Bayle, qui a passé toute sa vie dans l'escrime de l'école, a raisonné avec tant de circonspection, de crainte de s'égarer! Combien plus me convient-il de ne me point précipiter dans mes jugements!

weise Lehre, die Aristoteles seinen Schülern einschärfte: Mit dem Zweifel beginnt die Weisheit. Er sagte nicht: »Ich will dieses beweisen, ganz gleich, ob es wahr oder falsch ist.« Stets sieht man ihn gelehrig dem Weg folgen, den Analyse und Synthese ihm weisen.

Dieses *Wörterbuch*, dieses kostbare Monument unseres Jahrhunderts, war bis jetzt in den großen Bibliotheken vergraben; die Gelehrten und Liebhaber der Wissenschaften, die das Glück bei der Verteilung seiner Geschenke schlecht bedacht hatte, konnten es wegen seines hohen Preises nicht besitzen.[1] Wir holen diese Medaille aus ihrem geheimen Kabinett und prägen sie zu gangbarer Münze um. Ein Anonymus, der vor einigen Jahren ein Buch mit dem Titel *Esprit de Bayle*[2] veröffentlichte, schien den Plan vor Augen gehabt zu haben, den wir heute ausführen, doch mit dem Unterschied, dass er nicht alle philosophischen Artikel zusammengestellt und in seine Sammlung auch einige historische aufgenommen hat. In der Auswahl, die wir dem Publikum vorlegen, ist auf alle historischen Artikel verzichtet worden, weil Herr Bayle sich in einigen Anekdoten und Tatsachen geirrt hat, die er im Rückgriff auf die Autorität unzuverlässiger Gewährsleute erzählte, und weil man Geschichte ganz gewiss nicht in Wörterbüchern studieren sollte.

Der wichtigste Zweck der Publikation dieses *Auszugs* besteht in der allgemeineren Verbreitung der bewunderungswürdigen Dialektik Herrn Bayles. Sein Werk ist das Brevier des gesunden Menschenverstandes und die nützlichste Lektüre für Personen jedes Ranges und Standes, denn es gibt für den Menschen kein wichtigeres Studium als die Bildung seiner Urteilskraft. Wir appellieren an alle, die etwas Weltkenntnis besitzen; sie werden oft bemerkt haben, wie nichtig und unzulänglich die Gründe sind, die den wichtigsten Handlungen als Motiv gedient haben.

Wir sind nicht so einfältig, uns einzubilden, man brauche nur Bayle gelesen zu haben, um richtig denken zu können. Wir unterscheiden, wie es sich gehört, die Gaben, die die Natur den Menschen schenkt oder versagt, von dem, was die Kunst daran vervollkommnen kann. Aber ist es nicht ein großer Vorteil, wenn man den guten Köpfen Hilfsmittel liefert, die die unmäßige Neugierde der Jugend zügelt und den Dünkel der Hochmütigen, die so leicht dazu neigen, sich Systeme auszudenken, demütigt? Welcher Leser sagt, wenn er die Widerlegung der Systeme Zenons oder Epikurs[3] liest, nicht zu sich selbst: »Wie? Die größten Philosophen der Antike, die zahlreichsten Sekten waren dem Irrtum unterworfen? Um wie viel mehr muss ich in Gefahr sein, mich oft zu irren! Wie? Ein Bayle, der sein ganzes Leben mit philosophischen Disputen zugebracht hat, zog, aus Furcht sich zu irren, seine Schlüsse mit so viel Behutsamkeit? Um wie viel mehr muss ich mich also hüten, voreilig zu urteilen!« Wie

Comment, après avoir vu réfuter tant d'opinions humaines, ne se convaincrait-on pas qu'en métaphysique, la vérité se trouve presque toujours bien au delà des limites de notre raison? Poussez votre coursier fougueux dans cette carrière, il se trouve arrêté par des abîmes impénétrables. Ces obstacles, en vous prouvant la faiblesse de votre esprit, vous inspireront une sage timidité. C'est le plus grand fruit qu'on doit se promettre de la lecture de cet ouvrage.

Mais pourquoi perdre son temps, dira-t-on, à la recherche de la vérité, si cette vérité se trouve hors de la portée de notre sphère? Je réponds à cette objection qu'il est digne d'un être pensant de faire au moins des efforts pour en approcher, et qu'en s'adonnant de bonne foi à cette étude, on y gagne à coup sûr de s'affranchir d'une infinité d'erreurs. Si votre champ n'a pas beaucoup de fruits, du moins ne portera-t-il pas des ronces, et deviendra-t-il plus propre à être bien cultivé. Vous vous défierez davantage des subtilités des logiciens, vous prendrez insensiblement l'esprit de Bayle et, découvrant du premier coup d'œil ce qu'un argument a de défectueux, vous parcourrez avec moins de danger les routes ténébreuses de la métaphysique.

Sans doute qu'il se trouvera, dans le public, des personnes d'un sentiment contraire au nôtre, qui s'étonneront de la préférence que nous donnons aux ouvrages de Bayle sur tant de livres de logique dont nous sommes inondés. Il sera aisé de leur répondre que les principes des sciences ont en eux une certaine sécheresse, qu'ils perdent lorsqu'ils sont mis en œuvre par les mains d'un maître habile. Et puisque notre sujet nous mène sur cette matière, il ne sera peut-être pas hors de propos, pour la jeunesse, de lui faire remarquer les différents emplois que les orateurs et les philosophes font de la logique. Le but pour lequel ils travaillent est entièrement différent: l'orateur se contente des vraisemblances, le philosophe rejette tout hors la vérité. Au barreau, l'orateur chargé de défendre sa partie emploie tout pour la sauver: il fait illusion à ses juges, il change jusqu'au nom des choses, les crimes ne sont que des faiblesses, et les fautes deviennent presque des vertus. Il pallie, il colore les faces de la cause qui lui sont contraires, et si ces moyens ne lui suffisent pas, il a recours aux passions, et il emploie ce que l'éloquence a de plus fort pour les exciter. Quoique l'éloquence de la chaire s'occupe d'objets plus graves que celle du barreau, elle se conduit néanmoins par de semblables principes, et donne souvent à gémir aux bonnes âmes du choix peu judicieux

sollte man, nachdem man die Widerlegung so vieler menschlicher Meinungen gesehen hat, nicht überzeugt sein, dass sich im Bereich der Metaphysik die Wahrheit fast immer jenseits der Grenzen unserer Vernunft befindet? Treiben Sie Ihr wildes Ross in diese Laufbahn – es wird von unüberwindlichen Abgründen aufgehalten. Diese Hindernisse werden Ihnen, wenn sie Ihnen die Schwäche Ihres Geistes beweisen, zugleich eine weise Furchtsamkeit einflößen. Das ist der größte Nutzen, den man sich von der Lektüre dieses Werkes versprechen darf.

Aber wozu, wird man sagen, sollte man seine Zeit mit dem Suchen nach Wahrheit verlieren, wenn diese Wahrheit doch jenseits unseres Horizonts liegt? Auf diesen Einwand antworte ich: Es ist eines denkenden Wesens würdig, sich wenigstens anzustrengen, um der Wahrheit näher zu kommen. Und wenn man sich redlich darum bemüht, so gewinnt man bei diesem Studium auf jeden Fall so viel, dass man sich von einer unzähligen Menge an Irrtümern befreit. Selbst wenn Ihr Feld nicht viele Früchte trägt, so wird es wenigstens keine Dornen mehr tragen und zum Anbau geeigneter sein. Sie werden den Subtilitäten der Logiker eher misstrauen und unbemerkt etwas von Bayles Geist bekommen. Sie werden auf den ersten Blick das Fehlerhafte eines Arguments entdecken und auf den dunklen Pfaden der Metaphysik fortan weniger Gefahr laufen.[1]

Zweifellos wird es im Publikum Personen geben, die anders denken als wir und die sich wundern, dass wir die Werke Bayles so vielen Büchern über Logik, von denen wir überschwemmt werden, vorziehen. Die Antwort fällt uns leicht: Die Prinzipien der Wissenschaften haben eine gewisse Trockenheit, die sich verliert, sobald sie von einem geschickten Meister behandelt werden. Da unser Gegenstand uns auf diesen Punkt bringt, so ist es vielleicht nicht unangebracht, wenn wir die Jugend auf die verschiedenen Arten des Gebrauchs hinweisen, den die Redner und Philosophen von der Logik machen. Das Ziel, das sie mit ihrer Arbeit erreichen wollen, ist völlig verschieden. Der Redner begnügt sich mit Wahrscheinlichkeiten, der Philosoph verwirft alles, was nicht Wahrheit ist. Vor dem Tribunal bietet der Redner, der seine Partei zu verteidigen hat, alles auf, um sie zu retten; er macht den Richtern etwas vor, er verändert sogar die Namen der Dinge, Verbrechen werden zu Schwächen, Fehler beinahe zu Tugenden. Er bemäntelt und beschönigt die Aspekte, die ihm an seiner Sache zuwider sind, und wenn diese Mittel nicht ausreichen, nimmt er Zuflucht zu den Leidenschaften und wendet alle Macht der Beredsamkeit an, um sie zu erregen. Obwohl sich die Kanzelberedsamkeit mit ernsteren Gegenständen befasst als die gerichtliche, geht sie doch nach den gleichen Grundsätzen zu Werke.[2] Fromme Seelen seufzen darum auch oft über die wenig scharfsinnige Wahl der von ihr gebrauchten Argumente, die

des arguments qu'elle emploie, faute de jugement, sans doute, de la part de l'orateur, qui par là donne malheureusement beau jeu aux esprits contentieux et difficiles, qu'on ne satisfait ni par un raisonnement lâche ni par de pompeuses paroles. Ce clinquant, ces subtilités, ces raisonnements superficiels, rien de tout cela n'est admis dans l'argumentation austère et rigoureuse des bons philosophes. Ils ne veulent convaincre que par l'évidence et la vérité, ils examinent un système d'un esprit équitable et impartial, ils en apportent les preuves sans les déguiser ou les affaiblir, ils épuisent toutes les raisons pour le défendre, après quoi ils font de tout aussi grands efforts pour le combattre. Ils résument enfin le nombre des probabilités favorables ou contraires, et comme, en ces matières, il est rare de trouver une entière évidence, la crainte de prononcer un jugement téméraire tient leur esprit en suspens. Si l'homme est un animal raisonnable, comme l'école nous en assure, les philosophes doivent être plus hommes que les autres. Aussi les a-t-on toujours considérés comme les précepteurs du genre humain, et leurs ouvrages, qui sont le catéchisme de la raison, ne sauraient assez se répandre pour l'avantage de l'humanité.

ohne Zweifel auf den Mangel an Urteilskraft der Redner zurückgeht. Leider haben somit die streitsüchtigen und spitzfindigen Geister, die man weder durch eine schwache Beweisführung noch durch prächtige Worte befriedigt, leichtes Spiel. Wortgeklingel, Subtilitäten, oberflächliche Begründungen, nichts von alledem wird in der ernsten und strengen Argumentation guter Philosophen zugelassen. Sie wollen nur durch Evidenz und Wahrheit überzeugen. Sie prüfen ein System mit gerechtem, unparteiischem Geist, führen die Beweise an, ohne sie zu beschönigen oder abzuschwächen, erschöpfen alle Gründe, um es zu verteidigen, und danach bekämpfen sie es mit gleichem Nachdruck. Schließlich fassen sie alle Wahrscheinlichkeiten dafür oder dagegen zusammen; und da bei diesen Dingen selten eine vollkommene Evidenz erzielt wird, führt die Furcht, ein voreiliges Urteil zu fällen, dazu, dass sie ihre Entscheidung in der Schwebe lassen. Ist der Mensch, wie die Schulphilosophie uns versichert, ein vernunftbegabtes Wesen, dann müssen die Philosophen mehr Mensch sein als die anderen. Man hat sie deshalb auch sets als Lehrer des Menschengeschlechts betrachtet; und ihre Werke, die der Katechismus der Vernunft sind, können sich zum Nutzen der Menschheit nie genug verbreiten.

Essai sur l'amour-propre envisagé comme principe de morale

Versuch über die Eigenliebe, als Grundsatz der Moral betrachtet

La vertu est le lien le plus ferme de la société et la source de la tranquillité publique. Sans elle, les hommes, semblables aux bêtes féroces, seraient plus sanguinaires que les lions, plus cruels et plus perfides que les tigres, ou des espèces de monstres dont il faudrait éviter la fréquentation.

Ce fut pour adoucir des mœurs aussi barbares que les législateurs promulguèrent des lois, que les sages enseignèrent la morale et, en démontrant les avantages de la vertu, firent connaître le prix qu'il y fallait attacher.

Les sectes de philosophes, chez les nations orientales ainsi que chez les Grecs, en s'accordant en général sur le fond de la doctrine, ne différaient proprement que par les motifs que chacune d'elles adoptait pour déterminer ses disciples à mener une vie vertueuse. Les stoïciens, selon leurs principes, insistaient sur la beauté inhérente à la vertu, d'où ils concluaient qu'il fallait l'aimer pour elle-même, et plaçaient le souverain bonheur de l'homme à la posséder inaltérablement. Les platoniciens disaient que c'était approcher des dieux immortels, que c'était leur ressembler que de pratiquer les vertus à leur exemple. Les épicuriens attribuaient une volupté supérieure à l'accomplissement des devoirs moraux; leurs principes bien entendus trouvaient dans la jouissance de la vertu la plus pure le sentiment d'un délice et d'une félicité ineffable. Moïse, pour encourager ses Juifs à des actions bonnes et louables, leur annonça des bénédictions ou des peines temporelles. La religion chrétienne, qui s'éleva sur les ruines de la judaïque, atterra les crimes par des punitions éternelles, et encouragea à la vertu par l'espérance d'une béatitude infinie. Non contente de ces ressorts, se proposant d'atteindre au dernier degré de perfection possible, elle prétendit que l'amour de Dieu devait seul servir de principe aux bonnes actions des hommes, quand même il n'y aurait ni peines ni récompenses à attendre dans une autre vie.

Nous devons convenir que les sectes des philosophes ont formé des hommes du plus grand mérite. Nous convenons de même que, du sein du christianisme, il est sorti des âmes pures et remplies de sainteté. Néanmoins, par une suite du relâchement des philosophes et des théologiens, et par la perversité du cœur humain, il est

Die Tugend ist das festeste Band der Gesellschaft und die Quelle der öffentlichen Ruhe. Ohne sie wären die Menschen den wilden Tieren gleich, blutdürstiger als Löwen, grausamer und tückischer als Tiger, oder Ungeheuer, die man meiden müsste.

Um solch rohe Sitten zu mildern, schufen die Gesetzgeber Gesetze, lehrten die Weisen die Moral und zeigten, welche Vorteile die Tugend gewährt, und zugleich, welcher Wert ihr beigemessen werden soll.

Die philosophischen Sekten, sowohl bei den orientalischen Nationen als auch bei den Griechen, stimmten über das Wesentliche der Tugendlehre im Großen und Ganzen überein; ihre Unterschiede lagen eigentlich nur in den Motiven, mit denen sie ihre Schüler zu einer tugendhaften Lebensführung anhalten wollten. Die Stoiker[1] betonten, ihren Grundsätzen gemäß, die der Tugend wesentliche Schönheit. Daraus schlossen sie, man müsse die Tugend um ihrer selbst willen lieben, und sahen das höchste Glück des Menschen darin, diese unveränderlich zu besitzen. Die Platoniker[2] sagten, man nähere sich den unsterblichen Göttern und werde ihnen ähnlich, wenn man nach ihrem Vorbild die Tugend praktiziere. Die Epikuräer[3] schrieben der Erfüllung der moralischen Pflichten eine vorzügliche Wollust zu. Gemäß ihren Grundsätzen, die man richtig verstehen muss, fanden sie im Genuss der reinsten Tugend eine unaussprechliche Glückseligkeit und Wonne. Moses kündigte seinen Juden, um sie zu guten und löblichen Taten zu ermuntern, zeitlichen Segen und zeitliche Strafen an. Die christliche Religion, die auf den Trümmern der jüdischen errichtet wurde, schlug die Verbrechen durch Androhen ewiger Strafen nieder und ermunterte zur Ausübung der Tugend durch die Hoffnung auf ewige Seligkeit. Mit diesen Triebfedern war sie noch nicht zufrieden; sie nahm sich vor, den höchstmöglichen Grad der Vollkommenheit zu erreichen und verlangte, allein die Liebe zu Gott solle den Menschen als Grundsatz dienen, der sie zu guten Taten bewege, auch wenn sie in einem anderen Leben weder Lohn noch Strafe zu erwarten hätten.

Wir müssen zugeben, dass die Sekten der Philosophen Menschen von größtem Verdienst hervorgebracht haben. Und ebenso geben wir zu, dass aus der Mitte des Christentums reine, wahrhaft heilige Seelen hervorgegangen sind. Trotzdem ist es infolge des Erschlaffens der Philosophen und Theologen und durch die Verderbtheit des mensch-

arrivé que ces différents motifs d'encouragement à la vertu n'ont pas continué de produire les bons effets auxquels on s'attendait. Combien de philosophes qui ne l'étaient que de nom, chez les païens ! Il n'y a qu'à jeter les yeux sur Lucien pour se convaincre du peu de réputation où ils étaient de son temps. Que de chrétiens qui dégénérèrent, et qui corrompirent l'ancienne pureté des mœurs ! La cupidité, l'ambition, le fanatisme remplirent des cœurs qui faisaient profession de renoncer au monde, et pervertirent ce que la simple vertu avait établi. De pareils exemples fourmillent dans l'histoire. Enfin, si l'on excepte quelques reclus aussi pieux qu'inutiles à la société, les chrétiens de nos jours ne sont pas préférables aux Romains du temps des Marius et des Sylla, bien entendu que je borne uniquement ce parallèle à la comparaison des mœurs.

Ces réflexions et de semblables m'ont conduit à rechercher les causes qui ont influé sur cette étrange dépravation du genre humain. Je ne sais s'il m'est permis de hasarder mes conjectures sur des matières aussi importantes. Mais il me paraît qu'on s'est peut-être trompé dans le choix des motifs qui devaient porter les hommes à la vertu. Ces motifs, ce me semble, avaient le défaut de n'être point à la portée du vulgaire. Les stoïciens ne s'aperçurent pas que l'admiration est un sentiment forcé dont l'impression s'efface bien vite : l'amour-propre n'applaudit qu'avec répugnance. L'on convient sans peine de la beauté de la vertu, parce que cet aveu ne coûte rien, mais cet acte de complaisance plutôt que de conviction ne détermine point à se corriger soi-même, à vaincre ses mauvais penchants, à dompter ses passions. Les platoniciens auraient dû se rappeler l'espace immense qu'il y a entre l'Être des êtres et la créature fragile. Comment proposer à cette créature d'imiter son Créateur, dont par son état circonscrit et borné elle ne peut se former qu'une idée vague et indéterminée ? Notre esprit est assujetti à l'empire des sens, notre raison n'agit que sur les choses où notre expérience nous éclaire. Lui proposer des matières abstraites, c'est l'égarer dans un labyrinthe dont elle ne trouvera jamais l'issue, mais lui présenter des objets palpables de la nature, c'est le moyen de la frapper et de la convaincre. Il est peu de grands génies capables de conserver le bon sens en se précipitant dans les ténèbres de la métaphysique. L'homme, en général, est né plus sensible que raisonnable. Les épicuriens, abusant du terme de volupté, énervèrent sans y penser la bonté de leurs principes et

lichen Herzens so weit gekommen, dass die verschiedenen Motive der Ermunterung zur Tugend aufgehört haben, die guten Wirkungen hervorzubringen, die man erwartete. Wie viele Philosophen, die es nur dem Namen nach waren, gab es doch bei den Heiden! Man muss nur bei Lukian[1] nachlesen, um sich davon zu überzeugen, wie es um den Ruf der Philosophen zu seiner Zeit stand. Wie viele Christen verwahrlosten und verdarben die alte Reinheit der Sitten! Habgier, Ehrgeiz, Fanatismus erfüllten die Herzen derer, die der Welt zu entsagen gelobt hatten, und zerstörten, was die einfache Tugend begründet hatte. Es wimmelt in der Geschichte von solchen Beispielen. Nun, mit Ausnahme von einigen ebenso frommen wie für die Gesellschaft unnützen Einsiedlern sind die Christen unserer Tage den Römern zur Zeit des Marius und Sulla[2] schließlich um nichts vorzuziehen. Wohlgemerkt beziehe ich mich bei diesem Vergleich einzig und allein auf die Sitten.

Diese und ähnliche Überlegungen haben mich veranlasst, die Ursachen zu erforschen, die eine so sonderbare Verschlimmerung des Menschengeschlechts bewirkt haben. Ich weiß zwar nicht, ob es mir gestattet ist, meine Mutmaßungen angesichts so wichtiger Gegenstände zu formulieren, doch habe ich den Eindruck, als hätte man sich vielleicht bei der Wahl der Beweggründe, welche die Menschen zur Tugend anregen sollten, geirrt. Diese Beweggründe hatten, wie mir scheint, den Fehler, dass sie dem gemeinen Volk nicht verständlich waren. Die Stoiker bedachten nicht, dass Bewunderung eine erzwungene Empfindung ist, deren Eindruck nicht lange anhält. Die Eigenliebe zollt nur widerwillig Beifall. Dass die Tugend schön sei, gesteht man leicht zu, denn dieses Geständnis kostet nichts; da wir es aber eher aus Gefälligkeit als aus Überzeugung ablegen, drängt es uns auch nicht, uns selbst zu bessern, unsere schlechten Neigungen zu besiegen und unsere Leidenschaften zu bezähmen. Die Platoniker hätten sich an die unermessliche Kluft zwischen dem Wesen aller Wesen und dem zerbrechlichen Geschöpf erinnern sollen. Wie konnten sie diesem Geschöpf zumuten, seinen Schöpfer nachzuahmen, von dem es sich, angesichts seines beschränkten und begrenzten Zustands, nur einen unbestimmten, verschwommenen Begriff machen kann? Unser Geist ist der Herrschaft der Sinne unterworfen; unsere Vernunft befasst sich nur mit Dingen, bei denen uns die Erfahrung aufklärt. Ihr abstrakte Gegenstände vorlegen, heißt, sie in ein Labyrinth führen, aus dem sie nie herausfinden wird; ihr aber greifbare Gegenstände der Natur anbieten, ist das Mittel, Eindruck auf sie zu machen und sie zu überzeugen. Nur wenige große Geister sind fähig, den gesunden Menschenverstand zu bewahren, wenn sie sich in die Finsternisse der Metaphysik stürzen. Der Mensch ist generell mehr sinnlich als vernünftig veranlagt. Die Epikuräer missbrauchten den Begriff der Wollust und schwächten dadurch,

fournirent, par cette équivoque même, des armes à leurs disciples pour dénaturer leur doctrine.

La religion chrétienne, en respectant ce qu'on y suppose de divin, et n'en parlant que philosophiquement, la religion chrétienne, dis-je, présentait à l'esprit des idées si abstraites qu'il aurait fallu changer chaque catéchumène en métaphysicien pour les concevoir, et ne choisir que des hommes nés avec une imagination forte pour s'en pénétrer. Peu d'hommes sont nés avec des têtes ainsi organisées. L'expérience prouve que, chez le vulgaire, l'objet présent l'emporte, parce qu'il frappe ses sens, sur l'objet éloigné, qui l'affecte plus faiblement et, par conséquent, les biens de ce monde, à la jouissance desquels il touche, auront sans contredit la préférence sur des biens imaginaires dont il se représente confusément la possession dans une perspective éloignée. Mais que dirons-nous des motifs qu'on tire de l'amour de Dieu pour rendre l'homme vertueux, de cet amour que les quiétistes exigent dégagé des craintes de l'enfer et des espérances du paradis? Cet amour est-il dans la possibilité des choses? Le fini ne peut concevoir l'infini; par conséquent, nous ne pouvons nous former aucune idée exacte de la Divinité. Nous pouvons nous convaincre en général de son existence, et voilà tout. Comment exiger d'une âme agreste qu'elle aime un être qu'elle ne peut connaître en aucune façon? Contentons-nous d'adorer dans le silence, et de borner les mouvements de nos cœurs aux sentiments d'une profonde reconnaissance pour l'Être des êtres, en qui et par lequel tous les êtres existent.

Plus on examine cette matière, plus on la discute, et plus il paraît évident qu'il faudrait employer un principe plus général et plus simple pour rendre les hommes vertueux. Ceux qui se sont appliqués à la connaissance du cœur humain auront sans doute découvert le ressort qu'il faudrait mettre en jeu. Ce ressort si puissant, c'est l'amour-propre, ce gardien de notre conservation, cet artisan de notre bonheur, cette source intarissable de nos vices et de nos vertus, ce principe caché de toutes les actions des hommes. Il se trouve en un degré éminent dans l'homme d'esprit, et il éclaire le plus stupide sur ses intérêts. Qu'y a-t-il de plus beau et de plus admirable que de tirer, même d'un principe qui peut mener au vice, la source du bien, du bonheur et de la félicité publique? Cela arriverait, si cette matière était maniée par les mains d'un habile philosophe. Il réglerait l'amour-propre, il le dirigerait au bien, il saurait oppo-

ohne es zu merken, das Gute ihrer Grundsätze. Durch die Zweideutigkeit dieses Wortes gaben sie ihren Schülern Waffen in die Hand, mit denen sie ihre Lehre verdarben.

Die christliche Religion – wenn man das Göttliche, das man ihr zuschreibt, verehrt und nur als Philosoph spricht –, die christliche Religion, sage ich, bot dem Geist so abstrakte Begriffe, dass man jeden Katechumenen, um sie ihm begreiflich zu machen, in einen Metaphysiker hätte verwandeln müssen und nur Menschen hätte auswählen dürfen, deren Einbildungskraft stark genug gewesen wäre, um in diese Thematik einzudringen. Doch nur wenige Menschen sind mit so organisierten Köpfen geboren. Die Erfahrung lehrt, dass das Gegenwärtige, weil es sinnfällig ist, beim gemeinen Volk die Oberhand über das Abwesende gewinnt, weil dieses einen schwächeren Eindruck hinterlässt, und folglich werden die Güter dieser Welt, deren Genuss es mit Händen greift, unstreitig den Vorzug vor den imaginären Gütern haben, deren Besitz es sich undeutlich und in weiter Ferne vorstellt. Aber was sollen wir erst von den Motiven sagen, die man von der Liebe zu Gott herleitet, um den Menschen tugendhaft zu machen? Und von jener Liebe, von der die Quietisten[1] verlangen, dass sie weder mit der Furcht vor der Hölle noch mit der Hoffnung auf das Paradies verbunden sein darf? Gibt es für eine solche Liebe tatsächlich eine Möglichkeit? Das Endliche kann das Unendliche nicht begreifen; folglich können wir uns keine genaue Vorstellung von der Gottheit machen. Wir können uns nur im Allgemeinen von ihrem Dasein überzeugen. Das ist alles. Wie kann man da von einer schlichten Seele verlangen, ein Wesen zu lieben, das sie gar nicht zu erkennen vermag? Begnügen wir uns also damit, es im Stillen anzubeten und die Regungen unserer Herzen auf das Gefühl einer tiefen Dankbarkeit gegenüber dem Wesen aller Wesen, in dem und durch das alles existiert, zu begrenzen.

Je mehr man diesen Gegenstand untersucht und erörtert, desto deutlicher wird es, dass man von einem allgemeineren und einfacheren Grundsatz ausgehen muss, um die Menschen tugendhaft zu machen. Wer sich in das Studium des menschlichen Herzens vertieft hat, wird zweifellos die Triebfeder entdeckt haben, die hier ins Spiel kommen muss. Diese so mächtige Triebfeder ist die Eigenliebe, diese Wächterin unserer Selbsterhaltung, diese Schöpferin unseres Glücks, diese unversiegliche Quelle unserer Laster und unserer Tugenden, dieses verborgene Prinzip aller menschlichen Handlungen. Sie findet sich in hohem Grad bei Menschen von Geist und klärt auch den Stumpfsinnigsten über seine Interessen auf. Was ist schöner und bewundernswürdiger als in einem Prinzip, auch wenn es zum Laster führen kann, die Quelle des Guten, des Glücks und der öffentlichen Wohlfahrt zu entdecken? Dies würde geschehen, wenn ein geschickter Philosoph diesen Gegenstand bearbeitete. Er würde der Eigen-

ser les passions aux passions et, en démontrant aux hommes que leur intérêt est d'être vertueux, il les rendrait tels.

Le duc de La Rochefoucauld, qui, en fouillant dans le cœur humain, a si bien dévoilé ce ressort de l'amour-propre, s'en est servi pour calomnier nos vertus, dont il n'admet que l'apparence. Je voudrais qu'on employât ce ressort pour prouver aux hommes que leur véritable intérêt est d'être bons citoyens, bons pères, bons amis, en un mot, de posséder toutes les vertus morales. Et comme effectivement cela est véritable, il ne serait pas difficile de les en convaincre.

Pourquoi tâche-t-on de prendre les hommes par leur intérêt quand on veut les engager à suivre de certains partis, si ce n'est que l'intérêt propre est, de tous les arguments, le plus fort et le plus convaincant ? Servons-nous donc de ce même argument pour la morale. Qu'on représente aux hommes les malheurs qu'ils s'attireront par une conduite vicieuse, et les biens qui sont inséparables des bonnes actions. Lorsque les Crétois maudissaient leurs ennemis, ils leur souhaitaient de se livrer à des passions vicieuses. C'était leur souhaiter qu'ils se précipitassent eux-mêmes dans des malheurs et dans l'opprobre*. Ces vérités aisées sont susceptibles de démonstration, et se trouvent également à la portée des sages, des gens d'esprit, et de la plus vile populace.

On m'objectera sans doute que mon hypothèse trouvera quelque difficulté à concilier, avec le bonheur que j'attache aux bonnes actions, ces persécutions qu'éprouve la vertu et ces espèces de prospérités dont jouissent tant d'âmes perverses. Cette difficulté est facile à lever, si nous voulons nous borner à n'entendre par le mot de bonheur qu'une parfaite tranquillité de l'âme. Cette tranquillité de l'âme se fonde sur le contentement de nous-mêmes, sur ce que notre conscience nous permet d'applaudir à nos actions, et sur ce que nous n'avons point de reproches à nous faire. Or il est clair que ce sentiment peut exister dans une personne d'ailleurs malheureuse. Mais jamais il n'existera dans un cœur barbare et atroce, qui ne peut que se détester lui-même, s'il se considère quelles que soient les prospérités apparentes dont il paraît environné.

Nous ne combattons point l'expérience ; nous avouons qu'il y a une multitude d'exemples de crimes impunis et de scélérats qui jouissent de ces grandeurs que les

---

* Valère Maxime, livre VII, chap. 2.

liebe ihre Richtung geben, sie zum Guten lenken, eine Leidenschaft gegen die andere setzen, und indem er den Menschen bewiese, dass ihr Interesse darin besteht, tugendhaft zu sein, sie wirklich zu tugendhaften Menschen machen.

Der Herzog von La Rochefoucauld[1], der das menschliche Herz untersucht und dabei die Triebfeder der Eigenliebe so scharfsichtig aufgedeckt hat, bedient sich ihrer jedoch nur, um über unsere Tugenden, die für ihn nur Schein sind, zu lästern. Ich hingegen wünschte, man würde diese Triebfeder anwenden, um den Menschen zu beweisen, dass ihr wahres Interesse darin besteht, gute Staatsbürger, gute Väter, gute Freunde zu sein, kurz: alle moralischen Tugenden zu besitzen; und da es wirklich so ist, würde es nicht schwerfallen, sie davon zu überzeugen.

Warum versucht man die Menschen bei ihrem Eigeninteresse zu fassen, wenn man sie ermuntern will, Partei zu ergreifen? Doch nur, weil der eigene Vorteil von allen Argumenten das stärkste und überzeugendste ist. Bedienen wir uns also eben dieses Arguments für die Moral. Wir sollten den Menschen klar machen, dass sie sich durch lasterhaftes Verhalten ins Unglück stürzen, und dass das Gute untrennbar mit guten Handlungen verknüpft ist. Wenn die Kreter ihre Feinde verfluchten, wünschten sie, dass sie sich lasterhaften Leidenschaften hingeben; das heißt, sie wünschten ihnen, dass sie sich selbst in Unglück und Schande stürzen.* Diese einfachen Wahrheiten können bewiesen werden und sind für Weise, für Leute von Geist und für den niedrigsten Pöbel gleichermaßen verständlich.

Man wird mir zweifellos entgegenhalten, meine Hypothese, das Glück, das ich mit guten Handlungen verknüpfe, sei nur schwer mit den Verfolgungen der Tugend und mit der Art von Wohlstand, den so viele verderbte Menschen genießen, in Einklang zu bringen. Diese Schwierigkeit lässt sich leicht beheben, wenn wir uns damit begnügen, unter dem Wort Glück nichts anderes zu verstehen als eine vollkommene Seelenruhe. Diese Seelenruhe gründet sich auf die Zufriedenheit mit uns selbst und darauf, dass uns das gute Gewissen erlaubt, unseren Handlungen Beifall zu zollen, und dass wir uns keine Vorwürfe machen müssen. Nun, es ist klar, dass ein Mensch, der im Übrigen unglücklich ist, diese Empfindung haben kann, dass sie aber niemals in einem barbarischen und wilden Herzen existiert, denn sobald es sich betrachtet, muss es sich selbst verabscheuen, wie auch immer das äußere Glück, mit dem es sich umgibt, beschaffen sein mag.

Wir wollen die Erfahrung nicht bestreiten und geben zu, dass es eine Menge Beispiele unbestrafter Verbrechen gibt und eine Menge Übeltäter jenen Glanz genießt,

---

* Valerius Maximus, 7. Buch, 2. Kapitel.[2]

idiots admirent. Mais ces criminels ne craignent-ils pas que le temps ne dévoile enfin cette vérité si terrible pour eux, et ne découvre leur opprobre ? Et ces monstres couronnés, un Néron, un Caligula, un Domitien, un Louis XI, les grandeurs vaines dont ils jouissaient les empêchaient-elles d'entendre la voix secrète de la conscience qui les condamnait, d'être dévorés de remords, et de sentir ce fouet vengeur qui, quoique invisible, les déchirait en les fustigeant ? Quelle âme peut être tranquille dans une telle situation ? N'éprouve-t-elle pas plutôt dans cette vie tout ce que les tourments des enfers peuvent avoir de plus affreux ? D'ailleurs, c'est mal raisonner que de juger du bonheur des autres par les apparences. Ce bonheur ne peut être évalué que sur la façon de penser de celui qui l'éprouve. Cette façon de penser varie si fort que l'un aime la gloire, cet autre des objets de plaisir ; celui-ci s'attache à des bagatelles, celui-là à des choses qu'on juge importantes, et même, les uns dédaignent et méprisent ce que les autres désirent ou regardent comme le souverain bien.

Il n'y a donc point de règle certaine pour juger de ce qui dépend d'un goût arbitraire et souvent fantasque ; d'où il arrive qu'on se récrie souvent sur le bonheur et la prospérité de ceux qui gémissent amèrement en secret du poids de leurs afflictions. Puis donc que ce n'est pas dans des objets extérieurs, ni dans ces fortunes que la scène mouvante du monde produit et détruit tour à tour, que nous pouvons trouver la félicité, il faut la chercher en nous-mêmes. Il n'y en a point d'autre, je le répète, que la tranquillité de l'âme ; c'est pourquoi notre intérêt doit nous porter à rechercher un bien aussi précieux, et si les passions le troublent, c'est elles qu'il faut dompter.

Ainsi qu'un État ne saurait être heureux tandis qu'il est déchiré par une guerre civile, de même l'homme ne saurait jouir du bonheur lorsque ses passions révoltées combattent l'empire de la raison. Toutes les passions portent avec elles un châtiment qui leur semble attaché. Celles mêmes qui flattent le plus nos sens n'en sont pas exemptes : chez celles-ci, c'est la ruine de la santé ; chez celles-là, ce sont des soins et des inquiétudes renaissantes ; ou c'est le chagrin de ne pas réussir dans des projets vastes que l'on a imaginés, ou c'est le dégoût de n'avoir pas toute la considération que l'on croit mériter, ou la rage de ne pouvoir se venger de ceux qui vous ont outragé, ou le remords d'un ressentiment trop barbare, ou la crainte d'être démasqué après cent fourberies consécutives.

den die Dummköpfe bewundern. Aber befürchten diese Verbrecher nicht, dass die Zeit schließlich jene für sie so verhängnisvolle Wahrheit enthüllen und ihre Schande aufdecken wird? Und konnte der eitle Glanz, den gekrönte Ungeheuer wie Nero, Caligula, Domitian, Ludwig XI. genossen, wohl verhindern, dass sie die geheime Sprache ihres Gewissens, die sie verurteilte, hörten?[1] Konnte dieser Glanz verhindern, dass sie von Gewissensbissen verzehrt wurden und die Geißel der Rache fühlten, die sie auch ungesehen peinigte und zerfleischte? Welche Seele kann in einer solchen Lage ruhig bleiben? Empfindet sie nicht vielmehr schon in diesem Leben alles, was nur die Höllenqualen an Grässlichem an sich haben können? Übrigens räsoniert man falsch, wenn man das Glück eines anderen nach dem äußeren Schein beurteilt. Dieses Glück lässt sich nur nach der Denkart dessen, der es empfindet, einschätzen. Diese Denkart wiederum ist so verschieden, dass der Eine den Ruhm liebt, der Andere das Vergnügen, dass dieser an Kleinigkeiten hängt und jener an Dingen, die man für wichtig hält. Einige verabscheuen und verachten sogar, was Andere sich wünschen oder als das höchste Gut ansehen.

Es gibt also keine feste Regel zur Beurteilung dessen, was von einem willkürlichen und oft launischen Geschmack abhängt; und daher kommt es, dass man sich häufig über das Glück und den Wohlstand von Personen ereifert, die insgeheim bitterlich über die Last ihres Kummers seufzen. Weil wir das Glück also weder in äußeren Dingen noch in jenen Glücksgütern[2] finden können, die auf der veränderlichen Bühne der Welt abwechselnd zum Vorschein kommen und wieder verschwinden, so müssen wir es in uns selbst suchen. Es gibt aber, ich wiederhole es, kein anderes Glück als die Seelenruhe. Deshalb muss unser eigenes Interesse uns antreiben, nach einem so kostbaren Gut zu streben, und wenn die Leidenschaften es stören, dann muss man sie zügeln.

Wie ein Staat nicht glücklich sein kann, wenn er von einem Bürgerkrieg zerrüttet wird, so kann auch der Mensch das Glück nicht genießen, wenn seine aufrührerischen Leidenschaften der Vernunft die Herrschaft streitig machen. Alle Leidenschaften ziehen eine Züchtigung nach sich, die mit ihnen verknüpft zu sein scheint. Selbst die, welche unseren Sinnen am meisten schmeicheln, sind hiervon nicht ausgenommen. Die einen zerrütten die Gesundheit, die anderen bescheren uns immer wiederkehrende Sorge und Unruhe, oder es ist der Verdruss über das Misslingen großer Pläne, die man entworfen hat, oder Widerwillen, weil man nicht die Achtung erhält, die man zu verdienen glaubt, oder Wut, sich an denen nicht rächen zu können, von denen man beleidigt wurde, oder Gewissensbisse über eine zu grausame Vergeltung, oder Furcht, nach hundert Betrügereien schließlich doch entlarvt zu werden.

Par exemple, la soif d'amasser des richesses travaille sans cesse l'avare. Les moyens lui sont égaux, pourvu qu'il se contente ; mais la crainte de voir échapper ce qui lui a coûté tant de peines à ramasser lui ôte la jouissance de ce qu'il possède. L'ambitieux perd le présent de vue pour se précipiter aveuglément dans l'avenir. Il enfante sans cesse de nouveaux projets, il foule impérieusement à ses pieds tout ce qu'il y a de plus sacré pour arriver à ses fins, les obstacles qu'il rencontre l'aigrissent et l'irritent ; toujours incertain entre la crainte et l'espérance, il est en effet malheureux, et la possession même de ce qu'il désire est accompagnée de satiété et de dégoût. Cet état d'insipidité lui fait naître de nouveaux projets de fortune, et ce bonheur qu'il cherche, il ne le trouve jamais. Faut-il dans une aussi courte vie former d'aussi longs projets ? Le prodigue qui dépense le double de ce qu'il amasse est comme le tonneau des Danaïdes, qui ne se remplissait jamais : il en est toujours aux expédients, et ses nombreux désirs, qui multiplient sans cesse ses besoins, font à la fin dégénérer ses vices en crimes. L'amoureux tendre devient le jouet des femmes qui le trompent, l'amoureux volage ne séduit que parce qu'il est parjure, et le débauché perd sa santé en abrégeant ses jours.

Mais l'homme dur, l'injuste, l'ingrat, quels reproches n'ont-ils pas à se faire ! Celui qui est dur cesse d'être homme parce qu'il ne respecte plus les privilèges de son espèce, et méconnaît ses frères dans ses semblables. Il n'a ni cœur ni entrailles et, ne sentant pas de compassion, il renonce en effet à celle qu'on doit avoir pour lui. L'injuste rompt l'accord social ; il détruit, autant qu'il est en lui, les lois sous la protection desquelles il existe ; il se révolterait contre l'oppression qu'il aurait à souffrir pour s'arroger le privilège exclusif d'opprimer ceux qui sont plus faibles que lui ; il pèche par une mauvaise logique, ses principes se trouvent en contradiction, et d'ailleurs les sentiments d'équité que la nature a gravés dans tous les cœurs ne doivent-ils pas se soulever contre ses prévarications ? Mais le vice le plus abominable de tous, le plus noir, le plus infâme, c'est l'ingratitude. L'ingrat, insensible aux bienfaits, commet un crime de lèse-majesté contre la société, parce qu'il corrompt, qu'il empoisonne, qu'il détruit les douceurs de l'amitié ; il sent les offenses, il ne sent pas les services ; il met le comble à la perfidie en rendant le mal pour le bien. Mais cette âme dénaturée et dégradée de l'humanité agit contre ses intérêts, parce que tout individu, faible de sa nature,

Den Geizigen zum Beispiel quält unaufhörlich der Durst nach Reichtümern. Die Mittel sind ihm einerlei, wenn er nur sein Ziel erreicht; aber die Furcht, das mit so viel Mühe Zusammengeraffte wieder zu verlieren, raubt ihm den Genuss seines Besitzes. Der Ehrgeizige verliert die Gegenwart aus den Augen, um sich blindlings in die Zukunft zu stürzen; er bringt unaufhörlich neue Pläne zur Welt, tritt gebieterisch alles, auch das Heiligste, mit Füßen, um sein Ziel zu erreichen; die Hindernisse, die sich ihm in den Weg stellen, reizen und erbittern ihn; immer schwankend zwischen Furcht und Hoffnung, ist er in der Tat unglücklich; und selbst der Besitz dessen, was er begehrt, ist mit Überdruss und Ekel verbunden. Dieser unbehagliche Zustand veranlasst ihn, neue Glückspläne zu schmieden, aber das Glück, das er sucht, findet er nie. Soll man in einem so kurzen Leben so großangelegte Pläne entwerfen? Der Verschwender, der doppelt so viel verschleudert als er zusammenträgt, ist wie das Fass der Danaiden[1], das niemals voll wurde. Er denkt immer wieder an Hilfsmittel; und seine zahlreichen Begierden, die seine Bedürfnisse ohne Unterlass vervielfältigen, führen dazu, dass seine Laster schließlich in Verbrechen ausarten. Der zärtlich Verliebte wird zum Spielball der Frauen, die ihn betrügen; der flatterhaft Liebende verführt sie nur dadurch, dass er wortbrüchig ist; der Wüstling zerstört seine Gesundheit und verkürzt sein Leben.

Aber welche Vorwürfe haben sich erst der Unbarmherzige, der Ungerechte, der Undankbare zu machen! Der Unbarmherzige hört auf, Mensch zu sein, weil er die Vorrechte seiner Gattung nicht ehrt und in seinesgleichen seine Brüder nicht erkennt. Er hat kein Herz, kein Gefühl; und da er selbst kein Mitleid empfindet, verwirkt er sogar das Mitleid, das Andere mit ihm haben sollten. Der Ungerechte bricht den Gesellschaftsvertrag[2]; er zerstört, sosehr er kann, die Gesetze, unter deren Schutz er lebt; er würde sich gegen die Unterdrückung, die er zu erleiden hätte, auflehnen, um sich das ausschließliche Vorrecht anzumaßen, die zu unterdrücken, welche schwächer sind als er. Er sündigt durch eine schlechte Logik; seine Grundsätze stehen im Widerspruch miteinander; und muss sich im Übrigen nicht auch das Gefühl für Recht und Billigkeit, das die Natur allen Herzen eingraviert hat, gegen seine Übergriffe auflehnen? Doch das abscheulichste, schwärzeste und ruchloseste aller Laster ist der Undank. Der Undankbare, der kein Gefühl für Wohltaten hat, begeht ein Majestätsverbrechen gegen die Gesellschaft, denn er verdirbt, vergiftet und zerstört die Wonnen der Freundschaft. Beleidigungen empfindet er, geleistete Dienste nicht; er treibt die Niedertracht auf die Spitze, indem er Gutes mit Bösem vergilt. Aber diese verkommene, unter die Menschheit herabgesunkene Seele handelt gegen ihre eigenen Interessen, denn jedes Individuum, so hoch es auch stehen mag, kann, da es von Natur aus

quelque élevé qu'il soit, ne peut se passer du secours de ses semblables, et qu'un ingrat, excommunié de la société, s'est rendu indigne, par sa férocité, d'éprouver désormais de nouveaux bienfaits. Il faudrait dire sans cesse aux hommes: «Soyez doux et humains, parce que vous êtes faibles et que vous avez besoin d'assistance. Soyez justes envers les autres, afin qu'à votre tour les lois puissent vous protéger contre toute violence étrangère. En un mot, ne faites point à d'autres ce que vous ne voudriez pas que l'on vous fît.»

Je n'entreprends point de détailler dans cette légère esquisse tous les arguments que l'amour-propre fournit aux hommes pour vaincre leurs mauvais penchants et les inciter à mener une vie plus vertueuse. Les bornes de ce discours ne permettent pas que cette matière y soit épuisée; je me contente d'avancer que tous ceux qui trouveront de nouveaux motifs propres à réformer les mœurs rendront un service important à la société, j'ose même dire à la religion.

Rien de plus vrai, de plus évident que la société ne saurait subsister ni se maintenir sans la vertu et les bonnes mœurs de ceux qui la composent. Des mœurs dépravées, une effronterie scandaleuse dans le vice, un mépris pour la vertu et pour ceux qui l'honorent, de la mauvaise foi dans le commerce, des parjures, des perfidies, un intérêt particulier qui succède à celui de la patrie, sont les avant-coureurs de la chute des États et de la ruine des empires, parce que, aussitôt que les idées du bien et du mal sont confondues, il n'y a plus ni blâme ni louange, ni punition ni récompense.

Cet objet si important des mœurs n'intéresse pas moins la religion que l'État. Les religions chrétiennes, la juive, la mahométane et la chinoise ont à peu près la même morale. La religion chrétienne, accréditée depuis longtemps, a cependant encore deux sortes d'ennemis à combattre. Les uns sont de ces philosophes qui, n'admettant que le bon sens et des raisonnements rigoureusement exacts selon les principes de la logique, rejettent les idées et les systèmes qui ne se trouvent pas conformes aux règles de la dialectique; nous ne parlons pas actuellement de ceux-là. Les autres sont des libertins dont les mœurs, corrompues par une longue habitude du vice, se révoltent contre la dureté du joug que la religion veut imposer à leurs passions. Ils rejettent ces entraves, ils renoncent tacitement à une loi qui les gêne, et cherchent un asile dans une incrédulité parfaite. Je soutiens donc que tous les motifs qui peuvent être

schwach ist, den Beistand seiner Mitmenschen nicht entbehren. Ein Undankbarer aber, den die Gesellschaft exkommuniziert, macht sich durch seine grausame Wildheit unwürdig, jemals wieder neue Wohltaten zu empfangen. Man sollte den Menschen unaufhörlich zurufen: »Seid sanft und menschlich, weil ihr schwach seid und des Beistands bedürft! Seid gerecht gegen Andere, damit die Gesetze auch euch gegen fremde Gewalttätigkeit schützen können! Mit einem Wort: Tut Anderen nicht das an, was sie euch nicht antun sollen.«

Ich beabsichtige nicht, in dieser flüchtigen Skizze alle Argumente einzeln aufzuführen, die die Eigenliebe den Menschen an die Hand gibt, damit sie ihre schlechten Neigungen besiegen und sich veranlasst sehen, ein tugendhafteres Leben zu führen. Die engen Grenzen dieses Vortrags erlauben es nicht, diesen Gegenstand erschöpfend zu behandeln. Ich begnüge mich daher mit der Behauptung, dass alle, die neue Beweggründe zur Verbesserung der Sitten ausfindig machen, der Gesellschaft, ja, wie ich ohne zu zögern sagen möchte, selbst der Religion einen wichtigen Dienst leisten werden.

Nichts ist wahrer und offensichtlicher, als dass die Gesellschaft ohne die Tugend und ohne die guten Sitten ihrer Mitglieder nicht bestehen und sich nicht aufrechterhalten könnte. Verfall der Sitten, Dreistigkeit des Lasters, Verachtung der Tugend und ihrer Verehrer, Mangel an Redlichkeit in Handel und Wandel, Meineid, Treulosigkeit und das Einzelinteresse, das an die Stelle des Interesses des Vaterlandes tritt – das sind die Vorboten des Verfalls der Staaten und des Untergangs der Imperien; denn sobald die Begriffe von Gut und Böse durcheinander geraten, gibt es weder Lob noch Tadel, weder Lohn noch Strafe.

Ein so wichtiger Gegenstand wie die Sitten interessiert die Religion nicht weniger als den Staat. Die christlichen Religionen, die jüdische, die mohammedanische und die chinesische Religion haben fast die gleiche Moral. Die seit langem eingeführte christliche Religion hat jedoch immer noch zwei Arten von Feinden zu bekämpfen. Die einen sind jene Philosophen, die nur den gesunden Menschenverstand und das Räsonnement, das die Grundsätze der Logik mit äußerster Strenge befolgt, gelten lassen, und die die Begriffe und Systeme, die nicht mit den Regeln der Dialektik übereinstimmen, verwerfen. Doch von diesen reden wir hier nicht. Die anderen sind die Libertins[1], deren Sitten durch eine lange Gewöhnung an das Laster verdorben sind, und die gegen das harte Joch, das die Religion ihren Leidenschaften auferlegen will, revoltieren. Sie werfen ihre Fesseln ab, sprechen sich stillschweigend von einem Gesetz los, das sie belästigt, und suchen ihre Zuflucht in einer vollkommenen Ungläubigkeit. Ich behaupte nun, dass alle Beweggründe, auf die man zurückgreifen kann, um Per-

employés pour réformer des personnes de ce caractère tournent évidemment au plus grand avantage de la religion chrétienne, et j'ose croire que l'intérêt propre des hommes est le motif le plus puissant que l'on puisse employer pour les retirer de leurs égarements. Dès qu'une fois l'homme sera bien persuadé que son propre bien demande qu'il soit vertueux, il se portera à des actions louables. Et comme, effectivement, il se trouvera vivre conformément à la morale de l'Évangile, il sera facile de le déterminer à faire pour l'amour de Dieu ce qu'il pratiquera déjà pour l'amour de lui-même. C'est ce que les théologiens appellent changer des vertus païennes en des vertus sanctifiées par le christianisme.

Mais voici une nouvelle objection qui se présente. On me dira sans doute : « Vous êtes en contradiction avec vous-même ; vous ne pensez donc pas qu'on définit la vertu : ‹ une disposition de l'âme qui la porte au plus parfait désintéressement ›. Comment pouvez-vous donc imaginer qu'on peut arriver à ce parfait désintéressement par l'intérêt propre, ce qui est précisément la disposition de l'âme qui lui est la plus opposée ? » Quelque forte que soit cette objection, elle est facile à résoudre, pourvu que l'on considère les différents ressorts qui font mouvoir l'amour-propre. Si l'amour-propre ne consistait que dans le désir de posséder des biens et des honneurs, je n'aurais rien à répondre, mais ses prétentions ne se bornent pas à si peu d'objets. Premièrement, c'est l'amour de la vie et de sa propre conservation, ensuite l'envie d'être heureux, la crainte du blâme et de la honte, le désir de la considération et de la gloire, enfin une passion pour tout ce qu'on juge être avantageux. Ajoutez-y une horreur pour tout ce qu'on croit nuisible à sa conservation. Il n'y a donc qu'à rectifier le jugement des hommes. Que dois-je rechercher, que dois-je fuir, pour rendre cet amour-propre, de brut et nuisible qu'il était, utile et louable ?

Les exemples du plus grand désintéressement que nous ayons nous sont fournis par des principes de l'amour-propre. Le dévouement généreux des deux Décius, qui sacrifièrent volontairement leur propre vie pour procurer la victoire à leur patrie, d'où provenait-il, si ce n'est qu'ils estimaient moins leur existence que la gloire ? Pourquoi Scipion, dans sa première jeunesse, dans cet âge où les passions sont si dangereuses, résiste-t-il aux tentations que lui donne la beauté de sa captive ? Pourquoi la rend-il vierge à son fiancé, en les comblant tous deux de présents ? Pouvons-nous douter que ce héros n'ait jugé que son procédé noble et généreux lui ferait plus d'honneur que s'il avait brutalement assouvi ses désirs ? Il préférait donc la réputation à la volupté.

sonen von diesem Charakter zu bessern, der christlichen Religion offenbar zum größten Nutzen gereichen. Ich glaube sogar, dass das Eigeninteresse der Menschen das mächtigste Motiv ist, mit dem man sie von ihren Verirrungen abbringen kann. Sobald der Mensch wirklich davon überzeugt ist, dass sein eigenes Wohl es verlangt, tugendhaft zu sein, wird er auch lobenswerte Handlungen vollbringen. Und da er dann tatsächlich der Moral des Evangeliums gemäß leben wird, wird man ihn leicht dazu bringen können, aus Liebe zu Gott das zu tun, was er schon allein aus Liebe zu sich selbst tun wird. Das heißt dann bei den Theologen, heidnische Tugenden in solche zu verwandeln, die durch das Christentum geheiligt sind.

Doch hier ergibt sich ein neuer Einwand. Man wird mir zweifellos entgegenhalten: »Sie widersprechen sich selbst. Sie denken nämlich nicht daran, dass man die Tugend als einen Zustand definiert, in dem die Seele zur größten Uneigennützigkeit angetrieben wird. Wie können Sie sich also einbilden, dass man durch den Eigennutz zu dieser vollkommenen Uneigennützigkeit gelangen kann, denn er ist ja gerade jenem Seelenzustand am meisten entgegengesetzt?« Wie stark dieser Einwand auch sein mag, er lässt sich leicht widerlegen, wenn man nur die verschiedenen Triebfedern betrachtet, die die Eigenliebe in Bewegung versetzen. Bestünde die Eigenliebe nur im Verlangen nach Gütern und Ehren, so hätte ich nichts zu erwidern; aber ihre Forderungen beschränken sich nicht auf so wenig. Sie beziehen sich zunächst auf die Liebe zum Leben und zur Selbsterhaltung, dann auf den Wunsch, glücklich zu sein, die Furcht vor Tadel und Schande, das Verlangen nach Ansehen und Ruhm, und schließlich auf die Leidenschaft für alles, was man für vorteilhaft hält. Und fügen Sie dann noch den Schrecken vor allem hinzu, was man für die Selbsterhaltung als schädlich betrachtet. Man braucht also nur das Urteil der Menschen zu berichtigen. Was muss ich suchen und was muss ich meiden, um die an und für sich rohe und schädliche Eigenliebe nützlich und lobenswert zu machen?

Es sind die Prinzipien der Eigenliebe, die uns Beispiele bereithalten, die von größter Uneigennützigkeit zeugen. Die edelmütige Aufopferung der beiden Decius[1], die ihr Leben freiwillig opferten, um ihrem Vaterland den Sieg zu erringen – woraus entsprang sie, wenn nicht daraus, dass ihnen ihr Leben weniger wert war als der Ruhm? Weshalb widersteht Scipio in seiner frühesten Jugend, in dem Alter, in dem die Leidenschaften so gefährlich sind, den Versuchungen, in die ihn die Schönheit seiner Gefangenen brachte? Warum gibt er sie ihrem Verlobten als Jungfrau zurück und überhäuft beide mit Geschenken?[2] Können wir daran zweifeln, dass dieser Held dachte, sein edles, großmütiges Benehmen werde ihm mehr Ehre bringen als die rohe Befriedigung seiner Begierden? So zog er also den guten Ruf der Wollust vor.

Que de traits de vertu, que d'actions à jamais glorieuses ne sont effectivement dues qu'à l'instinct de l'amour-propre! Par un sentiment secret et presque imperceptible, les hommes ramènent tout à eux-mêmes; ils se placent dans un centre où aboutissent toutes les lignes de la circonférence. Quelque bien qu'ils fassent, ils en sont eux-mêmes l'objet caché. La sensation la plus vive l'emporte chez eux sur la plus faible. Souvent, un syllogisme vicieux dont ils ne sentent pas les défauts les détermine. Il ne faut donc que leur présenter les vrais biens, leur en faire connaître la valeur, et savoir manier leurs passions en opposant un penchant à l'autre, pour en tirer avantage en faveur de la vertu.

S'agit-il d'arrêter le crime prêt à se commettre, vous trouvez le principe réprimant dans la crainte des lois qui le punissent. C'est alors qu'il faut exciter cet amour que chaque homme a pour sa conservation, pour l'opposer aux desseins pervers qui l'exposeront aux plus rigoureux châtiments, à la mort même. Cet amour de sa conservation peut servir également pour ramener des débauchés dont les débordements ruinent la santé et abrègent les jours; de même contre ceux qui sont sujets aux emportements de la colère, car il y a des exemples que ces mouvements ont donné des accès d'épilepsie à ceux qui en étaient violemment agités. La crainte du blâme produit à peu près des effets semblables à ceux de l'amour de sa conservation. Combien de femmes ne doivent leur pudeur, à laquelle on applaudit, qu'au désir de conserver leur réputation à l'abri de la médisance! Combien d'hommes ne doivent leur désintéressement qu'à l'appréhension de passer dans le monde, s'ils agissaient autrement, pour des fripons et pour des malheureux! Enfin, manier adroitement les différents ressorts de l'amour-propre, ramener tous les avantages des bonnes actions à celui qui en est l'auteur, c'est le moyen de faire de ce ressort du bien et du mal l'agent principal du mérite et de la vertu.

Je ne puis m'empêcher d'avouer à notre honte qu'on s'aperçoit, dans ce siècle, d'un refroidissement étrange pour ce qui concerne la réforme du cœur humain et des mœurs. On dit publiquement, on imprime même, que la morale est autant ennuyeuse qu'inutile; on soutient que la nature de l'homme est un composé de bien et de mal, que l'on ne change point cet être, que les plus fortes raisons cèdent à la violence des passions, et qu'il faut laisser aller le monde comme il va.

Mais si l'on en usait ainsi à l'égard de la terre, si on ne la cultivait pas, elle porterait sans doute des ronces et des épines, et jamais elle ne donnerait ces abondantes mois-

Wie viele tugendhafte Züge, wie viele unsterbliche Ruhmestaten hat man tatsächlich nur dem Instinkt der Eigenliebe zu verdanken! Aus einem geheimen, fast unmerklichen Gefühl heraus beziehen die Menschen alles auf sich selbst; sie stellen sich in einen Mittelpunkt, wo alle Linien ihres Umkreises zusammenlaufen. Was sie an Gutem auch tun mögen, immer sind sie selbst der verborgene Gegenstand desselben. Das stärkere Gefühl hat bei ihnen die Oberhand über das schwächere. Oft bestimmt sie eine irreführende Schlussfolgerung, deren Fehler sie nicht einsehen. Man muss ihnen also nur das wahre Gute zeigen, ihnen dessen Wert zur Kenntnis bringen und ihre Leidenschaften zu behandeln wissen, indem man die eine der anderen entgegensetzt, um so zu Gunsten der Tugend Vorteile daraus zu ziehen.

Geht es darum, ein Verbrechen zu verhindern, das jemand begehen will, so finden Sie ein Abschreckungsmittel in der Furcht vor den Gesetzen, die es bestrafen. Dann muss man die Liebe zur Selbsterhaltung, die jedem Menschen eigen ist, wachrufen, um sie den lasterhaften Absichten entgegenzustellen, die ihn den strengsten Strafen, ja selbst dem Tod aussetzen würden. Diese Liebe zur Selbsterhaltung kann auch dazu dienen, Wüstlinge zu bessern, die durch Ausschweifungen ihre Gesundheit zerrütten und ihr Leben verkürzen. Das gilt auch für jene, die sich vom Jähzorn hinreißen lassen; denn es gibt Beispiele dafür, dass diese Erregungen bei heftiger Erschütterung zu epileptischen Anfällen geführt haben. Die Furcht vor übler Nachrede bringt fast die gleichen Wirkungen hervor wie die Liebe zur Selbsterhaltung. Wie viele Frauen verdanken ihre Keuschheit, deretwegen man sie lobt, nur dem Verlangen, ihren Ruf vor der Verleumdung zu schützen! Wie viele Männer verdanken ihre Uneigennützigkeit nur der Besorgnis, in der Welt, wenn sie anders handelten, als Betrüger und elende Menschen dazustehen! Kurz, die verschiedenen Triebfedern der Eigenliebe geschickt in Bewegung zu setzen, alle Vorteile der guten Handlungen auf den zurückzuführen, der sie vollbringt – das ist das Mittel, um aus diesem Triebrad des Guten und des Bösen die treibende Kraft des Verdienstes und der Tugend zu machen.

Ich kann nicht umhin, zu unserer Schande zu gestehen, dass man in unserem Jahrhundert eine seltsame Abkühlung gegen das bemerkt, was die Verbesserung des menschlichen Herzens und der Sitten betrifft. Man sagt öffentlich und lässt sogar drucken, die Moral sei ebenso langweilig wie unnütz; man behauptet, die Menschennatur sei ein Gemisch aus Gut und Böse, das menschliche Wesen lasse sich nicht ändern, die stärksten Gründe wichen der Gewalt der Leidenschaften, und man müsse die Welt soll lassen, wie sie nun einmal sei.

Wenn man nun aber mit dem Erdboden ebenso verführe und ihn unbebaut ließe, so würde er ohne Zweifel nur Disteln und Dornen tragen und nie die reichen und

sons si utiles et qui nous servent d'aliments. J'avoue, quelque attention que l'on porte à corriger les mœurs, qu'il y aura toujours des vices et des crimes sur la terre. Mais il y en aura moins, et c'est beaucoup gagner. Il y aura, de plus, des esprits rectifiés et développés, qui excelleront par leurs éminentes qualités. N'a-t-on pas vu sortir des écoles des philosophes des âmes sublimes, des hommes presque divins, qui ont poussé la vertu aux plus hauts degrés de perfection où l'humanité puisse atteindre ? Les noms des Socrate, des Aristide, des Caton, des Brutus, des Antonin, des Marc-Aurèle subsisteront dans les annales du genre humain, tant qu'il restera des âmes vertueuses dans le monde. La religion n'a pas laissé de produire quelques hommes éminents, qui ont excellé par l'humanité et la bienfaisance. Je ne compte pas de ce nombre ces reclus atrabilaires et fanatiques qui ont enseveli dans des cachots religieux des vertus qui pouvaient devenir utiles à leur prochain, et qui ont mieux aimé vivre à la charge de la société que de la servir.

Il faudrait commencer aujourd'hui par imiter l'exemple des anciens, employer tous les encouragements qui peuvent rendre l'espèce humaine meilleure, préférer dans les écoles l'étude de la morale à toute autre connaissance, prendre une méthode aisée pour l'enseigner. Peut-être ne serait-ce pas un petit acheminement à ce but que de composer des catéchismes où les enfants apprendraient dès leur plus tendre jeunesse que, pour être heureux, la vertu leur est indispensablement nécessaire. Je voudrais que les philosophes, moins appliqués à des recherches aussi curieuses que vaines, exerçassent davantage leurs talents sur la morale, surtout que leur vie servît en tout d'exemple à leurs disciples. Alors, ils mériteraient avec justice le titre de précepteurs du genre humain. Il faudrait que les théologiens s'occupassent moins à expliquer des dogmes inintelligibles et que, désabusés de la fureur de vouloir démontrer des choses qui nous sont annoncées comme des mystères d'un ordre supérieur à la raison, ils s'appliquassent davantage à prêcher la morale pratique, et qu'au lieu de prononcer des discours fleuris, ils fissent des discours utiles, simples, clairs et à la portée de leur auditoire. Les hommes s'endorment à la suite d'un raisonnement alambiqué, ils s'éveillent quand il est question de leur intérêt, de sorte que, par des discours adroits et pleins de sagesse, on rendrait l'amour-propre le coryphée de la vertu. Des exemples récents et analogues à ceux qu'on veut persuader peuvent être employés avec succès comme, s'il s'agissait d'animer un laboureur paresseux à mieux cultiver son champ,

überaus nützlichen Ernten, die uns mit Nahrungsmitteln versorgen. Ich gebe zu: Sosehr man sich auch um die Verbesserung der Sitten bemüht, es wird immer Laster und Verbrechen auf Erden geben. Es werden aber weniger sein, und damit ist viel gewonnen. Außerdem wird es mehr Menschen geben, die besser erzogen und entwickelt sind und sich durch hervorragende Eigenschaften auszeichnen. Sind nicht aus den Schulen der Philosophen erhabene Seelen, beinahe göttliche Menschen hervorgegangen, die in der Ausübung der Tugend bis zum höchsten für die Menschheit erreichbaren Grad der Vollkommenheit gelangten? Die Namen eines Sokrates, Aristides, Cato, Brutus, Antoninus, Marc Aurel werden in den Annalen des Menschengeschlechts so lange fortleben, wie es tugendhafte Seelen in der Welt gibt. Auch die Religion hat großartige Männer hervorgebracht, die sich durch Menschlichkeit und Wohltätigkeit auszeichnen. Zu ihnen zähle ich jedoch nicht jene schwarzgalligen und fanatischen Klausner, die in religiösen Kerkern Tugenden, die ihren Nächsten hätten nützlich sein können, begruben, und die lieber der Gesellschaft zur Last fallen als ihr dienen wollten.[1]

Man müsste heutzutage damit anfangen, das Beispiel der Alten nachzuahmen, alle Ermunterungsmittel, durch die die menschliche Gattung besser werden kann, anwenden, in den Schulen das Studium der Moral jeder anderen Kenntnis vorziehen und dafür im Unterricht eine einfache Methode einsetzen. Vielleicht käme man diesem Ziel sogar mehr als ein kleines Stück näher, wenn man Katechismen anfertigte, aus denen die Kinder von ihrer zartesten Jugend an lernten, dass die Tugend zu ihrem Glück unbedingt notwendig ist. Ich wünschte, die Philosophen vertieften sich etwas weniger in ebenso vorwitzige wie vergebliche Studien und stellten ihre Talente umso mehr im Bereich der Moral unter Beweis. Vor allem aber sollte ihr Lebenswandel als Ganzes ihren Schülern als Vorbild dienen. Dann verdienten sie zu Recht die Auszeichnung Lehrer des Menschengeschlechts. Die Theologen sollten sich weniger mit der Erklärung unbegreiflicher Dogmen beschäftigen und von ihrer Wut loskommen, Dinge beweisen zu wollen, die uns als Mysterien, die alle Vernunft übersteigen, verkündet werden. Vielmehr sollten sie sich darum bemühen, praktische Moral zu predigen, und statt blumenreiche Reden zu halten, sollten diese nützlich, schlicht, klar und dem Verständnis ihrer Zuhörer angemessen sein. Bei spitzfindigen Beweisführungen schlafen die Menschen ein; ist aber von ihrem eigenen Vorteil die Rede, werden sie wach. Dergestalt ließe sich durch geschickte und kluge Reden die Eigenliebe zur Führerin der Tugend machen. Man könnte mit Erfolg neuere Beispiele anwenden, die für diejenigen, die man überreden wollte, jeweils passend wären. Ginge es etwa darum, einen trägen Bauern anzuspornen, sein Feld besser zu bebauen, so könnte man

on l'encouragerait sans doute en lui montrant son voisin qui s'est enrichi par son activité laborieuse : il ne dépend que de lui de prospérer de même. Mais les modèles doivent être choisis à la portée de ceux qui doivent les imiter, dans leur genre, et non pas dans des conditions trop disproportionnées. Les trophées de Miltiade empêchaient Thémistocle de dormir.

Si les grands exemples ont fait de si fortes impressions sur les anciens, pourquoi de nos jours en feraient-ils de moindres ? L'amour de la gloire est inné dans les belles âmes ; il n'y a qu'à l'animer, il n'y a qu'à l'exciter, et des hommes qui végétaient jusqu'alors, enflammés par cet heureux instinct, vous paraîtront changés en demi-dieux. Il me semble enfin que, si la méthode que je propose n'est pas suffisante pour extirper les vices de la terre, du moins pourra-t-elle faire quelques prosélytes aux bonnes mœurs, et féconder des vertus qui, sans son secours, seraient demeurées dans l'engourdissement. C'est toujours rendre service à la société, et c'est le but de cet ouvrage.

ihn zweifellos durch den Hinweis auf seinen durch Arbeit und Fleiß reich gewordenen Nachbarn am leichtesten dazu ermutigen. Man müsste ihm sagen, es hänge allein von ihm ab, den gleichen Wohlstand zu erlangen. Aber die gewählten Vorbilder müssen immer dem Verständnis und dem Lebensstil derer angemessen sein, die sie nachahmen sollen, auch sollten sie sich nicht auf allzu ungleiche Stände beziehen. Die Trophäen des Miltiades störten den Schlaf des Themistokles.[1]

Wenn nun die großen Beispiele einen so starken Eindruck auf die Alten gemacht haben, warum sollten sie in unseren Tagen wirkungslos bleiben? Die Liebe zum Ruhm ist schönen Seelen angeboren; man braucht sie nur zu beleben und anzufachen, dann werden Menschen, die bis dahin nur vegetierten, von diesem glücklichen Instinkt entflammt sein und uns wie Halbgötter vorkommen. Reicht die von mir vorgeschlagene Methode nicht aus, die Laster auf Erden auszurotten, so kann sie doch wenigstens, wie mir scheint, den guten Sitten einige Anhänger gewinnen und Tugenden erwecken, die ohne ihre Hilfe in dumpfem Schlaf geblieben wären. Damit leistet man der Gesellschaft immer einen Dienst, und das ist der Zweck dieser Abhandlung.

Examen de l'*Essai sur les préjugés*

Prüfung des *Versuchs über die Vorurteile*

Je viens de lire un livre intitulé *Essai sur les préjugés*. En l'examinant, ma surprise a été extrême de trouver qu'il en était rempli lui-même. C'est un mélange de vérités et de faux raisonnements, de critiques amères et de projets chimériques, débités par un philosophe enthousiaste et fanatique. Pour vous en rendre un compte exact, je me verrai obligé d'entrer en quelque détail ; cependant, comme je n'ai point de temps à perdre, je me bornerai à quelques remarques sur les objets les plus importants.

Je m'attendais à trouver de la sagesse et beaucoup de justesse de raisonnement dans l'ouvrage d'un homme qui affiche le philosophe à chaque page. Je me figurais de n'y trouver que lumière et qu'évidence ; cela en est bien éloigné. L'auteur se représente le monde à peu près tel que Platon avait imaginé sa république, susceptible de la vertu, du bonheur et de toutes les perfections. J'ose l'assurer qu'il n'en est pas ainsi dans le monde que j'habite : le bien et le mal s'y trouvent mêlés partout, le physique et le moral se ressentent également des imperfections qui le caractérisent. Il affirme magistralement que la vérité est faite pour l'homme, et qu'il la lui faut dire en toutes les occasions. Ceci mérite d'être examiné. Je m'appuierai sur l'expérience et sur l'analogie pour lui prouver que les vérités de spéculation, bien loin de paraître faites pour l'homme, se dérobent sans cesse à ses recherches les plus pénibles. C'est un aveu humiliant pour l'amour-propre, que la force de la vérité m'arrache. La vérité est dans le fond d'un puits, d'où les philosophes s'efforcent de la retirer ; tous les savants se plaignent des travaux qu'il leur en coûte pour la découvrir. Si la vérité était faite pour l'homme, elle se présenterait naturellement à ses yeux, il la recevrait sans efforts, sans longues méditations, sans s'y méprendre, et son évidence, victorieuse de l'erreur,

Ich habe soeben ein Buch mit dem Titel *Versuch über die Vorurteile* gelesen. Bei näherer Betrachtung stellte ich zu meiner größten Überraschung fest, dass es selbst voller Vorurteile ist. Es handelt sich dabei um eine Mischung aus Wahrheiten und falschen Schlussfolgerungen, bitterer Kritik und aberwitzigen Projekten, vorgetragen von einem schwärmerischen und fanatischen Philosophen. Um Ihnen einen genauen Eindruck verschaffen zu können, werde ich mich gezwungen sehen, auf die eine oder andere Einzelheit einzugehen; da ich aber keine Zeit zu verlieren habe, werde ich mich auf einige Bemerkungen über die wichtigsten Punkte beschränken.

Ich erwartete, im Werk eines Mannes, der sich auf jeder Seite als Philosoph zur Schau stellt, Weisheit, Vernunft und Genauigkeit in der Argumentation vorzufinden. Ich stellte mir vor, nur Licht und Evidenz anzutreffen. Doch weit gefehlt! Der Autor stellt sich die Welt ungefähr so vor, wie Platon sich seine Republik ausgedacht hatte: nämlich der Tugend, des Glücks und sämtlicher Vollkommenheiten fähig.[1] Ich wage ihm aber zu versichern, dass es in der Welt, die ich bewohne, anders ist: Hier findet sich das Gute und das Böse überall vermischt, hier sind das Physische und das Moralische gleichermaßen von den Unvollkommenheiten, die diese Welt kennzeichnen, beeinträchtigt. Der Autor behauptet auf seine schulmeisterliche Art, die Wahrheit sei für den Menschen geschaffen und müsse ihm bei jeder Gelegenheit unterbreitet werden. Das verdient eine genauere Untersuchung. Ich werde mich auf die Erfahrung und auf die Analogie stützen, um ihm zu beweisen, dass sich die spekulativen Wahrheiten, die offensichtlich weit davon entfernt sind, für den Menschen geschaffen zu sein, unaufhörlich seinen mühsamsten Nachforschungen entziehen. Dieses für die Eigenliebe demütigende Geständnis wird mir durch die Macht der Wahrheit abverlangt. Die Wahrheit befindet sich gleichsam auf dem Grund eines Brunnens, aus dem die Philosophen sie hervorzuholen sich bemühen. Alle Gelehrten klagen über die Mühe, die es kostet, die Wahrheit zu entdecken. Wäre die Wahrheit für den Menschen geschaffen, würde sie sich seinen Augen auf ganz natürliche Weise darbieten. Er würde sie ohne Anstrengungen, ohne langes Nachdenken und ohne sich zu irren, erfassen und ihre über den Irrtum triumphierende Evidenz würde

entraînerait infailliblement la conviction après elle. On la distinguerait à des signes certains de l'erreur, qui souvent nous trompe en paraissant sous cette forme empruntée. Il n'y aurait plus d'opinions, il n'y aurait que des certitudes. Mais l'expérience m'apprend tout le contraire : elle me montre qu'aucun homme n'est sans erreur, que les plus grandes folies que l'imagination en délire ait enfantées en tous les âges sont sorties du cerveau des philosophes, que peu de systèmes de philosophie sont exempts de préjugés et de faux raisonnements ; elle me rappelle les tourbillons que Descartes imagina, l'Apocalypse que Newton, le grand Newton commenta, l'harmonie préétablie que Leibniz, génie égal à celui de ces grands hommes, avait inventée. Convaincu de la faiblesse de l'entendement humain et frappé des erreurs de ces célèbres philosophes, je m'écrie : Vanité des vanités, vanité de l'esprit philosophique !

L'expérience, en poussant ses recherches plus loin, me montre l'homme, en tous les siècles, dans l'esclavage perpétuel de l'erreur, le culte religieux des peuples fondé sur des fables absurdes, accompagné de rites bizarres, de fêtes ridicules et de superstitions auxquelles ils attachaient la durée de leur empire, et des préjugés qui règnent d'un bout du monde à l'autre.

En recherchant la cause de ces erreurs, on trouve que l'homme même en est le principe. Les préjugés sont la raison du peuple, et il a un penchant irrésistible pour le merveilleux. Ajoutez à cela que la plus nombreuse partie du genre humain, ne pouvant vivre que par un travail journalier, croupit dans une ignorance invincible. Elle n'a le temps ni de penser ni de réfléchir. Comme son esprit n'est point rompu au raisonnement, et que son jugement n'est point exercé, il lui est impossible d'examiner selon les règles d'une saine critique les choses sur lesquelles elle veut s'éclaircir, ni de suivre une chaîne de raisonnements par lesquels on pourrait la détromper de ses erreurs. De là vient son attachement pour le culte qu'une longue coutume a consacré, dont rien ne la peut détacher que la violence. Aussi fut-ce par la force que les nouvelles opinions religieuses ruinèrent les anciennes : les bourreaux convertirent les païens, et Charlemagne annonça le christianisme aux Saxons en soutenant sa doctrine par le fer et par le feu. Il faudrait donc que notre philosophe, pour éclairer les nations, leur prêchât le glaive en main. Mais comme la philosophie rend ses disciples doux et tolérants, je

unfehlbar die Überzeugung nach sich ziehen. Man könnte die Wahrheit dank zuverlässiger Zeichen vom Irrtum, der uns oft unter der von ihr entlehnten Gestalt täuscht, unterscheiden. Es gäbe dann keine Meinungen mehr, sondern nur noch Gewissheiten. Die Erfahrung lehrt mich jedoch genau das Gegenteil: Sie zeigt mir, dass kein Mensch ohne Irrtum ist, dass die größten Torheiten, die die Einbildungskraft im Fieberwahn zu allen Zeiten erzeugte, dem Gehirn der Philosophen entsprangen, und dass nur wenige philosophische Systeme von Vorurteilen und falschen Schlussfolgerungen frei sind.[1] Die Erfahrung erinnert mich an die Wirbel, die sich Descartes ausdachte, an die Apokalypse, die Newton, der große Newton, in seinem Kommentar erklärte, und an die prästabilierte Harmonie, die Leibniz, ein diesen beiden großen Männern ebenbürtiger genialer Geist, erfunden hatte.[2] Von der Schwäche des menschlichen Verstandes überzeugt und über die Irrtümer dieser berühmten Philosophen bestürzt, rufe ich aus: »Eitelkeit der Eitelkeiten! Eitelkeit des philosophischen Geistes!«

Treibt die Erfahrung ihre Nachforschungen noch weiter, dann zeigt sie mir, dass sich die Menschen zu allen Zeiten in der dauernden Sklaverei des Irrtums befanden, dass der religiöse Kult der Völker auf absurden Fabeln beruhte und mit wunderlichen Gebräuchen, lächerlichen Festen und mancherlei Aberglauben, an den sie die Dauer ihres Reiches knüpften, einherging, und ich sehe, wie die Welt von einem Ende zum anderen von Vorurteilen beherrscht wird.

Forscht man nach der Ursache dieser Irrtümer, dann entdeckt man, dass der Mensch selbst ihr Ursprung ist. Die Vorurteile sind die Vernunft des Volkes; und es hat einen unwiderstehlichen Hang zum Wunderbaren. Dazu kommt noch, dass der größte Teil des Menschengeschlechts, der nur von seiner täglichen Arbeit leben kann, in einer unbesiegbaren Unwissenheit verharrt und weder Zeit zum Denken noch zum Nachdenken hat. Da sein Geist im Räsonieren nicht erfahren und seine Urteilskraft nicht geübt ist, ist es ihm unmöglich, nach den Regeln einer gesunden Kritik die Dinge zu prüfen, über die er sich Klarheit verschaffen will, oder einer Kette von Schlüssen zu folgen, durch die man ihn von seinen Irrtümern befreien könnte. Daher kommt seine Anhänglichkeit gegenüber dem religiösen Kult, der durch lange Gewohnheit geheiligt ist und von dem er nicht ohne Zwang abgebracht werden kann. Auch den neuen religiösen Meinungen gelang es nur mit Gewalt, die alten zu zerstören. Die Henker bekehrten die Heiden, und Karl der Große verkündete den Sachsen das Christentum, indem er seine Lehre mit Feuer und Schwert durchsetzte.[3] Unser Philosoph müsste also, um die Nationen aufzuklären, mit dem Schwert in der Hand predigen. Da aber die Philosophie ihre Schüler sanft und duldsam macht, so hege ich die Hoffnung, dass

me flatte qu'il y pensera encore avant de s'armer de toutes pièces et de revêtir l'équipage d'un convertisseur guerrier.

La seconde cause de la superstition qui se trouve dans le caractère des hommes est ce penchant, cette forte inclination qu'ils ont pour tout ce qui leur paraît merveilleux. Tout le monde le sent, on ne peut s'empêcher de prêter attention aux choses surnaturelles qu'on entend débiter. Il semble que le merveilleux élève l'âme ; il semble qu'il ennoblit notre être en ouvrant un champ immense qui étend la sphère de nos idées et laisse une libre carrière à notre imagination, qui s'égare avec complaisance dans des régions inconnues. L'homme aime tout ce qui est grand, tout ce qui inspire de l'étonnement ou de l'admiration : une pompe majestueuse, une cérémonie imposante le frappe, un culte mystérieux redouble son attention. Si on lui annonce, avec cela, la présence invisible d'une Divinité, une superstition contagieuse s'empare de son esprit, s'y fortifie, et s'accroît jusqu'au point de le rendre fanatique. Ces effets singuliers sont des suites de l'empire que ses sens ont sur lui, car il est plus sensible que raisonnable. Voilà donc la plupart des opinions humaines fondées sur des préjugés, des fables, des erreurs et des impostures. Qu'en puis-je conclure autre chose, si ce n'est que l'homme est fait pour l'erreur, que tout l'univers est soumis à son empire, et que nous ne voyons guère plus clair que les taupes ? Il faut donc que l'auteur confesse, d'après l'expérience de tous les âges, que le monde étant inondé des préjugés de la superstition, comme nous l'avons vu, la vérité n'est pas faite pour l'homme.

Mais que deviendra son système ? Je m'attends que notre philosophe m'arrêtera ici pour m'avertir de ne pas confondre des vérités spéculatives avec celles de l'expérience. J'ai l'honneur de lui répondre qu'en fait d'opinions et de superstitions, il est question de vérités spéculatives ; et c'est de quoi il s'est agi. Les vérités d'expérience sont celles qui influent sur la vie civile, et je me persuade qu'un grand philosophe comme notre auteur ne s'imaginera pas d'éclairer les hommes en leur apprenant qu'on se brûle dans le feu, qu'on se noie dans l'eau, qu'il faut prendre des aliments pour conserver la vie, que la société ne peut subsister sans la vertu, et autres choses aussi communes que connues. Mais allons plus loin.

L'auteur dit au commencement de son ouvrage que, la vérité étant utile à tous les hommes, il faut la leur dire hardiment et sans réserve, et dans le huitième chapitre, si

er noch darüber nachdenken wird, ehe er all seine Waffen zur Hand nimmt und sich die Rüstung eines kriegerischen Bekehrers anlegt.

Die zweite Ursache des Aberglaubens, die im Charakter der Menschen liegt, ist jener Hang, jene starke Neigung zu allem, was ihnen wunderbar erscheint. Alle spüren es, man kann den übernatürlichen Dingen, die man erzählen hört, seine Aufmerksamkeit einfach nicht entziehen. Wie es scheint, erhebt das Wunderbare unsere Seele und veredelt unser Wesen, da es ihm ein unermessliches Feld eröffnet, das die Sphäre unserer Vorstellungen erweitert und unserer Einbildungskraft, die sich so gern in unbekannte Gegenden verirrt, freien Lauf lässt. Der Mensch liebt alles, was groß ist, alles, was Erstaunen oder Bewunderung hervorruft; majestätisches Gepränge oder großartige Zeremonien beeindrucken ihn, ein geheimnisvoller Kult verdoppelt seine Aufmerksamkeit. Und wenn man ihm dann noch die unsichtbare Gegenwart einer Gottheit ankündigt, bemächtigt sich ein ansteckender Aberglaube seines Geistes, verfestigt sich darin und wird immer größer, bis er ihn zum Fanatiker macht. Diese sonderbaren Wirkungen sind die Folgen der Herrschaft, die die Sinne über den Menschen ausüben; denn er gehorcht eher seinen Sinnen als der Vernunft. Deshalb beruhen die meisten menschlichen Meinungen auf Vorurteilen, Fabeln, Irrtümern und Betrügereien. Was kann ich daraus anderes schließen, als dass der Mensch für den Irrtum geschaffen ist, unter dessen Herrschaft die ganze Welt steht, und dass wir kaum klarer sehen als die Maulwürfe? Unser Autor muss also in Übereinstimmung mit der Erfahrung aller Zeiten zugeben, dass die Welt von den Vorurteilen des Aberglaubens überschwemmt ist und, wie wir gesehen haben, die Wahrheit nicht für den Menschen geschaffen ist.[1]

Was wird nun aber aus seinem System? Ich rechne damit, dass mich unser Philosoph hier unterbrechen und ermahnen wird, ich solle spekulative Wahrheiten nicht mit Erfahrungswahrheiten verwechseln. Ich habe die Ehre ihm zu erwidern, dass es sich im Bereich der Meinungen und des Aberglaubens, und darum geht es hier, um spekulative Wahrheiten handelt. Erfahrungswahrheiten sind solche, die sich auf das bürgerliche Leben auswirken; und ich bin überzeugt, ein großer Philosoph wie unser Autor wird sich nicht einbilden, die Menschen aufzuklären, indem er ihnen beibringt, dass man sich am Feuer verbrennt, dass man im Wasser ertrinkt, dass man Nahrungsmittel zu sich nehmen muss, um am Leben zu bleiben, dass die Gesellschaft ohne Tugend nicht existieren kann, und andere ebenso alltägliche wie bekannte Dinge mehr. Aber gehen wir weiter.

Der Autor schreibt am Anfang seines Buches, da die Wahrheit allen Menschen nützlich sei, müsse man sie ihnen kühn und ohne Zurückhaltung sagen. Im achten Kapi-

je ne me trompe, car je cite de mémoire, il s'explique sur un ton différent, et il soutient que les mensonges officieux sont permis et utiles. Qu'il daigne donc se décider lui-même, de la vérité ou du mensonge, qui doit l'emporter, afin que nous sachions à quoi nous en tenir! Si j'ose hasarder mon sentiment après celui d'un aussi grand philosophe, je serais d'avis qu'un homme raisonnable ne doit abuser de rien, pas même de la vérité; je ne manquerai pas d'exemples pour appuyer cette opinion. Supposons qu'une femme timide et craintive se trouvât en danger de la vie: si on lui venait annoncer inconsidérément le péril où elle se trouve, son esprit, agité, ému et bouleversé par la crainte de la mort, communiquant au sang un mouvement trop impétueux, en hâterait peut-être le moment. Au lieu de cela, si on lui faisait entrevoir des espérances pour son rétablissement, la tranquillité de son âme pourrait peut-être aider les remèdes à opérer son rétablissement. Que gagnerait-on à détromper un homme que les illusions rendent heureux? Il en arriverait comme à ce médecin qui, après avoir guéri un fou, lui demandait son salaire. Le fou lui répondit qu'il ne lui donnerait rien car, pendant la perte de son bon sens, il s'était cru en paradis et, l'ayant recouvré, il se trouvait en enfer. Si, lorsque le sénat apprit que Varron avait perdu la bataille de Cannes, les patriciens avaient crié dans le forum: « Romains, nous sommes vaincus, Hannibal a totalement défait nos armées », ces paroles indiscrètes auraient tellement augmenté la terreur du peuple qu'il aurait abandonné Rome comme après la perte de la bataille de l'Allia, et c'en aurait été fait de la république. Le sénat, plus sage, en dissimulant cette infortune, ranima le peuple à la défense de la patrie, il recruta l'armée, il continua la guerre, et à la fin les Romains triomphèrent des Carthaginois. Il paraît donc constant qu'il faut dire la vérité avec discrétion, jamais mal à propos, et choisir surtout le temps qui lui est le plus convenable.

Si je voulais relancer l'auteur partout où je crois m'apercevoir de quelque inexactitude, je pourrais l'attaquer sur la définition qu'il nous donne du mot paradoxe. Il prétend que ce mot signifie toute opinion qui n'a pas été adoptée, mais qui peut être reçue, au lieu que l'idée ordinaire attachée à ce mot est celle d'une opinion contraire à quelque vérité d'expérience. Je ne m'arrête point à cette bagatelle, mais je ne saurais m'empêcher

tel, wenn ich mich nicht irre, denn ich zitiere aus dem Gedächtnis, äußert er sich in einem ganz anderen Ton und behauptet, Notlügen seien erlaubt und nützlich.[1] Möge er sich doch bitte entscheiden, ob er der Wahrheit oder der Lüge den Vorrang gibt, damit wir wissen, woran wir uns zu halten haben! Dürfte ich im Anschluss an einen so großen Philosophen auch meine Meinung ins Spiel bringen, so würde ich sagen, ein vernünftiger Mensch sollte keinerlei Missbrauch treiben, auch nicht mit der Wahrheit. An Beispielen, die diese Meinung stützen, würde es mir nicht mangeln. Nehmen wir an, eine schüchterne und ängstliche Frau befände sich in Lebensgefahr. Würde man ihr die Gefahr, in der sie sich befindet, bedenkenlos schildern, würde ihr durch die Todesangst beunruhigter, erregter und zerrütteter Geist das Blut in allzu heftige Wallungen versetzen und vielleicht den Augenblick ihres Todes beschleunigen. Würde man ihr aber stattdessen Hoffnung auf Genesung machen, könnte ihre seelische Ruhe vielleicht den Arzneimitteln helfen, ihre Gesundheit wiederherzustellen. Was wäre gewonnen, wenn man einem Menschen, den seine Täuschungen glücklich machen, die Augen öffnete? Es erginge uns wie jenem Arzt, der, nachdem er einen Wahnsinnigen geheilt hatte, den Lohn von ihm verlangte. Der Wahnsinnige erwiderte dem Arzt nämlich, er bezahle nichts, denn solange er seinen Verstand nicht gehabt, habe er sich im Paradies geglaubt, jetzt aber, da er ihn zurückerhalten habe, befände er sich in der Hölle.[2] Hätten die Patrizier zu dem Zeitpunkt, als der Senat erfuhr, dass Varro die Schlacht bei Cannae verloren hatte, auf dem Forum gerufen: »Römer, wir sind besiegt, Hannibal hat unsere Armeen gänzlich geschlagen!«, so hätten diese unbedachten Worte dem Volk einen solchen Schrecken eingejagt, dass es, wie nach der Niederlage an der Allia, Rom verlassen hätte; und dann wäre es um die Republik geschehen gewesen. Der Senat war klüger und verheimlichte dieses Missgeschick. Er feuerte das Volk zur Verteidigung des Vaterlandes an, verstärkte die Armee, setzte den Krieg fort, und letzten Endes triumphierten die Römer über die Karthager.[3] Es scheint also festzustehen, dass man die Wahrheit mit Vorsicht, niemals zur ungelegenen Zeit sagen sollte, und dass man vor allem den Zeitpunkt, der am günstigsten für sie ist, wählen muss.

Wollte ich den Autor überall dort, wo ich eine Ungenauigkeit zu bemerken glaube, zurechtweisen, dann könnte ich ihn wegen der Definition, die er uns vom Wort Paradoxon gibt, angreifen. Er behauptet, dieses Wort bedeute jede Meinung, die noch nicht übernommen worden sei, die man aber übernehmen könne, während die Vorstellung, die man gewöhnlich mit diesem Wort verbindet, die ist, dass eine Meinung im Gegensatz zu einer Erfahrungswahrheit steht. Mit einer solchen Kleinigkeit halte ich mich nicht auf, aber ich kann nicht umhin, diejenigen, die sich Philosophen nen-

d'avertir ceux qui prennent le nom de philosophes que leurs définitions doivent être justes, et qu'ils ne doivent se servir des mots que dans leur acception ordinaire.

J'en viens à présent au but de l'auteur. Il ne le déguise point, il donne assez clairement à entendre qu'il en veut aux superstitions religieuses de son pays, qu'il se propose d'en abolir le culte pour élever sur ses ruines la religion naturelle, en admettant une morale dégagée de tout accessoire incohérent. Ses intentions paraissent pures : il ne veut point que le peuple soit trompé par des fables, que les imposteurs qui les débitent en tirent tout l'avantage, comme les charlatans des drogues qu'ils vendent. Il ne veut point que ces imposteurs gouvernent le vulgaire imbécile, qu'ils continuent à jouir du pouvoir dont ils abusent contre le prince et contre l'État. Il veut, en un mot, abolir le culte établi, dessiller les yeux de la multitude, et lui aider à secouer le joug de la superstition. Ce projet est grand ; reste à examiner s'il est praticable, et si l'auteur s'y est bien pris pour réussir.

Cette entreprise paraîtra impraticable à ceux qui ont bien étudié le monde, et qui ont fouillé dans le cœur humain. Tout s'y oppose : l'opiniâtreté avec laquelle les hommes sont attachés à leurs opinions habituelles, leur ignorance, leur incapacité de raisonner, leur goût pour le merveilleux, la puissance du clergé et les moyens qu'il a pour se soutenir. Ainsi, dans un pays peuplé de seize millions d'âmes, comme on les compte en France, il faut dès le début renoncer à la conversion de quinze millions huit cent mille âmes, que des obstacles insurmontables attachent à leurs opinions : reste donc à deux cent mille pour la philosophie. C'est beaucoup, et je n'entreprendrais jamais de donner le même tour de pensée à ce grand nombre, aussi différent par sa compréhension, son esprit, son jugement, sa manière d'envisager les choses, que par les traits qui distinguent les physionomies. Supposons encore que les deux cent mille prosélytes aient reçu les mêmes instructions. Chacun n'en aura pas moins ses pensées originales, ses opinions séparées, et peut-être il ne s'en trouvera pas deux dans cette multitude qui penseront de même. Je vais plus loin, et j'ose presque assurer que, dans un État où tous les préjugés seraient détruits, il ne se passerait pas trente années qu'on en verrait renaître de nouveaux, et qu'enfin les erreurs s'étendraient avec rapidité, et l'inonderaient entièrement. Ce qui s'adresse à l'imagination des hommes l'emportera toujours sur ce qui parle à leur entendement. Enfin, j'ai prouvé que, de

nen, daran zu erinnern, dass ihre Definitionen richtig sein müssen und sie die Wörter nur in der allgemein üblichen Bedeutung gebrauchen sollten.

Ich komme nun zum Ziel des Autors. Er verschleiert es nicht, sondern gibt deutlich genug zu verstehen, dass er es auf den religiösen Aberglauben seines Landes abgesehen hat, dass er den Kult abschaffen möchte, um auf seinen Trümmern die natürliche Religion zu errichten und zugleich eine Moral einzuführen, die frei ist von allem zusammenhanglosen Zubehör. Seine Absichten scheinen rein zu sein: Er will nicht, dass das Volk durch Fabeln getäuscht wird und dass die Betrüger, die sie verbreiten, allen Gewinn daraus ziehen, so wie die Quacksalber von den Arzneien, die sie verkaufen. Er will nicht, dass diese Betrüger das einfältige Volk regieren und dass sie weiterhin die Macht genießen, die sie gegen den Fürsten und den Staat missbrauchen. Mit einem Wort, er will den eingeführten Kultus abschaffen, der Menge die Augen öffnen und ihr dabei helfen, das Joch des Aberglaubens abzuschütteln. Dieser Plan ist groß. Nun bleibt zu prüfen, ob er sich ausführen lässt und ob der Autor sich geschickt genug angestellt hat, um sein Ziel zu erreichen.

Dieses Vorhaben wird allen, die die Welt gut kennen und das menschliche Herz studiert haben, undurchführbar erscheinen. Alles steht ihm entgegen: die Hartnäckigkeit, mit der die Menschen an ihren gewohnten Meinungen hängen, ihre Ignoranz, ihre Unfähigkeit, vernünftig zu denken, ihre Vorliebe für das Wunderbare, die Macht des Klerus und die Mittel, die er hat, um sich zu behaupten. Nun muss man in einem Land wie Frankreich, das eine Bevölkerung von sechzehn Millionen Seelen zählt, von vornherein auf die Bekehrung von fünfzehn Millionen achthunderttausend Seelen, die durch unüberwindbare Hindernisse ihren Meinungen verhaftet sind, verzichten; es bleiben also zweihunderttausend für die Philosophie.[1] Das ist viel, und ich würde es nie unternehmen, dieser großen Anzahl von Menschen, die sich in ihrer Auffassungsgabe, ihrem Geist, ihrem Urteil, ihrer Sicht der Dinge ebenso unterscheiden wie in ihren Gesichtszügen, die gleiche Art des Denkens vorzuschreiben. Nehmen wir weiter an, diese zweihunderttausend Neubekehrten hätten die gleichen Belehrungen erhalten; dennoch wird sich jeder seine eigenen Gedanken machen, wird jeder seine persönlichen Ansichten haben und vielleicht gibt es in dieser Menge keine zwei, die auf die gleiche Art und Weise denken. Ich gehe weiter und wage beinahe die Behauptung, dass in einem Staat, in dem alle Vorurteile überwunden wären, keine dreißig Jahre vergingen, ohne dass man neue aufkommen sähe; und schließlich würden sich die Irrtümer mit hoher Geschwindigkeit verbreiten und den Staat völlig überfluten. Was sich an die Einbildungskraft der Menschen wendet, wird immer über das siegen, was ihren Verstand anspricht. Kurz, ich habe bewiesen, dass zu allen Zeiten der Irr-

tout temps, l'erreur a dominé dans le monde, et comme une chose aussi constante peut être envisagée comme une loi générale de la nature, j'en conclus que ce qui a été toujours sera toujours de même.

Il faut cependant que je rende justice à l'auteur, quand elle lui est due. Ce n'est point la force qu'il se propose d'employer pour faire des prosélytes à la vérité. Il insinue qu'il se borne à ôter aux ecclésiastiques l'éducation de la jeunesse, dont ils sont en possession, pour en charger des philosophes, ce qui préservera et garantira la jeunesse contre ces préjugés religieux dont, jusqu'à présent, les écoles l'avaient infectée dès la naissance. Mais j'ose lui représenter que, si même il avait le pouvoir d'exécuter ce projet, son attente se trouverait trompée, en lui citant un exemple de ce qui se passe en France, presque sous ses yeux. Les calvinistes s'y trouvent dans la contrainte d'envoyer leurs enfants aux écoles catholiques : qu'il voie ces pères, comme, à leur retour, ils sermonnent leurs enfants, comme ils leur font répéter le catéchisme de Calvin, et quelle horreur ils leur inspirent pour le papisme.

Ce fait est non seulement connu, mais il est de plus évident que, sans la persévérance de ces chefs de famille, il y a longtemps qu'il n'y aurait plus de huguenots en France. Un philosophe peut s'élever contre une telle oppression des protestants, mais il n'en doit pas suivre l'exemple, car c'est une violence d'ôter aux pères la liberté d'élever les enfants selon leur volonté. C'est une violence d'envoyer ces enfants à l'école de la religion naturelle, quand les pères veulent qu'ils soient catholiques comme eux. Un philosophe persécuteur serait un monstre aux yeux du sage ; la modération, l'humanité, la justice, la tolérance : ces vertus doivent le caractériser. Il faut que ses principes soient invariables, que ses paroles, ses projets et ses actions y répondent en conséquence.

Passons à l'auteur son enthousiasme pour la vérité, et admirons l'adresse dont il se sert pour arriver à ses fins. Nous avons vu qu'il attaque un puissant adversaire, la religion dominante, le sacerdoce qui la défend, et le peuple superstitieux rangé sous ses étendards. Mais comme si ce n'en était pas assez pour son courage d'un ennemi aussi redoutable, pour illustrer son triomphe et rendre sa victoire plus éclatante, il en excite encore un autre : il fait une vigoureuse sortie sur le gouvernement. Il l'outrage avec autant de grossièreté que d'indécence ; le mépris qu'il en témoigne révolte les lecteurs

tum in der Welt geherrscht hat. Und da man etwas, das so beständig ist, als ein allgemeines Naturgesetz betrachten kann, schließe ich daraus, dass das, was immer gewesen ist, auch immer so sein wird.

Ich muss dem Autor indes Gerechtigkeit widerfahren lassen, wo sie ihm gebührt. Gewalt will er nicht anwenden, um der Wahrheit neue Anhänger zu verschaffen. Er gibt vielmehr zu verstehen, dass er sich darauf beschränken wolle, nur den Geistlichen die Erziehung der Jugend, in deren Besitz sie sind, aus der Hand zu nehmen, um die Philosophen damit zu beauftragen; dadurch werde die Jugend vor den religiösen Vorurteilen, mit denen die Schulen sie bisher von Geburt an infiziert hatten, bewahrt und beschützt. Ich erlaube mir jedoch, ihm entgegenzuhalten, dass seine Erwartungen, selbst wenn es in seiner Macht stünde, diesen Plan auszuführen, enttäuscht würden. Als Beispiel möchte ich auf etwas verweisen, das in Frankreich, fast unter seinen Augen, geschieht. Dort sind die Calvinisten gezwungen, ihre Kinder in die katholischen Schulen zu schicken. Der Autor stelle sich diese Väter vor, wie sie nach Schulschluss ihren Kindern Ermahnungen erteilen, wie sie sie den calvinistischen Katechismus hersagen lassen und welchen Abscheu sie ihnen vor dem Papismus[1] einflößen.

Diese Tatsache ist nicht nur bekannt, sondern es ist darüber hinaus offenkundig, dass es ohne die Beharrlichkeit dieser Familienoberhäupter in Frankreich schon seit langem keine Hugenotten mehr gäbe. Ein Philosoph kann sich gegen eine solche Unterdrückung der Protestanten auflehnen, aber er darf dem Beispiel dieser Unterdrückung nicht folgen; denn es bedeutet Gewalt, wenn den Vätern die Freiheit genommen wird, ihre Kinder nach ihrem Willen zu erziehen. Und es bedeutet Gewalt, wenn die Kinder in die Schule der natürlichen Religion geschickt werden, obgleich die Väter wollen, dass sie katholisch seien wie sie selbst. Ein Philosoph in der Rolle des Verfolgers wäre in den Augen des Weisen ein Ungeheuer. Mäßigung, Menschlichkeit, Gerechtigkeit, Toleranz sind die Tugenden, die ihn charakterisieren sollten. Seine Grundsätze müssen unwandelbar sein und seine Worte, Pläne und Taten müssen konsequenterweise damit übereinstimmen.

Lassen wir dem Autor seinen Enthusiasmus für die Wahrheit und bewundern wir die Geschicklichkeit, mit der er seine Ziele erreichen will. Wie wir gesehen haben, greift er einen mächtigen Gegner an: die herrschende Religion, die Priesterschaft, die sie verteidigt, und das abergläubische Volk, das sich um ihre Fahnen schart. Als ob ein so furchtbarer Feind für seinen Mut nicht ausreichend wäre, reizt er, um seinen Triumph zu veranschaulichen und seinen Sieg glänzender zu machen, noch einen weiteren: Er unternimmt einen heftigen Ausfall gegen die Regierung und beleidigt sie ebenso grob wie unanständig. Die Verachtung, die er dabei an den Tag legt, empört

sensés. Peut-être que le gouvernement, neutre, aurait été le spectateur paisible des batailles qu'aurait livrées ce héros de la vérité aux apôtres du mensonge, mais lui-même, il force le gouvernement de prendre fait et cause avec l'Église pour s'opposer à l'ennemi commun. Si nous ne respections pas ce grand philosophe, nous aurions pris ce trait pour une saillie de quelque écolier étourdi, qui lui mériterait une correction rigoureuse de ses maîtres.

Mais ne peut-on faire du bien à sa patrie qu'en renversant, qu'en bouleversant tout l'ordre établi? Et n'y a-t-il pas des moyens plus doux qui doivent, par prédilection, être choisis, employés, et préférés aux autres, si on veut la servir utilement? Notre philosophe me paraît tenir de ces médecins qui ne connaissent de remèdes que l'émétique, et de ces chirurgiens qui ne savent faire que des amputations. Un sage qui aurait médité sur les maux que l'Église cause à sa patrie ferait sans doute des efforts pour l'en délivrer, mais il agirait avec circonspection. Au lieu de renverser un ancien édifice gothique, il s'appliquerait à lui ôter les défauts qui le défigurent; il décréditerait ces fables absurdes qui servent de pâture à l'imbécillité publique; il s'élèverait contre ces absolutions et ces indulgences qui ne sont que des encouragements au crime, par la facilité que trouve le pénitent à les expier et en même temps à calmer ses remords; il déclamerait contre toutes ces compensations que l'Église a introduites pour racheter les plus grands forfaits, contre ces pratiques extérieures qui remplacent des vertus réelles par des momeries puériles; il crierait contre ces réceptacles de fainéants qui subsistent aux dépens de la partie laborieuse de la nation, contre cette multitude de cénobites qui, étouffant l'instinct de la nature, contribuent, autant qu'il est en eux, au dépérissement de l'espèce humaine; il encouragerait le souverain à borner et restreindre ce pouvoir énorme dont le clergé fait un usage coupable envers son peuple et envers lui, à lui ôter toute influence dans le gouvernement, et à le soumettre aux mêmes tribunaux qui jugent les laïques. Par ce moyen, la religion deviendrait une matière de spéculation indifférente pour les mœurs et pour le gouvernement, la superstition diminuerait, et la tolérance deviendrait de jour en jour plus universelle.

Venons à présent à l'article où l'auteur traite de la politique. Quelque détour dont il se serve pour ne paraître envisager cette matière qu'en général, on s'aperçoit cependant qu'il a toujours la France devant les yeux, et qu'il ne sort pas des limites de ce

jeden vernünftigen Leser. Vielleicht wäre die Regierung neutral und eine ruhige Zuschauerin der Schlachten geblieben, die dieser Held der Wahrheit den Aposteln der Lüge geliefert hätte. Doch er selbst zwingt die Regierung, für die Kirche Partei zu ergreifen, um sich dem gemeinsamen Feind zu widersetzen. Wenn wir diesen großen Philosophen nicht achteten, hätten wir diesen Einfall für den Streich eines gedankenlosen Schülers gehalten, der dafür eine harte Bestrafung durch seine Lehrer verdiente.

Aber kann man seinem Vaterland Gutes nur erweisen, wenn man die einmal eingeführte Ordnung völlig umstürzt? Und gibt es keine sanfteren Mittel, die man viel eher auswählen, benutzen und den anderen vorziehen sollte, wenn man dem Vaterland nützliche Dienste erweisen will? Unser Philosoph kommt mir vor wie jene Ärzte, die kein anderes Heilmittel kennen als das Brechmittel, und wie jene Chirurgen, die nur Amputationen vornehmen wollen. Ein Weiser, der über die Übel nachgedacht hätte, welche die Kirche seinem Vaterland verursacht, würde zweifellos alle Anstrengungen unternehmen, um es davon zu befreien, aber er würde behutsam vorgehen. Anstatt einen alten gotischen Bau niederzureißen, würde er sich bemühen, die Schäden, die ihn verunstalten, zu beseitigen. Er würde die absurden Fabeln, die der öffentlichen Dummheit als Nahrung vorgesetzt werden, in Verruf bringen. Er würde sich gegen die Absolution und gegen den Ablass auflehnen, die nur das Verbrechen ermutigen, weil sie es dem Beichtkind[1] leicht machen, seine Sünden zu büßen und zugleich seine Gewissensbisse zu beschwichtigen. Er würde seine Stimme gegen alle Entschädigungen erheben, die die Kirche eingeführt hat, um die größten Missetaten zu tilgen, und gegen die äußerlichen Übungen, die die wirklichen Tugenden durch kindische Mummereien ersetzen. Er würde gegen die Schlupfwinkel der Nichtstuer zu Felde ziehen, die auf Kosten des arbeitsamen Teils der Nation leben, gegen jene Vielzahl der Zönobiten, die den Trieb der Natur ersticken und, soweit es an ihnen liegt, zum Verfall der menschlichen Gattung beitragen. Er würde den Herrscher ermutigen, die ungeheure Macht, die der Klerus auf sträfliche Weise gegen ihn und sein Volk ausübt, einzuschränken und zu verringern, ihm jede Einflussnahme auf die Regierung zu entziehen und ihn den Gerichten zu unterstellen, die auch über die Laien urteilen. So würde aus der Religion ein Gegenstand der Spekulation, der für die Sitten und die Regierung bedeutungslos wäre, der Aberglaube ließe nach, und die Toleranz würde von Tag zu Tag allgemeinere Bedeutung erlangen.

Kommen wir nun zu dem Abschnitt, in dem der Autor die Politik behandelt. Wie umständlich er auch argumentieren mag, um den Eindruck zu erwecken, er betrachte diesen Gegenstand nur im Allgemeinen, so bemerkt man doch, dass er stets Frankreich vor Augen hat und dass er die Grenzen dieses Königreichs nicht überschreitet.

royaume. Ses discours, ses critiques, tout s'y rapporte, tout y est relatif. Les charges de la justice ne se vendent qu'en France; aucun État n'a autant de dettes que ce royaume; en aucun lieu on ne crie tant contre les impôts. Lisez les remontrances du parlement contre certains édits bursaux, et nombre de brochures sur le même sujet: le fond des plaintes qu'il pousse contre le gouvernement ne peut s'appliquer à aucun pays de l'Europe qu'à la France. C'est dans ce royaume uniquement que les revenus se perçoivent par des traitants. Les philosophes anglais ne se plaignent point de leur clergé; jusqu'ici, je n'ai entendu parler ni de philosophe espagnol, ni portugais, ni autrichien. Ce ne peut donc être qu'en France où les philosophes se plaignent des prêtres. Enfin, tout désigne sa patrie, et il lui serait aussi difficile qu'impossible de nier que ses satires s'y adressent directement.

Il a cependant des moments où sa colère se calme, et où son esprit, plus tranquillisé, lui permet de raisonner avec plus de sagesse. Lorsqu'il soutient que le devoir du prince est de faire le bonheur de ses sujets, tout le monde convient avec lui de cette ancienne vérité. Lorsqu'il assure que l'ignorance ou la paresse des souverains est préjudiciable à leurs peuples, on l'assure que chacun en est persuadé. Lorsqu'il ajoute que l'intérêt des monarques est inséparablement lié avec celui de leurs sujets, et que leur gloire consiste à régner sur une nation heureuse, personne ne lui disputera l'évidence de ces propositions. Mais quand, avec un acharnement violent et les traits de la plus âcre satire, il calomnie son roi et le gouvernement de son pays, on le prend pour un frénétique échappé de ses chaînes et livré aux transports les plus violents de sa rage.

Quoi! Monsieur le philosophe, protecteur des mœurs et de la vertu, ignorez-vous qu'un bon citoyen doit respecter la forme de gouvernement sous laquelle il vit? Ignorez-vous qu'il ne convient point à un particulier d'insulter les puissances, qu'il ne faut calomnier ni ses confrères, ni ses souverains, ni personne, et qu'un auteur qui abandonne sa plume à de tels excès n'est ni sage ni philosophe?

Rien ne m'attache personnellement au Roi Très-Chrétien, j'aurais peut-être autant à me plaindre de lui qu'un autre. Mais l'indignation contre les horreurs que l'auteur a vomies contre lui, et surtout l'amour de la vérité, plus forte que toute autre considération, m'obligent a réfuter des accusations aussi fausses que révoltantes.

Seine Äußerungen, seine Kritik, alles bezieht sich auf Frankreich, alles hängt damit zusammen. Nur in Frankreich sind die Ämter der Justiz käuflich; kein Staat hat so viele Schulden wie dieses Königreich, und an keinem anderen Ort empört man sich so gegen die Steuern. Man lese nur die Remonstrationen des Parlement[1] gegen gewisse Steuererlasse und zahlreiche andere Veröffentlichungen zum selben Thema. Der Kern der Klagen, die er gegen die Regierung vorbringt, kann sich auf kein anderes Land in Europa beziehen als auf Frankreich. Nur in diesem Königreich werden die Staatseinkünfte von Steuerpächtern[2] eingezogen. Die englischen Philosophen beklagen sich nicht über ihren Klerus; bis jetzt habe ich von spanischen, portugiesischen oder österreichischen Philosophen diesbezüglich nichts gehört. Es kann also nur Frankreich sein, wo die Philosophen sich über die Priester beschweren. Kurz, alles verweist auf das Vaterland des Autors und es wäre für ihn schwierig, ja unmöglich zu leugnen, dass seine Satiren direkt gegen Frankreich gerichtet sind.

Zuweilen legt sich sein Zorn, und sein ruhiger gewordener Geist erlaubt es ihm, mit etwas mehr Weisheit zu räsonieren. Wenn er behauptet, es sei die Pflicht des Fürsten, seine Untertanen glücklich zu machen, so wird ihm jeder seine Zustimmung zu dieser alten Wahrheit geben. Wenn er versichert, die Ignoranz oder die Trägheit der Herrscher seien verhängnisvoll für ihre Völker, so wird man ihm versichern, dass jeder davon überzeugt ist. Wenn er hinzufügt, das Interesse der Monarchen sei untrennbar mit dem ihrer Untertanen verknüpft und ihr Ruhm bestehe darin, eine glückliche Nation zu regieren, dann wird ihm niemand die Evidenz dieser Sätze streitig machen. Wenn er aber mit heftiger Erbitterung und den schärfsten Pfeilen der Satire seinen König und die Regierung seines Landes verleumdet, dann hält man ihn für einen Wahnsinnigen, der seinen Ketten entkommen und gerade den heftigsten Anfällen seiner Raserei ausgeliefert ist.

Wie, mein Herr Philosoph, Beschützer der Sitten und der Tugend, wissen Sie nicht, dass ein guter Bürger die Regierungsform, unter der er lebt, achten soll? Wissen Sie nicht, dass es einem Privatmann nicht zusteht, die Obrigkeiten zu beschimpfen, dass er weder seine Kollegen noch seine Herrscher noch sonst jemanden verleumden darf, und dass ein Schriftsteller, der seine Feder zu solchen Exzessen hergibt, weder ein Weiser noch ein Philosoph ist?

Nichts verbindet mich persönlich mit dem Allerchristlichsten König[3], und ich könnte mich vielleicht ebenso über ihn beklagen wie jeder andere. Aber die Empörung über die Abscheulichkeiten, die ihm der Autor entgegenschleudert, vor allem aber die Liebe zur Wahrheit, die stärker ist als jede andere Überlegung, verpflichten mich, Anschuldigungen zu widerlegen, die ebenso falsch wie empörend sind.

Voici ces chefs d'accusation. L'auteur se plaint que les premières maisons de France sont seules en possession des premières dignités, qu'on ne distingue point le mérite, qu'on honore le clergé et qu'on méprise les philosophes, que l'ambition du souverain allume sans cesse de nouvelles guerres ruineuses, que des bourreaux mercenaires, épithète élégante dont il honore les guerriers, jouissent seuls des récompenses et des distinctions, que les charges de justice sont vénales, les lois mauvaises, les impôts excessifs, les vexations intolérables, et l'éducation des souverains aussi mal entendue que blâmable. Voici ma réponse.

L'avantage de l'État demande que le prince reconnaisse les services importants rendus au gouvernement, et lorsque ses récompenses s'étendent jusqu'aux descendants de ceux qui ont bien mérité de la patrie, c'est le plus grand encouragement qu'il puisse donner aux talents et à la vertu. Produire des familles devenues florissantes par les belles actions de leurs ancêtres, n'est-ce pas exciter le public à bien servir l'État pour laisser sa postérité comblée de semblables bienfaits ? Chez les Romains, l'ordre des patriciens l'emportait sur celui des plébéiens et sur celui des chevaliers. Il n'y a qu'en Turquie où les conditions soient confondues, et les choses n'en vont pas mieux. Dans tous les États de l'Europe, la noblesse jouit des mêmes prérogatives. La roture se fraye quelquefois le chemin aux places distinguées quand le génie, les talents et les services l'ennoblissent. D'ailleurs, ce préjugé, si vous voulez le qualifier ainsi, ce préjugé, dis-je, si généralement reçu, empêcherait même le roi de France d'envoyer un roturier en mission à de certaines cours étrangères. Ne pas rendre à la naissance ce qui lui est dû n'est point l'effet d'une liberté philosophique, mais d'une vanité bourgeoise et ridicule.

Autre plainte de l'auteur, de ce qu'on ne distingue point en France le mérite personnel. Je soupçonne apparemment que le ministre se trouve en défaut envers lui, et coupable de lui avoir refusé quelque pension, ou de n'avoir pas découvert dans son galetas ce sage précepteur du genre humain, si digne de l'assister, que dis-je, de le diriger dans ses travaux politiques. Vous assurez, monsieur le philosophe, que les rois se trompent souvent dans le choix qu'ils font des personnes qu'ils emploient : rien de plus vrai. Les raisons en sont faciles à déduire : ils sont hommes, sujets aux erreurs comme les autres. Ceux qui aspirent aux grands emplois ne se présentent jamais à

Hier also die Hauptanklagepunkte: Der Autor beschwert sich darüber, dass die vornehmsten Häuser Frankreichs allein im Besitz der höchsten Würden seien, dass man das Verdienst nicht auszeichne, dass man den Klerus ehre und die Philosophen verachte, dass der Ehrgeiz des Herrschers unaufhörlich neue, verheerende Kriege entfache, dass allein gedungene Henker – mit diesem eleganten Beinamen ehrt er die Krieger! – Belohnungen und Auszeichnungen genießen, dass die Richterstellen käuflich seien, die Gesetze schlecht, die Steuern maßlos, die Schikanen unerträglich und dass die Erziehung der Herrscher ebenso verständnislos wie tadelnswert sei.[1] Hier meine Antwort.

Der Nutzen des Staates erfordert, dass der Fürst sich für die bedeutenden Dienste, die der Regierung geleistet werden, erkenntlich zeigt, und wenn sich seine Belohnungen bis auf die Nachkommen derer, die sich um das Vaterland verdient gemacht haben, erstrecken, so ist das die größte Ermutigung, die er den Talenten und der Tugend geben kann. Familien zu schaffen, die durch die schönen Taten ihrer Vorfahren bedeutend geworden sind, heißt das nicht, die Allgemeinheit ermuntern, dem Staat gute Dienste zu leisten, damit auch die Nachkommen mit ähnlichen Wohltaten überhäuft werden können? Bei den Römern hatte der Stand der Patrizier Vorrang vor dem der Plebejer und der Ritter. Nur in der Türkei sind die Stände nicht unterschieden, doch die Dinge laufen dort nicht besser. In allen europäischen Staaten genießt der Adel die gleichen Vorrechte. Die Bürgerlichen bahnen sich, wenn Genie, Talente und Dienste sie adeln, manchmal den Weg zu höheren Ämtern. Im Übrigen würde durch ein solches Vorurteil, wenn man es so nennen will, durch ein so allgemein verbreitetes Vorurteil, wie ich betonen möchte, selbst der König von Frankreich daran gehindert, einen Nichtadeligen als Gesandten an gewisse ausländische Höfe zu schicken. Der Geburt nicht das zu geben, was ihr zusteht, ist nicht etwa einer philosophischen Freiheit zu verdanken, sondern es ist das Ergebnis einer bürgerlichen und lächerlichen Eitelkeit.

Ein weiterer Anklagepunkt des Autors lautet, in Frankreich werde das persönliche Verdienst nicht ausgezeichnet. Ich vermute, dass der Minister ihm etwas schuldig ist und ihm wahrscheinlich irgendeine Pension verweigert oder diesen weisen Erzieher des Menschengeschlechts in seiner Dachstube nicht entdeckt hat, obwohl er würdig ist, ihm behilflich zu sein – was sage ich? –, ihn in seinen politischen Geschäften zu leiten! Sie behaupten, mein Herr Philosoph, dass die Könige sich oft in der Wahl der Personen, die sie in Dienst nehmen, irren. Nichts ist wahrer. Die Gründe dafür lassen sich leicht finden: Sie sind Menschen und wie jeder Andere dem Irrtum unterworfen. Wer nach hohen Ämtern strebt, zeigt sich den Königen niemals anders als mit der

leurs yeux que le masque sur le visage. Il arrive sans doute que les rois se laissent surprendre ; les artifices, les ruses, les cabales des courtisans peuvent prévaloir dans de certaines occasions. Mais si leur choix n'est pas toujours heureux, ne les en accusez pas seuls. Le vrai mérite et les hommes à talents supérieurs sont beaucoup plus rares en tout pays que ne l'imagine un rêveur spéculatif, qui n'a que des idées théoriques d'un monde qu'il n'a jamais connu. Le mérite n'est pas récompensé, c'est une plainte de tout pays. Tout présomptueux peut dire : « J'ai du génie et des talents, le gouvernement ne me distingue pas ; donc il manque de sagesse, de discernement et de justice. »

Notre philosophe ensuite s'échauffe dans son harnois, en traitant un sujet qui l'intéresse plus directement. Il paraît excessivement irrité de ce qu'on préfère, dans sa patrie, les apôtres du mensonge à ceux de la vérité. On le prie de faire quelques légères réflexions, peut-être indignes de l'impétuosité de son génie, mais toutefois capables d'apaiser sa colère. Qu'il se rappelle que le clergé forme un corps considérable dans l'État, et que les philosophes sont des particuliers isolés. Qu'il se souvienne de ce qu'il a dit lui-même, que ce clergé, puissant par l'autorité qu'il a su prendre sur le peuple, s'étant rendu redoutable au souverain, doit être ménagé à raison de son pouvoir. Il faut donc bien, par la nature des choses, que ce clergé jouisse de prérogatives et de distinctions plus marquées qu'on n'en accorde communément à ceux qui, par état, ont renoncé à toute ambition et qui, au-dessus des vanités humaines, méprisent ce que le vulgaire désire avec tant d'empressement. Notre philosophe ignore-t-il que c'est le peuple superstitieux qui enchaîne le monarque jusque sur le trône ? C'est le peuple qui le contraint à ménager ces prêtres récalcitrants et factieux, ce clergé qui veut établir *statum in statu,* et qui est encore capable de reproduire des scènes aussi tragiques que celles qui terminèrent les jours de Henri III et du bon roi Henri IV. Le prince ne peut toucher au culte établi qu'avec dextérité et délicatesse. S'il en veut à l'édifice de la superstition, il faut qu'il y aille à la sape. Mais il risquerait trop, s'il entreprenait de l'abattre ouvertement. Lorsqu'il arrive par hasard que des philosophes écrivent sur le gouvernement sans connaissance et sans circonspection, les politiques les prennent en pitié, et les renvoient aux premiers éléments de leur science. Il faut se défier des spéculations théoriques, elles ne soutiennent pas le creu-

Maske vor dem Gesicht. Zweifellos kommt es vor, dass sich die Könige täuschen lassen. Die Schliche, Ränke und Kabalen der Höflinge können manchmal die Oberhand gewinnen.[1] Wenn aber ihre Wahl nicht immer glücklich ist, so klagen Sie nicht allein die Könige an. Das wahre Verdienst sowie Menschen mit hervorragenden Talenten sind in allen Ländern viel seltener, als es sich ein spekulativer Träumer einbildet; denn er hat von einer Welt, die er nie kennen gelernt hat, nur theoretische Vorstellungen. Das Verdienst werde nicht belohnt, diese Klage hört man in jedem Land, und jeder anmaßende Mensch kann sagen: »Ich habe Verstand, ich habe Talente, aber die Regierung zeichnet mich nicht aus, also mangelt es ihr an Klugheit, Einsicht und Gerechtigkeitssinn.«

Ferner lässt sich unser Philosoph immer dann in Harnisch bringen, wenn er ein Thema behandelt, das ihn unmittelbarer interessiert. Er scheint darüber äußerst aufgebracht zu sein, dass man in seinem Vaterland die Apostel der Lüge den Aposteln der Wahrheit vorzieht. Bitten wir ihn, ein paar flüchtige Betrachtungen anzustellen, die vielleicht seines ungestümen Geistes unwürdig, aber doch geeignet sind, seinen Zorn zu besänftigen. Er möge sich erinnern, dass der Klerus eine ansehnliche Körperschaft im Staate bildet, während die Philosophen vereinzelte Privatleute sind. Er möge sich auch an das erinnern, was er selbst gesagt hat, nämlich dass der Klerus, da er durch die Autorität, die er über das Volk zu gewinnen vermochte, mächtig und für den Herrscher gefährlich geworden sei, eben wegen dieser Macht geschont werden müsse. So wie die Dinge liegen, muss also der Klerus ausgeprägtere Vorrechte und Auszeichnungen genießen, als man gewöhnlich denen zugesteht, die aufgrund ihrer Lage allem Ehrgeiz entsagt haben, und, erhaben über die menschlichen Eitelkeiten, das verachten, was das gemeine Volk mit so viel Eifer begehrt. Weiß unser Philosoph nicht, dass es das abergläubische Volk ist, das sogar dem Monarchen auf dem Thron Fesseln anlegt? Das Volk ist es, das ihn zwingt, die widerspenstigen und aufrührerischen Priester zu schonen, Rücksicht zu nehmen auf diesen Klerus, der einen Staat im Staate errichten will und der es immer noch vermag, Vorgänge von solcher Tragik heraufzubeschwören, wie die, welche dem Leben Heinrichs III. und des guten Königs Heinrich IV. ein Ende setzten.[2] Der Fürst darf nur mit Geschick und Feingefühl den eingeführten Kultus antasten. Will er sich an das Gebäude des Aberglaubens machen, so muss er es untergraben; er würde zu viel aufs Spiel setzen, wenn er anfinge, es ganz offen niederzureißen. Wenn es zufällig vorkommt, dass Philosophen ohne Kenntnisse und Weitblick über die Regierungskunst schreiben, dann sehen die Staatsmänner mitleidig auf sie herab und verweisen sie auf den Ausgangspunkt ihrer Wissenschaft. Theoretischen Spekulationen muss man misstrauen; sie halten der Probe durch die

set de l'expérience. La science du gouvernement est une science à part. Pour en parler congrûment, il faut en avoir fait une longue étude. Ou l'on s'égare, ou l'on propose des remèdes pires que le mal dont on se plaint, et il peut arriver qu'avec beaucoup d'esprit on ne dise que des sottises.

Voici une autre déclamation contre l'ambition des princes. Notre auteur est hors de lui-même, il ne ménage plus les termes. Il accuse les souverains d'être les bouchers de leurs peuples et de les envoyer égorger à la guerre pour divertir leur ennui. Sans doute qu'il s'est fait des guerres injustes, qu'il y a eu du sang répandu qu'on aurait dû et qu'on aurait pu ménager. Cela n'empêche pas qu'il n'y ait plusieurs cas où les guerres sont nécessaires, inévitables et justes. Un prince doit défendre ses alliés quand ils sont attaqués. Sa propre conservation l'oblige à maintenir par les armes l'équilibre du pouvoir entre les puissances de l'Europe. Son devoir est de défendre ses sujets contre les invasions des ennemis. Il est très autorisé à soutenir ses droits, des successions qu'on lui dispute, ou autres choses pareilles, en repoussant l'injustice qu'on lui fait, par la force. Quel arbitre ont les souverains ? Qui sera leur juge ? Comme donc ils ne peuvent plaider leur cause devant aucun tribunal assez puissant pour prononcer leur sentence et la mettre en exécution, ils rentrent dans les droits de la nature, et c'est à la force d'en décider. Crier contre de telles guerres, injurier les souverains qui les font, c'est marquer plus de haine pour les rois que de commisération et d'humanité pour les peuples qui en souffrent indirectement. Notre philosophe approuverait-il un souverain qui, par pusillanimité, se laisserait dépouiller de ses États, qui sacrifierait l'honneur, l'intérêt et la gloire de sa nation au caprice de ses voisins et qui, par d'inutiles efforts pour conserver la paix, se perdrait, lui, son État et ses peuples ? Marc-Aurèle, Trajan, Julien furent continuellement en guerre, cependant les philosophes les louent : pourquoi blâment-ils donc les souverains modernes de suivre en cela leur exemple ?

Non content d'insulter à toutes les têtes couronnées de l'Europe, notre philosophe s'amuse, en passant, à répandre du ridicule sur les ouvrages de Hugo Grotius. J'oserais croire qu'il n'en sera pas cru sur sa parole, et que le *Droit de la guerre et de la paix* ira plus loin à la postérité que l'*Essai sur les préjugés*.

Erfahrung nicht stand. Die Wissenschaft vom Regieren ist eine Wissenschaft für sich. Um angemessen darüber sprechen zu können, muss man ein langes Studium hinter sich haben. Man gerät sonst auf Irrwege oder empfiehlt Heilmittel, die schlimmer sind als das Übel, über das man sich beschwert. Und so kann es vorkommen, dass man mit viel Geist nichts als Dummheiten sagt.

Weiter ereifert sich unser Autor gegen den Ehrgeiz der Fürsten. Er gerät außer sich, nimmt kein Blatt mehr vor den Mund und klagt die Herrscher an, sie seien die Schlächter ihrer Völker und schickten sie als Schlachtopfer in den Krieg, um sich die Langeweile zu vertreiben. Zweifellos wurden ungerechte Kriege geführt, gab es Blutvergießen, das man hätte vermeiden sollen und können. Das heißt aber nicht, dass es mehrere Fälle gibt, in denen der Krieg notwendig, unvermeidlich und gerecht ist. Ein Fürst muss seine Verbündeten verteidigen, wenn sie angegriffen werden. Die Selbsterhaltung nötigt ihn, das Gleichgewicht der Kräfte zwischen den europäischen Mächten mit der Waffe in der Hand aufrechtzuerhalten.[1] Seine Pflicht ist es, seine Untertanen vor feindlichen Überfällen zu schützen. Und er ist nur allzu berechtigt, für seine Rechte, Erbfolgen, die man ihm streitig macht, oder Ähnliches einzutreten, indem er das ihm zugefügte Unrecht mit Gewalt zurückweist. Welchen Schiedsrichter haben die Herrscher? Wer soll ihr Richter sein? Da sie ihre Rechtsstreitigkeiten vor keinen Gerichtshof bringen können, der mächtig genug wäre, das Urteil zu fällen und es zu vollstrecken, kehren sie zu den Rechten des Naturzustandes zurück, und dann entscheidet die Stärke. Wer gegen solche Kriege wettert und die Herrscher, die dergleichen führen, beschimpft, der verrät mehr Hass für die Könige als Mitleid und Menschlichkeit für die Völker, die mittelbar darunter leiden. Würde unser Philosoph wohl mit einem Herrscher einverstanden sein, der sich aus Kleinmütigkeit seine Staaten rauben ließe, der Ehre, Interesse und Ruhm seiner Nation dem Eigensinn seiner Nachbarn opferte und der durch unnütze Bemühungen um Erhaltung des Friedens sich selbst, seinen Staat und seine Völker zugrunde richtete? Marc Aurel, Trajan und Julian führten ununterbrochen Krieg, und doch werden sie von den Philosophen gerühmt.[2] Warum tadeln diese nun die modernen Herrscher dafür, dass sie darin dem Beispiel der Alten folgen?

Unser Philosoph ist nicht damit zufrieden, alle gekrönten Häupter Europas zu beschimpfen, er vergnügt sich nebenbei auch damit, die Werke von Hugo Grotius der Lächerlichkeit preiszugeben. Ich möchte meinen, dass man ihm nicht ganz aufs Wort glauben wird, und dass die Schrift *Vom Recht des Krieges und des Friedens*[3] länger Bestand haben wird als der *Versuch über die Vorurteile*.

Apprenez, ennemi des rois, apprenez, Brutus moderne, que les rois ne sont pas les seuls qui font la guerre. Les républiques en ont fait de tout temps. Ignorez-vous que celle des Grecs, dans des dissensions continuelles, fut sans cesse en proie aux guerres civiles ? Ses annales contiennent une suite continuelle de combats contre les Macédoniens, les Perses, les Carthaginois et les Romains, jusqu'au temps que la ligue des Étoliens accéléra sa ruine entière. Ignorez-vous qu'aucune monarchie n'a été plus guerrière que la république romaine ? Pour vous faire une récapitulation de tous ses faits d'armes, je serais obligé de vous copier son histoire d'un bout à l'autre. Passons aux républiques modernes. Celle des Vénitiens a combattu contre celle de Gênes, contre les Turcs, contre le pape, contre les Empereurs, et contre votre Louis XII. Les Suisses ont soutenu des guerres contre la maison d'Autriche et contre Charles le Hardi, duc de Bourgogne et, pour me servir de vos nobles expressions, plus bouchers que les rois, ne vendent-ils pas leurs citoyens au service des princes qui se battent ? L'Angleterre, autre république, je ne vous en dis rien : vous savez par expérience si cette puissance fait la guerre, et comme elle la fait. Les Hollandais, depuis la fondation de leur république, se sont mêlés de tous les troubles de l'Europe. La Suède a fait autant de guerres dans un temps donné, étant république, qu'elle en a entrepris étant monarchie. Quant à la Pologne, je vous demande ce qui s'y passe à présent, ce qui s'y est passé dans ce siècle, et si vous croyez qu'elle a joui d'une paix perpétuelle. Tous les gouvernements de l'Europe et de tout l'univers, j'en excepte les quakers, sont donc, selon vos principes, des gouvernements tyranniques et barbares. Pourquoi donc accuser les monarchies seules de ce qu'elles ont de commun avec les républiques ?

Vous déclamez contre la guerre. Elle est funeste en elle-même, mais c'est un mal comme ces autres fléaux du ciel qu'il faut supposer nécessaires dans l'arrangement de cet univers, parce qu'ils arrivent périodiquement, et qu'aucun siècle n'a pu se vanter jusqu'à présent d'en avoir été exempt. Si vous voulez établir une paix perpétuelle, transportez-vous dans un monde idéal où le tien et le mien soient inconnus, où les princes, leurs ministres et leurs sujets soient tous sans passions, et où la raison soit généralement suivie, ou bien associez-vous aux projets du défunt abbé de Saint-Pierre. Ou, si cela vous répugne parce qu'il a été prêtre, laissez aller les choses leur train, car dans ce monde-ci, il faut vous attendre qu'il y aura des guerres, comme il y en a toujours eu depuis que les actions des hommes nous ont été transmises et connues.

Merken Sie sich, Feind der Könige, merken Sie sich, moderner Brutus, dass die Könige nicht die Einzigen sind, die Krieg führen. Auch die Republiken haben es von jeher getan. Ist es Ihnen unbekannt, dass die Republik der Griechen mit ihren ständigen Zwistigkeiten unaufhörlichen Bürgerkriegen ausgesetzt war? Ihre Annalen enthalten eine ununterbrochene Reihe von Schlachten gegen die Mazedonier, Perser, Karthager und Römer, bis zu der Zeit, als der Ätolische Bund[1] ihren völligen Zusammenbruch beschleunigte. Ist es Ihnen unbekannt, dass keine Monarchie kriegerischer war als die römische Republik? Um Ihnen eine Zusammenfassung all ihrer Waffentaten zu geben, müsste ich ihre Geschichte von Anfang bis Ende wiedergeben. Kommen wir zu den modernen Republiken. Die Republik Venedig hat gegen die von Genua, gegen die Türken, gegen den Papst, gegen die Kaiser und gegen Ihren Ludwig XII.[2] gekämpft. Die Schweizer haben gegen das Haus Österreich und gegen Karl den Kühnen, Herzog von Burgund[3], Krieg geführt; und, um mich Ihrer feinen Ausdrücke zu bedienen, sind sie nicht schlimmere Schlächter als die Könige, da sie ihre Bürger an die Fürsten verkaufen, die gegeneinander Krieg führen? Von England, ebenfalls eine Republik[4], sage ich Ihnen weiter nichts: Sie wissen aus Erfahrung, dass diese Macht Krieg führt und wie sie ihn führt. Die Holländer haben sich seit der Gründung ihrer Republik in alle Wirren Europas eingemischt. Schweden hat als Republik zur gegebenen Zeit ebenso viele Kriege geführt wie als Monarchie. Was Polen anbelangt, so frage ich Sie, was zur Zeit dort geschieht, was in diesem Jahrhundert dort geschehen ist und ob Sie glauben, es habe den ewigen Frieden genossen.[5] Alle Regierungen in Europa und auf der ganzen Welt, die Quäker[6] ausgenommen, sind also, Ihren Grundsätzen zufolge, tyrannische und barbarische Regierungen. Warum also beschuldigen Sie allein die Monarchien und werfen ihnen etwas vor, das sie mit den Republiken gemein haben?

Sie ereifern sich gegen den Krieg. Er ist an sich unheilvoll, aber er ist ein Übel wie die anderen Geißeln des Himmels, die bei der Einrichtung dieser Welt als notwendig vorauszusetzen sind, weil sie periodisch wiederkehren und sich bis jetzt noch kein Jahrhundert rühmen konnte, von ihnen befreit gewesen zu sein. Wenn Sie einen ewigen Frieden schaffen wollen, dann versetzen Sie sich in eine Idealwelt, wo Dein und Mein unbekannt sind, wo die Fürsten, ihre Minister und ihre Untertanen alle keine Leidenschaften haben und die Vernunft allgemein befolgt wird. Oder schließen Sie sich den Plänen des verstorbenen Abbé de Saint-Pierre[7] an. Oder wenn Ihnen das widerstrebt, weil er Priester war, so lassen Sie den Dingen ihren Lauf, denn in dieser Welt müssen Sie davon ausgehen, dass es Kriege geben wird, wie es immer Kriege gegeben hat, seitdem uns die Taten der Menschen überliefert und bekannt geworden sind.

Voyons à présent si vos exagérations vagues contre le gouvernement français ont quelque fondement. Vous accusez Louis XV, en le désignant et sans le nommer, qu'il n'a entrepris que des guerres injustes. Ne pensez pas qu'il suffise d'avancer de tels faits avec autant d'effronterie que d'impudence. Il faut les prouver ou, tout philosophe que vous voulez paraître, vous passerez pour un insigne calomniateur. Examinons donc les pièces du procès, et jugeons si les raisons qui ont déterminé Louis XV aux guerres qu'il a entreprises ont été mauvaises ou valables. La première qui se présente est celle de 1733. Son beau-père est élu roi de Pologne. L'empereur Charles VI, ligué avec la Russie, s'oppose à cette élection. Le roi de France, ne pouvant atteindre à la Russie, attaque Charles VI pour soutenir les droits de son beau-père deux fois élevé sur le même trône et, ne pouvant prévaloir en Pologne, il procure en dédommagement la Lorraine au roi Stanislas. Condamnera-t-on un beau-fils qui assiste son beau-père, un roi qui soutient les droits d'une nation libre dans ses élections, un prince qui empêche des puissances de s'arroger le droit de donner des royaumes ? À moins que d'être transporté d'une animosité et d'une haine implacable, il est impossible de blâmer jusqu'ici la conduite de ce prince.

La seconde guerre commença en 1741. Elle se fit pour la succession de la maison d'Autriche, dont l'empereur Charles VI, dernier mâle de cette maison, venait de mourir. Il est certain que cette fameuse pragmatique sanction, sur laquelle Charles VI fondait ses espérances, ne pouvait déroger aux droits des maisons de Bavière et de Saxe à la succession, ni porter le moindre préjudice aux prétentions que la maison de Brandebourg formait sur quelques duchés de la Silésie. Il était très vraisemblable, au commencement de cette guerre, qu'une armée française envoyée alors en Allemagne rendrait Louis XV l'arbitre de ces princes qui étaient en litige, et les obligerait, selon sa volonté, de s'accommoder à l'amiable pour cette succession. Il est sûr qu'après le rôle que la France avait joué à la paix de Westphalie, elle ne pouvait en jouer ni de plus beau ni de plus grand que celui-là. Mais parce que la mauvaise fortune et toute sorte d'événements concoururent à déranger ces desseins, faut-il condamner Louis XV, parce qu'une partie de cette guerre fut malheureuse ? Un philosophe doit-il juger d'un projet par l'événement ? Mais il est plus facile de dire des injures à tout hasard que d'examiner et de réfléchir à ce qu'on veut dire. Quoi ! Cet homme qui se donne, au commencement de son ouvrage, pour un zélateur de la vérité, n'est qu'un vil exagérateur, qui associe le mensonge à sa méchanceté pour insulter les souverains !

Jetzt wollen wir sehen, ob Ihre unbestimmten, übertriebenen Ausfälle gegen die französische Regierung irgendeine Berechtigung haben. Ohne ihn zu nennen, verweisen Sie auf Ludwig XV. und beschuldigen ihn, nur ungerechte Kriege geführt zu haben. Glauben Sie ja nicht, es genüge, solche Dinge mit ebenso viel Dreistigkeit wie Unverschämtheit zu behaupten. Man muss sie beweisen, oder aber man hält Sie, so sehr Sie auch Philosoph sein wollen, für einen großartigen Verleumder. Überprüfen wir also die Gerichtsakten und entscheiden dann, ob die Gründe, die Ludwig XV. zu den von ihm geführten Kriegen veranlassten, schlecht oder ob sie stichhaltig waren. Der erste Krieg, um den es hier geht, ist der von 1733. Sein Schwiegervater wird zum König von Polen gewählt. Kaiser Karl VI. widersetzt sich, mit Russland im Bunde, dieser Wahl. Da der König von Frankreich nicht auf Russland losgehen kann, greift er Karl VI. an, um die Rechte seines zweimal auf denselben Thron gesetzten Schwiegervaters zu behaupten; und da er sich in Polen nicht durchzusetzen vermag, überlässt er dem König Stanislaus als Entschädigung Lothringen.[1] Wird man also einen Schwiegersohn verurteilen, der seinem Schwiegervater zu Hilfe kommt, einen König, der die Rechte einer in ihren Wahlen freien Nation verteidigt, einen Fürsten, der andere Mächte daran hindert, sich das Recht anzumaßen, Königreiche zu vergeben? Wenn man sich nicht von Feindseligkeit und unversöhnlichem Hass hinreißen lässt, ist es bis zu diesem Punkt unmöglich, das Verhalten dieses Fürsten zu tadeln.

Der zweite Krieg begann 1741. Es ging um die Erbfolge des Hauses Österreich, dessen letzter männlicher Nachkomme, Kaiser Karl VI., kurz vorher gestorben war. Es ist klar, dass jene berühmte Pragmatische Sanktion[2], auf die Karl VI. seine Hoffnungen gründete, die Rechte der Häuser Bayerns und Sachsens auf die Erbfolge nicht in Frage stellen und auch die Ansprüche, die das Haus Brandenburg auf einige schlesische Herzogtümer erhob, nicht im Geringsten beeinträchtigen konnte. Zu Beginn dieses Krieges war es sehr wahrscheinlich, dass eine nach Deutschland gesandte französische Armee Ludwig XV. zum Schiedsrichter unter den streitenden Fürsten machen und sie nötigen würde, sich nach seinem Willen gütlich über diese Erbfolge zu einigen. Sicher konnte Frankreich nach der Rolle, die es beim Westfälischen Frieden gespielt hatte, keine schönere und größere Rolle spielen.[3] Da aber infolge des Missgeschicks und aller möglichen Zufälle diese Pläne zerstört wurden, muss man deshalb Ludwig XV. verurteilen, weil dieser Krieg zum Teil unglücklich verlief? Darf ein Philosoph ein Vorhaben nach den Ereignissen beurteilen? Es ist freilich leichter, in jede Richtung Beleidigungen auszuteilen, als zu prüfen und zu erwägen, was man sagen will. Ja, dieser Mann, der sich am Anfang seines Werkes als ein eifriger Verfechter der Wahrheit aus-

J'en viens à la guerre de 1756. Il faut que cet auteur des *Préjugés* ait bien des préjugés lui-même, et beaucoup d'aigreur contre sa patrie, s'il ne convient pas de bonne foi que ce fut alors l'Angleterre qui força la France à prendre les armes. Reconnaîtrai-je ce tyran sanguinaire et barbare que vous nous peignez avec de si sombres couleurs, dans le pacifique Louis XV, qui usa d'une patience et d'une modération angélique avant de se déclarer contre l'Angleterre? Que peut-on lui reprocher? Prétend-on qu'il ne devait pas se défendre? Mon ami, ou tu es un ignorant, ou tu as le cerveau brûlé, ou tu es un insigne calomniateur: choisis; mais pour philosophe, tu ne l'es pas.

En voilà pour les souverains*. Qu'on ne s'imagine pas que l'auteur ménage davantage les autres conditions: chacune est en butte à ses sarcasmes. Mais avec quel mépris insultant, avec quelle indignité ne traite-t-il pas les gens de guerre! À l'entendre, il semble que ce ne soient que les plus vils excréments de la société. Mais en vain son orgueil philosophique tente-t-il d'abaisser leur mérite; la nécessité de se défendre en fera toujours sentir le prix. Mais souffrirons-nous qu'un cerveau brûlé insulte au plus noble emploi de la société, celui de défendre ses concitoyens? Ô Scipion, toi qui sauvas Rome des mains d'Hannibal, et qui domptas Carthage; Gustave, grand Gustave, le protecteur de la liberté germanique; Turenne, le bouclier et l'épée de ta patrie; Marlborough, dont le bras soutint l'Europe en équilibre; Eugène, l'appui, la force et la gloire de l'Autriche; Maurice, le dernier héros de la France! Dégagez-vous, ombres magnanimes, des prisons de la mort et des liens du tombeau! Avec quel étonnement n'entendrez-vous pas comme, en ce siècle de paradoxes, on insulte à vos travaux et à ces actions qui vous ont valu à juste titre l'immortalité! Reconnaîtrez-vous vos successeurs aux épithètes élégantes de bourreaux mercenaires, par lesquelles des sophistes les désignent? Que direz-vous en entendant un cynique, plus impudent que Diogène, aboyer du fond de son tonneau contre vos réputations brillantes, dont la splendeur l'offusque? Mais que peuvent ses cris impuissants contre vos noms environnés des rayons de la gloire, et contre les justes acclamations de tous les âges, dont

---

* Ce morceau a été fourni par un militaire indigné du silence de ses confrères, pour que les philosophes ne prissent pas leur silence pour un consentement tacite aux sottises qu'ils se sont mis en goût de leur dire depuis un certain temps.

gibt, ist nur ein gemeiner Aufschneider, der die Lüge mit der eigenen Bosheit verknüpft, um die Herrscher zu beschimpfen!

Ich komme jetzt zum Krieg von 1756. Der Autor der *Vorurteile* muss selber viele Vorurteile und viel Bitterkeit gegen sein Vaterland empfinden, wenn er nicht ehrlich zugibt, dass Frankreich damals von England gezwungen wurde, zu den Waffen zu greifen. Wie soll ich in dem blutdürstigen und barbarischen Tyrannen, den Sie uns in so düsteren Farben zeichnen, den friedfertigen Ludwig XV. wiedererkennen, der engelhafte Geduld und Mäßigung bewies, bevor er sich gegen England erklärte?[1] Was kann ihm vorgeworfen werden? Verlangt man, dass er sich nicht hätte verteidigen sollen? Mein Freund, entweder bist du ein Ignorant oder ein überspannter Kopf oder ein großartiger Verleumder. Du hast die Wahl! Aber ein Philosoph, das bist du nicht!

Soviel zu den Herrschern.* Man bilde sich aber nicht ein, der Autor behandle die anderen Stände besser; jeder wird zur Zielscheibe für seinen Sarkasmus. Aber mit welch beleidigender Verachtung, mit welchem Hohn behandelt er nicht die Kriegsleute! Wenn man ihn hört, hat man den Eindruck, sie seien nur der niedrigste Abschaum der Gesellschaft. Doch vergeblich versucht sein philosophischer Stolz, ihr Verdienst zu schmälern; an der Notwendigkeit, sich zu verteidigen, wird ihr Wert immer zu erkennen sein. Wollen wir es aber zulassen, dass ein überspannter Kopf die edelste Tätigkeit der Gesellschaft, nämlich die, seine Mitbürger zu beschützen, verhöhnt? O Scipio, der du Rom aus den Händen Hannibals befreitest und der du Karthago bändigtest; Gustav, großer Gustav, Beschützer der germanischen Freiheit[2]; Turenne, Schild und Schwert deines Vaterlandes; Marlborough, dessen Arm Europa im Gleichgewicht hielt; Eugen, Stütze, Kraft und Ruhm des Hauses Österreich; Moritz, du, letzter Held Frankreichs![3] Tretet heraus, erhabene Schatten, aus den Kerkern des Todes und den Banden des Grabes! Mit welchem Erstaunen werdet ihr hören, wie man in diesem Jahrhundert der Paradoxe eure Leistungen und Taten beschimpft, die euch zu Recht Unsterblichkeit erbrachten! Werdet ihr eure Nachfolger an dem eleganten Beinamen gedungene Henker wiedererkennen, mit dem Sophisten sie bezeichnen? Was werdet ihr sagen, wenn ihr einen Zyniker hört, der unverschämter als Diogenes[4] auf dem Grund seines Fasses gegen euren strahlenden Ruf, dessen Glanz ihn verdrießt, losklefft? Aber was kann sein ohnmächtiges Geschrei gegen eure ruhmvollen Namen ausrichten, was gegen den verdienten Beifall aller Zeiten, dessen Tribut

---

* Der folgende Abschnitt stellte uns ein über das Schweigen seiner Kameraden empörtes Mitglied der Armee zur Verfügung, damit die Philosophen dieses Schweigen nicht als stillschweigende Zustimmung zu den Albernheiten verstehen, die sie seit einiger Zeit den Militärs zu sagen belieben.

vous recueillez encore le tribut ? Vous qui marchez sur les pas de ces vrais héros, continuez à imiter leurs vertus, et méprisez les vaines clameurs d'un sophiste insensé qui, se disant l'apôtre de la vérité, ne débite que des mensonges, des calomnies et des injures.

Indigne déclamateur, faut-il t'apprendre que les arts ne se cultivent en paix qu'à l'abri des armes ? N'as-tu pas vu, durant les guerres qui se sont faites de ton temps que, tandis que le soldat intrépide veille sur les frontières, le cultivateur s'attend à recueillir le fruit de ses travaux par d'abondantes moissons ? Ignores-tu que, tandis que le guerrier s'expose sur terre et sur mer à la mort qu'il donne ou qu'il reçoit, le commerçant, sans être distrait de ses soins, continue à rendre son négoce florissant ? Es-tu assez stupide pour n'avoir pas remarqué que, tandis que ces généraux et ces officiers que ta plume traite si indignement bravaient les rigueurs de la saison, et s'exposaient aux plus dures fatigues, tu méditais tranquillement dans ton taudis les rhapsodies, les balivernes, les impertinences, les sottises que tu nous débites ? Quoi ! Sera-t-il dit que tu embrouilleras toutes les idées ? Et, par des sophismes grossiers, prétendras-tu de rendre équivoques les prudentes mesures qu'emploient des gouvernements sages et prévoyants ? Faudra-t-il prouver, en notre siècle, que, sans de vaillants soldats qui défendent les royaumes, ils deviendraient la proie du premier occupant ? Oui, monsieur le soi-disant philosophe, la France entretient de grandes armées. Aussi n'est-elle plus exposée à ces temps de confusion et de trouble où elle se déchirait par des guerres civiles, plus pernicieuses et plus cruelles que les guerres étrangères. Il paraît que vous regrettez ces temps où de puissants vassaux ligués ensemble pouvaient résister au souverain qui n'avait pas des forces suffisantes à leur opposer. Non, vous n'êtes point l'auteur de l'*Essai sur les préjugés*! Ce livre ne peut avoir été écrit que par quelque chef de parti de la Ligue ressuscité qui, respirant encore l'esprit de faction et de trouble, veut exciter le peuple à la rébellion contre l'autorité légitime du souverain. Mais que n'auriez-vous pas dit si, dans le cours de la dernière guerre, il fût arrivé que les Anglais eussent pénétré jusqu'aux portes de Paris ? Avec quelle impétuosité ne vous seriez-vous pas déchaîné contre le gouvernement qui aurait si mal pourvu à la sûreté du royaume et de la capitale ! Et vous auriez eu raison. Pourquoi donc, homme inconséquent et ivre de tes rêveries, tâches-tu de flétrir et d'avilir ces vraies colonnes de

ihr noch immer entgegennehmt? Ihr, die ihr den Spuren dieser wahren Helden folgt, fahrt fort, ihre Tugenden nachzuahmen, und verachtet das vergebliche Gezeter eines wahnsinnigen Sophisten, der sich Apostel der Wahrheit nennt, aber nur Lügen, Verleumdungen und Beleidigungen vorbringt.

Nichtswürdiger Schwätzer, muss man dir beibringen, dass die Künste in Frieden nur gedeihen, wenn sie unter dem Schutz der Waffen stehen? Hast du während der Kriege, die zu deiner Zeit geführt wurden, nicht gesehen, dass der Bauer hofft, die Früchte seiner Arbeit in Form reicher Ernten genießen zu können, während der unerschrockene Soldat an den Grenzen wacht? Weißt du nicht, dass auch der Kaufmann seine Geschäfte erfolgreich betreiben kann, ohne von seinen Bemühungen abgelenkt zu werden, während der Krieger sich zu Lande und zu Wasser dem Tode aussetzt, den er gibt oder empfängt? Bist du so dumm und hast nicht bemerkt, wie die Generäle und Offiziere, die deine Feder so unwürdig behandelt, den Widrigkeiten der Jahreszeiten trotzten und sich den härtesten Strapazen unterzogen, während du in deiner Kammer völlig ungestört die Rhapsodien, Albernheiten, Unverschämtheiten und Dummheiten, die du uns anbietest, ausdenken konntest? Wie? Soll man von dir sagen, dass du alle Ideen durcheinander bringst? Und bildest du dir ein, dass du mit deinen groben Spitzfindigkeiten die fürsorglichen Maßnahmen, die kluge und weitblickende Regierungen ergreifen, ins Zwielicht rücken kannst? Wird man in unserem Jahrhundert beweisen müssen, dass die Königreiche zur leichten Beute des erstbesten Angreifers würden, wenn sie nicht tapfere Soldaten zur Verteidigung hätten? Ja, mein sogenannter Herr Philosoph, Frankreich unterhält große Armeen. Deshalb erlebt es auch nicht mehr jene Zeiten der Verwirrung und der Unruhe, in denen es sich durch Bürgerkriege, die verderblicher und grausamer sind als auswärtige Kriege, selbst zerfleischte. Wie es scheint, trauern Sie jenen Zeiten nach, in denen mächtige, miteinander verbündete Vasallen dem Herrscher Widerstand leisten konnten, weil er nicht stark genug war, um sich ihnen zu widersetzen. Nein, Sie sind nicht der Autor des *Versuchs über die Vorurteile*! Dieses Buch kann nur ein Anführer der wiederauflebenden Liga[1] geschrieben haben, der noch den Geist der Spaltung und der Verwirrung atmet und das Volk zur Rebellion gegen die legitime Autorität des Herrschers aufstacheln will. Aber was hätten Sie gesagt, wenn im Verlauf des letzten Krieges die Engländer bis an die Tore von Paris vorgedrungen wären? Mit welchem Ungestüm wären Sie dann wohl über die Regierung hergefallen, die so schlecht für die Sicherheit des Königreiches und der Hauptstadt vorgesorgt hätte? Und Sie hätten Recht gehabt. Warum also versuchst du, inkonsequenter und von deinen Träumereien berauschter Mann, die wahren Säulen des Staates, das Militär, zu brandmarken und zu erniedrigen, das in

l'État, ce militaire respectable, aux yeux d'un peuple qui lui doit la plus grande reconnaissance ? Quoi ! Ces défenseurs intrépides qui s'immolent, les victimes de la patrie, tu leur envies les honneurs et les distinctions dont ils jouissent à si juste titre ! Ils les ont payés de leur sang, et c'est au risque de leur repos, de leur santé et de leur vie qu'ils les ont obtenus. Ô l'indigne mortel, qui veut avilir le mérite, qui veut lui enlever les récompenses qui lui sont dues, la gloire qui l'accompagne, et étouffer les sentiments de reconnaissance que lui doit le public !

Ne pensez pas que les militaires soient les seuls qui aient à se plaindre de notre auteur. Il ne se trouve aucune condition dans le royaume à l'abri de ses traits. Il nous apprend que les places de la justice sont vénales en France. Il y a longtemps qu'on le sait. Pour connaître la source de cet abus, il faut remonter, si je ne me trompe, aux temps où le roi Jean fut prisonnier des Anglais ou, pour plus de sûreté, à la prison de François Ier. La France se trouvait engagée par honneur à délivrer son roi des mains de Charles-Quint, qui ne voulait lui rendre la liberté que conditionnellement. Le trésor étant épuisé, et ne pouvant trouver une somme aussi considérable qu'on l'exigeait pour la rançon du roi, on eut recours au funeste expédient de mettre en vente les charges de judicature, pour en racheter la liberté de ce prince. Des guerres presque continuelles qui suivirent après la délivrance de François Ier, les troubles intestins et les guerres civiles qui s'allumèrent sous ses descendants, empêchèrent les monarques d'acquitter cette dette, dont ils payent encore actuellement la finance. Le malheur de la France a voulu que, jusqu'en nos jours, Louis XV ne s'est pas trouvé dans une situation plus favorable que ses ancêtres, ce qui l'a empêché de restituer aux propriétaires les avances considérables qu'ils avaient faites dans ces temps calamiteux. Faut-il donc s'en prendre à Louis XV, si cet ancien abus n'a pas encore pu être aboli ? Sans doute que le droit de décider de la fortune des particuliers ne devrait pas s'acquérir par de l'argent. Mais qu'on en accuse les auteurs, qui seuls en sont coupables, et non pas un roi qui en est innocent. Quoique ces abus subsistent, l'auteur sera néanmoins obligé d'avouer qu'on ne peut avec vérité charger le parlement de Paris de prévarication, et que la vénalité des charges n'a point influé sur son équité. Que l'auteur se plaigne, à la bonne heure, d'un nombre confus de lois, variant de province en province, qui,

den Augen des Volkes, das ihm höchsten Dank schuldet, besondere Anerkennung verdient? Wie? Jene unerschrockenen, aufopferungsbereiten Verteidiger, die Opfer des Vaterlandes, beneidest du um die Ehren und die Auszeichnungen, die sie mit vollem Recht genießen? Sie haben sie mit ihrem Blut bezahlt und sie unter Einsatz ihrer Ruhe, ihrer Gesundheit, ihres Lebens erworben. O nichtswürdiger Sterblicher, der das Verdienst herabsetzen, ihm den gebührenden Lohn und den damit einhergehenden Ruhm entreißen und das Gefühl der Dankbarkeit, das die Öffentlichkeit ihm schuldet, ersticken will!

Nun denken Sie aber nicht, die Soldaten seien die einzigen, die sich über unseren Autor zu beklagen hätten. Kein Stand im Königreich ist vor seinen Pfeilen sicher. Er teilt uns mit, dass in Frankreich die Ämter der Justiz käuflich sind. Das ist seit langem bekannt. Um den Ursprung dieses Missbrauchs kennen zu lernen, muss man, wenn ich nicht irre, bis in die Zeit zurückgehen, in der König Johann in englischer Gefangenschaft[1] war, oder, was sicherer ist, in die Zeit der Gefangenschaft von Franz I.[2] Frankreich hatte sich auf Ehre verpflichtet, seinen König aus den Händen Karls V., der ihm die Freiheit nur zu bestimmten Bedingungen zurückgeben wollte, zu befreien. Die Staatskasse war leer; und da man die beträchtliche Summe, die als Lösegeld für den König gefordert wurde, nicht auftreiben konnte, griff man auf das unheilvolle Hilfsmittel zurück, die Ämter der Justiz zum Verkauf anzubieten, um mit dem Erlös die Freiheit dieses Fürsten erkaufen zu können. Die fast ununterbrochenen Kriege, die auf die Freilassung Franz I. folgten, sowie die inneren Unruhen und Bürgerkriege, die unter seinen Nachfolgern entbrannten, hinderten die Könige daran, diese Schuld zu tilgen, für deren Finanzierung sie heute noch aufkommen müssen. Das Unglück Frankreichs hat es gewollt, dass sich Ludwig XV. bis auf unsere Tage nicht in einer günstigeren Lage befand als seine Vorfahren; das machte es ihm unmöglich, den Besitzern der Richterämter die beträchtlichen Summen zurückzuerstatten, die diese in jenen unglücklichen Zeiten vorgestreckt hatten. Darf man es also Ludwig XV. vorhalten, dass der alte Missbrauch noch nicht abgeschafft werden konnte? Ohne Zweifel sollte niemand sich das Recht, über das Schicksal Einzelner zu entscheiden, käuflich erwerben können. Man muss dann aber auch die Urheber dieses Missbrauchs anklagen, die allein schuldig sind, und nicht einen König, der daran unschuldig ist. Obwohl diese Missbräuche weiter bestehen, wird der Autor wohl oder übel zugeben müssen, dass man dem Pariser Parlement[3] in Wahrheit nicht den Vorwurf der Rechtsverfälschung machen kann, und dass die Käuflichkeit der Ämter keinen Einfluss auf seine Billigkeit hatte. Sollte sich unser Autor über die verwirrende Anzahl von Gesetzen beklagen, die von Provinz zu Provinz verschieden sind, in einem Königreich wie

dans un royaume comme la France, devraient être simples et uniformes. Louis XIV voulut entreprendre la réforme des lois, mais toutes sortes d'obstacles l'empêchèrent de perfectionner son ouvrage. Que notre auteur sache donc, s'il l'ignore, et comprenne, s'il le peut, les peines infinies et les obstacles renaissants que rencontrent ceux qui veulent toucher aux usages consacrés par la coutume. Il faut descendre dans des détails infinis pour s'éclaircir de la liaison intime de différentes choses que la succession du temps a formées, et auxquelles on ne peut toucher sans tomber dans des inconvénients pires que le mal qu'on veut guérir. C'est le cas où l'on peut dire que la critique est aisée, mais l'art difficile.

Approchez, à présent, monsieur le contrôleur général des finances, et vous, messieurs les financiers, voici votre tour. L'auteur, de mauvaise humeur, s'emporte contre les impôts, contre les perceptions des deniers publics, contre les charges que porte le peuple et dont il prétend qu'il est foulé, contre les traitants, contre ceux qui administrent ces revenus, qu'il accuse généralement de malversations, de concussions et de rapines. Cela est très bien, s'il prouve le fait. Mais comme, en le lisant, je me suis mis en garde contre ses exagérations perpétuelles, je le soupçonne d'outrer infiniment les choses dans l'intention de rendre le gouvernement odieux. Cette épithète de tyran barbare, idée inséparable dans son esprit de celle de la royauté, et qu'il applique, quand il peut, indirectement, à son souverain, me rend ses déclamations suspectes de mauvaise foi. Voyons à présent s'il connaît les choses dont il parle, et s'il s'est donné la peine d'examiner l'état de la question. D'où sont venues ces dettes immenses dont la France est chargée ? Quelles causes les ont produites ? Il est connu qu'une grande partie datent encore du règne de Louis XIV, contractées pendant la guerre de succession, la plus juste de toutes celles que ce monarque avait entreprises. Depuis, le duc d'Orléans, régent du royaume, se flatta de les acquitter au moyen du système que Law lui proposa. Mais en outrant ce système, il bouleversa le royaume, et les dettes ne furent acquittées qu'en partie, mais non pas entièrement éteintes. Après la mort du Régent, et sous la sage administration du cardinal de Fleury, le temps consolida quelques anciennes plaies du royaume. Mais les guerres qui s'allumèrent depuis obligèrent Louis XV d'en contracter de nouvelles. La bonne foi, le soutien du crédit public, veulent que ces dettes s'acquittent, ou qu'au moins le gouvernement en paye

Frankreich jedoch einfach und einheitlich sein sollten, dann hat er Recht. Ludwig XIV. wollte die Gesetzgebung reformieren, aber alle möglichen Schwierigkeiten hinderten ihn daran, sein Werk zu vollenden. Unser Autor sollte also wissen, falls es ihm entgangen sein sollte, und verstehen, falls er es kann, dass allen, die an den Gebräuchen, die durch die Gewohnheit geheiligt sind, rühren wollen, unendliche Mühen und immer neue Hindernisse bevorstehen.[1] Man muss sich in unabsehbare Einzelheiten vertiefen, um Einsicht in den genauen Zusammenhang verschiedener Dinge zu erhalten, die im Laufe der Zeit entstanden sind, und an denen man nicht rühren darf, ohne in Misshelligkeiten zu geraten, die schlimmer sind als das Übel, dem man abhelfen will. In diesem Fall kann man wirklich sagen: Kritik ist leicht, die Kunst aber ist schwer.

Treten Sie jetzt näher, Herr Generalkontrolleur der Finanzen und Sie, meine Herren Finanzbeamten; jetzt sind Sie an der Reihe. Schlechtgelaunt eifert sich der Autor gegen die Steuern, gegen die Erhebung der öffentlichen Gelder, gegen die Lasten, die das Volk trägt und durch die es angeblich erdrückt wird, gegen die Steuerpächter, gegen die Verwalter dieser Einkünfte, die er generell der Veruntreuung, der Erpressung und des Raubes beschuldigt. Das ist sehr gut, wenn Beweise vorgelegt werden. Da ich aber beim Lesen misstrauisch geworden bin gegen seine ununterbrochenen Übertreibungen, habe ich den Verdacht, dass er alles unendlich übertreibt, in der Absicht, die Regierung verhasst zu machen. Diese Rede vom barbarischen Tyrannen, eine Vorstellung, die in seinem Geist untrennbar mit der Vorstellung vom Königtum verknüpft ist und die er, so oft er kann, indirekt auf seinen König bezieht, macht mir seine Deklamationen der Unredlichkeit verdächtig. Sehen wir nun, ob er die Dinge kennt, über die er spricht, und ob er sich die Mühe machte, den Sachverhalt zu prüfen. Wie ist es zu den unermesslichen Schulden gekommen, die auf Frankreich lasten? Auf welche Ursachen gehen sie zurück? Man weiß, dass ein großer Teil davon noch aus der Regierungszeit Ludwigs XIV. stammt, und dass sie während des Erbfolgekrieges[2], des gerechtesten aller Kriege, die dieser Monarch geführt hatte, gemacht wurden. Danach gab sich der Herzog von Orléans, der Regent des Königreiches, der Hoffnung hin, die Schulden mithilfe des Finanzsystems zu tilgen, das Law ihm vorschlug.[3] Da er dieses System aber auf die Spitze trieb, zerrüttete er das Königreich, und die Schulden wurden nur zum Teil bezahlt, jedoch keineswegs gänzlich getilgt. Nach dem Tod des Regenten, unter der klugen Staatsverwaltung des Kardinals de Fleury[4], heilte die Zeit einige alte Wunden des Königreiches. Doch die Kriege, die seitdem ausbrachen, zwangen Ludwig XV., neue Schulden zu machen. Glaubwürdigkeit, die Stütze des öffentlichen Kredits, verlangt, dass diese Schulden getilgt werden oder dass die Regie-

exactement le dividende. Les revenus ordinaires de l'État étant couchés sur le tableau des dépenses courantes, d'où le roi prendrait-il les sommes nécessaires pour payer le dividende et pour amortir ces dettes, s'il ne les recevait de ses peuples ? Et comme un long usage de ce pays a introduit que les perceptions de certaines fermes et de nouveaux impôts passassent par les mains des traitants, le roi se trouve, en quelque façon, nécessité de se servir de leur ministère. On ne nie point que, dans la finance, ce nombre de commis et d'employés, peut-être trop multiplié, ne commette des concussions, des brigandages, et que le peuple n'ait pas quelquefois raison de se plaindre de la dureté de leurs exactions. Mais le moyen de l'empêcher dans un royaume aussi vaste que la France ! Plus une monarchie est grande, plus il y régnera d'abus. Quand même on proportionnerait le nombre des surveillants à celui des exacteurs, ces commis, par des ruses et des artifices nouveaux, parviendraient encore à tromper les yeux attentifs de ceux qui doivent les éclairer. Si les intentions de l'auteur avaient été pures, s'il avait bien connu la cause des dépenses ruineuses à l'État, il aurait averti modestement de mettre plus d'économie dans les dépenses des guerres, d'abolir ces entrepreneurs qui s'enrichissent de gains illicites, tandis que l'État s'appauvrit, d'avoir l'œil à ce que des contrats pour des livraisons ne soient pas portés, comme il est arrivé, au double de leur valeur, enfin, il aurait pu insinuer qu'en retranchant tout le superflu des pensions et des dépenses de la cour, ce serait un moyen d'alléger le fardeau des impôts digne de l'attention d'un bon prince. S'il avait pris un ton modeste, ses avis auraient pu faire impression. Mais les injures irritent, et ne persuadent personne. Qu'il propose donc des expédients, s'il en sait, d'acquitter les dettes sans blesser la foi publique et sans fouler les sujets, et je lui réponds qu'aussitôt il sera nommé contrôleur général des finances.

Un vrai philosophe aurait examiné impartialement si ces armées nombreuses, entretenues pendant la paix, si ces guerres si coûteuses, comme elles le sont aujourd'hui, sont plus ou moins avantageuses que l'usage ancien d'armer à la hâte des paysans quand un voisin paraissait à craindre, d'entretenir cette milice par la rapine et par le brigandage, sans lui assigner de paye régulière, et de la licencier à la paix. L'unique avantage qu'avaient les anciens consistait en ce que le militaire ne leur coûtait rien en temps de paix mais, quand le tocsin sonnait, tout citoyen devenait soldat.

rung zumindest die Zinsen pünktlich bezahlt. Da die gewöhnlichen Einkünfte des Staates mit den laufenden Ausgaben verrechnet werden – woher sollte der König denn die Summen nehmen, die zur Bezahlung der Zinsen und zur Tilgung der Schulden nötig sind, wenn er sie nicht von seinen Völkern erhielte? Und da es in Frankreich durch einen alten Brauch eingeführt ist, dass die Einziehung bestimmter Pachtgelder und neuer Steuern durch die Hände von Steuerpächtern geht, sieht der König sich gewissermaßen genötigt, ihre Dienste in Anspruch zu nehmen. Es ist nicht zu leugnen, dass die vielleicht allzu vielen Beauftragten und Angestellten im Finanzwesen Unterschlagungen und Diebstähle begehen und dass das Volk bisweilen Grund hat, sich über die gnadenlose Härte der Geldeintreiber zu beklagen. Aber wie lässt sich das in einem so weitläufigen Königreich wie Frankreich verhindern? Je größer eine Monarchie ist, um so mehr Missbräuche wird es geben. Selbst wenn man die Zahl der Aufseher im Verhältnis zu den Geldeintreibern erhöhen wollte, gelänge es diesen durch neue Listen und Kunstgriffe dennoch, die aufmerksamen Augen derer zu täuschen, die sie beaufsichtigen sollen. Wenn der Autor lautere Absichten gehabt und die Ursache der für den Staat verhängnisvollen Ausgaben richtig erkannt hätte, dann hätte er bescheiden vorgeschlagen, mit den Kriegsausgaben sparsamer umzugehen und die Unternehmer auszuschalten, die sich mit unerlaubtem Gewinn bereichern, während der Staat verarmt. Ferner hätte er vorgeschlagen, darauf zu achten, dass die Lieferungsverträge nicht, wie es vorgekommen ist, das Doppelte ihres Wertes erreichen. Schließlich hätte er noch zu verstehen geben können, die Streichung aller überflüssigen Pensionen und Ausgaben des Hofes sei ein Mittel zur Erleichterung der Steuerlast und verdiene die Aufmerksamkeit eines guten Fürsten. Hätte der Autor einen bescheidenen Ton angeschlagen, hätten seine Ansichten vielleicht Eindruck gemacht. Aber Beleidigungen verbittern, und sie überzeugen niemand. Er soll also, wenn er kann, Mittel vorschlagen, wie die Schulden bezahlt werden können, ohne das öffentliche Vertrauen zu verletzen und ohne die Untertanen zu bedrücken, und ich sage ihm, dass er augenblicklich zum Generalkontrolleur der Finanzen ernannt werden wird.

Ein wahrer Philosoph hätte unparteiisch untersucht, ob die zahlreichen Armeen, die man in Friedenszeiten unterhält, und ob die äußerst kostspieligen Kriege – sie sind es heutzutage tatsächlich – vorteilhafter oder weniger vorteilhaft sind als der alte Brauch, in aller Eile Bauern zu bewaffnen, wenn ein Nachbar gefährlich wurde, diese Miliz durch Raub und Plünderung zu unterhalten, ohne ihr einen regelmäßigen Sold zu geben, und sie dann in Friedenszeiten zu entlassen. Der einzige Vorteil, den die Alten diesbezüglich hatten, bestand darin, dass sie das Militär in Friedenszeiten nichts kostete; doch wenn die Sturmglocke läutete, wurde jeder Bürger Soldat. In unserer Zeit,

Au lieu qu'à présent, les conditions étant séparées, le cultivateur, le manufacturier continuent chacun leurs ouvrages sans interruption, pendant que la partie des citoyens destinée à défendre les autres s'acquitte de son emploi. Si nos grandes armées, entretenues dans leurs expéditions aux frais de l'État, sont coûteuses, il en résulte au moins l'avantage que les guerres ne peuvent durer que huit ou dix années au plus, et qu'ensuite l'épuisement des ressources oblige les souverains à se montrer, dans de certains cas, plus pacifiques qu'ils ne le seraient par inclination. Il résulte donc de nos usages modernes que nos guerres sont plus courtes que celles des anciens, moins ruineuses aux provinces qui leur servent de théâtre, et que nous devons aux grandes dépenses qu'elles entraînent les paix passagères dont nous jouissons et que l'épuisement des puissances rendra probablement plus longues.

Je passe plus outre. Notre ennemi des rois assure que les souverains ne tiennent point leur puissance d'autorité divine. Nous ne le chicanerons point sur cet article; il lui arrive si rarement d'avoir raison que ce serait marquer de l'humeur de le contredire quand les probabilités sont pour lui. En effet, les Capet usurpèrent l'empire, les Carolingiens s'en emparèrent par adresse et par artifice, les Valois et les Bourbons eurent la couronne par droit de succession. Nous lui sacrifions encore les titres d'images de la Divinité, de représentants de la Divinité, qu'on leur attribue si improprement. Les rois sont hommes comme les autres, ils ne jouissent point du privilège exclusif d'être parfaits dans un monde où rien ne l'est. Ils apportent leur timidité ou leur résolution, leur activité ou leur paresse, leurs vices ou leurs vertus sur le trône où les place le hasard de leur naissance et, dans un royaume héréditaire, il faut de nécessité que des princes de tout caractère se succèdent. Il y a de l'injustice à prétendre que les princes soient sans défauts, quand on ne l'est pas soi-même. Quel art y a-t-il à dire: un tel est fainéant, avare, prodigue ou débauché? Pas plus qu'à lire, en se promenant dans une ville, les enseignes des maisons. Un philosophe, qui doit savoir que la nature des choses ne change jamais, ne s'amusera pas à reprocher à un chêne de ne point porter des pommes, à un âne de ne point avoir les ailes d'un aigle, à un esturgeon de ne point avoir les cornes d'un taureau; il n'exagérera point des maux réels, mais difficiles à remédier; il n'ira pas crier «Tout est mal!» sans dire comment tout pourrait être bien. Sa voix ne servira point de trompette à la sédition, de signe de ralliement aux mécontents, de prétexte à la rébellion. Il respectera les usages établis et autorisés par

da die Stände getrennt sind, setzen die Bauern und die Handwerker ihre Arbeit ohne Unterbrechung fort, während jener Teil der Bürger, der für die Verteidigung der anderen bestimmt ist, ebenfalls seinem Beruf nachgeht. Wenn unsere großen Armeen, die auf ihren Feldzügen auf Staatskosten unterhalten werden, teuer sind, dann ergibt sich daraus wenigstens der Vorteil, dass die Kriege höchstens acht oder zehn Jahre dauern können, und dass dann die Herrscher angesichts der leeren Kassen genötigt sind, sich manchmal friedlicher zu zeigen, als wenn es nur nach ihrer Neigung ginge. Unsere modernen Bräuche haben also zur Folge, dass unsere Kriege kürzer sind als die der Alten und weniger verheerend für die Provinzen, die ihnen als Schauplatz dienen, und dass wir den hohen Kosten, die sie verursachen, die vorübergehenden Friedenszeiten verdanken, derer wir uns erfreuen und die durch die Erschöpfung der Mächte wahrscheinlich bald noch länger anhalten werden.

Ich fahre fort. Unser Feind der Könige behauptet, dass die Herrscher nicht durch göttliche Autorität über ihre Macht verfügen. In diesem Punkt wollen wir nicht mit ihm streiten. Er hat so selten einmal Recht, dass es ein Zeichen übler Laune wäre, ihm auch da zu widersprechen, wo er die Wahrscheinlichkeit auf seiner Seite hat. In der Tat, die Kapetinger maßten sich die Herrschaft widerrechtlich an, die Karolinger bemächtigten sich ihrer mit Geschick und List, den Valois und den Bourbonen fiel die Krone durch Erbfolge zu. Wir opfern ihm auch die Titel Ebenbilder der Gottheit und Statthalter der Gottheit, die man jenen in so unpassender Weise zuschreibt. Die Könige sind Menschen wie alle anderen; sie genießen nicht das alleinige Vorrecht, vollkommen zu sein in einer Welt, in der nichts vollkommen ist. Sie bringen ihre Ängstlichkeit oder ihre Entschlossenheit, ihre Tatkraft oder ihre Trägheit, ihre Laster oder ihre Tugenden mit auf den Thron, auf den der Zufall ihrer Geburt sie setzt. Und in einer Erbmonarchie folgen notwendigerweise Fürsten von ganz unterschiedlichem Charakter aufeinander. Es wäre ungerecht zu verlangen, dass die Fürsten ohne Fehler sein sollen, während man es selbst nicht ist. Es ist auch keine Kunst zu sagen: Dieser oder jener ist ein Taugenichts, ein Geizhals, ein Verschwender oder ein Wüstling! Es wäre nicht mehr, als bei einem Spaziergang durch die Stadt die Hausschilder zu lesen. Ein Philosoph, der wissen muss, dass sich die Natur der Dinge niemals ändert, wird sich nicht damit vergnügen, einer Eiche vorzuwerfen, dass sie keine Äpfel trägt, einem Esel, dass er keine Adlerflügel hat, und einem Stör, dass er nicht die Hörner eines Stiers besitzt. Er wird wirkliche, aber schwer zu beseitigende Übel nicht übertreiben; er wird nicht ausrufen: alles ist schlecht, ohne zu sagen, wie alles gut werden könnte. Seine Stimme wird dem Aufruhr nicht als Posaune dienen, nicht als Signal für die Unzufriedenen, nicht als Vorwand für den Aufruhr. Er wird vielmehr die eingeführten und von

la nation, le gouvernement, ceux qui le composent, et ceux qui en dépendent. C'est ainsi que pensait le pacifique Du Marsais, auquel on fait composer un libelle deux ans après qu'il est mort et enterré, mais dont le véritable auteur ne peut être qu'un écolier aussi novice dans le monde qu'étourdi. Mais que me reste-t-il encore à dire ? Quoi ! Dans un pays où l'auteur de *Télémaque* éleva le successeur du trône, on se récrie contre l'éducation des princes ! Si l'écolier répond qu'il n'y a plus de Fénelon en France, il doit s'en prendre à la stérilité du siècle, et non pas à ceux qui dirigent l'éducation des princes.

Voici en substance mes remarques générales sur l'*Essai des préjugés*. Le style m'en a paru ennuyeux, parce que c'est toujours une déclamation monotone où les mêmes idées répétées se représentent trop souvent sous la même forme. Parmi ce chaos, j'ai cependant trouvé quelques morceaux de détail supérieurs. Au reste, pour faire de cet ouvrage un livre utile, il faudrait en rayer les répétitions, les *concetti*, les faux raisonnements, les ignorances et les injures, ce qui le réduirait au quart de son volume.

Qu'ai-je donc appris par cette lecture ? Quelle vérité l'auteur m'a-t-il enseignée ? Que tous les ecclésiastiques sont des monstres à lapider, que le roi de France est un tyran barbare, ses ministres des archicoquins, ses courtisans des fripons lâches et rampants au pied du trône, les grands du royaume des ignorants pétris d'arrogance (Ah ! Qu'il en excepte au moins le duc de Nivernais !), que les maréchaux et les officiers français sont des bourreaux mercenaires, les juges d'infâmes prévaricateurs, les financiers des Cartouche et des Mandrin, les historiens des corrupteurs de princes, les poètes des empoisonneurs publics, et qu'il n'y a de sage, de louable, de digne d'estime dans tout le royaume que l'auteur et ses amis, qui se sont revêtus du titre de philosophes.

Je regrette le temps que j'ai perdu à lire cet ouvrage et celui que je perds encore à vous en faire le recensement.

À Londres, ce 2 avril 1770.

der Nation anerkannten Bräuche in Ehren halten und die Regierung, die Regierenden selbst und ihre Untergebenen achten. So jedenfalls dachte der friedliebende Du Marsais[1], den man jetzt, nachdem er zwei Jahre tot und beerdigt ist, eine Schmähschrift verfassen lässt, deren wahrer Autor nur ein gedankenloser und in der Welt unerfahrener Schüler sein kann. Aber, was bleibt mir noch zu sagen? Ja, in einem Land, wo der Autor des *Telemach*[2] den Thronfolger erzog, wettert man gegen die Erziehung der Prinzen! Sollte der Schüler antworten, in Frankreich gebe es keinen Fénelon mehr, dann muss er dafür die Unfruchtbarkeit des Jahrhunderts verantwortlich machen und nicht die Prinzenerzieher.

Das wären im Wesentlichen meine allgemeinen Bemerkungen zum *Versuch über die Vorurteile*. Der Stil erschien mir langweilig, weil es sich durchgängig um eine eintönige Deklamation handelt, in der die gleichen Ideen allzu oft wiederkehren und sich in derselben Form darstellen. Immerhin habe ich in diesem Chaos einige vorzügliche Einzelheiten gefunden. Wollte man aus diesem Werk übrigens ein nützliches Buch machen, dann müssten die Wiederholungen, die concetti[3], die falschen Schlussfolgerungen, die Wissenslücken und die Beleidigungen gestrichen werden, und das würde den Band auf ein Viertel seines Umfangs reduzieren. Was habe ich nun aus dieser Lektüre gelernt? Welche Wahrheit hat der Autor mir vermittelt? Dass alle Geistlichen Ungeheuer sind, die man steinigen sollte, dass der König von Frankreich ein barbarischer Tyrann ist, dass seine Minister Erzschurken und seine Höflinge nichtswürdige Gauner sind, die vor den Stufen des Throns umherkriechen, die Großen des Königreiches Ignoranten, die vor Arroganz strotzen (er sollte doch wenigstens beim Herzog von Nivernais[4] eine Ausnahme machen!), dass die französischen Marschälle und Offiziere gedungene Henker, die Richter niederträchtige Rechtsverdreher, die Finanziers Spitzbuben wie Cartouche und Mandrin[5], dass die Historiker Fürstenverderber und die Dichter öffentliche Giftmischer sind, dass es im ganzen Königreich nichts Weises, nichts Lobenswertes und nichts Achtenswertes gibt außer dem Autor und seinen Freunden, die sich den Titel Philosoph zugelegt haben.

Es tut mir leid um die Zeit, die ich beim Lesen dieses Werkes verloren habe, und um die Zeit, die ich noch damit verliere, es für Sie zu rezensieren.

London, den 2. April 1770.

Examen critique
du *Système de la nature*

Kritische Überprüfung
des *Systems der Natur*

Le *Système de la nature* est un ouvrage qui séduit à la première lecture, et dont on ne découvre les défauts, cachés avec beaucoup d'art, qu'après l'avoir relu à différentes reprises. L'auteur a eu l'adresse d'éloigner les conséquences de ses principes, pour dérouter l'examen des critiques; cependant, l'illusion n'est pas assez forte pour qu'on ne s'aperçoive pas des inconséquences et des contradictions dans lesquelles il tombe souvent, et des aveux contraires à son système que la force de la vérité paraît lui arracher. Les matières de métaphysique qu'il traite sont obscures et hérissées des plus grandes difficultés. Il est pardonnable de se tromper quand on s'engage dans ce labyrinthe où tant d'autres se sont égarés. Il semble cependant qu'en enfilant cette route ténébreuse, on peut la parcourir avec moins de risque, si l'on se défie de ses lumières, si l'on se souvient que, dans ces recherches, le guide de l'expérience nous abandonne, et qu'il ne nous reste que des probabilités plus ou moins fortes pour appuyer nos opinions. Cette réflexion est suffisante pour inspirer de la retenue et de la modestie à tout philosophe à système. Notre auteur, apparemment, n'a pas pensé ainsi, puisqu'il fait gloire d'être dogmatique.

Les points principaux qu'il traite dans cet ouvrage sont: 1° Dieu et la nature; 2° la fatalité; 3° la morale de la religion, comparée avec la morale de la religion naturelle; 4° les souverains, causes de tous les malheurs des États.

Quant au premier point, on est un peu surpris, vu son importance, des raisons que l'auteur allègue pour rejeter la Divinité. Il dit qu'il lui en coûte moins d'admettre une matière aveugle que le mouvement fait agir, que de recourir à une cause intelligente agissant par elle-même, comme si ce qui lui coûte moins de peine à arranger était plus vrai que ce qui lui coûte des soins à éclaircir*. Il avoue que c'est l'indignation que lui ont donnée les persécutions religieuses qui l'a rendu athée. Sont-ce des raisons pour fixer les opinions d'un philosophe, que la paresse et les passions? Un aveu aussi

---

* Seconde partie, chapitre XII.

Das *System der Natur* ist ein Werk, das bei der ersten Lektüre besticht; seine mit viel Kunst verhüllten Mängel entdeckt man erst, wenn man es mehrfach gelesen hat. Der Autor ist den Schlussfolgerungen aus seinen Grundsätzen geschickt ausgewichen, um die Überprüfung durch die Kritiker in die Irre zu leiten. Die Täuschung ist ihm jedoch nicht in dem Maße gelungen, dass man die Inkonsequenzen und Widersprüche, in die er oft verfällt, nicht bemerken würde, wie auch die seinem System zuwiderlaufenden Zugeständnisse, die ihm die Macht der Wahrheit zu entreißen scheint. Die metaphysischen Themen, die er behandelt, bleiben dunkel und sind mit enormen Schwierigkeiten verbunden. Sich zu täuschen ist verzeihlich, wenn man sich in dieses Labyrinth begibt, wo sich schon so viele andere verlaufen haben. Schlägt man diesen dunklen Weg aber ein, dann kann er, wie es scheint, mit geringerer Gefahr zurückgelegt werden, sobald man seinen Einsichten misstraut und sich daran erinnert, dass uns bei solchem Forschen die Erfahrung nicht als Führerin zur Verfügung steht und uns nur mehr oder weniger starke Wahrscheinlichkeiten bleiben, die unsere Meinungen stützen können. Diese Überlegung reicht aus, um jeden Systemphilosophen anzuhalten, Zurückhaltung und Bescheidenheit zu üben. Offenbar hat unser Autor nicht so gedacht, denn er rühmt sich, dogmatisch zu sein.

Die wichtigsten Punkte, die er in diesem Werk behandelt, sind: 1. Gott und die Natur; 2. die Fatalität; 3. die Moral der Religion im Vergleich zur Moral der Naturreligion; 4. die Herrscher als Ursache allen Unglücks der Staaten.

Was den ersten Punkt betrifft, so ist man hinsichtlich seiner Bedeutung ein wenig von den Gründen überrascht, die der Autor anführt, um die Gottheit zu verneinen. Er sagt, es falle ihm weniger schwer, eine blinde Materie anzunehmen, die durch die Bewegung zum Handeln gebracht wird, als auf eine intelligente Ursache zurückzugreifen, die aus sich heraus handelt. Als ob das, was er mit weniger Mühe einordnen kann, wahrer wäre als das, was nur mit Fleiß und Sorgfalt aufzuklären ist.* Er gibt zu, dass die Entrüstung, die die Religionsverfolgungen in ihm ausgelöst haben, ihn zum Atheisten gemacht habe. Sind Faulheit und Leidenschaften aber Gründe für die Fest-

---

* Zweiter Teil, 12. Kapitel.[1]

ingénu ne peut qu'inspirer de la défiance à ses lecteurs, et le moyen de l'en croire, s'il se détermine par des motifs aussi frivoles ! Je suppose que notre philosophe se livre quelquefois avec trop de complaisance à son imagination et que, frappé des définitions contradictoires que les théologiens font de la Divinité, il confond ces définitions, que le bon sens lui sacrifie, avec une nature intelligente qui doit nécessairement présider au maintien de l'univers. Le monde entier prouve cette intelligence, il ne faut qu'ouvrir les yeux pour s'en convaincre. L'homme est un être raisonnable produit par la nature ; il faut donc que la nature soit infiniment plus intelligente que lui, ou bien elle lui aurait communiqué des perfections qu'elle ne possède pas elle-même, ce qui serait une contradiction formelle.

Si la pensée est une suite de notre organisation, il est certain que la nature, immensément plus organisée que l'homme, partie imperceptible du grand tout, doit posséder l'intelligence au plus haut degré de perfection. La nature aveugle, aidée du mouvement[1], ne peut produire que de la confusion, et comme elle agirait sans combinaisons, elle ne pourrait jamais parvenir à des fins déterminées, ni produire de ces chefs-d'œuvre que la sagacité humaine est obligée d'admirer dans l'infiniment petit comme dans l'infiniment grand. Les fins que la nature s'est proposées dans ses ouvrages se manifestent si évidemment qu'on est forcé de reconnaître une cause souveraine et supérieurement intelligente qui y préside nécessairement. En examinant l'homme, je le vois naître le plus débile de tous les animaux, privé d'armes offensives et défensives, incapable de résister aux rigueurs des saisons, exposé sans cesse à être dévoré par les bêtes féroces. Pour compenser la faiblesse de son corps, et afin que l'espèce ne pérît point, la nature l'a doué d'une intelligence supérieure à celle des autres créatures, avantage par lequel il se procure artificiellement ce que, d'ailleurs, la nature paraît lui avoir refusé. Le plus vil des animaux resserre en son corps un laboratoire plus artistement fabriqué que celui du plus habile chimiste ; il prépare les sucs qui renouvellent son être, qui s'assimilent aux parties qui le composent, et qui prolongent son existence. Comment cette organisation merveilleuse et nécessaire à tous les êtres animés pour leur conservation pourrait-elle émaner d'une cause brute qui opérerait ses plus grandes merveilles sans même s'en apercevoir ? Il n'en faut pas tant pour

legung der Ansichten eines Philosophen? Ein so naives Eingeständnis kann bei seinen Lesern nur Misstrauen erregen. Wie sollte man ihm Glauben schenken, wenn er sich aus so oberflächlichen Gründen entscheidet? Ich vermute, unser Philosoph überlässt sich zuweilen allzu selbstgefällig seiner Einbildungskraft und verwechselt, bestürzt über die widersprüchlichen Definitionen, die die Theologen von der Gottheit geben, diese Definitionen, die dem gesunden Menschenverstand nicht standhalten, mit einer intelligenten Natur, die notwendigerweise für die Erhaltung des Universums sorgt. Die ganze Welt beweist diese Intelligenz; man muss nur die Augen öffnen, um sich davon zu überzeugen. Der Mensch ist ein vernunftbegabtes Wesen, das von der Natur hervorgebracht wurde. Also muss die Natur unendlich intelligenter sein als er, sonst hätte sie ihm ja Vollkommenheiten verliehen, die sie selbst nicht besitzt; was ein formaler Widerspruch wäre.

Wenn das Denken eine Folge unseres Körperbaus ist[1], dann muss die Natur, da sie unvergleichlich reicher als der Mensch und er ein nicht wahrnehmbarer Teil des großen Ganzen ist, sicherlich eine Intelligenz besitzen, die den höchsten Grad an Vollkommenheit erreicht. Eine blinde Natur könnte, mithilfe der Bewegung, nur Verwirrung stiften, und da sie ohne Berechnung wirken würde, könnte sie niemals bestimmte Ziele erreichen oder jene Meisterwerke hervorbringen, die der menschliche Scharfsinn im unendlich Kleinen wie im unendlich Großen zu bewundern genötigt ist. Die Ziele, die sich die Natur in ihren Werken gesetzt hat, offenbaren sich so augenscheinlich, dass man gezwungen ist, eine souveräne und überlegen intelligente Ursache anzuerkennen, die mit Notwendigkeit alles lenkt und leitet. Wenn ich den Menschen untersuche, so sehe ich, dass er als das schwächlichste unter allen Tieren geboren wird, ohne Angriffs- und Verteidigungswaffen, unfähig, den Widrigkeiten der Jahreszeiten zu trotzen, unaufhörlich der Gefahr ausgesetzt, von wilden Tieren zerrissen zu werden. Um die Schwäche seines Körpers auszugleichen und damit die Gattung nicht ausstirbt, verlieh die Natur ihm eine Intelligenz, die derjenigen anderer Lebewesen überlegen ist. Ein Vorteil, mit dem er sich auf künstliche Weise das verschafft, was die Natur ihm anderweitig, wie es scheint, vorenthielt. Das niedrigste unter den Tieren birgt in seinem Körper ein Laboratorium, das kunstvoller eingerichtet ist als das des tüchtigsten Chemikers; es stellt die Säfte her, die seinen Körper erneuern, sich den Teilen, aus denen es zusammengesetzt ist, anverwandeln und sein Dasein verlängern. Wie könnte diese wunderbare und allen Lebewesen für ihre Selbsterhaltung notwendige Einrichtung von einer vernunftlosen Ursache herrühren, die ihre größten Wunder vollbrächte, ohne es wahrzunehmen? Es braucht nicht viel, um unseren Philosophen zu widerlegen und sein System zu Fall zu bringen: Das Auge

confondre notre philosophe et ruiner son système : l'œil d'un ciron, un brin d'herbe, sont suffisants pour lui prouver l'intelligence de l'ouvrier. Je vais plus loin, je crois même qu'en admettant comme lui une première cause aveugle, on pourrait lui démontrer que la génération des espèces deviendrait incertaine, et dégénérerait au hasard en êtres divers et bizarres. Il n'y a donc que les lois immuables d'une nature intelligente qui, dans cette multitude de productions, puissent maintenir invariablement les espèces dans leur entière intégrité. L'auteur tâche en vain de se faire illusion ; la vérité, plus forte que lui, le contraint de dire* que la nature rassemble dans son laboratoire immense des matériaux pour former de nouvelles productions ; elle se propose donc une fin, donc elle est intelligente. Pour peu qu'on soit de bonne foi, il est impossible de se refuser à cette vérité. Les objections, même tirées du mal physique et du mal moral, ne sauraient la renverser : l'éternité du monde détruit cette difficulté. La nature est donc sans contredit intelligente, agissant toujours conformément aux lois éternelles de la pesanteur, du mouvement, de la gravitation, etc., qu'elle ne saurait ni détruire ni changer. Quoique notre raison nous prouve cet être, que nous l'entrevoyions, que nous devinions quelques-unes de ses opérations, jamais nous ne pourrons assez le connaître pour le définir, et tout philosophe qui attaque le fantôme créé par les théologiens combat en effet contre la nue d'Ixion, sans effleurer en aucune façon cet être auquel tout l'univers sert de preuve et de témoignage.

On sera sans doute bien étonné qu'un philosophe aussi éclairé que notre auteur s'avise d'accréditer les erreurs anciennes des générations sans germe et par corruption. Il cite Needham, ce médecin anglais qui, trompé par une fausse expérience, crut avoir fait des anguilles. Si de tels faits étaient véritables, ils pourraient convenir aux opérations d'une nature aveugle, mais ils sont démentis par toutes les expériences. Croirait-on bien encore que le même auteur admet un déluge universel ? Absurdité, miracle inadmissible pour un géomètre, et qui ne peut en aucune façon s'ajuster à son système. Ces eaux qui submergèrent notre globe furent-elles créées exprès ? Quelle masse énorme pour s'élever au-dessus des plus hautes montagnes ! Furent-elles depuis anéanties ? Que devinrent-elles ? Quoi ! Il ferme les yeux pour ne pas voir un être

---

* Première partie, chapitre VI.

einer Made, ein Grashalm genügen, um ihm die Intelligenz des Urhebers zu beweisen. Ich gehe weiter. Ich glaube sogar, man könnte ihm, nähme man wie er eine blinde erste Ursache an, beweisen, dass die Fortpflanzung der Arten unsicher würde und auf eine dem Zufall überlassene Fehlentwicklung von ganz anderen, absonderlichen Wesen hinausliefe. Es gibt also nur die unwandelbaren Gesetze einer intelligenten Natur, die inmitten dieser zahllosen Hervorbringungen die Arten unabänderlich in ihrer völligen Unversehrtheit erhalten können. Der Autor versucht vergeblich, sich etwas anderes einzureden. Die Wahrheit, die stärker ist als er, zwingt ihn zu sagen*, dass die Natur in ihrem riesigen Laboratorium Materialien sammelt, um neue Gebilde zu formen. Sie setzt sich also ein Ziel und folglich ist sie intelligent. Wenn man auch nur ein wenig aufrichtig ist, kann man sich dieser Wahrheit unmöglich verschließen. Selbst die Einwände, die vom physischen und moralischen Schlechten hergeleitet werden, können sie nicht umstoßen: Die Ewigkeit der Welt macht diese Schwierigkeit zunichte. Die Natur ist also unbestritten intelligent. Sie handelt stets in Übereinstimmung mit den ewigen Gesetzen der Schwerkraft, der Bewegung, der Gravitation usw., die sie weder abschaffen noch verändern kann. Obwohl unser Verstand uns dieses Wesen bezeugt, obwohl wir es erahnen, obwohl wir etwas von seiner Tätigkeit erraten, werden wir es niemals so erkennen, dass wir es definieren können. Jeder Philosoph, der das von den Theologen geschaffene Phantom angreift, kämpft in Wirklichkeit gegen die Wolke des Ixion[1], ohne in irgendeiner Weise an jenes Wesen heranzukommen, für das die ganze Welt Beweis und Zeugnis ist.

Man wird sich zweifellos auch sehr wundern, dass ein so aufgeklärter Philosoph wie unser Autor auf den Gedanken kommt, die althergebrachten Irrtümer der künstlichen Fortpflanzung durch Zersetzung glaubhaft zu machen. Er zitiert Needham[2], jenen englischen Arzt, der sich von einem falschen Experiment täuschen ließ und glaubte, er habe Aale hergestellt. Wären solche Vorgänge wahr, könnten sie mit den Wirkungen einer blinden Natur übereinstimmen; sie werden aber durch alle Experimente widerlegt. Würde man auch noch glauben, dass der Autor eine weltumspannende Sintflut für möglich hält?[3] Das ist absurd und ein für einen Mathematiker nicht zulässiges Wunder, das in keiner Weise mit seinem System zu vereinbaren ist. Sind diese Wasser, die unseren Erdball überschwemmten, etwa vorsätzlich geschaffen worden? Was für gewaltige Mengen müssten das sein, wenn sie bis über die höchsten Berge steigen sollten? Wurden sie danach vernichtet? Was ist aus ihnen geworden? Wie? Er schließt die Augen, um nicht ein intelligentes Wesen zu sehen, das dieses Uni-

---

* Erster Teil, 6. Kapitel.[4]

intelligent, présidant à cet univers, que toute la nature lui annonce, et il croit au miracle le plus opposé à la raison qu'on ait jamais imaginé ! J'avoue que je ne conçois point comment tant de contradictions ont pu se concilier dans une tête philosophique, et comment, en composant son ouvrage, l'auteur ne s'en est pas aperçu lui-même. Mais allons plus loin.

Il a presque copié littéralement le système de la fatalité tel que Leibniz l'expose et que Wolff l'a commenté. Je crois, pour bien s'entendre, qu'il faut définir l'idée qu'on attache à la liberté. J'entends par ce mot tout acte de notre volonté qui se détermine par elle-même et sans contrainte. Ne pensez pas qu'en partant de ce principe, je me propose de combattre en général et en tout point le système de la fatalité. Je ne cherche que la vérité, je la respecte partout où je la trouve, et je m'y soumets quand on me la montre. Pour bien juger de la question, rapportons l'argument principal de l'auteur. Toutes nos idées, dit-il, nous viennent par les sens et par une suite de notre organisation ; ainsi, toutes nos actions sont nécessaires. On convient avec lui que nous devons tout à nos sens comme à nos organes ; mais l'auteur devait s'apercevoir que des idées reçues donnent lieu à des combinaisons nouvelles. Dans la première de ces opérations, l'âme est passive ; dans la seconde, elle est active. L'invention et l'imagination travaillent sur des objets que les sens nous ont appris à connaître, par exemple comme, lorsque Newton apprit la géométrie, son esprit était patient, il recueillait des notions. Mais lorsqu'il parvint à ses découvertes étonnantes, il était plus qu'agent, il était créateur. Il faut bien distinguer dans l'homme les différentes opérations de l'esprit, esclave dans celles où l'impulsion domine, et très libre dans celles où son imagination agit. Je conviens donc avec l'auteur qu'il y a un certain enchaînement de causes dont l'influence agit sur l'homme et le domine par reprises. L'homme reçoit en naissant son tempérament, son caractère avec le germe de ses vices et de ses vertus, une portion d'esprit qu'il ne peut ni resserrer ni étendre, des talents ou du génie, ou de la pesanteur et de l'incapacité. Aussi souvent que nous nous laissons emporter à la fougue de nos passions, la fatalité, victorieuse de notre liberté, triomphe ; aussi souvent que la force de la raison dompte ces passions, la liberté l'emporte.

Mais l'homme n'est-il pas très libre quand on lui propose différents partis, qu'il examine, qu'il penche vers l'un ou vers l'autre, et qu'enfin il se détermine par son choix ? L'auteur me répondra sans doute que la nécessité dirige ce choix. Je crois entrevoir

versum lenkt und leitet, das die ganze Natur ihm verkündet, und er glaubt an das
Wunder, das der Vernunft stärker widerstrebt, als sämtliche Wunder, die man je ausgedacht hat! Ich gebe es zu: Ich begreife einfach nicht, wie sich so viele Widersprüche
in einem philosophischen Kopf miteinander haben vertragen können und wieso der
Autor das selbst nicht gemerkt hat, als er sein Werk verfasste. Doch gehen wir weiter.

Er hat das System der Fatalität, wie Leibniz es darstellt und Wolff es kommentierte,
fast wörtlich abgeschrieben.[1] Damit wir uns richtig verstehen, muss man, glaube ich,
die Vorstellung, die wir uns von der Freiheit machen, definieren. Ich verstehe unter
diesem Wort jeden Akt unseres Willens, der aus ihm heraus und ohne jeden Zwang
entschieden wird. Glauben Sie aber nicht, dass ich, indem ich von diesem Grundsatz
ausgehe, die Absicht habe, das System der Fatalität im Allgemeinen und in jeder Hinsicht zu bekämpfen. Ich suche nur die Wahrheit; ich respektiere sie überall, wo ich sie
finde, und ich unterwerfe mich ihr, sobald man sie mir zeigt. Um die Frage richtig zu
beurteilen, wollen wir das Hauptargument des Autors vorstellen. Alle unsere Ideen,
sagt er, kommen uns durch die Sinne und durch die Einwirkungen auf unseren Körper; demnach sind alle unsere Handlungen notwendig. Man kann mit ihm dahingehend übereinstimmen, dass wir alles unseren Sinnen wie auch unseren Organen verdanken. Der Autor sollte aber einsehen, dass empfangene Ideen Anlass zu neuen
Kombinationen geben. Beim ersten dieser Vorgänge ist die Seele passiv, beim zweiten
ist sie aktiv. Die Erfindungsgabe und die Einbildungskraft arbeiten an Dingen, die die
Sinne uns erkennen lehrten. Als zum Beispiel Newton[2] die Geometrie lernte, war sein
Geist geduldig, er empfing Begriffe; als er aber zu seinen erstaunlichen Entdeckungen
gelangte, war er mehr als tätig, er war schöpferisch. Man muss beim Menschen die verschiedenen Geistestätigkeiten genau unterscheiden. Er ist Sklave, wo die Einwirkung
von außen vorherrscht, und er ist völlig frei, wo seine Einbildungskraft tätig wird. Ich
stimme also mit dem Autor überein, dass es eine gewisse Verkettung von Ursachen
gibt, deren Einfluss auf den Menschen einwirkt und ihn immer wieder beherrscht.
Der Mensch empfängt, wenn er geboren wird, sein Temperament, seinen Charakter
mit dem Keim seiner Laster und seiner Tugenden, einen gewissen Anteil an Geist, den
er weder verkleinern noch vergrößern kann, Talente oder Genie oder auch Schwerfälligkeit und Unfähigkeit. Sooft wir uns vom Ungestüm unserer Leidenschaften hinreißen lassen, triumphiert die Fatalität, die über unsere Freiheit siegt. Sooft die Macht
der Vernunft diese Leidenschaften zügelt, trägt die Freiheit den Sieg davon.

Ist aber der Mensch nicht völlig frei, wenn man ihm verschiedene Möglichkeiten zur
Wahl stellt, wenn er prüft, wenn er zur einen oder zur anderen neigt und sich schließlich in seiner Wahl entscheidet? Der Autor wird mir zweifellos antworten, es sei die

dans cette réponse un abus du terme de nécessité confondu avec ceux de cause, de motif, de raison. Sans doute que rien n'arrive sans cause, mais toute cause n'est pas nécessaire. Sans doute qu'un homme qui n'est pas insensé se déterminera par des raisons relatives à son amour-propre. Je le répète, il ne serait pas libre, mais fou à lier, s'il agissait autrement. Il en est donc de la liberté comme de la sagesse, de la raison, de la vertu, de la santé, qu'aucun mortel ne possède parfaitement, mais par intervalles. Nous sommes, en quelques articles, patients sous l'empire de la fatalité, et en quelques autres, agents indépendants et libres. Tenons-nous en à Locke. Ce philosophe est très persuadé que, lorsque sa porte est fermée, il n'est pas le maître d'en sortir, mais que, lorsqu'elle est ouverte, il est libre d'agir comme bon lui semble. Plus on quintessencie cette matière, plus elle s'embrouille; on parvient à force de raffinements à la rendre si obscure qu'on ne s'entend plus soi-même. Il est surtout fâcheux pour les partisans du fatalisme que leur vie active se trouve sans cesse en contradiction avec les principes de leur spéculation.

L'auteur du *Système de la nature,* après avoir épuisé tous les arguments que son imagination lui fournit pour prouver qu'une nécessité fatale enchaîne et dirige absolument les hommes dans toutes leurs actions, devait donc en conclure que nous ne sommes que des espèces de machines ou, si vous voulez, des marionnettes mues par les mains d'un agent aveugle. Cependant, il s'emporte contre les prêtres, contre les gouvernements et contre l'éducation. Il croit donc que les hommes qui occupent ces emplois sont libres, en leur prouvant qu'ils sont des esclaves. Quelle absurdité! Quelle contradiction! Si tout est mû par des causes nécessaires, les avis, les instructions, les lois, les peines, les récompenses deviennent aussi superflues qu'inutiles. C'est dire à un homme enchaîné: brise tes liens. Autant vaudrait-il sermonner un chêne pour le persuader de se transformer en oranger. Mais l'expérience nous prouve que l'on peut parvenir à corriger les hommes; il faut donc de nécessité en conclure qu'ils jouissent au moins en partie de la liberté. Tenons-nous en aux leçons de cette expérience, et n'admettons point un principe que nous contredisons sans cesse par nos actions.

Du principe de la fatalité résultent les plus funestes conséquences pour la société. En l'admettant, Marc-Aurèle et Catilina, le président de Thou et Ravaillac, seraient

Notwendigkeit, die diese Wahl lenke. In dieser Antwort meine ich einen Missbrauch des Wortes Notwendigkeit zu erblicken, eine Verwechslung mit Ursache, Motiv, Grund. Zweifellos geschieht nichts ohne Ursache, aber nicht jede Ursache ist notwendig. Zweifellos wird sich jeder Mensch, der nicht gerade von Sinnen ist, aus Gründen entscheiden, die mit seiner Eigenliebe zusammenhängen.[1] Er wäre nicht frei, ich wiederhole es, sondern auf gemeingefährliche Weise wahnsinnig, wenn er anders handeln würde. Mit der Freiheit verhält es sich also wie mit der Weisheit, der Vernunft, der Tugend, der Gesundheit, die kein Sterblicher vollkommen besitzt, sondern nur hin und wieder. In einigen Punkten erleiden wir die Herrschaft der Fatalität, in einigen anderen sind wir als Handelnde unabhängig und frei. Halten wir uns an Locke.[2] Dieser Philosoph ist vollkommen davon überzeugt, dass er, wenn seine Tür verschlossen ist, nicht imstande ist hinauszugehen, dass er aber, wenn sie offen steht, frei ist zu handeln, wie es ihm beliebt. Je mehr man dieser Materie auf den Grund zu kommen versucht, umso verwickelter wird sie. Mit allen möglichen Spitzfindigkeiten macht man sie schließlich so undurchsichtig, dass man sich selber nicht mehr versteht. Peinlich ist es vor allem für die Anhänger des Fatalismus, dass sich ihr praktisches Leben unaufhörlich im Widerspruch zu den Grundsätzen ihrer Theorie befindet.

Nachdem der Autor des *Systems der Natur* alle Argumente ausgeschöpft hat, die ihm seine Einbildungskraft zum Beweis dafür liefert, dass eine schicksalhafte Notwendigkeit die Menschen bei allen ihren Handlungen unwiederbringlich festlegt und steuert, hätte er daraus doch schließen müssen, dass wir nur eine Art von Maschinen[3] sind, oder, wenn man so will, Marionetten, die von der Hand eines blinden Agens bewegt werden. Stattdessen ereifert er sich gegen die Priester, gegen die Regierungen und gegen die Erziehung. Er meint also, die Menschen, die diese Ämter ausüben, seien frei, während er ihnen beweist, dass sie Sklaven sind. Was für ein Unsinn! Welch ein Widerspruch! Wenn alles durch notwendige Ursachen bewegt wird, werden Ratschläge, Vorschriften, Gesetze, Strafen, Belohnungen ebenso überflüssig wie unnütz. Das hieße, einem gefesselten Menschen zu sagen: Sprenge deine Ketten! Es wäre dasselbe, wenn man eine Eiche durch Predigen überzeugen wollte, sich in einen Orangenbaum zu verwandeln. Die Erfahrung beweist uns aber, dass es gelingen kann, die Menschen zu bessern. Daraus muss also mit Notwendigkeit geschlossen werden, dass sie zumindest teilweise im Besitz der Freiheit sind. Halten wir uns an das, was uns diese Erfahrung lehrt, und lassen wir auf keinen Fall ein Prinzip gelten, dem wir durch unsere Handlungen unablässig widersprechen.

Aus dem Prinzip der Fatalität ergeben sich die verhängnisvollsten Konsequenzen für die Gesellschaft. Ließe man es gelten, wären Marc Aurel und Catilina, der Präsident

égaux en mérite. Il ne faudrait considérer les hommes que comme des machines, les unes faites pour le vice, les autres pour la vertu, incapables de mériter ou de démériter par elles-mêmes, et par conséquent d'être punies ou récompensées, ce qui sape la morale, les bonnes mœurs et les fondements sur lesquels la société est établie. Mais d'où vient cet amour que généralement tous les hommes ont pour la liberté ? Si c'était un être idéal, d'où le connaîtraient-ils ? Il faut donc qu'ils en aient fait l'expérience, qu'ils l'aient sentie ; il faut donc qu'elle existe réellement, ou il serait improbable qu'ils pussent l'aimer. Quoi qu'en disent Calvin, Leibniz, les Arminiens et l'auteur du *Système de la nature*, ils ne persuaderont jamais à personne que nous sommes des roues à moulin qu'une cause nécessaire et irrésistible fait mouvoir au gré de son caprice. Toutes ces fautes dans lesquelles notre auteur est tombé viennent de la fureur de l'esprit systématique. Il s'est prévenu pour ses opinions : il a rencontré des phénomènes, des circonstances et des morceaux de détail qui cadraient bien avec son principe, mais en généralisant ses idées, il a trouvé d'autres combinaisons et des vérités d'expérience qui lui étaient contraires. Pour ces dernières, à force de les tordre et de leur faire violence, il les a ajustées le mieux qu'il a pu avec le reste de son système. Il est certain qu'il n'a négligé aucune des preuves qui peuvent fortifier le dogme de la fatalité, et en même temps il est clair qu'il le dément dans tout le cours de son ouvrage. Pour moi, je pense que, dans un cas pareil, un véritable philosophe doit sacrifier son amour-propre à l'amour de la vérité.

Mais passons à l'article qui regarde la religion. On pourrait accuser l'auteur de sécheresse d'esprit, et surtout de maladresse, parce qu'il calomnie la religion chrétienne en lui imputant des défauts qu'elle n'a pas. Comment peut-il dire avec vérité que cette religion est cause de tous les malheurs du genre humain ? Pour s'exprimer avec justesse, il aurait pu dire simplement que l'ambition et l'intérêt des hommes se servent du prétexte de cette religion pour troubler le monde et contenter les passions. Que peut-on reprendre de bonne foi dans la morale contenue dans le Décalogue ? N'y eut-il dans l'Évangile que ce seul précepte : « Ne faites pas aux autres ce que vous ne voulez pas qu'on vous fasse », on serait obligé de convenir que ce peu de mots renferme la quintessence de toute morale. Et le pardon des offenses, et la charité, et l'humanité ne furent-elles pas prêchées par Jésus dans son excellent sermon de la mon-

von Thou und Ravaillac¹ an Verdiensten einander gleich. Dann dürfte man sich die Menschen nur noch als Maschinen vorstellen, die einen für das Laster, die anderen für die Tugend bestimmt, und alle von sich aus unfähig, Lob zu verdienen oder Tadel, und konsequenterweise unfähig, bestraft zu werden oder auch nicht. Das untergräbt die Moral, die guten Sitten und die Fundamente, auf denen die Gesellschaft beruht. Woher aber kommt diese Liebe, die die Menschen ganz allgemein für die Freiheit hegen? Wäre sie etwas Ideelles, woher könnten sie dann Kenntnis von ihr haben? Sie müssen sie also durch Erfahrung kennen gelernt, müssen sie gefühlt haben. Die Freiheit muss also tatsächlich existieren, oder es wäre unwahrscheinlich, dass sie sie lieben könnten. Was Calvin, Leibniz, die Arminianer² und der Autor des *Systems der Natur* auch immer darüber sagen mögen, nie werden sie jemanden davon überzeugen, dass wir Mühlräder sind, die von einer notwendigen und unwiderstehlichen Ursache nach Lust und Laune in Bewegung gesetzt werden. Alle diese Fehler, die unserem Autor unterliefen, ergeben sich aus der Wut des Systemgeistes³: Er ist von seinen Meinungen eingenommen; er ist auf Phänomene, Umstände und Einzelheiten gestoßen, die mit seiner Lehre gut übereinstimmten; als er dann aber seine Ideen verallgemeinerte, fand er weitere Kombinationen und Erfahrungswahrheiten, die ihr zuwiderliefen. Was letztere anbelangt, so hat er sie verbogen, hat ihnen Gewalt angetan, um sie schließlich, so gut es ging, dem Rest seines Systems anzupassen. Sicher ist, dass er keinen einzigen der Beweise, die das Dogma der Fatalität untermauern können, übersehen hat. Gleichzeitig wird deutlich, dass er es in seinem ganzen Werk widerlegt. Ich bin jedoch der Meinung, in einem solchen Fall sollte ein wahrer Philosoph seine Eigenliebe der Wahrheitsliebe opfern.

Doch gehen wir zum Abschnitt über, der die Religion betrifft. Man könnte dem Autor Geistesarmut und vor allem Ungeschicklichkeit vorwerfen, weil er die christliche Religion verleumdet, indem er ihr Fehler zuschreibt, die sie gar nicht hat. Wie kann er allen Ernstes behaupten, diese Religion sei die Ursache allen Unglücks des Menschengeschlechts? Um sich mit Genauigkeit auszudrücken, hätte er einfach sagen können, Ehrgeiz und Eigennutz der Menschen bedienen sich dieser Religion als Vorwand, um die Welt in Unruhe zu versetzen und den Leidenschaften zu frönen. Was kann man ehrlicherweise der Moral, die in den Zehn Geboten enthalten ist, vorwerfen? Gäbe es im Evangelium nur dieses einzige Gebot: »Tut den andern nicht das an, wovon ihr nicht wollt, dass sie es euch antun«⁴, so müsste man eingestehen, dass diese wenigen Worte die Quintessenz aller Moral enthalten. Und die Verzeihung der Beleidigungen, die Barmherzigkeit und die Menschlichkeit? Hat Jesus das alles nicht in seiner herrlichen Bergpredigt verkündet? Man sollte also nicht das Gesetz mit seiner

tagne ? Il ne fallait donc pas confondre la loi avec l'abus, les choses écrites et les choses qui se pratiquent, la véritable morale chrétienne avec celle que les prêtres ont dégradée. Comment donc peut-il charger la religion chrétienne en elle-même d'être la cause de la dépravation des mœurs ? Mais l'auteur pourrait accuser les ecclésiastiques de substituer la foi aux vertus de la société, des pratiques extérieures aux bonnes œuvres, des expiations légères aux remords de la conscience, des indulgences qu'ils vendent à la nécessité de s'amender. Il pouvait leur reprocher d'absoudre du serment, de contraindre et de violenter les consciences. Ces abus criminels méritent qu'on s'élève contre ceux qui les introduisent et contre ceux qui les autorisent. Mais de quel droit le peut-il faire, lui qui suppose les hommes machines ? Comment peut-il reprendre une machine tonsurée, que la nécessité a forcé de tromper, de friponner et de se jouer insolemment de la crédulité du vulgaire ?

Mais faisons un moment trêve avec le système de la fatalité, et prenons les choses comme elles sont réellement dans le monde. L'auteur devrait savoir que la religion, les lois, un gouvernement quelconque, n'empêcheront jamais que les États ne contiennent plus ou moins de scélérats dans le grand nombre des citoyens qui les composent. Partout, la grosse masse du peuple est peu raisonnable, facile à se livrer au torrent des passions, et plus encline au vice que portée au bien. Tout ce qu'on peut attendre d'un bon gouvernement, c'est que les grands crimes y soient plus rares que dans un mauvais. Notre auteur devrait savoir que des exagérations ne sont pas des raisons, que des calomnies décréditent un philosophe comme un auteur qui ne l'est pas et que, lorsqu'il se fâche, ce qui lui arrive parfois, on pourrait lui appliquer ce que Ménippe dit à Jupiter : « Tu prends ton foudre, tu as donc tort. » Il n'y a sans doute qu'une morale. Elle contient ce que les individus se doivent réciproquement, elle est la base de la société. Sous quelque gouvernement, de quelque religion qu'on soit, elle doit être la même. Celle de l'Évangile, prise dans toute sa pureté, serait utile par sa pratique. Mais si nous admettons le dogme du fatalisme, il n'y a plus ni morale ni vertu, et tout l'édifice de la société s'écroule. Il est incontestable que le but de notre auteur est de renverser la religion, mais il a choisi la route la plus détournée et la plus difficile pour y parvenir. Voici, ce me semble, la marche la plus naturelle qu'il devait suivre : attaquer la partie historique de la religion, les fables absurdes sur lesquelles on

Übertretung, das Geschriebene mit dem, was getan wird, die wahrhaft christliche Moral mit derjenigen, die die Priester herabgewürdigt haben, verwechseln. Wie kann er also der christlichen Religion als solcher anlasten, die Ursache des Sittenverfalls zu sein? Der Autor hätte aber die Geistlichen anklagen können, den Glauben durch die Tugenden der Gesellschaft, die guten Werke durch äußerliche Praktiken, die Gewissensbisse durch oberflächliche Bußübungen, die Notwendigkeit, sich zu bessern, durch den Ablass, den sie verkaufen, zu ersetzen. Er könnte ihnen vorwerfen, dass sie vom Eid entbinden, dass sie die Gewissen bedrängen und ihnen Gewalt antun. Diese verbrecherischen Missbräuche verdienen es, dass man sich gegen die erhebt, die sie einführen, und gegen die, die sie gutheißen. Doch mit welchem Recht kann er es tun, er, der die Menschen für Maschinen hält? Wie kann er eine Maschine mit Tonsur zurechtweisen, die durch die Notwendigkeit gezwungen ist, zu täuschen, zu schwindeln, und mit der Leichtgläubigkeit des gemeinen Volkes sein freches Spiel zu treiben?

Aber lassen wir für einen Augenblick das System der Fatalität beiseite und nehmen wir die Dinge so, wie sie in der Welt wirklich sind. Der Autor müsste wissen, dass die Religion, die Gesetze und jede beliebige Regierungsform niemals verhindern werden, dass es in den Staaten unter der großen Anzahl ihrer Bürger immer mehr oder weniger viele Schurken gibt. Überall ist die große Masse des Volkes wenig vernünftig, leicht dem Sturm der Leidenschaften ausgesetzt und eher dem Laster als dem Guten zugeneigt. Alles, was man von einer guten Regierung erwarten kann, ist, dafür zu sorgen, dass die schweren Verbrechen seltener vorkommen als unter einer schlechten. Unser Autor müsste wissen, dass Übertreibungen keine Gründe sind, dass die Verleumdungen einen Philosophen ebenso unglaubwürdig machen wie einen Schriftsteller, der nicht Philosoph ist, und dass man, wenn er sich erbost, was gelegentlich vorkommt, das Wort auf ihn anwenden könnte, das Menippos an Jupiter richtet: »Du greifst zu deinem Blitz, also bist du im Unrecht!«[1] Es gibt zweifellos nur eine Moral; sie beinhaltet das, was die Individuen sich gegenseitig schulden, sie ist die Grundlage der Gesellschaft. Unter welcher Regierung man auch leben, welcher Religion man auch angehören mag, sie muss die gleiche sein. Die Moral des Evangeliums würde, in ihrer ganzen Reinheit erfasst, für das Leben nutzbringend sein, wenn man sie praktizierte. Sobald wir aber das Dogma des Fatalismus anerkennen, gibt es weder Moral noch Tugend, und das ganze Gebäude der Gesellschaft bricht in sich zusammen. Es ist unbestreitbar, dass unser Autor das Ziel verfolgt, die Religion zu stürzen; er hat jedoch den abgelegensten und schwierigsten Weg eingeschlagen, um es zu erreichen. Mir scheint aber, dass der natürlichste Schritt, den er tun sollte, folgender wäre: die geschichtliche Seite der Religion, die absurden Fabeln, auf denen man ihr Gebäude

a bâti son édifice, les traditions plus absurdes, plus folles, plus ridicules que tout ce que le paganisme débitait de plus extravagant. C'était le moyen de prouver que Dieu n'a point parlé, c'était le moyen de retirer les hommes de leur sotte et stupide crédulité. L'auteur avait encore une voie plus abrégée pour aller à cette même fin. Après avoir étalé les arguments contre l'immortalité de l'âme que Lucrèce expose avec tant de force dans son troisième livre, il devait en conclure que, tout finissant pour l'homme avec cette vie, et ne lui restant nul objet de crainte ni d'espérance après sa mort, il ne peut subsister par conséquent aucun rapport entre lui et la Divinité, qui ne peut ni le punir ni le récompenser. Sans ce rapport, il n'y a plus ni culte ni religion, et la Divinité ne devient pour l'homme qu'un objet de spéculation et de curiosité. Mais que de singularités et de contradictions dans l'ouvrage de ce philosophe! Après avoir laborieusement rempli deux volumes de preuves de son système*, il avoue qu'il y a peu d'hommes capables de l'embrasser et de s'y fixer. On croirait donc qu'aussi aveugle qu'il suppose la nature, il agit sans cause, et qu'une nécessité irrésistible lui fait composer un ouvrage capable de le précipiter dans les plus grands périls, sans que lui ni personne en puisse jamais recueillir le moindre fruit.

Venons-en à présent aux souverains, que l'auteur a singulièrement pris à tâche de décrier. J'ose l'assurer que jamais les ecclésiastiques n'ont dit aux princes les sottises qu'il leur prête. S'il leur arrive de qualifier les rois d'images de la Divinité, c'est sans doute dans un sens très hyperbolique, quoique l'intention soit de les avertir par cette comparaison de ne point abuser de leur autorité, d'être justes et bienfaisants, selon l'idée vulgaire qu'on se forme de la Divinité chez toutes les nations. L'auteur se figure qu'il se fait des traités entre les souverains et les ecclésiastiques, par lesquels les princes promettent d'honorer et d'accréditer le clergé, à condition qu'il prêche la soumission aux peuples. J'ose l'assurer que c'est une idée creuse, que rien n'est plus faux ni plus ridiculement imaginé que ce soi-disant pacte. Il est très probable que les prêtres tâchent d'accréditer cette opinion, pour se faire valoir et pour jouer un rôle; il est cer-

---

* Seconde partie, chap. XIII.

errichtet hat, und die Bräuche anzugreifen, die widersinniger, törichter, lächerlicher sind als alles, was das Heidentum an Ungereimtheiten je verbreitet hat. Das wäre das Mittel gewesen, zu beweisen, dass Gott nicht gesprochen hat, das Mittel, die Menschen von ihrer einfältigen und borniertem Leichtgläubigkeit abzubringen. Dem Autor stand noch ein kürzerer Weg zur Verfügung, um ebendieses Ziel zu erreichen. Nachdem er die Argumente gegen die Unsterblichkeit der Seele dargelegt hat, die Lukrez in seinem dritten Buch[1] mit so viel Nachdruck vorbringt, müsste er daraus schließen: Da für den Menschen mit diesem Leben alles zu Ende ist und es für ihn nach seinem Tode nichts mehr zu fürchten oder zu hoffen gibt, kann es folglich keinerlei Beziehung zwischen ihm und der Gottheit, die ihn weder bestrafen noch belohnen könnte, geben. Ohne diese Beziehung gibt es auch keinen Kult und keine Religion mehr, und die Gottheit wird dann für den Menschen nur noch ein Gegenstand der Spekulation und der Wissbegier sein. Doch wie viele Seltsamkeiten und Widersprüche gibt es hingegen im Werk dieses Philosophen! Nachdem er mühsam zwei Bände mit Beweisen für sein System* angefüllt hat, gibt er zu, dass nur wenige Menschen in der Lage seien, sie zu begreifen und sich darauf festzulegen. Man könnte also glauben, dass er, der ebenso blind ist, wie er es von der Natur annimmt, ohne Grund handelt, und dass eine unwiderstehliche Notwendigkeit ihn ein Werk verfassen lässt, welches dazu angetan ist, ihn in höchste Gefahr zu bringen, ohne dass er oder ein anderer jemals auch nur den geringsten Nutzen daraus ziehen könnte.

Kommen wir jetzt zu den Herrschern. Der Autor hat es sich in besonderer Weise zur Aufgabe gemacht, sie in Verruf zu bringen. Ich wage zu behaupten, dass die Geistlichen den Fürsten nie den Unsinn gesagt haben, den er ihnen zuschreibt. Wenn sie auf den Gedanken kommen, die Könige als Ebenbilder der Gottheit zu bezeichnen, dann zweifellos in einem sehr hyperbolischen Sinn, obgleich damit die Absicht einhergeht, sie mit diesem Vergleich zu ermahnen, niemals ihre Autorität zu missbrauchen und, entsprechend der üblichen Vorstellung, die man sich bei allen Nationen von der Gottheit macht, gerecht zu sein und Gutes zu tun. Der Autor stellt sich vor, zwischen den Herrschern und den Geistlichen würden Verträge abgeschlossen, in denen die Fürsten versprechen, den Klerus, unter der Bedingung, dass er den Völkern Gehorsam predigt, zu ehren und zu Ansehen zu bringen. Ich wage zu behaupten, dass das eine unbegründete Vorstellung ist und dass man sich nichts Falscheres und Lächerlicheres ausdenken kann als diesen angeblichen Pakt. Es ist sehr wahrscheinlich, dass die Priester versuchen, diese Meinung zu verbreiten, um sich Geltung zu verschaffen und eine

---

* Zweiter Teil, 13. Kapitel.[2]

tain que des souverains, par leur crédulité, leur superstition, leur ineptie et leur aveuglement pour l'Église, donnent lieu de les soupçonner d'une pareille intelligence. Mais tout dépend effectivement du caractère du prince. Lorsqu'il est faible et bigot, les ecclésiastiques prévalent; s'il a le malheur d'être incrédule, les prêtres cabalent contre lui et, faute de mieux, calomnient et noircissent sa mémoire.

Je passe encore ces petites bévues aux préjugés de l'auteur. Mais comment peut-il accuser les rois d'être la cause de la mauvaise éducation de leurs sujets? Il s'imagine que c'est un principe de politique, qu'il vaut mieux qu'un gouvernement commande à des ignorants qu'à une nation éclairée. Cela sent un peu les idées d'un recteur de collège qui, resserré dans un petit cercle de spéculations, ne connaît ni le monde, ni les gouvernements, ni les éléments de la politique. Sans doute que tous les gouvernements des peuples civilisés veillent à l'instruction publique. Que sont donc ces collèges, ces académies, ces universités dont l'Europe fourmille, si ce ne sont pas des établissements destinés à instruire la jeunesse? Mais prétendre que, dans un vaste État, un prince réponde de l'éducation que chaque père de famille donne à ses enfants, c'est la prétention la plus ridicule que l'on ait jamais formée. Il ne faut pas qu'un souverain fouille dans l'intérieur des familles et qu'il se mêle de ce qui se fait dans les maisons des particuliers, ou il n'en peut résulter que la tyrannie la plus odieuse. Notre philosophe écrit ce qui se présente au bout de sa plume, sans en examiner les conséquences, et il a de l'humeur, assurément, lorsqu'il qualifie poliment les cours de foyers de la corruption publique. En vérité, j'en suis honteux pour la philosophie. Comment peut-on exagérer à ce point? Comment peut-on dire de telles sottises? Un esprit moins véhément, un sage, se serait contenté de remarquer que plus les sociétés sont nombreuses, et plus les vices y sont raffinés; plus les passions ont occasion de se déployer, plus elles agissent. On passerait la comparaison du foyer à Juvénal ou à quelque satirique de profession, mais à un philosophe... je n'en dis pas davantage. Si notre auteur avait été six mois syndic dans la petite ville de Pau dans le Béarn, il apprécierait mieux les hommes qu'il n'apprendra jamais à les connaître par ses vaines spéculations. Comment peut-il s'imaginer que les souverains encouragent leurs sujets au crime, et quel bien leur reviendrait-il de se mettre dans la nécessité de punir les malfaiteurs? Il arrive sans doute de loin à loin que quelques scélérats échappent à la

Rolle zu spielen. Und es ist sicher, dass manche Herrscher mit ihrer Leichtgläubigkeit, ihrem Aberglauben, ihrer Torheit und ihrer Blindheit der Kirche gegenüber Anlass dazu geben, dass man ihnen ein solches Einverständnis unterstellt. Doch alles hängt in Wirklichkeit vom Charakter des Fürsten ab. Ist er schwach und bigott, haben die Geistlichen die Oberhand. Hat er das Unglück, ungläubig zu sein, schmieden die Priester Ränke gegen ihn, und in Ermangelung eines Besseren schwärzen sie sein Andenken durch Verunglimpfung.

Diese kleinen Schnitzer will ich dem Autor mit all seinen Vorurteilen noch nachsehen. Wie aber kann er die Könige anklagen, sie seien schuld an der schlechten Erziehung ihrer Untertanen? Er bildet sich ein, es sei ein Prinzip der Politik, dass eine Regierung lieber über Unwissende als über eine aufgeklärte Nation gebiete. Das erinnert ein wenig an die Vorstellungen eines Schulrektors, der in einem engen Kreis von theoretischen Erwägungen befangen ist und weder die Welt noch die Regierungen noch die Grundregeln der Politik kennt. Es kann doch nicht bezweifelt werden, dass alle Regierungen der zivilisierten Völker für die öffentliche Schulbildung sorgen. Was sind denn die Gymnasien, Akademien, Universitäten, von denen es in Europa wimmelt, wenn sie nicht Einrichtungen zur Unterweisung der Jugend sind? Aber zu verlangen, dass in einem weitläufigen Staat der Fürst für die Erziehung einstehen soll, die jeder Familienvater seinen Kindern zukommen lässt, wäre die lächerlichste Forderung, die je aufgestellt wurde. Kein Herrscher darf ins innere Leben der Familien eingreifen und sich in die häuslichen Angelegenheiten der Privatpersonen einmischen, oder aber es käme zur verwerflichsten Tyrannei. Unser Philosoph schreibt, was ihm unter die spitze Feder kommt, ohne die Konsequenzen zu bedenken. Er ist mit Sicherheit schlecht gelaunt, wenn er die Höfe so artig als Herde der öffentlichen Korruption bezeichnet! Im Ernst, es tut mir leid um die Philosophie. Wie kann man so übertreiben? Wie kann man solchen Unsinn verbreiten? Ein weniger hitziger Kopf, ein Weiser hätte sich damit begnügt anzumerken, dass die Laster umso raffinierter sind, je größer eine Gesellschaft ist. Je mehr die Leidenschaften Gelegenheit haben, sich zu entfalten, umso mehr toben sie sich aus. Den Vergleich mit dem Herd sollte man Juvenal[1] oder einem anderen Satiriker von Beruf überlassen, aber einem Philosophen... Ich will nichts weiter dazu sagen. Wäre unser Autor sechs Monate lang Bürgermeister in der kleinen Stadt Pau[2] im Béarn gewesen, wüsste er die Menschen besser zu beurteilen, als er es durch seine eitlen Spekulationen je lernen wird. Wie kann er nur auf den Gedanken kommen, dass die Herrscher ihre Untertanen zum Verbrechen ermutigen, und was brächte es ihnen dann ein, sich genötigt zu sehen, die Übeltäter zu bestrafen? Es kommt zweifellos von Zeit zu Zeit vor, dass einige Verbrecher

rigueur des lois, mais jamais cela ne provient d'un dessein fixe d'encourager les attentats par l'espérance de l'impunité. Il faut attribuer ces sortes de cas à la trop grande indulgence du prince. Il arrive sans doute, dans tout gouvernement, que des coupables, par intrigue, par corruption, ou par l'appui de protecteurs puissants, trouvent le moyen de se soustraire aux punitions qu'ils ont méritées ; mais pour arrêter ces sortes de manèges, d'intrigues, de corruptions, il faudrait qu'un prince possédât l'omniscience que les théologiens attribuent à Dieu.

En fait de gouvernement, notre auteur bronche à chaque pas. Il s'imagine que la nécessité et la misère provoquent les hommes aux plus grands crimes. Ce n'est point cela. Il n'y a aucun pays où tout homme qui n'est ni paresseux ni fainéant ne trouve suffisamment par son travail de quoi subsister. Dans tous les États, l'espèce la plus dangereuse est celle des dissipateurs et des prodigues : leurs profusions épuisent en peu de temps leurs ressources, ce qui les réduit à des extrémités fâcheuses qui les forcent ensuite à recourir aux expédients les plus bas, les plus odieux, les plus infâmes. La troupe de Catilina, les adhérents de Jules César, les frondeurs que le cardinal de Retz avait ameutés, ceux qui s'attachèrent à la fortune de Cromwell, étaient tous gens de cette espèce, qui ne pouvaient s'acquitter de leurs dettes ni réparer leur fortune délabrée qu'en bouleversant l'État dont ils étaient citoyens. Dans les premières familles d'un État, les prodigues friponnent et cabalent ; chez le peuple, les dissipateurs et les paresseux finissent par devenir brigands et par commettre les attentats les plus énormes contre la sûreté publique.

Après que l'auteur a prouvé évidemment qu'il ne connaît ni les hommes, ni comment il faut les gouverner, il répète les déclamations des satires de Boileau contre Alexandre le Grand, il fait des sorties contre Charles-Quint et son fils Philippe II, quoiqu'on s'aperçoive, à ne s'y point tromper, qu'il en veut à Louis XIV. De tous les paradoxes que les soi-disant philosophes de nos jours soutiennent avec le plus de complaisance, celui d'avilir les grands hommes du siècle passé paraît leur tenir le plus à cœur. Quelle réputation leur reviendra-t-il d'exagérer les fautes d'un roi qui les a effacées à force de gloire et de grandeur ? Les fautes de Louis XIV, d'ailleurs, sont connues, et ces soi-disant philosophes n'ont pas seulement le petit avantage d'être les premiers à les découvrir. Un prince qui ne régnera que huit jours en commettra sans

der Strenge des Gesetzes entgehen; das beruht aber niemals auf der festen Absicht, zu Freveltaten zu ermutigen, indem man Straflosigkeit erhoffen lässt. Solche Fälle wären der allzu großen Nachsicht des Fürsten anzulasten. Gewiss kommt es unter jeder Regierung vor, dass Schuldige durch Intrige, durch Bestechung oder durch den Beistand mächtiger Beschützer Mittel und Wege finden, sich der verdienten Strafe zu entziehen. Um solche Machenschaften, Intrigen und Bestechungen aber zu unterbinden, müsste ein Fürst die Allwissenheit besitzen, die von den Theologen Gott zuerkannt wird.

In Fragen, die das Regierungswesen betreffen, strauchelt unser Autor bei jedem Schritt. Er bildet sich ein, Not und Elend würden die Menschen zu den größten Verbrechen verleiten. So ist es aber nicht. Es gibt kein Land, in dem nicht jeder Mensch, der weder faul noch arbeitsscheu ist, durch seine Arbeit das für seinen Lebensunterhalt Hinreichende finden könnte. In allen Staaten ist die gefährlichste Art Mensch die der Prasser und Verschwender: Ihre Vergeudung lässt in kurzer Zeit ihre Geldquellen versiegen; das führt dazu, dass sie in schlimme Zwangslagen geraten und dann die niedrigsten, widerwärtigsten, schändlichsten Auswege suchen. Die Schar um Catilina, die Anhänger Julius Caesars, die Frondeure, die der Kardinal von Retz um sich scharte, und diejenigen, die sich dem Schicksal Cromwells verschrieben, sie waren allesamt Leute dieser Art, die sich nur dadurch von ihren Schulden befreien und ihre zerrütteten Vermögensverhältnisse wieder in Ordnung bringen konnten, dass sie den Staat, dessen Bürger sie waren, umstürzten.[1] In den ersten Familien des Staates treiben die Verschwender Schwindel und schmieden Ränke; im Volk werden die Prasser und Faulpelze schließlich zu Räubern und begehen die ungeheuerlichsten Straftaten gegen die öffentliche Sicherheit.

Nachdem der Autor eindeutig bewiesen hat, dass er weder die Menschen kennt noch weiß, wie sie regiert werden müssen, wiederholt er die Deklamationen aus den Satiren Boileaus, die gegen Alexander den Großen gerichtet sind, und wird ausfällig gegen Karl V. und seinen Sohn Philipp II.; doch man merkt sehr wohl, dass er es auf Ludwig XIV. abgesehen hat.[2] Von allen Paradoxien, die von den sogenannten Philosophen unserer Tage mit der größten Selbstgefälligkeit vorgetragen werden, scheint ihnen vor allem eine besonders am Herzen zu liegen, nämlich die, die großen Männer des vergangenen Jahrhunderts zu verunglimpfen. Welchen Ruf erhoffen sie sich, wenn sie die Fehler eines Königs in übertriebener Weise hervorheben, der diese hinter seinem Ruhm und seiner Größe hat verblassen lassen? Die Fehler Ludwigs XIV. sind übrigens bekannt, und die sogenannten Philosophen haben nicht einmal den kleinen Vorzug, sie als Erste entdeckt zu haben. Ein Fürst, der nur acht Tage lang regiert, wird

doute ; à plus forte raison un monarque qui a passé soixante années de sa vie sur le trône. Si vous voulez vous ériger en juge impartial, et que vous examiniez la vie de ce grand prince, vous serez obligé de convenir qu'il a fait plus de bien que de mal dans son royaume. Il faudrait remplir un volume, si l'on voulait faire son apologie en détail ; je me borne ici aux chefs principaux. Attribuez donc, comme de raison, la persécution des huguenots à la faiblesse de son âge, à la superstition dans laquelle il avait été élevé, comme à la confiance imprudente qu'il avait en son confesseur ; mettez l'incendie du Palatinat sur le compte de l'humeur dure et altière de Louvois : il ne vous restera guère de reproches à lui faire que sur quelques guerres entreprises par vanité ou par esprit de hauteur. Au reste, vous ne pouvez lui refuser d'avoir été le protecteur des beaux-arts. La France lui doit ses manufactures et son commerce ; elle lui doit, de plus, l'arrondissement de ses belles frontières, et la considération dont elle a joui de son temps en Europe. Rendez donc hommage à ses qualités louables et vraiment royales. Quiconque de nos jours veut entamer les souverains doit attaquer leur mollesse, leur fainéantise, leur ignorance ; ils sont la plupart plus faibles qu'ambitieux, et plus vains qu'avides de dominer.

Les véritables sentiments de l'auteur sur les gouvernements ne se découvrent que vers la fin de son ouvrage. C'est là qu'il nous apprend que, selon lui, les sujets devraient jouir du droit de déposer leurs souverains lorsqu'ils en sont mécontents. C'est pour amener les choses à ce but qu'il se récrie contre ces grandes armées qui pourraient y porter quelque obstacle. On croirait lire la fable du Loup et du Berger de La Fontaine. Si jamais les idées creuses de notre philosophe pouvaient se réaliser, il faudrait préalablement refondre les formes de gouvernement dans tous les États de l'Europe, ce qui lui paraît une bagatelle. Il faudrait encore, ce qui me paraît impossible, que ces sujets érigés en juges de leur maître fussent et sages et équitables, que les aspirants au trône fussent sans ambition, que ni l'intrigue, ni la cabale, ni un esprit d'indépendance ne pussent prévaloir ; il faudrait encore que la race détrônée fût totalement extirpée, ou ce seraient des aliments de guerres civiles, et des chefs de partis toujours prêts à se mettre à la tête des factions pour troubler l'État. Il résulterait encore, en conséquence de cette forme de gouvernement, que les candidats et les prétendants au trône remueraient continuellement, animeraient le peuple contre le prince, et fomenteraient des séditions et des révoltes à la faveur desquelles ils se flat-

ohne Zweifel bereits Fehler begehen, um wie viel mehr wird dies bei einem Monarchen der Fall sein, der sechzig Jahre seines Lebens auf dem Thron verbracht hat. Wenn Sie sich zum unparteiischen Richter aufwerfen wollen, dann studieren Sie das Leben dieses großen Fürsten, und Sie werden einsehen müssen, dass er in seinem Königreich mehr Gutes als Schlechtes vollbracht hat. Man müsste einen ganzen Band füllen, wollte man seine Rechtfertigung im Einzelnen durchführen. Ich beschränke mich hier auf die Hauptpunkte. Schreiben Sie also gerechterweise die Hugenottenverfolgung seiner Altersschwäche, dem Aberglauben, in dem er erzogen wurde, und dem leichtfertigen Vertrauen zu, das er seinem Beichtvater entgegenbrachte. Stellen Sie die Verwüstung der Pfalz dem harten und hochfahrenden Louvois in Rechnung, dann werden Ihnen kaum andere Vorwürfe bleiben als vielleicht die, dass er einige Kriege aus Eitelkeit oder Hochmut unternommen hat. Im Übrigen können Sie nicht abstreiten, dass er der Schirmherr der schönen Künste war. Frankreich verdankt ihm seine Manufakturen und seinen Handel; darüber hinaus verdankt es ihm die schöne Abrundung seiner Grenzen und das Ansehen, das es zu seiner Zeit in Europa genoss. Ehren Sie also seine lobenswerten und wahrhaft königlichen Eigenschaften![1] Wer heutzutage das Ansehen der Herrscher beschädigen will, der muss ihre Verweichlichung, ihre Trägheit, ihre Ignoranz angreifen. Sie sind zum größten Teil eher schwach als ehrgeizig und eher eitel als herrschsüchtig.

Die wahren Ansichten des Autors über die Regierungen enthüllen sich erst gegen Ende seines Werkes. Dort lässt er uns wissen, dass seiner Meinung nach die Untertanen das Recht genießen sollten, ihre Herrscher abzusetzen, wenn sie mit ihnen unzufrieden sind. Um die Dinge so weit kommen zu lassen, schimpft er gegen die großen Armeen, die diesbezüglich ein gewisses Hindernis darstellen könnten. Man glaubt, La Fontaines Fabel vom Wolf und vom Schäfer zu lesen.[2] Sollten die verstiegenen Ideen unseres Philosophen jemals verwirklicht werden, müssten erst die Regierungsformen in allen europäischen Staaten umgestaltet werden, was er für eine Kleinigkeit hält. Auch müssten, was mir unmöglich zu sein scheint, jene Untertanen, die sich zum Richter ihres Herrn aufspielen, weise und gerecht und die Thronbewerber frei von Ehrgeiz sein. Weder Intrige noch Kabale noch Unabhängigkeitsgelüste dürften die Oberhand gewinnen; ferner müsste das entthronte Geschlecht vollständig ausgetilgt werden, denn sonst gäbe das Nahrung für Bürgerkriege und es blieben Parteiführer, die stets bereit wären, an die Spitze von Parteien zu treten, um den Staat in Aufruhr zu versetzen. Eine solche Regierungsform hätte außerdem zur Folge, dass die Thronkandidaten und Thronprätendenten sich unaufhörlich regten, das Volk gegen den Fürsten aufwiegelten, Unruhen und Revolten anzettelten in der Hoffnung, auf die-

teraient d'élever leur fortune et de parvenir à la domination, de sorte qu'un gouvernement pareil serait sans cesse exposé à des guerres intestines mille fois plus dangereuses que les guerres étrangères. C'est pour éviter de semblables inconvénients que l'ordre de succession a été adopté et établi dans plusieurs États de l'Europe. On s'est aperçu du trouble que les élections entraînent après elles, et l'on a craint, comme de raison, que des voisins jaloux ne profitassent d'une occasion aussi favorable pour subjuguer ou dévaster le royaume. L'auteur pouvait facilement s'éclaircir sur les conséquences de ses principes, il n'avait qu'à jeter un coup d'œil sur la Pologne, où chaque élection de roi est l'époque d'une guerre civile et étrangère.

C'est une grande erreur de croire que, dans les choses humaines, il puisse se rencontrer des perfections : l'imagination peut se forger de telles chimères, mais elles ne seront jamais réalisées. Depuis que le monde dure, les nations ont essayé de toutes les formes de gouvernement, les histoires en fourmillent, mais il n'en est aucun qui ne soit sujet à des inconvénients. La plupart des peuples ont cependant autorisé l'ordre de succession des familles régnantes, parce que, dans le choix qu'ils avaient à faire, c'était le parti le moins mauvais. Le mal qui résulte de cette institution consiste en ce qu'il est impossible que, dans une famille, les talents et le mérite soient transmis sans interruption, de père en fils, pendant une longue suite d'années, et qu'il arrive que le trône soit quelquefois occupé par des princes indignes de le remplir. Dans ce cas même, reste la ressource d'habiles ministres, qui peuvent réparer par leur capacité ce que l'ineptie du souverain gâterait sans doute. Le bien qui suit évidemment de cet arrangement consiste en ce que les princes nés sur le trône ont moins de morgue et de vanité que de nouveaux parvenus qui, enflés de leur grandeur et dédaignant ceux qui furent leurs égaux, se complaisent à leur faire sentir en toute occasion leur supériorité. Mais observez surtout qu'un prince qui est sûr que ses enfants lui succéderont, croyant travailler pour sa famille, s'appliquera avec bien plus de zèle au vrai bien de l'État qu'il envisage comme son patrimoine ; au lieu que, dans les États électifs, les souverains ne pensent qu'à eux, à ce qui peut durer pendant leur vie, et à rien de plus. Ils tâchent d'enrichir leur famille, et laissent tout dépérir dans un État qui, à leurs yeux, est une possession précaire, à laquelle il faudra renoncer un jour. Si quelqu'un veut s'en convaincre, il n'a qu'à s'informer de ce qui se passe dans les évêchés de l'Al-

sem Weg aufzusteigen und zur Herrschaft zu gelangen. Das wiederum würde dazu führen, dass eine solche Regierung andauernd Bürgerkriegen ausgesetzt wäre, die tausendmal gefährlicher sind als auswärtige Kriege. Um solche Unzuträglichkeiten zu vermeiden, ist die Erbfolge gebilligt und in mehreren europäischen Staaten eingeführt worden.[1] Man hat gesehen, welche Unruhen die Wahlen nach sich ziehen, und mit Recht gefürchtet, eifersüchtige Nachbarn könnten eine solch günstige Gelegenheit nutzen, um das Königreich zu erobern oder zu verwüsten. Der Autor hätte sich leicht Klarheit über die Folgen seiner Grundsätze verschaffen können. Er hätte nur einen Blick auf Polen werfen müssen, wo jede Königswahl zur Epoche eines inneren und eines äußeren Krieges wird.[2]

Es ist ein großer Irrtum zu glauben, in menschlichen Dingen gäbe es etwas Vollkommenes. Die Einbildungskraft kann solche Trugbilder hervorbringen, aber verwirklichen lassen sie sich niemals. Seit die Welt besteht, haben die Nationen alle Regierungsformen ausprobiert, die Geschichtsbücher wimmeln davon. Es gibt indes keine einzige Regierungsform, die nicht ihre Unzulänglichkeiten hätte. Die meisten Völker haben jedoch die Erbfolge der regierenden Familien anerkannt, weil das bei der Wahl, die sie zu treffen hatten, die Lösung mit den wenigsten Nachteilen war. Das Übel, das diese Einrichtung mit sich bringt, besteht in der Unmöglichkeit, dass in einer Familie die Talente und das Verdienst ohne Unterbrechung und über eine lange Reihe von Jahren hinweg vom Vater auf den Sohn weitergegeben werden. Und so kommt es vor, dass der Thron manchmal an Fürsten fällt, die seiner unwürdig sind. Selbst in diesem Fall bleibt der Rückgriff auf fähige Minister, die durch ihre Tüchtigkeit den Schaden, den die Torheit des Herrschers zweifellos anrichten würde, wieder gutmachen können.[3] Das Gute, das sich ganz offensichtlich aus dieser Übereinkunft ergibt, besteht darin, dass Fürsten, die auf dem Thron geboren werden, weniger dünkelhaft und eitel sind als Emporkömmlinge. Diese bilden sich viel auf ihre Größe ein, verachten die, die bislang ihresgleichen waren, und gefallen sich darin, den anderen bei jeder Gelegenheit die eigene Überlegenheit spüren zu lassen. Beachten Sie aber vor allem, dass ein Fürst, der Gewissheit darüber hat, dass seine Kinder ihm nachfolgen werden, sich im Wissen darum, dass er für seine Familie arbeitet, mit viel mehr Eifer dem wahren Wohle des Staates, den er als sein Erbgut betrachtet, widmen wird. In einem Staatsgebilde, das auf Wahlen beruht, denken die Herrscher hingegen nur an sich, an das, was zu ihren Lebzeiten Bestand hat, und an nichts weiter. Sie versuchen, ihre Familie zu bereichern und lassen alles in einem Staat verkommen, der in ihren Augen einen unsicheren Besitz darstellt, auf den es eines Tages zu verzichten gilt. Wer sich davon überzeugen will, braucht sich nur über die Vorgänge in den deutschen Bis-

lemagne, en Pologne, à Rome même, où les tristes effets de l'élection ne sont que trop évidents. Quelque parti qu'on prenne dans ce monde, il se trouve sujet à des difficultés et souvent à de terribles inconvénients. Il faut donc, lorsqu'on se croit assez lumineux pour pouvoir éclairer le public, se garder surtout de proposer des remèdes pires que les maux dont on se plaint et, quand on ne peut faire mieux, s'en tenir aux anciens usages, et surtout aux lois établies.

tümern, in Polen und sogar in Rom zu unterrichten, wo die traurigen Folgen der Wahl nur allzu offensichtlich sind. Wie auch immer man sich in dieser Welt entscheidet, es treten Schwierigkeiten und oft gewaltige Hindernisse auf. Hält man sich für erleuchtet genug, die Öffentlichkeit aufklären zu können, muss man sich vor allem davor hüten, Heilmittel vorzuschlagen, die schlimmer sind als die Übel, über die geklagt wird. Und wenn man es nicht besser machen kann, sollte man sich an die alten Bräuche und insbesondere an die bestehenden Gesetze halten.

Anhang

Anmerkungen

Die Informationen zum Buchbestand der Schlossbibliotheken Friedrichs entnehmen wir im Folgenden dem *Gesamtkatalog der Bibliotheken Friedrichs des Großen*, der in den Jahren 1895–1898 erstellt wurde und mit der jeweils beigefügten Signatur auch den Standort der Bücher verzeichnet; cf. Bogdan Krieger, *Friedrich der Große und seine Bücher*, Berlin, Leipzig 1914, 129–181. Die *Œuvres de Frédéric le Grand* (mit Verweis auf Bd. und Seitenzahl) zitieren wir nach der Ausgabe *Œuvres de Frédéric le Grand*, éd. Johann David Erdmann Preuss, 31 vol., Berlin, Decker, 1846–1857, und Friedrichs Briefwechsel mit Voltaire (mit Verweis auf die Briefnummer: D) nach: Voltaire, *Correspondences and related documents*, ed. Th. Besterman et al., in: *Œuvres complètes de Voltaire/Complete Works of Voltaire*, vol. 85–134, Genève/Toronto/Banbury/Oxford, 1968–1976. Die Abkürzung *DHC* steht für Pierre Bayle, *Dictionnaire historique et critique* (1. Aufl. Rotterdam 1697, *Historisch-Kritisches Wörterbuch*).

Abhandlung über die Unschädlichkeit der Irrtümer des Geistes

Angeregt durch Voltaires *Éléments de la philosophie de Newton* (1738) verfasste Friedrich den philosophischen Dialog *Dissertation sur l'innocence des erreurs de l'esprit* und schickte ihn am 30. Sept. 1738 (D 1621) mit der Bemerkung an Voltaire: »Haben Sie nicht den Eindruck, dass es im Bereich der Physik ebenso viele Ungewissheiten gibt wie in der Metaphysik? Ich sehe mich auf allen Seiten von Zweifeln umgeben; in der Annahme, Wahrheiten zu besitzen, überprüfe ich diese und ich erkenne die Oberflächlichkeit der Begründung meines Urteils. Selbst die mathematischen Wahrheiten stellen keine Ausnahme dar, auch wenn es Ihnen missfällt [...]. Ich glaube, es gibt nur sehr wenige evidente Wahrheiten. Diese Überlegungen veranlassten mich, meine Ansicht über den Irrtum darzulegen. Ich habe es in Form eines Dialogs getan. Und ich möchte zeigen, dass die Meinungsverschiedenheiten der Menschen, sei es in Fragen der Philosophie oder der Religion, niemals die Bande der Freundschaft und der Menschlichkeit lockern dürfen. Ich musste beweisen, dass der Irrtum des Geistes unschuldig ist; und ich habe es getan.« Friedrich ließ die *Dissertation sur l'innocence des erreurs de l'esprit* nicht drucken. Sie erschien posthum in Frédéric II, roi de Prusse, *Œuvres posthumes*, éd. Jean Charles Thibault de La Veaux, t. VI, Berlin, chez Voss et fils et Decker et fils 1788, 189–218. Wir geben die *Dissertation sur l'innocence des erreurs de l'esprit* nach der von J. D. E. Preuss edierten Fassung wieder; cf. *Œuvres de Frédéric le Grand*, Berlin 1848, t. VII, 31–46.

Seite 21

1. Philante ist der Name einer Figur aus den *Caractères* (1688) von La Bruyère (1645–1695); er ist geistreich, redlich, verdienstvoll, eine angenehme Erscheinung (cf. La Bruyère, *Les caractères ou les mœurs de ce siècle*, in: *Œuvres complètes de la Bruyère*, hg. v. J. Benda, Paris 1951, 250; *Die Charaktere oder die Sitten des Jahrhunderts*). Friedrich besaß mindestens drei Ausgaben der *Caractères* (Amsterdam 1731, 1754, 1759), auf die er sich, ohne La Bruyère je namentlich zu erwähnen, mehrfach bezieht.

Seite 23

1. »Kopernikaner« steht hier für Aufklärer. Nikolaus Kopernikus (1473–1543), Astronom und Mathematiker, markiert für Voltaire und Friedrich, die diesbezüglich in der Tradition Fontenelles stehen (cf. S. 231, Anm. 2), den Beginn des Zeitalters der Vernunft. Er gilt in der Debatte um die Durchsetzung des neuen wissenschaftlich-philosophischen Paradigmas im frühen 18. Jh. als Referenzfigur, die die moderne wissenschaftliche Weltsicht begründet habe. Voltaire preist Kopernikus als Vorläufer Isaac Newtons (cf. *Éléments de la philosophie de Newton*, 1738, 3. Teil: 3., 5., 8. Kap.). Seit Beginn des Briefwechsels mit Friedrich arbeitete Voltaire daran, den preußischen Kronprinzen für die Sache der Newtonianer zu gewinnen. So spricht er ihn als »kopernikanischen Prinzen« an (Brief vom [25. Apr. 1738], D 1484), um ihm die Umlaufbahn der Erde zu erläutern. Anlass war ein von Friedrich verfasstes und an Voltaire gesandtes Gedicht, in dem es heißt, die Erde nähere sich kreisend der Sonne. Das war ein »Fehler«, den Voltaire nicht durchgehen ließ, denn aus der Sicht des Aufklärers darf auch ein Dichter die auf wissenschaftlichen Erkenntnissen beruhende Wahrheit nicht dem Reim oder Wohlklang seiner Verse opfern. – Tycho Brahe (1546–1601), Astronom und Mathematiker, steht aus der Perspektive Voltaires hingegen für die Geschichte der »Irrtümer der Menschheit«. Sein »Irrtum« bestehe darin, dass er sich nicht entschließen konnte, das heliozentrische Weltsystem des Kopernikus zu übernehmen und stattdessen ein eigenes entwickelte, das Voltaire als kompliziertes, unverständliches »Uhrwerk« kritisiert, das auf dem Irrtum beruhe, Kopernikus sei widerlegbar; cf. *Éléments de la philosophie de Newton*, 3. Teil, 11. u. 15. Kap. Das ist auch gegen Descartes gerichtet, cf. *Die Prinzipien der Philosophie*, III, 41. – Pierre Gassendi (1592–1655), Philosoph, Vertreter des Skeptizismus, Bewunderer Galileis, von den französischen Frühaufklärern erneut ins Gespräch gebracht, widmete sich der Vermittlung des Kopernikanischen Weltsystems. In Friedrichs Bibliothek befand sich die französischsprachige Zusammenfassung der Philosophie Gassendis von François Bernier, *Abrégé de la philosophie de Gassendi*, Lyon 1648, 7 vol.
2. Josua, der Nachfolger Moses', rief beim Kampf um Gibeon aus: »Sonne steh still zu Gibeon, und Mond, im Tal Ajalon! Da stand die Sonne still, und der Mond blieb stehen«; cf. Buch Josua, 10,12–13; sowie Voltaire an Friedrich, 25. Apr. 1738, D 1485.
3. Zur Sinneswahrnehmung und Erkenntnistheorie der französischen Aufklärung, cf. S. 73, Anm. 3.

Seite 25

1. Die »Irrtümer der Malabaren« machen laut Friedrich deutlich, wie ein philosophisches »System« funktioniert: Es gebe so viele unterschiedliche Systeme wie Philosophen, und jedes ein-

zelne verfüge über eine gewisse Wahrscheinlichkeit. Dennoch lägen alle miteinander im Widerspruch, schreibt er an Voltaire (17. Juni 1738, D 1524) und fügt als Beispiel hinzu: »Die Malabaren haben die Planetenlaufbahnen berechnet, ausgehend von der Annahme, dass sich die Sonne um einen großen Berg ihres Landes dreht, und sie haben richtig gerechnet.« Für Voltaire hingegen stehen die »Irrtümer der Malabaren« für die Irrtümer der »unwissenden Physiker«, die rechthaberisch das unwiderlegbare Planentensystem des Kopernikus leugnen (25. Apr. 1738, D 1484; 15. Juli 1738, D 1558). Alles deutet darauf hin, dass die Quelle für die Diskussion der kosmologischen Vorstellungen der Malabaren bzw. der »Irrtümer der Malabaren« die von den beiden protestantischen Missionaren Johann Ernst Gründler (1677–1720) und Bartholomäus Ziegenbalg (1682-1719) herausgegebene *Malabarische Korrespondenz* darstellt. Die *Malabarische Korrespondenz* besteht aus 99 Briefen, in denen die tamilischen Verfasser (zwischen 1712 und 1714) auf konkrete Fragen der deutschen Missionare zu ihrer Lebenswelt und ihren Vorstellungen Antworten geben. Diese Briefe wurden 1714 bzw. 1717 in Halle (*Hallesche Berichte*) veröffentlicht. Die Publikation der Briefe war eine Sensation, denn hier konnte sich das europäische Publikum erstmals mit den Auffassungen indischer Zeitgenossen vertraut machen, und zwar anhand einer Darstellung, die nicht von Europäern, sondern von indischen Autoren selbst verfasst war. 1717 erschien eine englische, wenig später eine französische Übersetzung der Briefe; cf. Johann Ernst Gründler, Bartholomäus Ziegenbalg, *Die Malabarische Korrespondenz. Tamilische Briefe an deutsche Missionare*. Eine Auswahl, eingeleitet u. erläutert v. Kurt Liebau, Sigmaringen 1998. In Berlin war es vor allem der französische Gelehrte Mathurin Veyssière de La Croze (1661–1739), Autor einer *Histoire du christianisme des Indes*, Professor für Philosophie am Französischen Gymnasium in Berlin, Akademiemitglied und Prinzenerzieher am preußischen Hof, der sich in seinen Schriften auf die *Malabarische Korrespondenz* bezog und sie ins Gespräch brachte, so dass Friedrich auf diesem Wege Kenntnis von den »Malabaren« erhalten haben könnte.

2. Mit der Schulphilosophie ist die Scholastik gemeint, die die Lehren des Aristoteles mit der christlichen Offenbarung vereinbarte (cf. S. 73, Anm. 2). – Friedrich folgt in der Gegenüberstellung Descartes', den er hier als Physiker wahrnimmt, und Newtons unübersehbar Voltaire, der im 14. und 15. Brief der *Lettres philosophiques* (1734, *Briefe über die Engländer,* cf. S. 47, Anm. 2) die Wirbeltheorie Descartes' als Irrtum eines Träumers und sein philosophisches »System« als Roman behandelt, während er Newton als Weisen und dessen Entdeckungen als Meisterwerk preist, das die cartesianische Wissenschaft abgelöst habe. Seit seinem Englandaufenthalt (1726–28) engagierte sich Voltaire für die Vermittlung der wissenschaftlichen Erkenntnisse Newtons, die mit seinen *Éléments de la philosophie de Newton* (1738) ihren Höhepunkt erreichte. Im Briefwechsel zwischen Friedrich und Voltaire (bes. 1736 bis 1740) wird der leidenschaftlich geführte Disput der französischen Aufklärer um die Durchsetzung des Newtonianismus als neues wissenschaftliches Paradigma, und zwar gegen den Cartesianismus, der in der ersten Hälfte des 18. Jh.s in der französischen Akademie vorherrschte, kontinuierlich, oft ironisch, kommentiert. Neben Voltaire war Maupertuis eine der Schlüsselfiguren der Newton-Rezeption in Frankreich. Der Mathematiker Pierre-Louis Moreau de Maupertuis (1698–1759), seit 1723 Mitglied der Académie des sciences,

in deren Auftrag er 1736/37 eine Lapplandexpedition unternahm, auf der er die Abplattung der Erde an den Polen nachwies und damit Newtons diesbezügliche Hypothese bestätigte, hatte als einer der ersten Wissenschaftler Newtonsche Thesen in Frankreich bekannt gemacht, und zwar in seinem *Discours sur les différentes figures des astres* (1732), die Friedrich besaß. Friedrich berief ihn nach Berlin, ernannte ihn im Mai 1746 zum Präsidenten der Akademie und machte diese damit zum Zentrum des Newtonianismus und insofern des modernen Denkens auf dem europäischen Kontinent; cf. Hartmut Hecht (Hg.), *Pierre-Louis Moreau de Maupertuis: eine Bilanz nach 300 Jahren*, Berlin 1999. – Auch der italienische Aufklärungsphilosoph Francesco Algarotti (1712–1764), der auf Empfehlung Voltaires im Sept. 1739 Friedrich einen Besuch in Rheinsberg abstattete, spielte als Popularisierer Newtons eine europaweit anerkannte Rolle. 1737 war sein naturwissenschaftlich-philosophischer »Dialog für Damen«, *Newtonianismo per le dame. Dialoghi sopra la luce, i colori e l'attrazione*, der Fontenelle gewidmet ist, erschienen. Die noch im selben Jahr erschienene französische Übersetzung befand sich, wie auch die italienische Ausgabe, in Friedrichs Bibliothek: Francesco Algarotti, *Le Newtonianisme pour les dames ou entretiens sur la lumière, sur les couleurs et sur l'attraction*, trad. de l'italien par Duperron de Castera, I–II, Paris 1738 (die englische Übersetzung erschien 1739 unter dem Titel *Theory of Light and Colours*). Seit der ersten Begegnung stand Friedrich mit Algarotti in einem freundschaftlichen Briefwechsel. Unmittelbar nach der Thronbesteigung berief er Algarotti an seinen Hof und erhob ihn in den Grafenstand; 1747 ernannte er ihn zum Kammerherrn und zeichnete ihn als Chevalier de l'ordre pour le mérite aus; Algarotti war Mitglied der Berliner Akademie und nahm an den Tafelrunden in Sanssouci teil; 1752 widmete er die Neuauflage seines *Newtonianismo per le dame* Friedrich; cf. *Correspondance de Frédéric avec le comte Algarotti* (Okt. 1739 bis Juni 1764), in: *Œuvres de Frédéric le Grand*, t. XIII, 3–130. – Zu René Descartes und Isaac Newton cf. S. 53, Anm. 2.

Seite 27

1. Das Labyrinth war das Gefängnis des Minotaurus in Knossos auf Kreta, ein Gebäude mit Irrwegen. Mithilfe Ariadnes, der Tochter des Minos, des Königs von Kreta, fand Theseus, der das Ungeheuer tötete, den Weg hinein und auch wieder hinaus (Homer, *Odyssee*, 11, 321–325; *Ilias*, 18, 590–592).

2. Die Philosophie der französischen Aufklärung geht davon aus, dass die Entdeckung, Bestimmung und Sicherung der Wahrheit mithilfe der Vernunft erarbeitet werden muss. »Meinungen« sind keine Wahrheiten, sondern das »Für-Wahr-Halten« dessen, was man für wahrscheinlich hält. Zum Widerspruch von »Meinung« und »Wahrheit« cf. Hegel, *Vorlesungen über die Geschichte der Philosophie I*, in: Georg Wilhelm Friedrich Hegel, *Werke* [in 20 Bänden], Bd. 18, hg. v. E. Moldenhauer u. K. M. Michel, Frankfurt a. M., 1986, 28ff.

Seite 29

1. Friedrich folgt hier Voltaire und bezieht sich auf die neue Theorie des Sehens, die George Berkeley im *Essay towards a new theory of vision* (1709; die französische Übersetzung erschien 1734) formulierte und die Voltaire in den *Éléments de la philosophie de Newton* (2. Teil, 7. Kap.) erörtert.

Seite 31

1. Lukrez war im 18. Jh. ein Autor, dem symbolische Bedeutung zukam. Die Bezugnahme auf Lukrez stellte in den 1730er Jahren ein intellektuelles Wagnis dar. Sein Lehrgedicht *De rerum natura* (*Von der Natur der Dinge*) steht für eine materialistische Weltdeutung. Friedrich, der Lukrez zeitlebens immer wieder las, besaß zahlreiche französische Übersetzungen; u. a. Lucrèce, *De la nature des choses avec des remarques sur les endroits les plus difficiles*. Traduction nouvelle, I–II, Paris 1708; cf. S. 179, Anm. 2.

2. »Selig, wer es vermochte, das Wesen der Welt zu ergründen.« Dieser Vers stammt nicht von Lukrez, sondern von Vergil, *Georgica*, II, 490, in: ders., *Landleben*, Lateinisch-Deutsch, hg. v. J. und M. Götte, München, Zürich 1987.

3. Der wissenschaftliche Disput zwischen den Cartesianern und den Newtonianern, der Streit über die Atome, die unendliche Teilbarkeit der Materie, das Volle und das Leere, die göttliche Schöpfung usw. verschärfte sich einerseits mit Voltaires *Éléments de la philosophie de Newton* (1738), die das größere Publikum im Blick hatten, andererseits aber auch mit den wissenschaftlichen Arbeiten Maupertuis', der den Newtonianismus in der gelehrten Welt der Akademien vertrat (cf. S. 25, Anm. 2). Laut Descartes kann es in einer göttlichen Schöpfung »le vide« (»das Leere«, »das Nichts«) nicht geben, ebenso sei es unmöglich, dass ein Atom oder ein materielles Teilchen unteilbar sei (cf. *Principia philosophiae*, II, 16–20; *Die Prinzipien der Philosophie*, Hamburg 1955, 38ff.). Im Brief an Friedrich (1. Sept. 1738, D 1609) berichtet Voltaire anlässlich des Erscheinens der 2. Aufl. der *Éléments de la philosophie de Newton*: »Die Cartesianer schreien wie Verrückte, wenn man ihnen die werten Hirngespinste, mit denen sie sich füttern, wegnehmen will; sie glauben zu verarmen, falls in der Natur Vakua entstehen sollten. Sie tun so, als wollte man sie bestehlen; ein paar von ihnen sind ernsthaft erbittert« (übers. v. Hans Pleschinski, *Voltaire – Friedrich der Große. Briefwechsel*, 112). Das »Volle« und das »Leere« sind auch Thema bei Boileau; u. a. in der *Epître V* (1674, *5. Versepistel*), in: Nicolas Boileau-Despréaux, *Epîtres, Art poétique, Lutrin*, éd. Ch.-H. Boudhors, Paris 1952, 29; cf. S. 121, Anm. 2.

4. Automat cf. S. 79, Anm. 2. – In einem Brief an Voltaire (25. Dez. 1737, D 1413) erörtert Friedrich die Kontroverse von Glauben und Wissen, Willensfreiheit und Determinismus und formuliert die Vorstellung von einem Schöpfergott, der einem Uhrmacher gleiche, der die Welt – wie der Uhrmacher die Uhr – so geschaffen habe, dass die versteckten Federn exakt die Bewegungen tun, die sie nach seinem Plan tun müssen, wobei das menschliche System, »unendlich subtiler, in sich unverbundener und vielgestaltiger« sei als das einer Uhr. Da alles wohlbegründet sei und alles seinen Grund in seinen Voraussetzungen habe, »entdecke ich den Grund für Temperament und Verfassung eines jeden Menschen in seiner Leibesmaschine«. Friedrich ist hier noch der Wolff-Leibnizschen Metaphysik verpflichtet (cf. S. 181, Anm. 4). Voltaire hingegen widerlegt in seinem Antwortbrief (23. Jan. 1738, D 1432) den Wolffschen Determinismus und schließt mit dem Appell: »So meine ich denn an Ew. Kgl. Hoheit zu schreiben, nicht wie an einen Automaten, der geschaffen wurde, das Haupt von einigen tausend menschlichen Marionetten zu sein, sondern wie an eines der freiesten und weisesten Wesen, das Gott je zu erschaf-

fen geruht hat [...]. So geruhen Sie doch, im Namen der Menschlichkeit, zu meinen, dass wir ein bisschen frei sind.« Friedrich befasste sich zunächst weiterhin mit dem Gegensatz von Willensfreiheit und Determinismus (cf. Briefe vom Feb. 1738: D 1458, D 1459). Voltaire rückte von seinem Standpunkt nicht ab (8. März 1738, D 1468) und schickte Friedrich zu Ostern 1738 (31. März 1738, D 1476) die *Éléments de la philosophie de Newton*. Die »metaphysischen Abgründe« (Brief vom 19. Apr. 1738, D 1482) beschäftigten Friedrich noch bis Sommer 1738 (Brief vom 17. Juni 1738, D 1524). Die Vorstellung vom menschlichen Körper als einem Automaten geht auf Descartes zurück; cf. *Discours de la méthode* (1637), 5. Teil: *Traité du Monde et de la Lumière*.

Seite 32

1. »Le moine bourru« (»der mürrische Mönch«) war im Frankreich des 18. Jh.s eine traditionelle Figur des Aberglaubens. Friedrich konnte sich über die Kritik der Aufklärer an der populären Schreckgestalt, die in der Adventszeit durch die Straßen lief (eine Mischung aus Knecht Ruprecht und Schwarzem Mann) in Antoine Furetières *Dictionnaire universel* kundig machen, den er in der Ausgabe von 1727 mit einem Vorwort von Pierre Bayle besaß und intensiv benutzte (cf. Brief an Voltaire, 15. Apr. 1738, D 1482). »Der mürrische Mönch ist ein Gespenst, das dem Volk Furcht einflößen soll, indem man es glauben macht, es handle sich um eine unerlöste Seele, die durch die Straßen irrt und die Leute schilt«, heißt es bei Furetière (Art. *Moine bourru*). Eine weitere Quelle könnte Molières Komödie *Dom Juan ou le festin de pierre* (1665, *Don Juan oder Der steinerne Gast*) gewesen sein, die Friedrich besonders schätzte: Der Freigeist, Skeptiker und Libertin Don Juan mokiert sich über den »moine bourru«, der dem abergläubischen Diener Sganarelle dazu dient, den Glauben seines Herrn auf die Probe zu stellen (III, 1).

Seite 33

1. Im 17. und 18. Jh. waren weder alle heutzutage zugänglichen Platon-Texte bekannt noch übersetzt. Die Kenntnis des Sokrates-Schülers war einerseits Cicero zu verdanken, andererseits den in der italienischen Renaissance u. a. von Marsilio Ficino erstellten Platon-Übersetzungen, die jedoch oft nur in Auszügen vorlagen. Die Platon-Übersetzungen von André Dacier (1651–1722), die ab 1691 entstanden (1721 vollendet), waren im gesamten 18. Jh. die zentrale Quelle für die französische Platon-Rezeption. Dacier fügte seinen Übersetzungen (*Les œuvres de Platon*, Paris 1700–21) Kommentare und eine Vita Platons hinzu. Die bereits von Fontenelle (*Digression sur les anciens et les modernes*, 1688; cf. S. 233, Anm. 2) und Pierre Bayle (*DHC*, Art. *Aristote*) formulierte Kritik, Platon sei ein Schwärmer und die Ideentheorie nichts als dunkel, wurde von Dacier übernommen, der Platon darüber hinaus unter einem christlichen Vorzeichen darstellte, was dessen Philosophie nicht klarer erscheinen ließ; cf. Michèle Mat-Hasquin, *Voltaire et l'antiquité grecque*, Oxford 1981, 4. Kap., 254ff. Friedrich besaß verschiedene Ausgaben der *Œuvres de Platon. Avec des remarques et la vie de ce philosophe* par A. Dacier (Paris 1699), u. a. Amsterdam 1700, Paris 1701, 1744. Seine Sicht auf Platon beruhte wie die auf Aristoteles und Descartes auf der Kritik an der Undurchsichtigkeit ihrer Metaphysik und an der Falschheit ihrer Thesen zur Physik. Bayles Art. *Aristote* wurde in den *Auszug aus*

dem historisch-kritischen Wörterbuch von Bayle aufgenommen. Zu den »Wirbeln« bei Descartes cf. S. 53, Anm. 2.

Seite 35

1. Ikarus, Sohn des Daedalus, entkam mit seinem Vater aus dem Gefängnis mithilfe der aus Wachs gefertigten Flügel. Doch der junge Mann missachtete die Warnung seines Vaters, der Sonne nicht zu nahe zu kommen; das Wachs schmolz und Ikarus stürzte ins Meer; cf. Ovid, *Metamorphosen*, 8, 195ff. 231ff. Friedrich besaß zahlreiche Ausgaben der Werke Ovids in französischer Übersetzung, insbesondere der *Metamorphosen*, u. a. *Les métamorphoses d'Ovide* en latin traduites en françois avec des remarques et des explications historiques par M. l'Abbé Banier, ouvrage enrichi de figures en taille-douce gravées par B. Picart et autres habiles maîtres. I–II, Amsterdam 1732.

2. Pyrrhonismus wird die Lehre des griechischen Philosophen Pyrrhon von Elis genannt, des Begründers der älteren skeptischen Schule (um 360–270 v. Chr.), der z. B. die Beweisbarkeit theoretischer Sätze verneinte. Pierre Bayle widmete Pyrrhon einen Artikel (*DHC*, Art. *Pyrrhon*), den Friedrich in den *Auszug aus dem historisch-kritischen Wörterbuch von Bayle* aufnahm. Der Pyrrhonismus wird von Bayle positiv bewertet, weil er sich vom radikalen Skeptizismus unterscheide und die Möglichkeit, die Wahrheit zu entdecken und zu begreifen, voraussetze. Voltaire empfiehlt den Pyrrhonismus als Gegenmittel zur »metaphysischen Denkmethode«, die einen »Gott der Automaten« hervorbringe und als Alternative zur Fatalität, die keine menschliche Freiheit kenne: »Wägen Sie mit der Waage des Weisen; und trotz des schrecklichen Gewichts, das die Leibnizze und Wolffs in die Schale werfen, nehmen Sie sich noch dieses Wort von Montaigne zum Motto: *Que sais-je?*« (»Was weiß ich?« B. W.), schreibt er an Friedrich, um ihn vor der Faszination, aber auch vor dem »Abgrund« der Metaphysik zu bewahren (20. Mai 1738, D 1506, übers. v. Hans Pleschinski, 104). Friedrich besaß den für das skeptische Denken des 18. Jh.s zentralen Text, die *Pyrrhonischen Hypothesen* des Sextus Empiricus in der französischen Übersetzung: *Les hipotiposes ou institutions pirroniennes*, trad. du grec avec des notes, s. l. 1725. Zur zeitgenössischen Kritik des Pyrrhonismus (insbesondere am Beispiel Pierre Bayles) vom theologischen Standpunkt aus, cf. Jean-Pierre de Crousaz, *Examen du pyrrhonisme ancien et moderne*. À la Haye, 1733.

3. Friedrich bekannte sich als Philosoph zum Skeptizismus (oder Pyrrhonismus), und das kennzeichnet ihn, wie auch Voltaire, eindeutig als Schüler Pierre Bayles (cf. 305–313 in diesem Band). Er besaß den für den religiösen Skeptizismus einschlägigen Cicero-Dialog *De Natura Deorum* (*Vom Wesen der Götter*): *De la nature des dieux*, latin et français avec des remarques critiques et historiques, dédié à Monseigneur de Fleury, par M. Le Masson. I–II. Paris 1721. Friedrichs philosophische Position ist insofern originell, als er sich der zeitgenössischen Tendenz, den unaufhaltsamen Fortschritt als gegeben vorauszusetzen, nicht anschließt, sondern als Philosoph stets dem Skeptizismus und dem »Abwägen« im Sinne Montaignes (1533–1592) Rechnung trägt (cf. S. 35, Anm. 2). In seinen Bibliotheken befanden sich mindestens sieben verschiedene Ausgaben der *Essais* von Montaigne (u. a. Paris 1734); sodann zahlreiche Schriften

neuerer Vertreter des Skeptizismus, u. a. des Montaigne-Schülers Pierre Charron (1541–1603), *De la sagesse* (1601, *Über die Weisheit*), Amsterdam 1662 sowie Pierre Huet (1630–1721), *Traité philosophique de la faiblesse de l'esprit humain* (*Philosophischer Traktat über die Schwäche des menschlichen Geistes*) in der Erstausgabe Paris 1723.
4. Das Lykeion war das Gymnasium in Athen, an dem Aristoteles seine Schule der Peripatetiker gründete.

Seite 37

1. Die Akademie, ursprünglich der Ort, an dem Platon lehrte, war dann die von Platon gegründete Philosophenschule. Hier ist die mittlere Akademie gemeint, die einen gegen den Dogmatismus der Stoa gerichteten radikalen Skeptizismus vertrat, den Pierre Bayle deutlich vom Pyrrhonismus abgrenzte (cf. 35., Anm. 2).

Seite 39

1. Die Parabel vom Irren und dem Arzt thematisiert das Verhältnis von Wahnsinn und Vernunft. Im Denken der französischen Klassik ist die Grenze zwischen Wahnsinn und Vernunft klar definiert. Als Unvernunft bildet der Wahnsinn den unmittelbaren Widerspruch zur Vernunft. In der gesellschaftlichen Praxis führte die Trennung zwischen der Welt der Vernünftigen und der des Wahnsinnigen, dem es angeblich an gesundem Menschenverstand mangelt, dazu, dass man die Irren in den »Petites-Maisons« (»Häuschen«) internierte. Die Literatur der französischen Klassik stilisierte die »Petites-Maisons«, wie die Irrenhäuser seit dem 16. Jh. in Frankreich genannt wurden, weil die Insassen in kleinen Zellen untergebracht waren, als Hort der Unvernunft (»déraison«); u. a. Boileau, *Satire IV* (cf. Nicolas Boileau-Despréaux, *Satires*, éd. Ch.-H. Boudhors, Paris 1952, 38); Madame de Sévigné (Brief vom 20. Nov. 1675) oder Fontenelle, *Sur l'histoire* (cf. Fontenelle, *Œuvres complètes*, éd. A. Niderst, Paris 1989, Bd. 3, 180). Auch Voltaire spricht in den *Briefen über die Engländer* von den »Petites Maisons« (3. Brief). In Friedrichs Bibliothek befanden sich die Werke der genannten Autoren (cf. S. 121, Anm. 2; S. 233, Anm. 2); Madame de Sévignés Briefe besaß Friedrich in drei verschiedenen Ausgaben, u. a. *Recueil des lettres de Madame la marquise de Sévigné à la comtesse de Grignan, sa fille*. I–VI, Paris 1735–1737. Im Unterschied zur Klassik stellte die Philosophie der Aufklärung den einfachen Gegensatz von Wahnsinn und Vernunft in Frage: Der Arzt als Philosoph und Menschenfreund sollte den Wahnsinn erforschen, um ihn zu heilen, die Rechtsphilosophie das juristische Subjekt und die Rechtsfähigkeit der Person neu definieren. Moralphilosophisch wurde die Erfahrung, dass die Unvernunft niemals ausschließlich jenseits der Vernunft auftritt, unter neuen Vorzeichen reflektiert; cf. Michel Foucault, *Folie et Déraison. Histoire de la folie à l'âge classique*, Paris 1961; dt.: *Wahnsinn und Gesellschaft. Eine Geschichte des Wahns im Zeitalter der Vernunft*, übers. v. Ulrich Köppen, Frankfurt a. M. 1969.

Seite 41

1. Pharamond, Held des gleichnamigen Ritterromans von La Calprenède (um 1610–1663), *Pharamond ou l'histoire de France* (12 Bde., 1661–70), einer sagenhaften Geschichte Frankreichs, gilt der Legende nach als erster König der Merowinger (historisch umstritten). Auch

Friedrich las in seiner Jugend nach Aussagen seiner Schwester Wilhelmine gerne Ritterromane (cf. B. Krieger, *Friedrich der Große und seine Bücher*, 3). In seiner Bibliothek befand sich u. a. das Theaterstück *Pharamond. Tragédie*, Paris 1736, von Louis de Cahusac (1706–1759), dem bedeutendsten Librettisten Rameaus und Mitarbeiter der *Encyclopédie* (Art. zu Tanz, Gesang, Oper). Pharamond wurde im 17. und 18. Jh. zu einer Referenzfigur für jenen Teil der französischen Geschichtsschreibung, die die »thèse parlementaire« vertrat. Diese propagierte ein Mitwirkungsrecht des Adels als Erben der fränkischen Kriegerkaste und fokussierte die Geschichte auf die Tradition der dezentralen Gewalten (cf. S. 71, Anm. 3 u. 4). Dagegen ging es in der Geschichtsschreibung, die die »thèse royale« vertrat, um die Legitimation der Monarchie; u. a. in den Geschichtswerken des Jesuitenpaters Gabriel Daniel, *Histoire de France* (1696; Friedrich besaß die Aufl. Paris 1722, 10 Bde.) und des Abbé Dubos, *Histoire critique de l'établissement de la monarchie française dans les Gaules*, 1734. Die Kritik an der auf die Monarchie fokussierten Historiographie berief sich auf Pharamond, um die Legitimität der Parlements zu stärken. Friedrich hielt die »thèse parlementaire« für historisch überholt. Eine solche Position war in der französischen Aufklärung durchaus gängig, da die Parlements als Ort der überkommenen Rechtsauffassung, Verteidiger der Privilegiengesellschaft und Bastion eines innovationsfeindlichen Katholizismus jansenistischer Observanz galten. Bemerkenswert ist, dass Friedrich diesbezüglich bereits in den späten 1730er Jahren eine Position einnahm, die dann in der zweiten Hälfte des 18. Jh.s von bürgerlichen Aufklärern wie Diderot oder Voltaire, der in seiner *Histoire du parlement de Paris* (1769) die Parlements als Hauptfeind der aufgeklärten Monarchie ansieht, vertreten wurde. – Roland ist der Held des altfranzösischen Heldenepos *La Chanson de Roland* (entstanden um 1075–1110, *Rolandslied*), einer der zwölf Pairs Karls des Großen und dessen kühnster Vasall im Krieg gegen die Sarazenen, der im *Rolandslied* den historischen Hintergrund bildet. – Amadis ist der Held und Gandalin dessen Schildknappe im Ritterroman *Amadis de Gaula* (*Amadis von Gallien*), dem bedeutendsten, in elegantem Französisch verfassten Ritterroman des 16. Jh.s (spanische Urfassung aus dem 14. Jh.). Friedrich besaß sogar eine Ausgabe aus dem 16. Jh., *Amadis de Gaule* [...], Paris 1557–1582. Ritterromane waren im 18. Jh. ein populärer Lesestoff; in den 1770er Jahren verlegte der Buchhändler Costard in Troyes erfolgreich die sog. *Bibliothèque bleue*, eine Romanreihe, die auf Ritterromane und Märchen spezialisiert war. Jean-Baptiste Lully (1632–1687) vertonte die Amadisgeschichte für Ludwig XIV. in der Oper *Amadis* (1684; Libretto von Philippe Quinault), die bis 1771 auf dem Spielplan der Pariser Académie Royale de Musique stand.

Seite 43

1. Unter den Psalmen Davids (Ps. 3–41) finden sich zahlreiche alttestamentarische Verwünschungs- und Fluchpsalmen. Pierre Bayles Art. *David*, den Friedrich für besonders gelungen hielt (cf. Brief an Voltaire, 25. Nov. 1765, D 13004), wurde in den *Auszug aus dem historisch-kritischen Wörterbuch von Bayle* aufgenommen, und zwar zunächst in Bayles ursprünglicher Fassung (*DHC*, 1. Aufl. Rotterdam 1697), die angesichts der Ausführlichkeit, mit der Davids Liebesleben wiedergegeben wird, die Geistlichkeit empörte. Um die Kritiker zu besänftigen,

hatte Bayle seinen Art. *David* für spätere Ausgaben bereinigt; cf. Gerhard Knoll, in: Friedrich II. König von Preußen, *Totengespräch zwischen Madame Pompadour und der Jungfrau Maria*, hg., übers. u. kommentiert v. G. Knoll, Berlin 2000, 2. Aufl., 55 f.

Der Antimachiavel oder Widerlegung des *Fürsten* von Machiavel

Die erstmals von J. D. E. Preuss in den *Œuvres de Frédéric le Grand*, Berlin 1848, t. VIII, 163–299, publizierte *Réfutation du* Prince *de Machiavel* stellt die Fassung letzter Hand des *Antimachiavel* dar, die wir mit Ausnahme des 2. Kapitels (cf. S. 55, Anm. 1) und des 26. Kapitels (cf. S. 245, Anm. 1) wiedergeben. Friedrich verfasste die *Widerlegung des* Fürsten *von Machiavelli* zwischen Frühjahr 1739 und Anfang 1740; am 1. Feb. 1740 war das Manuskript abgeschlossen. Sein Vorhaben, Machiavelli zu widerlegen, teilte er am 22. März 1739 (D 1950) Voltaire mit, den er in den folgenden Monaten über den Fortgang seiner Arbeit am *Antimachiavel* kontinuierlich unterrichtete, so dass sich die Entstehungsgeschichte des Werkes aus Friedrichs Briefwechsel mit Voltaire (März 1739 bis Okt. 1740) weitgehend rekonstruieren lässt. Die beiden im Jahre 1740 von Voltaire herausgegebenen Fassungen des *Anti-Machiavel* unterscheiden sich von der Fassung letzter Hand indes erheblich. Voltaire erhielt von Friedrich den Auftrag, das Manuskript zu redigieren, für den Druck vorzubereiten und anonym zu veröffentlichen (2. Aug. 1740, D 2281; 8. Aug. 1740, D 2285). Doch nach Erscheinen des *Anti-Machiavel* (Sept. 1740 bei Jean van Duren und Okt. 1740 bei Pierre Paupie, beide in Den Haag) war Friedrich mit den von Voltaire vorgenommenen Veränderungen und Kürzungen des Manuskripts nicht einverstanden und wünschte, dass die gesamte Auflage beider Editionen aufgekauft und somit dem Buchmarkt entzogen werde. Am 7. Nov. 1740 (D 2362) schrieb Friedrich an Voltaire: »Ich habe den *Machiavel* von Anfang bis Ende gelesen, aber ich bin, um Ihnen die Wahrheit zu sagen, nicht ganz damit zufrieden und habe mich entschlossen, das zu verändern, was mir daran missfällt, und eine neue Edition unter meiner Aufsicht in Berlin zu veranstalten. [...] In Ihrer Ausgabe gibt es soviel Fremdes, dass es nicht mehr mein Werk ist. Die Kapitel 15 und 16 sind, wie ich finde, ganz anders als ich es mir wünschte. Die Umarbeitung dieses Werkes wird mich in diesem Winter beschäftigen.« Doch dazu kam es nicht, auch nicht zu einer neuen, von Friedrich verantworteten Ausgabe. Am 16. Dez. 1740 fiel Friedrich mit seinen Truppen in Schlesien ein. Mit der Fassung des *Anti-Machiavel*, die Voltaire mit Rücksicht auf das zeitgenössische Publikum stilistisch und inhaltlich verändert hatte, wollte sich Friedrich nicht mehr uneingeschränkt identifizieren. Wir zitieren den von Voltaire herausgegebenen *Anti-Machiavel* im Folgenden nach der Ausgabe: Voltaire, *Anti-Machiavel*, édition critique par Werner Bahner et Helga Bergmann, in: *Œuvres complètes de Voltaire/Complete Works of Voltaire*, vol. 19, Oxford 1996. Die komplizierte Geschichte der Veröffentlichung dieses Textes wird in der Einleitung zu Voltaire, *Anti-Machiavel* (3–101) dokumentiert.

Die Kapitelüberschriften der französischen Übersetzung des *Principe* von Niccolò Machiavelli zitieren wir in den Anmerkungen nach der Ausgabe: *Le Prince de Machiavel*, traduction par Amelot de la Houssaye, Amsterdam 1683, in: Voltaire, *Anti-Machiavel*, 407–488.

Seite 47   **Vorwort**

1. In Pierre Bayles Art. *Spinoza* wird Baruch (lat. Benedictus, frz. Benoît) de Spinoza (1632–1677) als Vertreter des Atheismus und sein Werk als »die ungeheuerlichste Hypothese«, die sämtlichen Begriffen des menschlichen Verstandes widerspreche, kritisiert. Friedrich schließt sich dieser Kritik an; zur Spinoza-Rezeption im 18. Jh. cf. Paul Vernière, *Spinoza et la pensée française avant la Révolution*, Paris 1954. Bayles *DHC* enthält auch einen Artikel über Machiavelli, der über den Autor des *Principe* ausführlich informiert, wichtige Stationen der Machiavelli-Rezeption darstellt und sowohl Autoren erwähnt, die Machiavellis Schrift kritisieren, als auch jene, die den *Principe* positiv lasen, weil Machiavelli darstelle, wie die Fürsten handeln. Bayle verweist u. a. auf Innocent Gentillet, *Discours sur les moyens de bien gouverner et maintenir en bonne paix un royaume ou autre principauté* [...]. *Contre Nicolas Machiavel Florentin* (Genf 1576), üblicherweise zitiert unter dem Titel *Anti-Machiavel* (cf. Innocent Gentillet, *Anti-Machiavel*, éd. C. E. Rathé, Genève 1968). Dieser Hinweis Bayles könnte bei der Suche nach einem publikumswirksamen Titel für Friedrichs Widerlegung des *Principe* eine Rolle gespielt haben. Bei der Auswahl der Artikel für den *Auszug aus dem historisch-kritischen Wörterbuch von Bayle* verzichtete Friedrich auf Bayles Art. *Machiavel*, übernahm aber dessen Art. *Spinoza*. Im *Gesamtkatalog der Bibliotheken Friedrichs des Großen* ist kein Werk Spinozas verzeichnet; die Widerlegung Spinozas von Fénelon (cf. S. 73, Anm. 4) und François Lami, *Réfutation des erreurs de Benoît de Spinoza avec la vie de Spinoza écrite par M. Jean Colerus*, Bruxelles 1731, befand sich hingegen in Friedrichs Bibliothek.

2. Dieser Satz verweist auf Voltaires *Lettres philosophiques* (*Briefe über die Engländer*). Der 25. Brief (»Über die Gedanken des Herrn Pascal«) beginnt mit dem Satz: »Ich wage es, die Partei der Menschheit zu ergreifen gegen diesen großen Menschenfeind«; cf. *Lettres philosophiques*, éd. G. Lanson et A. M. Rousseau, Paris 1964, t. 2, 185. – Friedrich besaß zahlreiche Ausgaben der *Lettres philosophiques*, u. a. die Erstausgabe von 1728, *Lettres sur les Anglois et les François et sur d'autres sujets* (*Briefe über die Engländer und die Franzosen und andere Themen*). Die *Lettres philosophiques* gelten als Voltaires Manifest der Aufklärung, das einen Paradigmenwechsel in den Denk-, Wissens- und Kommunikationsformen darstellt. Die dialogisch verfassten, geistreich pointierten Essays in Briefform lösten die Form der monologischen Abhandlung für Spezialisten ab und avancierten innerhalb kurzer Zeit europaweit zum Kultbuch der aufgeklärten Welt. Friedrich gehörte zu den Lesern der ersten Stunde. Die vielfache Bezugnahme auf die *Lettres philosophiques* im *Antimachiavel* ist als Hommage an Voltaire zu verstehen.

Seite 49

1. Pierre Bayle erwähnt die Autoren, auf die Friedrich hier anspielt, in den Anmerkungen zum Art. *Machiavel*: Abraham de Wicquefort (*L'Ambassadeur et ses fonctions*, 1682) sowie den *Principe*-Übersetzer Amelot de La Houssaye (*Le Prince*, Amsterdam 1683 u. ö.). Rousseau spitzte dann im *Contrat social* (1754/1762, *Gesellschaftsvertrag*) die These, Machiavelli stelle dar, was die Fürsten tun und nicht, was sie tun sollen, zu und schrieb, Machiavelli gebe zwar vor, die Könige zu belehren, doch er belehre das Volk: »*Der Fürst* von Machiavelli ist das Buch der Republika-

ner«; der Florentiner sei ein »honnête homme« und ein »bon citoyen« (»ein redlicher Mann« und »ein guter Bürger«), der bislang nur »oberflächliche oder verdorbene Leser« gehabt habe; cf. *Du contrat social*, 3. Buch, 6. Kap. Friedrich, den Rousseau als Autor des *Antimachiavel* und mithin als Leser Machiavellis zwar nicht erwähnt, aber auch nicht ganz ignoriert haben wird (cf. 327, Anm. 2), hielt den Autor des *Principe* von Anfang an für einen »malhonnête homme« (»unredlichen Mann«); cf. Brief an Voltaire vom 31. März 1738, D 1476.

2. Caligula (12–41), Tiberius (14–37), Titus (79–81), Trajan (98–117) waren römische Kaiser. Sueton widmete Caligula (4. Buch), Tiberius (3. Buch), Titus (8. Buch) jeweils eine Biographie (cf. S. 119, Anm. 1). – Als »Antonine« werden wegen ihres Adoptivnamens »Antonius« folgende römische Kaiser bezeichnet: Antonius Pius (138–161), Lucius Verus (mitregierender Kaiser von 161 bis 169), Marc Aurel (161–180), der Philosoph auf dem Thron der Caesaren, dessen Kaisertum die Aufklärer als Vorbild für den aufgeklärten Absolutismus betrachteten. Im Briefwechsel zwischen Friedrich und Voltaire ist Marc Aurel als Referenz stets präsent: Voltaire adressierte seine Briefe oder Versepisteln gerne an »meinen Marc Aurel«. Friedrich besaß Marc Aurels *Réflexions morales*, Paris 1691. Auf Marc Aurel verweist er auch, um sein Herrscherideal im Kontrast zu Machiavellis *Principe* zu illustrieren (cf. Briefe vom 25. Apr. 1738, D 1484; 18. Jan. 1739, D 1793; 20. Juli 1739, D 2048 etc.). – Commodus (180–192) wird ebenfalls zu den Antoninen gezählt.

Seite 51   1. Kapitel

1. Das 1. Kap. hat in der französischen Übersetzung des *Principe* die Überschrift: »Combien il y a de sortes de principauté, et comment on peut acquérir la principauté« (»Wie viele Formen der Fürstenherrschaft es gibt, und wie man sie erreichen kann«).

2. Die Frage nach Ursprung und Legitimität fürstlicher Herrschaft wird hier vom moralischen Standpunkt des Aufklärers aus gestellt, während Machiavelli im 1. Kapitel die Beispiele der unterschiedlichen Herrschaftsformen präsentiert, die er anschließend analysiert.

Seite 53

1. Der Fürst als »erster Diener seiner Völker«, Friedrichs berühmt gewordene Formel für die moderne Herrscherrolle, macht deutlich, dass er Regieren nicht als Privileg, sondern als Pflicht begriff. Voltaire ersetzte diese Formulierung in der von ihm revidierten 2. Aufl. des *Anti-Machiavel* (Okt. 1740) durch »le premier magistrat« (»der oberste Amtsträger«); cf. Voltaire, *Anti-Machiavel*, 199. Zur Widersprüchlichkeit der Auffassung Friedrichs von der Rolle des Monarchen, cf. Theodor Schieder, *Friedrich der Große. Ein Königtum der Widersprüche*, Berlin 1998, 107f.; Johannes Kunisch, *Friedrich der Große. Der König und seine Zeit*, München 2004, 128f.

2. René Descartes (1596–1650) entwirft in den *Principia philosophiae*, III, 30–35 (1644, *Die Prinzipien der Philosophie*) eine Theorie der Planetenbewegungen, der zufolge sich die gesamte Himmelsmaterie in einer Wirbelbewegung um die Sonne befindet, die ihrerseits aus einer Hierarchie von ineinander greifenden Wirbeln besteht. Die Gravitationstheorie Isaac Newtons

(1643–1727) löste die spekulative Kosmogonie Descartes' ab und schuf die Voraussetzung für das moderne Weltbild der Aufklärung. Die Newtonianer setzten Descartes' »tourbillons« (»Wirbel«) ironisch als Metapher ein, die für alles stehen kann, was ihnen als absurd erschien, weil es der kritischen Überprüfung durch die Fakten nicht standhalte; cf. Voltaire an Friedrich, 5. Dez. 1738 (D 1676), sowie 14. Brief der *Lettres philosophiques*. Friedrich besaß mehrere Ausgaben der Werke Descartes'; u. a. *Les principes de la méthode philosophique*, Paris 1659, 1666; *Discours sur la méthode*, Paris 1658. – Mit Newton beschäftigte er sich 1738/39 anhand der *Éléments de la philosophie de Newton*, die er in der 2. Aufl., London 1738, mit Voltaires eigenhändiger Widmung: »A. S. A. R. Monseigneur le Prince Royal«, besaß. In der *Encyclopédie*, insbesondere in den Artikeln. *Cartésianisme* (Bd. 2, 1751), *Optique* (Bd. 11, 1765), *Physique* (Bd. 12, 1765) wurde die Ablösung des Cartesianismus festgeschrieben. Voltaires leidenschaftlicher Kampf gegen die Cartesianer war auch gegen die Pariser Akademie der Wissenschaften gerichtet, jene Institution, die den kulturellen Diskurs kontrollierte und sich weigerte, den Verfasser der *Lettres philosophiques* und der *Éléments de la philosophie de Newton* aufzunehmen. Friedrich vertrat hinsichtlich der Institution der Akademie der Wissenschaften jedoch eine andere Auffassung: Während der Kronprinzenzeit vermisste er eine prestigereiche Akademie in Preußen, als König galt sein Ehrgeiz der unverzüglichen Reorganisation der Akademie und der Berufung des Newtonianers Maupertuis zum Akademiepräsidenten (cf. S. 25, Anm. 2).

3. Friedrichs Beantwortung der Frage nach dem Ursprung der Fürstenherrschaft bezieht sich auf die Theorie des Naturrechts vom menschlichen Ursprung und der freiwilligen Übertragung der Herrschaft auf ein Mitglied der Gemeinschaft in Form eines ursprünglichen Vertrags, der den Fürsten in die Pflicht nimmt. Das Naturrechtsdenken wurde u. a. von Samuel Pufendorf (1632–1694), *Vom Natur- und Völkerrecht, in acht Büchern*, 1672 (Friedrich besaß die französische Übersetzung von Jean Barbeyrac, Amsterdam 1735/39) und vom Leibniz-Schüler Christian Wolff (1679–1754) formuliert. Es war das in deutscher Sprache vorliegende Werk des Mathematikers und Frühaufklärers Christian Wolff, über das sich Friedrich zunächst Zugang zum philosophischen Denken zu verschaffen suchte. Bestärkt wurde dieses Interesse auch dadurch, dass Friedrich Wilhelm I. unter Androhung des Stranges den Leibniz-Schüler und Vertreter des dogmatischen Rationalismus, der an der Universität Halle lehrte, 1723 aus Preußen vertrieben hatte. Unmittelbar nach seiner Thronbesteigung sollte Friedrich den im Marburger Exil lebenden Gelehrten rehabilitieren und nach Preußen zurückberufen. 1736 lagen Friedrich Auszüge aus Wolffs *Metaphysik* in der von seinem Jugendfreund, dem sächsischen Diplomaten Ulrich Friedrich von Suhm ins Französische übertragenen, handschriftlich überlieferten Fassung vor; cf. *Gesamtkatalog der Bibliotheken Friedrichs des Großen*, 133. In Frankreich wurde die naturrechtliche Auffassung vom Herrscher seit der Frühaufklärung u. a. von Fénelon (cf. S. 85, Anm. 3), Bossuet (cf. S. 93, Anm. 3), Voltaire und Montesquieu vertreten. (Cf. Hans Welzel, *Naturrecht und materielle Gerechtigkeit*, Göttingen 1951; Peter Baumgart, *Naturrechtliche Vorstellungen in der Staatsauffassung Friedrichs des Großen*, in: H. Thieme (Hg.), *Humanismus und Naturrecht in Berlin-Brandenburg*, Berlin, New York 1979, 143–154).

Seite 55 **2. Kapitel**

1. Das 2. Kap. des *Antimachiavel ou Réfutation du* Prince *de Machiavel* fehlt in der Ausgabe der *Œuvres de Frédéric le Grand*. Das Manuskript letzter Hand ist für das 2. Kap. nicht überliefert (cf. *Œuvres de Frédéric le Grand*, t. VIII, *Avertissement de l'Éditeur*, XV). Wir übernehmen hier das 2. Kap. der *Réfutation du* Prince *de Machiavel*, das die Herausgeber des von Voltaire redigierten, 1740 veröffentlichten *Anti-Machiavel*, Werner Bahner u. Helga Bergmann, anstelle des fehlenden Manuskriptes veröffentlicht haben (cf. Voltaire, *Anti-Machiavel*, 273–274), weil es Friedrichs Position zum 2. Kap. des *Principe* zumindest fragmentarisch vermittelt. Es handelt sich dabei um eine Abschrift, die Voltaires Sekretär Wagnière aus Textfragmenten erstellte, welche Voltaire im Manuskript, das er von Friedrich erhalten hatte, in den ersten drei Kapiteln sowie im 5. Kap. gestrichen und nicht veröffentlicht hat. Die Abschrift bildet die Grundlage unseres Textes, den wir hinsichtlich der Orthographie und Interpunktion behutsam modernisiert und dem sprachlichen Niveau der übrigen Kapitel des *Antimachiavel*, die wir hier wiedergeben, angepasst haben. Das 2. Kap. hat in der französischen Übersetzung des *Principe* die Überschrift: »Des principautés héréditaires« (»Von ererbten Fürstenherrschaften«).

Seite 57 **3. Kapitel**

1. Das 3. Kap. hat in der französischen Übersetzung des *Principe* die Überschrift: »Des principautés mixtes« (»Von gemischten Fürstenherrschaften«); gemeint sind Fürstenherrschaften, die ein neu erworbenes Herrschaftsgebiet in den ererbten Staat eingegliedert haben. Dieser Sprachgebrauch ist jedoch zu unterscheiden von der Mischverfassungslehre, die unter der »gemischten Monarchie« eine Fürstenherrschaft versteht, die Aristokratie und Volk beteiligt (cf. Wilfried Nippel, *Mischverfassungstheorie und Verfassungsrealität in Antike und früher Neuzeit*, Stuttgart 1980). Am 23. Feb. 1740 (D 2169), nach Erhalt des Manuskripts schrieb Voltaire an Friedrich mit Bezug auf das 3. Kap. des *Antimachiavel*: »Ew. Kgl. Hoheit machen sich daran zu zeigen, wie hassenswert alles ist, was sich aus diesem Satansorakel ableiten lässt«, und schlug vor, weitere »widerwärtige Sätze« im 3. Kap. »niederzuringen«, insbesondere folgende: »Man muß sich daher merken: die Menschen sind entweder liebenswürdig zu behandeln oder unschädlich zu machen; denn wegen geringfügigen Unrechts rächen sie sich, und werden sie von schwerem betroffen, so können sie es nicht; man muß also die Menschen dann schon so verletzen, dass man ihre Rache nicht fürchten muß« (übers. v. Hans Pleschinski, *Voltaire – Friedrich der Große. Briefwechsel*, 159ff.).

2. Lorenzo I. de' Medici, genannt der Prächtige (1449–1492), verheiratet mit Clara Orsini, übernahm 1469 als Nachfolger seines Vaters Piero I. (1416–1469) das Prinzipat (Stadtherrschaft) der Republik Florenz (1453–1478). Er förderte die Wissenschaften und Künste, versammelte bedeutende Humanisten (Marsilio Ficino, Angelo Poliziano, Pico della Mirandola) und Künstler (Verrocchio, Sandro Botticelli, Michelangelo) um sich und war selbst literarisch tätig. Seinem Enkel Lorenzo II. de' Medici (1492–1519) widmete Machiavelli 1513 den *Principe*.

3. Der »Geist der Geometrie« (*mos geometricus*; 1728 erschien Pascals 1655 verfasste Abhandlung

De l'esprit géométrique) wurde von den Aufklärern mit Descartes und dem Cartesianismus, aber auch mit Spinoza assoziiert. Die Cartesianer vertraten den Grundsatz von der ewigen Gültigkeit der geometrischen Wahrheiten. Ihre Kritiker sahen die Grenzen der geometrischen Methode darin, dass diese auch hinsichtlich der menschlichen Psyche Hypothesen entwickele, die Gefahr liefen, jede Verbindung zur Realität zu verlieren. Friedrich schließt sich der von Newton erfolgreich angewandten induktiv-experimentellen Methode an, die auf alle unnötigen Hypothesen verzichtet; gleichzeitig bleibt er jedoch dem Skeptizismus verpflichtet (cf. S. 35, Anm. 3).

Seite 61

1. In Montesquieus *Lettres persanes* (1721, *Persische Briefe*) werden am Beispiel der Troglodyten (Höhlenbewohner) die Grundregeln des menschlichen Zusammenlebens erörtert und dargestellt, wie eine Gesellschaft, die von Ungerechtigkeit, Hartherzigkeit, Mord und Gewalt beherrscht wird, sich selbst zerstört, während eine Gesellschaft, die auf Menschlichkeit, Gerechtigkeit und Tugend gegründet ist, die Voraussetzungen für Wohlergehen, Sicherheit und Glück schafft (11.–14. Brief, in: *Œuvres complètes*, éd. R. Caillois, t. 1, 145–153). Mit dieser Position stimmt Friedrich vollkommen überein. Montesquieu gehört zu den Autoren, die Friedrich am meisten schätzte; 1746 berief er ihn zum Mitglied der Berliner Akademie der Wissenschaften. In seinen Bibliotheken befanden sich mindestens sieben verschiedene Ausgaben der *Lettres persanes* (Krieger merkt bei der 3. und 5. Aufl., Amsterdam 1730, 1740, an: »Sehr stark benutztes Exemplar«). Die *Persischen Briefe*, die anonym erschienen, waren einer der größten Bucherfolge der französischen Aufklärung und machten Montesquieu (1689–1755) europaweit bekannt (bis 1755 erschienen ca. 30 Aufl.). Die dialogisch verfassten *Persischen Briefe* setzten inhaltliche und stilistische Maßstäbe für den Essay der französischsprachigen Aufklärungsphilosophie. Voltaire griff das Erfolgsrezept der Briefform in seinen *Lettres philosophiques* auf. Auch Friedrich bevorzugte den essayistisch-dialogischen Schreibstil, der seiner dem Gespräch verpflichteten Denkform, die sich in den Schriften aus der Rheinsberger Zeit von Beginn an bemerkbar macht, entgegenkam.

Seite 63

1. Die römische Geschichte, im 18. Jh. kanonisches Wissen, studierte Friedrich in der 2. Hälfte der 1730er Jahre anhand der *Histoire romaine depuis la fondation de Rome jusqu'à la bataille d'Actium* (Paris 1738ff.) des französischen Historikers Charles Rollin (cf. S. 265, Anm. 1) und der *Considérations sur les causes de la grandeur des Romains et de leur décadence* von Montesquieu (1734, *Betrachtungen über die Ursachen von Größe und Niedergang der Römer*), die er immer wieder las, wie die Randbemerkungen in seinem Handexemplar zeigen; cf. Vanessa de Senarclens, *Missverständnisse. Friedrich der Große als Leser von Montesquieus* »Considérations sur les causes de la grandeur des Romains et de leur décadence«, in: *Europäischer Kulturtransfer im 18. Jahrhundert*, hg. v. B. Schmidt-Haberkamp u. a., Berlin 2003, 149–162.

Seite 67

1. Karl XII. (1682–1718), seit 1697 König von Schweden, bewirkte 1704 (während des Nordi-

schen Krieges) die Absetzung des Königs von Polen, August II., Kurfürst von Sachsen (1670–1733) und die Wahl von Stanislaus I. Leszczyński (1677–1766) zum König von Polen (1704/06–1709; erneut 1733–1736). Nach der Niederlage bei Poltawa (1709) floh Karl XII. ins Osmanische Reich, schlug in Bender ein Lager auf und wurde in Istanbul gefangen gesetzt. August II. kehrte 1709 auf den polnischen Thron zurück, Peter der Große eroberte Finnland, Dänemark griff die südschwedischen Provinzen an. Karl XII. floh 1714 aus der Türkei, kehrte nach Schweden zurück und starb 1716 bei der Belagerung von Frederikshald. Mit ihm endete die schwedische Großmachtstellung in Europa. Von den Zeitgenossen wurde Karl XII. als faszinierende Figur eines ‚jungen Königs' wahrgenommen. Voltaires Herrscherbiographie *L'Histoire de Charles XII* (1731, *Geschichte Karls XII.*) wurde angesichts ihres europaweiten Publikumserfolgs von der französischen Polizei beschlagnahmt. Friedrich besaß zahlreiche Ausgaben, u. a. Amsterdam 1739. – Das zweite Beispiel, »jüngeren Datums«, bezieht sich auf den Polnischen Thronfolgekrieg (1733–1735/38), in dem Kaiser Karl VI. (1685–1740) gemeinsam mit Russland, aber gegen Frankreich, die Königswahl August III., Kurfürst von Sachsen, unterstützte. Im Frieden von Wien (1738) verlor Karl VI. das Herzogtum Lothringen, die Königreiche Neapel und Sizilien sowie einen Teil der Lombardei.

Seite 67 **4. Kapitel**

2. Das 4. Kap. hat in der französischen Übersetzung des *Principe* die Überschrift: »Pourquoi le royaume de Darius ne se souleva point après la mort d'Alexandre, qui l'avait conquis« (»Warum das Königreich des Darius sich nach dem Tod Alexanders, der es erobert hatte, nicht erhob«).

3. Den »Geist der Nationen«, d. h. den Nationalcharakter fremder Länder zu erkunden, war seit Ende des 17. Jh.s als Gegenstand der Reflexion aktuell. Nachdem die Idee einer Einheitlichkeit der europäischen Lebensweise brüchig geworden war und Europa mit einer Vielzahl von Kulturen, vor allem auch außereuropäischen, konfrontiert wurde, rückte das Interesse an den Unterschieden ins Blickfeld. Die Beschreibung der kulturellen, mentalen, moralischen Besonderheiten, die das gesellschaftliche Zusammenleben in den einzelnen Ländern charakterisieren, wurde durch intensives Reisen als Mittel der Erfahrung kultureller Differenz befördert. Staaten wurden als Kollektivindividuen betrachtet, die sich wie die einzelnen Menschen unterscheiden, und miteinander verglichen. Sitten, Gebräuche, Umgangsformen, Gewohnheiten, Vorurteile einer Nation wurden als Voraussetzungen für die politischen Verhältnisse analysiert. Ideengeschichtlich geht mit dem Erforschen der kulturellen Verschiedenheit die Positivierung der Wissbegier und der intellektuellen Neugierde einher, die empirische Forschung und Grenzüberschreitungen im konkreten und übertragenen Sinne legitimiert; cf. Hans Blumenberg, *Der Prozeß der theoretischen Neugierde*, Frankfurt a. M. 1973. – Der Schweizer Béat-Louis de Muralt (1665–1749) vergleicht England und Frankreich und kritisiert im Vorgriff auf Voltaires *Lettres philosophiques* den französischen Absolutismus und die Hegemonie der Versailler Hofkultur; cf. *Lettres sur les Anglois et les François* (1695 anlässlich einer Englandreise entstanden, 1725 veröffentlicht, *Briefe über die Engländer und die Franzosen*). Friedrich besaß die Erstausgabe. Montes-

quieu vergleicht in den *Persischen Briefen* Sitten und Gebräuche der Franzosen mit denen der osmanischen Gesellschaft, um die Stabilität der französischen Monarchie zu ergründen.

Seite 69

1. Im Zeitraum zwischen der Abfassung des *Principe* (1513) und der des *Antimachiavel* (1739/40) wurden in Frankreich zwei Könige ermordet: Heinrich III. (1551–1589) von Jacques Clément, einem Dominikanermönch, sowie Heinrich IV. (1553–1610) von François Ravaillac, einem religiösen Fanatiker, der den Jesuiten nahe stand (cf. Voltaire, *Lettres philosophiques*, 8. Brief). Im Osmanischen Reich kam es in diesem Zeitraum bei Aufständen der Janitscharen (Infanterie der türkischen Armee, Elitetruppe des Sultans) zum Sturz von sieben Sultanen, zwei wurden ermordet: Osman II. (1605–1622) und Ibrahim I. (1615–1648).

2. Die Klimatheorie, die Friedrich hier vertritt, berücksichtigt geographische und klimatische Faktoren als Ursache für die Vielfalt der Nationalcharaktere. Im politischen Denken der Frühen Neuzeit steht die Klimatheorie in einer auf Aristoteles zurückgehenden Tradition, die Jean Bodin in *Les six livres de la république* (1576, *Sechs Bücher vom Staat*) weiterentwickelte, indem er die Vielfalt der politischen Formen in Zusammenhang mit geographisch-klimatischen Gegebenheiten analysiert. Vor Montesquieu, der 1748 in *De l'esprit des lois* (*Vom Geist der Gesetze*) die große Synthese der vielfältigen klimatheoretischen Ansätze vorlegte, hatte sich der Abbé Dubos in seinen *Réflexions critiques sur la poésie et sur la peinture* (1719) mit den klimatischen Bedingungen als Ursache für die unterschiedliche Entwicklung der Künste befasst. Friedrich, der mehrere Ausgaben der *Réflexions critiques* von Dubos besaß, machte sich bereits zehn Jahre vor der Veröffentlichung des *Esprit des lois* die Klimatheorie zu eigen.

3. Beschreibungen des französischen Nationalcharakters fanden sich seit dem 17. Jh. u. a. in Reallexika. Friedrich besaß die einschlägigen Ausgaben, u. a. Antoine Furetière, *Dictionnaire universel contenant généralement tous les mots français tant vieux que modernes* […], I–IV, à la Haye 1727 (1. Aufl. 1690, mit einer Vorrede von Pierre Bayle), sowie Louis Moréri, *Grand dictionnaire historique ou le mélange curieux de l'histoire sacrée et profane*, I–VIII, Amsterdam, Leyden, à la Haye, Utrecht 1740 (1. Aufl. Lyon 1674; cf. Art. *France*). Später befand sich auch Diderots und d'Alemberts *Encyclopédie*, die zwischen 1751 und 1780 erschien, in Friedrichs Bibliothek.

Seite 71

1. Armand-Jean du Plessis, Herzog von Richelieu (1585–1642), seit 1622 Kardinal, wurde 1624 von Ludwig XIII. (1601–1643) zum Ersten Minister ernannt. Er stärkte die monarchische Zentralgewalt, entmachtete den Hochadel, schaffte die seit dem Toleranzedikt von Nantes (1598) bestehenden militärischen und politischen Sonderrechte der Hugenotten ab, denen er weiterhin Kultfreiheit garantierte, modernisierte gegen den Widerstand in den Provinzen die Verwaltung und konsolidierte den Absolutismus. Seine Außenpolitik verfolgte das Ziel, die spanisch-habsburgische Vormachtstellung in Europa zu beenden. Im Dreißigjährigen Krieg unterstützte er die deutsche Fürstenopposition gegen den Kaiser, schloss ohne konfessionelle Rücksichtnahme ein Bündnis mit dem protestantischen Schwedenkönig Gustav II. Adolf (1584–1632) und leitete 1641 die Vorverhandlungen für den Westfälischen Frieden, der 1648 die Vormacht-

stellung Frankreichs im europäischen Staatensystem besiegelte. Richelieu, der auch literarisch tätig war, beförderte die Gründung der Académie française (1635), die er beauftragte, ein Wörterbuch zu erstellen. Friedrich besaß mehrere Ausgaben des *Dictionnaire de l'Académie française* sowie eine Ausgabe der Briefe (Paris 1695/96) und des *Testament politique* (Amsterdam 1708) Richelieus.

2. Jules Mazarin (1602–1661), seit 1641 Kardinal, wurde 1642 als Nachfolger Richelieus von Ludwig XIII. in den Staatsrat berufen und leitete nach dessen Tod die Regierungsgeschäfte während der Minderjährigkeit Ludwigs XIV. (1638–1715). Er führte die Verhandlungen in Münster, die zu dem für Frankreich vorteilhaften Westfälischen Frieden führten. Nach der Zerschlagung der Fronde (cf. S. 71, Anm. 4) genoss er das Vertrauen des jungen Ludwig XIV. und blieb bis zu seinem Tod der einflussreichste französische Politiker seiner Zeit.

3. Die Parlements waren bis zur Französischen Revolution die insgesamt 13 königlichen Gerichtshöfe in Paris und in den Provinzen (u. a. in Toulouse, Bordeaux, Rennes, Rouen, Metz, Nancy, Grenoble). Sie wurden im 13. Jh. eingerichtet und hatten einen konstitutionellen und politischen Anspruch, da Edikte erst durch ihre Registrierung und Publikation Gesetzeskraft erlangten. Die Konflikte zwischen Krone und Parlements, zwischen der zentralistisch organisierten Gewalt des Königs und den dezentralen Gewalten in Paris und in den Provinzen, wurden im 17. Jh. nach erbitterten Kämpfen (Fronde, cf. S. 71, Anm. 4) zugunsten der Krone entschieden. In den späten 1740er Jahren, also nach Abschluss des *Antimachiavel*, kam es erneut zu aufreibenden Machtproben zwischen König und Parlements, die sich als Körperschaft der französischen Nation begriffen, gegen königliche Erlasse Einspruch erhoben, die Registrierung von Gesetzen verweigerten und ihre Bedenken (»remonstrances«) an den König richteten, aber auch aufklärungsfeindliche Gesetze durchsetzten; cf. S. 41, Anm. 1 sowie Jean Egret, *Louis XV et l'opposition parlementaire. 1715–1774*, Paris 1970.

4. Gemeint ist hier die Fronde, d. h. die aufrührerische Bewegung der Parlements und des Hochadels gegen den königlichen Absolutismus während der Minderjährigkeit Ludwigs XIV., zu der Mazarin den Anlass lieferte, als er zur Finanzierung des Dreißigjährigen Krieges die Steuern erhöhte. Die »Fronde parlementaire« (1648/49) wurde vom Pariser Parlement und dem Kardinal von Retz (1613–1679) gelenkt. In der »Fronde des Princes« (1649–53) ging es nur noch um die Interessengegensätze von Regierung und Fürsten; schließlich standen sich die beiden Feldherren Condé und Turenne (S. 163, Anm. 2) gegenüber. Condé kämpfte mit spanischer Unterstützung aufseiten der Frondeure gegen die königstreuen Truppen unter Turenne, der die Aufständischen besiegte. Mit dem Sieg der Krone wurde der französische Hochadel politisch bedeutungslos.

5. Kardinal André-Hercule de Fleury (1653–1743), Bischof von Fréjus, war seit 1726 Erster Minister unter Ludwig XV. und zuvor dessen Erzieher und Lehrer. Nach dem Regierungsantritt (1723) wurde er politischer Berater des Königs. Im Alter von 73 Jahren erhielt Fleury, der Mitglied aller großen französischen Akademien war, die Kardinalswürde. Als leitender Minister bestimmte er bis zu seinem Tod die französische Politik und war nicht weniger effizient als Richelieu oder Mazarin. Er sanierte die Staatsfinanzen, entschärfte die theologischen Auseinan-

dersetzungen zwischen Jansenisten und Jesuiten. Im Polnischen Thronfolgekrieg (1733–1735/38) unterstützte er den abgesetzten König von Polen und Schwiegervater Ludwigs XV., Stanislaus I. Leszczyński und sicherte im Frieden von Wien (1738) die künftige Eingliederung Lothringens in das Königreich Frankreich. Die gegen Fleury gerichtete Polemik in diesem Absatz wurde von Voltaire im 1740 veröffentlichten *Anti-Machiavel* gestrichen. Friedrich, der Fleury für die Verkörperung des zeitgenössischen Machiavellismus hielt, spottete über den »in Roms Purpur gewickelten Machiavellist« und den »greisen Bischofsmützen-Machiavell« (cf. Briefe an Voltaire vom 3. Feb. 1740, D 2159; 6. Juni 1740, D 2225), der 1740 im Alter von 87 Jahren noch für weitere drei Jahre im Amt war.

6. Der Pfarrer von Colignac ist eine Figur aus dem philosophischen Reiseroman *Histoires comiques des états et empires du Soleil* (1662, *Komische Geschichten der Staaten und Reiche der Sonne*) von Cyrano de Bergerac (1619–1655). Cyrano de Bergerac, überzeugter Kopernikaner, (cf. S. 23, Anm. 1) wurde im 18. Jh. als »Freigeist« geschätzt, denn er war skeptisch, epikuräisch, sensualistisch eingestellt, antiklerikal, witzig und gelehrt zugleich; sein Motto lautete: »Gedenkt frei zu leben!« Die Werke Cyrano de Bergeracs, der im 18. Jh. als Vorbereiter der Aufklärung gelesen wurde, befanden sich in Friedrichs Bibliothek.

Seite 73   **5. Kapitel**

1. Das 5. Kap. hat in der französischen Übersetzung des *Principe* die Überschrift: »Comment il faut gouverner les villes, ou les principautés, qui se gouvernaient par leurs propres lois, avant que d'être conquises« (»Wie man Städte oder Fürstentümer regieren muss, die, bevor sie erobert wurden, unter eigenen Gesetzen lebten«).

2. Die der Schulphilosophie zugeschriebene Definition des Menschen bezieht sich auf Aristoteles, der für sie die philosophische Autorität darstellte (*Metaphysik*, 4, 4; 7, 12; *De anima*, 3, 3; *Politik*, 7, 13). Die aristotelischen Lehren und Interpretationen stehen hier als Chiffre für die Schulphilosophie im Allgemeinen. Diese verweist auf ein Denken, das sich mit rhetorischen Auslegungen (Syllogismen) begnüge, statt einer argumentativ begründeten Erkenntnis nachzugehen. Die Kritik, die die Definitionsmacht der Schulphilosophie in Frage stellte, war seit dem 17. Jh. verbreitet und galt der Scholastik, die die aristotelische Philosophie mit der christlichen Offenbarung vereinbarte. Friedrichs Rezeption der aristotelischen Schule war selektiv und schließt sich der Kritik Pierre Bayles an (cf. *DHC*, Art. *Aristote*, der in Friedrichs *Auszug aus dem historisch-kritischen Wörterbuch von Bayle* aufgenommen wurde). Sein Interesse galt weniger der Metaphysik als der Rhetorik und Poetik des Aristoteles. Die aufklärerische Kritik der Schulphilosophie gründet in der Überzeugung, dass philosophische Erkenntnis nicht mit metaphysischen Spekulationen, leeren Formeln und täuschenden Räsonnements zu gewinnen sei, sondern auf der Analyse von Fakten (Empirismus) zu beruhen und mit Skeptizismus (cf. S. 35, Anm. 3) einherzugehen habe. Zur Aristoteles-Rezeption cf. Chantal Grell, *Le dix-huitième siècle et l'Antiquité en France*, Oxford 1995.

3. Die Erkenntnistheorie der französischen Aufklärung, die sich Friedrich zu eigen machte, berief

sich in der ersten Hälfte des 18. Jh.s vor allem auf den *Essay Concerning Human Understanding* (1690, *Essay über den menschlichen Verstand*) von John Locke (1632–1704), der als Sensualist und Vertreter des Empirismus Descartes' Theorie der »angeborenen Ideen«, die vor aller Erfahrung gegeben sind, ablehnte und das Denken auf die sinnliche Wahrnehmung zurückführte: Die Sinne eröffnen den Erkenntnisprozess, der Verstand kombiniert die Ideen und analysiert ihre Verbindungen. Voltaire würdigt im 13. Brief der *Lettres philosophiques* (»Über Herrn Locke«) den englischen Philosophen, dessen analytische Methode er verteidigt und in der knappen Formel zusammenfasst: »Alle unsere Ideen kommen uns durch die Sinne«. In Friedrichs Bibliothek befanden sich mehrere Ausgaben des *Essays* von John Locke, u. a. *Essai philosophique concernant l'entendement humain*, trad. de l'anglois de M. Coste. Vème éd., Amsterdam et Leipzig 1755 (dass., 1774, 1782), sowie eine Zusammenfassung: *Abrégé de l'essai de M. Locke*, Genève 1738. Étienne Bonnot de Condillac (1715–1794) entwickelte Lockes Erkenntnistheorie weiter; cf. *Essai sur l'origine des connaissances humaines* (1746, *Essay über den Ursprung der menschlichen Erkenntnis*), den Friedrich in der Erstausgabe besaß. Zur Locke-Rezeption in Frankreich cf. Jørn Schøsler, *John Locke et les philosophes français*, Oxford 1997.
4. François de Salignac de La Mothe Fénelon (1651–1715), Erzbischof von Cambrai, Theologe, Pädagoge, Mitglied der Académie française, wurde 1689 von Ludwig XIV. zum Erzieher des Thronerben (Herzog von Bourbon) ernannt, für den er sein Hauptwerk *Les aventures de Télémaque, fils d'Ulysse* (1699, *Die Abenteuer des Telemach, Sohn des Odysseus*) schrieb, das Friedrich bereits in seiner Kindheit (erstmals 1721) und auch später immer wieder las. Er besaß mindestens fünf verschiedene Ausgaben; als 1782 in Maastricht eine neue Ausgabe des *Télémaque* erschien, ließ der inzwischen siebzigjährige König auch diese für seine Bibliothek in Sanssouci beschaffen (cf. S. 85, Anm. 3).

Seite 75
1. Die »englische Krankheit«, d. h. die angebliche Neigung der Engländer zum Selbstmord, wurde seit der Frühaufklärung im Kontext der Klimatheorie und vor allem im Horizont der Idee des philosophischen Selbstmords diskutiert. Der Selbstmord des gelehrten Verlegers und Lukrez-Übersetzers Thomas Greech aus Oxford im Jahre 1700, der öffentliches Aufsehen erregte, war der Beginn einer Reihe von Selbstmorden, die dazu beitrugen, dass die »englische Krankheit« zu einem Mythos wurde, den George Cheyne in seiner Studie *The English Malady, or Treatise of Nervous Diseases of all Kinds* (London 1733) festschrieb; cf. Georges Minois, *Geschichte des Selbstmordes*, übers. v. Eva Moldenhauer, Düsseldorf, Zürich 1996, 263–403. In seiner Aufsehen erregenden Schrift *Système de la nature* (1770) bezieht sich d'Holbach erneut auf den Mythos der »englischen Krankheit«; cf. Paul Thiry d'Holbach, *System der Natur*, übers. v. Fritz-Georg Voigt, Frankfurt a. M., 1978, 1. Teil, 14. Kap., Anm. 85, 248; sowie Friedrichs *Kritische Überprüfung des Systems der Natur* (1770) in diesem Band.
2. Barka (in der Antike die Cyrenaika) liegt im Osten des heutigen Libyen.
3. Friedrichs Vergleich zwischen Holland und Russland verweist auf die zeitgenössische Wahrnehmung der beiden Länder: Seit der Frühaufklärung galt Holland (damals schon die gängige

Bezeichnung für die Republik der Vereinigten Niederlande) als klassisches Beispiel eines Landes, das sich vom Joch der Fremdherrschaft befreit hatte. Darüber hinaus bewunderten die Aufklärer das Land, das den französischen Protestanten (u. a. Pierre Bayle) nach der Aufhebung des Edikts von Nantes (1685) und im Laufe des 18. Jh.s zahlreichen in Frankreich verfolgten Aufklärern Asyl bot. Auch Voltaire floh in den 1730er und 1740er Jahren oft nach Holland, um den Gefahren zu entgehen, die seine Veröffentlichungen heraufbeschworen, und Friedrich war stets informiert. Wissenschaftsgeschichtlich bereiteten die niederländischen Naturforscher, die kritisches Denken mit der konsequenten Anwendung der Experimentalmethode verknüpften, bereits Ende des 17. Jh. die Durchsetzung des neuen Wissensbegriffs vor. Eine liberal gehandhabte Zensurpolitik, europaweit vernetzte Verleger und Buchhändler machten Holland zu einem Zentrum der Aufklärung. Die von Voltaire herausgegebene Fassung des *Anti-Machiavel* erschien 1740 nicht zufällig in Holland. Die zeitgenössische Wahrnehmung Russlands war hingegen mit der Faszination verknüpft, die Peter der Große (1672–1725) auf die europäische Öffentlichkeit ausübte, seitdem er die politische Bühne Europas betreten und Russland als Großmacht ins Spiel gebracht hatte. Als Friedrich den *Antimachiavel* verfasste, war das Interesse an Russland von einer Mischung aus Faszination und Furcht geprägt; cf. Walther Mediger, *Friedrich der Große und Rußland*, in: *Friedrich der Große in seiner Zeit*, hg. v. O. Hauser, Köln, Wien, 1987, 109–136.

Seite 77

1. Um 1737/38 beschäftigte sich Friedrich intensiv mit Russland und Peter dem Großen. Voltaires positives Zaren-Porträt (*Histoire de Charles XII*, 1. Buch) hatte seine Wahrnehmung von Russlands Eintritt in die europäische Politik stark geprägt. Als Voltaire die Geschichte Peters des Großen zu schreiben plante, bat er Friedrich um Unterstützung bei der Beschaffung von Quellenmaterial aus Russland (Brief vom 1. Juni 1737, D 1334). Friedrich beauftragte seinen Freund, den kursächsisch-polnischen Gesandten in Petersburg, Ulrich Friedrich von Suhm (Brief vom 27. Juli 1737, in: *Œuvres de Frédéric le Grand*, t. XVI, 332), Informationen zu zwölf präzise formulierten Fragen zu besorgen, die er dann Voltaire zur Verfügung stellte. In den Briefen vom 13. Nov. und 19. Nov. 1737 (D 1389, D 1392) erzählt Friedrich von seiner Lektüre des Berichts über die russischen Zustände, die ihn veranlasst habe, seine Vorstellung von Peter dem Großen zu revidieren: »Die Geschichte des Zaren, die ich Ihnen schicke, zwingt mich, die hohe Meinung, die ich von diesem Fürsten hegte, zurückzunehmen. Aus diesem Geschichtswerk wird er Ihnen ganz anders entgegentreten als aus Ihrer Imagination, und nun existiert […] ein großer Mann weniger in der wirklichen Welt« (Brief vom 13. Nov. 1737, übers. v. Hans Pleschinski). Bei den Informationen handelte es sich um die von Johann G. Vockerodt 1737 für Friedrich verfassten *Considérations sur l'état de la Russie sous Pierre Ier* (»Betrachtungen über den Zustand Russlands unter Peter I.«), die erst 1872 veröffentlicht wurden; cf. *Russland unter Peter dem Großen. Nach den handschriftlichen Berichten Johann Vockerodt's und Otto Pleyer's. Zeitgenössische Berichte zur Geschichte Russlands*, hg. v. E. Herrmann, Leipzig 1872, 1–118.

Seite 79 **6. Kapitel**

1. Das 6. Kap. hat in der französischen Übersetzung des *Principe* die Überschrift: »Des nouveaux États, que le prince acquiert par sa valeur et ses propres armes« (»Von neuen Staaten, die der Fürst mit seiner Tüchtigkeit und eigenen Waffen erwirbt«).
2. Automaten waren seit Ende der 1730er Jahre eine kulturgeschichtliche Sensation: Der französische Mechaniker Jacques de Vaucanson (1709–1782), der das Ziel verfolgte, den künstlichen Menschen zu konstruieren, und 1738 seine Automaten der Öffentlichkeit vorstellte, wurde von Voltaire (Sept. 1737, D 2074) an Friedrich empfohlen, der nach seiner Thronbesteigung vergeblich versuchte, Vaucanson zur Vorführung der Automaten an seinen Hof einzuladen und ihn als Mitglied der Berliner Akademie zu gewinnen; cf. André Doyon, Lucien Liaigre, *Jacques Vaucanson. Mécanicien de génie*, Paris 1967. – Zum Begriff Automat cf. S. 31, Anm. 4.
3. Machiavelli stellt im 6. Kap. Beispiele biblischer, mythischer und historischer Staatengründer und Gesetzgeber nebeneinander: Moses, biblische und historische Gestalt, führte die Israeliten 1225 v. Chr. aus der ägyptischen Gefangenschaft und gab ihnen Gesetze. – Cyrus der Ältere (559–529 v. Chr.) gründete das altpersische Reich. – Romulus und Theseus gelten als die mythischen Gründer von Rom bzw. Athen. – Hieron II. war von 296 bis 215 v. Chr. König von Syrakus.

Seite 81

1. Mohammed (570–632) begründete den Islam, seine Offenbarungen sind im Koran niedergelegt. – William Penn (1644–1718) konvertierte zu den Quäkern, der um 1650 von George Fox (1624–1691) in England gestifteten religiösen Gemeinschaft; er gründete 1682 die Kolonie Pennsylvania und die Stadt Philadelphia als Zufluchtsort für verfolgte Quäker und andere Sekten. Im 4. Brief der *Lettres philosophiques* (»Über die Quäker«) stellt Voltaire Penn als weisen Gesetzgeber dar, der die religiöse Toleranz zur Grundlage seiner Gesetze gemacht habe. Die beiden »Sektengründer« werden allerdings sowohl von Voltaire als auch von Friedrich sehr unterschiedlich bewertet.
2. Seit 1609 gab es in Paraguay den von Mitgliedern der 1534 von Ignatius von Loyola in Paris gegründeten »Gesellschaft Jesu« geschaffenen »Jesuitenstaat«. Dieser verfügte zwar weder über ein geschlossenes Territorium noch war er souverän, besaß aber eine weitreichende Selbstverwaltung (zeitweise sogar eine eigene Miliz) und kam durch Handel zu wirtschaftlichem Wohlstand.
3. Masaniello (eigentlich Tommaso Aniello, 1623–1647), Fischer aus Amalfi, führte 1647 den Volksaufstand gegen die Steuerbedrückung durch die spanischen Vizekönige an; seit dem 1. Juli 1647 übte er die absolute Herrschaft über Neapel aus, wurde aber schon am 16. Juli ermordet.
4. Albrecht Wenzel Eusebius von Wallenstein, Herzog von Friedland (1583–1634), mächtigster Feldherr des Dreißigjährigen Krieges, kämpfte mit eigenem Heer erfolgreich aufseiten des Kaisers Ferdinand II., fiel in Ungnade und wurde von kaisertreuen Offizieren ermordet. – Oliver Cromwell (1599–1658), bedeutendster Staatsmann während der englischen Revolution und Führer des Parlamentsheeres im Bürgerkrieg zwischen Krone und Parlament (1641–1647), stammte aus dem kleinen englischem Landadel und wurde nach seiner Wahl in das sog. lange

Parlament (1640) zum mächtigen Gegenspieler der absolutistischen Regierung Karls I. Nach der Hinrichtung des Königs (1649) und Ausrufung der Republik übernahm er die Regierung und wurde 1653 zum »Lord-Protektor von England, Schottland und Irland«, ausgestattet mit absoluter Macht. – Heinrich I. von Lothringen, Herzog von Guise (1550–1588) gründete 1576 die Heilige Liga, d. h. die gegenreformatorische Bewegung zur Verteidigung des katholischen Glaubens gegen die Hugenotten, die von Papst Gregor XIII. in ihrem Eifer bestärkt wurde. Er war in den Religionskriegen Heerführer der Katholiken gegen König Heinrich III. (seit 1574 König, letzter Vertreter des Hauses Valois), der seinen Rivalen in Blois ermorden ließ. Der Heiligen Liga, die die Nachfolge Heinrichs von Navarra auf den französischen Thron mit militärischen Mitteln zu verhindern suchte, gelang es nicht, die Thronbesteigung Heinrichs IV. (1589) zum Scheitern zu bringen.
5. Der Vergleich bezieht sich auf die Episode des griechischen Mythos, in der Telephos auf der Fahrt in den Trojanischen Krieg durch die Lanze des Achilles verwundet wurde; damit die Wunde heilte, musste Achilles die Lanze erneut in die Wunde stoßen, cf. Ovid, *Metamorphosen*, 13, 171–172.

Seite 83
1. Deus ex machina (»der Gott aus der Maschine«), ein Begriff aus der Geschichte des antiken Theaters, bezeichnet die Intervention der Götter, die mithilfe einer Maschine aus dem Theaterolymp auf die Bühne herabgelassen wurden, um eine dramatische Verwicklung zu lösen. Im Jahrhundert der Aufklärung geriet diese Praxis, wie die Darstellung aller Wunderdinge, in Misskredit. Friedrich benutzt den Begriff im übertragenen Sinne einer unwahrscheinlichen oder unlogischen Lösung, die auf die Begrenztheit des Denkens eines Autors verweist.
2. *In barbara* oder *in ferio* ist das klassische Beispiel eines Syllogismus aus der Logik der Scholastik, d. h. einer bestimmten Form des logischen Schlusses, der die Begründung eines Urteils durch ein anderes liefert, indem das eine durch das andere ersetzt wird. Es gab den Modus *in barbara* und den Modus *in ferio*, die sprichwörtliche Bedeutung erlangten. Friedrich gebraucht diesen Syllogismus, um scholastische, auf logische Systematik fixierte Beweisführungen als absurde Trugschlüsse bloßzustellen. In der Korrespondenz mit Voltaire taucht »*in ferio* oder *in barbara*« bereits im Brief vom 1. Sept. 1736 (D 1139) auf.

Seite 85
1. Pierre Corneille (1606–1684), den Friedrich im ersten Brief an Voltaire (8. Aug. 1736, D 1126) bereits mit Bewunderung erwähnt, und Jean-Baptiste Racine (1639–1699), dessen Hauptwerke er immer wieder las und aufführen ließ, sind die unbestrittenen Autoritäten der klassischen Tragödie in Frankreich. Ihre Helden unterscheiden sich insofern, als Corneille seine Hauptfiguren mit einem moralischen Absolutheitsanspruch auftreten lässt, der sie in Konflikte mit der Gesellschaft bringt oder mit dem Gegensatz zwischen Moral und Politik, individueller Integrität und Familienehre konfrontiert (*Le Cid*, 1637). Racine leuchtet die Psychologie seiner Helden (*Phèdre*, 1677) aus und verzichtet auf äußere Intrigen, so dass die Tragik seiner Hauptfiguren, die er als Menschen mit Fehlern und Vorzügen darstellt, im inneren Konflikt zwischen Vernunft und Leidenschaften liegt.

Seite 85   7. Kapitel

2. Das 7. Kap. hat in der französischen Übersetzung des *Principe* die Überschrift: »Des principautés, que l'on acquiert par les forces d'autrui, et par bonheur« (»Von Fürstentümern, die man mit den Waffen anderer und durch Glück erwirbt«).

3. Friedrichs Lektüre der *Abenteuer des Telemach* (cf. S. 73, Anm. 4), des zeitgenössischen Standardwerks der Prinzenerziehung in der Tradition der humanistischen Bildung, hat deutliche Spuren im *Antimachiavel* hinterlassen. Es diente der Vermittlung fürstlicher Gesinnung und der hohen Kunst des Regierens; gleichzeitig bietet es eine kenntnisreiche Einführung in die Antike, formuliert im Duktus vornehmer Eleganz fortschrittliche Ideen, vor allem hinsichtlich der gesetzlichen Einschränkung der Machtfülle des Fürsten, der Frieden schaffen und das Wohl seines Volkes anstreben soll. Der *Telemach* zeichnet das Ideal eines Herrschers, der friedliebend, sparsam, unempfänglich für Schmeichelei ist und von seinen Untertanen geliebt wird. Diesbezüglich steht er in der Tradition der Fürstenspiegelliteratur, die seit der Antike dazu diente, die Fürsten zu tugendhaftem Verhalten, zu Güte und Barmherzigkeit zu ermahnen, indem das Leben eines idealen Herrschers erzählt wird. Fénelon fiel nach der Veröffentlichung des *Télémaque* gleichwohl in Ungnade: Ludwig XIV. fühlte sich durch die Kritik an schlechten, d. h. absolutistischen Herrscherfiguren angegriffen. Unterdessen machte Sophie Charlotte (1668–1705) am Berliner Hof den *Télémaque* zur Pflichtlektüre ihres Sohnes Friedrich Wilhelm I. (1688–1740), der ihn wiederum auf die Lektüreliste seines Sohnes Friedrich setzte; cf. Johannes Kunisch, *Friedrich der Große*, 19 f.

Seite 87

1. Cesare Borgia (1475–1507), Sohn von Papst Alexander VI., der ihn 1492 zum Erzbischof, 1493 zum Kardinal von Valencia ernannt hatte und ihn, nachdem er 1498 auf die geistliche Laufbahn verzichtet hatte, politisch und militärisch unterstützte. Borgia wurde 1498 vom französischen König Ludwig XII. mit dem Herzogtum Valence (im Dauphiné) belehnt. Daher rührt sein Beiname »Valentino«. 1499 heiratete er Charlotte d'Albret von Navarra, eine Nichte Ludwigs XII., eroberte anschließend mit französischer Hilfe zahlreiche Herrschaftsgebiete in Italien, u. a. fast die gesamte Romagna, wo er sich zum Herzog der Romagna proklamierte und den Titel eines Herzogs von Urbino annahm. Das Ziel des ebenso gebildeten wie grausamen Cesare Borgia war es, in Italien ein Königreich zu schaffen und König zu werden. Seine Devise lautete: »Aut Caesar aut nihil« (»Entweder Caesar oder nichts«). Mit dem Tod seines Vaters (1503) begann sein Niedergang. Papst Julius II., der Nachfolger Alexanders VI., setzte Borgia gefangen, zwang ihn, seine Stützpunkte in der Romagna dem Kirchenstaat auszuliefern, und schickte ihn als Gefangenen nach Spanien, wo er aus dem Gefängnis entkam, zu seinem Schwager, dem König von Navarra, floh und am 12. März 1507 bei der Belagerung der Viana (Navarra) getötet wurde. Machiavelli stellt Cesare Borgia im 7. Kap. als Beispiel des machtbewussten Fürsten vor, der mit Fortune und militärischer Unterstützung anderer zu Macht und Herrschaft gelangte. Klugheit, Tatkraft, Kalkül einerseits, Skrupellosigkeit, Verrat, Grausamkeit andererseits kennzeichnen die Figur des Cesare Borgia im *Principe*. Mit Waffengewalt raubte er mächtigen Feudalherren den

Besitz und verlor diesen wieder, als sein »Glück« ihn verließ und er bei der Wahl seines Gegners Julius II. zum Papst »einen Irrtum« beging, der, so Machiavelli, zu seinem Untergang führte. Machiavellis Fazit lautet: »Wenn ich nun alle Taten des Herzogs zusammenfasse, so wüsste ich ihm keinen Tadel auszusprechen; ganz im Gegenteil scheint es mir geboten, ihn – wie ich es getan habe – all jenen zum Vorbild hinzustellen, die durch Glück und mit fremden Waffen zur Herrschaft aufgestiegen sind« (*Il Principe. Der Fürst*, übers. u. hg. v. Philipp Rippel, 61 f.). Cesare Borgia in der Rolle des fürstlichen Vorbilds musste den Widerspruch Friedrichs hervorrufen, umso mehr, als er ihn mit Fénelons *Télémach* verglich, der ihm das positive Gegenbild zum *Principe* lieferte. Für seine Studien zur Geschichte der Borgias stand ihm u. a. Alexander Gordon, *La vie du pape Alexandre VI et de son fils César Borgia, contenant les guerres de Charles VIII et Louis XII* (trad. de l'anglois, Londres 1729, Amsterdam 1732) zur Verfügung, die sich in seiner Bibliothek befand. Zur Geschichte der Borgias cf. Susanne Schüller-Piroli, *Die Borgia Dynastie. Legende und Geschichte*, München 1982.

2. Borgias Bruder Giovanni Borgia (geb. um 1474) wurde 1497 ermordet. – Seine Schwester Lucrezia Borgia (1480–1519) war in dritter Ehe Herzogin von Ferrara. – Seine Mutter war die Römerin Vannozza de' Cattanei (1442–1518). – Der Herzog von Urbino war Guidobaldo da Montefeltro (1472–1508), an dessen Hof Baldassare Castiglione (1478–1529) wirkte, der Autor des *Libro del cortegiano* (1528, *Das Buch vom Hofmann*), das für das Persönlichkeitsideal des »honnête homme«, auf das sich auch Friedrich (vermittelt durch die französische Moralistik, cf. S. 323, Anm. 1) bezieht, grundlegend war. – D'Orco (eigentlich Remigius de Lorca), der 1498 mit Cesare Borgia aus Frankreich nach Italien kam, wurde von diesem in der Romagna zur gewaltsamen Unterdrückung der Unruhen eingesetzt und am 26. Dez. 1502 in Cesena hingerichtet.

3. Nach Senigallia lockte Cesare Borgia unter dem Vorwand eines Versöhnungstreffens seine Widersacher Vitellozzo Vitelli, Oliverotto da Fermo, Paolo Orsini und den Herzog von Gravina Orsini in eine Falle (am 31. Dez. 1502) und ließ sie ermorden.

Seite 89

1. Papst Alexander VI. (1431–1503, seit 1492 Papst), unterstützte Cesare Borgia bei der Eroberung der Romagna. – Ludwig XII. (1462–1515), seit 1498 König von Frankreich, schickte militärische Unterstützung, nachdem der Papst in seine Scheidung eingewilligt hatte und er sich von Jeanne de Valois, Tochter Ludwigs XI., scheiden lassen konnte, um Anne, die Königin-Witwe von Frankreich, Herzogin der Bretagne, zu heiraten und auf diesem Wege die Bretagne dauerhaft zum Territorium der französischen Krone zu machen.

2. Cf. S. 87, Anm. 3. – Anstelle von »Urbino« meinte Friedrich wahrscheinlich das Haus »Orsini«.

Seite 91

1. August II., König von Polen, Kurfürst von Sachsen starb 1733 (cf. S. 67, Anm. 1); ihm ging der Ruf voraus, zahlreiche Maitressen zu haben, so dass er nicht nur wegen seiner körperlichen Konstitution von den Zeitgenossen der Starke genannt wurde; cf. Carl Ludwig de Pöllnitz, *La Saxe galante*, Amsterdam 1734, dt.: *Das galante Sachsen*, Frankfurt a. M. 1734, sowie die *Mémoiren* von Pöllnitz, cf. S. 115, Anm. 2. Friedrichs Hervorhebung der Galanterie Augusts II. stellt die

historische Bedeutung des Kurfürsten von Sachsen, die er unter dem Vorzeichen der brandenburgisch-sächsischen Konkurrenz wahrnimmt, in ein zweideutiges Licht. Bereits als Kronprinz hatte Friedrich während eines Aufenthaltes in Dresden (1728), den königlich-kursächsischen Hof in seiner barocken Pracht kennen gelernt und dabei einsehen müssen, dass – verglichen mit der Kargheit des preußischen Hofes – die wirtschaftliche und kulturelle Überlegenheit Sachsens unbestreitbar war; cf. J. Kunisch, *Friedrich der Große*, 22f.

Seite 92

1. Die Schreibweise des Wortes »cerfs« (»Hirsche«) lautet in der Handschrift »serfs« (»Untertanen«). Hier handelt es sich u. E. um eine bei Friedrich häufig auftretende Vertauschung der Buchstaben s/c, die im Französischen zur Darstellung der Laute [s] und [z] dienen; cf. C. Petersilka, *Die Zweisprachigkeit Friedrichs des Großen. Ein linguistisches Porträt*, Tübingen 2005, 189f.. Die Originalschreibweise (»serfs«) erlaubt es in diesem Falle jedoch nicht, hinsichtlich der Lesart eine zweifelsfreie Entscheidung zu treffen, denn die Metaphorik des Satzes schließt weder »Untertanen« noch »Hirsche« völlig aus: Entweder bezieht sich der Vergleich auf die feudalständische Weltanschauung (»serfs«) oder auf die Jagd (»cerfs«).

Seite 93

1. Antoine-Joseph Graf von Horn (1698–1720), zweitgeborener Sohn aus hohem niederländischen Adel, mit mehreren regierenden Häusern verwandt, u. a. mit dem Regenten von Frankreich, erschlug während der Finanzaffäre »Law« in Paris (cf. S. 373, Anm. 3) einen Aktienhändler und wurde auf dem Grève-Platz (cf. folgende Anm. 2) auf dem Rad hingerichtet. La Grange (cf. S. 97, Anm. 2) machte das Medienereignis zum Thema seiner *Odes philippiques* gegen den Regenten Philipp von Orléans, der trotz der Intervention des französischen Hochadels mit der Hinrichtung des Grafen ein Exempel statuieren wollte; cf. Joseph de la Grange-Chancel, *Les Philippiques. Odes. Avec des notes historiques, critiques et littéraires.* Paris, l'An VI de la Liberté [1795], 53, 123. Friedrich besaß die Werke La Granges, u. a. die *Odes philippiques* sowie eine Werkausgabe (Den Haag 1724).

2. Auf dem Grève-Platz (heute: Place de l'Hôtel de Ville vor dem Pariser Rathaus) befand sich seit dem Mittelalter bis 1830 die Hinrichtungsstätte, wo Staatsverbrecher und Mörder hingerichtet wurden.

3. Jacques-Bénigne Bossuet, Bischof von Meaux (1627–1704), und Valentin-Esprit Fléchier, Bischof von Nîmes (1632–1710), waren Kanzelredner am Hof Ludwigs XIV. und für ihre im Stil der französischen Klassik verfassten Leichenpredigten berühmt (cf. S. 311, Anm. 2). – Plinius der Jüngere Panegyrikus (61/62 bis ca.113), römischer Redner und Schriftsteller, verfasste u. a. die *Lobrede auf den Kaiser Trajan* (um 100), die als einzige der berühmten Reden des Plinius überliefert ist. Friedrich besaß die französische Übersetzung, *Panégyrique de Trajan*, Paris 1722.

Seite 95

1. Giuliano della Rovere, den sein Onkel Sixtus IV. zum Kardinal von San Piero ad Vincula ernannte, wurde 1503 mit den Stimmen der mit Cesare Borgia befreundeten Kardinäle als Julius II. zum Papst gewählt und erwies sich anschließend als einer der mächtigsten Gegner Borgias.

2. König Johann von Navarra (1484–1516), Schwager Cesare Borgias.
3. Tantalus, Sohn des Zeus, verriet Geheimnisse an die Menschen und schlachtete seinen Sohn Pelops, den er den Göttern zum Mahl vorsetzte; für seine Verbrechen wurde er zu ewigen Strafen im Hades verurteilt; dort steht er bis zum Kinn im Wasser und jedes Mal, wenn er sich niederbeugt, um seinen Durst zu stillen, trocknet der See (oder der Fluss) aus; cf. Ovid, *Metamorphosen*, 4, 458f.
4. Achilles, die zentrale Gestalt in Homers *Ilias*, tötete Hektor, den wichtigsten trojanischen Krieger, aus Rache für den Tod des Patroklos, und weigerte sich, dessen Leichnam herauszugeben; befestigt an seinem Streitwagen schleifte er ihn hinter sich her, bis ihm seine Mutter, die Meeresgöttin Thetis, den Rat gab, den Leichnam zur Bestattung freizugeben.

Seite 97   **8. Kapitel**

1. Das 8. Kap. hat in der französischen Übersetzung des *Principe* die Überschrift: »De ceux qui sont devenus princes par des crimes« (»Von denjenigen, die durch Verbrechen Fürstenherrschaft erlangt haben«).
2. Die *Odes philippiques* (1720) des Dramatikers Joseph de La Grange-Chancel (1677–1758) sind politische, gegen den Regenten Philipp II. von Orléans gerichtete Oden (cf. S. 93, Anm. 1). La Grange wurde nach der Veröffentlichung verhaftet; er konnte fliehen, doch erst 1729 nach Frankreich zurückkehren. Er war einer der wichtigsten Lukrez-Kommentatoren des 18. Jh.s.
3. Philipp II., Herzog von Orléans (1674–1723), wurde nach dem Tod Ludwigs XIV. (1715) Regent von Frankreich für den minderjährigen Ludwig XV.; nach ihm erhielt die Epoche die Bezeichnung Régence.
4. Agathokles, Tyrann von Syrakus, herrschte von 361–289 v. Chr. Er kam aus einfachsten Verhältnissen, errang militärische Siege gegen die Karthager, war wegen seiner Grausamkeit berüchtigt und wurde unter Mitwirkung seines Enkels Archagathos vergiftet. Voltaire verfasste 1777 die Tragödie *Agathocle* über den Tyrannen von Syrakus.
5. Oliverotto da Fermo (1475–1503) wurde in Senigallia ermordet (cf. S. 87, Anm. 3).
6. Gandalin ist eine Figur des Ritterromans *Amadis de Gaula* (cf. S. 41, Anm. 1). – Medor ist der maurische Soldat, in den sich die zauberhafte Prinzessin Angelika in Ariosts *Orlando furioso* (entstanden 1505–1516, *Der rasende Roland*) verliebt. In allen Bibliotheken Friedrichs befand sich jeweils eine französische Ausgabe von Ariosts Ritterroman-Parodie *Roland furieux. Poème héroïque*, à La Haye 1741, Paris 1758, 1780.

Seite 99

1. Im 1. Buch der *Histoire de Charles XII* stellt Voltaire den jungen Schwedenkönig als Leser der Lebensbeschreibung Alexanders des Großen aus der Feder des römischen Historikers Quintus Curtius Rufus (*Historia Alexandri Magni Regis Macedonum*, 1. Jh.) vor und vertritt die These, Karl habe sich bereits als Knabe mit Alexander, dem jungen, kriegerischen König, der binnen kürzester Zeit das bis dahin größte Weltreich erobert hatte, identifiziert. Friedrich übernimmt

diese These, wenn er die Schlacht von Poltawa (1709) mit Alexanders Schlacht von Arbela (331 v. Chr.) und (wie Voltaire im 3. Buch der *Histoire de Charles XII*) die Wahl Stanislaus Leszczyński zum König von Polen (1704) mit der Episode der Alexandergeschichte vergleicht, in der Alexander den zurückgezogen lebenden Abdalonymos zum König von Sidon macht; cf. Quintus Curtius Rufus, *Geschichte Alexanders des Großen*, 4. Buch, 1. Kap. Der indische König Porus hingegen, den Alexander besiegte, wurde von diesem nicht zum König gemacht, sondern erhielt von ihm die Erlaubnis, weiterhin König zu bleiben (8. Buch, 13., 14. Kap.). Friedrich besaß drei französische Ausgaben der Alexandergeschichte: *De la vie et des actions d'Alexandre le Grand*, Paris, 1653, 1680, 1727.
2. *Cartouche ou les voleurs* (1721), populäre Komödie von Marc-Antoine Legrand (1673–1728) über Louis-Dominique Bourguignon, genannt »Cartouche« (1693–1721), Chef einer Diebesbande (1721 in Paris hingerichtet), der als historische Verbrecherfigur in die Literatur einging. Zahllose Theaterstücke und Pamphlete über Cartouche vermitteln die Faszination, die dieser auf die zeitgenössische Öffentlichkeit ausübte; cf. Hans-Jürgen Lüsebrink, *Kriminalität und Literatur im Frankreich des 18. Jahrhunderts*, München, Wien 1983, 15–35.
3. Sizilianische Vesper, eines der Symbolereignisse der europäischen Geschichte, wird der Aufstand der Bürger von Palermo gegen die französische Fremdherrschaft unter Karl I. von Neapel-Sizilien genannt, der 1282 am Ostermontag zur Vesper ausbrach, sich auf ganz Sizilien ausbreitete und zu einem europäischen Konflikt wurde, bei dem Sizilien schließlich an Aragon fiel. – In der Bartholomäusnacht (24. Aug. 1572) wurden auf Veranlassung der Königinmutter Katharina von Medici die in Paris versammelten hugenottischen Adeligen, die zur Vermählung Heinrichs von Navarra (des späteren Heinrich IV.) mit Margarete, der Schwester des französischen Königs Karl IX., gekommen waren, aufgespürt und ermordet.

Seite 101

1. Augustus (63 v. Chr.–14 n. Chr.), der erste römische Kaiser, war Adoptivsohn Caesars und nach dessen Ermordung sein Nachfolger; cf. Montesquieu, *Betrachtungen über die Ursachen von Größe und Niedergang der Römer* (13. Kap.). Sueton verfasste eine Augustus-Biographie, die Friedrich, wie alle Kaiserviten Suetons, immer wieder las (cf. *Die Kaiserviten des C. Suetonius Tranquillus*, 2. Buch; cf. S. 119, Anm. 1). Proskriptionen gab es in Rom seit Sulla, der von 82 bis 78 v. Chr. als Diktator herrschte. Diese öffentlich bekannt gemachten Ächtungslisten dienten der gewaltsamen Bekämpfung innenpolitischer Gegner, indem sie für vogelfrei erklärt, ohne Gerichtsverfahren enteignet und zur Verfolgung freigegeben wurden. Für die Tötung der Geächteten wurden Kopfprämien ausgesetzt, und ihre Nachkommen wurden von der Ämterlaufbahn ausgeschlossen. – Maecenas (um 70 v. Chr. bis 8 n. Chr.) war neben Agrippa der Vertraute und Ratgeber des Augustus; er förderte die bedeutendsten Dichter seiner Zeit (Horaz, Vergil, Properz) und war selbst literarisch tätig. – Agrippa (63 v. Chr. bis 12. v. Chr.), Jugendfreund, Schwiegersohn und bedeutendster Feldherr des Augustus, ließ u. a. das Pantheon erbauen und leitete eine Reichsvermessung, deren Ergebnisse zur Erstellung einer nach ihm benannten Weltkarte dienten.

Seite 103

1. Die Manen (eigentlich ›gute Geister‹) waren die römischen Totengötter, die, so glaubte man, in der Unterwelt wohnten, aus der sie gelegentlich emporstiegen. Um sie zu besänftigen, wurde zu ihrer Verehrung einmal im Jahr das Fest Parentalia gefeiert.
2. Dionysios I. der Ältere (um 431–367 v. Chr.) war seit 405 Tyrann von Syrakus. – Tiberius (42 v. Chr. bis 37 n. Chr.), Adoptivsohn und Nachfolger des Augustus als römischer Kaiser (14–37), sein Statthalter in Judäa war Pontius Pilatus. Seine Herrschaft wird von Montesquieu vor allem deshalb als besonders grausam bewertet, weil er seine Tyrannei unter der Maske der Gerechtigkeit ausgeübt habe; cf. *Betrachtungen über die Ursachen von Größe und Niedergang der Römer*, 14. Kap. – Nero (37–68), seit 54 römischer Kaiser, führte grausame Christenverfolgungen durch. Sueton widmete Tiberius und Nero jeweils eine Biographie, cf. *Die Kaiserviten des C. Suetonius Tranquillus*; 3. und 6. Buch (cf. S. 119, Anm. 1). Diese Herrscher gelten als Inbegriff des Cäsarenwahns. – Ludwig XI., König von Frankreich (1423–1483), konspirierte als Kronprinz mit dem Hochadel gegen seinen Vater; in der Literatur wird er als Tyrann dargestellt (u. a. von Voltaire im *Essai sur l'histoire universelle*, 1754). – Karl VII. entmachtete die Lehnsfürsten und das Pariser Parlement (cf. S. 71, Anm. 3). – Iwan IV. Wassiljewitsch der Schreckliche (1530–1584), seit 1547 Zar, der als ebenso gebildet wie grausam galt, hatte in einem Wutanfall seinen erstgeborenen Sohn erschlagen. Das war für den preußischen Kronprinzen, der selbst unter dem harten Regiment seines Vaters, Demütigungen und körperlichen Züchtigungen gelitten hatte, vermutlich ein Grund mehr, Iwan den Schrecklichen in die Liste der »rasenden Ungeheuer« aufzunehmen.
3. Am 25. Dez. 1737 (D 1413) schreibt Friedrich im Kontext seiner Reflexionen über die menschliche Freiheit an Voltaire: »[…] mir bleibt Ihnen nur noch zu sagen, dass ich, da alles wohlbegründet ist und da alles seinen Grund in seinen Voraussetzungen hat, den Grund für Temperament und Verfassung eines jeden Menschen in seiner Leibesmaschine entdecke. Ein aufgeregter Mensch hat eine leicht stimulierbare Galle; ein Misanthrop eine geblähte Milz; der Trinker trockene Lungen, der Verliebte eine robuste Konstitution etc.« (übers. v. Hans Pleschinski, *Voltaire – Friedrich der Große. Briefwechsel*, 86).

Seite 105   **9. Kapitel**

1. Das 9. Kap. hat in der französischen Übersetzung des *Principe* die Überschrift: »De la principauté civile« (»Von der bürgerlichen Fürstenherrschaft«). Gemeint ist die durch die Gunst der Mitbürger erlangte Fürstenherrschaft.

Seite 107

1. Sulla (138–78 v. Chr.) herrschte als Diktator auf sechs Monate (cf. S. 101, Anm. 1). – Caesar (100–44 v. Chr.), Diktator auf Lebenszeit, schuf durch seine militärischen Erfolge die Voraussetzungen für das Römische Reich, das Montesquieu in den *Betrachtungen über die Ursachen von Größe und Niedergang der Römer* (18. Kap.) als Ursache für die Zerstörung der Römischen Republik bewertet.

2. Demosthenes (384–322 v. Chr.), einer der größten Redner Athens, kämpfte in seinen politischen Reden gegen Philipp II., König von Makedonien (383–336), und für die Erhaltung der griechischen Freiheit. Friedrich besaß zahlreiche Ausgaben der *Philippischen Reden* des Demosthenes, u. a. zwei Ausgaben der *Philippiques de Démosthènes et Catilinaires de Cicéron*, trad. par Olivet avec des remarques de Bouhier sur le texte de Cicéron, Paris 1736.

Seite 108

1. An dieser Stelle liefert die Handschrift, die der Ausgabe des von Voltaire veröffentlichten *Anti-Machiavel* zugrunde liegt (cf. Voltaire, *Anti-Machiavel*, 310, Zeile 103), eine interessante Variante. Dort heißt es statt »despotique« nämlich »de politique«: »dans un sistheme de politique«; Übersetzung: »dass der Eigennutz in einem *politischen* System eine wichtige Rolle spielt«.

Seite 109

1. Zum zyklischen Geschichtsmodell, das Friedrich hier voraussetzt, cf. Jochen Schlobach, *Zyklentheorie und Epochenmetaphorik. Studien zur bildlichen Sprache der Geschichtsreflexion in Frankreich von der Renaissance bis zur Frühaufklärung*, München 1980, 270–331.
2. Cato der Jüngere (95–46 v. Chr.) repräsentiert als Republikaner den moralischen Gegenpol zu Caesar. – Sir Thomas Lyttelton (1407–1481), englischer Oberrichter und Rechtsphilosoph, verfasste das für die englische Rechtswissenschaft bis weit ins 19. Jh. einflussreiche Werk *Treatise on Tenures* (London 1516), das die Grundlage für die englische Gesetzgebung bildete, die den Grundbesitz regelte.
3. Gemeint ist der ideale Bürger, cf. Platon, *Der Staat*, 9, 592 (cf. S. 33, Anm. 1).
4. Die berühmte Venus der Medici, so genannt nach ihren früheren Besitzern, ist eine nach griechischem Vorbild geschaffene Marmorstatue aus der römischen Kaiserzeit. Doch Friedrich bezieht sich hier auf eine Erzählung, die vom griechischen Maler Zeuxis (2. Hälfte des 5. Jh.s v. Chr.) handelt, der auf die erwähnte Weise ein Bild der Helena für die Stadt Kroton geschaffen haben soll, und gleichzeitig macht er aus dem Maler einen Bildhauer. Montesquieu erwähnt im 69. Brief der *Persischen Briefe* die Geschichte des Zeuxis: »Die Dichter des Abendlandes berichten, dass ein Maler, der die Göttin der Schönheit in einem Bild wiedergeben wollte, die schönsten Frauen Griechenlands versammelte und von jeder den reizvollsten Teil nahm. Daraus schuf er ein Ganzes und meinte, es gliche der schönsten aller Göttinnen«; cf. *Persische Briefe*, übers. u. hg. v. Peter Schunck, Stuttgart 2004, 137.

Seite 111   10. Kapitel

1. Das 10. Kap. hat in der französischen Übersetzung des *Principe* die Überschrift: »Comment il faut mesurer les forces de toutes les principautés« (»Wie die Stärke jeder Fürstenherrschaft zu ermitteln ist«).
2. Zum Gegensatz zwischen alter und neuer Philosophie, zwischen Descartes und Newton, cf. S. 53, Anm. 2.

Seite 113

1. Im Spanischen Erbfolgekrieg (1701–1713/14) stand Frankreich der Großen Allianz (d. h. dem

Kaiser, England, den Generalstaaten u. a.) gegenüber. Dieser Krieg war der Schlüsselkrieg für das europäische Mächtesystem im 18. Jh. Anlass war der Tod Karls II. von Spanien (1661–1700), mit dem die spanische Linie der Habsburger erlosch. Als daraufhin Ludwig XIV. für das Haus Bourbon und Leopold I. (1640–1705, seit 1658 Kaiser) für das Haus Habsburg gleichermaßen Erbansprüche auf den spanischen Thron geltend machten, kam es zum Krieg. Als England sich 1711 von den Alliierten trennte, konnte Ludwig XIV. im Frieden von Utrecht (1713) seine Forderung nach Anerkennung seines Enkels Philipp von Anjou als spanischem König Philipp V. durchsetzen.

Seite 115

1. Françoise d'Aubigné, Marquise de Maintenon (1635–1719), war die Maitresse Ludwigs XIV., der sie 1684 heimlich in zweiter Ehe heiratete; cf. Jean-Paul Desprat, *Madame de Maintenon ou le prix de la réputation*, Paris 2003.
2. Gemeint ist hier Herzog Ernst August von Sachsen-Weimar, dessen Truppen Friedrich 1730 im Lager von Mühlberg gesehen hatte. In den *Mémoires de Charles-Louis Baron de Pöllnitz, contenant les observations qu'il a faites dans ses voyages*, London [Liège], 1734 (die Friedrich besaß), heißt es, die Armee des Herzogs umfasse eine Kavallerie von 180 Mann, eine Infanterie von 700 Mann sowie ein Kadettencorps.

Seite 117

1. Viktor Amadeus II. (1666–1732), von 1675–1730 Herzog von Savoyen, von 1720–30 König von Sardinien, vorher König von Sizilien (1713–20), stand im Spanischen Erbfolgekrieg (1701–1713/14) zuerst auf der Seite der Gegner Ludwigs XIV. Im Frieden von Utrecht (1713) erhielt er Sizilien, das er 1720 gegen Sardinien eintauschen musste.
2. Reichsstädte waren die Städte, die im Heiligen Römischen Reich Deutscher Nation (bis 1806) direkt dem Kaiser und keinem anderen Landesherrn, Fürsten oder Bischof unterstanden. Aus dieser »Reichsunmittelbarkeit« ergaben sich für die Reichsstädte gewisse Freiheiten und Privilegien. Innenpolitisch waren sie weitgehend selbstständig (eigene Gerichtsbarkeit), die Steuern mussten direkt an den Kaiser abgeführt und auf Verlangen musste Heerfolge geleistet werden. Friedrichs Bemerkungen zu den Reichsstädten machen deutlich, dass er ihre Souveränität für eine Illusion und das Heilige Römische Reich Deutscher Nation für ein historisch fragwürdig gewordenes Staatengebilde hielt.

Seite 119

1. Anspielung auf die mythologische Figur Salmoneus, einen der Söhne des Aiolos (Hüter der Winde), König von Elis, der für seine frevlerische Arroganz berüchtigt war und sich prahlerisch für Zeus (Jupiter) ausgab; um das zu beweisen, schleifte er hinter seinem Wagen einen klappernden Bronzekessel durch die Stadt, der den Donner nachahmen sollte, und schleuderte Fackeln in die Luft, die den Blitz darstellen sollten. Zur Strafe zerstörte Zeus ihn und seine Stadt mit einem Blitzschlag. Gleichzeitig spielt Friedrich auf die Blitzszene in Suetons *Domitian* an (cf. *Die Kaiserviten des C. Suetonius Tranquillus*, 8. Buch, 16, 1). Friedrich besaß mindestens ein Dutzend französische Ausgaben der *Kaiserviten*, u. a. Suétone, *L'histoire des*

empereurs Romains avec leurs portraits en taille-douce, trad. par du Teil. Paris 1661. Bogdan Krieger merkt hierzu an: »Nach der Überlieferung lag das Buch beim Tode Friedrichs des Großen auf dem Kamin im Sterbezimmer«; cf. *Friedrich der Große und seine Bücher*, 155. Der Art. *Suétone* von Pierre Bayle wurde von Friedrich in den *Auszug aus dem historisch-kritischen Wörterbuch von Bayle* aufgenommen.

Seite 119   **11. Kapitel**

2. Das 11. Kap. hat in der französischen Übersetzung des *Principe* die Überschrift: »Des principautés ecclésiastiques« (»Von den geistlichen Fürstenherrschaften«).

Seite 121

1. Die Titanen, die erstgeborenen Kinder des Uranos (der Himmel) und der Gaia (die Erde), lehnten sich gegen ihren Vater auf, allen voran Kronos. Er übernahm die Herrschaft im Olymp, wurde aber von seinem Sohn Zeus abgesetzt. Nach dem Krieg, der zehn Jahre dauerte, wurden die Titanen in den Tartaros geworfen, in ein dunkles Gebiet, das unter dem Hades lag, und dort für immer eingekerkert. Atlas, aus der zweiten Generation der Titanen, wurde dazu verurteilt, den Himmel mit seinen Schultern zu stützen; cf. Ovid, *Metamorphosen*, 2, 296f.

2. Friedrich bezieht sich hier auf den Vers aus den *Satiren* von Nicolas Boileau-Despréaux (1636–1711): »Qui méprise Cotin, n'estime point son roi / Et n'a, selon Cotin, ni Dieu ni foi ni loi« (Satire 9, »Wer Cotin verachtet, ehrt weder seinen König und hat, laut Cotin, weder Gott noch Glaube noch Gesetz«). Boileau verspottet den Abbé Charles Cotin (1604–1682), Kanzelredner und Autor galanter Literatur. Friedrich besaß sämtliche Werke Boileaus in zahlreichen Ausgaben, aus denen er oft aus dem Gedächtnis zitiert. Boileau, Satiriker und Hofhistoriograph Ludwigs XIV., war die unbestrittene Autorität der französischen Klassik. Im *Art poétique* (1674, *Dichtkunst*), die Friedrich besaß, formulierte er die auch für Friedrich maßgeblichen Normen der klassischen Literatur.

Seite 123

1. Giovanni de' Medici (1475–1521) wurde 1513 als Leo X. zum Papst gewählt, er war ein Sohn Lorenzos des Prächtigen und Onkel jenes Lorenzo, dem Machiavelli den *Principe* widmete.

Seite 125   **12. Kapitel**

1. Das 12. Kap. hat in der französischen Übersetzung des *Principe* die Überschrift: »Combien il y a de sortes de milice: et ce que vaut la soldatesque mercenaire« (»Wie viele Heeresarten es gibt und was das Söldnerwesen wert ist«).

2. Leonidas, König von Sparta (488–480 v. Chr.), der kultisch verehrt wurde, starb während des persischen Griechenlandfeldzuges in der legendären Schlacht (480 v. Chr.) bei den Thermopylen (einem Engpass, der auf den Weg nach Athen führte), nachdem er mit der griechischen Armee mehrere Tage der persischen Übermacht widerstanden hatte. Friedrich besaß die antike Quelle für diese Geschichte, die französische Übersetzung der *Historien* von Herodot

(ca. 484–430 v. Chr.): *Les histoires d'Hérodote*, trad. en françois par M. Du-Ryer, I–IV, Paris 1713.

3. Lakedämon (griechisch: Lakedaimon) ist ein Synonym für die antike Stadt Sparta.

Seite 127

1. Zur Rolle der Kriege in der Geschichte des Aufstiegs und Niedergangs Roms cf. Montesquieu, *Betrachtungen über die Ursachen von Größe und Niedergang der Römer*, Kap. 1, 2, 9, 18.
2. Der König im Norden ist Friedrichs Vater, Friedrich Wilhelm I. (1688–1740), seit 1713 König in Preußen.
3. Cf. S. 329, Anm. 1.

Seite 129

1. Penaten waren römische Hausgötter (Götter des Vorrats), die von Aeneas aus dem brennenden Troja gerettet wurden. Man verehrte sie als Schützer des häuslichen Wohlstands.
2. Die austeilende Gerechtigkeit (Iustitia distributiva), rechtsphilosophisch die Urform der Gerechtigkeit, bedeutet nach Maßgabe des Gemeinwohls die Zuteilung von Rechten und Pflichten nach Bedürftigkeit, Fähigkeit und Würdigkeit; cf. Art. *Gerechtigkeit*, in: *Handbuch der deutschen Rechtsgeschichte*, Bd. 1, Berlin 1971.

Seite 131

1. Bei Machiavelli heißt es an der entsprechenden Stelle: »[...] so waren sie (d. i. die Venezianer, B.W.) gezwungen, sich dadurch gegen ihn (d. i. Carmagnola, B. W.) zu sichern, dass sie ihn umbrachten« (cf. *Il Principe. Der Fürst*, hg. u. übers. v. Philipp Rippel, 101). Friedrichs Kritik an der Wortwahl bezieht sich auf die von ihm benutzte französische, anonym veröffentlichte Übersetzung des *Principe* (Amsterdam 1696), in der Machiavellis unmissverständliche Formulierung »ammazzarlo« (»ihn ermorden«) abgemildert wurde in »le faire sortir de ce monde« (»ihn aus der Welt schaffen«); cf. Voltaire, *Anti-Machiavel*, 176f., Anm. 6. – Francesco Bussone, Graf Carmagnola (1380–1432) stand erst im Dienst Mailands (er eroberte 1421 Genua), ab 1425 im Dienst Venedigs und besiegte 1425 die Mailänder. Als seine Siege ausblieben, wurde er des Verrats verdächtigt und enthauptet.

Seite 133   **13. Kapitel**

1. Das 13. Kap. hat in der französischen Übersetzung des *Principe* die Überschrift: »Des troupes auxiliaires, mixtes et propres« (»Über Hilfstruppen, gemischte und eigene Heere«).
2. Die Neue Akademie in Athen versuchte zwischen stoischem Dogmatismus und radikalem Skeptizismus zu vermitteln.

Seite 135

1. Zum Niedergang des oströmischen Reichs cf. Montesquieu, *Betrachtungen über die Ursachen von Größe und Niedergang der Römer*, 22. und 23. Kap.
2. Concetti (italien.) sind geistreiche Einfälle oder witzig-pointierte Sprachspiele.
3. Die erwähnten Kriege und Siege über die Franzosen fanden während des Spanischen Erbfolgekrieges statt, cf. S. 113, Anm. 1.

4. Im Nordischen Krieg traten Preußen und Hannover 1713 der antischwedischen Koalition bei. Die »drei nordischen Könige« waren Friedrich IV. (1671–1730), seit 1699 König von Dänemark und Norwegen, Friedrich Wilhelm I., König in Preußen, und Peter der Große (1672–1725), seit 1682 Zar, seit 1721 Kaiser von Russland, cf. S. 67, Anm. 1.
5. Polnischer Thronfolgekrieg, cf. S. 67, Anm. 1 (zweites Beispiel).
6. Stanislaus I. Leszczyński cf. S. 67, Anm. 1.

Seite 137

1. Machiavelli zieht aus dem Gleichnis von Davids Weigerung, im Kampf gegen Goliath die Waffen Sauls anzulegen (cf. Samuel, 17, 38–39), den Schluss: »fremde Rüstungen und Waffen fallen dir entweder vom Leib, oder aber sie erdrücken oder erdrosseln dich«; cf. *Il Principe. Der Fürst*, hg. u. übers. v. Philipp Rippel, 109.
2. Friedrich bezieht sich auf Charles Rollin, *Histoire ancienne des Égyptiens, des Carthaginois, des Assyriens, des Babyloniens, des Mèdes et des Perses, des Macédoniens, des Grecs*, Amsterdam 1734–36, Bd. 1, 6. Kap. (Rollin cf. S. 265, Anm. 1).

Seite 139   14. Kapitel

1. Das 14. Kap. hat in der französischen Übersetzung des *Principe* die Überschrift: »Instructions pour le prince concernant la milice« (»Instruktionen für den Fürsten hinsichtlich des Heerwesens«).
2. Miguel de Cervantes (1547–1616) verfasste mit seinem Hauptwerk *El Ingenioso Hidalgo Don Quijote de la Mancha* (erschienen 1606, Teil I, und 1615, Teil II, *Der sinnreiche Junker Don Quichotte de la Mancha*) den bekanntesten Roman der spanischsprachigen Literatur, in dem die Abenteuer des fahrenden Ritters erzählt werden, die zum Anlass sprichwörtlicher Redensarten wurden (z. B. der Kampf gegen die Windmühlen). Friedrich besaß drei verschiedene französische Übersetzungen, u. a. *Histoire de l'admirable Don Quichotte de la Manche*, Paris 1741.

Seite 141

1. Die Thematisierung der Jagd steht in Zusammenhang mit den Erfahrungen, die Friedrich angesichts der Jagdbegeisterung seines Vaters, die zu teilen ihm widerstrebte, in seiner Jugend gemacht hatte. Da er selbst nicht jagte und sich von der Rohheit und Brutalität des zeitgenössischen Jagdbetriebs abgestoßen fühlte, lehnte er die Jagd als vornehmliche Betätigung der Fürsten stets ab; cf. Dietrich Stahl, *Die Jagd*, in: *Panorama der friderizianischen Zeit*, hg. v. J. Ziechmann, Bremen 1985, 605–608.

Seite 145

1. Im Kontext der Kritik an Descartes' Auffassung vom Automatismus der Tiere forderten die Aufklärer eine neue philosophische Einstellung gegenüber der Tierwelt sowie einen vernünftigen Umgang mit den Tieren. Die cartesianische These, die Tiere seien empfindungslose, unbeseelte Automaten, ohne jede Vernunft und daher eindeutig vom Menschen unterschieden (*Discours de la méthode*, 5. Teil), wurde als Absurdität zurückgewiesen (Pierre Bayle, John Locke). Im

Rückgriff auf die Tierseelentheorie sprach man den Tieren bestimmte Rechte zu und verurteilte die Grausamkeit der Menschen gegen die Tiere; die anticartesianische Polemik gegen den Tierautomatismus erreichte Mitte des 18. Jh.s in Frankreich ihren Höhepunkt vor allem in der *Encyclopédie* sowie bei La Mettrie, *Histoire naturelle de l'âme*, 1745, und Condillac, *Traité des animaux*, 1754; cf. Werner Krauss, *Zur Tierseelentheorie*, in: ders., *Aufklärung II: Frankreich*, hg. v. R. Geißler, Berlin, Weimar 1987, 174–210.

2. Diese Verse stehen in den *Oden* (2. Buch, *Ode X*, 35–36) von Jean-Baptiste Rousseau (1671–1741), der im 18. Jh. als Dichter hohes Ansehen genoss. 1712 wurde er aus Frankreich verbannt, weil er in seinen Oden hochgestellte Persönlichkeiten und die Religion angegriffen hatte. Friedrich, der die Werke J.-B. Rousseaus in zahlreichen Ausgaben besaß und offensichtlich genau gelesen hatte, stellt die hier zitierten Verse am 19. Apr. 1738 an den Anfang seines Briefes an Voltaire (D 1482), in dem er eigene Dichtungen sowie die für ihn vorbildlichen Dichter (Corneille, Racine, La Grange) kommentiert.

Seite 147

1. Gustav II. Adolf (1594–1632), König von Schweden (seit 1611), Feldherr und brillanter Stratege des Dreißigjährigen Krieges, ermöglichte durch seine innenpolitischen und militärischen Reformen die schwedische Großmachtpolitik im 17. Jh. – John Churchill, Herzog von Marlborough (1650–1722), britischer Staatsmann und Vertreter der Whigs, der ursprünglich antikatholischen Parlamentspartei in England, die sich auf das Bürgertum stützte, war Feldherr im Spanischen Erbfolgekrieg. Er handelte die Große Allianz (cf. S. 113, Anm. 1) gegen Ludwig XIV. aus und besiegte gemeinsam mit Prinz Eugen die französische Armee bei Höchstädt a. d. Donau (1704), Turin (1706), Malplaquet (1709). – Prinz Eugen von Savoyen-Carignan (1663–1736), Feldherr in habsburgischen Diensten, spielte in den Türkenkriegen wie im Spanischen Erbfolgekrieg eine bedeutende Rolle. Friedrich bewunderte ihn als großen Feldherrn und Politiker, der Kunst und Wissenschaften förderte, dem Denken der Aufklärung verbunden war und mit Montesquieu und Voltaire korrespondierte. Im Juli 1734 hatte sich Friedrich in das Hauptquartier des Prinzen Eugen in Philippsburg begeben, um den großen Feldherrn persönlich kennen zu lernen und die Kenntnisse der Kriegskunst zu vertiefen.

2. Gemeint ist Franz Stephan, Herzog von Lothringen, Großherzog von Toskana (1708–1765, seit 1736 mit Maria Theresia vermählt, 1746 als Franz I. zum Kaiser gewählt), der auf einer Jagd bei Kolar in Serbien 1737 beinahe in Gefangenschaft geraten war.

Seite 149

1. Mit der Hofkultur Ludwigs XIV., der ein großer Tänzer war, hatte der Tanz nicht nur als Bestandteil höfischer Feste einen neuen Stellenwert erhalten, sondern auch als Mittel, eine Körperhaltung und Gestik einzuüben, die dem fürstlichem Selbstbewusstsein durch vornehmes Auftreten besonderen Glanz verleihen sollte; cf. Günther Lottes, *Die Zähmung des Menschen durch Drill und Dressur*, in: *Erfindung des Menschen. Schöpfungsträume und Körperbilder 1500–2000*, hg. v. R. van Dülmen, Wien, Köln, Weimar 1998, 221–239.

Seite 149   **15. Kapitel**

2. Das 15. Kap. hat in der französischen Übersetzung des *Principe* die Überschrift: »Ce qui fait louer, ou blâmer les hommes, et surtout les princes« (»Warum die Menschen und vor allem die Fürsten gelobt oder getadelt werden«).
3. Die Bezeichnung »peindre« (»malen«) für die Tätigkeit des Geschichtsschreibers und des Schriftstellers setzte sich in der französischen Literatur mit Montaigne, La Rochefoucauld, La Bruyère, deren Werke Friedrich besaß, durch und steht für den Anspruch, in Analogie zur Malerei, das Charakteristische der Menschen, ihrer Taten, ihrer Epoche in einprägsamen sprachlichen Bildern festzuhalten.

Seite 151

1. Als Meisterwerke des berühmtesten Bildhauers der griechischen Antike Praxiteles (Mitte d. 4. Jh. v. Chr.) gelten u. a. die Venus v. Knidos, der »einschenkende Satyr«, der Hermes v. Olympia; cf. Charles Rollin, *Histoire ancienne*, Amsterdam 1737, 11. Bd., 4. Buch, 82ff.
2. Gabriel Daniel (1649–1728) war jesuitischer Theologe und Historiker, Autor der *Histoire de France depuis l'établissement de la monarchie française dans les Gaules*, Paris 1713, 3 Bde., die Friedrich besaß; cf. S. 41, Anm. 1. Während der Entstehungszeit des *Antimachiavel* erschien die Geschichte der Reformation in Frankreich aus der Feder des protestantischen Historikers Stephen Abel Laval, der dem Jesuiten Daniel Geschichtsfälschung nachweist: *A compendious history of the Reformation in France, and of the reformed churches in that Kingdom: from the first beginnings of the reformation, to the repealing of the Edikt of Nantz; with an account of the late Persecution of the French Protestants under Lewis XIV. [...]; a work never before published; wherein the many falsifications of the Jesuit Daniel, author of the history of France, in Matters relating to Religion, are set forth in their full Light, and proved by his own Quotations*, 4 vols., London 1737–1743.
3. Jacques Callot (um 1592–1635), lothringischer Stecher und Radierer, stellte in seinen Radierungen Szenen aus dem Alltag des Volkes dar und in seinem Zyklus »Misères de la guerre« (1632–33), die sich durch ihren neuartigen Realismus auszeichnen, die Schrecken des Krieges. – Pietro Testa (1612–1650), italienischer Maler und Radierer, war für seine barocken Darstellungen antiker und christlicher Motive berühmt.

Seite 153

1. Cf. S. 53, Anm. 2.
2. Epikur (341–271 v. Chr.) vertrat in seiner »Philosophie des Gartens«, die so genannt wurde, weil er seine Schule in einem Garten (griech. »Kepos«) unterhielt, eine empirisch materialistische Weltsicht. Im Mittelpunkt seines Denkens steht die Glückserfüllung im Diesseits, ein Leben der Freude, ohne Furcht vor den Göttern, die sich weder um die Welt noch um die Menschen kümmern, weshalb man sie weder zu verehren noch zu fürchten braucht. Die epikureische Naturphilosophie würdigt die Vielheit der Phänomene (auch der Götter) und steht im Gegensatz zur Einheitsphilosophie Platons. In der Philosophie der französischen Aufklärung spielte der Epikureismus (als Gegenpol zum Stoizismus) eine wichtige Rolle für die Begründung des individuellen Glücks, für die Positivierung der Empfindung als Voraussetzung für die

Erkenntnis der Wahrheit, das Recht der Sinne und der sinnlichen Leidenschaften. Gegen Descartes bzw. den Cartesianismus, der die Leidenschaften als Störungen der Seele auffasste, forderten die französischen Aufklärer, die sich auf Epikur beriefen, die Emanzipation der Sinnlichkeit, was ihnen den Vorwurf der Gottlosigkeit, des Hedonismus, der Libertinage einbrachte; cf. Ernst Cassirer, *Die Philosophie der Aufklärung*, 474ff.; Wolfgang Schmid, Art. *Epikur*, in: *Reallexikon für Antike und Christentum*, 5 (1962), 682–819. Pierre Bayles Art. *Épicure*, der für den Epikureismus der französischen Aufklärung und mithin für Friedrich, eine wichtige Referenz darstellte, wurde in den *Auszug aus dem historisch-kritischen Wörterbuch von Bayle* aufgenommen.

Seite 155

1. Diese ironische Anspielung auf den Grundsatz des Cartesianismus von der ewigen Gültigkeit geometrischer Wahrheiten findet sich fast wortwörtlich im 59. Brief der *Persischen Briefe* von Montesquieu.
2. Catilina (um 108–62 v. Chr.), Anführer der Verschwörung gegen die römische Republik im Jahr 63, die Cicero als Konsul zum Scheitern brachte; cf. Ciceros Reden gegen Catilina: *In Catilinam*, sowie Sallusts Darstellung der Verschwörung: *De conspiratione Catilinae*. – Mir-Weis (1675–1717) ermordete 1709 den Fürsten von Candahar und bemächtigte sich des Thrones, den er bis zu seinem Tode innehatte; cf. Jean-Antoine du Cerceau, *Histoire de la dernière révolution de Perse*, Paris 1728, Bd.1, 260f. – Cartouche cf. S. 99, Anm. 2.

Seite 157 **16. Kapitel**

1. Das 16. Kap. hat in der französischen Übersetzung des *Principe* die Überschrift: »De la libéralité et de l'économie« (»Von der Freigebigkeit und der Sparsamkeit«).
2. Phidias (490–432 v. Chr.) und Alkamenes (»Aphrodite in den Gärten«) waren griechische Bildhauer im 5. Jh. v. Chr. Minerva ist die römische Göttin, die mit Athene, der Göttin der Künste, des Handwerks und des Krieges gleichgesetzt wurde. Die »Athene Parthenos« (von der zahlreiche römische Kopien existieren) ist eines der weltberühmten Meisterwerke des Phidias.
3. Die Luxusdebatte spielte in der französischen Aufklärung eine wichtige Rolle. Voltaire verteidigt in seinem Gedicht *Le Mondain* (1736), das von der französischen Zensur verboten wurde, den Luxus als Voraussetzung für individuelles Glück im Diesseits und bezieht Position gegen seine Verdammung als Todsünde. Dass große Königreiche den Luxus benötigen, um den Untertanen Wohlstand zu ermöglichen, ist eine von den Vertretern des Merkantilismus formulierte These, die Friedrich mit Montesquieu und Voltaire teilt. Voltaires Apologie des irdischen Glücks, die im November 1736 in Rheinsberg eintraf, wurde von Friedrich als Gegenmittel zum Studium der Wolffschen Metaphysik gelesen. Am 3. Dez. 1736 (D 1218) schrieb Friedrich an Voltaire: »Der *Mondain* [...] ist, wenn ich mich so ausdrücken darf, eine rechte moralische Unterweisung. Die Freude am reinen Genuss ist das Greifbarste, das wir auf der Welt haben; darunter verstehe ich den Genuss, von dem Montaigne spricht und der nichts mit ausschweifender Zügellosigkeit zu tun hat« (übers. v. Hans Pleschinski, *Voltaire – Friedrich der Große*,

Briefwechsel, 27). Auch Montesquieu vertritt die These (106. Brief der *Persischen Briefe*), dass Künste und Luxus, die den Menschen Arbeit und Brot bringen, zur Zivilisierung der Gesellschaft beitragen und die Macht des Fürsten vergrößern (cf. S. 209, Anm. 2). Zur französischen Luxusdebatte im 18. Jh. Ulrich-Christian Pallach, *Luxe,* in: *Handbuch politisch-sozialer Grundbegriffe in Frankreich 1680–1820,* hg. v. R. Reichardt, H.-J. Lüsebrink, München 2000, 89–114.

Seite 159

1. Vespasian (9–79), römischer Kaiser (seit 69), reformierte die Staatsfinanzen und erhöhte die Steuerquote von 10 auf 14%, was angesichts der ökonomischen und gesellschaftlichen Bedingungen des Römischen Reiches extrem hoch war. Sueton widmete Vespasian eine Biographie; cf. *Die Kaiserviten des C. Suetonius Tranquillus,* 8. Buch; cf. S. 119, Anm. 1. – Trajan (53–117), römischer Kaiser (seit 98), der dem Römischen Reich den inneren und äußeren Frieden sicherte und für relativen Wohlstand sorgte, wurde von den Zeitgenossen als »erster Diener seines Staates« gepriesen; die Aufklärer schlossen sich dieser Bewertung an. Trajan galt im 18. Jh., wie Marc Aurel, als vorbildliche Herrscherpersönlichkeit, der Literatur und Künste förderte, große Bauvorhaben realisierte (das Trajansforum, die Trajansthermen, Straßen, Kanäle, Brücken), neue Städte und Kolonien gründete. Mit Trajan begann die Epoche der sog. Adoptivkaiser, die als eine Zeit der Stabilität und kulturellen Blüte in die römische Geschichte einging.

Seite 161

1. Franz I. (1494–1547), König von Frankreich (seit 1515) war der erste französische Renaissancekönig, der u. a. Leonardo da Vinci und Benvenuto Cellini an seinen Hof holte, per Ordonanz die französische Sprache als obligatorische Gerichtssprache anstelle des Lateinischen einsetzte, ein von der Sorbonne unabhängiges Forschungsinstitut, das heutige Collège de France, gründete (1530), dem Humanismus zum Durchbruch verhalf und die französische Suprematie auch auf kultureller Ebene beweisen wollte. Die Nachwelt prangerte seinen prunkvollen Lebensstil und verschwenderischen Umgang mit den Staatsfinanzen an. Sein »Unglück« war die Gefangenschaft in Spanien (1525/26): Während des französisch-habsburgischen Krieges (1521–1526) wurde er nach der Niederlage von Pavia (1525) von Karl V., mit dem er um die Macht in Italien konkurrierte und dessen Kaisertum er als Mitbewerber um die Kaiserkrone zu verhindern versucht hatte (1519), gefangen gesetzt.

Seite 163

1. Thomas Pelham (1693–1768), Herzog von Newcastle, einflussreicher britischer Staatsmann, Minister in der Regierung von Robert Walpole, später Premierminister, Wortführer der Whigs, war für seinen unermesslichen Reichtum bekannt. – Samuel Bernard (1651–1739), Pariser Bankier, ehemaliger Protestant, unterstützte Ludwig XIV. im Spanischen Erbfolgekrieg (1701–1713/14) finanziell, während Andries Pels (1655–1731), Bankier in Amsterdam, im selben Krieg die englische Seite unterstützte.

2. Croesus, letzter König von Lydien (seit 560–546 v. Chr.), kam durch Tribute und Bodenschätze

zu legendärem Reichtum. – Crassus (um 115–53 v. Chr.), römischer Bankier und Staatsmann, Mitglied des ersten Triumvirats, dem Caesar und Pompeius angehörten (60/59), war in Besitz eines ungeheuren Reichtums, der es ihm erlaubte, die politische Klasse Roms finanziell von sich abhängig zu machen. – Aristides (um 530–468 v. Chr.), athenischer Staatsmann und Feldherr, war maßgeblich an der Gründung des 1. Attischen Seebundes gegen die Perser beteiligt; in Anerkennung seiner Redlichkeit und Besonnenheit bei der Festsetzung der Steuerbeträge in den einzelnen Mitgliedsstaaten wurde er der Gerechte genannt. – Philopoimen (um 253–183 v. Chr.), griechischer Feldherr, Stratege des Achaiischen Bundes (253–183), wurde von Plutarch als »weiser« Grieche gerühmt. Friedrich besaß zahlreiche Ausgaben der Parallelbiographien Plutarchs, in denen das Leben der beiden Griechen dargestellt wird; u. a. *Les vies des hommes illustres de Plutarque*, trad. en françois avec des remarques historiques et critiques par M. Dacier, Amsterdam 1735. – Henri de la Tour d'Auvergne (1611–1675), Marschall von Turenne, war einer der bedeutendsten Feldherren Ludwigs XIV. (cf. S. 71, Anm. 4), desgleichen Nicolas de Catinat (1637–1712), französischer Feldherr, seit 1693 Marschall von Frankreich, dessen Redlichkeit und Großzügigkeit legendär waren. Friedrich besaß Turennes kriegswissenschaftliche Memoranden *Mémoires sur la guerre, tirés des originaux de M. Turenne avec plusieurs mémoires concernant les hôpitaux militaires, présentés au conseil en l'année 1736 par M. ****, à La Haye 1738.

Seite 165   **17. Kapitel**

1. Das 17. Kap. hat in der französischen Übersetzung des *Principe* die Überschrift: »De la cruauté et de la clémence: et s'il vaut mieux être aimé que craint« (»Von der Grausamkeit und der Milde, und ob es besser ist, geliebt als gefürchtet zu werden«).

Seite 167

1. Dido, zentrale Frauenfigur in Vergils *Aeneis*, legendäre Gründerin und erste Königin von Karthago, nahm Aeneas, der sich mit seinen trojanischen Gefährten nach der Zerstörung Trojas auf der Flucht befand und Schiffbruch erlitt, in Karthago auf und verliebte sich in ihn. Als er weitersegeln musste, beging sie Selbstmord. Machiavelli zitiert folgende Verse, die Vergil Dido sagen lässt: »Hartes Geschick und Neuheit des Reichs zwingt, das zu verfügen / Und die Grenzen ringsum mit Wachen trefflich zu sichern« (*Aeneis*, I, 563–64, übers. v. Wilhelm Plankl und Karl Vretska). Dido rechtfertigt hier ihre zunächst kriegerische Haltung gegenüber den schiffbrüchigen Trojanern.

2. Iokaste ist die Mutter, später die inzestuöse Gattin des Ödipus. Voltaires Tragödie *Ödipus* (1715) wurde 1718 in Paris mit großem Erfolg uraufgeführt, sie bescherte dem vierundzwanzigjährigen Autor einen Theaterskandal und machte ihn schlagartig berühmt. Friedrich besaß Voltaires *Œdipe* in der Ausgabe aus dem Jahre 1719.

3. Scipio der Ältere (236–183 v. Chr.), der später Hannibal bei Zama (202 v. Chr.) besiegte, war von 211–206 v. Chr. als römischer Feldherr in Spanien und konnte nicht verhindern, dass seine Armee 206 rebellierte, was Machiavelli mit Scipios Milde erklärt (cf. *Principe*, 17. Kap.). – Cato der Ältere (234–149 v. Chr.), römischer Staatsmann, Schriftsteller, Konsul und Zensor, Vertre-

ter des sittenstrengen Römertums und der republikanischen Tugenden; er kämpfte gegen den Hellenismus und war mitverantwortlich für die Zerstörung Karthagos (sein meistzitierter Satz lautet: »Im Übrigen bin ich der Meinung, dass Karthago zerstört werden muss!«). Im 2. Punischen Krieg (218–201 v. Chr.) war Cato Gegenspieler Scipios, den er im Senat wegen Verschwendungssucht und Verschleuderung öffentlicher Gelder anprangerte. – Hannibal (247–182 v. Chr.), Feldherr der Karthager im 2. Punischen Krieg gegen Rom, wird von Machiavelli (*Principe*, 17. Kap.) als Beispiel eines großen Heerführers angeführt, der dank seiner »unmenschlichen Grausamkeit« Disziplin und Einsatzbereitschaft in seiner gewaltigen, aus zahllosen Völkerschaften zusammengewürfelten Armee aufrechterhalten habe.

Seite 171   **18. Kapitel**

1. Das 18. Kap. hat in der französischen Übersetzung des *Principe* die Überschrift: »Comment les princes doivent tenir leur parole?« (»Wie Fürsten ihr Wort halten müssen«).

Seite 173

1. In Voltaires *Ödipus* (III, 1) heißt es: »Un seul mot, un soupir, un coup d'œil nous trahit« (»Ein einziges Wort, ein Seufzer, schon ein Blick verrät uns allemal«).

2. Sixtus V. (1521–90), seit 1585 Papst, gilt als bedeutendster Pontifex der Frühen Neuzeit; er trieb die »katholische Reform« als Reaktion auf die Reformation voran. – Philipp II. (1527–1598), König von Spanien (seit 1556) und Portugal (seit 1580), Sohn Kaiser Karls V., kämpfte aufseiten der Gegenreformation (u. a. mit den Mitteln der Inquisition) und unterlag im Freiheitskampf der Niederlande (Gründung der Republik der Vereinigten Niederlande 1581). Philipp II. erhielt Unterstützung von Sixtus V. auch im Krieg gegen England (Untergang der spanischen Armada 1588). – Cromwell, cf. S. 81, Anm. 4.

3. Zentauren (Kentauren) sind mythologische Wesen, zur Hälfte Pferd und zur Hälfte Mensch. Achilles und andere Fürsten wurden als Kinder dem Zentauren Chiron, der im Unterschied zu den anderen Zentauren weise und gelehrt war, zur Erziehung anvertraut. Machiavelli deutet dies folgendermaßen: »Einen der halb Tier, halb Mensch ist, zum Lehrmeister zu haben, soll nichts anderes besagen, als dass ein Fürst beide Naturen annehmen können muß und dass die eine ohne die andere nicht von Dauer ist«; cf. *Il Principe. Der Fürst*, übers. u. hg. v. Philipp Rippel, 136f.

Seite 175

1. Diese Äußerung wird Johann II., dem Guten (1319–1364), seit 1350 König von Frankreich, zugeschrieben, der nach der Schlacht von Poitiers (1356) in englische Gefangenschaft geriet; weil er statt zu fliehen, getreu ritterlicher Maxime auf dem Schlachtfeld ausharrte, wurde er 1357 nach Windsor gebracht und dort zuvorkommend behandelt. Die ihm zugeschriebene Äußerung findet sich sinngemäß in François Mézeray, *Abrégé chronologique de l'histoire de France* (Paris 1643–1651, Amsterdam 1740), sowie in Gabriel Daniel, *Histoire de France depuis l'établissement de la monarchie* (Bd. 3, 714, cf. S. 151, Anm. 2); Friedrich besaß beide Geschichtswerke.

Seite 177

1. Zum Begriff Syllogismus, cf. S. 83, Anm. 2.
2. Don Luis Méndez de Haro y Sotomayor (1598–1661), spanischer Staatsmann, handelte 1659 auf spanischer Seite den Pyrenäenfrieden mit Mazarin aus. – Abraham de Fabert (1599–1662), während der Hugenottenkriege Marschall von Frankreich unter Ludwig XIII., galt als redlich und königstreu.

Seite 179

1. Gemeint ist Frankreich und seine Position im Polnischen Thronfolgekrieg (1733–1735/38): Frankreich stellte sich 1733 der von Russland und Österreich unterstützten Kandidatur des sächsischen Kurfürsten Friedrich August II. (Sohn Augusts II. von Polen) entgegen und unterstützte den ehemaligen polnischen König Stanislaus I. Leszczyński und Schwiegervater Ludwigs XV., der 1733 von einer Mehrheit gewählt wurde. Nach der Besetzung Warschaus und der Einnahme Danzigs durch russische Truppen (1734) wurde der sächsische Kurfürst als König August III. von Polen anerkannt. Als Kompensation für den Verzicht auf die polnische Krone erhielt Stanislaus, dessen Tochter 1725 Ludwig XV. geheiratet hatte, die Herzogtümer Lothringen und Bar, die nach seinem Tod zu Frankreich kamen. Der Autor des *Antimachiavel* hielt die französische Politik in Zusammenhang mit der polnischen Thronfolge für ein typisches Beispiel des Machiavellismus, für den er den Kardinal de Fleury verantwortlich machte.
2. Kardinal Melchior von Polignac (1661–1741), Theologe, Vertreter des Cartesianismus, Diplomat im Dienste Ludwigs XIV., verfasste in lateinischer Sprache einen *Anti-Lucrèce*, der posthum erschien (1747), in den 1730er Jahren jedoch in Auszügen bekannt war. Mit dem Fürsten, welcher Polignac bevorzuge, ist Ludwig XIV. gemeint, der den *Anti-Lukrez* im Manuskript kannte. Polignac unternimmt eine Widerlegung des philosophischen Lehrgedichts von Lukrez (um 97–55 v. Chr.), *De rerum natura* (*Von der Natur der Dinge*), das Friedrich, der ein großer Lukrez-Leser war, immer wieder als ein Vademekum für die Seele las. *De rerum natura* feiert die Philosophie Epikurs, preist die Vielfalt der Phänomene, auch der Götter, und ruft zum Kampf gegen den Aberglauben auf. Polignacs didaktische Strategie besteht darin, Lukrez Selbstwidersprüche und Irrtümer nachzuweisen. In Voltaires Schrift *Le Temple du goût* (1733) kommen Polignac und Lukrez zu Wort. Friedrich wurde von Voltaire auf den *Anti-Lukrez* aufmerksam gemacht (3. Dez. 1736, D 1218). Bemerkenswert ist, dass er 1742 aus dem Nachlass Polignacs eine Sammlung von mehr als 300 antiken Marmorskulpturen erwarb und damit die bedeutendste Antikenerwerbung eines deutschen Fürsten tätigte; cf. Gerald Heres, *Friedrich II. als Antikensammler*, in: *Friedrich II. und die Kunst*, Potsdam 1986, 64–66.

Seite 181

1. Cf. *Abhandlung über die Unschädlichkeit der Irrtümer des Geistes* in diesem Band, 19–43.

Seite 181   **19. Kapitel**

2. Das 19. Kap. hat in der französischen Übersetzung des *Principe* die Überschrift: »Qu'il faut éviter d'être méprisé et haï« (»Darüber, dass man vermeiden muss, verachtet oder gehasst zu werden«).

3. Die Polemik gegen den Systemgeist (»esprit de système«) zielt auf das Denken des 17. Jh.s, das die Aufgabe der philosophischen Erkenntnis im Aufbau eines philosophischen »Systems« sah und sich der Methode der Deduktion bediente, ausgehend von der Aufstellung bestimmter Prinzipien, um mittels abstrakter Schlussfolgerungen zur Erkenntnis zu gelangen. Die Philosophie der französischen Aufklärung widmete sich nach dem Vorbild Newtons hingegen der Analyse der Phänomene, die als das Gegebene betrachtet werden, während die Prinzipien das Gesuchte sind. Der Begriff der Systematik als philosophische Methode war indes nicht ausschließlich negativ besetzt. Der »systematische Geist« (»esprit systématique« vs. »esprit de système«) galt im 18. Jh. als ein durch Strenge und Vernunft charakterisierter modus cogitandi und als Avantgarde des Fortschritts (u. a. bei Diderot, Art. *Philosophie*, in: *Encyclopédie*, Bd. 12, 1765); cf. Michèle Mat-Hasquin, *Voltaire et l'Antiquité grecque*, Oxford, 1981, 256f., Anm. 29.
4. »Prästabilierte Harmonie« und »Monaden« sind die Schlüsselbegriffe der Metaphysik von Gottfried Wilhelm Leibniz (1646–1716), die im vorkantischen Zeitalter geläufig waren. In der Monadenlehre konzipiert Leibniz die Welt als ein Gefüge individueller Krafteinheiten (Monaden), aus denen alle Substanz besteht und die, unabhängig von äußeren Einwirkungen, nur dem Gesetz ihrer eigenen Natur folgen. Prästabilierte Harmonie nennt Leibniz die Beziehung zwischen physischem und geistigem Prinzip, die keine kausale Verbindung voraussetzt. Friedrich studierte zu Beginn seines Briefwechsels mit Voltaire die Metaphysik Christian Wolffs (cf. Brief an Voltaire vom 8. Aug. 1736, D 1126 und Friedrichs Briefwechsel mit Voltaire bis zum 19. Feb. 1738, D 1459, sowie S. 53, Anm. 3). Um 1739/40 vermochte es der Leibniz-Schüler Christian Wolff indes nicht mehr, den Autor des *Antimachiavel* für die spekulative Philosophie zu interessieren. Pierre Bayle setzt sich in seinem Art. *Rorarius* (*DHC*, insbes. ab der 2. Aufl.) in Form eines Dialogs kritisch mit der prästabilierten Harmonie auseinander, wobei er seine Bewunderung für den Universalgelehrten trotz der Dunkelheiten in dessen Lehre zum Ausdruck bringt. Friedrich machte sich Bayles Leibniz-Bild zu eigen (Brief vom 6. Juli 1737, D 1350). Bayles Art. *Rorarius* wurde in den *Auszug aus dem historisch-kritischen Wörterbuch von Bayle* aufgenommen. Doch der spöttische Ton verweist an dieser Stelle auf Voltaire, der seine Leibniz-Kritik schärfer formulierte, nicht zuletzt weil Leibniz in den naturwissenschaftlichen Arbeiten dem von Voltaire hochgepriesenen Newton zum Teil widerspricht (*Éléments de la philosophie de Newton*, 2. Teil, bes. 5., 6., 8. Kap.). Voltaires Leibniz-Kritik bezieht sich vor allem auf die ihm fremde Metaphysik. In *Candide ou l'optimisme* (1759, *Candide oder der Optimismus*) führte er den philosophischen Optimismus der Leibnizschen Philosophie auf groteske Weise ad absurdum. Zur Leibniz-Rezeption in Frankreich cf. William Henry Barber, *Leibniz in France from Arnauld to Voltaire*, Oxford 1955.
5. Herkules (römische Bezeichnung für den griechischen Gott Herakles), Sohn des Zeus und der Alkmene, erledigte die »Herkules-Arbeiten«, indem er zwölf Ungeheuer besiegte (Ovid, *Metamorphosen*, 9, 182–198); er steht für diejenigen, die sowohl heldenhafte wie auch frevlerische Taten vollbringen; seine Attribute sind Keule, Löwenfell, Bogen und Köcher, auch das Füllhorn oder der von ihm geraubte delphische Dreifuß.

Seite 183

1. Sueton, *Caesar*, in: *Die Kaiserviten des C. Suetonius Tranquillus*, 1. Buch, 52,3 (cf. S. 119, Anm. 1).
2. Die Vergewaltigung Lucretias durch Sextus Tarquinius, Sohn des Königs Tarquinius Superbus, gehört zum Gründungsmythos der Römischen Republik. Nach der Darstellung des Dionysios von Halikarnassos (griech. Historiker, der um 30 v. Chr. nach Rom kam und eine römische Geschichte verfasste) berichtete Lucretia dem römischen Volk auf dem Forum von der Untat des Königssohns und beging anschließend öffentlich Selbstmord. Daraufhin beschwor Lucius Brutus die Römer, einen Eid abzulegen, der Tyrannei der Königsfamilie ein Ende zu setzen und nie wieder Könige zu dulden. Nach der Vertreibung des Königs aus der Stadt wurde 509 v. Chr. die Republik gegründet. Friedrich besaß mindestens vier französische Ausgaben des Geschichtswerks des Dionysios von Halikarnassos; u. a. *Les antiquités romaines*, Paris 1722.
3. Isaac Newtons Kommentar zur *Apokalypse* erschien posthum, *Observations upon the Prophecies of Daniel and the Apocalypse of St. John*, London 1733, und stellt den Versuch dar, die Gültigkeit biblischer Prophezeiungen auf herkömmliche Art zu beweisen, was bei den Aufklärern unter den Newton-Verehrern zu erheblichen Irritationen führte.

Seite 185

1. Aus der Regierungszeit Friedrichs des Großen ist folgendes Bonmot überliefert: »Wer regiert den preußischen Staat? Das Schoßhündchen der Madame Quantz, denn der König lässt sich von Quantz, dieser von seiner Frau und diese von ihrem Schoßhündchen regieren«; cf. Peter Schleuning, *Das 18. Jahrhundert: Der Bürger erhebt sich*, Reinbek b. Hamburg 1984, 62. Johann Joachim Quantz (1697–1773), Komponist und Flötist, war seit 1728 Flötenlehrer des preußischen Kronprinzen und wurde 1741 zum Hofkomponisten des Königs berufen.
2. Karl XII. intrigierte in Bender mit der Hohen Pforte, um die Türken zum Krieg gegen Russland zu gewinnen, unterdessen ging ein Stück seines Reiches nach dem anderen verloren; cf. Voltaire, *Histoire de Charles XII*, 5.–7. Buch.

Seite 187

1. In der katholischen Theologie bezeichnet Transsubstantiation (lat.: Wesensverwandlung) die »Wandlung von Brot und Wein« während des Abendmahls. In den konfessionellen Auseinandersetzungen des 16. und 17. Jh.s wurde die Frage der Transsubstantiation zum Test der Lagerzugehörigkeit. Erklärungen gegen die Transsubstantiationslehre galten als protestantische Loyalitätsbekundungen.
2. Cf. S. 71, Anm. 3.

Seite 189

1. In der Bewertung des englischen Parlaments als Vermittlungsinstanz zwischen Volk und König stimmt Friedrich mit Fénelon (*Telemach*, 5. Buch) und Voltaire (*Lettres philosophiques*, 8. Brief) überein. Insgesamt war England für den Autor des *Antimachiavel* das einzige Land in Europa, »wo es erlaubt ist, nicht dumm zu sein, wo man es wagt, zu denken und wo man es wagt, alles zu sagen«; cf. Brief an Voltaire, 16. Mai 1739, D 2017. Friedrich wollte den *Antimachivel*

ursprünglich in England anonym veröffentlichen. Cf. Oswald Hauser, *England und Friedrich der Große*, in: *Friedrich der Große in seiner Zeit*, hg. v. O. Hauser, Köln, Wien 1987, 137–150.
2. Marc Aurel, cf. S. 49, Anm. 2; als Gordiane werden folgende römische Kaiser bezeichnet: Gordianus I. (um 158–238), der nach nur einmonatiger Herrschaft Selbstmord beging, nachdem sein Sohn und Mitregent Gordianus II. (um 192–238) in Karthago gefallen war, sowie Gordianus III. (225–244), Neffe von Gordianus I., dessen Nachfolger er im Alter von erst zwölf Jahren wurde.
3. Pertinax, kurzzeitig römischer Kaiser nach der Ermordung des Commodus im Jahre 193. Nachdem er selbst Opfer der Prätorianer (kaiserliche Leibwache) geworden war, trugen diese die Herrschaft dem Meistbietenden an; so ließ sich u. a. Pertinax' Schwiegervater, Flavius Sulpizinus, auf den Handel ein, doch Didius Julianus bot mehr und erhielt den Thron, wurde aber schon nach zwei Monaten ermordet.
4. Commodus, römischer Kaiser (180–192), ältester Sohn des Marc Aurel, hielt sich für die Reinkarnation des römischen Herkules, trat als Gladiatorenkämpfer auf und wurde von engsten Vertrauten ermordet.
5. Caracalla, römischer Kaiser (211–217), Sohn von Kaiser Septimius Severus (cf. S. 191, Anm. 2), steht für das soldatenfreundliche Terrorregiment, ermordete seinen jüngeren Bruder und Mitregenten Geta und wurde 217 von Macrinus ermordet.
6. Macrinus (217–218), Heliogabalus (218–222), römische Kaiser, gingen als negative Herrscherfiguren in die Geschichte ein; Alexander Severus (222–235) regierte hingegen nach den rechtsstaatlichen Idealen des Adoptivkaisertums.

Seite 191
1. Maximinus, römischer Kaiser (235–238), Nachfolger von Alexander Severus, wurde in Mainz zum ersten Soldatenkaiser ausgerufen.
2. Septimius Severus (193–211) ging aus dem Fünfkaiserjahr 193 als Sieger hervor, gründete nach langen Bürgerkriegen eine neue Dynastie, machte 199 Mesopotamien zur römischen Provinz und gab seinen Söhnen den Rat: »Seid einig, bereichert die Soldaten, alle übrigen könnt ihr vergessen«; cf. Klaus Bringmann, *Römische Geschichte*, München 1995, 88.
3. Plautinus (frühes 3. Jh.), Begründer und Besitzer eines römischen Bades, das durch Heliogabalus der Benutzung durch das Volk freigegeben wurde. – Tiberius cf. S. 103, Anm. 2. – Sejan, römischer Prätorianerpräfekt (14–31), Günstling des Kaisers Tiberius, wurde vom Senat wegen Konspiration zum Tode verurteilt und hingerichtet.
4. Hadrian, römischer Kaiser (117–138), Adoptivsohn Trajans (cf. S. 159, Anm. 1), verzichtete auf dessen Eroberungen im Osten und beschränkte sich auf die Sicherung des römischen Reichs u. a. durch den Bau von Grenzwällen (Limes, Hadrianswall in Britannien). Er reformierte das Heerwesen, veranlasste eine Rechtskodifikation, gründete Städte, entfaltete eine intensive Bautätigkeit, förderte als »Philosophenkaiser« Literatur und Künste und war selbst literarisch tätig.
5. Pescennius Niger (135/140–194) machte Septimius Severus die Herrschaft im Oströmischen

Reich streitig. Insgesamt zur Diskussion über die römischen Kaiser im *Antimachiavel*, cf. Montesquieu, *Betrachtungen über die Ursachen von Größe und Niedergang der Römer*, 16. Kap.

Seite 193   **20. Kapitel**

1. Das 20. Kap. hat in der französischen Übersetzung des *Principe* die Überschrift: »Si les forteresses, et plusieurs autres choses, que les princes font souvent, sont utiles, ou nuisibles« (»Ob die Festungen und mehrere andere Dinge, die die Fürsten oftmals unternehmen, nützlich oder schädlich sind«).
2. Janus, römischer Gott der Türen, der Torbögen und allen Anfangs. Der erste Monat im Jahr ist nach ihm benannt (bereits im Julianischen Kalender, der von Caesar eingeführt wurde und den frührömischen Republikanischen Kalender ablöste). Janus wurde mit zwei Gesichtern dargestellt, die in die entgegengesetzten Richtungen blicken.
3. Zu Friedrichs Rolle als Geschichtsschreiber cf. Brunhilde Wehinger, *Denkwürdigkeiten des Hauses Brandenburg. Friedrich der Große als Autor der Geschichte seiner Dynastie*, in: G. Lottes (Hg.), *Vom Kurfürstentum zum ‚Königreich der Landstriche.' Brandenburg-Preußen im Zeitalter von Absolutismus und Aufklärung*, Berlin, 2004, 137–174.

Seite 195

1. Korsika gehörte von 806 bis 1768 zu Genua, doch die Korsen empörten sich unablässig gegen die Fremdherrschaft. Im 18. Jh. bewunderte die aufgeklärte Welt die Freiheitsliebe der Korsen, die in ihrem Freiheitskampf 1732/33 erste Erfolge erzielten, denn es war ihnen gelungen, einen Großteil ihrer Insel zu befreien. Mit militärischer Unterstützung Frankreichs konnten sich die Genueser jedoch bis 1768 halten; danach kam Korsika zu Frankreich.

Seite 197

1. Wilhelm III., Prinz von Oranien (1650–1702), Erbstatthalter der Niederlande, seit 1689 König von England, nachdem Jakob II. (1633–1701, seit 1685 König) aus England vertrieben wurde.
2. In Polen, das im 18. Jh. eine Wahlmonarchie war, hatte der Thronfolgekrieg europäische Ausmaße angenommen. Die Politik des polnischen Adels anlässlich der Königswahl machte, so Friedrich, die polnische Krone zur begehrten Beute seiner Nachbarn. Sein sarkastischer Tonfall in der folgenden Passage bringt die Verachtung der politischen Realität der polnischen Wahlmonarchie zum Ausdruck. Auch Voltaire verschweigt seine Kritik an der Rolle des polnischen Adels bei der Königswahl nicht; cf. *Histoire de Charles XII*, 2. Kap.

Seite 199

1. Die Danaiden, die 50 Töchter des Danos, König von Argos, müssen als Strafe für ihre Verbrechen an ihren Ehemännern in der Unterwelt Wasser in ein durchlöchertes Fass schöpfen; cf. Ovid, *Metamorphosen*, 4, 462.
2. Menenius Agrippa, römischer Konsul im Jahre 503 v. Chr., wurde, wie es bei Titus Livius (*Römische Geschichte*, 2. Buch, 32. Kap.) heißt, für ein Gleichnis berühmt, mit dem er die Plebejer, die sich auf den heiligen Berg zurückgezogen hatten, um ihren politischen Forderungen Ausdruck zu verleihen (»Streik der Plebejer«, 494 v. Chr.), überzeugt habe, in die Stadt

zurückzukehren. Agrippa stellte in seinem Gleichnis die Folgen einer Verschwörung der Glieder des menschlichen Körpers gegen den Magen dar, dem diese vorhielten, sich füttern zu lassen, ohne selbst das Geringste dazu beizutragen; leide der Magen aber Hunger, verlören auch die Glieder ihre Kraft und mit ihnen verhungere der ganze Körper. Friedrich besaß zahlreiche französische Übersetzungen der *Römischen Geschichte* des Livius (59 v. Chr.–17 n. Chr.); u. a. *Les décades de Tite-Live* trad. par P. Du-Ryer, I–VIII, nouv. édition, Rouen 1721/22; *Histoire romaine de Tite-Live*, trad. par M. Guérin, I–X, Paris 1739/40.

Seite 201

1. In Brabant fand Ende des 17. Jh.s der Neunjährige Krieg (bzw. Pfälzische Erbfolgekrieg) statt (1689–1697) und Anfang des 18. Jh.s der Spanische Erbfolgekrieg (1701–1713/14); beide waren Hegemonialkriege Ludwigs XIV.

Seite 203

1. Alexander der Große belagerte Tyros und Gaza; cf. Quintus Curtius Rufus, *Geschichte Alexanders des Großen*, 4. Buch, 2.–4. Kap., 6. Kap.
2. Karl XII. belagerte Thorn, Lemberg, Poltawa; cf. Voltaire, *Histoire de Charles XII*, 2.–4. Buch.
3. François-Henri de Montmorency-Bouteville (1628–1695), Herzog von Luxemburg, seit 1675 Marschall von Frankreich, und Charles-Louis (1653–1734), Herzog von Villars, seit 1702 Marschall von Frankreich, der 1712 im Spanischen Erbfolgekrieg (1701–1713/14) den entscheidenden Sieg für Frankreich errang, zählen zu den erfolgreichsten Feldherren Ludwigs XIV.

Seite 203   21. Kapitel

4. Das 21. Kap. hat in der französischen Übersetzung des *Principe* die Überschrift »Comment le prince doit se gouverner pour se mettre en estime« (»Wie ein Fürst sich verhalten muss, um sich Achtung zu verschaffen«).

Seite 205

1. *Der Menschenfeind* (*Le Misanthrope*, 1667), klassische Verskomödie, und *Scapins Schelmenstreiche* (*Les fourberies de Scapin*, 1671), Prosakomödie in der Tradition des populären Jahrmarktstheaters, ohne regelmäßige Form, sind Komödien von Molière (1622–1673), dessen Werke Friedrich in zahlreichen Ausgaben besaß. *Le Misanthrope* ist eine formal und philosophisch anspruchsvolle Komödie, die die Regeln des klassischen Theaters (eine von umgangssprachlichen Wendungen freie und wohlklingende Sprache) berücksichtigt und das Verhältnis von Individuum und (höfischer) Gesellschaft beleuchtet. Scapin steht als Schelmenfigur hingegen in der volkstümlichen Tradition des Karnevals.
2. Ferdinand von Aragon (1479–1516), König von Aragon und König von Spanien (seit 1479 als Ferdinand der Katholische), legte durch seine Heirat mit Isabella von Kastilien (1469) die Grundlage für die Vereinigung der Königreiche Kastilien und Aragon und schuf die Einheit der spanischen Monarchie (1479). – Bernabò Visconti herrschte von 1354–1385 in Mailand und war wegen seiner Brutalität berüchtigt; er wurde von seinem Neffen vergiftet.
3. Quintus Curtius Rufus, *Geschichte Alexanders des Großen*, 7. Buch, 8. Kap.

4. Zum Untergang des weströmischen Reichs cf. Montesquieu, *Betrachtungen über die Ursachen von Größe und Niedergang der Römer*, 19. Kap.

Seite 207

1. Cicero, *Pro Ligario*, 12. Kap. Die Schriften Ciceros (in französischer Übersetzung) stellen den Kernbestand der römischen Literatur in Friedrichs Bibliotheken dar (ca. 50 Titel); besonders zahlreich waren die Übersetzungen der Cicero-Reden vorhanden, z. B. *Les oraisons de Cicéron*, trad. en françois sur la nouvelle édition d'Hollande de 1724 avec des remarques par Villefore, I–VIII, Paris 1732; *Oraisons choisies,* traduction nouvelle avec le latin à côté de Graevius et des notes, I–II, Paris 1725.

2. Gemeint ist der Große Kurfürst Friedrich Wilhelm I. von Brandenburg (1620–1688, seit 1640 Kurfürst). Hier unterlief Friedrich ein Irrtum (cf. J. D. E. Preuss, *Œuvres de Frédéric le Grand*, t. VIII, 134, Anm. b): Als Schweden Anfang 1675 Brandenburg überfiel, schickte Friedrich Wilhelm eine Gesandtschaft nach Moskau mit dem Auftrag, den russischen Zaren zu einem Angriff auf Schweden zu bewegen. Der Zar wollte jedoch den Frieden mit Schweden nicht gefährden, so dass Brandenburg ohne russische Unterstützung gegen die Schweden kämpfte und diese durch den Sieg bei Fehrbellin (Juni 1675) zum Rückzug zwang.

Seite 208

1. Die Handschrift, die der von Voltaire publizierten *Anti-Machiavel*-Ausgabe zugrunde lag (cf. Voltaire, *Anti-Machiavel*, 372), liefert eine interessante Variante dieser Textstelle: »[…] *qui le rendent plus puissant*«; Übersetzung: »[…] alle Künste und Wissenschaften zur Blüte bringt, die **ihn** dann mächtiger und zivilisierter werden lassen«.

Seite 209

1. Friedrich spielt hier auf die Politik des Kaisers an, der im Polnischen Thronfolgekrieg die Russen dazu bewegte, auf seiner Seite in den Krieg einzutreten.

2. Die von Friedrich vertretene These, Künste (darunter verstand man im 18. Jh. auch Handwerk und Technik) und Wissenschaften leisteten ihren Beitrag zur Machterweiterung des Staates, führt Voltaire im *Siècle de Louis XIV* am Beispiel Ludwigs XIV. aus. Auch Montesquieu vertritt in den *Persischen Briefen* die These, »dass die Untertanen in hohem Wohlstand leben müssen, damit der Fürst mächtig ist. Er muss dafür sorgen, ihnen mit der gleichen Aufmerksamkeit alle Arten von Überfluss zu verschaffen wie die lebensnotwendigen Dinge« (106. Brief).

Seite 211

1. Cf. Montesquieu, *Betrachtungen über die Ursachen von Größe und Niedergang der Römer* (19. Kap.). Zur Bedeutung von Gewerbe und Handel als Gradmesser für den Wohlstand eines Volkes cf. Montesquieu, *Persische Briefe*, 106. Brief.

Seite 213

1. Noël Coypel (1628–1707) und Charles Le Brun (1619–1690) waren Hofmaler Ludwigs XIV. Le Brun stellte z. B. in sechs großformatigen Gemälden die Alexanderlegende dar und betonte dabei die Parallele zwischen Alexander dem Großen und Ludwig XIV. – Der Name »Ramondon« wurde von früheren *Antimachiavel*-Herausgebern geändert: Voltaire hat den Namen

gestrichen und durch »Girardon« ersetzt (cf. Voltaire, *Anti-Machiavel*, 229). Gustav Berthold Volz ersetzte »Ramondon« durch »Regnaudin« (cf. *Die Werke Friedrichs des Großen*, Bd. 7, 90). Anfang des 17. Jh.s gab es einen französischen Künstler namens Lewis Ramondon; er war als Opernsänger und Komponist in London tätig und auf dem Kontinent wohl kaum bekannt; von seiner Biographie ist wenig überliefert; wahrscheinlich starb er um 1720 in London. Wir gehen aber davon aus, dass es sich bei Friedrichs Schreibweise »Ramondon« um einen Flüchtigkeitsfehler handeln könnte und er »a« und »o« vertauschte. Möglicherweise dachte Friedrich an den französischen Maler Abraham Romandon (gest. 1687), der nach der Aufhebung des Edikts von Nantes (1685) Frankreich verlassen musste und mit seiner Familie als Réfugié nach Berlin kam, wo ihn der Große Kurfürst Friedrich Wilhelm I. 1687 zum Hofmaler ernannte. Gemeinsam mit seinem Sohn Gédéon Romandon (1667–1697), der im Alter von 20 Jahren Nachfolger seines Vaters als Hofmaler wurde, brachte Abraham Romandon in Berlin den französischen Stil (bes. in den Herrscherporträts) zur Geltung.

2. Der legendäre Übergang Condés über den Niederrhein (1672) zu Beginn des Feldzugs gegen die Niederlande wird von Boileau in seinem Gedicht *Le passage du Rhin* (4. Epistel) episch breit als kriegerische Großtat verherrlicht, Ludwig XIV. mit Jupiter verglichen und wegen dieses Rheinübergangs mit allen Schmeicheleien der Mythologie und Poesie gelobt. Selbst Voltaire preist im *Siècle de Louis XIV* (10. Kap.) den Rheinübergang als eine historische Großtat, die den Ruhm Ludwigs XIV. für immer dem Gedächtnis der Menschen eingeschrieben habe. Friedrich hingegen betrachtete das Ganze aus ironisch-kritischer Distanz.

3. Die Belagerung von Mons (damals in den spanischen Niederlanden, heute in Belgien) fand während des Neunjährigen Krieges (oder des Pfälzischen Erbfolgekrieges, 1689–1697; cf. S. 201, Anm. 1) statt; die Einnahme von Mons durch Ludwig XIV. erfolgte am 9. Apr. 1691.

4. Die Schlacht von Turin fand während des Spanischen Erbfolgekrieges (1701–1713/14) statt. Gustav Berthold Volz (cf. *Die Werke Friedrichs des Großen*, Bd. 7, 90) merkt an: »Durch die Weigerung des Marschalls von Frankreich, Graf Ferdinand Marsin, dem Feinde, der zum Entsatz von Turin herbeieilte, entgegenzugehen, wie der Herzog Philipp von Orléans es wollte, ging die Schlacht bei Turin (7. Sept. 1706) für die Franzosen verloren.« Auf der Seite der kaiserlichen Truppen unter Prinz Eugen waren auch preußische Einheiten unter Fürst Leopold von Anhalt-Dessau beteiligt (cf. Voltaire, *Le Siècle de Louis XIV*, 20. Kap. sowie 10. Brief der *Lettres philosophiques*).

5. Cicero, *Pro Archia poeta* (7, 16, *Rede für den Dichter Archias*). Friedrich zitiert hier Voltaires Cicero-Übersetzung aus dem Widmungsgedicht an Émilie du Châtelet, das Voltaire seiner Tragödie *Alzire* (1736) voranstellte.

6. Hier handelt es sich vermutlich um eine aus dem Gedächtnis zitierte, von Friedrich versehentlich Marc Aurel (*Selbstbetrachtungen*) zugeschriebene Textstelle.

Seite 215   **22. Kapitel**

1. Das 22. Kap. hat in der französischen Übersetzung des *Principe* die Überschrift: »Des secrétaires des princes« (»Über die Minister der Fürsten«).

2. Die folgenden negativen Anspielungen beziehen sich auf Ludwig XV.; sie fielen der redaktionellen Bearbeitung Voltaires zum Opfer; in den beiden 1740 zur Veröffentlichung gelangten Fassungen des *Anti-Machiavel* fehlen sie.

Seite 217

1. Cato der Ältere (cf. S. 167, Anm. 3). – Anakreon, griechischer Lyriker (6. Jh. v. Chr.), preist in seinen erotischen Versen Wein, Liebe und Gesang.
2. Penelope, die Gattin des Odysseus (ihr erstgeborener Sohn war Telemach), steht in Homers *Odyssee* für eheliche Treue, weil sie den Angeboten zahlloser unerwünschter Freier widerstand, die während der jahrelangen Abwesenheit des Odysseus in ihren Palast eingedrungen waren.
3. Papst Sixtus V. (cf. S. 173, Anm. 2). Friedrich bezieht sich hier auf eine Episode, die in Gregorio Letis, *Vita di Sisto V* (französische Übersetzung, Lausanne 1666) erzählt wird: Der Kardinal Felice Peretti habe vor seiner Wahl zum Papst (1585–90) vorgetäuscht, krank zu sein; als seine Wahl schließlich gewiss war, sei er plötzlich wieder gesund geworden. – Voltaire thematisiert die Episode in seinem Versepos *La Henriade* (4, 14), das Friedrich bereits in jungen Jahren las und in zahlreichen Ausgabe besaß, sogar in der Erstausgabe von 1723. Im Jahre 1739 verfasste er ein Vorwort für die *Henriade* (1. Aufl. 1723 unter dem Titel *La Ligue ou Henri le Grand*; ab der 2. Aufl., London 1728: *La Henriade*); es sollte in einer mit Stichen von Knobelsdorff illustrierten *Henriade*-Ausgabe in London erscheinen, die letztlich nicht zustande kam (cf. Brief an Algarotti vom 29. Okt. 1739, *Œuvres de Frédéric le Grand*, t. XVIII, 7). Das Vorwort, *Avant-propos sur La Henriade de M. de Voltaire* (cf. *Potsdamer Ausgabe*, Bd. 9) schickte Friedrich am 9. Sept. 1739 an Voltaire (D 2072).

Seite 221   **23. Kapitel**

1. Das 23. Kap. hat in der französischen Übersetzung des *Principe* die Überschrift: »Comment il faut fuir les flatteurs« (»Wie Schmeichler zu meiden sind«).

Seite 223

1. Ludwig XIV. ernannte Boileau und Racine zu königlichen Historiographen (1677) und ließ sich von ihnen auf seinen Feldzügen begleiten. – Philippe Quinault (1635–1688), Dramenautor und Verfasser zahlreicher Libretti für Ludwigs Hofkomponisten Jean-Baptiste Lully (cf. S. 41, Anm. 1), schrieb Opernprologe, die dem Sonnenkönig so unverhüllt schmeichelten, dass sie zum Gespött der Zeitgenossen wurden. Das Gedicht, das jedoch alles überbot, was der Eitelkeit des Sonnenkönigs huldigte, ist die Versepistel *Au roi* (1671) von Boileau; cf. S. 121, Anm. 2. Hierzu auch Peter Burke, *Ludwig XIV. Die Inszenierung des Sonnenkönigs*. Aus d. Englischen von Matthias Fienbork, Berlin 1993.

Seite 225   **24. Kapitel**

1. Das 24. Kap. hat in der französischen Übersetzung des *Principe* die Überschrift: »Pourquoi les princes d'Italie ont perdu leurs États« (»Warum die Fürsten Italiens ihre Staaten verloren haben«).
2. Kadmos, Gründer und König von Kadmeia, das später Theben genannt wurde, war der Sohn

des phönikischen Königs Agenor, der ihm befahl, seine von Zeus entführte Schwester Europa zu suchen; unterwegs errichtete er auf Rat des Orakels von Delphi die spätere Burg Theben, doch musste er erst einen in der Nähe lebenden Drachen töten, der sich als Hüter einer Quelle erwies; er befolgte den Rat der Athene und säte die Zähne des Drachens aus; kaum waren diese in der Erde, wuchsen daraus bewaffnete Männer, die sofort gegeneinander kämpften, bis fast alle tot waren; cf. Ovid, *Metamorphosen*, 3, 31–98, 4, 570–572.
3. Friedrich meint hier wahrscheinlich »vom Ende des fünfzehnten bis zum Anfang des sechzehnten Jahrhunderts«. Diesen Zeitraum behandelt das zeitgenössische Standardwerk der italienischen Geschichte von Francesco Guicciardini: *La Historia d'Italia* (erschienen 1561–1564). Im Titel der französischen Übersetzung wird der Zeitraum sogar angegeben: *Histoire d'Italie de l'année 1492 à l'année 1532*, par Francesco Guicciardini [trad. de Favre], avec notice biographique par Jean-Alexandre Buchon, Paris 1836; im 18. Jh. auch verlegt unter dem Titel *Histoire des guerres d'Italie*. Traduite de l'Italien de François Guichardin, Londres 1738.

Seite 227
1. Friedrich von Aragon verlor 1501 das Königreich Neapel an die untereinander verbündeten Spanier und Franzosen, Ferdinand den Katholischen und Ludwig XII., die es sich teilten, bis sie sich zerstritten und Ferdinand im Jahre 1504 Neapel der spanischen Herrschaft unterwarf.
2. Pierre Bayles Art. *Buridan*, den Friedrich jedoch nicht in den *Auszug aus dem historisch-kritischen Wörterbuch von Bayle* aufnahm, handelt vom französischen Scholastiker Jean Buridan (1. Hälfte des 14. Jh.s), dem die Parabel vom Esel, der zwischen zwei Heubündeln verhungert, weil er sich nicht zu entscheiden vermag, zugeschrieben wird. Die Parabel thematisiert aus scholastischer Sicht, die von Bayle hinterfragt wird, die Problematik der Willensfreiheit des Menschen.

Seite 228
1. Actéon (Aktaion), mythologischer Held, Enkel des Kadmos, überraschte auf der Jagd die badende Artemis (Diana), die ihn zur Strafe in einen Hirsch verwandelte, so dass er von seinen eigenen Hunden zerfetzt wurde; cf. Ovid, *Metamorphosen*, 3, 138–252.

Seite 231   25. Kapitel
1. Das 25. Kap. hat in der französischen Übersetzung des *Principe* die Überschrift: »Combien la fortune a de pouvoir dans les affaires du monde: et comment on lui peut résister« (»Welche Macht das Glück in den Angelegenheiten der Welt hat und wie man ihm widerstehen kann«).
2. Im Briefwechsel mit Voltaire erörtert Friedrich ausführlich das Verhältnis von Glaube und Wissen, Willensfreiheit und Determinismus; cf. S. 31, Anm. 4.

Seite 233
1. In Homers *Odyssee* ist Charybdis eines der beiden Meeresungeheuer an der Straße von Messina, das dreimal täglich das Wasser verschluckt und wieder ausstößt, Skylla das andere, das sich in einer Höhle auf der gegenüberliegenden Seite aufhält und alle vorbeifahrenden Seeleute auffrisst, so dass Odysseus mit dem Dilemma konfrontiert wurde, sich zwischen zwei gleichermaßen Unglück verheißenden Alternativen entscheiden zu müssen.

2. Friedrich schließt sich hier Fontenelle (1657–1757) an, der in seinem mythenkritischen Essay *De l'origine des fables* (1724, *Über den Ursprung der Fabeln*) die Position vertritt, Mythen und Fabeln gehörten in die Geschichte der menschlichen Irrtümer und sollten ersetzt werden durch die »philosophische Dichtung« der Aufklärung, die wahr und vernünftig sein solle, um dem philosophisch-wissenschaftlichen Fortschritt gerecht zu werden. Friedrich war seit seiner Jugend ein aufmerksamer Leser Fontenelles, der bereits in seinen *Entretiens sur la pluralité des mondes* (1686) dem modernen Weltbild, das sich auf Kopernikus berief, zu einer gewissen Popularität verhalf und die französische Frühaufklärung mit auf den Weg brachte. In Friedrichs Bibliotheken befanden sich mindestens sieben Ausgaben der Werke Fontenelles; u. a. Paris 1724–33; Den Haag 1728/29.

Seite 235

1. Zu Caesars Glück und Catos Missgeschick, cf. Montesquieu, *Betrachtungen über die Ursachen von Größe und Niedergang der Römer*, 11. Kap.

Seite 237

1. Der Vorfall in der Stadt Cremona ereignete sich am 1. Feb. 1702 während des Spanischen Erbfolgekrieges (1701–1713/14). Friedrich variiert hier die Darstellung Voltaires in *Le Siècle de Louis XIV*, 18. Kap. – Charles Thomas de Vaudémont, Prinz von Lothringen-Vaudémont (1670–1704), war als General der Kavallerie in habsburgischen Diensten an der Schlacht von Cremona beteiligt.
2. Die Stadt Delphi, an den steilen Abhängen des Parnass gelegen, war der religiöse Mittelpunkt der griechischen Antike. Das Orakel von Delphi wurde von der Priesterin Pythia bewacht, die auf einem Dreifuß saß und, während sie ihre Prophezeiungen bekannt gab, von Dampf umhüllt war, der aus einer Erdspalte unter ihrem Dreifuß hervorströmte.
3. Der Sonderfriede wurde am Ende des Spanischen Erbfolgekrieges (1701–1713/14) geschlossen: Es handelt sich um das Präliminarabkommen zwischen Frankreich und England vom Oktober 1711, das durch den Frieden von Utrecht (1713) bestätigt wurde. Der Tod Kaiser Josephs I. (1678–1711) veranlasste England, sich aus der Großen Allianz zurückzuziehen.
4. Sarah Churchill (1660–1744), Herzogin von Marlborough, Gattin des Herzogs von Marlborough, Oberbefehlshaber der englischen Armee im Spanischen Erbfolgekrieg (cf. S. 147, Anm. 1), war die Vertraute der Königin Anna Stuart (1665–1714), Königin von England und Schottland (seit 1707 von Großbritannien) und Irland (1702–14), zweite Tochter des Stuartkönigs Jakob II., die 1702 ihrem Schwager Wilhelm III. von Oranien auf dem Thron folgte. Annas Palastdame war Abigail Hill, Lady Masham (1670–1734). Friedrich schmückt diese kuriose, auch von Voltaire im *Siècle de Louis XIV* (22. Kap.) erwähnte Episode phantasiereich aus.
5. Camille de la Baume d'Hostun, Graf von Tallard (1652–1728), seit Beginn des Spanischen Erbfolgekrieges Marschall von Frankreich, seit 1712 Herzog, war in der Schlacht bei Höchstädt (1704) von der englischen Armee unter Marlborough gefangen genommen und anschließend nach London gebracht worden, wo er sich 1698–1700 als Gesandter Ludwigs XIV. aufgehalten hatte und mit einflussreichen Tories, königstreuen Parteigängern der Stuarts, die den Krieg

beenden wollten, befreundet war. Nach dem Sturz der Whigs, den Gegenspielern der Tories im Parlament und Gegnern der Stuarts (die dann nach dem Tod Annas und der Thronbesteigung des Hauses Hannover (1714) fast 50 Jahre lang den Premierminister stellten) kehrte Tallard nach Frankreich zurück. Es kursierte das Gerücht, er habe bei der Entlassung Marlboroughs eine gewisse Rolle gespielt; cf. Voltaire, *Anti-Machiavel*, 246, Anm. 6.

Seite 241

1. Quintus Fabius Maximus Verrucosus (um 280–203 v. Chr.), genannt der Cunctator (der Zauderer), römischer Konsul und Zensor, erreichte im 2. Punischen Krieg den Höhepunkt seines Wirkens als Feldherr und Staatsmann. Seine Taktik im Krieg gegen Karthago bestand darin, planvoll jede Schlacht gegen die im offenen Kampf überlegenen Gegner zu vermeiden und durch hinhaltenden Widerstand, der ihm den Beinamen einbrachte, die stärksten Kräfte der Karthager zu binden und so die Voraussetzungen für Erfolge an anderen Kriegsschauplätzen zu schaffen.

2. Am 13. Aug. 1704 besiegte die Armee der Großen Allianz im Spanischen Erbfolgekrieg unter Prinz Eugen und Marlborough die französische Armee unter Tallard und die Bayern unter Kurfürst Maximilian II. Emanuel von Wittelsbach (1662–1726) bei Höchstädt und Blindheim.

Seite 243

1. Der Phönix, im ägyptischen Mythos ein heiliger Vogel, wurde in der römischen Dichtung zum Wundervogel, der sich in gewissen Zeitabständen (alle 500 oder alle 1461 Jahre) selbst verbrennen und aus der Asche neu aufsteigen sollte. Zu den Monaden der Metaphysiker, cf. S. 181, Anm. 4.; zu Platon cf. S. 109, Anm. 3.

Seite 245   **26. Kapitel**

1. Das 26. Kap. hat in der französischen Übersetzung des *Principe* die Überschrift: »Exhortation à délivrer l'Italie des barbares« (»Aufruf, Italien von den Barbaren zu befreien«). Friedrichs Schlusskapitel befasst sich jedoch nicht mehr mit Machiavellis *Principe*. Wir geben hier den Text des 26. Kapitels nicht nach der von J. D. E. Preuss (cf. *Œuvres de Frédéric le Grand*, t. VIII, 291–299) edierten Fassung der *Réfutation du Prince de Machiavel* wieder, sondern nach der letzten Version der Handschrift, die 1876 beim Buchhändler Christian Friedrich Voß in Berlin aufgefunden und vom Geheimen Preußischen Staatsarchiv erworben wurde. Preuss stand das Manuskript letzter Hand des 26. Kap. noch nicht zur Verfügung (cf. Voltaire, *Anti-Machiavel*, 68–69, 93). Die Grundlage unseres Textes bildet die 1876 aufgefundene, von W. Bahner und H. Bergmann in den *Œuvres complètes de Voltaire/Complete Works of Voltaire*, vol. 19: *Anti-Machiavel*, 395–406, wiedergegebene Handschrift, die wir hinsichtlich der Orthographie und Interpunktion behutsam modernisiert und dem sprachlichen Niveau der anderen Kapitel des *Antimachiavel*, die wir hier zu lesen geben, angepasst haben. Die in der Handschrift vorhandene Überschrift wurde beibehalten. Sie belegt, dass sich das 26. Kap. hinsichtlich seines Ursprungs von den übrigen Kapiteln unterscheidet. Die dem Text der Voltaire-Werkausgabe zugrunde liegenden Editionsprinzipien (cf. Voltaire, *Anti-Machiavel*, 100–101) wurden beibehalten.

2. Als Beispiel einer solchen Gesetzesänderung erwähnt Friedrich im 7. Kap. des *Antimachiavel* die in Sachsen vorgenommene Änderung des den Ehebruch betreffenden Strafgesetzes.

Seite 247

1. Danae, Tochter des Königs von Argos und der Eurydike, wurde von Zeus, der sich in einen Goldregen verwandelt hatte, verführt; ihr gemeinsamer Sohn ist Perseus; cf. Ovid, *Metamorphosen*, 4, 609f., 696f.
2. Antoine Calmet (1672–1757), Benediktinermönch, Autor historischer und theologischer Schriften sowie einer Abhandlung über die übersinnlichen Erscheinungen, die zwar einerseits mit ihren Grundgedanken gegen die Wahrheitskriterien des Wissenschaftsverständnisses der Aufklärung verstieß, aber doch deutlich werden lässt, wie weit der neue Denkstil selbst ganz aufklärungsferne Denkwelten infizierte.

Seite 249

1. Die Verhandlungspartner des Friedensvertrags zwischen dem Kaiser und Frankreich bedienten sich der Vermittlung des Grafen Friedrich Wilhelm von Neuwied (1698–1737). Der im Oktober 1735 ausgehandelte Wiener Präliminarvertrag beendete den Polnischen Thronfolgekrieg, der durch den Wiener Frieden von 1738 bestätigt wurde.
2. Viktor Amadeus II. (cf. S. 117, Anm. 1), im Pfälzischen Erbfolgekrieg anfangs Verbündeter des Kaisers, wechselte die Fronten und schloss 1696 einen Separatfrieden mit Ludwig XIV., so dass es zum Bündnis zwischen Frankreich und Sardinien kam. Marschall von Catinat, cf. S. 163, Anm. 2.

Seite 251

1. Zum Gleichgewicht der Mächte in Europa cf. Kurt Kluxen, *Zur Balanceidee im 18. Jahrhundert*, in: H. Berding, K. Düwell, L. Gall u. a. (Hg.), *Vom Staat des Ancien Régime zum modernen Parteienstaat. Festschrift für Theodor Schieder*, München, Wien 1978, 41–58.

Seite 255

1. Friedrichs Kritik am »Handel mit Landeskindern« zielte auch auf die Praxis seines Vaters, Landeskinder anderer Fürsten zu »mieten« und diese in seine Armee einzugliedern; auch dies ein Grund, den *Antimachiavel* anonym zu veröffentlichen. Zur Rekrutierungspolitik unter Friedrich Wilhelm I. cf. Max Lehmann, *Werbung, Wehrpflicht und Beurlaubung im Heere Friedrich Wilhelms I.*, in: HZ 67 (1891), 254–289.

Abhandlung über die Gründe, Gesetze einzuführen oder abzuschaffen

Die *Dissertation sur les raisons d'établir ou d'abroger les lois* entstand 1749 und war am 1. Dez. 1749 abgeschlossen. Sie wurde am 22. Jan. 1750 in der Akademie der Wissenschaften zu Berlin vorgetragen. Eine Besonderheit dieses Textes besteht darin, dass der Autor in Form von Randbemerkungen auf seine Quellen verweist. Wir geben Friedrichs Randbemerkungen in den Anmerkungen wieder und ergänzen sie durch bibliographische Hinweise zu den von ihm in abgekürzter Form erwähnten Autoren bzw. Werke. Unsere Hinweise zu Friedrichs Quellenangaben berücksichtigen so weit wie

möglich Editionen, die bis 1749 erschienen und in den Bibliotheken des Königs vorhanden waren. Die *Abhandlung über die Gründe, Gesetze einzuführen oder abzuschaffen* entstand kurze Zeit nach Erscheinen von Montesquieus *De l'esprit des lois ou Du rapport que les lois doivent avoir avec la constitution de chaque gouvernement, les mœurs, le climat, la religion, le commerce, etc. à quoi l'auteur a ajouté des recherches nouvelles sur les lois romaines touchant les successions, sur les lois françaises, & sur les lois féodales*, Genève 1748 (*Vom Geist der Gesetze oder über den Bezug, den die Gesetze zum Aufbau jeder Regierung, zu den Sitten, dem Klima, der Religion, dem Handel etc. haben müssen wozu der Autor noch neue Untersuchungen über die römischen Erbfolgegesetze, über die französischen Gesetze und über die Feudalgesetze gefügt hat*). Doch weder in der Abhandlung noch in den Randbemerkungen verweist Friedrich auf Montesquieu. Im *Gesamtkatalog* seiner Bibliotheken sind mindestens sechs verschiedene Ausgaben des *Esprit des lois* verzeichnet; eine Ausgabe aus dem Jahre 1748 oder 1749 wird jedoch nicht erwähnt; obwohl allein in den ersten zwei Jahren 22 Auflagen erschienen waren. Montesquieus im Oktober 1749 verfasste, 1750 in Genf anonym erschienene *Défense de l'esprit des lois à laquelle on a joint quelques éclaircissements*, (»Verteidigung des *Geistes der Gesetze*, der einige Erläuterungen hinzugefügt wurden«) ist hingegen verzeichnet. Es ist daher möglich, dass Friedrich den *Esprit des lois* zum Zeitpunkt der Abfassung seiner *Abhandlung über die Gründe, Gesetze einzuführen oder abzuschaffen* kannte. Schließlich handelt es sich um ein von ihm lange erwartetes Werk eines von ihm hochgeschätzten Autors. Dass sich Montesquieus öffentliche »Verteidigung« des *Esprit des lois* (cf. Montesquieu, *Œuvres complètes*, éd. R. Callois, Paris 1951, t. 2, 1121–1166) in Friedrichs Bibliothek befand, könnte ein Hinweis darauf sein, dass er auch die Schrift kannte, die Montesquieu gegen die in der Zeitschrift *Nouvelles Ecclésiastiques* publizierten Attacken verteidigte, und zwar umso mehr, als Friedrich seinen Pariser Literaturagenten stets den Auftrag erteilte, die Neuerscheinungen der bedeutendsten französischen Schriftsteller, zu denen Montesquieu für Friedrich gehörte (cf. S. 61, Anm. 1), unverzüglich zu erwerben und nach Rheinsberg, Berlin oder Potsdam zu senden (cf. B. Krieger, *Friedrich der Große und seine Bücher*, 39–80). Auch ist davon auszugehen, dass im *Gesamtkatalog der Bibliotheken Friedrichs des Großen* nicht alle Bücher, die Friedrich besaß, verzeichnet sind. So fehlt u. a. eine bestimmte Ausgabe der *Considérations sur les causes de la grandeur des Romains et de leur décadence* (1734, *Betrachtungen über die Ursachen von Größe und Niedergang der Römer*), nämlich jenes Exemplar, das eigenhändige Randbemerkungen Friedrichs enthielt. Es ist bekannt, dass Napoleon während seines Besuchs in Sanssouci im Oktober 1806 dieses Exemplar an sich nahm und es seiner Bibliothek einverleibte (cf. Max Posner, *Die Montesquieu-Noten Friedrichs II.*, in: *HZ* 47 (1882), 193–288). Dass Friedrich den *Esprit des lois* gelesen hat, erschließt sich aus seinem Brief an Darget vom Apr. 1753 (cf. *Œuvres de Frédéric le Grand*, t. XX, 39), in welchem Montesquieu erwähnt und auf dessen positive Erwähnung der deutschen Mentalität angespielt wird, die sich sinngemäß im 30. Buch des *Esprit des lois* findet. Zu Friedrichs Montesquieu-Rezeption cf. Detlef Merten, *Friedrich der Große und Montesquieu. Zu den Anfängen des Rechtsstaats im 18. Jahrhundert*, in: W. Blümel u. a. (Hg.), *Verwaltung im Rechtsstaat*, Köln 1987, 187-208.

Friedrich veranlasste die Veröffentlichung seiner Abhandlung. Sie erschien in *Histoire de l'Académie, Année 1749*, Berlin, 1751, 375–400; zuvor bereits in *Œuvres du Philosophe de Sans-Souci*.

Au donjon du château. Avec privilège d'Apollon, t. III, 1750, 263–312; sodann in *Mémoires pour servir à l'histoire de la maison de Brandebourg. D'après l'original*, Berlin, chez Chrétien-Frédéric Voss, 1767, t. III, 104–154 (cf. Preuss, *Avertissement de l'éditeur*, in: *Œuvres de Frédéric le Grand*, t. IX, X). Wir geben die *Dissertation sur les raisons d'établir ou d'abroger les lois* nach der von J. D. E. Preuss edierten Fassung wieder, cf. *Œuvres de Frédéric le Grand*, Berlin 1848, t. IX, 9–33.

Seite 263

1. Friedrich stimmt hier mit Montesquieu überein, der die Beziehungen zwischen den Gesetzen und dem Klima, den Sitten, der Religion, der Geschichte und vor allem dem »Geist der Nationen« (cf. S. 67, Anm. 3), untersucht. Das »allgemeine Glück« als höchstes Prinzip der Gesetzgebung steht im Zentrum des aufgeklärten Denkens. Montesquieu formuliert dieses Prinzip kurz und bündig, allerdings erst im 26. Buch (23. Kap.) des *Esprit des lois*, und zwar im Kontext seiner Erörterung der Kollision verschiedener Gesetzesarten (Naturrecht, göttliches Recht, Völkerrecht, Staatsrecht, bürgerliches Recht etc.), aber umso augenfälliger, indem er die Wichtigkeit des Prinzips durch die typographische Hervorhebung unterstreicht: »LE SALUT DU PEUPLE EST LA SUPRÊME LOI« (»Das Wohl des Volkes ist das oberste Gesetz«; Hervorhebung im Original). Zur Glücksdebatte im Frankreich des 18. Jh.s cf. Robert Mauzi, *L'idée du bonheur dans la littérature et la pensée françaises au XVIIIe siècle*, Paris 1960.

Seite 265

1. In der ägyptischen Mythologie war Osiris ein Totengott und Richter, vor dem sich jeder Verstorbene verantworten musste. Er wurde als Herrscher und Gesetzgeber verehrt. Isis war seine Schwester und Gattin. Friedrich bezieht sich hier auf Charles Rollin, *Histoire ancienne des Égyptiens, des Carthaginois, des Assyriens, des Babyloniens, des Mèdes et des Perses, des Macédoniens, des Grecs*, Amsterdam 1734–36 (1. Bd., 6. Kap., 88ff.). Charles Rollin (1661–1741), einer der bedeutendsten Historiker seiner Zeit, war Rektor der Pariser Universität; er setzte sich für die Wiederbelebung des Griechischstudiums ein und war die Autorität der Alten Geschichte in der ersten Hälfte des 18. Jh.s. Friedrich stand mit Charles Rollin im Briefwechsel. Der fünfundzwanzigjährige Kronprinz hatte im Januar 1737 dem fünfundsiebzigjährigen Historiker mitgeteilt, dass er seine *Histoire ancienne* (Paris 1730–1738, 13 Bde.) mit Begeisterung gelesen habe. Daraufhin entwickelte sich eine Korrespondenz, aus der hervorgeht, dass Friedrich Rollins Werke, die er in mehreren Ausgaben besaß, intensiv las; cf. *Correspondance de Frédéric avec Rollin*, in: *Œuvres de Frédéric le Grand*, t. XVI, 229–246. Zur Rezeption der ägyptischen Kultur cf. Erik Hornung, *Das geheime Wissen der Ägypter und sein Einfluss auf das Abendland*, München 2003; Jan Assmann, *Erinnertes Ägypten. Pharaonische Motive in der europäischen Religions- und Geistesgeschichte*, Berlin 2006.

2. Randbemerkung des Autors: »Hérodote, Diodore de Sicile«. Friedrich besaß die französische Übersetzung der *Historien* von Herodot (ca. 484–430 v. Chr.), *Les Histoires d'Hérodote*, trad. en françois par M. Du-Ryer, Paris 1713, vol. I–IV, desgleichen die der Universalgeschichte des griechischen Geschichtsschreibers Diodoros von Sizilien (1. Jh. v. Chr.), *Histoire universelle*, trad. en françois par M. l'Abbé Terrasson de l'Académie françoise, Paris 1737–1744, vol. I–VII.

3. Randbemerkung des Autors: »Rollin, *Histoire ancienne*« (cf. S. 265, Anm. 1). – Minos, Sohn des Zeus (bzw. des Jupiters) und der Europa, König von Kreta (cf. S. 27, Anm. 1), soll die ersten Gesetze in Kreta eingeführt und diese von seinem Vater erhalten haben; cf. Ovid, *Metamorphosen*, 8, 99–103.

Seite 267

1. Randbemerkung des Autors: »Plutarque«. Friedrich besaß zahlreiche französische Übersetzungen der Parallelbiographien Plutarchs (46–119 n. Chr.), u. a. *Les vies des hommes illustres de Plutarque*, trad. en françois avec des remarques historiques et critiques par M. Dacier, Amsterdam 1735; u. a. Plutarchs Biographie des legendären Gesetzgebers Spartas, Lykurg. Montesquieu, der sich ebenfalls auf Plutarch bezieht, analysiert die Gesetze Spartas und die Bedeutung Lykurgs hinsichtlich der Erziehung zum spartanischen Lebensstil im *Geist der Gesetze* (4. Buch, 6. Kap.; 5. Buch, 7. Kap.; 19. Buch, 16. Kap.).
2. Die Heloten waren leibeigene, an die Scholle gebundene Bauern und gehörten dem Staat; sie mussten das Land bebauen und die Hälfte des Ertrags an die Spartiaten abliefern, denen sie im Krieg auch als Waffenknechte dienen mussten. Zur Kritik der Sklaverei in Sparta, cf. Montesquieu, *Vom Geist der Gesetze*, 15. Buch, 10. Kap.
3. Randbemerkung des Autors: »Plutarque, *La vie de Solon*, Remarques de Dacier.« Friedrich besaß André Daciers Übersetzung der Solon-Biographie Plutarchs, *Das Leben Solons* mit »Anmerkungen von Dacier« (in: *Les vies des hommes illustres de Plutarque*, Amsterdam 1735). – Plutarch, cf. S. 267, Anm. 1. – Drakon (7. Jh. v. Chr.), athenischer Gesetzgeber, zeichnete um 621 v. Chr. erstmals die Gesetze Athens auf; überliefert ist nur ein Teil des Strafrechts; die Härte der Strafen seines Gesetzes ist sprichwörtlich geworden.
4. Solon (um 640 bis nach 561 v. Chr.), athenischer Politiker und Gesetzgeber, der 594 v. Chr. zum Archonten und Schlichter in den sozialen und politischen Kämpfen zwischen Adel und den großenteils in Schuldknechtschaft geratenen Bauern gewählt wurde und eine Gesetzesreform durchführte. Später galt er als Begründer der athenischen Demokratie und wurde zu den Sieben Weisen gezählt (Plutarch, cf. S. 267, Anm. 1). Friedrich beschäftigte sich bereits während seiner Rheinsberger Zeit (1736–1740) mit Solon und Lykurg, »diesen weisen Gesetzgebern, deren Gebote ihre Vaterländer blühen ließen und der Grundstein einer Größe waren, welche anzustreben die Griechen sonst nicht gewagt hätten«; cf. Brief an Voltaire, 4. Nov. 1736, D 1188; übers. v. Hans Pleschinski, in: *Voltaire – Friedrich der Große*, Briefwechsel, 17.

Seite 269

1. Randbemerkung des Autors: »Moréri, *Dictionnaire*. Rollin. Plutarque.« Friedrich besaß die einschlägigen französischsprachigen Wörterbücher und Enzyklopädien des 17. und 18. Jh.s; u. a. Louis Moréri, *Grand dictionnaire historique*, cf. S. 69, Anm. 3. – Plutarch, cf. S. 267, Anm. 1. – Auf dem Areopag (benannt nach dem Hügel in Athen, westlich der Akropolis) tagte in der Frühzeit der Rat des Adels, der die Staatsgeschäfte lenkte; ihm oblag die Überwachung der Beamten und die politische Gerichtsbarkeit. Die von Solon durchgeführten Reformen beschränkten die

Macht des Areopags. Kekrops, im griechischen Mythos der älteste König von Athen, soll die frühesten Gesetze erlassen und die ersten sozialen Einrichtungen geschaffen haben.

2. Randbemerkung des Autors: »Tite-Live. Plutarque. Cicéron. Denys d'Halicarnasse, *Antiquités romaines*.« Bei den angegebenen Quellen, die sich in Friedrichs Bibliothek befanden, handelt es sich um die *Histoire romaine* de Tite-Live, trad. par M. Guérin, I–X, Paris 1739/40 (Titus Livius, *Römische Geschichte*); Plutarch cf. S. 267, Anm. 1; Cicero cf. S. 207, Anm. 1. Die französische Übersetzung der *Römischen Altertumskunde* von Dionysios von Halikarnassos besaß Friedrich in vier verschiedenen Ausgaben, u. a. *Antiquités romaines*, trad. du grec par le P. Gabriel François le Jay, Paris 1723, I–II.

3. Die Auguren waren eines der bedeutendsten römischen Priesterkollegien; sie sollten das Wohlergehen der römischen Gemeinde mehren und bei wichtigen Staatshandlungen den Willen der Götter erkunden; wobei es nur den Patriziern gestattet war, die Rituale der Götterbefragung durchzuführen (z. B. Beobachtung des Vogelflugs im Morgengrauen). Den hohen Beamten stellte man Auguren zur Seite, die sofort die nötigen Gutachten liefern oder durch Meldung ungünstiger Zeichen entsprechende Amtshandlungen anregen konnten.

4. Der römische Senat (»Ältestenrat«) war in der Königszeit und in der Republik das höchste politische Organ; ursprünglich war er aus den Oberhäuptern der patrizischen Geschlechter zusammengesetzt; in der Republik kamen auch Plebejer von hohem gesellschaftlichen Ansehen hinzu. Der Senat bestimmte die Außenpolitik, kontrollierte die Finanzen, gleichzeitig oblag ihm das Sakralwesen und die Gesetzgebung, und nicht zuletzt war der Senat das Zentrum der politischen Rede. Die Tribus (ursprünglich die Bezeichnung für drei Stämme), waren die 35 Landbezirke, in die das römische Territorium eingeteilt war. Jeder römische Bürger war in einem dieser Landbezirke eingeschrieben. In Rom dienten die Tribus als Untergliederung und Stimmeinheiten wichtiger Volksversammlungen.

5. Zwischen den römischen Patriziern und ihren Clienten, Personen geringeren Vermögens, die keine Patrizier waren, bestanden Patronageverhältnisse. Der Client stand in einem Abhängigkeitsverhältnis zu seinem Patron; beide waren miteinander in regelmäßigen Austauschbeziehungen verbunden, die beiden nützlich waren: Der Client musste seinem Patron Dienste in Form von Arbeit und Unterstützung erbringen; der Patron gewährte seinem Clienten Schutz und war zur Fürsorge verpflichtet.

Seite 271

1. Penaten cf. S. 129, Anm. 1.

2. Der Tarpejische Felsen war die Hinrichtungsstätte in Rom, von dem die Verräter hinabgestürzt wurden. Bei Montesquieu heißt es u. a.: »Bei den Römern wurde der Sklave, der gestohlen hatte, vom Tarpejischen Felsen gestürzt«; cf. *Vom Geist der Gesetze*, 29. Buch, 13. Kap.

3. Randbemerkung des Autors: »Plutarque, *Vie de Numa*« (Plutarch, *Das Lebens des Numa*; cf. S. 267, Anm. 1). – Numa Pompilius (712–672 v. Chr.) war der Sage nach der zweite König Roms und legendärer Gesetzgeber.

4. Randbemerkung des Autors: »Danet, *Dictionnaire des antiquités*« (Danet, *Dictionnaire des anti-

quités grecques et romaines, »Wörterbuch der griechischen und römischen Antike«), d. i. Petrus Danetius, *Dictionarium Antiquitatum Romanarum et Graecarum in usum Serenissimorum Delphini et Serenissimorum Principum Burgundiae, Andium, Biturigum* [...], Amsterdam 1701. Der Abbé Pierre Danet (1640–1709) bietet in seinem Wörterbuch, das Friedrich besaß, informative Artikel zur griechischen und römischen Geschichte, zu religiösen, gesellschaftlichen, politischen Institutionen, zur Geschichte der Gesetzgebung (u. a. Zwölftafelgesetz, Lex agraria), zu mythologischen und historischen Figuren. In Friedrichs Bibliothek befand sich auch Pierre Danet, *Grand dictionnaire françois et latin pour Monseigneur le Dauphin et Messeigneurs les Princes*, Lyon 1736. – Tullus Hostilius war der legendäre dritte König Roms (672–642 v. Chr.) und Lucius Tarquinius Priscus der Sage nach der fünfte (616–578 v. Chr.); cf. Montesquieu, *Vom Geist der Gesetze*, 11. Buch, 12.–14. Kap.
5. Der nur fragmentarisch überlieferte Codex Papirianus wird in der Quellensammlung des römischen Staatsmannes und spätantiken Gelehrten Flavius Magnus Aurelius Cassiodor (um 490 bis um 580) erwähnt.
6. Das Konsulat war das höchste politische und militärische Amt und wie alle Ämter zeitlich befristet und kollegial besetzt. Die politische Machtposition der Konsuln war beträchtlich: Sie hatten Befehlsgewalt über Truppen, Gerichtsbefugnisse und die politische Initiative in Senat und Volksversammlung. – Valerius Publicola war der Sage nach seit der Vertreibung der Könige (509 v. Chr.) viermal römischer Konsul. Sein Amtskollege Lucius Iunius Brutus war im Jahr 509 Konsul; im Gründungsmythos der Römischen Republik gilt er als Freiheitsheld und Begründer der Republik.
7. Randbemerkung des Autors: »Tite-Live, livre II. Échard, livre II, chap. II. Tacite, *Annales*.« Bei den hier angegebenen Quellen handelt es sich um: Livius, 2. Buch (cf. S. 269, Anm. 2); Laurent Échard, *Histoire Romaine depuis la fondation de Rome jusqu'à la translation de l'empire par Constantin*. Traduit de l'anglois, I–XII, Paris 1737 (2. Buch, 2. Kap.); *Les annales et les histoires de Tacite avec la vie de Jul. Agricola*. Traduction nouvelle par M. Guérin, Paris 1742 (die *Annalen* besaß Friedrich, wie alle anderen ins Französische übersetzten Werke des Tacitus in mehreren Ausgaben). Im *Geist der Gesetze* analysiert Montesquieu das Schuldrecht und den Wucherzins bei den Römern (22. Buch, 21. u. 22. Kap.) und gibt als Quelle ebenfalls Titus Livius, Tacitus (*Annalen*, 6. Buch) sowie Dionysios von Halikarnassos an.

Seite 273
1. Die Geschichte der Plebejer, die auf den Heiligen Berg außerhalb der Stadt zogen und sich weigerten, ihre Arbeit zu tun, solange ihre Forderungen nicht erfüllt wurden, ging als erster »Streik der Plebejer« in die Geschichte ein (cf. S. 199, Anm. 2); auch Montesquieu behandelt dieses Ereignis im *Geist der Gesetze* (22. Buch, 22. Kap.).
2. Randbemerkung des Autors: »Tite-Live, livre III, chap. 31« (Livius, 3. Buch, 31. Kap.; cf. S. 269, Anm. 2). Die Gesandten im Jahr 454 v. Chr. waren folgende römische Patrizier: Spurius Postumius Albus (im Jahr 466 v. Chr. Konsul), Aulus Manlius (im Jahr 474 v. Chr. Konsul) und Publius Sulpicius Camerinus.

3. Dezemvirn (»Zehn Männer«) ist die Bezeichnung für ein römisches Beamten- bzw. Priesterkollegium oder für eine aus zehn gewählten Vertretern der patrizischen Familien bestehende Kommission, die mit der Ausführung besonderer Aufgaben betraut war, z. B. der Landverteilung.
4. Das Zwölftafelgesetz (die Aufzeichnung des Gewohnheitsrechts) ist das älteste überlieferte römische Gesetzeswerk, das 451 v. Chr. von einer zehnköpfigen Kommission (Dezemvirn) erarbeitet wurde. In den auf zwölf Tafeln fixierten Gesetzen war das geltende Recht kodifiziert. Sie wurden veröffentlicht und noch zu Zeiten Ciceros (1. Jh. v. Chr.) von jedem römischen Schüler auswendig gelernt. Bis in die frühe Kaiserzeit bildete das Zwölftafelgesetz die Grundlage des römischen Ius civile (Bürgerrecht).
5. Randbemerkung des Autors: »Danet, *Dictionnaire des antiquités romaines*« (cf. S. 271, Anm. 4).
6. Das Gesetz zur Regelung der Erbschaftssteuer, die Lex Falcidia, wurde auf Antrag des Volkstribuns C. Falcidius im Jahre 40 v. Chr. erlassen; es setzte die Höhe des Pflichtteils auf ein Viertel des Nachlasses fest; cf. Montesquieu, *Vom Geist der Gesetze*, 27. Buch; 29. Buch, 16. Kap.

Seite 275

1. Die Lex agraria, (,Ackergesetz'), die der Volkstribun Tiberius Sempronius Gracchus (162–133 v. Chr.) einbrachte, erregte im Jahre 133 v. Chr. großes Aufsehen: Das Gesetz sollte die Verteilung von römischem Staatsland regeln und das freie Bauerntum stärken. Gegen den Willen des Senats erlassen, löste es bürgerkriegsähnliche Unruhen aus, die die Krise der Römischen Republik unübersehbar machten. Tiberius S. Gracchus und seine Anhänger wurden unter Mitwirkung von Senatoren erschlagen. Sein Bruder Gaius Sempronius Gracchus (153–121 v. Chr.), der 123 und 122 zum Volkstribun gewählt wurde, versuchte die Reformpolitik seines Bruders fortzusetzen und durch eine Verfassungsreform die Vormacht des Senats einzuschränken; dieser rief den Notstand aus, Gaius Gracchus und seine Mitstreiter wurden im Capitol ermordet. Mit den Auseinandersetzungen um die Reformprojekte der Gracchen begann die Epoche des Bürgerkriegs. – Lucius Appuleius Saturninus (um 138 bis 100 v. Chr.), Volkstribun im Jahre 103 und 100, brachte Gesetze ein, die die Macht des Tribuns stärken, den Getreidepreis staatlich festlegen und die Versorgung der Veteranen durch Zuteilung von Land garantieren sollten. Er wurde wie die Gracchen von politischen Gegnern erschlagen. Cf. Montesquieu, *Betrachtungen über die Ursachen von Größe und Niedergang der Römer* (1734), 4. Kap.
2. Sulla (cf. S. 101, Anm. 1, S. 107, Anm.1); Marcus Aemilius Lepidus (87–13 v. Chr.), Konsul, im Bürgerkrieg aufseiten Caesars, schloss im Jahr 43 das Triumvirat mit Marcus Antonius und Octavian (dem späteren Kaiser Augustus, cf. S. 101, Anm. 1); Gnaeus Magnus Pompejus (106–48 v. Chr.), Staatsmann und Feldherr; cf. Montesquieu, *Betrachtungen über die Ursachen von Größe und Niedergang der Römer*, 11. Kap.

Seite 277

1. Der oströmische Kaiser Justinian (527–565) ließ die Kaisergesetze und Schriften der Juristen kodifizieren und die Reichsordnung reformieren; sein bedeutendster Jurist war der Rechtsgelehrte Tribonian, der für das Justizwesen des Imperiums zuständig war; unter seiner Ägide entstand das Standardwerk des römischen Rechts, das *Corpus Iuris Civilis*. Die Digesten waren Teil

des *Corpus Iuris Civilis*, sie enthielten Exzerpte aus den Schriften der Juristen, die sich auf alle Bereiche der Rechtssprechung bezogen.
2. Randbemerkung des Autors: »Daniel, *Histoire de France*« (cf. S. 151, Anm. 2).
3. Randbemerkung des Autors: »En 487 selon Daniel« (»Im Jahre 487 laut Daniel«). – Chlodwig I. (466–511), seit 482 König der Franken, war der erste christliche Großkönig und Begründer des Frankenreichs. Die Lex Salica (das Salische Gesetz) ist die älteste Gesetzessammlung der germanischen Stämme; sie beinhaltet das fränkische Königsrecht sowie die Normen des Gewohnheitsrechts; cf. Montesquieu, *Vom Geist der Gesetze*, 18. Buch, 22. Kap.; Voltaire, *Dictionnaire philosophique portatif* (1767, *Philosophisches Taschenwörterbuch*), Art. *Loi Salique*.
4. Randbemerkung des Autors: »Hénault, *Abrégé chronologique*« (d. i. Charles-Jean-François Hénault, *Nouvel abrégé chronologique de l'histoire de France jusqu'à la mort de Louis XIV*, 2. Aufl., Paris 1746). Friedrich besaß mindestens fünf verschiedene Ausgaben des *Überblicks der Geschichte Frankreichs* (1744) von Präsident Hénault (1685–1770), Schriftsteller, Mitglied der Académie française (seit 1723) und Präsident der ersten Rechnungskammer am Pariser Parlement (cf. S. 71, Anm. 3). – Gundebald (gest. 516), war seit 501 König von Burgund.
5. Ludwig VI., der Dicke (Louis le Gros, 1081–1137), seit 1108 König von Frankreich, verband sich mit der Kirche, konsolidierte die Krondomäne durch Unterwerfung des Adels der Île-de-France und leitete den Aufstieg des französischen Königtums ein; cf. Montesquieu, *Vom Geist der Gesetze*, 28. Buch, 19. Kap. Im Frankreich des 18. Jh.s wurde das Königtum nach wie vor mit der Vorstellung verknüpft, dass das wichtigste Amt des Königs das des obersten Richters sei (cf. S. 53, Anm. 1).
6. Randbemerkung des Autors: »De Thou.« – Jacques Auguste de Thou (1553–1616), Magistrat und Historiker, verfasste das bedeutendste Geschichtswerk seiner Zeit, die *Historia sui temporis* (1604–1608), die den Zeitraum zwischen 1543 und 1607 in Europa und Amerika behandelt. Friedrich besaß die französische Ausgabe, *Histoire universelle depuis 1543 jusqu'à 1607*, Londres 1734. Die Aufklärer schätzten die *Histoire universelle* umso mehr, als de Thou Parteigänger Heinrichs IV. war, in dessen Auftrag er das Edikt von Nantes erarbeitete. 1590 wurde de Thou Präsident des Parlements von Paris (cf. S. 71, Anm. 3; auch Voltaire, *Briefe über die Engländer*, 12. Brief). – Karl IX. (1550–1574) war seit 1560 König von Frankreich. – Michel de l'Hôpital (um 1505–1573), Schriftsteller, Jurist und Politiker, Präsident der ersten Rechnungskammer am Pariser Parlement (cf. S. 71, Anm. 3), wirkte an der Verordnung von Moulins (1540) mit, die das französische Justizwesen vereinfachen sollte, und war seit 1560 Staatskanzler. Seine Politik der Toleranz und Vermittlung zwischen Protestanten und Katholiken scheiterte; er verfasste ein Memorandum über »Die Notwendigkeit, den Bürgerkrieg zu beenden«. Pierre Bayle (cf. Art. *Hospital*, in: *DHC*) preist ihn als großen Staatsmann, der die Toleranz zur Grundlage seines politischen Handelns gemacht, religiösen Fanatismus und Aberglauben bekämpft und stets die königliche Autorität gegen die Machtansprüche von Klerus und Parlements (cf. S. 71, Anm. 4) unterstützt habe. Montesquieu, der die Parlements als unverzichtbare »Zwischenmacht« positiv bewertet und die absolute Monarchie als Despotie analysiert, sieht de l'Hôpital

kritisch; cf. *Vom Geist der Gesetze*, 29. Buch, 16. Kap. – Die Gesetzessammlung »Codex Ludovicianus« wurde 1660 von Ludwig XIV. in Auftrag gegeben und ab 1661 von seinem Minister Jean-Baptiste Colbert (1619–1683) ausgearbeitet. Der Codex vereinheitlichte die Gesetze, reformierte das Rechtswesen und berücksichtigte sowohl das in Südfrankreich geltende, schriftlich fixierte und an den Universitäten gelehrte römische Recht als auch das nordfranzösische Gewohnheitsrecht (cf. Montesquieu, *Vom Geist der Gesetze*, 28. Buch, 42. Kap.). Friedrich besaß die anonym erschienenen Memoiren Colberts: *Mémoires de M. de *** pour servir à l'histoire des négociations depuis le traité de Riswick jusqu'à la paix d'Utrecht*, à la Haye 1757.

7. Randbemerkung des Autors: »Rapin Thoyras, *Introduction*« (»Rapin Thoyras, *Einleitung*«). In Friedrichs Bibliothek befand sich die 3., von David Durand überarbeitete u. ergänzte Auflage der *Histoire de l'Angleterre* (Den Haag 1749) von Paul Rapin de Thoyras (1661–1725). Die *Geschichte Englands* (1. Aufl. Den Haag 1724–35, 13 Bde.) des Juristen Rapin de Thoyras galt der französischen Geschichtsschreibung der Aufklärung als Schlüsselwerk. Der Autor war Calvinist und musste nach der Aufhebung des Edikts von Nantes (1685) Frankreich verlassen. Er emigrierte nach England. In Voltaires *Briefen über die Engländer* (cf. S. 47, Anm. 2) heißt es: »Was die guten Historiker [in England, B.W.] anbelangt, so kenne ich sie noch nicht; es war nötig, dass ein Franzose ihre Geschichte schrieb. Vielleicht hat sich der englische Geist, der entweder kalt oder ungestüm ist, noch nicht die naive Beredsamkeit, die noble und einfache Art der Geschichte angeeignet; vielleicht hat auch der Parteigeist, der den Blick trübt, alle ihre Geschichtsschreiber unglaubwürdig gemacht [...]. Es ist wahr, dass es derzeit einen Herrn Gordon gibt, ein hervorragender Übersetzer des Tacitus und fähig, die Geschichte seines Landes zu schreiben, doch ist ihm Rapin de Thoyras zuvorgekommen« (22. Brief). Desgleichen wird Rapin de Thoyras von Voltaire gelobt im *Siècle de Louis XIV* (entstanden seit 1732 und Friedrich seit 1736 fortlaufend im Manuskript bekannt, Erstausgabe Berlin 1752, *Zeitalter Ludwigs XIV.*, 32. Kap.), wo Rapin de Thoyras als Verfasser der »einzigen guten Geschichte Englands in französischer Sprache« vorgestellt wird. Im *Dictionnaire philosophique* (Art. *Fable*) empfiehlt Voltaire ihn allen zur Lektüre, die von Geschichtswerken erwarten, dass sie frei von Fanatismus sind und keine Märchen erzählen.

8. Flavius Honorius (384–423) war seit 393 weströmischer Kaiser. Im Jahre 410 verließen die letzten römischen Truppen Britannien.

Seite 279

1. Randbemerkung des Autors: »Rapin Thoyras, en 890« (»Rapin Thoyras, im Jahre 890«, cf. S. 277, Anm. 7). – Alfred der Große (848/49–899), seit 871 König von Wessex, später König aller Angelsachsen, Wegbereiter der Einheit Englands; ihm gelang es, die Dänen und Normannen zurückzudrängen und seinen Herrschaftsbereich auszubauen. Er veranlasste kultur- und rechtspolitische Maßnahmen, u. a. die Kodifizierung des englischen Rechts. Die von ihm erlassenen Gesetze stärkten die Macht des Königs.

2. Wilhelm I., der Eroberer (1028–1087), seit 1035 Herzog der Normandie, seit 1066 König von England. Das auf Wilhelm den Eroberer zurückgehende Schatzamt (Exchequer) war im 18. Jh.

eine königliche Kanzlei mit Jurisdiktionsbefugnis, in der über alle Angelegenheiten, die die Einnahmen und Rechte der Krone betrafen, verhandelt und beschlossen wurde. Der Kanzler des Schatzamtes (chancellor of the Exchequer) verfügte über eine der wichtigsten Positionen in der Regierung. Zu Friedrichs Zeit besaß er Ministerrang.
3. Randbemerkung des Autors: »En 1100« (»im Jahre 1100«). – Heinrich I. Beauclerc (1068–1135), seit 1100 König von England, gab seinen Untertanen die Carta libertatum um Missbräuche zu verhindern und die Grundlagen der monarchischen Zentralgewalt schriftlich zu fixieren.
4. Die angelsächsische Heptarchie bestand aus den sieben Königreichen von Kent, Sussex, Wessex, Essex, Northumberland, East-Anglia und Mercia. Sie wurden im 5. und 6. Jh. von den Angeln und Sachsen gegründet und lagen bis zu ihrer Einigung 827 miteinander im Streit; cf. Voltaire, *Briefe über die Engländer*, 9. Brief.

Seite 281
1. Randbemerkung des Autors: »En 1136« (»Im Jahre 1136«). – Stephan von Blois (1097–1154), seit 1135 König von England.
2. Randbemerkung des Autors: »Rapin Thoyras, liv. VIII« (»Rapin Thoyras, 8. Buch«; cf. S. 277, Anm. 7) sowie »En 1215« (»Im Jahre 1215«). – Johann ohne Land (1167–1216), seit 1199 König von England, musste 1215 den Adligen die Magna Charta zugestehen. Die Magna Charta Libertatum gehört zu den Kernstücken der Rechtstradition, auf die sich die englische Freiheitsidee berief. Sie beschränkte die Macht des Königs und bestätigte bzw. erweiterte die juristischen und ökonomischen Privilegien des Adels und der Städte; cf. Voltaires Kritik am Freiheitsbegriff der Magna Charta im 9. Brief (»Über die Regierung«) in den *Briefen über die Engländer*.
3. Die »Commons« (die sog. »Gemeinen«) sind die Mitglieder des englischen Unterhauses, während die Lords, d. h. die Adligen, im Oberhaus sitzen.
4. Randbemerkung des Autors: »En 1274« (»Im Jahre 1274«). – Eduard I. (1239–1307), seit 1272 König von England, erließ die »Statutes of Westminster«, ein Meilenstein auf dem Wege der Herausbildung der englischen Eigentümergesellschaft, die die Rechtsgrundlagen des Grundbesitzes des Feudaladels bestätigten und zugleich das englische Königtum durch die Schaffung und den Ausbau königlicher Gerichte stärkten.
5. »Tote Hand« (»main-morte«) ist ein Begriff aus der mittelalterlichen und frühneuzeitlichen Rechtsgeschichte, der juristische Personen kirchlicher Provenienz bezeichnet (geistliche Korporationen, Anstalten, Stiftungen), die einmal erworbenes Vermögen (bes. Grundstücke) nicht wieder veräußern dürfen. Die Bezeichnung dieser Einrichtungen als »Tote Hand« wird darauf zurückgeführt, dass ihre Erwerbungen häufig auf Verfügungen von Todes wegen beruhten, sowie darauf, dass diese Güter, die von Abgaben weitgehend befreit waren, für den Staat oder die Stadt als »tot«, galten, da sie dem freien Liegenschaftsverkehr entzogen waren (cf. *Handbuch der deutschen Rechtsgeschichte*, Art. *Tote Hand*, Bd. 5, Berlin 1998).

Seite 283
1. »Geist der Nation« cf. S. 67, Anm. 3.

2. Randbemerkung des Autors: »Plutarque, *Vie de Solon*« (»Plutarch, *Das Leben Solons*«, cf. S. 267, Anm. 3).

Seite 289

1. Ludwig IX., der Heilige, frz.: Saint Louis (1214–1270), seit 1226 König von Frankreich, eine der bedeutendsten Herrscherfiguren des Mittelalters, reformierte das Rechtswesen: Er verbot den gerichtlichen Zweikampf und die Fehde (1258) und gründete den obersten Gerichtshof; cf. Montesquieu, *Vom Geist der Gesetze*, 28. Buch, 23., 29., 37.–39. Kap.
2. Randbemerkung des Autors: »Diodore de Sicile« (cf. S. 265, Anm. 2). – Osiris cf. S. 265, Anm. 1.

Seite 291

1. Zu den Härten der Strafgesetze in Frankreich, den Diebstahl betreffend, cf. Montesquieu, *Vom Geist der Gesetze*, 6. Buch, 16. Kap.
2. Das Vergeltungsrecht (»la loi du talion«) verweist auf das römische Ius talionis, das auf das Zwölftafelgesetz zurückgeht (cf. S. 273, Anm. 4) und besagt, dass Gleiches mit Gleichem vergolten werden soll. Im mosaischen Recht lautet das Prinzip »Auge um Auge, Zahn um Zahn« (2. Mos. 21,22–25; 3. Mos. 24,19–22; 5. Mos. 19,21). Die Schuldhaft bedeutete im römischen Recht (bereits im Zwölftafelgesetz fixiert), dass ein zahlungsunfähiger Schuldner in Schuldknechtschaft fiel, da der Gläubiger Zugriff auf Leib und Leben hatte.

Seite 293

1. Medea, im griechischen Mythos Tochter des Königs Aietes in Kolchis und Gattin Jasons, war eine Zauberin, die Jason half, das Goldene Vlies zu beschaffen und mit ihm und den Argonauten floh. Später wurde sie von Jason verstoßen; aus Rache tötete sie ihre Kinder und die zweite Gattin Jasons; cf. Euripides, *Medea*, Ovid, *Metamorphosen* (7,9ff., 74ff., 394–397), Seneca, *Medea*, die Friedrich in mehreren französischen Ausgaben besaß, sowie *Médée* (1635), die erste Tragödie von Corneille, dem für Friedrich neben Racine bedeutendsten Tragödiendichter der französischen Literatur (cf. S. 85, Anm. 1). Zur Kulturgeschichte der Medea-Figur cf. Gerlinde Maurer, *Medeas Erbe. Kindsmord und Mutterideal*, Wien 2002.
2. Randbemerkung des Autors: »Cicéron, *Verrine[s]*« (»Cicero, Verrinenwerk«), gemeint sind, davon gehen wir aus, Ciceros *Reden gegen Verres* (aus dem Jahre 70 v. Chr.), die Friedrich in französischer Übersetzung besaß (cf. S. 207, Anm. 1). Der Herausgeber der *Œuvres de Frédéric le Grand*, J. D. E. Preuss, merkt zu dieser Randbemerkung Friedrichs an, er wisse nicht, auf was sich »dieses unvollständige Zitat« (»cette citation imparfaite«) beziehe; cf. *Œuvres de Frédéric le Grand*, t. IX, 28. Wir haben Friedrichs Schreibweise »Verrine« um das fehlende Plural-»s« ergänzt. Ciceros Reden gegen C. Verres, Statthalter auf Sizilien, sind aus einem Strafprozess hervorgegangen, in dem Cicero ausnahmsweise die Rolle des Anklägers übernommen hat und C. Verres alle nur denkbaren Missetaten, systematisch nachzuweisen unternimmt. – Friedrich erörterte Kindesmord und Abtreibung nicht nur als gesellschaftliches und staatspolitisches Problem im Kontext der Aufklärung, sondern widmete sich auch der Umsetzung aktueller Reformvorschläge. Als Gesetzgeber plädierte er für Strafmilderung und ergriff die Initiative für die Kindesmordprävention in Übereinstimmung mit Montesquieu, der im *Geist der Gesetze* erklärt: »Ein

guter Gesetzgeber wird weniger darauf bedacht sein, die Verbrechen zu bestrafen als vielmehr ihnen zuvorzukommen« (cf. 6. Buch, 9. Kap.); die Problematik der Abtreibung thematisiert Montesquieu im 120. Brief der *Lettres pesanes* (1721, *Persische Briefe*) sowie im *Geiste der Gesetze*, 23. Buch, 11. Kap. Bereits 1740 schaffte Friedrich die von seinem Vater eingeführte »Hurenstrafe« des Säckens ab (cf. Werner Ogris, *Elemente europäischer Rechtskultur*, hg. von T. Olechowski, Wien, Köln, Weimar, 2003, 184). Nach dem Siebenjährigen Krieg, nicht zuletzt unter dem Vorzeichen der virulent gewordenen Bevölkerungspolitik, legte er ein Reskript zur Verhütung des Kindesmordes (17. Aug. 1756) vor und erließ am 8. Feb. 1765 das damals spektakuläre *Edict wider den Mord neugebohrener unehelicher Kinder, Verheimlichung der Schwangerschaft und Niederkunft*, Berlin 1765 (cf. Eberhard Schmidt, *Beiträge zur Geschichte des preußischen Rechtsstaates*, Berlin 1980, 451). Zu den diesbezüglichen Justizreformen und ihren Grenzen cf. Kerstin Michalik, *Kindsmord. Sozial- und Rechtsgeschichte der Kindstötung im 18. und beginnenden 19. Jahrhundert am Beispiel Preußen*, Pfaffenweiler 1997.
3. Randbemerkung des Autors: »Cicéron, *Pro Cluentio*« (»Cicero, *Rede für Cluentius*«, die Friedrich in französischer Übersetzung besaß; cf. S. 207, Anm. 1).
4. Randbemerkung des Autors: »Rapin Thoyras« (cf. S. 277, Anm. 7).
5. Das Ordal, d. h. das Gottesurteil (lat. Ordalium, Iudicium Dei) war im mittelalterlichen Europa geläufig; es findet sich jedoch in allen Kulturen und beruht auf dem Glauben, dass Gott der Hüter des Rechts sei und er es nicht dulde, dass im weltlichen Rechtsstreit der Schuldige freigesprochen wird oder der Unschuldige unterliegt.

Seite 295
1. Randbemerkung des Autors: »Quintilien, liv. V, *Des preuves et de la réfutation.*« (»Quintilian, *Über Beweise und Verteidigung*, 5. Buch«). Friedrich besaß mehrere französische Übersetzungen der *Institutiones oratoriae* (*Schule der Beredsamkeit*), u. a., Quintilien, *De l'institution de l'orateur*, trad. par M. l'Abbé Gédoyn, Paris 1712.
2. Wenige Tage nach Regierungsantritt verwirklichte Friedrich eine bereits von seinem Vater vorbereitete Justizreform und schaffte durch Cabinets-Ordre vom 3. Juni 1740 die Folter als Mittel zur Erlangung von Geständnissen ab; zunächst waren noch Ausnahmen zugelassen worden (Majestätsverbrechen, Hochverrat, Mord), die dann durch Cabinets-Ordre vom 4. Aug. 1754 aufgehoben wurden. Friedrichs Cabinets-Ordres vom 3. 6. 1740 und 4. 8. 1754, in: *Deutsche Richterzeitung*, August 1988, 298-299. Zu Friedrichs Reformen cf. Wolfgang Neugebauer, *Die Hohenzollern*, Bd. 2: *Dynastie im säkularen Wandel*, Stuttgart 2003, 27–32.
3. Muralt, *Lettres sur les Anglois et les François*, Bd. 1, 148 (cf. S. 67, Anm. 3).

Seite 297
1. Die *Philippiken* des Demosthenes, cf. S. 107, Anm. 2.
2. Die Rede *Über die Krone* (oder *Die Kranzrede*) von Aechines (390/389 v. Chr.–315/314 v. Chr.) ist eine Replik auf die gleichnamige Rede von Demosthenes, auf die sich Aechines in seiner *Rede gegen Ktesiphon* bezieht (cf. *Die Reden des Aechines und Demosthenes über die Krone oder wider und für den Ktesiphon*, übersetzt v. Friedrich von Raumer, Berlin 1811).

3. Cicero, *Rede für Cluentius, Rede für Fontejus*.
4. Der preußische Jurist und Großkanzler (seit 1747) Freiherr Samuel von Cocceji (1679–1755) wurde von Friedrich beauftragt, eine Justizreform zu erarbeiten, mit dem Ziel, alle Justizbehörden und Gerichte zu vereinheitlichen und unter staatliche Aufsicht zu stellen, um die Voraussetzungen zu schaffen, im preußischen Staatsgebiet ein einziges allgemein geltendes Recht auszuüben. Cocceji entwarf u. a. eine neue Prozessordnung (Projekt »Codici Fridericiani Pomeranici« vom 6. Juni 1747 und Projekt »Codici Fridericiani Marchici« vom 3. Apr. 1748) und erarbeitete das »Projekt des Corpus Juris Fridericiani, das ist Seiner Königlichen Majestät in Preußen in der Vernunft und Landesverfassung gegründete Landrecht« (1749, 1751). In Friedrichs Potsdamer Schlossbibliothek befand sich die französische Übersetzung des Reformprojekts: Samuel von Cocceji et autres, *Projet du corps de droit Frédéric ou corps de droit pour les états de S. M. le roi de Prusse*, trad. de l'allemand par Alexandre Auguste de Campagna, conseiller privé du roi, Halle 1750. Cf. Herman Weill, *Frederick the Great and Samuel Cocceji. A Study in the Reform of the Prussian Judicial Administration. 1740–1755*, Madison, Wisconsin 1961; Walter Hubatsch, *Friedrich der Große und die preußische Verwaltung*, Köln, Berlin 1973, 212–221.

Seite 299

1. Dies erfolgte am 13. Juli 1746; cf. No. XV. *Des Königl. Cammer-Gerichts-Perordeni, wie mit allergnädigster Approbation in einigen Puncten die Processe zu verkürtzen. Vom 13. Juli 1746 (v. Görne)*, in: [Christian Otto Mylius], CORPUS CONSTITUTIONUM MARCHICORUM CONTINUATIO III. *Derer in der Chur- und Mark Brandenburg, und incorporirten Landen ergangenen Edicten, Mandaten, Rescripten, &c. von 1745 biß 1747 inclusive*, 81–84.
2. Randbemerkung des Autors: »Quintilien, liv. VII, chap. VII« (»Quintilian, 7. Buch, 7. Kap.«); cf. S. 295, Anm. 1.
3. Randbemerkung des Autors: »Édit de Nantes de 1598, révoqué par Louis XIV« (»Edikt von Nantes aus dem Jahre 1598, widerrufen von Ludwig XIV.«).
4. Das Edikt gegen das Duell, das Friedrich Wilhelm I. am 22. März 1717 erließ, verhängte die Todesstrafe über den, der im Duell den Gegner tötete oder so verletzte, dass dieser den neunten Tag nicht überlebte: *Sr. Königl. Majestät in Preussen und Churfürstl. Durchl. zu Brandenburg Erklärtes und erneuertes Mandat, wider die Selbst-Rache, Injurien, Friedensstörungen, und Duelle*, Berlin 1717. Zu Friedrichs Einstellung gegenüber dem Duellwesen, cf. Werner Ogris, *Elemente europäischer Rechtskultur*, hg. von T. Olechowski, Wien, Köln, Weimar, 2003, 184f.

Seite 301

1. Edikte gegen das Duell (Duellmandate) wurden seit dem Ende des Dreißigjährigen Krieges sowohl in Frankreich als auch in Brandenburg-Preußen verstärkt erlassen. Die Bezeichnung »Rencontre« (zufälliges Zusammentreffen, Begegnung ohne Vorbereitung) für das Duell ist eine Form der Verharmlosung, die vor Strafverfolgung schützen sollte. In der von Friedrich kritisierten Nichtbeachtung königlicher Duellverbote seitens der adligen Duellanten, die im Zeitalter des Absolutismus gang und gäbe war, manifestiert sich der Konflikt zwischen absoluter Königs-

macht, die das Gewaltmonopol des Staates beansprucht, und adliger Eigenmacht, die im Duell eine Form der Selbstjustiz praktiziert und sich obrigkeitliche Gewalt anmaßt, die die Würde des Königs als obersten Gerichtsherrn negiert. Indem die Duellanten auf dem Duell als »point d'honneur« beharrten, verletzten sie die Hoheitsrechte des absolutistischen Staates. Aus der Sicht des Monarchen als Gesetzgeber beleidigten sie die »Majestät der Gesetze« (Friedrich). La Bruyère (1645–1696), kritisiert das Duell als eine Modeerscheinung seiner Zeit, mit der Ehre und Ruhm verknüpft werde, und befand im Hinblick auf die von Ludwig XIV. erlassenen Duellverbote, es könne als »eine der besten Taten im Leben eines großen Königs gelten, sein Volk von dieser Narrheit zu heilen« (cf. *Les caractères*, »De la mode«, in: *Œuvres complètes de La Bruyère*, ed. J. Benda, Paris 1951, 391f.). Montesquieu analysiert die Problematik des Duells als »point d'honneur« im *Geist der Gesetze*, 28. Buch, 20. Kap.
2. Der Abbé de Saint-Pierre (1658–1743), Verfasser des *Projet pour rendre la paix perpétuelle en Europe* (1713, *Der Traktat vom ewigen Frieden*), hatte eine Rezension des von Voltaire herausgegebenen *Anti-Machiavel* (erschienen Ende Sept. 1740 bei Jean van Duren, Den Haag) verfasst, diese veröffentlicht und an Friedrich geschickt: *Reflexions sur l'Antimachiavel de 1740* par Mr. l'Abbé de Saint-Pierre, Rotterdam, 1741. Anlässlich der Thronbesteigung Friedrichs war Saint-Pierre nach Berlin gereist, um dem jungen König und Hoffnungsträger der aufgeklärten Welt zu gratulieren und für sein Projekt *Vom ewigen Frieden*, der durch ein europäisches Schiedsgericht garantiert werden sollte, zu werben. Die Besprechung des *Anti-Machiavel* war für Saint-Pierre ein willkommener Anlass, erneut auf sein »Friedensprojekt« zurückzukommen und den preußischen König, der zeitgleich seine Truppen in Schlesien einmarschieren ließ, zur Friedenspolitik zu ermuntern. Cf. Charles-Irenée Castel de Saint-Pierre, *Réflexions sur l'Antimachiavel de 1740 / Betrachtungen zum Antimachiavel von 1740*, in: ders., *Kritik des Absolutismus*, hg. v. H. Hömig, F.-J. Meissner, München 1988, 257-304, sowie Olaf Asbach, *Staat und Politik zwischen Absolutismus und Aufklärung. Der Abbé de Saint-Pierre und die Herausbildung der französischen Aufklärung bis zur Mitte des 18. Jahrhunderts*, Hildesheim, Zürich, New York 2005.

Seite 303
1. Den französischen Aufklärern galten die Mönche als weltfremde, wenn nicht fanatische Hüter des Aberglaubens, vor allem die Kapuziner, ein franziskanischer Reformorden, deren Name auf ihre Mönchskutte mit spitzer Kapuze zurückgeht. Im 16. und 17. Jh. waren die Kapuziner, denen magische Kräfte zugeschrieben wurden, treibende Kraft der Gegenreformation. Die Aufklärer nahmen sie als typische Vertreter des abergläubischen Mönchtums ins Visier. Der sog. Kapuzenstreit war im 18. Jh. ein willkommener Anlass für antiklerikalen Spott. So schließt Voltaire den 13. Brief seiner *Lettres philosophiques* (*Briefe über die Engländer*) mit der Bemerkung: »Alle Bücher der modernen Philosophen zusammen werden niemals in der Welt soviel Lärm machen wie einst der Streit der Franziskaner um die Form ihrer Ärmel und ihrer Kapuze«. In Diderots und d'Alemberts *Encyclopédie* wird dieser Streit – auf listige Weise an einer abgelegenen Stelle, die der Zensur verborgen bleiben sollte – im religionskritischen Art. *Capuchon* (Bd. 2, 1751, *Kapuze*) als der »hundertjährige Krieg der Franziskaner« lächerlich gemacht.

Vorwort zum Auszug aus dem historisch-kritischen Wörterbuch von Bayle

Das Vorwort zu der von Friedrich unternommenen Auswahlausgabe des *Dictionnaire historique et critique*, Rotterdam 1697 [2 Teile in 4 Bänden] von Pierre Bayle (1647–1706), entstand 1764 und erschien im Mai 1765 im *Extrait du Dictionaire* [sic.] *historique et critique de Bayle* divisé en deux volumes avec une préface. À Berlin, chez Chrétien-Frédéric Voss, 1765 (»*Auszug aus dem historisch-kritischen Wörterbuch von Bayle* in zwei Bänden, mit einem Vorwort.«). Im Jahre 1767 erschien eine überarbeitete und ergänzte Neuauflage ebenfalls bei Christian Friedrich Voß (1724–1795): *Extrait du Dictionaire* [sic.] *historique et critique de Bayle* divisé en deux volumes avec une préface. Nouvelle édition augmentée. À Berlin, chez Chrétien-Frédéric Voss, 1767. Friedrich besaß vier Ausgaben des *Dictionnaire historique et critique (DHC)* von Pierre Bayle, nämlich zwei Ausgaben der 4. Aufl., die eine Lebensbeschreibung Bayles aus der Feder des hugenottischen, im englischen Exil tätigen Bayle-Herausgebers, -Übersetzers und -Biographen Pierre Des Maizeaux (1666–1745) enthielt: *Dictionnaire historique et critique par M. Pierre Bayle*, IVe édition avec la vie de l'auteur par M. Des Maizeaux, I–IV, Amsterdam, Leide 1730; eine davon befand sich in der Schlossbibliothek zu Sanssouci, wo sie heute noch steht. Bogdan Krieger merkt hierzu an: »[...] scheinbar vom König viel benutzt, mit vielen Lesezeichen und Hinweiszetteln« (cf. *Gesamtkatalog der Bibliotheken Friedrichs des Großen*, 179). Sodann besaß er zwei Ausgaben der »überarbeiteten, verbesserten und ergänzten« 5. Aufl. des *Dictionnaire historique et critique par M. Pierre Bayle*, Amsterdam, Leyden, Den Haag, Utrecht 1740. In deutscher Übersetzung lag im 18. Jh. ein Auszug aus Bayles »weltbekanntem« Wörterbuch vor, der die für den Protestantismus einschlägigen Artikel *Erasmus, Calvin, Bellarmino* enthielt (Hannover 1732), sodann die purgierte Ausgabe: *Herrn Peter Baylens Historisches und Critisches Wörterbuch*, nach der neuesten Auflage von 1740 ins Deutsche übersetzt [...] von Johann Christoph Gottscheden, 4 Bde., Leipzig 1741–1744 (Nachdruck Hildesheim 1973–1978). Wir geben Friedrichs *Avant-propos de l'Extrait du dictionnaire historique et critique de Bayle* nach der von J. D. E. Preuss edierten Fassung wieder, cf. *Œuvres de Frédéric le Grand*, Berlin 1847, t. VII, 123–129.

Seite 307
1. Schulphilosophie cf. S. 25, Anm. 2.
2. Cicero, *De Natura Deorum* (*Über das Wesen der Götter*) besaß Friedrich in mindestens drei verschiedenen französischen Übersetzungen; u. a. *De la nature des dieux*, latin et français avec des remarques critiques et historiques, dédié à Monseigneur de Fleury par Le Masson, I–III, Paris 1721; dasselbe, trad. par M. d'Olivet, IIIe éd. I–II, Paris 1749; desgleichen Ciceros *Tusculanae disputationes* (*Gespräche in Tusculum*); u. a. *Tusculanes*, trad. par Bouhier et d'Olivet avec des remarques, I–III, Paris 1737. Bereits am 6. Juli 1737 (D 1350) schrieb Friedrich an Voltaire: »Ich liebe Cicero unendlich. In den *Tusculanae disputationes* entdecke ich manche Empfindung, die den meinen gleichen.« Cicero gilt Friedrich in Zusammenhang mit dem *DHC* als Vertreter

des akademischen Skeptizismus, während er ihn im *Antimachiavel* und in der *Abhandlung über die Gründe, Gesetze einzuführen oder abzuschaffen* als Rhetor wahrnimmt. Friedrich besaß neben dem für den religiösen Skeptizismus einschlägigen Cicero-Dialog *De Natura Deorum* (lateinisch-französisch) auch die zweisprachige Ausgabe des Cicero-Dialogs *Academica* (*Akademische Bücher*), eine für den erkenntnistheoretischen Skeptizismus einschlägige Referenz: *Académiques avec le texte latin de l'édition de Cambridge et des remarques nouvelles outre les conjectures de Davies et de M. Bentley et le commentaire philosophique de Pierre Valentia*, Londres 1740. Zum Skeptizismus cf. S. 35, Anm. 3.

3. Descartes cf. S. 25, Anm. 2. – Leibniz cf. S. 181, Anm. 4. – Der Cartesianer Nicolas de Malebranche (1638–1715), der sich als Philosoph aufseiten der Gegenreformation positionierte, versuchte das Leib-Seele-Problem okkasionalistisch zu lösen: Für ihn ist Erkenntnis nur durch die Mitwirkung Gottes und Teilhabe an Ideen, die göttlicher Natur sind, möglich, da Geist und Materie in keine unmittelbare Beziehung zueinander treten können. In Friedrichs Bibliothek befanden sich u. a. Malebranche, *Entretiens sur la métaphysique, sur la religion et sur la mort* [1688]. Nouv. éd. I–II, Paris 1711; *De la recherche de la vérité où l'on traitte de la nature, de l'esprit de l'homme et de l'usage qu'il en doit faire pour éviter l'erreur dans les sciences* [1674–1678], I–II, VIe éd., Paris 1712 sowie VIIIe, éd. Paris 1749; sodann *Traité de l'infini créé avec l'explication de la possibilité de la transsubstantiation. Traité de la confession et de la communion*, Amsterdam 1769. Zur Transsubstantiationslehre cf. S. 187, Anm. 1.

4. Systemgeist cf. S. 181, Anm. 3.

5. Friedrichs Anmerkung zu Descartes, der »eine Welt schuf, die nicht die unsere war«, bezieht sich auf die cartesianische Physik, die aus der Perspektive des Newtonianismus kritisiert wird (cf. S. 53, Anm. 2). Zu Friedrichs Bemerkung, Malebranche verwechsle die Geschöpfe mit dem Schöpfer cf. S. 307, Anm. 3. – Die Formulierung »der Mensch als Automat« gehört in das cartesianische Begriffsrepertoire aus dem Bereich der physikalisch-mechanistischen Naturerklärung, der zufolge menschliche (und tierische) Körper als Automaten (oder Maschinen), die physikalischen Gesetzen gehorchen, angesehen werden, d. h. als Getriebe, die nicht über eine immanente Vernunft verfügen. Zur anticartesianischen Kritik am Automatismus der Tiere cf. S. 145, Anm. 1.

6. Leibniz cf. S. 181, Anm. 4.

7. Bellerophon (oder Bellerophontes), im griechischen Mythos der Sohn des korinthischen Königs Glaukos, verschmähte die Liebe der Königin Anteia (oder Stheneboia), Gattin des Königs Proitos von Tiryns, die ihn verführen wollte und anschließend behauptete, Bellerophon habe sie vergewaltigt. Zur Strafe musste er gegen die Chimäre, das feuerspeiende Ungeheuer von Lykien, kämpfen, in der Annahme, er werde dabei getötet. Doch mithilfe der Götter gelang es Bellerophon, auf seinem Flügelross reitend, das Ungeheuer zu töten (cf. Homer, *Ilias*, 6, 178–183; Pindar, *Olympien*, 13,60–90). Friedrich besaß zahlreiche, im 18. Jh. erschienene französische Homer-Übersetzungen; u. a. *L'Iliade*, trad. nouvelle précédée de réflexions sur Homère par M. Bitaubé, I–II, Paris 1764. Auch die französische Übersetzung der Oden Pindars

befanden sich in seiner Bibliothek, u. a. die *Olympien*: Pindare, *Les Olympiques*, traduites en français avec des remarques historiques, Paris 1754.

Seite 309

1. Friedrich war nicht nur ein großer Leser, er war auch ein Liebhaber leserfreundlicher Bücher. Lektüre sollte zugleich nützlich und ein Vergnügen sein. Folianten und dickleibige Bücher waren nicht nach seinem Geschmack. Gute Bücher sollten handlich und erschwinglich sein, damit sie auch für jene erreichbar wären, die sich große Ausgaben nicht leisten können. Der *Auszug aus dem historisch-kritischen Wörterbuch von Bayle* wurde in zwei Oktavbänden veröffentlicht. Bayles *Dictionaire historique et critique* umfasste vier voluminöse Folio-Bände. Der von Friedrich veranstaltete Extrakt sollte die Benutzung erleichtern, schnell informieren und dank des billigeren Buchpreises zur allgemeinen Verbreitung der wichtigsten Wörterbuchartikel Pierre Bayles beitragen; cf. Friedrichs Brief an seinen Bruder Heinrich vom 27. Apr. 1764, in: *Œuvres de Frédéric le Grand*, t. XXVI, 301–302.

2. Am 12. Juni 1752 (D 4910) schrieb Friedrichs Schwester Wilhelmine von Bayreuth an Voltaire, der sich in Potsdam aufhielt: »Le roi me dit lorsque j'étais à Berlin qu'il voulait faire écrire l'esprit de Bayle« (»Als ich in Berlin war, sagte mir der König, er wolle etwas über den Geist Bayles schreiben lassen«). Ein Buch mit dem Titel *Esprit de Bayle*, d. h. einen Extrakt aus Bayles Werken, scheint nicht oder nur in einer winzigen Aufl. gedruckt worden zu sein, so dass davon auszugehen ist, dass stattdessen 1765, d. h. nach dem Siebenjährigen Krieg, der *Extrait du Dictionaire* [sic.] *historique et critique de Bayle* mit Friedrichs *Avant-propos* erschien.

3. Friedrich nahm Pierre Bayles Art. *Zénon* und *Épicure* (cf. S. 153, Anm. 2) in den *Auszug aus dem historisch-kritischen Wörterbuch* auf. Er stellte damit deren Bedeutung für sein philosophisches Denken heraus. Bayles vielschichtiger Artikel über den griechischen Philosophen, Schüler und Freund des Parmenides, Zenon von Elea (um 490 v. Chr. – 430 v. Chr.) referiert dessen Paradoxien über das Eine und das Viele, das Ruhende und Bewegte, den Ursprungsgrund, die Teilbarkeit der Materie; er erläutert Zenons Kunst der Beweisführung bzw. Argumentation und stellt ihn als einen ernsthaften Denker dar. Bayle verfolgt damit auch das Ziel, das Vorurteil zu widerlegen, Zenon sei nur ein radikaler Zweifler. Der Art. über Zenon im *DHC* erweist sich als ein wirkungsvolles Beispiel für philosophiehistorische Aufklärung über einen wenig bekannten Gegenstand in Form konstruktiver Kritik, die, ohne sich die philosophischen Positionen Zenons uneingeschränkt zu eigen zu machen, neue Erkenntnisse formuliert. Dieser aufgeklärte Umgang mit der Geschichte des Denkens wurde Anfang des 19. Jh.s unter Bezugnahme auf Bayles Zenon-Artikel bestätigt: Hegel, der Dialektiker der Moderne, bezieht sich in seinen *Vorlesungen über die Geschichte der Philosophie* auf Bayles Artikel und bringt Zenon als den verkannten Aporetiker und Begründer der Dialektik wieder ins Gespräch; cf. *Vorlesungen über die Geschichte der Philosophie I*, in: Georg Wilhelm Friedrich Hegel, *Werke* [in 20 Bänden], Bd. 18, hg. v. E. Moldenhauer u. K. M. Michel, Frankfurt a. M. 1986, 295–319. Auch zollt Hegel an anderer Stelle Friedrich Anerkennung dafür, dass er sich die Philosophie der französischen Aufklärung zu eigen gemacht habe (cf. *Vorlesungen über die Geschichte der Philosophie*, ebd., Bd. 20, 298).

Seite 311

1. Die »dunklen Pfade der Metaphysik« beschäftigten Friedrich vor allem während seiner Rheinsberger Zeit (cf. S. 31, Anm. 4). Als er 1764 den *Auszug aus dem historisch-kritischen Wörterbuch von Bayle* vorbereitete, kam er darauf zurück und schrieb an seinen Bruder Heinrich: »Sie haben ganz recht, mein lieber Bruder, wenn Sie sagen, man werde in der Metaphysik nicht weit kommen; in dieser Region müsste man fliegen können, und dazu fehlen uns die Flügel. Unser Denken ist gewiss nicht im Stande, Wahrheiten« zu entdecken, die uns die Natur verbergen wollte; aber es reicht aus, um die Irrtümer und Ungereimtheiten zu bemerken, die man aus Unwissenheit an die Stelle dessen gesetzt hat, was wir nicht wissen« (cf. Brief vom 27. Apr. 1764, in: *Œuvres de Frédéric le Grand*, t. XXVI, 301 f.).

2. Friedrichs Anspielung auf die Mode der Kanzelredner, sich für die christliche Predigt der rhetorischen Mittel zu bedienen, die ihren Ort im Plädoyer der Anwälte vor Gericht haben, wird bereits von La Bruyère, Freund und – wie Friedrich – Bewunderer des berühmten Kanzelredners Jacques-Bénigne Bossuet, Bischof von Meaux (1627–1704), thematisiert (cf. La Bruyère, *Œuvres complètes*, hg. v. J. Benda, Paris 1951, 436–448). Die Kanzelberedsamkeit hatte in Frankreich eine große Tradition. Im Zeitalter Ludwigs XIV. war das Amt des Kanzelredners hoch angesehen. Bossuet und Valentin-Esprit Fléchier, Bischof von Nîmes, Mitglied der Académie française (1632–1710), waren die bedeutendsten Kanzelredner Ludwigs XIV. Bossuet, streitbarer Theologe, rationaler Dogmatiker und Verfechter der Freiheiten der gallikanischen Kirche, vertrat eine Kanzelberedsamkeit, die sich durch wortgewaltiges Pathos, rationale Klarheit und sprachlichen Klang auszeichnete. Friedrich schätzte die Kanzelberedsamkeit der französischen Klassik ebenso wie die der antiken Redner. Nach Aussage seines Vorlesers Henri de Catt (in: *Unterhaltungen mit Friedrich dem Großen. Memoiren und Tagebücher*, hg. v. R. Koser, Berlin 1884, 221–222) las er ihre Schriften immer wieder, selbst während des Siebenjährigen Krieges, und besaß sowohl die theologischen Streitschriften als auch die berühmten *Oraisons funèbres* (»Leichenpredigten«) Bossuets in zahlreichen Ausgaben. Ebenso befanden sich die großen Predigten und Leichenreden Fléchiers und weitere Predigtsammlungen von weniger bekannten französischen Kanzelrednern des 17. und 18. Jh.s in seinen Bibliotheken. Zu Friedrichs Rezeption der französischen Kanzelredner cf. Werner Langer, *Friedrich der Große und die geistige Welt Frankreichs*, Hamburg 1932, 61 ff.

Versuch über die Eigenliebe, als Grundsatz der Moral betrachtet

Friedrichs *Essai sur l'amour-propre envisagé comme principe de morale* wurde am 11. Jan. 1770 an der königlichen Akademie der Wissenschaften zu Berlin vorgetragen. Bereits im *Antimachiavel* (23. Kap.) machte Friedrich die »Eigenliebe« zum Gegenstand der Reflexion. Am 4. Jan. 1770 übersandte er das Manuskript des *Essai sur l'amour-propre* an d'Alembert (cf. *Œuvres de Frédéric le Grand*, t. XXIV, 468–469) und am 17. Febr. 1770 an Voltaire (D 16157), dem er schreibt: »Das

beiliegende Schriftchen dreht sich um Ideen, die man im Kern bereits im *Esprit* von Helvétius und in den Essays von d'Alembert findet. Der Eine bedient sich einer allzu subtilen Metaphysik, der andere zeigt nur seine Ideen an.« Friedrichs *Essai sur l'amour-propre envisagé comme principe de morale* erschien zuerst in der *Histoire de l'Académie royale des sciences et belles-lettres. Année 1763*, Berlin 1770, 341–354. Gleichzeitig erschien ein Sonderdruck unter dem Titel *Discours prononcé à l'assemblée ordinaire de l'Académie royale des sciences et belles lettres de Prusse, le jeudi 11 janvier 1770*. À Berlin chez Chrétien-Frédéric Voss, 1770. Wir geben den Text in der von J. D. E. Preuss edierten Fassung wieder, cf. *Œuvres de Frédéric le Grand*, Berlin 1848, t. IX, 85–98.

Seite 317

1. Im Mittelpunkt der Lehre der Stoiker steht die Ethik; das Humanitätsideal des Stoizismus basierte auf der daraus abgeleiteten Tugendlehre. Cicero war der wichtigste Vertreter der römischen Stoa (cf. S. 307, Anm. 2).
2. Cf. S. 33, Anm. 1.
3. Cf. S. 153, Anm. 2.

Seite 319

1. Lukian (um 120 bis Ende 2. Jh.) bediente sich der Satire, Parodie und Ironie, um in seinen Dialogen und Erzählungen die Belanglosigkeit der Philosophen, die Eitelkeit der Rhetoren und die Leichtgläubigkeit des Publikums seiner Zeit zu kritisieren. Friedrich schätzte Lukians Satiren, dessen Toten-, Götter- und Hetärengespräche ihm Anregung für die eigenen satirischen Dialoge waren, u. a. für sein 1773 entstandenes *Totengespräch zwischen Madame Pompadour und der Jungfrau Maria* (hg. u. übers. v. G. Knoll, cf. S. 43, Anm. 1). In Friedrichs Bibliotheken befanden sich mindestens sieben verschiedene Ausgaben französischer Lukian-Übersetzungen von Nicolas Perraut d'Ablancourt (1606–1664), der den Übersetzungen Vorreden beifügte, aus denen hervorgeht, dass er das Ziel verfolgte, dem zeitgenössischen Publikumsgeschmack gerecht zu werden und die antiken Texte mit den Kriterien der französischen Klassik, vor allem der »bienséance« (Angemessenheit des Stils) in Einklang zu bringen. Friedrich besaß auch d'Ablancourts Thukydides-Übesetzungen.
2. Gaius Marius (156–86 v. Chr.) und Lucius Cornelius Sulla (138–78 v. Chr.) waren römische Politiker und Heerführer, deren Anhänger gegeneinander Bürgerkrieg führten; cf. Montesquieu, *Betrachtungen über die Ursachen von Größe und Niedergang der Römer*, Kap. XI.

Seite 321

1. Der Quietismus war im 17. u. 18. Jh. eine religiöse, mit der Mystik vergleichbare Bewegung innerhalb des Katholizismus, die von Spanien ausging. Den Gläubigen wurde völlige Passivität gegenüber allem Weltlichen und absolutes Vertrauen in das Walten der göttlichen Vorsehung abverlangt. Die wichtigsten Vertreter des Quietismus in Frankreich waren Jeanne Marie Bouvier de la Mothe-Guyon (1648–1717), die wegen ihres Einsatzes für den Quietismus zweimal verhaftet wurde und mehrere Jahre in der Bastille und im Kerker zu Vincennes verbrachte, sowie Fénelon (cf. S. 73, Anm. 4), der Madame de Guyon gegenüber Bossuet (cf. 311, Anm. 2) verteidigte.

Seite 323

1. La Rochefoucauld, *Réflexions ou sentences et maximes morales* (1664/65). La Rochefoucauld (1613–1680) beteiligte sich an der »Fronde des princes« (cf. S. 71, Anm. 4) und repräsentiert den im französischen Absolutismus politisch bedeutungslos gewordenen Feudaladel. Nach seinem Rückzug aus der Politik verkehrte er in den tonangebenden Pariser Salons und widmete sich anthropologischen Fragen. Seinen *Reflexionen* stellte er das Motto voran: »Unsere Tugenden sind meist nur verkappte Laster«. Die scharfsichtigen Beobachtungen und die Treffsicherheit seiner demaskierenden Maximen, die zeigen wollen, wie der Mensch wirklich ist, und nicht wie er sein soll, machten ihn berühmt. Auf das u. a. von La Rochefoucauld formulierte Persönlichkeitsideal des »honnête homme« (»ehrenwerter«, »redlicher« Mann, im Kontext der Hofkultur »Mann von Welt«, der über Bildung und höfische Lebensart verfügt) bezog sich auch Friedrich. In seiner Bibliothek befanden sich La Rochefoucauld, *Réflexions ou sentences et maximes morales*. *Maximes* de Madame la Marquise de Sablé. *Pensées diverses* de M. L. D. et *Les maximes chrétiennes* de M***. Amsterdam 1705, Lausanne 1747; dass. Nouv. édition augmentée de remarques critiques, morales et historiques par M. l'Abbé de la Roche, Paris 1754, sowie eine weitere Ausgabe der *Réflexions ou sentences et maximes morales* aus dem Jahre 1777; außerdem La Rochefoucaulds Memoranden aus der Zeit der Minderjährigkeit Ludwigs XIV., *Mémoires de la minorité de Louis XIV avec une préface nouvelle*, Villefranche 1690.

2. Cf. *Facta et dicta memorabilia*, VII, 2 (*Denkwürdige Taten und Worte*, 7. Buch, II, 18) von Valerius Maximus, die Friedrich in zwei verschiedenen Ausgaben (lateinisch-französisch) besaß: Valère Maxime, *Les actions et les paroles remarquables des Anciens* (Lyon 1700, Paris 1713). Dieses dem Kaiser Tiberius gewidmete Unterhaltungs- und Nachschlagewerk ist eine »Exempla«-Sammlung mit Sentenzen und Anekdoten aus der römischen und griechischen Geschichte, auf die Friedrich gelegentlich zurückgriff.

Seite 325

1. Zu den »gekrönten Ungeheuern« cf. S. 103, Anm. 2. – Caligula, römischer Kaiser (37–41 n. Chr.), der anfangs maßvoll regierte, entwickelte sich zum grausamen Despoten und wurde von Prätorianern ermordet. Sueton widmete ihm eine Biographie; cf. *Die Kaiserviten des C. Suetonius Tranquillus*, 4. Buch; cf. S. 119, Anm. 1.

2. Die »Glücksgüter« sind in diesem Sinne auch Gegenstand eines Kapitels in La Bruyères *Caractères*: »Des biens de fortune« (in: *Œuvres complètes de La Bruyère*, éd. J. Benda, Paris 1951, 176–201; sowie S. 21, Anm. 1).

Seite 327

1. Cf. S. 199, Anm. 1.

2. »L'accord social« (S. 326, Z. 17) wurde mit »Gesellschaftsvertrag« übersetzt, und zwar im Sinne Jean-Jacques Rousseaus (1712–1778), der im *Contrat social ou Essai sur la forme de la République* (entstanden seit 1754, veröffentlicht 1762) die Theorie des »pacte social« (1. Buch, 6. Kap.) entwickelt. Zum »Gesellschaftsvertrag« in der deutschen Tradition cf. Diethelm Klippel, *Politische Freiheit und Freiheitsrechte im deutschen Naturrecht des 18. Jahrhunderts*, Paderborn

1976. Im *Gesamtkatalog der Bibliotheken Friedrichs des Großen* wird der Autor Jean-Jacques Rousseau nicht erwähnt, vielmehr werden dessen Werke dem Autor Jean-Baptiste Rousseau (cf. S. 145, Anm. 2) zugeordnet, von dem sich Jean-Jacques Rousseau indes durch den Zusatz »Citoyen de Genève« (»Genfer Bürger«) dezidiert abgrenzte. Unter Jean-Baptiste Rousseau listet B. Krieger (cf. *Friedrich der Große und seine Bücher*, 164) folgende Titel auf: *La Nouvelle Héloïse*, Amsterdam 1770; *Jean-Jacques Rousseau, citoyen de Genève à Christophe de Beaumont, archevêque de Paris*, Londres 1763. Allerdings hatte Friedrich bereits im Sommer 1762 dem Autor der *Nouvelle Héloïse* (1761), des *Contrat social* (1762), des *Emile* (1762) etc. Asyl gewährt. Als sich Rousseau auf der Flucht befand, weil sein Erziehungsroman *Emile* in Frankreich verbrannt und in Genf verboten und er selbst per Haftbefehl gesucht wurde, wandte er sich direkt mit einem Gesuch um Asyl im Fürstentum Neuchâtel, das seit 1707 durch Erbschaft zu Preußen gehörte, an Friedrich und wurde dabei vom preußischen Gouverneur in Neuchâtel, Lord Marschall George Keith (1693–1778), der die Rolle des Vermittlers spielte, unterstützt (Rousseaus Briefe an Friedrich cf. *Œuvres de Frédéric le Grand*, t. XX, 299f.). Friedrich ließ Rousseau wissen, er sei in seinem Land willkommen, vorausgesetzt, er verzichte darauf, über zweideutige Themen zu schreiben und das übliche Geschrei unter den Geistlichen in Neuchâtel, die streitsüchtig und fanatisch seien, hervorzurufen (Briefwechsel zwischen Friedrich und Lord Marschall George Keith cf. *Œuvres de Frédéric le Grand*, t. XX, 255–297, hier: 288–291; zu Neuchâtel cf. Louis-Edouard Roulet, *Friedrich der Große und Neuenburg*, in: *Friedrich der Große in seiner Zeit*, hg. v. O. Hauser, Köln, Wien 1987, 181–192). Selbst wenn Friedrich den *Contrat social* nicht gelesen hätte, wäre es einfach gewesen, sich kundig zu machen, und zwar in einem Brief Rousseaus an Voltaire (18. Aug. 1756, D 6973), der bereits 1759, sechs Jahre vor dem *Contrat social*, veröffentlicht wurde, erneut 1763. In diesem Brief stellt Rousseau erstmals seine Theorie des »pacte social« im Sinne eines für jede Gesellschaft unverzichtbaren »code moral« vor. Es war darüber hinaus ein Offener Brief an Voltaire. Einen solchen wird Friedrich kaum ignoriert haben, denn alles, was Voltaire betraf, war für ihn von höchstem Interesse.

Seite 329
1. »Libertin« ist im Französischen doppeldeutig und bedeutet sowohl Freiheit des Denkens als auch Missachtung der moralischen Normen; das gilt auch für »Libertinage«. Im *Nouveau Dictionnaire des Passagers François-Allemand et Allemand-François, oder neues Frantzösisch-Teutsches und Teusch-Frantzösisches Wörterbuch*, hg. v. Johann Leonhard Frisch, Leipzig 1739, heißt es: »*Libertin*, e, adj. & subst. [von liber, frey, libertinus] der an keine Religion will gebunden seyn; ruchlos, der sich gottlose Freyheiten nimmt; Freyheit liebend, der ungezwungen seyn will; muthwillig; eine Art irrgläubiger Leute oder Ketzer.«

Seite 331
1. Publius Decius Mus weihte sich der Legende nach als Konsul dem Tode, um den Sieg in der Schlacht am Vesuv (340 v. Chr.) zu erringen und fiel. Sein gleichnamiger Sohn, zwischen 312 und 295 v. Chr. viermal Konsul, soll das Beispiel seines Vaters nachgeahmt und sich in der

Schlacht bei Sentinum gegen die Gallier (295 v. Chr.) dem Tode geweiht haben; auch er fiel; cf. Valerius Maximus, *Denkwürdige Taten und Worte*, 5. Buch, VI, 5, 6.
2. Cf. Valerius Maximus, *Denkwürdige Taten und Worte*, 4. Buch, III, 1, 2; dort wird diese »denkwürdige Tat« im Kap. »Enthaltsamkeit und Selbstbeherrschung« erzählt; sie habe sich ereignet, nach dem Scipio Africanus (um 235–183 v. Chr.) Carthago nova (heute Cartagena) in Spanien erobert hatte (209).

Seite 337
1. Miltiades (um 550–489 v. Chr.), athenischer Staatsmann und Feldherr, im Jahr 490 v. Chr. Sieger von Marathon; Themistokles (um 525–460 v. Chr.), athenischer Staatsmann und Feldherr; Sieger von Salamis im Jahr 480; cf. Valerius Maximus, *Denkwürdige Taten und Worte*, 5. Buch, III, 3.

Prüfung des *Versuchs über die Vorurteile*

Friedrichs Kritik gilt dem *Essai sur les préjugés, ou De l'influence des opinions sur les mœurs et sur le bonheur des hommes. Ouvrage contenant l'apologie de la philosophie*, par Mr. D. M. À Londres [Lausanne] 1769 (*Versuch über die Vorurteile, oder Vom Einfluss der Meinungen auf die Sitten und auf das Glück der Menschen. Ein Werk, das die Verteidigung der Philosophie enthält*). Sie erschien 1770 anonym bei Christian Friedrich Voß in Berlin unter dem Titel *Examen de l'Essai sur les préjugés. À Londres, chez Nourse libraire*, 1770. Aufgrund des Widmungsschreibens von »Du Marsais, Paris le 7 Mars 1750«, das dem *Essai sur les préjugés* vorangestellt ist, galt der schon 1756 verstorbene Philosoph und Frühaufklärer César Chesneau du Marsais (geb. 1676) im 18. Jh. als Verfasser des *Essai sur les préjugés*. Doch als Autor dieser Kampfschrift der französischen Aufklärung gilt Paul-Henri Thiry d'Holbach (cf. ders., *Œuvres philosophiques*, éd. J.-P. Jackson, Paris 1999, t. 2, 5–161). Friedrich besaß die 1. Aufl. des *Essai sur les préjugés* (1770), die sich in der Schlossbibliothek zu Sanssouci befand. In einem Brief an d'Alembert vom 17. Mai 1770 resümiert er mit der ihm eigenen Verve seine Einwände gegen die im *Essai sur les préjugés* vertretenen Thesen (cf. *Œuvres de Frédéric le Grand*, t. XXIV, 484). Wir geben Friedrichs *Examen de l'Essai sur les préjugés* nach der von J. D. E. Preuss edierten Fassung wieder, cf. *Œuvres de Frédéric le Grand*, Berlin 1848, t. IX, 129–152.

Seite 341
1. Platon, *Der Staat*, 9, 592 (cf. S. 33, Anm. 1).

Seite 343
1. Cf. S. 181, Anm. 3.
2. Zur Wirbeltheorie Descartes' cf. S. 53, Anm. 2. – Newtons Kommentar zur *Apokalypse* cf. S. 183, Anm. 3. – Leibniz cf. S. 181, Anm. 4.
3. Karl der Große (747–814), seit 768 König der Franken, seit 800 römischer Kaiser, überfiel 772

Sachsen, gegen das er bis 804 Krieg führte mit dem Ziel, es zu unterwerfen, zu christianisieren und in das fränkische Reich einzugliedern.

Seite 345

1. Im Briefwechsel mit d'Alembert (um 1769/70) erörterte Friedrich die Fragen, ob die Menschen im Allgemeinen bereit und fähig seien, sich der Aufklärung anzuschließen; ob das Volk ohne Aberglauben, ohne Fabeln und Märchen, ohne althergebrachte Bräuche auskomme und ob es überhaupt aufgeklärt werden wolle. Diese Fragen sind auch Gegenstand des 3. Kap. des *Essai sur les préjugés*: »Kann das Volk gebildet werden? Ist es gefährlich, das Volk aufzuklären? Von den Übeln, die aus der Unwissenheit der Völker herrühren«. Der Philosoph und Mathematiker, Verfasser des programmatischen Einleitungsartikels zur *Encyclopédie* und ihr Mitherausgeber, Mitglied der Preußischen Akademie der Wissenschaften und der Académie française, Jean-Le-Rond d'Alembert (1717–1783) vertritt im Briefwechsel mit Friedrich die Position, die Aufklärung müsse und könne sich behaupten, denn die Wahrheit werde über den Irrtum triumphieren, vorausgesetzt man gehe vernünftig und besonnen vor. Friedrich äußert sich diesbezüglich äußerst skeptisch und beruft sich dabei auf die Erfahrung. Dass nicht nur die Elite, sondern auch das Volk aufzuklären und für die Wahrheit zu gewinnen sei, hielt er für wenig Erfolg versprechend; cf. Briefe vom 25. Nov. und 18. Dez. 1769 sowie vom 8. Jan., 9. März, 3. Apr., 30. Apr. 1770, in: *Œuvres de Frédéric le Grand*, t. XXIV, 463–483.

Seite 347

1. *Versuch über die Vorurteile*, 1. Teil, 8. Kap.: »Von der praktischen und von der spekulativen Philosophie«. Friedrich bezieht sich auf den Schluss des 8. Kap.
2. Cf. S. 39, Anm. 1.
3. G. Terentius Varro war römischer Konsul, als die Römer während des 2. Punischen Krieges (218–201 v. Chr.) in der Schlacht bei Cannae in Süditalien im Jahr 216 v. Chr. gegen die Karthager unter Hannibal (247/46–183 v. Chr.) eine verheerende Niederlage erlitten. Varro konnte entkommen und wurde der Legende nach in Rom von Volk und Senat ehrenvoll empfangen (cf. Valerius Maximus, *Denkwürdige Taten und Worte*, 4. Buch, V, 2; cf. S. 323, Anm. 2). In der Schlacht gegen die Kelten an der Allia (Nebenfluss des Tibers) ca. 386 v. Chr. kam es zur Niederlage der Römer und zur Einnahme und Plünderung der Stadt Rom; cf. Valerius Maximus, *Denkwürdige Taten und Worte*, 9. Buch, XI, 4.

Seite 349

1. Im Briefwechsel mit d'Alembert berechnete Friedrich gelegentlich die konkrete Anzahl der Personen, die in der Lage seien, die Vorurteile zu überwinden und sich als Philosophen der Aufklärung zu widmen. So heißt es in einem Brief an d'Alembert vom 8. Jan. 1770: »Betrachten wir irgendeine Monarchie; nehmen wir an, sie habe zehn Millionen Einwohner; ziehen wir von diesen zehn Millionen zunächst die Bauern, die Manufakturarbeiter, die Handwerker, die Soldaten ab; dann bleiben ungefähr fünfzigtausend Personen, Männer wie Frauen, übrig; rechnen wir von diesen fünfundzwanzigtausend weiblichen Geschlechts ab; den Rest bildet der Adel und das gehobene Bürgertum; dann wollen wir überprüfen, wie viele unter diesen unfähige

Denker, Schwachsinnige, kleinmütige Seelen oder Wüstlinge sind. Aus dieser Kalkulation ergibt sich ungefähr, dass man in dem, was man eine zivilisierte Nation von ungefähr zehn Millionen Köpfen nennt, kaum tausend gebildete Menschen vorfindet [...]!« Cf. *Œuvres de Frédéric le Grand*, t. XXIV, 471.

Seite 351

1. Papismus war im 18. Jh. ein Kampfbegriff in der Debatte um Aufklärung, Säkularisierung und Modernisierung. Im Art. *Papisme* (1767, *Papismus*) des *Dictionnaire philosophique portatif* (*Philosophisches Taschenwörterbuch*) lässt Voltaire in Form eines Dialogs einen »Papisten« und einen »Schatzmeister« über Toleranz in Glaubensfragen diskutieren, um zu suggerieren, dass sich aus ökonomischer Perspektive die gesellschaftliche Akzeptanz der Vielfalt religiöser Gemeinschaften sowohl für die öffentlichen Finanzen als auch für den privaten Wohlstand lohnen würde. Friedrich besaß drei Ausgaben der 1. Aufl. des *Dictionnaire philosophique portatif*, Londres 1764, sowie ebenfalls drei der 6. Aufl., *Dictionnaire philosophique portatif*, VIe édition revue, corrigée et augmentée de XXXIV articles par l'auteur, Londres 1767.

Seite 353

1. In Voltaires Art. *Confession* (*Dictionnaire philosophique*, 1767, *Beichte*) heißt es: »Wenn Sie schwere Sünden bedrücken, dann gibt es für Sie die Bußprediger, die Ihnen Absolution erteilen können. Wenn Ihre Beichte nichts taugt, dann ist das Ihr Problem! Man gibt Ihnen für gutes Geld eine gedruckte Quittung, die Ihnen die Teilnahme an der Kommunion erlaubt, und wirft alle Quittungen in ein Hostiengefäß«; cf. Voltaire, *Dictionnaire philosophique*, éd. R. Naves, J. Benda, Paris 1967, 497.

Seite 355

1. Cf. S. 71, Anm. 3.
2. Steuerpächter (oder Generalpächter) waren im Frankreich des Ancien Régime Privatpersonen, an die der Staat das Steuereinzugsrecht verpachtete. Die Steuererhebung erfolgte bis zur Französischen Revolution nicht durch den Staat, sondern durch Privatleute. Außer der Pachtsumme musste ein Teil des Reinertrags der verpachteten Steuern an den Staat abgeliefert werden. Auch die Kirche bediente sich des Systems der Steuerpächter zur Eintreibung des Zehnten und anderer Abgaben. Durch die rücksichtslose Eintreibung der Steuern und den hohen Anteil am Steuerertrag (bis zu 20%), den die Steuerpächter auf Kosten des Staates in die eigene Tasche wirtschafteten, geriet die Einrichtung in die Kritik der Aufklärer. Die Nationalversammlung hob die Steuerpacht 1791 auf.
3. Ludwig XV. (1710–1774), der den Titel »Roi Très-Chrétien« (»Allerchristlichster König«) führte, war seit 1715 König von Frankreich. Während seiner Minderjährigkeit (bis 1723) regierte Philipp II., Herzog von Orléans; cf. S. 97, Anm. 3.

Seite 357

1. Cf. *Versuch über die Vorurteile*, 1. Teil, 3.–6. Kap.

Seite 359

1. Cf. *Antimachiavel*, 26. Kap.

2. Heinrich III. (1551–1589) wurde von Jacques Clément, Dominikanermönch, und Heinrich IV. (1553–1610) von François Ravaillac, religiöser Fanatiker und Schulmeister, der den Jesuiten nahe stand, ermordet; cf. Seite 69, Anm. 1.

Seite 361

1. Cf. *Antimachiavel*, 26. Kap.
2. Cf. S. 49, Anm. 2.
3. Im *Versuch über die Vorurteile* (1. Teil, 5. Kap., Anm. 8) wird Grotius kritisiert. Friedrich besaß zwei französische Übersetzungen des Hauptwerks des niederländischen Juristen und Begründers des Völkerrechts, Hugo Grotius alias Huig de Groot (1583–1645), *De Jure Belli ac Pacis libri tres* (Paris, 1625, *Drei Bücher vom Recht des Krieges und des Friedens*): *Le droit de la guerre et de la paix*, trad. du latin en français par de Courtin, I–III, à La Haye 1703, sowie die Ausgabe *Le droit de la guerre et de la paix*. Nouvelle traduction par Jean Barbeyrac, professeur de droit à Groningue avec les notes de l'auteur même qui n'avoient pas encore paru en françois et de nouvelles notes du traducteur, I–II, Basle 1746 (*Das Recht des Krieges und des Friedens*. Neue Übersetzung von Jean Barbeyrac, Juraprofessor in Groningen mit Anmerkungen des Autors selbst, die noch nicht auf Französisch erschienen sind, und mit neuen Anmerkungen des Übersetzers, Bd. I–II, Basel 1746); cf. S. 393, Anm. 2.

Seite 363

1. Der Ätolische Bund, politisches Bündnis, das unter den Bewohnern Mittelgriechenlands 367 v. Chr. geschlossen wurde, entwickelte sich zum politischen und militärischen Gegengewicht Makedoniens.
2. Ludwig XII. (1462–1515), seit 1498 König von Frankreich, setzte die Italienpolitik seines Vorgängers Karl VIII. fort und unternahm um 1500 mehrere Italienfeldzüge; cf. S. 89, Anm. 1.
3. Karl der Kühne (1433–1477), seit 1467 Herzog von Charolais, strebte die Errichtung eines burgundischen Königreichs an, in welches Lothringen und das Elsass als territoriale Verbindung zwischen seinen Besitzungen in den Niederlanden und in Burgund einbezogen werden sollten. In den Burgunderkriegen gegen die Schweizer Eidgenossen (1476/77) unterlag Karl; er fiel bei der Belagerung von Nancy.
4. England als Republik, cf. S. 189, Anm. 1.
5. Der Verweis auf zeitgenössische Ereignisse in Polen bezieht sich auf den Konföderiertenkrieg, den die in der Konföderation von Bar (1768) zusammengeschlossenen katholischen Adligen gegen die von Russland unterstützten Dissidenten führten. Anlass waren die Gesetze zur Gleichstellung der Dissidenten, die von Katharina II. erzwungen wurden. Friedrich machte die von den polnischen Konföderierten ausgelösten Querelen zum Gegenstand des satirischen Epos *La Guerre des confédérés* (1771, in: *Potsdamer Ausgabe*, Bd. 8); cf. Gerhard Knoll, in: Friedrich II. König von Preußen, *Totengespräch zwischen Madame Pompadour und der Jungfrau Maria*, hg. u. übers. v. G. Knoll, 31f. – Zu den Polnischen Thronfolgekriegen cf. S. 197, Anm. 2.
6. Die Quäker, von George Fox (cf. S. 81, Anm. 1) gegründete protestantische Sekte, waren überzeugte Pazifisten und lehnten jede Form von Kriegsdienst, Eid, Glaubenszwang, Rassismus und

Sklaverei ab. Voltaire zeichnete bereits in den ersten vier Briefen der *Lettres philosophiques* (1728, *Briefe über die Engländer*, cf. S. 47, Anm. 2) ein positives Bild der Quäker und setzte damit das Vorzeichen für eine aufgeklärte Wahrnehmung der Sekte, deren Mitglieder sich selbst als »Gesellschaft der Freunde« bezeichneten.

7. Cf. S. 301, Anm. 2.

Seite 365

1. Ludwig XV. war mit Maria Leszczyńska, der Tochter Stanislaus I. Leszczyński (1677–1766), König von Polen (1704–1709; erneut 1733–1736; cf. S. 67, Anm. 1), verheiratet. Nach dem Verlust der Krone erhielt Stanislaus als Abfindung das Herzogtum Lothringen, das nach seinem Tode (1766) an Frankreich fiel.

2. Die Pragmatische Sanktion wurde von Kaiser Karl VI. (1685–1740) zur Regelung der habsburgischen Erbfolge nach dem Erstgeburtsrecht im Jahr 1713 erlassen, um bei Aussterben der männlichen Linie seinen Töchtern die Thronfolge zu sichern. Friedrich, der hier auch seine gegen Maria Theresia geführten Kriege rechtfertigt, setzte sich 1740 mit militärischen Mitteln über die Pragmatische Sanktion hinweg und überfiel am 16. Dez. 1740 Schlesien, dessen Besitz erst nach drei Kriegen (darunter der Siebenjährige Krieg) im Frieden von Berlin (28. Juli 1742) und von Dresden (25. Dez. 1745) sowie im Frieden von Hubertusburg (15. Febr. 1763) bestätigt wurde.

3. Frankreich spielte im Westfälischen Frieden (1648) zur Beendigung des Dreißigjährigen Krieges die Rolle des Schiedsrichters. Richelieu (cf. S. 71, Anm. 1) leitete bereits 1641 die Vorverhandlungen für den Frieden, die sein Nachfolger Mazarin (cf. S. 71, Anm. 2) erfolgreich zu Ende führte, so dass mit dem Westfälischen Frieden die Vormachtstellung Frankreichs im europäischen Staatensystem besiegelt wurde; cf. Heinz Duchhardt (Hg.), *Der Westfälische Friede. Diplomatie – politische Zäsur – kulturelles Umfeld – Rezeptionsgeschichte*, München 1998.

Seite 367

1. Friedrichs Anspielung bezieht sich darauf, dass England bereits im Sommer 1755 den Krieg gegen Frankreich in Nordamerika eröffnet hatte, Ludwig XV. aber erst im Frühjahr 1756 reagierte.

2. Scipio cf. S. 167, Anm. 3. – Gustav II. Adolf von Schweden; cf. S. 147, Anm. 1. – Zur »germanischen Freiheit« cf. Erwin Hölzle, *Die Idee einer altgermanischen Freiheit vor Montesquieu. Fragmente aus der Geschichte politischer Freiheitsbestrebungen, England und Frankreich vom 16.–18. Jahrhundert*, München 1925.

3. Turenne, Marlborough, Prinz Eugen cf. S. 163, Anm. 2. – Graf Moritz von Sachsen, Marschall von Frankreich (1696–1750).

4. Diogenes (403–323 v. Chr.), griechischer Philosoph aus Sinope, gilt als der wichtigste Vertreter des Kynismus (Zynismus), dessen Ideal die Selbstgenügsamkeit war. Sein schlagfertiger Witz machte ihn ebenso berühmt wie seine radikale Kritik an den gesellschaftlichen Konventionen; überliefert sind zahlreiche Anekdoten aus seinem in demonstrativer Bedürfnislosigkeit geführten Leben (z. B. Diogenes in der Tonne).

Seite 369

1. Das gegenreformatorische Bündnis, die Heilige Liga, wurde von Heinrich I. von Lothringen, Herzog von Guise (1550–1588) gegründet und kämpfte unter seiner Führung gegen die französischen Hugenotten, cf. S. 81, Anm. 4.

Seite 371

1. König Johann II., der Gute, von Frankreich cf. S. 175, Anm. 1.
2. Franz I. von Frankreich cf. S. 161, Anm. 1.
3. Parlement cf. S. 71, Anm. 3.

Seite 373

1. Cf. *Abhandlung über die Gründe, Gesetze einzuführen oder abzuschaffen*, in diesem Band.
2. Spanischer Erbfolgekrieg cf. S. 113, Anm. 1.
3. Der Regent Philipp II., Herzog von Orléans (cf. S. 97, Anm. 3), beauftragte John Law of Lauriston (1671–1729), schottischer Bankier und Nationalökonom, mit der Sanierung der öffentlichen Finanzen. Law gründete 1716 in Paris eine Notenbank, um die Schulden des französischen Staates durch die Ausgabe von Papiergeld, das jedoch keine Deckung durch disponiertes Gold oder Silber besaß, abzutragen. 1720 wurde er französischer Finanzminister, wenig später brach das »System Law« zusammen. Der Finanzbankrott stürzte Frankreich in eine schwere Wirtschaftskrise; cf. Antoin E. Murphy, *John Law. Economie Theorist and Policy-Maker*, Oxford, 1997.
4. Friedrichs Einschätzung der Politik des Kardinals de Fleury hatte sich seit der Zeit, als er den *Antimachiavel* verfasste, grundlegend geändert. Um 1740 hielt er Fleury noch für den exemplarischen Vertreter des zeitgenössischen Machiavellismus, der sich vor allem in der Raffinesse der Täuschungsmanöver des Politikers Fleury zeige; cf. S. 71, Anm. 5.

Seite 379

1. César Chesneau Du Marsais (1676–1756), Philosoph, Sprachforscher und Aufklärer, galt im 18. Jh. als Autor des *Essai sur les préjugés* (cf. Vorbemerkung zu den Anm., die *Prüfung des Versuchs über die Vorurteile* betreffend, 483 in diesem Band). Du Marsais war Mitarbeiter der *Encyclopédie*, für die er zahlreiche Artikel zur Grammatik verfasste sowie den Art. *Philosophe* (Bd. 12, 1765). Seine sprachwissenschaftliche Untersuchung *Des tropes, ou des différents sens dans lesquels on peut prendre un même mot dans une même langue*, Paris 1730 (»Von den Tropen, oder von den verschiedenen Bedeutungen, die ein und dasselbe Wort in ein und derselben Sprache haben kann«), die Friedrich besaß, war im 18. Jh. ein Standardwerk. Der Essay *Le philosophe* (1743) machte Du Marsais zu einer wichtigen Referenzfigur der französischen Aufklärung. D'Alembert veröffentlichte in der *Encyclopédie* (1757, Bd. 7) eine *Éloge de M. Du Marsais*, in der er dessen Beitrag zur Erforschung der Sprache hervorhebt und den Essay *Le philosophe* als »goldenes Buch« der Aufklärung empfiehlt. Du Marsais galt den Enzyklopädisten als vorbildlicher *philosophe*, der sich kompromisslos der Aufklärung und dem Kampf gegen die Vorurteile gewidmet und für die Unabhängigkeit des Denkens ein bescheidenes Leben in Kauf genommen habe.

2. Fénelon cf. S. 73, Anm. 4.
3. Cf. S. 135, Anm. 2.
4. Louis-Jules Barbon Mancini-Mazarini, Herzog von Nivernais (1716–1798), Großneffe von Kardinal Mazarin (cf. S. 71, Anm. 2), französischer Diplomat, Lyriker und Übersetzer, Mitglied der Académie française (seit 1742), verkörpert beispielhaft den Typus des hochadeligen Höflings der zweiten Hälfte des 18. Jh.s. Von Jan. bis März 1756 war er im Rang eines Bevollmächtigten Gesandter in Preußen; cf. Sven Externbrink, *Friedrich der Große, Maria Theresia und das Alte Reich. Deutschlandbild und Diplomatie Frankreichs im Siebenjährigen Krieg*, Berlin 2006, 58ff., 383.
5. Cartouche cf. 99, Anm. 2. – Louis Mandrin (1724–1755), berühmter Schmugglerführer, der im 18. Jh. aufgrund seiner Verbrecherkarriere und des gegen ihn erlassenen, gedruckten und öffentlich verkauften Gerichtsurteils (u. a. wegen Majestätsverbrechen) sowie angesichts seiner Hinrichtung auf dem Rad europaweit bekannt war; cf. Hans-Jürgen Lüsebrink, *Kriminalität und Literatur im Frankreich des 18. Jahrhunderts*, München, Wien 1983, 36–64.

Kritische Überprüfung des *Systems der Natur*

Friedrichs *Examen critique du Système de la nature* befasst sich mit der 1770 erschienenen Schrift *Système de la nature, ou Des lois du monde physique, et du monde moral* par M. Mirabaud, Secrétaire Perpétuel, et l'un des Quarante de l'Académie Française, 2 vol., Londres 1770 (*System der Natur, oder von den Gesetzen der physischen und der moralischen Welt*). Jean-Baptiste de Mirabaud (1675–1760), dessen Name für die Autorschaft des *Système de la nature* beansprucht wurde, war 1770 bereits seit zehn Jahren tot. Er gehörte, wie Du Marsais (cf. S. 379, Anm. 1), zu den französischen Frühaufklärern, die das theologische Weltbild radikal kritisierten. Mirabaud wurde durch seine von Fontenelle (cf. S. 233, Anm. 2) 1743 veröffentlichten *Sentiments des philosophes sur la nature de l'âme* (erneut 1770) als Aufklärer bekannt, ebenso durch seine posthum erschienenen *Opinions des anciens sur les juifs*, Londres 1769, die Friedrich besaß. Mirabaud war auch als Übersetzer tätig. Er übersetzte u. a. Ariosts *Orlando furioso* (*Roland furieux*, cf. S. 97, Anm. 6) und Tassos *Gerusalemme liberata* (*Jérusalem délivrée*), die Friedrich in sechs verschiedenen Auflagen besaß. Doch der Autor des *Système de la nature* ist der für die französische Aufklärung wichtigste Vertreter einer kohärent ausformulierten materialistischen Philosophie, Paul-Henri Thiry d'Holbach (1723–1789), der die fingierte Autorschaft Mirabauds in Anspruch nahm, um sich vor den Gefahren zu schützen, die durch die Veröffentlichung seiner Schrift, die 1770 enormes Aufsehen erregte, unweigerlich drohten; cf. Paul-Henri Thiry d'Holbach, *Œuvres philosophiques*, éd. J.-P. Jackson, Paris 1999, t. 2, 162–643. Friedrich übersandte das Manuskript seines *Examen critique du Système de la nature* am 7. Juli 1770 an Voltaire (D 16503) und an d'Alembert, dem er schreibt: »Kaum hatte ich Ihnen meine Bemerkungen zum *Versuch über die Vorurteile* zukommen lassen, war mir ein weiteres Buch in die Hände gefallen; und da ich gerade dabei war, philosophische Schriften zu über-

prüfen und mich schriftlich dazu zu äußern, habe ich die Bemerkung, die ich Ihnen heute übersende, niedergeschrieben. Es handelt sich um das *System der Natur*, angesichts dessen ich versucht habe, die offensichtlichsten Widersprüche und falschen Schlussfolgerungen, die mir am meisten aufgefallen sind, hervorzuheben. Es gäbe noch sehr viel zu dieser Schrift zu sagen [...], ich habe mich auf die vier Hauptpunkte beschränkt, die der Autor behandelt« (cf. *Œuvres de Frédéric le Grand*, t. XXIV, 489). Friedrich ließ seine Widerlegung des *Systems der Natur* nicht drucken; er hielt sie nachträglich für allzu »orthodox« und für eine Veröffentlichung nicht geeignet. »Es gibt darin Stellen«, schreibt er an Voltaire am 18. Aug. 1770 (D 16592), »die bei einer Veröffentlichung scheue Menschen erschrecken und Frömmler schockieren müssten. Über die Ewigkeit der Welt ist mir ein Wort entschlüpft, das, wenn ich Privatmann wäre und es hätte drucken lassen, mir in Ihrem Vaterlande die Steinigung eintragen würde. Ich spüre, dass ich weder über eine Theologenseele noch über Theologenstil verfüge. So gebe ich mich damit zufrieden, in Freiheit an meiner Meinung festzuhalten, ohne sie auf fremdem Terrain zu verbreiten und auszusäen« (übers. v. Hans Pleschinski, *Voltaire – Friedrich der Große. Briefwechsel*, 451). Der Text erschien posthum in: Frédéric II, roi de Prusse, *Œuvres posthumes*, éd. Jean Charles Thibault de La Veaux, t. I–XV, Berlin, chez Voss et fils et Decker et fils 1788, t. VI, 139–168. Wir geben das *Examen critique du Système de la nature* nach der von J. D. E. Preuss edierten Fassung wieder; cf. *Œuvres de Frédéric le Grand*, Berlin 1848, t. IX, 153–168.

Seite 383
1. *Système de la nature*, 2. Teil, 12. Kap.: »Ist der Atheismus mit der Moral zu vereinbaren?«

Seite 384
1. An dieser Stelle (Zeile 13–14: »La nature aveugle, aidée du mouvement«) geben wir den Text nicht nach der von J. D. E. Preuss edierten Fassung wieder. Dort heißt es: »La nature aveugle, aide du mouvement«. Diese Variante fügt sich nicht in die logische Argumentation des Textes ein. Wir gehen davon aus, dass es sich bei Preuss um ein Versehen handelt. Dies wird durch frühere Drucke bestätigt, in denen die Variante »aidée du mouvement« zu lesen ist; cf. Frédéric II, roi de Prusse, *Œuvres posthumes*, éd. Jean Charles Thibault de La Veaux, t. I–XV, Berlin, chez Voss et fils et Decker et fils 1788, t. VI, 144: »la nature aveugle, aidée du mouvement.« So wurde der Text auch übersetzt.

Seite 385
1. Zur Erkenntnistheorie im 18. Jh. cf. S. 73, Anm. 3.

Seite 387
1. Ixion, im griechischen Mythos thessalischer König, wurde von Zeus in den Olymp geladen, wo er versuchte, die Göttin Hera zu verführen. Diese berichtete es ihrem Gatten Zeus, der es offenbar nicht glaubte und aus einer Wolke ein Bild schuf, das Hera ähnlich sah. Zeus legte die Wolke ins Bett des Ixion, der die Gelegenheit wahrnahm und überführt wurde. Die Wolke gebar den ersten der Zentauren (cf. S. 173, Anm. 3). Friedrich verwendet die »Wolke des Ixion« als Metapher für ein Trugbild.
2. John Turberville Needham (1713–1781), englischer Arzt und Naturforscher, Mitglied der

Royal Society, der Académie des sciences und weiterer europäischer Akademien, wird im *System der Natur* zur Bestätigung einer von Holbach vertretenen These zitiert. Im 1. Teil, 2. Kap. (Anm. 5), »Von der Bewegung und ihrem Ursprung«, heißt es: »Siehe die *Observations microscopiques* (»Mikroskopische Beobachtungen«) von Needham, die diese Ansicht [d. h. dass eine Mischung aus Mehl und Wasser in einem geschlossenen Gefäß nach einer gewissen Zeit »organisch gebildete Wesen hervorgebracht hat, die sich eines Lebens erfreuen, dessen man Mehl und Wasser für unfähig hielt«] vollauf bestätigen. Sollte denn für einen Menschen, der nicht in den ausgetretenen Pfaden des Denkens befangen ist, die Erzeugung eines Menschen ein größeres Wunder sein als die eines Insekts aus Mehl und Wasser? Mehl und Fäulnis bringen augenscheinlich lebendige Tiere hervor. Die sog. *Urzeugung* ist nur für diejenigen zweifelhaft, die sich nicht die Mühe genommen haben, die Natur aufmerksam zu beobachten«; cf. Paul Thiry d'Holbach, *System der Natur*, übers. v. Fritz-Georg Voigt, Frankfurt a. M. 1978, 33, 617. Needham war über die Instrumentalisierung seiner Forschungsergebnisse zum Beweis der materialistischen Thesen d'Holbachs empört. In Form eines Offenen Briefes kritisierte er in scharfer Form das *Système de la nature*, von dem er sich entschieden distanzierte, und verurteilt die Schrift vom christlichen Standpunkt aus als »traurig und dunkel«, »blasphemisch«, »monströs«, cf. *Lettre de Monsieur Needham [...] À l'Auteur du Journal Encyclopédique* [Bruxelles, 1770]. Friedrich war von Beginn an, d. h. seit 1756 Abonnent des *Journal Encyclopédique*, das vierzehntägig Nachrichten, vor allem Buchbesprechungen, aus dem Umfeld der Enzyklopädisten veröffentlichte. Das französischsprachige *Journal Encyclopédique* erschien in den Niederlanden (Lüttich, später in Bouillon), um die französische Zensur zu umgehen, und wurde europaweit vertrieben.
3. Cf. *System der Natur*, 2. Teil, 1. Kap. (Anm. 1), »Vom Ursprung unserer Ideen von der Gottheit«. Dort heißt es: »Ein englischer Schriftsteller hat mit Recht gesagt, dass die moralische Welt von der weltumspannenden Sintflut ebenso sehr zerrüttet worden ist wie die physische Welt und dass in den menschlichen Hirnen noch heute der Eindruck der Erschütterungen zu spüren ist, die sie damals erlitten haben [...]. Es ist wenig wahrscheinlich, daß die Sintflut, von der die heiligen Bücher der Juden und Christen reden, weltumspannend gewesen ist, aber man hat allen Grund, zu glauben, daß alle Teile der Erde zu verschiedenen Zeiten von Sintfluten heimgesucht worden sind; das wird uns durch die übereinstimmende Überlieferung aller Völker der Welt und mehr noch durch die Spuren von Seetieren bewiesen, die man in allen Ländern in mehr oder weniger tief gelegenen Erdschichten findet; indessen ist es durchaus denkbar, daß ein Komet unseren Erdball heftig gerammt und ihm einen Stoß versetzt hat, der stark genug war, um alle Kontinente mit einemmal unter Wasser zu setzen, was ohne Wunder geschehen konnte«; cf. *System der Natur* [...], übers. v. Fritz-Georg Voigt, 305, 641.
4. *System der Natur*, 1. Teil, 6. Kap.: »Vom Menschen. Von der Unterscheidung des physischen und des moralischen Menschen. Von seinem Ursprung.«

Seite 389
1. Leibniz, Wolff, cf. S. 181, Anm. 4.

2. Newton cf. S. 53, Anm. 2.

Seite 391

1. Cf. Friedrichs *Versuch über die Eigenliebe, als Grundsatz der Moral betrachtet,* in diesem Band.
2. Locke cf. S. 75, Anm. 3.
3. Die Vorstellung vom Menschen als Maschine beschäftigte Friedrich bereits in jungen Jahren (cf. S. 33, Anm. 4). Seit der Jahrhundertmitte wurde die Diskussion um die materialistische Konzeption des Menschen virulenter: Maschine oder Automat wurde zu einem Schlüsselbegriff der materialistischen Philosophie der französischen Aufklärung, die im *Système de la nature* am radikalsten vertreten wurde. Von besonderer Bedeutung für die materialistische Wende der französischen Aufklärungsphilosophie war die Schrift *L'homme machine* (1748, *Die Maschine Mensch*) von Julien Offray de La Mettrie (1709–1751), die in Frankreich verbrannt wurde und dem Autor einen Haftbefehl einbrachte (cf. *L'homme machine. Die Maschine Mensch.* Französisch-Deutsch, übers. u. hg. v. Claudia Becker, Hamburg 1990). Friedrich reagierte unverzüglich auf dieses »Medienereignis«. Er bot dem verfolgten Arzt und Philosophen La Mettrie Asyl und berief ihn an seinen Hof, wo er an den Tafelrunden von Sanssouci teilnahm. Der König ernannte ihn zum Leibarzt und Vorleser. Maupertuis (cf. S. 25, Anm. 2) setzte sich dafür ein, dass La Mettrie sogleich Mitglied der Berliner Akademie (1748) wurde. In *L'homme machine* wird die These vertreten, dass der Mensch eine sich selbst regulierende Maschine sei, die sich vollständig mithilfe mechanischer Prinzipien erklären lasse. Damit provozierte La Mettrie nicht nur die Obrigkeiten in Frankreich, sondern sorgte auch in anderen europäischen Ländern, nicht zuletzt in Preußen, für kontroverse Diskussionen; cf. Ursula Pia Jauch, *Jenseits der Maschine. Philosophie, Ironie und Ästhetik bei Julien Offray de La Mettrie (1709–1751),* München 1998.

Seite 393

1. Jacques Auguste de Thou, cf. S. 277, Anm. 6. – Ravaillac, cf. S. 359, Anm. 2.
2. Die Arminianer schlossen sich der Lehre des reformierten niederländischen Theologen Jakob Arminius (1560–1609) an. Unter Hinweis auf die Willensfreiheit des Menschen lehnten sie die von Jean Calvin (1509–1564) formulierte Prädestinationslehre in ihrer Strenge ab. In den religiösen Auseinandersetzungen wurden die Arminianer in den Niederlanden heftig angegriffen, ab 1630 dann als eigenständige religiöse Gemeinschaft geduldet. Sie gründeten eigene Gemeinden vor allem in den Niederlanden, England und den USA. Einer ihrer bedeutendsten Vertreter war Hugo Grotius (cf. S. 361, Anm. 3).
3. Systemgeist cf. S. 181, Anm. 3.
4. Friedrich variiert den Wortlaut des biblischen Gebots. In der französischen Bibelübersetzung heißt es: »Ainsi, tout ce que vous voulez que les hommes vous fassent, faites-le-leur vous-mêmes : oui, voilà la Tora et les Inspirés«, (Mt 7,12). »Comme vous voulez que les hommes fassent avec vous, faites-leur de même«, (Lc 6,31); cf. *La Bible,* traduite et présentée par André Chouraqui, Paris 1989. In der Lutherbibel (Stuttgart 1985) lautet die Stelle: »Alles nun, was ihr wollt, daß euch die Leute tun sollen, das tut ihnen auch!« (Matth. 7,12). »Und wie ihr wollt, daß euch die Leute tun sollen, so tut ihnen auch«, (Luk. 6,31). Im Briefwechsel kommt Fried-

rich mehrfach auf diese Lebensregel zu sprechen; u. a. in einem Brief vom 8. März 1766 an Maria Antonia von Bayern, Kurfürstin von Sachsen (1724–1780): »Ne faites aux autres que ce que vous voulez qu'ils vous fassent; ce principe renferme toute la vertu, et les devoirs de l'homme envers la société où il est placé« (cf. *Œuvres de Frédéric le Grand*, t. XXIV, 109; »Tut den anderen nur das, wovon ihr wollt, dass sie es euch tun sollen; in diesem Grundsatz liegt alle Tugend, liegen alle Pflichten des Menschen gegenüber der Gesellschaft, in der er lebt«); ebenso im Brief vom 29. Nov. 1776 an d'Alembert; cf. *Œuvres de Frédéric le Grand*, t. XXV, 62.

Seite 395

1. Das Zitat findet sich sinngemäß in Lukians Dialog *Der überwiesene Jupiter*, und es ist nicht Meniphus, sondern Cyniscus, der zu Jupiter spricht; cf. Lukian, *Werke*. Aus d. Griechischen übers. v. Christoph Martin Wieland, hg. v. J. Werner u. H. Greiner-Mai, Berlin, Weimar 1981, Bd. 1, 498–508 (cf. S. 319, Anm. 1).

Seite 397

1. Lukrez, *De rerum natura* (*Von der Natur der Dinge*), 3. Buch: *Die Seele*; Lukrez cf. S. 31, Anm. 1.
2. *System der Natur*, 2. Teil, 13. Kap.: »Beweggründe, die zum Atheismus führen. Kann dieses System gefährlich sein? Kann es von der Menge begriffen werden?«

Seite 399

1. Friedrich besaß die Satiren Juvenals in französischer Übersetzung; u. a. eine aktuelle Ausgabe aus dem Jahre 1770, Juvénal, *Satires*, trad. par Dusaulx, I–II, Paris 1770, sowie *Les Satyres de Juvénal et de Perse* dans la traduction de Martignac avec des remarques, Paris 1682. Noch zahlreicher waren die französischen Ausgaben der *Satiren* des Persius in Friedrichs Bibliotheken vorhanden (u. a. Paris 1695, in der Schlossbibliothek zu Sanssouci; Paris 1704, 1714, 1771; Paris 1772 in der Schlossbibliothek zu Sanssouci; Paris 1776). Für die radikale Kritik der Fürstenherrschaft stellen die *Satiren* Juvenals im *System der Natur* tatsächlich eine wichtige Referenz dar.
2. Die südwestfranzösische Stadt Pau war seit 1464 die Hauptstadt der Grafschaft Béarn und seit 1512 auch die des Königreichs Navarra; seit 1620 gehörte Pau zur französischen Krondomäne. Der Grund für die Erwähnung liegt wohl darin, dass Heinrich IV. (1553–1610), seit 1572 König von Navarra, seit 1589 König von Frankreich, in Pau geboren wurde; cf. Jean-Paul Desprat, Jacques Thibau, *Henri IV. Le règne de la tolérance*, Paris 2001. Friedrich teilte die positive Wahrnehmung Henrichs IV., der als »guter König« und Repräsentant der Toleranz in Glaubensfragen galt, weil er durch seine Konversion zum Katholizismus die Beendigung der Hugenottenkriege ermöglichte und das Toleranzedikt von Nantes (1598) erließ, wie es Voltaire in seinem Epos *La Henriade* (entstanden 1713–18, Genf/Rouen 1723) darstellt. 1739 hatte Friedrich ein Vorwort zu Voltaires *Henriade* verfasst (cf. S. 217, Anm. 3).

Seite 401

1. Catilina cf. S. 155, Anm. 2. – Caesar cf. S. 183, Anm. 1. – Fronde; Jean François de Gondi, Kardinal von Retz (1613–1679) Anführer der Fronde, cf. S. 71, Anm. 4. – Cromwell, S. 81, Anm. 4.
2. Boileau, cf. S. 121, Anm. 2. – Karl V. (1500–1558), von 1519–1556 römisch-deutscher Kaiser,

von 1516–1556 als Karl I. König von Spanien; im *System der Natur* (2. Teil, 8. Kap., Anm. 53) heißt es u. a.: »Kaiser Karl pflegte zu sagen: ›Als Kriegsmann ist es mir unmöglich, Gewissen und Religion zu haben‹«; cf. *System der Natur* […], übers. v. Fritz-Georg Voigt, 480, 656. – Philipp II. (cf. S. 173, Anm. 2); im *System der Natur* (2. Teil, 8. Kap., Anm. 53) heißt es: »Während der schändliche Philipp, der aufgrund seines grausamen Ehrgeizes der *Dämon des Südens* genannt wurde, seine Frau und seinen Sohn ermordete, ließ er den Niederländer wegen seiner religiösen Anschauungen aus frommer Absicht umbringen. So redet die abergläubische Verblendung den Herrschern ein, sie könnten Untaten durch noch größere Untaten wiedergutmachen«; cf. *System der Natur* […], übers. v. Fritz-Georg Voigt, 482.

Seite 403

1. Diese Rechtfertigung der Politik Ludwigs XIV. steht im Widerspruch zu Friedrichs Kritik Ludwigs XIV. im *Antimachiavel*, 23. Kap.; cf. S. 223, Anm. 1.
2. La Fontaine (1621–1695) behandelt in der Fabel *Le loup devenu berger* (*Der Wolf als Schäfer*) am Beispiel des Wolfs, der sich als Schäfer verkleidet, das Thema der Täuschung. Der Täuschungsversuch des Wolfs misslingt, weil ihn seine Stimme, die er nicht verstellen kann, schon beim ersten Wort verrät. Friedrich war ein großer La Fontaine-Leser; im *Gesamtkatalog* seiner Bibliotheken werden vierzehn La Fontaine-Ausgaben vermerkt; u. a. Amsterdam 1727/28; Paris 1744, 1752, Dresden und Leipzig 1757/66; Amsterdam 1764.

Seite 405

1. Cf. *Abhandlung über die Gründe, Gesetze einzuführen oder abzuschaffen*, in diesem Band.
2. Cf. S. 67, Anm. 1; S. 197, Anm. 2.
3. Cf. *Antimachiavel*, 22. Kap.

Bibliographie

FRIEDRICH DER GROSSE
ŒUVRES PHILOSOPHIQUES / PHILOSOPHISCHE SCHRIFTEN

Dissertation sur l'innocence des erreurs de l'esprit, in: *Œuvres posthumes*, éd. par J. C. T. de La Veaux, Berlin, chez Voss et fils et Decker et fils 1788, t. VI, 189–218.

Dissertation sur l'innocence des erreurs de l'esprit, éd. par J. D. E. Preuss, in: *Œuvres de Frédéric le Grand*, Berlin 1848, t. VIII, 31–46.

L'Antimachiavel ou Réfutation du Prince de Machiavel, in: *Œuvres de Frédéric le Grand*, éd. par J. D. E. Preuss, Berlin 1848, t. VIII, 163–299.

Réfutation du Prince de Machiavel, in: Voltaire, *Anti-Machiavel*, éd. par W. Bahner et H. Bergmann, in: *Œuvres complètes de Voltaire/Complete Works of Voltaire*, ed. Th. Besterman et al., Oxford 1996, vol. 19, 263–406.

Dissertation sur les raisons d'établir ou d'abroger les lois, in: *Œuvres du Philosophe de Sans-Souci*, Au donjon du château. Avec privilège d'Apollon, 1750, t. III, 263–312.

Dissertation sur les raisons d'établir ou d'abroger les lois, in: *Histoire de l'Académie, Année 1749*, Berlin 1751, 375–400.

Dissertation sur les raisons d'établir ou d'abroger les lois, in: *Mémoires pour servir à l'histoire de la maison de Brandebourg. D'après l'original*, Berlin, chez Chrétien-Frédéric Voss, 1767, t. III, 104–154.

Dissertation sur les raisons d'établir ou d'abroger les lois, in: *Œuvres de Frédéric le Grand*, éd. par J. D. E. Preuss, Berlin 1848, t. IX, 9–33.

Avant-propos de l'Extrait du dictionnaire historique et critique de Bayle, in: *Extrait du Dictionaire* [sic.] *historique et critique de Bayle*, divisé en deux volumes avec une préface, Berlin, chez Chrétien-Frédéric Voss, 1765, t. 1, I–VI.

Avant-propos de l'Extrait du dictionnaire historique et critique de Bayle, in: *Extrait du Dictionaire* [sic.] *historique et critique de Bayle*, divisé en deux volumes avec une préface. Nouvelle édition augmentée, Berlin, chez Chrétien-Frédéric Voss, 1767, t. 1, I–VI.

Avant-propos de l'Extrait du dictionnaire historique et critique de Bayle, in: *Œuvres de Frédéric le Grand*, éd. par J. D. E. Preuss, Berlin 1847, t. VII, 123–129.

Essai sur l'amour-propre envisagé comme principe de morale, in: *Histoire de l'Académie royale des sciences et belles-lettres. Année 1763*, Berlin 1770, 341–354.

Essai sur l'amour-propre envisagé comme principe de morale, in: *Œuvres de Frédéric le Grand*, éd. par J. D. E. Preuss, Berlin 1848, t. IX, 85–98.

Examen de l'Essai sur les préjugés, [anonym erschienen] Londres [i. e. Berlin], chez Nourse libraire [i. e. Voss], 1770.

Examen de l'Essai sur les préjugés, in: *Œuvres de Frédéric le Grand*, éd. par J. D. E. Preuss, Berlin 1848, t. IX, 129–152.

Examen critique du Système de la nature, in: Frédéric II, roi de Prusse, *Œuvres posthumes*, éd. par J. C. T. de La Veaux, Berlin, chez Voss et fils et Decker et fils 1788, t. VI, 139–168.

Examen critique du Système de la nature, in: *Œuvres de Frédéric le Grand*, éd. par J. D. E. Preuss, Berlin 1848, t. IX, 153–168.

FRÜHERE ÜBERSETZUNGEN

Über die Unschädlichkeit des Irrtums des Geistes, dt. v. Friedrich von Oppeln-Bronikowski, in: *Die Werke Friedrichs des Großen*, hg. v. G. B. Volz, Berlin 1913, Bd. 8, 10–21.

Der Antimachiavell, dt. v. Eberhard König, Friedrich von Oppeln-Bronikowski, Willy Rath, in: *Die Werke Friedrichs des Großen*, hg. v. G. B. Volz, Berlin 1913, Bd. 7, 1–114.

The Refutation of Machiavelli's Prince or Anti-Machiavel, ed. P. Sonnino, Athens (Ohio) 1981.

Antimaquiavelo o Refutación del Príncipe de Maquiavelo, ed. R. R. Aramayo, Madrid 1995.

Über die Gründe, Gesetze einzuführen oder abzuschaffen, dt. v. Friedrich von Oppeln-Bronikowski, in: *Die Werke Friedrichs des Großen*, hg. v. G. B. Volz, Berlin 1913, Bd. 8, 22–39.

Abhandlung über die Gründe für das Erlassen und Außerkraftsetzen der Gesetze, aus d. Frz. v. Herbert Kühn, in: Friedrich II. von Preußen, *Schriften und Briefe*, hg. v. I. Mittenzwei, 2. Aufl., Leipzig 1987, 136–160.

Vorrede zum Auszug aus dem historisch-kritischen Wörterbuch von Bayle, dt. v. Friedrich von Oppeln-Bronikowski, in: *Die Werke Friedrichs des Großen*, hg. v. G. B. Volz, Berlin 1913, Bd. 8, 40–43.

Die Eigenliebe als Moralprinzip, dt. v. Friedrich von Oppeln-Bronikowski, in: *Die Werke Friedrichs des Großen*, hg. v. G. B. Volz, Berlin 1913, Bd. 8, 44–53.

Kritik der Abhandlung »Über die Vorurteile«, dt. v. Eberhard König, Friedrich von Oppeln-Bronikowski, Willy Rath, in: *Die Werke Friedrichs des Großen*, hg. v. G. B. Volz, Berlin 1913, Bd. 7, 238–257.

Entgegnung auf den »Essay über die Vorurteile«, übers. v. Werner Blochwitz, in: Du Marsais/Holbach, *Essay über die Vorurteile*, hg. v. W. Schröder, Leipzig 1972, 293–319.

Kritik des »Systems der Natur«, dt. v. Eberhard König, Friedrich von Oppeln-Bronikowski, Willy Rath, in: *Die Werke Friedrichs des Großen*, hg. v. G. B. Volz, Berlin 1913, Bd. 7, 258–269.

Kritische Überprüfung des »Systems der Natur«, aus d. Frz. v. Herbert Kühn, in: Friedrich II. von Preußen, *Schriften und Briefe*, hg. v. I. Mittenzwei, 2. Aufl., Leipzig 1987, 284–299.

BRIEFAUSGABEN

Correspondance, in: *Œuvres de Frédéric le Grand*, éd. par J. D. E. Preuss, Berlin 1850–1856, t. XVI–XXVI.

Briefwechsel Friedrichs des Großen mit Voltaire, hg. v. R. Koser, H. Droysen, 3 Bde., Leipzig 1908–1911.

Correspondence and related documents, ed. Th. Besterman et al., in: *Œuvres complètes de Voltaire / Complete Works of Voltaire*, Genève, Toronto, Banbury, Oxford 1968–1976, vol. 85–134.

ÜBERSETZUNGEN

Briefe Friedrichs des Großen, dt. v. Eberhard König u. Friedrich von Oppeln-Bronikowski, hg. v. M. Hein, 2 Bde., Berlin 1913.

Friedrich der Große und Wilhelmine von Bayreuth. Jugendbriefe 1728–1740, übers. v. Friedrich von Oppeln-Bronikowski, hg. v. G. B. Volz, Leipzig 1924.

»... solange wir zu zweit sind.« Friedrich der Große und Wilhelmine Markgräfin von Bayreuth in Briefen, übers. v. Friedrich von Oppeln-Bronikowski, hg. v. K. Heckmann-Janz, S. Kretschmer, F. Prinz von Preußen, München 2003.

Voltaire – Friedrich der Große. Briefwechsel, ausgewählt, vorgestellt und übers. v. Hans Pleschinski, 2. Aufl., München 1994.

WEITERE WERKE

Anti-Machiavel, oder Versuch einer Critik über Nic. Machiavels Regierungskunst eines Fürsten. Nach des Herrn von Voltaire Ausgabe ins Deutsche übersetzt; wobey aber die verschiedenen Lesarten und Abweichungen der ersten Haagischen, und aller anderen Auflagen, angefüget worden, in: Machiavel, *Von der Regierungskunst eines Fürsten*, Frankfurt und Leipzig, 1745 (Nachdruck Dortmund 1978).

Œuvres posthumes, éd. par J. C. T. de La Veaux, 15 vol., Berlin chez Voss et fils et Decker et fils, 1788.

Hinterlassene Werke Friedrichs II., Königs von Preussen, aus d. Frz. übers., 15 Bde., Berlin, Voß und Sohn, und Decker und Sohn, 1788.

Friedrichs des Zweiten, Königs von Preußen bei seinen Lebzeiten gedruckte Werke aus dem Französischen übersetzt, neue, verbesserte u. vermehrte Aufl., 15 Bde., Berlin bei Voß und Sohn, und Decker und Sohn, 1789.

Die Werke Friedrichs des Großen, dt. v. Carl Werner von Jordans, Eberhard König, Friedrich von Oppeln-Bronikowski, Willy Rath u. Thassilo von Scheffer, hg. v. G. B. Volz, 10 Bde., Berlin 1912–1914.

L'Anti-Machiavel par Frédéric, Roi de Prusse, édition critique avec les remaniements de Voltaire pour les deux versions, éd. par C. Fleischauer, Genève 1958.

Frédéric II, Roi de Prusse, *Œuvres philosophiques*, éd. par G.-R. Armogathe et D. Bourel, Paris 1985.

Friedrich II., König von Preußen, und die deutsche Literatur des 18. Jahrhunderts. Texte und Dokumente, hg. v. H. Steinmetz, Stuttgart 1985.

Friedrich der Große und die Philosophie. Texte und Dokumente, hg. v. B. Taureck, Stuttgart 1986.

Schriften und Briefe, übers. v. Herbert Kühn, hg. v. I. Mittenzwei, 2. Aufl., Leipzig 1987.

Totengespräch zwischen Madame de Pompadour und der Jungfrau Maria, hg., übers. u. kommentiert v. G. Knoll, 2., erw. Aufl., Berlin 2000.

LITERATUR

Adam, Antoine, *Le mouvement philosophique dans la première moitié du XVIIIème siècle*, Paris 1967.

Aechines, *Die Reden des Aechines und Demosthenes über die Krone oder wider und für den Ktesiphon*, übers. v. Friedrich von Raumer, Berlin 1811.

Aramayo, Roberto R., *La quimera del »rey filósofo« o el inevitable divorcio entre la moral y la política*, in: Federico II de Prusia, *Antimaquiavelo o Refutación del Principe de Maquiavelo*, Madrid 1995, XV–LIII.

Aristoteles, *Politik*, übers. v. Eugen Rolfes, Hamburg 1981.

– *Metaphysik*, in d. Übers. v. Friedrich Bassenge, Berlin 1990.

– *Über die Seele*, grch./dt., m. Einl., Übers. (nach W. Theiler) u. Kommentar hg. v. Horst Seidl, Hamburg 1995.

Asbach, Olaf, *Staat und Politik zwischen Absolutismus und Aufklärung. Der Abbé de Saint-Pierre und die Herausbildung der französischen Aufklärung bis zur Mitte des 18. Jahrhunderts*, Hildesheim, Zürich, New York 2005.

Assmann, Jan, *Erinnertes Ägypten. Pharaonische Motive in der europäischen Religions- und Geistesgeschichte*, Berlin 2006.

Baillot, Anne, Coulombeau, Charlotte (Hg.), *Die Formen der Philosophie in Deutschland und Frankreich/Les formes de la philosophie en Allemagne et en France 1750–1830*, Hannover-Laatzen 2007.

Barber, William Henry, *Leibniz in France from Arnauld to Voltaire. A study in French reactions to Leibnizianism*, Oxford 1955.

Baumgart, Peter, *Naturrechtliche Vorstellungen in der Staatsauffassung Friedrichs des Großen*, in: H. Thieme (Hg.), *Humanismus und Naturrecht in Berlin-Brandenburg*, Berlin, New York 1979, 143–154.

– *Kronprinzenopposition. Friedrich und Friedrich Wilhelm I.*, in: O. Hauser (Hg.), *Friedrich der Große in seiner Zeit*, Köln, Wien 1987, 1–16.

Bayle, Pierre, *Dictionnaire historique et critique*, IVème édition avec la vie de l'auteur par M. Des Maizeaux, I–IV, Amsterdam, Leide 1730.

– *Dictionnaire historique et critique*, Vème édition, revue, corrigée et augmentée, Amsterdam, Leyden, Den Haag, Utrecht 1740.

– *Œuvres diverses, Choix d'articles du Dictionnaire historique et critique*, 2 vol., éd. par É. Labrousse, Amsterdam, Leyden, Den Haag, Utrecht 1740 (Nachdruck Hildesheim, New York, Zürich 1982).

– *Historisches und critisches Wörterbuch*. Nach d. neuesten Auflage v. 1740 ins Dt. übers., auch m. einer Vorrede u. versch. Anm. versehen v. Johann Christoph Gottsched, Leipzig 1744 (2. Nachdruck Hildesheim, New York, Zürich 1997).

Belaval, Yvon, Bourel, Dominique (éds.), *Le siècle des Lumières et la Bible*, Paris 1986.

Bergerac, Cyrano de, *Histoires comiques des états et empires du Soleil*, in: C. d. B., *Œuvres complètes I: L'Autre Monde ou les États et Empires de la Lune. Les États et Empires du Soleil. Fragment de physique*, éd. par M. Alcover, Paris 2004, 163–343.

Berkeley, George, *Essay towards a new theory of vision*, in: *The works of George Berkeley, Bishop of Cloyne*, ed. by A. A. Luce, T. E. Jessop, London 1948, vol.1, 141–240.

Die Bibel, nach d. Übers. Martin Luthers, Bibeltext i. d. revidierten Fassung v. 1984, Stuttgart 1985.

La Bible, traduite et présentée par André Chouraqui, Paris 1989.

Birnstiel, Eckart, *Frédéric et le Dictionnaire de Bayle*, in: *Pierre Bayle, Citoyen du Monde. De l'enfant du Carla à l'auteur du Dictionnaire*, éd. par H. Bost et P. de Robert, Paris 1999, 143–157.

Blumenberg, Hans, *Der Prozeß der theoretischen Neugierde*, Frankfurt a. M. 1973.

Bodin, Jean, *Les Six Livres de la République. Un abrégé du texte de l'édition de Paris de 1583*, éd. par G. Mairet, Paris 1993 (dt.: *Sechs Bücher über den Staat. Buch IV–VI*, übers. u. mit Anm. versehen v. Bernd Wimmer, hg. v. P. C. Mayer-Tasch, München 1986).

Boeckh, August, *Der Philosoph von Sanssouci* [Einleitungsrede gehalten in der öffentlichen Sitzung der Königlich Preussischen Akademie der Wissenschaften zur Feier des Jahrestages Friedrichs des Grossen am 24. Januar 1854], in: A. B., *Gesammelte kleine Schriften 2, Reden*, Leipzig 1859, 416–432.

Boileau, *Œuvres complètes*, éd. par A. Adam et F. Escal, Paris 1966.

Bolgar, Robert Ralph, *Classical influences on western thought, A.D. 1650–1870*, Cambridge 1979.

Bouillier, Francisque, *Histoire de la philosophie cartésienne*, 3ème éd., 2 vol., Paris 1868.

Bringmann, Klaus, *Römische Geschichte*, München 1995.

Broese, Konstantin, Hütig, Andreas u. a. (Hg.), *Vernunft der Aufklärung – Aufklärung der Vernunft*, Berlin 2006.

Burke, Peter, *The Fabrication of Louis XIV*, New Haven, London 1992 (dt.: *Ludwig XIV. Die Inszenierung des Sonnenkönigs*, aus d. Engl. v. Matthias Fienbork, Berlin 1993).

Buschmann, Cornelia, *Le roi philosophe? Die Preisfrage nach Friedrichs Einfluß auf die Aufklärung seines Jahrhunderts in der königlichen Akademie*, in: M. Fontius (Hg.), *Friedrich II. und die europäische Aufklärung*, Berlin 1999, 113–125.

Cassirer, Ernst, *Die Philosophie der Aufklärung*, mit einer Einl. v. G. Hartung u. einer Bibliographie d. Rez. v. A. Schubbach, Hamburg 1998.
– *Freiheit und Form. Studien zur deutschen Geistesgeschichte*, Text u. Anm. bearbeitet v. R. Schmücker, in: E. C., *Gesammelte Werke. Hamburger Ausgabe*, hg. v. B. Recki, Bd. 7, Darmstadt 2001.
Catt, Henri de, *Unterhaltungen mit Friedrich dem Großen. Memoiren und Tagebücher*, hg. v. R. Koser, Berlin 1884.
Cerceau, Jean-Antoine du, *Histoire de la dernière révolution de Perse*, Paris 1728, vol. 1.
Cicero, *Vom Wesen der Götter*, lat./dt., hg., übers. u. kommentiert v. Olof Gigon u. Laila Straume-Zimmermann, Zürich 1996.
– *Sämtliche Reden*, eingeleitet, übers. u. erläutert v. Manfred Fuhrmann, 7 Bde., Düsseldorf, Zürich 2000.
Condillac, Étienne Bonnot de, *Essai sur l'origine des connaissances humaines*, texte établi et présenté par G. Le Roy, in: E. B. d. C., *Œuvres philosophiques*, Paris 1947, 1–118, vol. 1.
Corneille, Pierre, *Œuvres complètes*, éd. par G. Couton, 3 vol., Paris 1980–1987.
Crousaz, Jean-Pierre, *Examen du pyrrhonisme ancien et moderne*, La Haye 1733.
Curtius Rufus, Quintus, *Geschichte Alexanders des Grossen*, lat./dt., neugestalt. Text v. K. Müller, Übertr. Herbert Schönfeld, München 1954.

Danet, Pierre, *Grand dictionnaire françois et latin pour Monseigneur le Dauphin et Messeigneurs les Princes*, Lyon 1736.
Delon, Michel (éd.), *Dictionnaire européen des Lumières*, Paris 1997.
Descartes, René, *Les principes de la philosophie*, in: R. D., *Œuvres et Lettres*, Paris 1953, 551–690 (dt.: *Die Prinzipien der Philosophie*, übers. u. mit Anm. vers. v. Artur Buchenau, Hamburg 1992).
– *Discours de la méthode pour bien conduire sa raison dans les sciences/Von der Methode des richtigen Vernunftgebrauchs und der wissenschaftlichen Forschung*, frz./dt., übers. u. hg. v. Lüder Gäbe, durchgesehen u. m. neuem Register sowie einer Bibliographie v. G. Heffernan, Hamburg 1997.
Desprat, Jean-Paul, *Madame de Maintenon ou le prix de la réputation*, Paris 2003.
– Thibau, Jacques, *Henri IV. Le Règne de la tolérance*, Paris 2001.
Dilthey, Wilhelm, *Friedrich der Grosse und die deutsche Aufklärung*, in: *Studien zur Geschichte des deutschen Geistes, Gesammelte Schriften*, Leipzig, Berlin 1927, Bd. 3, 81–205.
Dierse, Ulrich, *Die nützliche Wahrheit. Begriffe und Motive der ›philosophes‹*, in: *Archiv für Begriffsgeschichte*, Heft 2 (1982), 193–210.
Doyon, André, Liaigre, Lucien, *Jacques Vaucanson. Mécanicien de génie*, Paris 1967.
Duchhardt, Heinz (Hg.), *Der Westfälische Friede. Diplomatie – politische Zäsur – kulturelles Umfeld – Rezeptionsgeschichte*, München 1998.

Egret, Jean, *Louis XV et l'opposition parlementaire. 1715–1774*, Paris 1970.

Ehrard, Jean, *Matérialisme et naturalisme: Les Sources occultistes de la pensée de Diderot*, in: *Cahiers de l'Association internationale des études françaises* 13, Paris 1961, 189–201.

Encyclopédie, ou Dictionnaire raisonné des sciences, des arts et des métiers, mis en ordre & publié par M. Diderot, de l'Académie Royale des Sciences et des Belles-Lettres de Prusse; & quant à la Partie Mathématique, par M. d'Alembert, de l'Académie Royale des Sciences de Paris, de celle de Prusse, & de la Société Royale de Londres, s.l. 1750–1780 (Nachdruck Stuttgart, Bad Cannstatt 1967).

Engler, Winfried, *Lexikon der französischen Literatur*, 3. Aufl., Stuttgart 1994.

– *Geschichte der französischen Literatur im Überblick*, Stuttgart 2000.

Externbrink, Sven, *Friedrich der Große, Maria Theresia und das Alte Reich. Deutschlandbild und Diplomatie Frankreichs im Siebenjährigen Krieg*, Berlin 2006.

Faure, Edgar, *La banqueroute de Law. 17 juillet 1720*, Paris 1977.

Fénelon, François de Salignac de La Mothe, *Les aventures de Télémaque, fils d'Ulysse*, éd. par J. LeBrun, Paris 1995.

Fontenelle, *Œuvres complètes*, éd. A. Niderst, 9 vol., Paris 1989–2001.

Fontius, Martin, *Critique*, in: *Handbuch politisch-sozialer Grundbegriffe in Frankreich 1680–1820*, hg. v. R. Reichardt, E. Schmitt in Verbindung mit G. van den Heuvel und A. Höfer, München 1986, Heft 5, 7–26.

– (Hg.), *Friedrich II. und die europäische Aufklärung*, Berlin 1999.

– *Der Ort des »Roi philosophe« in der Aufklärung*, in: M. F. (Hg.), *Friedrich II. und die europäische Aufklärung*, Berlin 1999, 9–27.

Foucault, Michel, *Folie et déraison. Histoire de la folie à l'âge classique*, Paris 1961 (dt.: *Wahnsinn und Gesellschaft. Eine Geschichte des Wahns im Zeitalter der Vernunft*, übers. v. Ulrich Köppen, Frankfurt a. M. 1969).

François, Étienne, Schulze, Hagen (Hg.), *Deutsche Erinnerungsorte*, 3 Bde., München 2001.

Französische Aufklärung. Bürgerliche Emanzipation, Literatur und Bewußtseinsbildung, Kollektivarbeit v. W. Schröder (Leitung), H. Bergmann, B. Burmeister, M. Fontius et al., Leipzig 1974.

Friedrich der Große und die Kunst [Ausstellungskatalog], hg. v. Staatliche Schlösser und Gärten Potsdam-Sanssouci, 2 Bde., Potsdam 1986.

Friedrich der Große und Voltaire. Ein Dialog in Briefen [Ausstellungskatalog], hg. v. Stiftung Preußische Schlösser und Gärten u. Forschungszentrum Europäische Aufklärung, Potsdam 2000.

Friedrich, Hugo, Schalk, Fritz (Hg.), *Europäische Aufklärung, Herbert Dieckmann zum 60. Geburtstag*, München 1967.

Frisch, Johann Leonhard (Hg.), *Nouveau Dictionnaire des Passagers François-Allemand et Allemand-François, oder neues Frantzösisch-Teutsches und Teutsch-Frantzösisches Wörterbuch*, Leipzig 1739.

Fumaroli, Marc, *Quand l'Europe parlait français*, Paris 2001.

Furetière, Antoine, *Dictionnaire universel, Contenant généralement tous les mots françois, tant vieux que modernes, & les Termes des Sciences & des Arts*, La Haye 1727.

Galéra, Karl Siegmar von, *Voltaire und der Antimachiavell Friedrichs des Großen*, Halle 1926.

Galle, Roland, Pfeiffer, Helmut (Hg.), *Aufklärung*, München 2007.

Garve, Christian, *Fragmente zur Schilderung des Geistes, des Charakters, und der Regierung Friedrichs des zweyten*, 2 Bde., Breslau 1798.

Grange-Chancel, Joseph de la, *Les Philippiques. Odes*, avec des notes historiques, critiques et littéraires, Paris, l'an VI de la Liberté [1795].

Grell, Chantal, *Le dix-huitième siècle et l'Antiquité en France 1680–1789*, 2 vol., Oxford 1995.

Gründler, Johann Ernst, Ziegenbalg, Bartholomäus, *Die Malabarische Korrespondenz. Tamilische Briefe an deutsche Missionare. Eine Auswahl*, hg. v. K. Liebau, Sigmaringen 1998.

Guichardin, François [Guicciardini, Francesco], *Histoire d'Italie de l'année 1492 à l'année 1532*, traduction de Favre, avec notice biographique par J.-A. Buchon, Paris 1836.

Gumbrecht, Hans Ulrich, Reichardt, Rolf, *Philosophe, Philosophie*, in: *Handbuch politisch-sozialer Grundbegriffe in Frankreich 1680–1820*, hg. v. R. Reichardt u. E. Schmitt, München 1985, Heft 3, 7–88.

Häseler, Jens, *Ein Wanderer zwischen den Welten. Charles Étienne Jordan (1700–1745)*, Sigmaringen 1993.

Handwörterbuch zur deutschen Rechtsgeschichte (HRG), hg. v. A. Erler u. E. Kaufmann, mitbegründet v. W. Stammler, 5 Bde., Berlin 1971–1998.

Harnack, Adolf von, *Geschichte der Königlich Preussischen Akademie der Wissenschaften zu Berlin*, bearbeitet v. O. Köhnke, 3 Bde., Berlin 1900.

Hauser, Oswald (Hg.), *Friedrich der Große in seiner Zeit*, Köln, Wien 1987.

Hecht, Hartmut (Hg.), *Pierre Louis Moreau de Maupertuis: eine Bilanz nach 300 Jahren*, Berlin 1999.

Hegel, Georg Wilhelm Friedrich, *Vorlesungen über die Geschichte der Philosophie*, in: G. W. F. Hegel, *Werke* [in 20 Bänden], hg. E. Moldenhauer u. K. M. Michel, Frankfurt a. M. 1986.

Henning, Herzeleide, Henning, Eckart (Hg.), *Bibliographie Friedrich der Große 1786–1986. Das Schrifttum des deutschen Sprachraums und der Übersetzungen aus Fremdsprachen*, Berlin, New York 1988.

Heres, Gerald, *Friedrich II. als Antikensammler*, in: *Friedrich II. und die Kunst*, Potsdam 1986, Bd. 1, 64–66.

Hilker, Annette, *Karnevalisierung als Medium der Aufklärung. Fontenelle, Fénelon, Voltaire, Diderot*, Hannover-Laatzen 2006.

Hinrichs, Ernst, *Aus der Distanz der Philosophen – Zum Briefwechsel zwischen Voltaire und Friedrich II.*, in: E. Hinrichs, R. Krebs, U. van Runset, »*Pardon, mon cher Voltaire ...*« *Drei Essays zu Voltaire in Deutschland*, Göttingen 1996, 9–48.

Höffe, Ottfried, *Grundaussagen über den Menschen bei Aristoteles*, in: *Zeitschrift für philosophische Forschung* 30 (1976), 226–245.

Holbach, Paul-Henri Thiry d', *Essai sur les préjugés, ou de l'influence des opinions sur les mœurs et sur*

le bonheur des hommes. Ouvrage contenant l'Apologie de la Philosophie, préfacé par L.-J.-J. Daube, 2 vol., Paris 1792 (Nachdruck Regensburg 1988, m. einer Einl. v. Herbert E. Brekle).
- *Essai sur les Préjugés*, in: H., *Œuvres philosophiques*, éd. par J.-P. Jackson, Paris 1999, vol. 2, 5–161 (dt.: *Essay über die Vorurteile, oder Vom Einfluß der Meinungen auf die Sitten und das Glück der Menschen, eine Schrift, die die Verteidigung der Philosophie enthält*, übers. v. Werner Blochwitz, hg. v. W. Schröder, Leipzig 1972).
- *Système de la nature*, in: H., *Œuvres philosophiques*, éd. par J.-P. Jackson, Paris 1999, vol. 2, 162–643 (dt.: *System der Natur*, übers. v. Fritz-Georg Voigt, Frankfurt a. M., 1978).

Hölzle, Erwin, *Die Idee einer altgermanischen Freiheit vor Montesquieu. Fragmente aus der Geschichte politischer Freiheitsbestrebungen in Deutschland, England und Frankreich vom 16.–18. Jahrhundert*, München, Berlin 1925.

Homer, *Ilias*, grch./dt., übers. v. Hans Rupé, Düsseldorf, Zürich 2001.
- *Odyssee*, grch./dt., übers. v. Anton Weiher, Düsseldorf, Zürich 2000.

Hornung, Erik, *Das geheime Wissen der Ägypter und sein Einfluß auf das Abendland*, München 2003.

Hubatsch, Walter, *Friedrich der Große und die preußische Verwaltung*, Köln, Berlin 1973.

Jauch, Ursula Pia, *Jenseits der Maschine. Philosophie, Ironie und Ästhetik bei Julien Offray de La Mettrie (1709–1751)*, München 1998.

Jehne, Martin, *Die Römische Republik. Von der Gründung bis Caesar*, München 2006.

Kittsteiner, Heinz Dieter, *Das Komma von SANS, SOUCI. Ein Forschungsbericht*, Heidelberg 2001.

Klemperer, Victor, *Voltaire*, m. einem Nachwort v. Rita Schober, Berlin 2004.

Klippel, Diethelm, *Politische Freiheit und Freiheitsrechte im deutschen Naturrecht des 18. Jahrhunderts*, Paderborn 1976.

Kluxen, Kurt, *Zur Balanceidee im 18. Jahrhundert*, in: H. Berding, K. Düwell, L. Gall u. a. (Hg.), *Vom Staat des Ancien Régime zum modernen Parteienstaat. Festschrift für Theodor Schieder zu seinem 70. Geburtstag*, München, Wien 1978, 41–58.

Knoll, Gerhard, *Probleme eines Verzeichnisses der bis ca. 1800 erschienenen Drucke von Werken Friedrichs II.*, in: M. Fontius (Hg.), *Friedrich II. und die europäische Aufklärung*, Berlin 1999, 87–102.

Krauss, Werner, *Aufklärung I: Frankreich*, hg. v. W. Schröder, Berlin, Weimar 1991.
- *Aufklärung II: Frankreich*, hg. v. R. Geißler, Berlin, Weimar 1987.

Krieger, Bogdan, *Friedrich der Große und seine Bücher*, Berlin, Leipzig 1914.

Kroll, Frank-Lothar, *Friedrich der Große*, in: É. François, H. Schulze (Hg.), *Deutsche Erinnerungsorte*, München 2001, Bd. 3, 620–635.
- *Friedrich der Große als Gestalt der europäischen Gedächtniskultur*, in: B. Wehinger (Hg.), *Geist und Macht. Friedrich der Große im Kontext der europäischen Kulturgeschichte*, Berlin 2005, 185–198.

Kunisch, Johannes (Hg.), *Analecta Fridericiana*, Berlin 1987.
— *Henri de Catt, Vorleser und Gesprächspartner Friedrichs des Großen — Versuch einer Typologie*, in: M. Fontius, H. Holzhey (Hg.), *Schweizer im Berlin des 18. Jahrhunderts*, Berlin 1996, 101–124.
— *Friedrich II., der Große*, in: F.-L. Kroll (Hg.), *Preußens Herrscher. Von den ersten Hohenzollern bis Wilhelm II.*, München 2000, 160–178.
— *Friedrich der Große. Der König und seine Zeit*, München 2004.

La Bruyère, *Œuvres complètes*, éd. par J. Benda, Paris 1951.
Lämmert, Eberhard, *Friedrich der Große und die deutsche Literatur*, in: B. Wehinger (Hg.), *Geist und Macht. Friedrich der Große im Kontext der europäischen Kulturgeschichte*, Berlin 2005, 13–21.
La Fontaine, *Fables, contes et nouvelles*, éd. par J.-P. Collinet, in: L. F., *Œuvres complètes*, Paris 1991, vol. 1.
La Mettrie, Julien Offray de, *L'homme machine*, übers. u. hg. v. Claudia Becker, Hamburg 1990.
Langer, Werner, *Friedrich der Große und die geistige Welt Frankreichs*, Hamburg 1932.
La Rochefoucauld, François de, *Œuvres complètes*, éd. par L. Martin-Chauffier, rev. et augm. par J. Marchand, Paris 1980.
Lavisse, Ernest, *Le grand Frédéric avant l'avènement*, Paris 1893.
Lehmann, Max, *Werbung, Wehrpflicht und Beurlaubung im Heere Friedrich Wilhelms I.*, in: *Historische Zeitschrift* 67 (1891), 254–289.
Leithäuser, Gustav, *Verzeichnis sämtlicher Ausgaben und Uebersetzungen der Werke Friedrichs des Grossen, Königs von Preussen*, m. einem Vorwort v. G. Knoll, Osnabrück 2001.
Lieshout, H. H. M. van, *The making of Pierre Bayle's Dictionnaire historique et critique. With a CD-Rom containing the Dictionnaire's library and references between articles*, Amsterdam, Utrecht 2001.
Locke, John, *An Essay Concerning Human Understanding*, ed. w. an introduction, critical apparatus and glossary by P. H. Nidditch, Oxford 1975.
Lorenz, Stefan, *Friedrich der Große und der Bellerophon der Philosophie. Bemerkungen zum »Roi Philosophe« und Pierre Bayle*, in: M. Fontius (Hg.), *Friedrich II. und die europäische Aufklärung*, Berlin 1999, 73–85.
Lottes, Günther, *Die Zähmung des Menschen durch Drill und Dressur*, in: R. van Dülmen (Hg.), *Erfindung des Menschen: Schöpfungsträume und Körperbilder 1500–2000*, Wien, Köln, Weimar 1998, 221–239.
— *Im Banne Frankreichs. Zur Entstehung der französischen Kulturhegemonie und ihren Auswirkungen auf Preußen im 18. Jahrhundert*, in: I. D'Aprile, M. Disselkamp u. C. Sedlarz (Hg.), *Tableau de Berlin*, Hannover-Laatzen 2005, 35–48.
— *Court Culture in Transition*, in: N. O'Ciosain (ed.), *Explaining Change in Cultural History*, Dublin 2005, 98–119.
— *Versailles und Potsdam*, in: G. Lottes, I. D'Aprile (Hg.), *Hofkultur und aufgeklärte Öffentlichkeit: Potsdam im 18. Jahrhundert im europäischen Kontext*, Berlin 2006, 13–29.

Lukian, *Der überwiesene Jupiter*, übers. v. Christoph Martin Wieland, in: L., *Werke in drei Bänden*, Bd. 1, hg. v. J. Werner, H. Greiner-Mai, Berlin, Weimar 1981, 498–508.

Lukrez, *Über die Natur*, lat./dt., hg. u. übers. v. Hermann Diels, hg. v. E. G. Schmidt, Düsseldorf 1993.

Lüsebrink, Hans-Jürgen, *Kriminalität und Literatur im Frankreich des 18. Jahrhunderts. Literarische Formen, soziale Funktionen und Wissenskonstituenten von Kriminalitätsdarstellung im Zeitalter der Aufklärung*, München, Wien 1983.

Machiavelli, Niccolò, *Il Principe*, ed. M. Martelli, Roma 2006.

– *Il Principe. Der Fürst*, ital./dt., hg. u. übers. v. Philipp Rippel, Stuttgart 1995.

– *Le Prince*, traduction par Abraham-Nicolas Amelot de La Houssaye [Amsterdam 1683], in: Voltaire, *Anti-Machiavel*, éd. par W. Bahner et H. Bergmann, in: *Œuvres complètes de Voltaire/Complete Works of Voltaire*, Oxford 1996, vol. 19, 407–488.

Magnan, André, *Dossier Voltaire en Prusse (1750–1753)*, Oxford 1986.

Marc Aurel, *Selbstbetrachtungen*, übers. v. Otto Kiefer, Frankfurt a. M. 1994.

Du Marsais, César Chesneau, *Le Philosophe*, in: *Le Philosophe*, Texts and Interpretation by H. Dieckmann, Saint Louis 1948 (dt.: *Der Philosoph*, übers. v. Werner Blochwitz, hg. v. W. Schröder, Leipzig 1972, 273–286).

Mat-Hasquin, Michèle, *Voltaire et l'Antiquité grecque*, Oxford 1981.

Maurer, Gerlinde, *Medeas Erbe. Kindsmord und Mutterideal*, Wien 2002.

Mauzi, Robert, *L'idée du bonheur dans la littérature et la pensée françaises au XVIIIe siècle*, Paris 1960.

Maximus, Valerius, *Sammlung merkwürdiger Reden und Thaten*, übers. von Friedrich Hoffmann, Stuttgart 1829.

– *Facta et dicta memorabilia/Denkwürdige Taten und Worte*, lat./dt., ausgew., übers. u. hg. v. Ursula Blank-Sangmeister, Stuttgart 1991.

Mediger, Walther, *Friedrich der Große und Rußland*, in: O. Hauser (Hg.), *Friedrich der Große in seiner Zeit*, Köln, Wien 1987, 109–136.

Meinecke, Friedrich, *Die Idee der Staatsräson in der Neueren Geschichte*, München, Berlin 1924.

Meinertz, Joachim, *Friedrich II. und die französische Aufklärung*, in: *Merkur* 12 (1958), 629–645.

Merten, Detlef, *Friedrich der Große und Montesquieu. Zu den Anfängen des Rechtsstaats im 18. Jahrhundert*, in: *Verwaltung und Rechtsstaat. Festschrift für Carl Hermann Ule*, hg. v. W. Blümel, D. Merten, Köln 1987, 187–208.

Mervaud, Christiane, *Voltaire et Frédéric II: une dramaturgie des lumières 1736–1778*, Oxford 1985.

Michalik, Kerstin, *Kindsmord. Sozial- und Rechtsgeschichte der Kindstötung im 18. und beginnenden 19. Jahrhundert am Beispiel Preußen*, Pfaffenweiler 1997.

Minois, George, *Geschichte des Selbstmordes*, übers. v. Eva Moldenhauer, Düsseldorf, Zürich 1996.

Mittenzwei, Ingrid, *Friedrich II. von Preußen. Eine Biographie*, Berlin 1979 u. ö.

Möller, Horst, *Friedrich der Große und der Geist seiner Zeit*, in: J. Kunisch (Hg.), *Analecta Fridericiana*, Berlin 1987, 55–74.

Molière, *Œuvres complètes*, éd. par G. Couton, 2 vol., Paris 1971.

Montesquieu, *Œuvres complètes*, éd. par R. Callois, 2 vol., Paris 1949–1951.

— *Considérations sur les causes de la grandeur des Romains et de leur décadence*, in: M., *Œuvres complètes* 2, éd. par J. Ehrard et C. Volphilhac-Auger, Oxford 2000, 1–318 (dt.: *Betrachtungen über die Ursachen von Größe und Niedergang der Römer. Mit Randbemerkungen Friedrichs des Großen*, übers. u. hg. v. Lothar Schuckert, Bremen 1957).

— *Lettres Persanes*, in: M., *Œuvres complètes* 1, éd. par J. Ehrard et C. Volphilhac-Auger, Oxford 2004 (dt.: *Persische Briefe*, übers. u. hg. v. Peter Schunck, Stuttgart 2004).

Moréri, Louis, *Le Grand Dictionnaire Historique*, 2 vol., Lyon 1681.

Mori, Gianluca, *Bayle philosophe*, Paris 1999.

Münkler, Herfried, *Machiavelli. Die Begründung des politischen Denkens der Neuzeit aus der Krise der Republik Florenz*, Frankfurt a. M. 1982.

Muralt, Béat-Louis de, *Lettres sur les Anglois et les François*, Paris 1933 (Nachdruck Genève 1974).

Murphy, Antoin E., *John Law. Economic Theorist and Policy-Maker*, Oxford 1997.

Naumann, Manfred, *D'Holbach und das Materialismusproblem in der französischen Aufklärung*, in: Paul Thiry d'Holbach, *System der Natur oder Von den Gesetzen der physischen und der moralischen Welt*, Berlin 1960, V–LVIII.

Needham, John Turberville, *Lettre à l'auteur du journal encyclopédique sur le système de la nature*, Bruxelles 1770.

Neugebauer, Wolfgang, *Die Hohenzollern*, Bd. 1: *Anfänge, Landesstaat und monarchische Autokratie bis 1740*, Stuttgart 1996.

— *Die Hohenzollern*, Bd. 2: *Dynastie im säkularen Wandel*, Stuttgart 2003.

Neumeister, Sebastian (Hg.), *Frühaufklärung*, München 1994.

Newton, Isaac, *Observations upon the Prophecies and the Apocalypse of St. John*, in 2 parts, London 1733 (Nachdruck Zürich 1985), (dt.: *Des Ritters Isaak Neutons Beobachtungen zu den Weißagungen des Propheten Daniels*, aus dem Lateinischen des Herrn Wilhelm Südermanns, verdeutschet und mit einigen Anmerkungen begleitet von Christian Friedrich Grohmannen; welchem beygefüget ist eben des Ritters Neutons Auslegung der Offenbarung Johannis, Leipzig 1765).

Nippel, Wilfried, *Mischverfassungstheorie und Verfassungsrealität in Antike und früher Neuzeit*, Stuttgart 1980.

Ogris, Werner, *Friedrich der Große und das Recht*, in: W. O., *Elemente europäischer Rechtskultur. Rechtshistorische Aufsätze aus den Jahren 1961–2003*, hg. v. T. Olechowski, Köln, Weimar 2003, 165–218.

Orieux, Jean, *Voltaire ou la royauté de l'esprit*, Paris 1966 (dt.: *Das Leben des Voltaire*, übers. v. Julia Kirchner, Frankfurt a. M. 1978).

Ovid, *Metamorphosen*, lat./dt., übers. u. hg. v. Gerhard Fink, Darmstadt 2004.

Pallach, Ulrich-Christian, *Luxe*, in: *Handbuch politisch-sozialer Grundbegriffe in Frankreich 1680–1820*, hg. v. R. Reichardt, H.-J. Lüsebrink, München 2000, Heft 19/20, 89–114.

Pascal, *De l'esprit géométrique*, in: P., *Œuvres complètes*, éd. par M. le Guern, Paris 2000, vol. 2, 154–182.

Petersilka, Corina, *Die Zweisprachigkeit Friedrichs des Großen. Ein linguistisches Porträt*, Tübingen 2005.

Platon, *Der Staat*, übers. v. Rudolf Rufener, mit einer Einl. v. T. A. Szlezák u. Erläuterungen v. O. Gigon, Zürich, München 1991.

Pohlenz, Max, *Die Stoa, Geschichte einer geistigen Bewegung*, 2 Bde., Göttingen 1964 u. ö.

Poellnitz, Carl Ludwig de, *La Saxe galante*, Amsterdam 1734 (dt.: *Das galante Sachsen*, Frankfurt a. M. 1734).

– *Mémoires de Charles Louis Baron de Pöllnitz. Contenant les Observations qu'il a faites dans ses voyages, et le caractère des Personnes qui composent les principales Cours de L'Europe*, 2de éd., rev., corrigée, & considérablement augm., 4 vol., Amsterdam, Londres 1735 (dt.: *Des Freyherrn von Pöllnitz Brieffe Welche das merkwürdigste von seinen Reisen und die Eigenschaften derjenigen Personen woraus die vornehmsten Höfe von Europa bestehen, in sich enthalten*, aus der letzten vermehrten französischen Ausgabe ins Deutsche übersetzt, 3 Bde., Franckfurt a. M. 1738).

Posner, Max, *Die Montesquieu-Noten Friedrichs II.*, in: *Historische Zeitschrift* 47 (1882), 193–288.

Preuss, Johann David Erdmann, *Ist Friedrich der Zweite, König von Preußen, irreligiös gewesen?*, 2. Aufl., Berlin 1832.

– *Friedrich der Große als Schriftsteller. Vorarbeit zu einer echten und vollständigen Ausgabe seiner Werke*, Berlin 1837 (Nachdruck Osnabrück 1983).

Rétat, Pierre, *Le Dictionnaire de Bayle et la lutte philosophique au XVIIIème siècle*, Paris 1971.

Richelet, Pierre, *Dictionnaire françois, tiré de l'usage et des meilleurs auteurs de la langue*, Genève 1679 (Nachdruck Hildesheim, New York, Zürich 1973).

Roger, Jacques, *Les Sciences de la vie dans la pensée française du XVIIIème siècle*, Paris 1963.

Rollin, Charles, *Histoire ancienne des Égyptiens, des Carthaginois, des Assyriens, des Babyloniens, des Mèdes et des Perses, des Macédoniens, des Grecs*, 13 vol., Amsterdam 1734–39.

Roulet, Louis-Édouard, *Friedrich der Große und Neuenburg*, in: O. Hauser (Hg.), *Friedrich der Große in seiner Zeit*, Köln, Wien 1987, 181–191.

Rousseau, Jean-Baptiste, *Odes*, in: J.-B. R., *Œuvres*, nouvelle éd., avec un commentaire historique et littéraire, précédé d'un nouvel essai sur la vie et les écrits de l'auteur, Paris 1820, vol. 1, 1–330 (Nachdruck Genève 1972).

Rousseau, Jean-Jacques, *Œuvres complètes*, éd. par B. Gagnebin, M. Raymond, 5 vol., Paris 1959–1995.

– *Correspondance complète*, éd. par R. A. Leigh, 52 vol., Genève 1965–1998.

Sagave, Pierre-Paul, *Französische Prinzenerzieher am preußischen Hof (1694–1814)*, in: I. Mittenzwei (Hg.), *Hugenotten in Brandenburg-Preußen*, Berlin 1987, 279–312.

– *Friedrich der Große und die französische Kultur*, in: O. Hauser (Hg.), *Friedrich der Große in seiner Zeit*, Köln, Wien 1987, 17–29.

Saint-Pierre, Charles-Irénée Castel [Abbé] de, *Projet pour rendre la paix perpétuelle en Europe*, Paris 1986.

– *Betrachtungen zum Antimachiavel*, in: C.-I. C. d. S.-P., *Kritik des Absolutismus*, hg. v. H. Hömig u. F.-J. Meißner, München 1988, 259–304.

Sallust, *De coniuratione Catilinae*, hg. u. erklärt v. K. Karl, 2 Bde., Bamberg 2005.

Schieder, Theodor, *Friedrich der Große. Ein Königtum der Widersprüche*, Berlin 1983.

Schleuning, Peter, *Das 18. Jahrhundert. Der Bürger erhebt sich*, Reinbek b. Hamburg 1984.

Schlobach, Jochen, *Zyklentheorie und Epochenmetaphorik. Studien zur bildlichen Sprache der Geschichtsreflexion in Frankreich von der Renaissance bis zur Frühaufklärung*, München 1980.

Schmid, Wolfgang, *Epikur*, in: *Reallexikon für Antike und Christentum. Sachwörterbuch zur Auseinandersetzung des Christentums mit der antiken Welt*, hg. v. T. Klauser, Stuttgart 1962, Bd. 5, 682–819.

Schmidt, Eberhard, *Die Kriminalpolitik Preußens unter Friedrich Wilhelm I. und Friedrich II.*, in: E. S., *Beiträge zur Geschichte des preußischen Rechtsstaates*, Berlin 1980, 391–446.

Schneiders, Werner, *Aufklärung und Vorurteilskritik. Studien zur Geschichte der Vorurteilstheorie*, Stuttgart 1983.

– (Hg.), *Lexikon der Aufklärung. Deutschland und Europa*, München 1995.

Schøsler, Jørn, *John Locke et les philosophes français. La critique des idées innées en France au dix-huitième siècle*, Oxford 1997.

Schüller-Piroli, Susanne, *Die Borgia Dynastie. Legende und Geschichte*, München 1982.

Senarclens, Vanessa de, *Missverständnisse. Friedrich der Große als Leser von Montesquieus Considérations sur les causes de la grandeur des Romains et de leur décadence*, in: B. Schmidt-Haberkamp, U. Steiner, B. Wehinger (Hg.), *Europäischer Kulturtransfer im 18. Jahrhundert*, Berlin 2003, 149–162.

Sextus Empiricus, *Grundriß der pyrrhonischen Skepsis*, eingeleitet u. übers. v. Malte Hossenfelder, Frankfurt a. M. 1985.

Skalweit, Stephan, *Frankreich und Friedrich der Große. Der Aufstieg Preußens in der öffentlichen Meinung des »ancien régime«*, Bonn 1952.

Sonnino, Paul, *Introduction to Frederick of Prussia, Anti-Machiavel*, in: F. of Prussia, *Anti-Machiavel*, Athens (Ohio), 1981, 1–22.

Stahl, Dietrich, *Die Jagd*, in: *Panorama der friderizianischen Zeit*, hg. v. J. Ziechmann, Bremen 1985, 605–608.

Steiner, Uwe, *Auch ein Gespräch über die Poesie*, in: *Friedrich der Große und Voltaire. Ein Dialog in Briefen* [Ausstellungskatalog], hg. v. Stiftung Preußische Schlösser und Gärten u. Forschungszentrum Europäische Aufklärung, Potsdam 2000, 27–35.

– *Die Sprache der Gefühle. Der Literaturbegriff Friedrichs des Großen im historischen Kontext*, in:

B. Wehinger (Hg.), *Geist und Macht. Friedrich der Große im Kontext der europäischen Kulturgeschichte*, Berlin 2005, 23–49.

Stockhammer, Morris (ed.), *Plato dictionary*, New York 1963.

Sueton, *Kaiserbiographien*, lat./dt. v. Otto Wittstock, Berlin 1993.

Thouard, Denis (éd.), *Aristote au XIXème siècle*, Lille 2004.

Trabant, Jürgen, *Mithridates im Paradies. Kleine Geschichte des Sprachdenkens*, München, 2003.

Vernière, Paul, *Spinoza et la pensée française avant la Révolution*, Paris 1954.

Versini, Laurent, Introduction à *Diderot, Le rêve de d'Alembert*, in: Diderot, *Œuvres, Philosophie*, éd. par L. V., Paris 1994, vol. 1, 1–17.

Vockerodt, Johann, *Russland unter Peter dem Großen*, in: *Russland unter Peter dem Großen. Nach den handschriftlichen Berichten Johann Vockerodt's und Otto Pleyer's*, Zeitgenössische Berichte zur Geschichte Russlands, hg. v. E. Herrmann, Leipzig 1872, 1–118.

Voltaire, *Œuvres complètes*, éd. par L. Moland, J. A. N. de Caritat de Condorcet, A. J. Q. Beuchot, 52 vol., Paris 1877–1883.

– *Œuvres complètes de Voltaire/Complete Works of Voltaire*, ed. Theodore Besterman et al., Genève, Oxford 1968–2006.

– *Correspondence and related documents*, ed. Theodore Besterman et al., in: *Œuvres complètes de Voltaire/Complete Works of Voltaire*, Genève, Toronto, Banbury, Oxford 1968–1976, vol. 85–134.

– *Dictionnaire philosophique*, éd. par R. Naves et J. Benda, Paris 1967.

– *Éléments de la philosophie de Newton*, critical edition by R. L. Walters and W. H. Barber, in: *Œuvres complètes de Voltaire/Complete Works of Voltaire*, Oxford 1992, vol. 15.

– *Essai sur les mœurs*, in: V., *Œuvres complètes*, éd. par L. Moland et al., Paris 1878, vol. 11–13.

– *La Henriade*, éd. critique par O. R. Taylor, in: *Œuvres complètes de Voltaire/Complete Works of Voltaire*, Genève 1970, vol. 2.

– *Histoire de Charles XII*, éd. critique par G. v. Proschwitz. in: *Œuvres complètes de Voltaire/Complete Works of Voltaire*, Oxford 1996, vol. 4.

– *Lettres philosophiques*, éd. par G. Lanson, revu et complété par A. M. Rousseau, 2 vol., Paris 1964.

– *Œdipe*, éd. par A. J. Q. Beuchot in: V., *Œuvres complètes 2*, éd. par L. Moland et al., *Théâtre*, Paris 1877, vol. 1, 59–117.

– *Siècle de Louis XIV*, in: V., *Œuvres complètes*, éd. par L. Moland et al., Paris 1878, vol. 14–15.

Vuarnet, Jean-Noël, *Le Joli Temps. Philosophes et artistes sous la Régence et Louis XV (1715–1774)*, Paris 1990.

Weber, Peter, *Das Allgemeine Gesetzbuch – ein Corpus Juris Fridericianum?*, in: M. Fontius (Hg.), *Friedrich II. und die europäische Aufklärung*, Berlin 1999, 103–111.

Wehinger, Brunhilde, *Geist und Macht. Zum Briefwechsel zwischen d'Alembert und Friedrich II. von*

Preußen, in: G. Berger, F. Sick (Hg.), *Französisch-deutscher Kulturtransfer im Ancien Régime,* Tübingen 2002, 241–261.

- *Denkwürdigkeiten des Hauses Brandenburg. Friedrich der Große als Autor der Geschichte seiner Dynastie,* in: *Vom Kurfürstentum zum ›Königreich der Landstriche‹ Brandenburg-Preußen im Zeitalter von Absolutismus und Aufklärung,* hg. v. G. Lottes, Berlin 2004, 137–174.
- (Hg.), *Geist und Macht. Friedrich der Große im Kontext der europäischen Kulturgeschichte,* Berlin 2005.

Weill, Herman, *Frederick the Great and Samuel von Cocceji. A Study in the Reform of the Prussian Judicial Administration 1740–1755,* Madison 1961.

Weinacht, Paul Ludwig (Hg.), *Montesquieu – 250 Jahre »Geist der Gesetze«. Beiträge aus politischer Wissenschaft, Jurisprudenz und Romanistik,* Baden-Baden 1999.

Weist, Günter, *Die Abschaffung der Tortur (Folter) durch König Friedrich II. von Preußen,* in: *Deutsche Richterzeitung,* August 1988, 298–299.

Welzel, Hans, *Naturrecht und materiale Gerechtigkeit,* Göttingen 1951.

Wismann, Heinz, *Modus interpretandi. Analyse comparée des études platoniciennes en France et en Allemagne au 19ème siècle,* in: M. Bollack, H. Wismann (Hg.), *Philologie und Hermeneutik im 19. Jahrhundert II,* Göttingen 1983, 490–513.

Wolff, Christian, *Von Gott, der Welt und der Seele des Menschen, auch allen Dingen überhaupt,* m. einer Einl. u. einem kritischen Apparat v. C. A. Corr, Halle 1751 (Nachdruck Hildesheim, New York, Zürich 1983).

Zedler, Johann Heinrich, *Grosses vollständiges Universal-Lexikon. Aller Wissenschaften und Künste, Welche bishero durch menschlichen Verstand und Witz erfunden worden,* 63 Bde., Leipzig und Halle 1745 (Nachdruck Graz 1997–1999).

Zeller, Eduard, *Friedrich der Große als Philosoph,* Berlin 1886.

Ziechmann, Jürgen (Hg.), *Friderizianische Miniaturen,* 4 Bde., Bremen 1988–1997.

Zimmerli, Walther Ch., *Von der Verfertigung einer philosophie-historischen Größe. Leibniz in der Philosophiegeschichtsschreibung des 18. Jahrhunderts,* in: A. Heinekamp (Hg.), *Beiträge zur Wirkungs- und Rezeptionsgeschichte von Gottfried Wilhelm Leibniz,* Studia Leibnitiana Supplementa, Stuttgart 1986, Bd. 26, 148–167.

Namenregister

Die Namen der von Friedrich dem Großen erwähnten Personen und mythologischen Figuren sowie Ortsnamen wurden in französischer und deutscher Schreibweise aufgenommen. Namen mythologischer Figuren sowie die Seitenzahlen, die sich auf die Anmerkungen beziehen, wurden kursiv gesetzt.

Abdalonymos *437*
Ablancourt, Nicolas Perraut d' *480*
Achille 80, 94
Achilles 81, 95, *432, 436, 449*
Actéon 228, *459*
Adam 142–143
Aechines 297
Aeneas 442, 448
Agathoclès 96, 98, 100, 102
Agathokles 97, 99, 101, 103, *436*
Agenor 459
Agrippa 101, *437*
Aietes 472
Aiolos 440
Albret von Navarra, Charlotte d' *433*
Alcamène 156
Alembert, Jean-le-Rond d' 11, *426, 479, 480, 483–484, 488, 489, 493*
Alexander der Große 97, 107, 203, 205, 251, 401, *425, 437, 455–456.*
Alexander VI. (Rodrigo de Borja), Papst 89, 93, 123, 177, *433–434.*
Alexander Severus, römischer Kaiser 189, 191, *453*
Alexandre le Grand 96, 106, 202, 204, 250, 400

Alexandre VI (Roderic de Borja), pape 88, 92, 122, 176
Alexandre Sévère, empereur romain 188, 190
Alfred der Große 279, *470*
Alfred le Grand 278
Algarotti, Francesco 17, *413, 458*
Alkamenes 157, *446*
Alkmene 451
Anacréon 216
Anakreon 217, *458*
Anna Stuart, Königin von England, Schottland und Irland 237, *460*
Anne Stuart, reine d'Angleterre, d'Écosse et d'Irlande 236
Anteia 477
Antonin, Marcus 334
Antonius, Marcus 335
Antonius Pius *421*
Archagathos 436
Ariadne 27, 413
Ariane 26
Ariosto, Ludovico *436, 489*
Aristide 334
Aristides 335, *448*
Aristote 32, 308

Aristoteles 33, 309, *412, 415, 417, 426, 428–429.*
Arminius, Jakob *492*
Artemis 459
Athene 446, 459
Atlas 459
August II., König von Polen 91, 183, *425, 434, 450*
August III., König von Polen *425, 450*
Auguste (Octavian) 100, 212, 246, 272
Auguste Ier, roi de Pologne 90, 182
Augustus (Octavian) 101, 213, 247, 273, *437–438, 468*
Aulus Manlius 272–273, *467*

Barbeyrac, Jean *422, 486*
Bayle, Pierre 14, 306–311, *410, 415–420, 426, 428, 430, 441, 444, 446, 451, 459, 469, 476, 478*
Bellérophon 306
Bellerophon 307, *477*
Bergerac, Cyrano de *428*
Berkeley, George *413*
Bernard de Milan (Bernabò Visconti) 204, 206
Bernard, Samuel, comte de Coubert 162–163, *447*
Bernhard von Mailand (Bernabò Visconti) 205, 207, *455*
Bernier, François *411*
Bodin, Jean *426*
Boileau-Despréaux, Nicolas 120–121, 212–213, 400–401, *414, 417, 441, 457–458, 493*
Borgia, César, duc de Valentinois 48, 86, 88, 90, 92, 94, 100, 102, 166, 176, 192, 258
Borgia, Cesare, Herzog von Valentino 49, 87, 89, 91, 93, 95, 101, 103, 167, 177, 193, 259, *433–434, 436*

Borgia, Giovanni *434*
Borgia, Lucrezia *434*
Bossuet, Jacques-Bénigne, évêque de Meaux 92, 148
Bossuet, Jacques-Bénigne, Bischof von Meaux 93, 149, *422, 435, 479–480*
Botticelli, Sandro *423*
Bouhier, Jean *437, 476*
Brutus, Lucius Iunius 270–271, 334–335, 362–363, *452, 467*
Buridan, Jean *459*

Cadmos 224
Caesar 71, 107, 129, 153, 183, 203, 207, 233, 277, 401, *433, 437, 439, 448, 454, 460, 468, 493*
Cahusac, Louis de *418*
Caligula 48–49, 216–217, 324–325, *421, 481*
Callot, Jacques 150–151, *445*
Calmet, Antoine 246–247, *462*
Calvin, Jean 392–393, *492*
Caracalla 188–189, *453*
Carmagnole, Francesco Bussone, comte de 130
Carmagnola, Francesco Bussone, Graf von 131, *442*
Cartouche 154–155, 174–175, 378–379, *435, 446, 489*
Carybde 232
Cassiodor *467*
Castiglione, Baldassare *434*
Catilina 154–155, 390–391, 400–401, *446, 493*
Catinat, Nicolas (III) de 162–163, 248–249, *448, 462*
Cato der Ältere 167, 217, 235, 335, *448–449, 458, 460*
Cato der Jüngere 109, *439*
Caton l'Ancien 166, 216, 234, 334
Caton le Jeune 108

Catt, Henri de *479*
Cattanei, Vannozza de' *434*
Cécrops 268
Cellini, Benvenuto *447*
Cervantès Saavedra, Michel de 40, 138
Cervantes Saavedra, Miguel de 41, 139, *443*
César 70, 106, 128, 152, 182, 202, 206, 234, 276, 400
Charlemagne 202, 342
Charles le Hardi 362
Charles Ier, roi d'Angleterre 108
Charles-Quint, empereur du Saint Empire et roi d'Espagne 370, 400
Charles VI, empereur du Saint Empire 364
Charles IX, roi de France 276
Charles XII, roi de Suède 66, 96, 134, 184, 202
Charron, Pierre *417*
Charybdis 233, *459*
Châtelet, Émilie du *457*
Cheyne, George *429*
Chiron 449
Chlodwig I. 277, *469*
Cicero 171, 207, 213, 297, 299, 307, *415–416, 446, 456–457, 466, 468, 473–474, 477, 480*
Cicéron 170, 206, 212, 296, 298, 306
Clément, Jacques *426, 486*
Clovis Ier 276
Cluentius 296–297
Cocceji, Samuel von *474*
Colbert, Jean-Baptiste, marquis de Seignelay *470*
Commode, empereur romain 188
Commodus, römischer Kaiser 189, *421, 453*
Condé, Louis II de Bourbon, duc d'Enghien *427, 457*
Condillac, Étienne Bonnot de *429, 444*
Copernic 22, 24, 42

Corneille, Pierre 84–85, 212–213, *432, 444, 472*
Costard, Jean-Pierre *418*
Coste, Pierre *429*
Cotin, Charles *441*
Coypel, Noël 212–213, *456*
Crassus 162–163, *448*
Crésus 162
Croesus 163, *447*
Cromwell, Oliver 80–81, 106–107, 172–173, 400–401, *431, 449, 493*
Crousaz, Jean-Pierre *416*
Cyrus II. der Große 79, 81, *431*
Cyrus II le Grand 78, 80

Dacier, André *415, 448, 465*
Daedalus 416
Danae 462
Danet, Pierre *466–468*
Daniel, Gabriel 150–151, *418, 445, 449, 469*
Danos 454
Darget, Claude Étienne *463*
Darius *425*
David 42–43, 136–137
Dèce 330
Decius 331, *482*
Démosthène 106, 170, 296
Demosthenes 107, 171, 297, *439, 473*
Denys l'Ancien 102
Descartes, René 10–11, 24–25, 52–53, 152–153, 180–181, 212–213, 306–307, 342–343, *411–416, 421–422, 424, 429, 440, 443, 446, 477, 483*
Diderot, Denis *418, 426, 451, 475*
Didius Julianus *453*
Dido 448
Diodoros von Sizilien *464*
Diogène Laërce 366
Diogenes Laertios 367, *487*

Dionysios I. der Ältere 103, *438*
Dionysios von Halikarnassos *452, 466–467*
Domitian, römischer Kaiser 119, 325
Domitien, empereur romain 118, 324
Dracon 266
Drakon 267, *465*
Dubos, Jean-Baptiste *418, 426*
Du Cerceau, Jean-Antoine *446*
Du Marsais, César Chesneau 17, 378–379, *483, 488–489*
Duren, Jean van *419, 475*
Durand, David *470*

Échard, Laurent *467*
Édouard Ier, roi d'Angleterre 280
Eduard I., König von England 281
Épicure 152, 308
Epikur 153, 309, *445–446, 450*
Ernst August, Herzog von Sachsen-Weimar *440*
Eschine 296
Étienne de Blois, roi d'Angleterre 280
Eugen, Prinz von Savoyen-Carignan 147, 203, 235, 367, *444, 457, 461, 487*
Eugène-François, prince de Savoie-Carignan 146, 202, 234, 366
Euripides *472*
Europa 459, 465
Eurydike 462

Fabert, Abraham de 176–177, *450*
Fabius 240–241, *461*
Fénelon, François de Salignac de la Mothe, archevêque de Cambrai 72, 84, 86, 166, 378
Fénelon, François de Salignac de la Mothe, Erzbischof von Cambrai 13, 73, 85, 87, 167, 379, *420, 422, 429, 433–434, 452, 480, 489*

Ferdinand d'Aragon, roi d'Espagne 204
Ferdinand von Aragon, König von Spanien 205, *455, 459*
Ferdinand II., römisch-deutscher Kaiser *431*
Fermo, Oliverotto da 88–89, 96–101, *434, 436*
Ficino, Marsilio *415, 423*
Flavius Sulpizinus *453*
Fléchier, Valentin Esprit, évêque de Nîmes 92, 148
Fléchier, Valentin Esprit, Bischof von Nîmes 93, 149, *435, 479*
Fleury, André-Hercule de 372–373, *427–428, 450, 476, 488*
Fontéius 296
Fontejus 297
Fontenelle, Bernard le Bovier de *413, 415, 417, 460, 489*
Fox, George *431, 486*
François Ier, roi de France 160, 370
Franz I., König von Frankreich 161, 371, *447, 488*
Franz I., römisch-deutscher Kaiser *444*
Frédéric Ier, roi de Prusse 300
Frédéric-Guillaume Ier, roi de Prusse 300
Friedrich von Aragon *459*
Friedrich I., König in Preußen 301
Friedrich IV., König von Dänemark *443*
Friedrich Wilhelm I., Kurfürst von Brandenburg *456–459*
Friedrich Wilhelm I., König in Preußen 9–10, 301, *412, 422, 433, 442–443, 462, 474*
Furetière, Antoine *415, 426*

Gaia 441
Galilei, Galileo *411*
Gassendi, Pierre *411*
Gentillet, Innocent *420*
Géta, empereur romain 188
Geta, römischer Kaiser 189, *453*

Namenregister

Glaukos 477
Goliath 136–137, *443*
Gondebaud 276
Gondi, Jean-François de *494*
Gordian, römischer Kaiser 189, *453*
Gordien, empereur romain 188
Gordon, Alexander *434, 470*
Gracchus, Gaius Sempronius *468*
Gracchus, Tiberius Sempronius *468*
Gravina Orsini, Francesco, Herzog von *434*
Greech, Thomas *429*
Gregor XIII., Papst *432*
Grotius, Hugo 360–361, *486, 492*
Gründler, Johann Ernst *412*
Guicciardini, Francesco *459*
Guillaume le Conquérant, roi d'Angleterre 278, 280
Guillaume, prince d'Orange, roi d'Angleterre 196
Guise, Henri Ier de Lorraine, duc de 80
Guise, Heinrich I., Herzog von Lothringen 81, *432, 488*
Gundebald 277, *469*
Gustav II. Adolf, König von Schweden 147, 367, *426, 444, 487*
Gustave-Adolphe, roi de Suède 146, 366
Guyon, Jeanne-Marie Bouvier de la Mothe- *480*

Hadrian, römischer Kaiser 191, 273, *453*
Hadrien, empereur romain 190, 272
Hannibal 166–167, 232–233, 240–241, 346–347, 366–367, *448–449, 484*
Haro y Sotomayor, Don Luis Méndez de 176–177, *450*
Hector 94
Heinrich I. Beauclerc, König von England 279, *471*
Heinrich III., König von Frankreich und Navarra 359, *426, 432, 486*
Heinrich IV., König von Frankreich und Navarra 71, 359, *426, 432, 437, 467, 435, 486, 493*
Heinrich, Prinz von Preußen *478–479*
Hektor 95, *436*
Helena 439
Héliogabale, empereur romain 188
Heliogabalus, römischer Kaiser 189, *453*
Helvétius, Claude Adrien *480*
Hénault, Charles-Jean-François 276–277, *469*
Henri Ier, dit Beauclerc, roi d'Angleterre et de Navarre 278
Henri III, roi de France et de Navarre 358
Henri IV, roi de France et de Navarre 70, 358
Hera 491
Hercule 180
Herkules 181, *451, 453*
Herodot 441, 464
Hiéron II de Syracuse 78, 80, 84, 136
Hieron II. von Syrakus 79, 81, 85, 137, *431*
Holbach, Paul-Henri Thiry d' 15, *429, 483, 489, 491*
Homer 37, 141, *436, 457, 458–459, 477*
Homère 36, 140
Honorius 276–277, *470*
Horace 212
Horaz 213, *437*
Horn, Antoine-Joseph, comte de 92–93, *435*
Huet, Pierre-Daniel *417*

Ibrahim I., Sultan des Osmanischen Reiches *426*
Icare 34
Ikarus 35, *416*
Iokaste 448
Isabella II. von Kastilien, Königin von Spanien *455*
Ixion 386–387, *490*

Jacques II Stuart, roi d'Angleterre 196
Jakob II., König von England 197, *460*
Janus 192–193, *454*
Jason 472
Jean, roi de Navarre 94
Jean II, roi de France 370
Jean Sans-Terre, roi d'Angleterre 280
Jésus-Christ 88, 120, 392
Jesus Christus 89, 121, 393
Johann, König von Navarra 95, *436*
Johann II. der Gute, König von Frankreich 371, *449*, *488*
Johann ohne Land, König von England 281, *471*
Jordan, Charles Étienne 10
Joseph Ier, empereur du Saint Empire 236
Joseph I., römisch-deutscher Kaiser 237, *460*
Josua 23, *411*
Josué 22
Julian Apostata, römischer Kaiser 361
Julien l'Apostat, empereur romain 360
Julius II. (Giuliano della Rovere), 94–95, *433–435*
Jupiter 118–119, 264–265, 394–395, *441*, *457*, *464*, *493*
Justinian I., byzantinischer Kaiser 275, *468*
Justinien Ier, empereur byzantin 274
Juvénal 398
Juvenal 399, *493*

Kadmos 225, *458–459*
Karl der Große 203, 343, *418*, *483*
Karl der Kühne 363, *486*
Karl I., König von England 109, *432*
Karl I., König von Neapel-Sizilien *437*
Karl II., König von Spanien *440*
Karl V., römisch-deutscher Kaiser und spanischer König 371, 401, *447*, *449*, *457*, *493–494*
Karl VI., römisch-deutscher Kaiser 365, *425*, *487*
Karl VII., König von Frankreich *438*
Karl VIII., König von Frankreich *486*
Karl IX., König von Frankreich 277, *437*, *469*
Karl XII., König von Schweden 67, 97, 135, 185, 203, *424–425*, *437*, *452*, *455*
Katharina von Medici *437*
Katharina II. die Große, Zarin von Russland *486*
Keith, George *482*
Kekrops 269, *466*
Knobelsdorff, Georg Wenzeslaus von *458*
Kopernikus 23, 25, 43, *411–412*, *460*
Kronos 441

La Bruyère, Jean de *411*, *445*, *475*, *479*, *481*
La Calprenède, Gautier de Costes de *417*
La Croze, Mathurin Veyssière de *412*
La Fontaine, Jean de 402–403, *494*
La Grange-Chancel, François-Joseph de 96–97, *435–436*, *444*
La Houssaye, Amelot de *420*
La Mettrie, Julien Offray de *444*, *492*
Lami, François *420*
La Rochefoucauld, François VI de 14, 322–323, *445*
Laval, Stephen Abel *445*
Law of Lauriston, John 372–373, *488*
Le Brun, Charles 212–213, *456*
Legrand, Marc-Antoine *437*
L'Hôpital, Michel de 276–277, *469*
Leibniz, Gottfried Wilhelm 10, 12, 180–181, 306–307, 342–343, 388–389, 392–393, *451*, *477*, *483*, *491*
Leo X. (Giovanni de' Medici), Papst 123, *441*
Léon X (Giovanni de' Medici), pape 122
Leonardo da Vinci *447*
Léonidas Ier 124

Leonidas I. 125, *441*
Leopold I., römisch-deutscher Kaiser *440*
Leopold von Anhalt-Dessau, Fürst *457*
Lépidus 274
Lepidus 275, *468*
Leszczyńska, Maria *487*
Leti, Gregorio *458*
Livius, Titus *454–455, 466–467*
Locke, John 390–391, *429, 443, 492*
Louis VI, dit Louis le Gros, roi de France 276
Louis IX, dit Saint Louis, roi de France 288
Louis XI, roi de France 102, 324
Louis XII, roi de France 88, 110, 176, 362
Louis XIV, roi de France 112, 114, 182, 212, 238, 276, 300, 372, 400
Louis XV, roi de France 364, 266, 370, 372
Louvois, François Michel Le Tellier, marquis de 402–403
Loyola, Ignatius von *431*
Lucien de Samosate 318
Lucius Verus, römischer Kaiser *421*
Lucrèce 30, 178, 396
Lucrèce 182
Lucretia 183, *452*
Ludwig VI. der Dicke, König von Frankreich 277, *469*
Ludwig IX. der Heilige, König von Frankreich 289, *472*
Ludwig XI., König von Frankreich 103, 325, *434, 438*
Ludwig XII., König von Frankreich 89, 111, 177, 363, *433–434, 459, 486*
Ludwig XIII., König von Frankreich *426–427, 450*
Ludwig XIV., König von Frankreich 113, 115, 183, 213, 239, 277, 301, 373, 401, *418, 424, 429, 435–436, 440–441, 444, 447, 450, 455–458, 462, 467, 470, 474–475, 479, 494*

Ludwig XV., König von Frankreich 15, 365, 367, 371, 373, *427–428, 436, 450, 457, 460, 485, 487*
Lukian von Samosata 319, *480, 493*
Lukrez 31, 179, 397, *414, 450, 493*
Luxembourg, François-Henry de Montmorency, duc de 202
Luxemburg, François-Henry de Montmorency, Herzog von 203, *455*
Lully, Jean-Baptiste *418, 458*
Lycurgue 264, 266, 282, 296
Lykurg 265, 267, 283, 297, *465*
Lyttelton, Thomas 108–109, *439*

Machiavel, Nicolas 46, 48, 50, 52, 54, 56, 60, 62, 64, 66, 68, 70, 72, 74, 76, 78, 80, 82, 84, 86, 88, 90, 92, 94, 96, 98, 100, 102, 104, 110, 112, 114, 116, 120, 122, 126, 128, 130, 132, 134, 136, 138, 140, 146, 150, 154, 158, 160, 164, 166, 168, 170, 172, 174, 176, 178, 180, 182, 184, 186, 190, 192, 194, 196, 198, 200, 202, 204, 206, 208, 224, 226, 228, 242, 244, 256
Machiavelli, Niccolò 12–13, 47, 49, 51, 53, 55, 57, 61, 63, 65, 69, 71, 73, 75, 77, 79, 81, 83, 85, 87, 89, 91, 93, 95, 97, 99, 101, 103, 105, 111, 113, 115, 117, 121, 123, 125, 127, 129, 131, 133, 135, 137, 139, 141, 149, 151, 153, 157, 159, 161, 167, 169, 171, 173, 175, 177, 179, 181, 183, 185, 189, 191, 193, 195, 197, 199, 201, 203, 205, 207, 209, 225, 227, 229, 243, 245, 257, *419–421, 423, 431, 433–434, 441–442, 443, 448–449, 461*
Macrin, empereur romain 188
Macrinus, römischer Kaiser 189, *453*
Maecenas 101, *437*
Maintenon, Françoise d'Aubigné, marquise de 114–115, *440*

Des Maizeaux, Pierre 476
Malebranche, Nicolas 306–307, *477*
Mandrin, Louis 378–379, *489*
Marc Aurel, römischer Kaiser 189, 193, 213, 335, 361, 391, *421, 447, 453, 457*
Marc-Aurèle, empereur romain 188, 192, 212, 334, 360, 390
Maria Antonia Walburgis von Bayern, Kurfürstin von Sachsen *493*
Marlborough, John Churchill 146–147, 202–203, 366–367, *444, 460–461, 487*
Marlborough, Sarah Churchill 236–239, *460*
Mahomet 80
Maria Theresia, römisch-deutsche Kaiserin und Königin von Ungarn *444, 487*
Marius 318–319, *480*
Marsin, Ferdinand, comte de Marchin et de 212–213, *457*
Masaniello, Tommaso Aniello 80–81, *431*
Masham, Abigail Hill *460*
Mathusalem 32, 144
Maupertuis, Pierre-Louis Moreau de 12, *412, 414, 422, 492*
Maurice, comte de Saxe 366
Maximilian II. Emanuel von Wittelsbach, Kurfürst von Bayern 240–241, *461*
Maximin, empereur romain 190
Maximinus, römischer Kaiser 191, *453*
Mazarin, Jules 70–71, 176–177, *427, 450, 487, 489*
Mécène 100
Medea 293, *472*
Médée 292
Medici, Giovanni de' *441*
Medici, Lorenzo I. de' 57, 213, *423, 441*
Medici, Lorenzo II. de' *423*
Médicis, Laurent de 56, 212
Médicis, Piero Ier 425
Ménénius Agrippa 198

Menenius Agrippa 199, *454*
Ménippe 394
Menippos 395
Methusalem 31, 147
Mézeray, François *449*
Michelangelo *423*
Miltiade 336
Miltiades 337, *483*
Minerva 157, *446*
Minerve 156
Minos 264–265, *413, 465*
Minotaurus 413
Mirabaud, Jean-Baptiste de *489*
Mirandola, Pico della *423*
Mir-Weis 154–155, *446*
Mohammed 81, *431*
Moïse 78, 80, 82, 316
Molière, Jean-Baptiste Poquelin, dit 204–205, 212–213, *415, 455*
Montaigne, Michel Eyquem, seigneur de *416, 445, 446–447*
Montefeltro, Guidobaldo da, duc d'Urbino 86–87, *434*
Montesquieu, Charles-Louis de Secondat, Baron de La Brède et de 11, 13, *422, 424, 426, 437–439, 442, 444, 446–447, 454, 456, 460, 463–470, 472–473, 480, 487*
Moréri, Louis *426, 465*
Moritz, Graf von Sachsen 367, *487*
Moses 79, 81, 83, 317, *411, 431*
Muralt, Beat-Louis de 294–295, *425, 473*

Needham, John Turberville 384–385, *491*
Nero, römischer Kaiser 103, 217, 259, 325, *438*
Néron, empereur romain 102, 216, 258, 324
Neuwied, Frédéric Guillaume, comte de 248
Neuwied, Friedrich Wilhelm, Graf von 249, *462*

Newton, Isaac 12, 24–25, 52–53, 152–153, 182–183, 342–343, 388–389, *412–414, 421–422, 424, 440, 451–452, 478, 483, 492*
Nivernais, Louis-Jules Barbon Mancini-Mazarini, duc de 378–379, *489*
Numa Pompilius 270–271, *466*

Ödipus 448
Odysseus 458–459
Orco, Remirro d' (Remigius de Lorqua) 86–87, 90–91, *434*
Orsini, Clara *423*
Orsini, Paolo *434*
Osiris 264–266, 288–291, *464, 472*
Osman II., Sultan des Osmanischen Reiches *426*
Ovid 213, *416, 432, 436, 441, 451*, 454, *459, 462, 465, 472*
Ovide 212

Parmenides *478*
Patroklos 436
Paupie, Pierre *419*
Pelham, Thomas, duc de Newcastle 162
Pelham, Thomas, Herzog von Newcastle 163, *447*
Pelop 436
Pels, Andries 162–163, *447*
Pénélope 216
Penelope 217, *458*
Penn, William 80–81, *431*
Peretti, Felice *458*
Périclès 212
Perikles 213
Perseus 462
Persius *493*
Pertinax 188–189, *453*
Pescenius Niger, empereur romain 190

Pescennius Niger, römischer Kaiser 191, *453*
Peter I. der Große, Zar von Russland *425, 430, 443*
Phénix 242
Phidias 156–157, 212–213, *446*
Philipp II., König von Makedonien 107, *439*
Philipp II., König von Spanien und Portugal 173, 401, *449, 494*
Philipp II., Herzog von Orléans 213, 373, *435–436, 457, 485, 488*
Philipp V., König von Spanien *440*
Philippe de Macédoine 106
Philippe II, roi d'Espagne et du Portugal 172, 400
Philippe II, duc d'Orléans 212, 372
Philopœmen 162
Philopoimen 163, *448*
Phönix 243, *461*
Pilatus, Pontius *438*
Pindar *477*
Platon 32–33, 108–109, 242–243, 340–341, *415, 417, 439, 446, 461, 483*
Plautien 190
Plautinus 191, *453*
Plinius der Jüngere *435–436*
Plutarch 267, 269, *448, 465–466, 472*
Plutarque 266, 268
Polignac, Melchior de 178–179, *450*
Poliziano, Angelo *423*
Pöllnitz, Karl Ludwig von *435*
Pompée 274
Pompejus 275, *468*
Porus 98–99, *437*
Praxitèle 150, 212
Praxiteles 151, 213, *445*
Preuss, Johann David Erdmann 15, *410, 419, 456, 464, 472, 476, 480, 483, 490*
Proitos von Tiryns 477
Prométhée 78

Prometheus 79
Properz *437*
Publius Sulpicius Camérinus 272
Publius Sulpicius Camerinus 273, *467*
Pufendorf, Samuel *422*
Pyrrhon 34–35, *416*

Quantz, Johann Joachim *452*
Quinault, Philippe *418, 458*
Quinte-Curce 96
Quintilian 295, 299, *473–474*
Quintilien 294, 298
Quintus Curtius Rufus 97, *436–437, 455*

Racine, Jean 84–85, 212–213, *432–433, 444, 458, 472*
Rameau, Jean-Philippe *418*
Ramondon 212–213
Ramondon, Lewis *457*
Ravaillac, François 390, 393, *426, 486, 492*
Rollin, Charles *424, 443, 445, 464–465*
Romandon, Abraham *457*
Romandon, Gédéon *457*
Rémus 269
Remus 271
Retz, Jean-François Paul de Gondi, cardinal de 400–401, *427, 494*
Richelieu, Armand Jean du Plessis, cardinal et duc de 70–71, *426–427, 487*
Romulus 76, 79, 78, 81, 83, 268–271, *431*
Rousseau, Jean-Baptiste *444, 482*
Rousseau, Jean-Jacques *420–421, 481–482*

Saint-Pierre, Charles-Irénée Castel, abbé de 300–301, 362–363, *475*
Sallust *446*
Salmoneus 440
Saturninus, Lucius Appuleius 274–275, *468*
Saul 137, *443*

Scipio Africanus 167, 233, 331, 367, *448–449, 483, 487*
Scipion, dit l'Africain 166, 232, 330, 366
Scylla 232
Séjan, empereur romain 190
Sejan, römischer Kaiser 191, *453*
Seneca 69, *472*
Sénèque 68
Septime Sévère, empereur romain 188, 190, 192
Severus, Septimius, römischer Kaiser 189, 191, 193, *453*
Sévigné, Marie de Rabutain-Chantal, marquise de *417*
Sixte-Quint, pape 172, 216
Sextus Papirius 270–271
Sextus Empiricus *416*
Sixtus IV., Papst *435*
Sixtus V., Papst 173, 217, *449, 458*
Skylla 233, *459*
Socrate 334
Sokrates 335
Solon 266–269, 272–273, 282–283, 296–297, *465*
Sophie Charlotte, Königin in Preußen 9, *433*
Spinoza 10, 46–47, *420, 424*
Spurius Postumius Albus 272–273, *467*
Stanislas Ier Leszczyński, roi de Pologne 66, 98, 364
Stanislaus I. Leszczyński, König von Polen 67, 99, 365, *425, 428, 437, 443, 450, 487*
Stephan von Blois, König von England 281, *471*
Sueton *421, 437–438, 441, 447, 452, 481*
Suhm, Ulrich von *422, 430*
Sulla 107, 275, 319, *437–438, 468, 480*
Sylla 106, 274, 318

Tacite 274
Tacitus 275, *467, 470*
Tallard, Camille d'Hostun, comte de 237–238, 240–241, *460–461*
Tantale 94
Tantalus 95, *436*
Tarquin, Lucius Priscus 182
Tarquin, Lucius Sextus 270
Tarquinius, Lucius Priscus 183, *467*
Tarquinius, Lucius Sextus 271, *452*
Tarquinius Superbus 452
Tasso, Torquato *489*
Telephos 432
Testa, Pierre 150
Testa, Pietro 151, *445*
Thémistocle 336
Themistokles 337, *483*
Thésée 78, 80, 82
Theseus 79, 81, 83, *413, 431*
Thetis 436
Thibault de La Veaux, Jean Charles *410, 490*
Thou, Jacques-Auguste de 390, 393, *469, 492*
Thoyras, Paul Rapin de 280–281, *470*
Tibère, empereur romain 48, 102, 190, 216
Tiberius, römischer Kaiser 49, 103, 191, 217, *421, 438, 453, 468, 481*
Titus 48–49, *421*
Toland, John 9
Trajan 48–49, 92–93, 158–159, 360–361, *421, 447, 453*
Tribonian 275, *468*
Tribonien 274
Turenne, Henri, de la Tour d'Auvergne vicomte de 162–163, 366–367, *427, 448, 487*
Tullus Hostilius 270–271, *467*
Tycho Brahé 22, 40, 42
Tycho Brahe 23, 41, 43, *411*

Uranos 441

Valère Maxime 322, *481*
Valerius Maximus 323, *481, 483-484*
Valérius Publicola, empereur romain 270
Valerius Publicola, römischer Kaiser 271, *467*
Valois, Jeanne de *434*
Varro 347, *484*
Varron 346
Vassiliévitch, Ivan IV, dit le Terrible, tsar de Russie 102
Vaucanson, Jacques de *431*
Vaudémont, Charles Thomas de Lorraine, prince de 236–237, *460*
Vergil 213, *414, 437, 448*
Verrocchio *423*
Vespasian, römischer Kaiser 159, *447*
Vespasien, empereur romain 158
Victor-Amédée II, duc de Savoie, roi de Sardaigne 116, 176, 248
Viktor Amadeus II. von Savoyen, König von Sardinien 117, 177, 249, *440, 462*
Villars, Claude-Louis-Hector, duc de 202–203, *455*
Virgile 212
Vitelli, Vitellozzo 88–89, *434*
Vockerodt, Johann Gottfried *430*
Voltaire 11–12, 166–167, *410–426, 428–432, 436–439, 444, 446, 448–452, 454–461, 465, 469–471, 475–476, 478–479, 482, 485, 487, 487–488, 490, 493*
Voß, Christian Friedrich *461, 476, 483*

Wagnière, Jean-Louis *423*
Wallenstein, Albrecht Wenzel Eusebius von 80–81, *431*
Walpole, Robert *447*

Wassiljewitsch, Iwan IV, der Schreckliche, Zar von Russland 103, *438*
Wicquefort, Abraham *420*
Wilhelm I. der Eroberer, König von England 279, 281, *470*
Wilhelm III., Prinz von Oranien, König von England 197, *454, 460*
Wilhelmine von Bayreuth 9, *418, 478*

Wolff, Christian 9, 12, 388–389, *422, 451, 491*

Zénon d'Élée 308,
Zenon von Elea 309, *478*
Zeus *436, 440-441, 451, 459, 462, 465, 490*
Zeuxis *439*
Ziegenbalg, Bartholomäus *412*

Ortsregister

Ägypten 137, 255, 265, 267, 275
Allemagne 114, 116, 134, 210, 278, 280, 292, 364
Allia 346–347
Amsterdam 184–185, 288–289
Angleterre 98, 134, 168, 210, 278, 280, 294, 362, 366
Arbela (Tel Gomel, Irak) 99
Arbèles (Tel Gomel, Irak) 98
Assyrie 254
Athen 213, 267, 269, 273, 283
Athènes 212, 266, 268, 272, 282
Attika 267
Attique 266

Barca 74
Barka 75
Bas-Rhin 206
Bavière 240
Bayern 241
Béarn 398–399
Bender 184–185

Berlin 12, 258–259
Blenheim 240
Blindheim 241
Blois 80–81
Brabant 134–135, 200–203, 236–237

Cannae 347
Cannes 346
Carthage 232
Cremona 235
Crémone 234
Courlande 76

Danemark 210
Dänemark 211
Danube 154
Dauphiné 202–203
Delphes 234, 236
Delphi 237
Deutschland 115, 117, 135, 211, 279, 281, 293, 365
Donau 155

Ortsregister

Égypte 136, 254, 264, 266, 274
England 99, 135, 169, 211, 279, 281, 295, 363, 367
Espagne 94

Flandern 135
Flandres 134
Florence 72, 198
Florenz 73, 199
France 66, 70, 134, 136, 160, 176, 186, 200, 204, 206, 208, 236, 246, 248, 276, 288, 292, 348, 350, 352, 354, 356, 364, 366, 368, 370, 372, 374, 378, 402
Frankreich 7–8, 10, 12, 67, 71, 135, 137, 161, 177, 187, 201, 203, 205, 207, 209, 237, 247, 249, 277, 289, 293, 349, 351, 353, 355, 357, 365, 367, 369, 371, 373, 375, 379, 403

Genua 363
Gênes 362
Grande-Bretagne 194, 278
Grèce 274, 290, 296
Griechenland 275, 297
Großbritannien 195, 279

Haut-Palatinat 240
Höchstädt 240–241
Holland 75, 135, 209
Hollande 74, 134, 208
Hongrie 76, 146

Inde 76, 202
Indien 77, 203
Italie 56, 110, 116, 134, 212, 224, 232, 280
Italien 57, 111, 117, 135, 213, 225, 233, 281

Jéricho 116

Jericho 117

Karthago 233
Kurland 77

Libye 74
Libyen 75
Litauen 77
Lituanie 76
Lombardei 135
Lombardie 134
London 75, 99, 237, 379
Londres 74, 98, 236, 378
Lorraine 364
Lothringen 365
Lycée 36
Lykeion 37

Macédoine 254
Mailand 135
Main 240–241
Mazedonien 255
Mer Noire 76
Milan 134
Mons 212–213
Moscou 76
Moskau 77
Moulins 276–277

Niederrhein 207

Oberpfalz 241

Palatinat 402
Paraguay 80–81
Paris 368–369
Pau 398–399
Pfalz 403
Polen 77, 97, 197, 203, 363, 407

Pologne 76, 96, 196, 202, 362, 406
Poltawa 98–99
Preußen 7, 295, 297
Prusse 294, 296

Rhein 135, 241, 249
Rheinsberg 10, 12
Rhin 134, 240, 248
Rom 81, 107, 183, 213, 217, 233, 269, 271, 273, 289, 291, 293, 347, 367, 407
Romagna 87, 91, 95
Romagne 86, 90, 94
Rome 80, 106, 182, 212, 216, 232, 268, 270, 272, 288, 290, 292, 366, 406
Russie 74, 76, 364
Russland 75, 77, 365

Sachsen 91
Sardaigne 248
Sardinien 249
Saxe 90
Schlesische Herzogtümer 365
Schweden 77, 211, 363

Schwarzes Meer 77
Senigallia 87, 89
Silésie 364
Sinigaglia 86, 88
Spanien 95
Sparta 121, 267, 291, 293
Sparte 120, 266, 290, 292
Suède 76, 210, 362
Syrien 255

Troie 116
Troja 117
Turin 116–117, 212–213
Türkei 357
Turquie 356

Ungarn 77, 147

Venedig 363
Venise 362
Verona 117
Vérone 116
Versailles 114–115